Hilarion Petzold
Die neuen Körpertherapien

Reihe
Innovative Psychotherapie und Humanwissenschaften
Band 3
Herausgegeben von
Hilarion Petzold

Hilarion Petzold (Hrsg.)

Die neuen Körpertherapien

Junfermann-Verlag · Paderborn
1991

Für Angelika Berger

6. Auflage 1991
Einband-Gestaltung: H. Petzold

Titelentwurf: H. Petzold
Gesamtherstellung: PDC – Paderborner Druck Centrum

CIP-Kurztitelaufnahme der Deutschen Bibliothek
Petzold, Hilarion G.:
Die neuen Körpertherapien.
Paderborn: Junfermann, 1977.
(Innovative Psychotherapie und Humanwissenschaften; Bd. 3)
ISBN 3-87387-162-9

ISBN 3-87387-162-9
ISSN 0720-2385

INHALTSVERZEICHNIS

Vorwort

Unter dem Begriff „Körpertherapie" sind in den vergangenen Jahren eine Reihe von Verfahren bekannt geworden, die im Bereich der Therapie und mehr noch in der *Personal-Growth-Bewegung* immer stärkere Verbreitung finden. Die Mehrzahl dieser Verfahren geht auf die bahnbrechenden Arbeiten *Wilhelm Reichs* zurück. Es wird deshalb auch oft der Begriff „neoreichianische Therapie" verwandt, unter dem allerdings sehr verschiedene Ansätze wie z. B. die Bioenergetische Analyse *Lowens* oder die Gestalttherapie von *Perls* subsummiert werden. Eine weitere Quelle für die Körpertherapien sind die funktionalen Methoden der Massage, Atem- und Bewegungstherapie und schließlich die fernöstlichen Verfahren wie z. B. Yoga, T'ai Chi, Zen-Meditation.

Die Vielfalt der verschiedenen Schulen und Richtungen ist oftmals verwirrend und direkte Information ist, wenn man die Bioenergetik und die Primärtherapie einmal ausnimmt, schwer zu erhalten. Dies war ein Grund dafür, das vorliegende Buch zusammenzustellen. Nachdem ich in meinem Buch „Psychotherapie und Körperdynamik" (1974, 1977, 2. Aufl.) einen Überblick über die mehr funktional ausgerichteten Verfahren der Körper-, Tanz-, Atem- und Bewegungstherapie gegeben hatte, stehen hier die konfliktzentriert vorgehenden Methoden im Zentrum, denen es darum geht, im direkten Zugang über den Leib traumatische Erfahrungen zu aktivieren, durchzuarbeiten und auf diese Weise die „Charakterpanzerung" (*Reich*) abzubauen. Weiterhin werden Verfahren vorgestellt, die konfliktzentriert-aufdeckende und übungszentriert-funktionale Arbeit verbinden wie die Lomi-Methode, die Thymopraktik, die Bioenergetik oder das Pesso-System.

Die Zusammenstellung der Beiträge stellt notwendigerweise eine Auswahl dar. Es wurden nur die wesentlichsten Verfahren berücksichtigt, die von ihren Begründern selbst oder von führenden Vertretern der jeweiligen Schule vorgestellt werden. Obgleich eine solche Auswahl subjektiv bestimmt ist, glaube ich, daß das vorliegende Buch einen umfassenden Überblick gibt; zumindest ist es das erste Werk, in dem eine solche Übersicht versucht wird.

Der vorliegende Band ist das Ergebnis einer mehr als zehnjährigen theoretischen und praktischen Auseinandersetzung und eigener, langjähriger Behandlungserfahrung mit Verfahren körperorientierter Therapie. In diesem Zeitraum bin ich zahlreichen Therapeuten begegnet, die an diesem

Buch mitgearbeitet haben: Alexander Lowen, David Boadella, Malcolm Brown, Barry Stevens, Ilse Middendorf. Andere, die hier nicht mehr als Mitautoren erscheinen können, haben mir entscheidende Anstöße gegeben: Fritz Perls, Ola Raknes, Karl Vööbus, Vladimir Iljine. Ich möchte an dieser Stelle all den Kollegen danken, die zum Zustandekommen dieses Bandes beigetragen haben, sei es durch einen Beitrag oder dadurch, daß sie wie meine Kollegen Hildegund Heinl und Johanna Sieper durch Vorschläge und Anregungen den Fortgang dieses Buches gefördert haben. Ich hoffe, daß dieser Band dazu beiträgt, daß die Leibtherapien und die körperorientierte Arbeit in der klinischen Psychotherapie stärker zur Kenntnis genommen werden und auf diese Weise das therapeutische Potential dieser Verfahren möglichst vielen Menschen zugänglich gemacht werden kann.

Fritz Perls Institut
Düsseldorf, November 1977 Hilarion Petzold

Einführung

Einen Überblick über die „neuen Körpertherapien" zu geben ist schwierig, da neben den großen Richtungen wie der Bioergetik, der Primärtherapie und der Gestalttherapie zahlreiche kleine mehr oder weniger fundierte Therapieverfahren bestehen, die sich als Sonderformen aus den Ansätzen von *Reich, Perls* und *Lowen* entwickelt haben. Was von ihnen Bestand haben wird, darüber wird die Zeit entscheiden. Es ist zu hoffen, daß die Methodenvielfalt, die zudem meist nur eine vordergründige ist und oft nur in kleinen technischen oder theoretischen Positionen ihren Ausdruck findet, wieder einer größeren Einheitlichkeit weicht. Es haben sich vielfach Methodenkombinationen herausgebildet, die von der persönlichen Ausbildung, Präferenz und Eigenart der Therapeuten geprägt sind, die sie praktizieren. Ich habe versucht, die großen Richtungen körpertherapeutischer Arbeit durch die Gliederung dieses Bandes in vier Teile zu kennzeichnen. I. Reichianische und neoreichianische Verfahren, II. Gestaltverfahren, III. Primär- und Gefühlstherapie, IV. Atem- und bewegungstherapeutische Methoden. Oftmals ist diese Einteilung keine exakte, weil die Übergänge fließend sind, ein Verfahren sich aus dem anderen entwickelt, Einflüsse hin und her spielen. Dies gilt besonders für die eklektischen Ansätze (vgl. *Leeds,* S. 313-330, *Dublin,* S. 331-346, *Karle,* S. 376-387). Die theoretische und methodologische Problematik, die mit der Methodenkombination verbunden ist, wird dem aufmerksamen Leser nicht entgehen (vgl. *Kamm,* S. 207-217).

Für die Auswahl der Methoden und Mitarbeiter in diesem Band war für mich maßgeblich, einerseits die großen etablierten Ansätze der Körpertherapie: reichianische, gestalttherapeutische, primärtherapeutische Arbeit und *Lowens* Bioenergetik vorzustellen. Weiterhin über kleinere Schulen wie die Ansätze von *M. Brown,* S. 175-193, *A. Pesso,* S. 407-435, *J. Pierrakos,* S. 90-116 u. a., die auf eine gewisse Tradition zurückblicken können und einige Verbreitung gefunden haben, zu informieren. Auch Methodenkombinationen, die häufig vorkommen wie z. B. Bioenergetik/Gestalt (*Johnson,* S. 114-206), Transaktionsanalyse/Körperarbeit (*Dublin,* S. 331-345) sollten vorgestellt werden. Es ging mir in erster Linie darum, eine Information zu bieten, ohne eine Bewertung der einzelnen Ansätze vorzunehmen. Die Beiträge sind weitgehend als Selbstdarstellung der jeweiligen Methode zu werten. Was die theoretischen Ansätze und Erklärungsmodelle anbetrifft, so werden sie teilweise den klinischen Psychologen und Psychotherapeuten fremdartig, ja zuweilen bizarr anmuten. Es wäre ein Fehler, aufgrund dieses ersten Eindrucks ein vorschnelles Urteil zu fällen. Die bahnbrechenden Entdeckungen *Wilhelm Reichs* sind eben aus diesem Grunde über Jahrzehnte an die Seite geschoben worden, weil sich die akademische Psychologie und Medizin nicht die Mühe gemacht hat, einmal auf eine andere Art des Sprechens und Denkens einzugehen. Es steht

außer Zweifel, daß die theoretische Fundierung der meisten „Körpertherapien" zum gegenwärtigen Zeitpunkt nocht nicht sehr entwickelt ist. Dennoch ist die therapeutische Effizienz bei Patienten unterschiedlichster Erkrankung und sozialer Schicht durch die Behandlungspraxis der Körpertherapien, ihre vielfältigen Techniken und Methoden, beeindruckend. Wir stehen vor einer ausgefeilten Praxis, die sicherlich eine konsistente Theorie impliziert – sonst wäre keine Effizienz gegeben – jedoch müßte diese Theorie ausformuliert, weiter entwickelt, fundiert und von Obskuritäten befreit werden. Wichtige Vorarbeiten hierzu wurden von *Wilhelm Reich* und in seiner Nachfolge von *Alexander Lowen* geleistet. Von einer anderen Seite versuchen *Arthur Janov* und andere Primärtherapeuten einen körperorientierten Therapieansatz zu begründen. Diese Wege sind sicher nicht die einzig möglichen. Neuere Ansätze versuchen, auf die Streßtheorie (*Stauss*, S. 388-406) oder auf eine Stimulierungs- und Konflikttheorie (*Petzold, S.* 252-312) zurückzugreifen. So gibt dieses Buch auch einen Eindruck von den Bemühungen um eine theoretische Begründung der Leibtherapien. Wenn man die einzelnen Arbeiten dieses Bandes durchsieht, so ergibt sich, daß bei aller Verschiedenheit die Mehrzahl der Körpertherapien in wesentlichen Punkten übereinstimmt. So wird der Mensch als der jeweilige *Leib* gesehen. Diese anthropologisch fundamentale Aussage hat weitreichende Implikationen: Psychotherapie ohne Einbeziehung der Körperlichkeit des Menschen greift zu kurz.
Der Begriff „Körpertherapie" kann, das muß in diesem Zusammenhang herausgestellt werden, in die Irre führen, wenn eine reine Zentrierung auf den Körper mit ihm verbunden wird. Gemeint ist immer der „phänomenale Körper", d. h. der *Leib als Subjekt (Merleau-Ponty)*, der als wahrnehmender und handelnder, fühlender und denkender Leib den ganzen Menschen ausmacht. Weiterhin herrscht Übereinstimmung darin, daß Störungen im Erleben und Verhalten des Menschen niemals „nur psychische" Ursachen haben, denn Traumatisierungen werden körperlich erlebt und in diesen Leib eingespeichert. Es muß deshalb immer um eine Behandlung des ganzen Menschen gehen, in die die körperliche Dimension einbezogen werden muß. Hier liegt der bahnbrechende Beitrag der Leibtherapien zu einer modernen, integrativen Therapie, die über bloße Psycho-therapie hinausgeht, ohne dabei die Erkenntnisse der klassischen Psychotherapie zu verlieren. Es muß an dieser Stelle daran erinnert werden, daß die Arbeiten von *Reich* und *Perls* ohne die Psychoanalyse *Freuds* überhaupt nicht denkbar wären und daß Verfahren wie die Bioenergetik als eine körperorientierte Analyse verstanden werden müssen. Die Leibtherapien leisten, wenn sie vorurteilsfrei betrachtet und in ihrer differenzierten Praxis rezipiert werden, einen bedeutsamen Beitrag zu einer ganzheitlichen Behandlung. Die Tragweite ihrer Entdeckungen für Prävention und Therapie ist z. Zt. noch nicht abzusehen.

Der *erste Teil* des Bandes stellt Verfahren vor, die klar als „neoreichianisch" bezeichnet werden können. Sie wurden von Therapeuten wie *Alexander Lowen,* S. 51-61, *Charles Kelley,* S. 117-139, *John Pierrakos,* S. 90-116, entwickelt, die selbst noch Schüler *Reichs* waren und in seiner späten Schaffensperiode mit ihm zusammenarbeiteten und von ihm lernten, um dann den Reich'schen Ansatz durch eigene Konzepte zu erweitern. Ein anderer Teil der Autoren wie z. B. *Gerda Boyesen* S. 140-158, *David Boadella,* S. 14-50 sind von den norwegischen Reichschülern, insbesondere von *Ola Raknes* geprägt, und *Stanley Keleman,* S. 158-174, *Malcolm Brown,* S. 175-193 und *Rainer Frank,* S. 62-89, stehen über *Alexander Lowen* in der reichianischen Tradition.
Der *zweite Teil* des Bandes bringt Arbeiten von Autoren, die auf den Gestaltansatz von *Fritz Perls* zurückgreifen, wie z. B. *Barry Stevens,* S. 218-243, *Chris Hatcher,* S. 244-251, oder *Jane Kamm,* S. 207-217, *Hildegund Heinl,* S. 347-355 und ihn z. T. mit neoreichianischen Verfahren kombinieren wie z. B. *Leland Johnson,* S. 194-206 oder *James Dublin,* S. 331-345. Diese eklektische Vorgehensweise ist, wie *Jane Kamm* in ihrem Beitrag aufzeigt, zumindest problematisch. *Perls* hat zwar einen Teil seiner Analyse bei *Reich* gemacht und von ihm wichtige Konzepte übernommen, wie z. B. die Widerstandsarbeit, die Ausrichtung auf Körpersprache und Atmung, die Abkehr vom Berührungstabu der Psychoanalyse, dennoch ist sein Ansatz in theoretischer und behandlungsmethodischer Hinsicht von der reichianischen und neoreichianischen Arbeit sehr verschieden. Obgleich *Perls* die Anfänge charakteranalytischer Vegetotherapie in seiner Therapie bei *Reich* erfahren haben dürfte, hat er in seiner Form der Gestalttherapie direkte Körperinterventionen, wie sie die Bioenergetik und die neoreichianischen Verfahren praktizieren, kaum verwandt. Insbesondere die strukturierenden Interventionen durch Übungen, forcierende Atmung oder Einwirkung auf die Muskulatur werden von ihm, als mit dem Prinzip der organismischen Selbstregulation unvereinbar, abgelehnt. Gestaltkörperarbeit ist eine Arbeit aus der Awareness, aus dem Spüren. Die Prozesse entstehen aus der spontanen Aktivität des Körpers im „continuum of awareness" und nicht durch die Verwendung von Streßpositionen oder Druckinterventionen auf die verpanzerte Muskulatur, wie dies bei der Mehrzahl der reichianischen Verfahren praktiziert wird. *Barry Stevens* S. 218-243, macht diesen fast meditativen Ansatz der Gestaltkörperarbeit in ihrem Beitrag deutlich, der unter dem Leitsatz von *Perls* steht „Don't push the river it flows by itself". Im Gestaltansatz geht es nicht wie bei *Reich, Lowen* und anderen Neoreichianern um den Durchbruch, das Durchdringen (penetration, *Brown,* S. 179ff) der Charakterpanzerung, sondern um Veränderung durch Abschmelzen von Verhärtungen und durch organisches Wachstum. Wo diese theoretische, behandlungsmethodische und letztlich anthropologische Divergenz nicht erkannt und, soweit das möglich ist, integriert wird, führt die

Kombination des Gestaltansatzes mit bioenergetischen Methoden entweder zur Reduktion des einen oder des anderen Verfahrens oder zu in sich widersprüchlichen Interventionen. Versuche zu einer solchen Integration finden sich im wesentlichen auf behandlungsmethodischer und -technischer Ebene in der von *Robert Hall* auf der Grundlage von Gestalt, Rolfing, neoreichianischer und fernöstlicher Körperarbeit (Yoga, Aikido) entwickelten Lomi-Therapie, die von *Andrew Leeds,* S. 313-330, vorgestellt wird; weiterhin in der Thymopraktik von *Hilarion Petzold,* S. 252-312, die von der Gestaltkörperarbeit ausgehend, neoreichianische, bewegungs- und atemtherapeutische Praktiken integriert, (vgl. *Middendorf,* S. 436-451, *Petzold, Berger,* S. 452-477), soweit sie mit dem theoretischen und methodischen Ansatz des „facilitating" von Wachstums- und Veränderungsprozessen kompatibel sind. Es wird darüber hinaus der Versuch unternommen, Körperarbeit ohne Rekurs auf das reichianische Konzept des Orgons bzw. der Bio-energie theoretisch zu begründen.

Der *dritte Teil* des Bandes stellt die Primärtherapie und ihr verwandte Verfahren vor. *David Freundlich,* S. 356-375, befaßt sich mit der Rolle des Körpers in der Primärtherapie, wie sie von *Janov* begründet wurde. Auch die Primärtherapie greift – auch wenn *Janov* seine Gewährsmänner leider nicht angibt – auf die Arbeiten von *Wilhelm Reich, Alexander Lowen* und *Fritz Perls* zurück, um eine in sich konsistente und vielfach durchaus eigenständige Theorie und Praxis körperorientierter Therapie zu entwickeln, die inzwischen für weitere therapeutische Versuche Pate gestanden hat, wie z. B. für die Feeling Therapy, *Karle,* et al., S. 376-387. Diese Methode versucht die Verbindung verschiedener psychotherapeutischer und körpertherapeutischer Verfahren zu einem umfassenden Behandlungsansatz, der dadurch gekennzeichnet ist, daß er auf die Restitution der Fähigkeit des „wirklichen Fühlens" ausgerichtet ist. Um die „Wiederentdeckung des Gefühls" geht es auch *Daniel Casriel* in seinem „New Identity Process", den *Konrad Stauss,* S. 388-406, beschreibt. *Casriel* greift auf die Arbeit mit Atem, Stimme und Schrei im Rahmen eines komplexen Gruppenprozesses zurück. Die Wurzeln seiner Methode liegen in den Praktiken der therapeutischen Selbsthilfegruppen Synanon und Daytop, deren psychiatrisch-medizinischer Berater *Casriel* über viele Jahre war. Diese Gemeinschaften selbst haben ihre Methoden aus der Encounter-Bewegung und der Gestalttherapie rezipiert. In Theorie und Praxis des New Identity Process finden sich zahlreiche gestalttherapeutische und neoreichianische Elemente und ist in der Verwendung des Schreis eine gewisse Nähe zur Primärtherapie zu sehen. *Stauss* versucht unter Bezug auf Konzepte der Streßtheorie (*Seyle*) und der Psychosomatik (*Alexander, Staehelin*) den Ansatz von *Casriel* zu fundieren.

Der *vierte Teil* des Bandes stellt drei Verfahren der Atem- und Bewegungstherapie vor, die über einen rein funktionalen Ansatz hinausgehen und neben ihrer körperzentrierten Ausrichtung spezifisch Psychotherapie betreiben. Die Psychomotortherapie von *Albert Pesso* wird von seinem Mitarbeiter *Arthur Cobb*, S. 407-435, dargestellt. Das Verfahren nimmt zahlreiche Elemente analytischer und psychodramatischer Therapie auf und verbindet sie mit Ausdrucks- und Bewegungsarbeit. *Ilse Middendorf*, S. 436-451, stellt ihre Methode der Leibtherapie durch Atem- und Bewegungsübung dar. Der Atem als zentrale Funktion des Menschen wird zum Ausgangspunkt einer Therapie, in deren Zentrum das Finden der eigenen Mitte und der körperlich-seelischen Ausgewogenheit steht. *Petzold* und *Berger*, S. 452-477, stellen die Integrative Bewegungstherapie in ihrer Anwendung bei psychiatrischen Patienten vor. Das Verfahren verbindet konfliktzentrierte, übungszentrierte und erlebniszentrierte Arbeit in Ausdruck und Bewegung auf der Grundlage der Integrativen Therapie. Der Band wird abgeschlossen durch einen Artikel gegen den Mißbrauch von Körpertherapien, in dem die Gefahren unqualifizierter Anwendung von Körperarbeit aufgezeigt werden. (*Petzold*, S. 478-490).

Der Leser wird am Schluß dieses Bandes vielleicht mit Verwirrung auf die Vielfalt der Methoden blicken. Diese Vielfalt ist, wie gesagt, nur eine *vordergründige*. Die Körpertherapien leiden hier, wie die humanistische Psychologie und Psychotherapie überhaupt, unter einer Methodeninflation, indem jede kleine Technik in den Rang eines eigenen Verfahrens erhoben wird, oftmals ohne daß eine besondere theoretische Originalität und Fundierung, ein solider langjähriger klinischer Erfahrungshintergrund und eine empirische Überprüfung und Kontrolle vorliegt. Wenn man den Dschungel unterschiedlicher Terminologie und theoretischer Spekulationen lichtet, wenn man darüber hinaus auf die Praxis der verschiedenen „Methoden" schaut, so wird deutlich, daß die Divergenzen gering sind, daß gemeinsame Grundpositionen durchscheinen, die sich im wesentlichen als die Konzepte von *Reich*, *Perls* und *Lowen* darstellen, und daß nur wenige wirklich fundierte und originelle Neuansätze vorhanden sind. Es ist zu hoffen, daß die Zersplitterung insbesondere der neoreichianischen Schulen wieder einer Besinnung auf gemeinsame Grundpositionen Platz macht und eine theoretische Reflexion und gründliche empirische Forschung erfolgt, ohne die die Verfahren neoreichianischer Therapie kaum aus dem Schatten des Obskuren heraustreten können. Ich möchte wünschen, daß ich mit diesem Band nicht nur einen Beitrag zur breiteren Rezeption der Körper- bzw. Leibtherapien in der klinischen Psychotherapie leisten konnte, sondern auch dazu, daß die körpertherapeutischen Schulen untereinander in eine direktere Auseinandersetzung eintreten und eine klarere gemeinsame Linie finden.

Hilarion Petzold

I. Reichianische und neoreichianische Verfahren
Bio-Energie und Körpersprache

David Boadella, Dorset

I. Nonverbale Kommunikation *

Zu Beginn möchte ich eine kurze Definition der „Bio-Energetik-Therapie" und einige relevante Fakten hinsichtlich des ursprünglichen Zugangs zu menschlichen Problemen geben.

Bei der „Bio-Energetik-Therapie" handelt es sich um ein System von Techniken, mit denen die Energien derjenigen Menschen in Gang gebracht werden, deren Ausdrucksformen in irgendeiner Hinsicht blockiert oder zerstört wurden. Während in den meisten vorhandenen Psychotherapie-Systemen hauptsächlich verbale Techniken verwendet werden, um ein neurotisches Problem zu untersuchen, beschäftigen wir uns in der bioenergetischen Therapie mit dem gesamten Ausdrucksverhalten einer Person. Insbesondere beschäftigen wir uns mit der Qualität ihrer Körperbewegungen und den fundamentalen rhythmischen Prozessen des Körpers, vor allem mit der Atmung.

Zu Beginn muß festgestellt werden, daß es unmöglich ist, nicht zu kommunizieren. Sogar völliges Schweigen sagt uns etwas über einen Menschen und seine Art, der Welt zu begegnen. Der Brennpunkt neurotischer *Symptome,* der von einer gestörten Person *mit Worten* dargestellt wird, wird in der Bio-Energetik-Therapie durch die Konzentration auf die *Zeichen* von emotionalem Streß und Ausdruck von Störungen ergänzt und zwar so, wie er sich in den *nonverbalen* Aspekten eines Patienten enthüllt.

Der erste Wissenschaftler, der entschieden Nachdruck auf die fundamentale Wichtigkeit der nicht-verbalen Mittel der Kommunikation legte, war Charles *Darwin* in seinem bemerkenswerten Buch „Der Ausdruck von Gefühlen bei Mensch und Tier", das als ein grundlegendes Einführungsbuch sowohl der Psychologie als auch der Ethologie angesehen werden muß.

Ich möchte *Darwin* kurz zitieren, denn dies hilft, einen Beziehungsrahmen für diese Arbeit zu setzen:

„Die Bewegungen des Ausdrucks im Gesicht und im Körper sind von großer Wichtigkeit für unser Wohlbefinden. Sie dienen als erste Kommunikationsmittel zwischen der Mutter und ihrem Kind; sie lächelt Zustimmung oder runzelt mißbilligend ihre Stirn, und so wird ihr Kind für den richtigen Weg ermutigt . . .

---

* Dieser und der folgende Abschnitt wurden zuerst als Vortrag auf der Annual Conference der British Psychological Society, Edinbourgh, März 1969, gehalten.

Die Ausdrucksbewegungen geben unseren gesprochenen Worten Leben und Energie; sie können (und tun das oft) die Gedanken von anderen zuverlässiger aufdecken als Worte das tun, die verfälscht sein können. Der freie Ausdruck äußerlicher Zeichen eines Gefühls verstärkt es. Zorn kann dadurch hervorgebracht werden, daß Menschen in entsprechende Körperhaltungen versetzt werden. Auf der anderen Seite mildert die Unterdrückung aller äußerlichen Zeichen unser Gefühl."[1]

All dies wurde 1872 geschrieben, ein viertel Jahrhundert bevor *Freud* begann, das Unbewußte zu entwirren. Es gibt viele Beweise in der frühen Geschichte der Psychoanalyse dafür[2], daß *Freud* auch die fundamentalen Prinzipien entdeckte, die *Darwin* hier beschreibt. Z.B. erkannte *Freud* früh, daß die Erinnerung vergessener Kindheitserfahrungen keinen heilenden Effekt hatte, solange nicht auch das verborgene Gefühl wiederentdeckt war. Er versuchte mit seinen verbalen Techniken, die *affektiven* Erinnerungen zu beleben, doch viele seiner Patienten waren unfähig, die lang zurückgehaltenen Gefühle zu erfahren. Irgendetwas schien im Weg zu stehen. In der freudianischen Terminologie spricht man vom „Widerstand" gegen Wohlbefinden; einem Erkenntniswiderstand gegenüber dem, was ein Freund von mir einmal so bezeichnete:

„Die äußerste Krise in der Annahme von Hilfe".

Einer der frühesten Arbeiter innerhalb des psychoanalytischen Rahmens, der Hinweise für das Verständnis gab, was auf diesem Weg zu erreichen war, war Wilhelm *Reich* mit seinem klassischen Buch „Charakteranalyse".[3] In diesem Buch lieferte er das erste detaillierte System der erworbenen Abwehrsysteme, die neurotische Patienten konstruieren, um sich selbst sowohl gegen die äußere Welt als auch vor dem Zusammenbrechen ihrer eigenen Gefühle zu schützen. *Reich* war der Begründer der Bio-Energetik-Therapie, weil er sich nicht zufrieden gab mit den Haupterrungenschaften der Einsicht in die Funktionsweise der neurotischen Persönlichkeit. Er ging weiter, und ab 1935 begann seine sorgsame Erforschung der Muskelspannungen, die er in den Körpern seiner Patienten beobachtete.

Es ist richtig, daß Leute wie *Jacobsen* und I.H. *Schulz* unabhängig von *Reich* Bücher veröffentlicht hatten, in denen Systeme zur Entspannung dargestellt wurden. Auch Rudolf *Laban* [4] hat ein ganzes System von Ausdrucksbewegungen entwickelt, das zu einer Wiederbelebung des Tanztrainings, des Arbeitsrhythmus und der Erziehungsprinzipien im physischen Bereich in Schulen führte. 1966 berief das *Laban*-Institut seine erste Konferenz über „Bewegungs-Therapie" (Senate House, London) ein, auf der Möglichkeiten der Bewegungstherapie mit gefühlsgestörten Kindern und Erwachsenen erforscht wurden. *Reichs* Zugang war tiefer, dynamischer und spezieller aufgrund seiner psychiatrischen Orientierung. *Reich* befaßte sich mit der Tatsache, daß seine Patienten sich so verhielten, als seien sie halbtot. Ihre normalen Funktionen waren auf jeder Ebene blockiert. Sie waren sexuell und in ihrer Arbeitsweise gestört, ihren körperlichen Funktionsabläufen fehlte Rhythmus, ihr Atem war unkoordiniert. Mit anderen Worten, *Reich* begann, seine Patienten in der Art und Weise zu studieren und sich ihnen zu nähern, wie es *Darwin* befürwortet hatte: Zuerst und vor allem sah er sie als *Organismen,* deren *ganzes Verhalten* in ihre neurotischen Schwierigkeiten einbezogen war.

Reichs Vorgehensweise wurde wenig verstanden, speziell deswegen, weil die psychotherapeutischen Schulen der damaligen Zeit innerhalb dieses Beziehungsrahmens eine Orientierungslücke hatten. Ethologische Forschungen hatten gerade erst begonnen. Das Gemüt wurde noch als eine Art getrennter Bereich vom Körper angesehen. *Reichs* Betonung des Körperausdrucks divergierte so sehr von der vorherrschenden Praxis anderer Analytiker, daß sie als exzentrische Ketzerei angesehen wurde, und man dachte, *Reich* habe sich verirrt.

Bevor ich ins Detail gehe, sei noch kurz auf die vier Männer verwiesen, die den größten Verdienst daran haben, daß *Reichs* Therapiesystem fortgeführt und gelehrt wurde und daß andere darin ausgebildet wurden. In Skandinavien, wo *Reich* zuerst seine Arbeit entwickelte, hat sich Dr. Ola *Raknes* für diese Therapieform während der letzten 35 Jahre engagiert.[5] Dr. Nic *Waal,* der viele wichtige Ämter in der Psychiatrie sowohl in Norwegen als auch in Dänemark innehatte und Direktor des Instituts für Psychiatrie in Oslo war, bildete viele Fachleute in der bioenergetischen Methode aus.[6] „Einer der vielen Abkömmlinge ihrer Arbeit ist die Schule der „Bewegungs-Therapeuten", die in Holland in psychiatrischen Kliniken mit stark gestörten Psychotikern arbeitet.

In Amerika hatte Dr. Elsworth *Baker* die Verantwortung für die Ausbildung einer jüngeren Generation von Therapeuten in den Methoden übernommen, die er von *Reich* gelernt hatte.[7] Dr. Alexander *Lowen* hat *Reichs* Arbeit durch viele Methoden erweitert und entwickelt und ist Begründer des „Instituts für bioenergetische Analyse" in New York[8,9]. Hauptsächlich durch seinen Einfluß ist die Kenntnis der bioenergetischen Prinzipien und ihre Anwendung in den USA verbreitet worden.

Daß *Reichs* Therapie „Bio-Energetik" genannt wird, weist darauf hin, daß wir mit mächtigen Erregungs-Reaktionen arbeiten. Das Ausmaß an Erregung, das den Körper belebt oder paralysiert, ist gut bekannt. Es kann ganz allgemein gesagt werden, daß jede neurotische oder psychotische Person den vollen Umfang des menschlichen Gefühlsausdrucks verloren hat. Sie hat den vollen Spielraum der Bewegungsmöglichkeiten verloren oder nie entwickelt, zu dem jedes gesunde Kind fähig ist. Bis zu einem größeren oder geringeren Ausmaß ist ihre *Motilität* gestört. Eine Neurose ist also ein Äquivalent zu einem System von Blockaden, das den freien Fluß von Gefühlen durch den Körper verhindert. Das Ziel der Bioenergetik-Therapie ist, die Blockaden zu überwinden und das freie Fließen wieder herzustellen.

Bevor einige Blockaden, mit denen wir arbeiten, im Detail beschrieben und die Bedeutungen gezeigt werden, die ihnen zukommen, muß ich klarstellen, daß in dieser Arbeit ,Erregung' als ein Ausagieren definiert wird. Schon einzellige Tiere zeigen als Antwort auf einen Reiz eine einfache Reaktion: Ausdehnung und Zusammenziehen des Protoplasma. Dies kann als prototypischer Vorgang dafür angesehen werden, was wir bei höher organisierten Lebewesen finden: ein Sich-Ausdehnen in die Umwelt in angenehmer Erwartung oder ein schmerzvolles Sich-Zurückziehen vor unangenehmen Situationen. Der Begriff ,fließen' ist ein wortgetreuer Ausdruck für derartige protoplastische Reaktion. In höher organisierten Lebewesen werden die Prozesse der Ausdehnung und des Zusammenziehens durch die beiden Bereiche des autonomen Nervensystems vermittelt, deren Impulse zu allen Organen und Muskeln des Körpers geleitet werden. Diese Impulse regulieren den Energie-Stoffwechsel des Körpers und kontrollieren so basale Funktionen wie Kreislauf und Herzschlag, Verdauungsprozesse, Atmung, Sexualität und Orgasmus. Im Zustand der Gesundheit oder des vollentwickelten Funktionierens geschehen alle diese Prozesse rhythmisch und ein Mensch, der seine Gefühle ausdrücken kann, erlebt mit Genuß diese rhythmischen Prozesse seines Körpers. Bei allen Neurosen und Psychosen sind diese rhythmischen Prozesse beträchtlich gestört.

Wenn ein Tier durch irgendein Ereignis oder Objekt seiner Umwelt bedroht wird, entsteht ein Spannungszustand, und es reagiert auf die Bedrohung wie auf einen Notfall. Wenn der Körper durch das Nervensystem mobilisiert worden ist, es mit dem Ernstfall aufzunehmen, gibt es für gewöhnlich zwei mögliche Reaktionen, die wir als Kampf oder Flucht zusammenfassen können. Wenn es dem Tier gelingt, sich vor der Bedrohung zu retten, indem es angreift oder flieht, hat es die Notlage erfolgreich bewältigt und kann anschließend zu seinem normalen rhythmischen Zustand zurückkehren. Die Störung war vorübergehend und akut. Die Ausnahme geschieht bei bestimmten domestizierten Tieren oder Versuchstieren, die menschlicher Behandlung (oder wir sollten vielleicht sogar sagen:

unmenschlicher Behandlung) unterzogen werden, die ständig in Situationen gehalten werden, in denen sie weder angreifen noch fliehen können. Solche Tiere werden neurotisch und zeigen psychosomatische Symptome, wie z.B. Affen, die Geschwüre entwickeln, wenn sie wiederholt in Stress-Situationen gebracht werden, die sie nicht vermeiden können.
Jeder fehlangepaßte Mensch lebt so, als sei er dauernd in einer Notsituation. Deshalb ist sein Spannungszustand und die Überaktivität des sympathischen Nervensystems, die ihn aufrechterhält, chronisch geworden. Nur durch die Auflösung der Blockaden, die das freie Fließen der Bewegungen verhindern, können wir den Menschen die Möglichkeit zurückgeben, sich ihrer Umwelt in einer zweckmäßigen Weise zu nähern. Was diese Menschen mehr als alles andere brauchen, ist, daß sie sich entspannen können; das ist es, was ihnen fehlt. Wenn ein Mensch, der jahrelang seine Wutgefühle angestaut hat, aufgefordert wird, sich zu entspannen, kann er es nicht, denn er muß sich zusammennehmen, um seinen Ärger zu zügeln. Wenn ein Kind die Spannungen unausweichlicher Streßsituationen durch Weinen loswerden kann, ist der Streß erträglicher. Dem neurotischen Erwachsenen ist diese Möglichkeit verstellt.
In der bioenergetischen Therapie müssen wir den Menschen helfen, ihren verborgenen Zorn, Kummer, Angst und Sehnsüchte zu erfahren und sie in den Therapiesitzungen so stark wie möglich auszudrücken. Nur dann wird es ihm möglich, eine echte Fähigkeit zur Freude und den rhythmischen und lustvollen vitalen Funktionen zurückzugewinnen.

II. Therapeutische Technik

Die Körperspannungen können als eine Serie von Zusammenpressungen angesehen werden, deren Zweck es ist, Bewegung, Atmung und Gefühle zu begrenzen. *Reich* beschrieb eine Anzahl von Körperabschnitten vom Kopf bis zu den Zehen. Wenn wir uns zunächst auf den oberen Teil des Gesichtes beschränken, ist der Therapeut sofort am Ausdruck der Augen interessiert. Ein Patient kann den Therapeuten mit einstudiertem Ernst anschauen oder mit einem ängstlich wechselnden Blick, oder er kann ein überlegenes Starren haben oder ein beunruhigtes Stirnrunzeln. Der schizoide Mensch hat einen charakteristisch leeren Blick, als ob er in die Ferne starre. *Reich* nannte das den „faraway look." Diese verschiedenen Ausdrucksweisen geben wieder, wie diese Menschen der Welt begegnen. Sie enthalten in verschlossener Form ihre eigene Geschichte darüber, wie die frühen Beziehungen zu Eltern und Geschwistern erfahren wurden. Die Spannungsmuster des Körpers können als die eingefrorene Geschichte des Menschen angesehen werden, und im Gesicht kann die Wahrheit hierüber zuerst erfahren werden. Auf die vitale Notwendigkeit des Blickkontaktes bei der Behandlung von autistischen Kindern wurde verschiedentlich hingewiesen[6]. Sie liegt in der Tatsache begründet, daß diese Kinder eine massive Unbeweglichkeit in dieser besonderen Zone aufweisen. Aber alle neurotischen Menschen zeigen bis zu einem gewissen Grade Störungen in der Augenzone, und wir können sichtbar machen, wie sich diese Zone von den Augen über die Stirn und über die großen Schädelmuskeln bis hin zum Nacken ausdehnt. Das Verbot zu weinen, Furcht oder Wut zu zeigen, kann sehr starke Spannungen in der Kopfhaut und an der Schädelbasis erzeugen. Die Spannungen sind die physiologische Basis der starken Kopfschmerzen, die bei gewissen Charakterformen vorherrschend sind.

Um diese Zone zu aktivieren, ist es notwendig, die Kopfhautbewegungen und das Öffnen der Augen zu unterstützen. Es gilt, ein Bewußtsein dafür zu entwickeln, wie die Augen des Patienten auf den Therapeuten reagieren oder nicht reagieren. Gefühle, die aus dieser Zone befreit werden müssen, bevor gesundes kontaktaufnehmendes Sehen und Schauen wiederhergestellt werden kann, sind z.B. panikartige Flucht, verborgenes Mißtrauen, mörderischer Zorn, der in den Augen ausgedrückt wird, und Weinen, das besonders in den Muskeln zwischen den Augen festgebunden ist.

Jeder Bereich des Körpers ist natürlicherweise mit dem nächsten verbunden, und die Unterteilungen sind nur grobe Raster. Die Spannungen in der oberen Hälfte des Gesichts haben eine funktionale Beziehung zur unteren Gesichtshälfte mit dem Mittelstück um Mund und Kiefer. Die Patienten kommen mit vielen verschiedenen Arten von Lächeln und Ausdrucksweisen um den Mund herum in die Therapie. Da gibt es festgehaltenes höhnisches Grinsen und den heruntergezogenen Mund der Hoffnungslosigkeit, den zwanghaften Charakter mit seiner steifen Oberlippe. Es gibt verkrampfte Kiefer, weiches Kinn, magere Wangen; alles drückt die Art und Weise aus, wie der Patient lernte, von seinen Gesichtsmuskeln Gebrauch zu machen. Das gesunde Kind oder der gesunde Erwachsene hat Muskeln, die die ganze Fülle der Gefühle ausdrücken können, je nach dem, wie es die Gelegenheit fordert. Er ist beweglich und anpassungsfähig. Der gespannte Mensch ist eingeschränkt durch sein geringes Potential des Gesichtsausdrucks, das er eigentlich braucht, um den Streßsituationen gewachsen zu sein. Er kann diesen Mangel nicht leicht und bewußt verändern, sondern nur dann, wenn die Gefühle, die hinter den Gesichtsspannungen zurückgehalten werden, losgelassen werden können. Diese Gefühle sind, wenn sie in einer Therapiesitzung herauskommen, natürlicherweise infantil, denn seit der Kindheit haben die ersten Blockaden von gefühlsmäßigem Ausdruck stattgefunden. In der Therapie ist es möglich, unterdrückte Impulse wie beißen, saugen, weinen, Grimassen schneiden in den Bereichen des Gesichts loszulassen. Bei diesen affektiven Ausbrüchen und Befreiungen entdeckt der Patient oft Erinnerungen an traumatische Kindheitserlebnisse; aber die Wiederentdeckung solcher Erinnerungen ist nicht unerläßlich für die Besserung. Es ist notwendig, daß die festgehaltenen Gefühle aus den Spannungen, die ihren Ausdruck blockieren, losgelassen werden. Das Gesicht ist dann fähig, sich richtig zu entspannen, vielleicht zum ersten Male, und der Patient kann der Welt besser begegnen, ohne die lähmenden Begrenzungen der Vergangenheit, die er buchstäblich verkörpert.

Der Nacken ist eine der beiden Hauptverengungen des Körpergerüstes, die andere ist die Taille. Der Nacken kann als Verbindungsrohr angesehen werden, das den Kopf mit dem Rest des Körpers verbindet, und Spannungen in diesem Bereich sind besonders häufig. Dies wurde, unabhängig von *Reich*, sowohl von *Feldenkrais* [10] als auch von *Alexander* [11] beschrieben. Diese Spannungen dienen dazu, den Kopf von einem Zusammenhangsgefühl mit dem Körper zu trennen. Viele Menschen identifizieren sich mit ihrem Kopf und trennen sich von ihrem Körper ab. Umgekehrt leiden manche Schizophrene unter derart unerträglichen Spannungen im Kopf, die dem Druck entsprechen, der durch diese Verengungen verursacht wurde, daß sie sich mit ihrem Körper identifizieren und ihren Kopf als fremd erleben, so daß sie sogar wünschen, er könne abgenommen und durch einen neuen Kopf ersetzt werden. Es wurde entdeckt, daß dieses Gefühl der Identifizierung proportional zur Fähigkeit einer Person ist, sich dessen bewußt zu sein, was sie in ihrem Körper fühlt.

Die hauptsächlichen Gefühle und Reaktionen, die im Hals zurückgehalten werden, sind das laute Schluchzen, Rufen und Schreien. In unserer Kultur wird von unseren Kindern erwartet, nicht viel Krach zu machen. Schreien und Schluchzen sind für viele Erwachsene viel zu störend. Aber was bleibt einem Kind anderes übrig in einer unerträglichen Belastungssituation? Es kann nur lernen, seinen Ärger hinunterzuschlucken, seinen Kummer zu ersticken. Jahre später können in der Therapie diese unausgedrückten und niedergehaltenen Gefühle in ihrer ursprünglichen Kraft durch die Stimulation der Hals- und Nackenmuskeln hervorgeholt werden. Es ist erstaunlich, Zeuge der Veränderungen der Hautfarbe zwischen Gesicht und

Rumpf zu sein, wenn die Gefühle losgelassen werden. Patienten erleben eine Art „Klärung" im Kopf, und ein Gefühl von Einheit zwischen Kopf und Rumpf entwickelt sich. Sie beginnen ein Gefühl von Koordination und Anmut zu erfahren, was für einen Menschen, der frei von solchen Spannungen lebt, selbstverständlich ist.

Im Nacken zurückgehaltener Zorn ist mit den Schultermuskeln und den großen Zonen der Rückenmuskulatur verbunden. Es ist erstaunlich, wieviel Wut von einigen Menschen im Rücken festgehalten wird. Natürlich handelt es sich um abgestorbene Wut, die zu steifen Rücken und steifen Schultern und zu gefühllosen Armen führt (in vielen Fällen mit schlechter Durchblutung). Der einzige Weg, um die Beweglichkeit dieser Bereiche wiederherzustellen, besteht darin, eine Möglichkeit in einem kontrollierten Setting zu schaffen, in dem dieser Zorn durch starke Bewegungen der Arme und Fäuste sicher entladen werden kann. Mit speziellen Einrichtungen im Behandlungsraum ist es möglich, ein sicheres Herauslassen von Schlag- und Stoßimpulsen zu schaffen, durch die der ganze Rücken einbezogen werden kann. Natürlich muß hierfür zwischen Therapeut und Patient eine sehr gute Beziehung bestehen. So wird es möglich, durch dieses Ausagieren der Wut Luft zu machen, sich außerdem noch der gegenwärtigen Situation bewußt zu sein und es zu vermeiden, weder den Raum zu zerstören noch den Therapeuten anzugreifen. Es gehört zu den Fertigkeiten des Bioenergetik-Therapeuten, die richtigen Bedingungen einschätzen zu können, unter denen Wut auf diese Weise befreit werden kann.

Im Stadium der Gesundheit kann beim unbeschadeten Körper gesehen werden, daß er während der Atmung sanft in einer wellenartigen Bewegung pulsiert. Wenn wir irgendein gesundes Tier oder Kind beim Atmen beobachten, können wir sehen, daß die Atmung volle Bewegung in die Brust und den Unterleib bringt. Eines der ersten Dinge, die ein Kind jedoch lernt, wenn es genötigt wird, ein Gefühl zu unterdrücken, ist, wie man den Atem kontrolliert. Diese Kontrolle dient dazu, die körperlichen Prozesse dem Verstand unterzuordnen, der nun bestrebt ist, die Konflikte zu vermeiden, die durch einen offenen Ausdruck der Gefühle in repressiven Familien erfolgen muß. Alle Neurotiker zeigen in ihrer Atmung Störungen, und diese werden in zwei extremen Formen sichtbar: der hochgezogene Brustkasten und der zusammengezogene Unterleib in der charakteristischen militärischen Haltung, wie sie von Mathias *Alexander* kritisiert wurden, und eine generell mangelhafte Atmung, bei der ein Minimum von Luft in die Lungen gelangt. Schizoide Menschen und besonders einige Hysteriker werden schnell schwindlig, wenn sich ihre Atmung vertieft: Wenn diesen Menschen beigebracht wird, sich auf vollere Atmung einzulassen, ist das mit einer Akklimatisierung vergleichbar, die nach und nach aufgebaut werden muß, damit sie lernen, sich an ein größeres Ausmaß von Vitalität zu gewöhnen.

Weil die Atmung so zentral für das Leben und für den Gefühlsausdruck in jeder Form ist, ist in der bioenergetischen Therapie die Arbeit an der Atmung zentral und liegt auch aller Arbeit an spezifischen Spannungen in speziellen Bereichen des Körpers zugrunde und begleitet sie.

Am Ende des Rumpfes finden wir eine weitere Verengung – die Taille. Spannungen im unteren Bauch, dem schmalen Teil des Rückens und in den Muskeln des Beckengrundes dienen dazu, das Becken zusammenzuziehen, das bei vielen Neurotikern in einer eingezogenen Stellung festgehalten wird. Die Unbeweglichkeit des Beckens erzeugt naturgemäß sexuelle Schwierigkeiten, doch die sexuellen Probleme können nicht gesondert und auf diese Zone begrenzt betrachtet werden. Ein gutes sexuelles Funktionieren bezieht den vollen Ausdruck der Persönlichkeit mit ein. *Reichs* Beschreibung von Orgasmus-Störungen wurden manchmal von denen mißverstanden, die dachten, er habe eine Art sexuelles Universalmittel angeboten. Nichts kann weiter von der Wahrheit entfernt liegen. Die Fähigkeit, sich ganz einer Erfahrung auszuliefern, ist eins und unteilbar, ob diese Erfahrung nun darin besteht, sich einer Arbeit hinzugeben, oder ob sie eine Reaktion auf ein Musikstück, ein Bild oder eine Theatervorstellung, eine tiefe Hingabe in einer engen Beziehung zu einem anderen Menschen oder irgendeine andere fundamentale Lebenserfahrung ist. Überspannung in irgendeinem Teil des Körpers wird von diesen Erfahrungen ablenken.

Das Becken leitet natürlicherweise zu den Beinen über, die die hauptsächlichen Stützen des Körpers sind. Spannungen in den Beinen führen zu einer Störung des Kontaktes mit dem Boden. Es wird prinzipiell der Ausdruck des Tretens, sowohl des aggressiven als auch des freudvollen, in den Beinen festgehalten. Besonders *Lowen* hat auf die Bedeutung hingewiesen, die dem freien Fluß der Gefühle in den Beinen zukommt, wie z.B. die Empfindung des „Gegründetseins". Viele Menschen fühlen buchstäblich, daß sie nicht fest auf dem Boden stehen, sie haben vielleicht die Empfindung einer mechanischen Verbindung. Schizoide Menschen können auch den Eindruck haben, daß sie schweben. Schwäche in den Gelenken ist ein Charakteristikum der schizoiden Störung. Beine, die zu steif sind, können zwar einen festen Stand verschaffen, aber sie verhindern Flexibilität, und das Fehlen der Sprungkraft in den Beinen steht in Beziehung zum Verlust

der Freude am Leben. Beobachten Sie irgendein Kind, wenn es sich freut, und Sie werden verstehen, was ich meine.
Wenn die Hauptspannungen im Körper überwunden werden durch spezielle Massagepraktiken und Körperbewegungen, die fundamentalen Körperausdruck entlocken, erfährt der Patient seinen Körper auf neue Weise. Er bewertet sich und seine Welt anders. Das Wort „Wert" (‚value') stammt von der lat. Wurzel ‚valere': sich wohlfühlen. Sich wohlfühlen bedeutet im bioenergetischen Sprachgebrauch, frei zu sein für das rhythmische Geschehen ohne die Blockaden durch chronische Muskelspannungen. Es war *Reichs* Verdienst, die feinen Zusammenhänge zwischen den Abwehrmechanismen des Körpers und der emotionalen Vitalität, die sie beinhalten, zu entdecken und Wege zu ersinnen, die die Ballance der Kräfte in Richtung Gesundheit verändern. Diese Gesundheit bezieht sich gleichermaßen auf Psychisches und Physisches.
Wilhelm *Reich* und die, die ihm folgten, waren bahnbrechend in der Entwicklung der unmittelbaren therapeutischen Arbeit am Körper, durch die der Fluß der Energie und der emotionale Kontakt mit dem Körper entwikkelt und gestärkt werden kann.

III. Pulsierung oder Explosion *

Der Mensch kann als ein Gefäß und Umwandler von Energie betrachtet werden. Lebensenergie strömt in Form von Nahrung in ihn hinein und fließt als Selbstausdruck wieder aus ihm heraus. Zwischen diesen beiden Modi der Aufnahme und Abgabe von Energie findet ein Prozeß der Transformation oder des Stoffwechsels von Energie statt[1].
Man bedenke den Zusammenhang zwischen Entladung und Wachstum: Ein Organismus kann nur wachsen, indem er durch die Versorgung mit zusätzlicher Nahrung ein Mehr ein Energie absorbiert. Wir denken an Entladung im Zusammenhang mit zuckenden Bewegungen. Diejenigen, die in den Ausdrucks-Therapien arbeiten, sind vertraut mit der kathartischen Energielösung, die stattfinden kann, wenn jemand in tiefes Schluchzen oder Wutreaktionen hineingeht; aber es sei auch daran erinnert, daß es zwei mögliche Resultate gibt, wenn Energie mobilisiert worden ist oder sich anzusammeln beginnt: Ein Ergebnis ist Entladung oder offensichtliche emotionale Befreiung; das andere Ergebnis ist die *Aufnahme* und Neu-

* Dieser Abschnitt und die Abschnitte „Bioenergetische Vibrationen" und „Massage und Körperkontakt" wurden zuerst als Vortrag bei Queaesitor, London, April 1974 und Esalen, San Francisco, August 1974, gehalten.

Verteilung von Energie auf eine Weise, die inneres Wachstum begünstigt und sich nicht in dramatischen Energieausbrüchen zeigt.

Eine der Konsequenzen dieser einfachen Unterscheidung ist, daß wir möglicherweise, wenn wir Energieentladung in unser therapeutisches Ziel miteinbeziehen, den Wachstumsprozeß durch einen Kurzschluß beenden. *Perls* schrieb: „Ich denke, daß die Freudianische ‚exkrementale' Theorie der Gefühle – daß wir ein gewisses Quantum von Aggressionen haben, die entladen werden müssen – besonders gefährlich ist . . . Die Natur ist nicht verschwenderisch. Die Natur bringt nicht Gefühle hervor, um sie sich entladen zu lassen, wie die exkrementale Theorie es haben will. Die Natur bringt Gefühle als ein Mittel des Zusammenhangs hervor, denn wir wurden dazu gemacht, um es mit der Welt in verschiedener Intensität aufzunehmen." [9]

Ich sehe zweit Arten von therapeutischen Vorgehensweisen:

Diejenige, die vor allem darauf abzielt, einen Menschen für den Weg zu sensibilisieren, auf dem er mit Erregung beladen wird, wie er diese Erregung festhält und es zuläßt, daß sie sich aufbauen kann, bevor sie sich als Selbst-Ausdruck äußert; und solches Vorgehen, das bestrebt ist, den Organismus durch starke Techniken der Energetisierung bis hin zu einer Art Entspannungs-Höhepunkt vorwärtszutreiben. Diese beiden Vorgehensweisen entsprechen den Prozessen des Pulsierens und Explodierens.

Es sei noch ein wenig mehr über diesen Unterschied gesagt: Ein pulsierender Lebensprozeß kann in den rhythmischen Bewegungen der Darm-Peristaltik beobachtet werden, in all den organischen Lebensrhythmen und in den natürlichen Bewegungen des körperlichen Ausdrucks. Der Organismus ist in diesem Sinne der Prototyp der pulsatorischen Lebens-Bewegung und ist nicht explosiv. Die Energiezuckung kann nicht durch Bewegungen des Stoßens oder Drückens erreicht werden. Es ist etwas, das *kommt,* wenn der Organismus offen genug ist, es kommen zu lassen. Man kann durch bewußte Anstrengung nichts dafür tun, denn es ist etwas, das nur aus dem spontanen Erregungsprozeß heraus entstehen kann.

Ich glaube, daß das, was für den Organismus gilt, auch für alle Formen der emotionalen Entspannung gilt. Sie geschehen, wenn der Organismus reif für sie ist; sie können für den Lebensrhythmus eines Patienten störend werden, wenn auf sie als auf ein *Ziel* in einer therapeutischen Sitzung hingearbeitet wird. „Was für Techniken soll ich heute anwenden, damit *ich dich* fühlend machen kann?"

Reich erkannte, daß es entscheidende Unterschiede zwischen den natürlichen Zuckungen des Lebenssystems und den explosiven Reaktionen gibt.

„Ist nicht ein Erdbeben oder ein Gewitter ein Ereignis ähnlich dem Orgasmus in der Welt des Tieres?" fragte er. „Wir müssen uns nicht solchen appellierenden Analogien unterwerfen. Es ist wahr, daß in einem Gewitter und in einem Erdbeben energetische Spannungen aufgetaut und durch eine Entladung der Energie befreit werden. Die Analogie geht tatsächlich weit. Jedoch widerlegt die sorgfältige Untersuchung der Qualität des animalischen Orgasmus und der Zellteilung einerseits und eines Gewitters oder Erdbebens andererseits eine funktionale Identität ... Wir dürfen nicht eine Verschiebung von Teilen eines Systems mit einer Konvulsion verwechseln. Die Konvulsion ist in einem lebenden Organismus ein totales Ereignis, das die Ganzheit des Systems nicht bedroht, sondern sie tut mehr, sie steigert sein Wohlbefinden und errichtet eine grundlegende Funktion des Energie-Stoffwechsels. Keine solche Funktion ist im Erdbeben erkennbar. Es ist der Explosion eines überhitzten Boilers ähnlicher als einer orgastischen Entladung." [10]

Unter Berücksichtigung dieser Unterscheidungen möchte ich einige Schlüsselbereiche der Erfahrung menschlichen Wachstums beschreiben.

IV. Der erweiterte Reflex und der konvulsive Kampf

Im vorhergehenden Abschnitt über Pulsierung und Explosion unterschied ich zwischen zwei Arten von konvulsiven Reaktionen. Gewisse Arten von Reflexbewegungen des Körpers sind integriert, sie intensivieren unser Empfinden für den Kontakt mit uns selbst und tragen zum Erleben der Anmut und der Selbststeuerung eines Menschen bei. Andere sind desintegrierend und brechen den Kontakt des Menschen zu sich selbst. Es gibt drei Lebensperioden, in denen die integrativen Muster von rhythmischen Bewegungen am deutlichsten zu beobachten sind – im Mutterleib, in der frühen Kindheit und nach der Pubertät.

Nach *Coghill* zeigt sich in der Foetusentwicklung die Fähigkeit zu koordinierten rhythmischen Bewegungen, bevor die sensorischen Nerven entwickelt sind. Aber wenn einmal die sensorischen Verbindungen im sich entwickelnden Nervensystem gebildet sind, können Reizungen der Hautoberfläche ein fundamentales Erregungsmuster des Fötus hervorrufen. Schon mit 8 1/2 Wochen reagiert der wachsende Fötus auf sanfte Reizung, so wie es von *Thorpe* gut beschrieben worden ist:

„Als Reaktion auf leichte taktile Stimuli (für gewöhnlich im begrenzten Gebiet der Gesichtsregion) sind die Reaktionen weder einfach noch örtlich begrenzt. So wie sich die neuro-muskulären Verbindungen entwickeln, breiten sie sich hauptsächlich zum Schwanz hin aus und beziehen mehr und mehr den Rumpf in einen Reflex mit ein, der denselben Charakter hat wie beim ersten Auftreten." [12]

Thorpe nannte diese Reaktion einen „erweiterten Reflex".

Die koordinierenden Reaktionsbewegungen des Fötus treten sehr auffällig beim Kleinkind im Saugreflex oder oralen Orgasmus auf. Der Genuß des Babys ist nicht auf den Mund begrenzt, sondern breitet sich in Reflexwellen über den ganzen Körper aus.

Reich verglich die Reflexbewegungen eines ausgereiften Körpers während des sexuellen Orgasmus mit den peristaltischen Bewegungen eines Darmes oder mit den pulsierenden Bewegungen einer Qualle; ein Vergleich, der ihm einigen Spott von Seiten seiner psychiatrisch ausgerichteten Kollegen einbrachte. *Reich* beschrieb diese Bewegungen mit den folgenden Worten:

„Die ausdrucksvollen Bewegungen während eines Orgasmusreflexes sind funktional identisch mit denen einer lebenden, schwimmenden Qualle. In beiden Fällen bewegen sich die Enden des Körpers, d.h. des Rumpfes, aufeinander zu, so als ob sie danach streben, sich zu berühren. Wenn sie nahe beieinander sind, haben wir eine Kontraktion, wenn sie so weit es geht voneinander entfernt sind, haben wir eine Expansion oder eine Entspannung des energetischen Systems. Es handelt sich um eine sehr primitive Form von biologischer Pulsierung. Wenn diese Pulsierung so beschleunigt wird, daß sie eine klonische Form annimmt, haben wir die ausdrucksvollen Bewegungen der orgastischen Konvulsion vor uns." [13]

Jeder dieser primären pulsierenden Reflexe hat sein Gegenstück in einer mehr explosiven, schmerzlichen und verzweifelten Art von Zuckung, die das repräsentiert, was den Pulsierungen widerfuhr, als sie eingeengt, zusammengepreßt, zurückgehalten oder irgendwie unter zu viel Hindernissen durch Überbelastungs-Strukturen zu leiden hatten. Demgemäß kann der foetale Reflex im Extremfall, während einer verspannten und beengenden Geburt in einen krampfhaften Kampf umgekehrt werden, der in Erschöpfung enden kann oder sogar zu Mangelerscheinungen führt, die eine Totgeburt verursachen kann. Wenn die Freude eines Kindes vereitelt oder verweigert wird, kann ein kräftiges Kind gut mit Zorn reagieren. Der Ausdruck und die Konzentration auf Zorn kann das Empfinden der Identität stärken; eine ganz andere Erfahrung, nämlich die der Hilflosigkeit und des Empfindens, durch Ereignisse und Gefühle überwältigt zu werden, tritt in dem Fall auf, wenn ein Kind von den Erschütterungen eines Jähzorns überrollt wird. In extremen Fällen versucht zu viel Energie durch zu unangemessene Kanäle herauszukommen, das Kind kann von einem Opisthosonus (einem tetanischen Anfall des ganzen Körpers) ergriffen, blau im Gesicht und sogar vorübergehend bewußtlos werden.

Stanley *Keleman* formuliert das so: „Manchmal lernt das Kind zusätzlich zum frühzeitigen Zurückhalten auch die Fähigkeit zum Explodieren. Viele emotionale Explosionen sind verzweifelte Versuche, die Unfähigkeit, sich zu bewegen, zu überwinden. Wenn der Organismus belastet ist und es keinen Ausweg gibt und die Erlaubnis zu einer Explosion besteht, wird der Organismus explodieren. Das heißt nicht, daß er irgend etwas gelernt hat, das hilft, besser integriert zu sein. Im Gegenteil, das gelernte Explosionsmuster ist sehr wahrscheinlich der einzige Weg, den der Organismus, das Kind, nun kennt, um sich zu befreien, und es wird in einer unreifen Struktur für den emotionalen Ausdruck zurückgelassen." [2]

In der Sexualität kann die orgastische Konvulsion ebenso desintegrierende Formen haben. *Kinsey* beschreibt das, was er für einen normalen Orgasmus hält, wie folgt:

„Ein Individuum kann sich zusammenkrümmen und seinen ganzen Körper in eine kontinuierliche und starke Bewegung hineingeben, seinen Rücken wölben, seine Hüften aufwerfen, seinen Kopf drehen, seine Arme und Beine ausstrecken, viele Worte machen, stöhnen, ächzen oder schreien, in vielem einem Menschen ganz ähnlich, der unter den Qualen einer Tortur leidet. Gelegentlich kann der sexuelle Partner während der unkontrollierten Reaktionen eines intensiv reagierenden Individuums zusammengedrückt, geschlagen, stark gestoßen oder getreten werden." [14]

Wir können einige Ähnlichkeit zwischen diesen konvulsiven Kämpfen und dem Prozeß der Hysterie wiedererkennen.

V. Hysterische Attacken

Josef *Breuer* hat mit seiner Abhandlung „Intrazerebrale tonische Erregung" einen der klarsten Beiträge zum hysteriscen Konvulsionsprozeß geschrieben, den wir haben.

„Ich glaube, wir können annehmen, daß es ein Optimum für die Höhe der integralen tonischen Erregung gibt. Auf dieser Ebene der tonischen Erregung ist das Gehirn für alle externen Stimuli zugänglich, die Reflexe werden erleichtert, wenn auch nur im Ausmaß der normalen Reflextätigkeit. Auch ist der Ideenreichtum fähig, sich zu entfalten und sich der Wechselwirkung zwischen den individuellen Gedanken zu öffen, die mit einem klaren und vernünftigen Geisteszustand korrespondieren. In diesem Stadium ist der Organismus am besten für das Arbeiten vorbereitet."

Wenn dieses Optimum durch starke Emotionen überschritten wird, so erörtert *Breuer*, ist es notwendig, den Erregungsüberschuß zu entladen. *Breuer* unterscheidet zwischen dem koordinierten Loslassen der Emotionen durch ausdrucksvolle Bewegungen und der unkoordinierten Umwandlung von Emotionen im losgelösten Umsichschlagen während einer hysterischen Attacke.

„Affekte, die aktiv oder sthenisch sind, gleichen jedoch die verstärkte Erregung durch motorische Entladung aus. Schreien und Springen vor Freude, die verstärkte Muskelanspannung beim Ärger, ärgerliche Worte und Vergeltungshandlungen, all das ermöglicht der Erregung, in Bewegungen abzufließen. Gemütsschmerzen entladen die Erregung in schwerem Atmen und in einem Absonderungsakt: in Schluchzen und Tränen. Es ist eine tägliche Erfahrung, daß solche Reaktionen die Aufregung verringern und mildern. Wie wir schon angemerkt haben, drückt die Umgangssprache dies in Sätzen aus wie „sich ausweinen", „Dampf ablassen", etc.[15]

Dagegen hebt *Breuer* hervor, daß „die asthenischen Affekte von Furcht und Angst nicht diese reaktive Entladung hervorbringen. Furcht paralysiert völlig die Kraft sowohl der Bewegung wie auch der Assoziationen, und ebenso Angst, wenn die einzig nützliche Reaktion, nämlich wegzurennen, durch die Ursache des Angstaffektes oder durch die Umstände ausgeklammert ist."

Breuer verwendet die Analogie eines elektrischen Spannungssystems, in dem die Gefahr einer Unterbrechung an schwachen Punkten in der Isolation entsteht, wenn die Stromspannung zu hoch wird. Eine exzessiv starke Erregung kann die normalen koordinierenden Zentren umgehen oder durchbrechen und in primitiven Bewegungen abfließen, die *Breuer* mit einem Kurzschluß vergleicht, der Überhitzung oder Funken produziert.

„Der Opisthotonus, der ein Maximum an motorischer Anstrengung der gesamten somatischen Muskulatur repräsentiert und die klonischen Bewegungen vom Treten und Herumschlagen bleiben das Leben hindurch als eine Reaktionsform maximaler Erregung des Gehirns, sowohl hinsichtlich der rein physikalischen Erregung in epileptischen Anfällen als auch hinsichtlich der Entladung maximaler Affekte in der Form von mehr oder weniger epileptoiden Konvulsionen." [15]

Es ist so, als ob der Organismus, im Stadium hysterischer Panik, zu rennen versucht und dennoch auf dem Fleck angewurzelt ist. Der Konflikt zwischen Zusammenschrumpfen und Paralyse und der Impuls, aus der Lahmlegung in aktive Flucht auszubrechen, baut die Konvulsion auf. Ein hohes Ausmaß an Energie ist in eine eingeengte Struktur eingefangen und sucht sich blindlings einen Ausweg. Auf diese Weise haben wir das Phänomen des Ausbruchs.

Reich hat eine vollständige hysterische Panikreaktion, von der anfänglichen Paralyse an bis zur späteren Konvulsion, an einem erschrockenen Eichhörnchen beschrieben:

„Ein Junge, den ich kannte, hatte ein Eichhörnchen gefangen, das er in seiner Hand hielt. Ich war durch die Tatsache betroffen, daß das Eichhörnchen dort völlig schlaff in der Hand lag; es bewegte sich nicht, noch kämpfte oder biß es: Es war vor Angst paralysiert . . . Nach ein paar Minuten setzte der Junge es hinunter auf den Boden. Zunächst blieb es dort unbeweglich liegen, als sei es tot. Dann versuchte es hochzukommen, fiel aber wieder runter; in der Sprache der Physik war es ihm nicht möglich, die Schwerkraft zu überwinden. Diese Versuche, wieder auf die Beine zu kommen, dauerten ungefähr 15 Minuten, ohne Erfolg. Es war nicht verletzt, denn später war es ihm völlig möglich, zu laufen und zu klettern. Die Störung des Gleichgewichts und das ständige Hinfallen vergrößerte seine Angst, das wiederholt zu weiterem Hinfallen führte. Für einige Minuten krümmte sich der ganze Körper in plötzlichen Kontraktionen zusammen. Sie waren so stark, daß es einige Inches hoch in die Luft geworfen wurde. Schließlich erholte es sich wieder von dem Anfall und zog sich in die Büsche zurück; nachdem es dort eine lange Zeit ausgeruht hatte, rannte es fort." [16]

In der hysterischen Konvulsion gibt es eine vorübergehende oder chronische Spaltung, die die volle Erfahrung unterbricht und den emotionalen Kontakt von der somatischen Entladung trennt. Während des Ausbruchs ist der emotionale Kontakt verloren. Die Kraft der Wahrnehmung ist durch den Kurzschluß im System gebrochen. Der Hysteriker neigt dazu, zu stark zu atmen, und ihm widerstrebt es, seine Energie in seinem muskulären System zu konzentrieren, wo sie für realen Ausdruck verwendet werden könnte. Folglich tendiert er dazu, aufzulodern – metabolisch gesprochen – und peripherisch zu überhitzen.

„Hysterische Reaktionen", erinnert uns Alexander *Lowen*, „sollten von emotionalem Ausdruck unterschieden werden. Die hysterische Reaktion ist wie eine Explosion, die die Beherrschung des Ego überwältigt, während eine echte Emotion mit Billigung und Unterstützung des Ego ausgedrückt wird. Ein Gefühl ist eine vereinheitlichte und totale Reaktion einer Person; die hysterische Reaktion ist gespalten in das Ausagieren des Körpers, während das Ego hilflos gegen die Flut ankämpft". [17]

Einige therapeutische Systeme unterscheiden nicht genau zwischen Gefühlsausdruck und hysterischer Abreaktion und ermutigen oder unterstützen letztere. Ausbrüche lassen Energie frei und können ein vorübergehendes Empfinden von Erleichterung geben, doch ist dies kein heilsames Vorgehen und fördert nicht Wachstum oder Koordination. Um dies noch weiter zu verstehen, ist es wichtig, die kathartischen Therapien noch genauer zu betrachten.

VI. Bioenergetische Vibrationen

Es gibt eine grundlegende Unterscheidung zwischen *Mobilität* und *Motilität*. Wenn der Körper eines Menschen als mobil bezeichnet wird, heißt das, daß er sich in vollem Umfang biegen und ausdehnen kann, daß er die verschiedenen Richtungen des Raumes nutzen kann und daß er die Anpassungsfunktionen, die an bestimmte Aufgaben geknüpft sind, gelernt hat. Im Gegensatz dazu hat Motilität mit der Kraft und Richtung von Lebensimpulsen und mit dem spontanen Energiefluß in den Muskeln zu tun. Mobilität ist ein willentlicher Prozeß, der ein bestimmtes Ausmaß an Geschicklichkeit verlangt. Andererseits ist Motilität ein unwillkürlicher Prozeß, der sich auf tiefliegenden exzitatorische Erregungsprozesse des Fühlens bezieht. Er ist in inneren Bewegungen und Rhythmen des Ausdrucks begründet.

Die meisten von uns haben den vollen Spielraum der Ausdrucks-Bewegungen verloren, und es gibt zwei Wege, um zu versuchen, die Bewegungen der Menschen zu erweitern. Ein Weg besteht darin, gewisse Bewegungsübungen zu unterrichten, die den Körper öffnen, um gespannte Muskeln zu strecken und eine größere Flexibilität zu entwickeln. Man denke an die verschiedenen Tanzsysteme oder an die Systeme der dynamischen Bewegung, die von China oder Japan herübergekommen sind. Der zweite Weg besteht darin, Mittel und Wege zu entwickeln, die die spontanen körperlichen Bewegungen zulassen, die tiefe Gefühle ausdrükken. Diese Körperbewegungen entwickeln sich aus dem Gefühl heraus: Sie sind das äußerliche und sichtbare Zeichen dessen, was es bedeutet, bewegt zu sein. Bei sehr starken Gefühlen sind die Bewegungen konvulsiv: Man denke z.B. an den totalen körperlichen Ausdruck beim Schreien eines Babies oder beim Zorn eines Kindes. Wenn diese durch die üblichen Techniken der Aufzucht unterdrückt werden, verursachen wir fundamentalen Schaden an der Freiheit des Lebensausdrucks beim Kind. Später wird sich dies auf seine Bewegungsmuster in allen Bereichen des Körpers auswirken.
Als *Reich* Wege entwickelte, die den Menschen halfen, wieder in Kontakt mit ihren tiefsten Gefühlen zu kommen und diese unterdrückten konvulsiven Reaktionen wieder zu erfahren, entdeckte er, daß ihnen oft zuckende Vibrationen folgten, die in verschiedenen Teilen des Körpers gefühlt wurden. Sie schienen einfach die spontane Aufregung darüber, lebendig zu sein, auszudrücken. In tiefer Entspannung und beim Fehlen des Muskelpanzers verbanden sich diese partiellen Zuckungen und integrierten zu einem totalen Körperpulsieren, das *Reich* zuerst den Orgasmus-reflex und später den Lebensreflex nannte.
Zwischen diesen beiden Klassen der willentlichen Bewegungsübungen und der unwillkürlichen pulsierenden Bewegungen liegt eine dritte Klasse: Bewegungen, die speziell dafür entwickelt wurden, den Körper zu reizen, um den Weg für vergrabene Gefühle freizugeben. Alexander *Lowen* entwickelte in seiner Arbeit spezielle Streßpositionen, die ein Zittern in den Muskeln herbeiführen und die helfen, einige der Kontraktionen zu überwinden, die Bewegungen einengen und die ebenso die Atmung vertiefen. Aber es ist wichtig, dieses Zittern, das durch die Streßposition hervorgerufen wird, nicht mit dem pulsierenden Beben zu verwechseln, da sie total verschieden sind. Es kann jedoch manchmal passieren, daß eins das andere auslöst: Das tiefere Atmen und die mobilisierte Energie regt eine Person dazu an, sich in sich selbst zu öffnen und mit dem eigenen Lebensprozeß

in Kontakt zu kommen. *Lowen* verwendet auch strukturierte Ausdrucksübungen, wie z.B. das Bett treten oder mit einem Tennisschläger schlagen. *Lowen* ist ein äußerst einsichtsvoller Therapeut, der diese Methode mit den Patienten benutzt, um einen Kanal für die Verankerung der Energie zu schaffen, und als ein Mittel, individuelle Blockaden zur vollen Beweglichkeit in diesen Ausdrucksformen hinzuführen.

Einige Menschen fürchten sich z.B. davor, zu schlagen oder wild und unkontrolliert zu schlagen oder sich z.B. auf den Boden fallen zu lassen und wieder aufzustehen, um die Kraft zu schwächen. Andere können mit freier Beweglichkeit schlagen, jedoch ohne echten Gefühlsinhalt. Sie geben gute Holzhacker oder Teppichklopfer ab, aber ihr Zorn ist zu tief festgehalten, als daß er durch diese Mittel erreicht werden könnte. Andere können eine gute Vorstellung von Zorn managen und das erreichen, wonach der Therapeut zu fragen scheint, nämlich eine gefühlsmäßige Darstellung. Und manchmal gibt es Beispiele von mächtigen Zornesexplosionen ohne irgendeine Verbindung oder Möglichkeit, mit der Wut als einem persönlichen Ausdruck in Kontakt zu kommen.

Wenn man mit Menschen in der Therapie arbeitet und diese Streßpositionen verwendet, ist es faszinierend zu beobachten, daß nicht einmal zwei Individuen in gleicher Weise auf sie reagieren. Sie können als mächtiges diagnostisches Werkzeug verwendet werden, durch das man Anhaltspunkte darüber erhält, wie Menschen mit Erregung umgehen. *Lowen* umschreibt einen seiner Standpunkte folgendermaßen:

„Alle Menschen, die diese Positionen einnehmen, entwickeln früher oder später einen Tremor in den Beinen. Wenn dies passiert, nehmen Empfindungen heftig zu. Der Tremor kann zart oder grob sein; er kann auf die Beine begrenzt sein oder sich bis zum Becken ausdehnen. Er wird immer angenehm als Lebenszeichen erfahren. Manchmal wird die Vibration von einem Prickeln in Füßen und Beinen begleitet. Wenn der Tremor zuerst auftaucht, wird der Patient unweigerlich fragen: ‚Was verursacht das Vibrieren meiner Beine?' Da die Vibration in allen Patienten entsteht, in den jüngeren schneller als in den älteren, erkläre ich, daß es der natürlichen Elastizität des Körpers angemessen ist und es sich um eine normale Streß-Reaktion handelt. Die Vibration des Körpers kann mit dem verglichen werden, was in einem Auto geschieht, wenn der Motor angestellt wird. Ein Fehlen der Vibration zeigt einen abgestorbenen Motor an. Ein feines gleichmäßiges Schnurren deutet eine flüssig arbeitende Maschine an. Plumpe oder ruckartige Vibrationen zeigen uns, daß etwas verkehrt läuft."[17]

Diese groben oder sprunghaften Vibrationen, die uns zeigen, daß etwas nicht in Ordnung ist, werden für gewöhnlich als nicht angenehm erlebt. Ein Mensch kann buchstäblich durch die Kraft der Kontraktionen vom

Boden hochgeworfen werden, und das zeigt uns, daß zu viel Energie gegen die Entladungskanäle strömt, bevor der Körper genügend motorische Koordination entwickelt hat, um mit der Energie in einer integrierten Weise umzugehen.

„Es gibt wenig Literatur darüber, wie es sich anfühlt, einen plötzlichen Durchbruch von starker Energie im menschlichen Körper zu haben", schreibt Harold *Streitfeld*. „Es ist dem Gefühl sehr ähnlich, das man hat, wenn man von einem unter Strom stehenden Draht einen Schock bekommt. Es ist nur nicht so abrupt oder schnell. Es läuft langsamer durch den Körper. Jedoch wird diese Art Schock nicht durch irgendeine äußere Kraft hervorgerufen. Es ereignet sich, wenn jemand in einem hoch angespannten Zustand und unfähig ist, diese Spannung loszulassen. Konzentration auf das Atmen oder ein plötzliches Anhalten des Atems ergibt eine Empfindung, die das Subjekt ausnahmslos als Stromstoß beschreibt." [8]

Streitfeld unterscheidet diese Empfindungen sorgfältig von den angenehmen Strömungsgefühlen, die erlebt werden können, wenn der Körper in einem entspannteren Zustand ist. Er beschreibt denselben Zustand des Überhitzens, auf den sich Jon *Damien* bezieht: ein Zustand veränderlicher Alkalose.

„Ich rufe die Gefühle von Belastung und Erstarrung lebhaft hervor," fährt *Streitfeld* fort, „die über den oberen Teil meines Körpers verteilt sind. Es ließ mein Zahnfleisch so starr werden, daß ich lange Zeit meine Lippen nicht zum Sprechen bewegen konnte. Es war, als liefe ein elektrischer Strom durch mich ... Ich fuhr fort, diese Empfindung zu haben, bis mein Körper fähig war, eine höhere Energiebelastung zu ertragen. Das Wichtige bei so einer aufrüttelnden Erfahrung ist, daß all diese Empfindungen – das Summen, die Starre, das Zirkulieren, die gelegentlichen Gefühle von Tetanie in den Händen – sich in einem Körper ereignen, der nicht daran gewöhnt ist, einen plötzlichen Energieandrang zu absorbieren."

Es gibt hier eine Parallele zum Umgang mit Frostschäden. Es ist bekannt, daß es eins der schlimmsten Dinge für einen Menschen mit Frostschäden ist, wenn er beim heißen Feuer sitzt, weil er dann zu schnell auftaut. Zu viel Leben fließt zu schnell in einen eingeengten Körper zurück, und es kann auf diese Weise Gewebe zerstört werden. Ein sensitiver Bioenergetik-Analytiker erlaubt einem Menschen nicht, in diesem Zustand zu bleiben, seit die ganze Frage des „Timings", des Tempos in der therapeutischen Arbeit sowie die Wachstumsbedürfnisse des Menschen, mit denen gearbeitet wird, als der überragende Leitfaden und die richtungsweisende Kraft der Therapie angesehen wird. *Reich* selbst warnte davor, daß es Herzattacken oder Psychosen herbeiführen könnte, wenn sich Menschen in Atemtechniken hineinstürzen und versuchen, einen eingeengten Organismus zu über-mobilisieren. Die Energien des Lebens und des Todes sind mächtige Kräfte.

Bioenergetische Übungen können in der Hand von Leuten wertvoll sein, die von *Lowen* ausgebildet wurden, die seinen Ansatz verstehen und die den Unterschied erkennen können zwischen einem emotionalen Sich-Fallenlassen, das reif ist, und einem Fallenlassen, das erzwungen wurde oder das sogar als Verteidigung gebraucht wurde. Aber wenn sie in Routine absacken, können sie ernsthaft vom fundamentalen Problem ablenken, das darin besteht, die *spontanen* Ausdrucksbewegungen eines Menschen zu befreien. Bioenergetische Übungen beginnen mit der Bewegung und versuchen, das Gefühl zu induzieren: Sie sind *Bewegungen-hin-zu-Gefühlen.* Auf der anderen Seite diente das Vorgehen, das *Reich* benutzte, dazu, Kontakt mit dem Gefühl herzustellen und dann das Gefühl darin zu unterstützen, seinen eigenen Weg in der Bewegung zu finden. Das ist: *Gefühle-hin-zu-Bewegungen.* Ein Bewegungs-Ausdruck zeigt uns etwas über die Atemweise eines Menschen, wie er in der Welt ist, wie er seine Energie festhält, wie er sie kanalisiert und durch welche Arten von Rhythmus er bestimmt wird; er zeigt uns, *was ihn bewegt* oder was ihn unberührt läßt. Ich kenne einen Mann, der einen partiellen schizophrenen Zusammenbruch hatte. Er war zu einer Zeit alleine in London, als es dort keine Gruppe und keinen Körpertherapeuten gab. Alles, was er als Hilfe hatte, war *Reichs* Buch ‚Die Funktion des Orgasmus'. Er verbrachte die meiste Zeit des Tages im Bett, hatte angefangen zu vergessen, wer er war, und war der Überzeugung, er würde innerhalb von drei Monaten sterben. Das einzige, was er tun konnte, um sich zu helfen, war, sich zu bewegen. So begann er, sich zu bewegen, jeden Tag ein bißchen, und er begann mit seinem Mund. Stück für Stück erarbeitete er sich seinen eigen persönlichen Stil, um Bewegungen auszudrücken, die es ihm ermöglichten, wieder mit seinem Körper in Kontakt zu kommen. Er wurde sich dessen bewußt, daß sich Leben in ihm bewegte und daß er sein Leben aus dem Geleise bringen konnte, in das es hineingeraten war. Ich habe selten eine größere Veränderung vom Charakter oder Verhalten gesehen, da ich ihn vor und nach dieser Periode kannte, und ich konnte es nicht glauben, daß er sich so ganz einfach dadurch geändert hatte, daß er sich durch Bewegungen, die ganz aus seiner Person kamen, lebendig gepflegt hatte.

VII. Schock-Therapie

Schockbehandlung wurde zuerst bei Schizophrenien eingeführt, wurde aber seitdem mehr in der Behandlung von Depressionen verwendet, obgleich die Energien der Depression völlig von denen der Schizophrenien verschieden sind. Der Schock kann entweder durch eine krampfauslösende Droge oder auf elektrischem Wege verabreicht werden.

Nic *Waal*, als Vegetotherapeut von *Reich* ausgebildet, setzte sich freiwillig der Schocktherapie aus, die durch eine Injektion von Cardiozol hervorgerufen wurde, um die Möglichkeit zu haben, von ihrer subjektiven Erfahrung zu berichten. Zunächst die objektive Beschreibung der Schockbehandlung:

„Einige Minuten nach der Injektion von Cardiozol wird der Patient rot im Gesicht, fängt an, seinen Hals zu reinigen und zu husten, weil er einen trockenen Hals bekommt; schaut verwirrt und stößt für gewöhnlich mehr oder weniger entsetzte Schreie aus; dann folgen klonische Spasmen mit Bewußtseinsverlust und ausgeprägte Zyanose; danach wird der Spasmus tonisch, Puls und Atmung scheinen zu stoppen; oft können dann Urin und Blähungen nicht gehalten werden; nach etwa einer halben bis einer Minute wird der Spasmus wieder klonisch und die Atmung kommt wieder zurück. Typischerweise setzt dann tiefes Schnarchen und vollständige Ausatmung ein, der oft Schlaf folgt. Die Farbe wird wieder natürlich. Der Puls, der direkt nach dem Eingriff schnell war, kehrt nach und nach wieder zum Normalen zurück, und die ganze Muskulatur – begrenzte Teile vielleicht ausgenommen – wird atonisch (entspannt)." [18]

Der subjektive Bericht ist nachfolgend festgehalten:

„Ein paar Sekunden nach der Injektion gab es ein ausgesprochenes Kitzelgefühl am Hals wie zu Anfang bei einem Husten; es fühlte sich so an, als ob die prächordiale Region und die Region über dem Sternum zusammengezogen würde; d.h., es gab das typische physische Korrelat zur Angst, wie eine Klaue, die nach dem Hals und der Brust greift. Sofort danach gab es einen turmhohen grauen Schatten vor den Augen, eine leichte Verwirrung und eine brummende Sensation oben auf dem Kopf. Es fühlte sich so wie der Beginn einer Narkose oder einer Ohnmacht an, war aber unangenehmer. Es war so ein Gefühl, als wenn man von einer Welle erfaßt und weggetragen wird." [18]

Nach der Bewußtlosigkeit und dem Wiederaufwachen fühlte sich Dr. *Waal* irgendwie berauscht, fühlte Muskelschwäche und Brechreiz und hatte starke Kopfschmerzen mit Gedächtnisverlust von einem Tag.

Die Schockbehandlung kann als ein Versuch angesehen werden, einen unkontrollierten vegetativen Sturm im Organismus zu produzieren, der versuchen soll, das explosiv zu tun, was irgendwie systematische Körpertherapie mehr integrativ versucht. Das Ausmaß an Gewalt, das durch die Schockbehandlung dem Körper angetan wird, kann durch die Komplikationen, die auftreten können, beurteilt werden. Ein Lehrbuch der psychiatrischen Pflege gibt folgende Darstellung von der Cardiozol-Konvulsions-Behandlung:

„Es gibt eine Reihe möglicher Unfälle. Quetsch-Frakturen des mittleren toracic vertebrae sind nicht unmöglich. Frakturen und Ausrenkungen von Kiefer, Oberarmknochen und Hüften werden besonders bei muskulären Personen erwähnt. Venen-Thrombosen machen manchmal weitere Injektionen unmöglich." [19]

Zu der Elektroschockbehandlung hat dieselbe Quelle folgendes zu sagen: „Es gibt einige Gefahren – neben der physischen Verletzung – bei der Schockbehandlung. Da ist die Möglichkeit der Schädigung der Hirnsubstanz. Weitere Konvulsionen führen nicht nur zum Gedächtnisverlust hinsichtlich der Anfälle, sondern auch zu großen Erinnerungslücken, die sich weit in die Vergangenheit ausdehnen können. Für Facharbeiter und jene, deren Lebensunterhalt von intellektuellen Leistungen abhängt, entsteht ein tatsächlicher Verlust an Leistungsfähigkeit." [19]

Dr. *Waals* Erfahrung *„von einer Welle ergriffen und weggetragen zu werden"* zeigt uns, wie sehr es auf des Messers Schneide steht, dem therapeutisch induzierten somatischen Sturm ausgeliefert zu sein und am eigenen Prozeß teilzunehmen. Die Unterscheidung zwischen Ausgeliefertsein und Teilnahme ist wichtig, und ich wurde zuerst während einer Diskussion mit Stanley *Keleman* darauf aufmerksam. Der Unterschied kann durch die Analogie zu einem Wellenreiter deutlich gemacht werden: Solange er auf der Welle reitet, nimmt der Wellenreiter an ihr teil, er überläßt seinen Körper der Flußrichtung des Wassers und entspannt sein Ego genügend, um selbst Meisterschaft sowohl über seinen Körper als auch über die Materie, die ihn trägt, ausdrücken zu können. Meisterschaft meint nicht Herrschaft, sondern Anpassung, Koordination und Rücksicht dem eigenen Körper und der Kraft des Wassers gegenüber. Ein Wellenreiter, der verkrampft oder unkoordiniert ist, wird sich dem Wasser auf andere Weise ausliefern. Er wird von ihm umgeworfen werden, hineinstürzen, von ihm herumgedreht werden und kann in diesem Prozeß sein Leben riskieren. Er wird „von der Welle erfaßt" und von ihr überwältigt.

Es gibt einen Zustand des Organismus, in dem ein Elektroschock nicht therapeutisch induziert ist, sondern vom Nervensystem selbst aufgebaut wird: Dieser Zustand ist Epilepsie, ein Erregungsstadium mit Konvulsion.

VIII. Epileptische Anfälle

Es gibt zwei Typen von Epilepsie: Die eine wird durch irgendein Trauma verusacht, das das Gehirn verletzt und krank macht; der andere Typ von Epilepsie ist die essentielle Epilepsie, die keine bekannte organische Ursache hat. Essentielle Epilepsie repräsentiert die extremste Form einer niedrigen Toleranz gegenüber emotionalem Streß. In einem Extrem haben wir Menschen, die erfolgreich emotionale Energie binden und ihre motorischen Manifestationen unterdrücken oder sie für lange Zeitstrecken in psychoneurotische Symptome umwandeln. Emotionale Ausdruckskraft zieht die Fähigkeit zur Beteiligung in den somatischen Bewegungen der Sexualität, Zorn oder Kummer nach sich, ohne durch sie gebrochen zu werden. In den hysterischen Konvulsionen gibt es eine Bewußtseinsspaltung und eine geringere Fähigkeit, die Erregung aufrecht zu erhalten, bevor sie entladen wird: Tatsächlich gibt es ein positives Bedürfnis, eher die Erregung zu entladen, als ihr zu ermöglichen, sich aufzubauen und sich weniger dramatisch auszudrücken. Doch findet in der Epilepsie ein absoluter Bewußtseinsverlust statt: Die Spaltung ist total. Epilepsie kann schon in der Kindheit auftreten, häufig beginnt sie mit Anfällen in der Adoleszenz, wenn das allgemeine Erregungsniveau des Körpers steigt. *Reich* beachtete diesen Zusammenhang als er schrieb:

„Es wurde nun klar, daß der epileptische Anfall Erschütterungen des vegetativen Apparates repräsentiert, während dessen die verbarrikadierte biophysische Energie exklusiv durch die Muskulatur entladen wird mit Ausnahme der Genitalien. Der epileptische Anfall ist ein außergenitaler muskulärer Orgasmus." [20]

Nach Michael *Ganz*, einem amerikanischen Orgon-Therapeuten, hatten viele Epileptiker eine grausame und sadistische Mutter und mußten intensive destruktive Triebe unterdrücken, da sie unter extremer Angst vor der Wiedervergeltung ihres latenten Zorns leiden. Elsworth *Baker* hat den Unterschied zwischen Epilepsie und Schizophrenie diskutiert und versucht, die Energie der Störung zu verstehen:

„Ich weiß nicht, warum in der Epilepsie es der Augenbereich zuläßt, daß die Energieüberflutung in die Muskulatur entweicht, während dies in der Schizophrenie nicht geschieht. Es mag eine Frage des Ausmaßes sein oder der Zeit, zu der die Blokkierung auftritt. Während der Schizophrene Energie-Aufstauungen durch starke Blockaden in den vegetativen Zentren des Hirns vermeidet, entlädt der Epileptiker solche Stauungen in die Muskulatur und produziert so den epileptischen Anfall." [21]

Baker betont, daß in der Schizophrenie das weite Öffnen der Augen oder das Augenrollen Panik oder Spaltung hervorruft, während derselbe Prozeß in der Epilepsie den Anfall hervorruft. „Es wurde beobachtet, daß Epilepsie und Schizophrenie selten bei ein und demselben Individuum vorgefunden werden und daß sich die Schizophrenie verbessert, wenn ein Schizophrener eine Epilepsie entwickelt. Tatsächlich führte diese Beobachtung zur Behandlung der Schizophrenie durch künstliche Herbeiführung von Krämpfen mittels Schocktherapie". [22]

Dem Grandmal-Anfall in der Epilepsie geht in vielen Fällen eine Warnung voraus, daß ein Anfall herannaht. „Dies ist als Aura bekannt und sie kann verschiedene Formen annehmen, wie z.B. eine schockierende Sinnesempfindung, ein seltsames Gefühl im Magen, ein Blitzlicht, ein lauter Ton, Prickeln oder Taubheit in einer Extremität." [19] Das Prickeln oder die Taubheit erinnert an die Erfahrung, die *Streitfeld* beschrieb. H.D. *Beccle* vergleicht die Epilepsie speziell mit Alkalose:

„Der Blutzustand scheint mit dem Entstehen eines Anfalles zusammenzuhängen. Wenn er mehr zum alkalischen (Alkalose) neigt, ist es viel wahrscheinlicher, daß Anfälle auftreten. Tatsächlich können sie durch freiwilliges zu starkes Atmen produziert werden, das eine vorübergehende Alkalose hervorruft. Das Verabreichen von Chloriden oder Säuren bewirkt den gegenteiligen Effekt, nämlich eine Tendenz zum übermäßigen Säuregehalt des Blutes (Azidose), ein Zustand, der dahin tendiert, die Anfalls-Frequenzen zu verringern, besonders bei Kindern." [19]

Dies erklärt die Tatsache, daß einige epileptische Kinder erfolgreich mit einer Diät, die die Fette auf Kosten der Kohlehydrate und Proteine betont, behandelt werden. Solch eine Diät bringt eine milde Säure zustande. Und hierdurch können bei einem Drittel der Kinterpatienten Besserungen erzielt werden.

Eine der bemerkenswertesten Fallstudien eines Epileptikers ist von Arthur *Janov* erstellt. Es handelt sich um einen 24jährigen Mann, der seit Jahren sowohl an ‚grand mal' (großen) wie auch an ‚petit mal' (kleinen) Anfällen litt. *Janov* sieht diesen Prozeß als Folge eines Übermaßes an Streß:

„Die Spannungsüberladung ging offenbar in seinen Kopf, denn dieser war sein erstes und stärkstes ungelöstes Trauma in seinem Leben." [23]

Der Patient hat seine Geburt als einen Angriff auf seinen Kopf erlebt. „Was klar wird, ist, daß wir das Gehirn dadurch überladen können, daß wir mehr hineintun, als integriert werden kann, und Symptome wie Epilepsie produzieren, und zwar auf dieselbe Art und Weise, wie wir Teile unseres Magens mit Übersekretion von Salzsäure (resp. Chlorwasserstoff) überladen können und Geschwüre bekommen." [23]

Janov erklärt die Wirkung der Drogen, die dazu verwendet werden, um Anfälle zu unterdrücken, folgendermaßen: „Eine Funktion solcher Drogen wie Dilantin ist, die Transmission der Nervenaktivität durch ihre Wirkung auf den Sodagehalt der Nervenzelle zu verlangsamen. Dies wirkt so, daß die Ausbreitung der vervösen Entladung vom Anfallbereich aus gestoppt wird. Auf diese Weise wird eine wahllose, massive Entladung von Gehirnzellen (ein Anfall) verhindert. Augenscheinlich bewirkt das Dilantin, daß die Schwelle gegen Übererregbarkeit stabilisiert wird, die durch exzessive Stimulation verursacht wird." [23]

Janovs Behandlung des epileptischen Mannes muß im Kontext des Prozesses der Primärtherapie gesehen werden.

IX. Geburtsprimals und Wachstums-Kräfte

Janovs Theorie der Primärtherapie wurde an anderer Stelle umrissen und auch konsequent kritisiert.[33] *Janov* glaubt, daß die Neurose eine Abwehr gegen emotionale Schmerzen ist und daß der einzige Weg, um eine Neurose zu heilen, darin besteht, die Abwehr zu durchbrechen, so daß der ursprüngliche Schmerz gefühlsmäßig und ungeschützt wiedererlebt werden kann. *Janovs* Theorie hat ihre Wurzeln einerseits in einer grundlegenden Orientierung, die von *Reich* und *Freud* [24] herrührt, doch ist sie schweren Attacken seitens der reichianischen und neo-reichianischen Therapeuten[25] ausgesetzt, weil ihr therapeutisches Vorgehen sehr simpel ist, kein wirkliches Verständnis vom Muskelpanzer hat, die Übertragung ignoriert und den Wert des orgasmischen Prozesses völlig unterspielt.

So hat z.B. Morton *Herskowitz* die Primärtherapie als einen Prototyp für einen explosiven Therapiestil angesehen. Er beschreibt sie mit folgenden Worten, die in einem früheren Artikel von mir zitiert werden:

„Die Primärtherapie ist ein schonungsloser, brutaler Angriff auf den gepanzerten Organismus, der ein energetisches Zerplatzen erzeugt und den Patienten wie einen platten Reifen funktionierend zurückläßt. Bei der großen Stärke der Attacke werden einige Panzerungen unabsichtlich zertrümmert, ein großer Teil der Energie wird entladen und einige Symptome werden zerstreut. *Janovs* Therapieansatz leidet unter einer mechanistischen Entstellung. Mit mechanistisch meine ich das Fehlen der Berücksichtigung, daß der Organismus umfassend funktioniert, und die Auffassung, daß Gefühle mechanistisch hervorgelockt werden können. Er verfährt nach der Devise: „Lästige Symptome? Dann spreng das Abwehrsystem." Das Beste, was man von *Janov* sagen kann, ist, daß seine therapeutische Hyperaktivität irgendwie als Korrektiv für solche Therapeuten dienen kann, die jahrelang zufrieden dasitzen und nichts zulassen."

Es ist nicht so, daß die Methoden, die *Janov* verwendet, schlecht sind. Sie stammen hauptsächlich von *Reich* und zum Teil von *Perls*, ohne daß er diese als seine Quellen angibt. Es ist vielmehr die Art, wie sie gebraucht werden, besonders von einigen seiner Imitatoren, und die Art, wie er alle anderen Therapiearten außer seiner eigenen herabsetzt. Ich frage auch nach dem Wert, Menschen zu lehren, sich wie Erdbeben oder Gewitter zu verhalten.

Malcolm *Brown* [33] und Charles *Kelley* [26], dessen eigene Therapie eine Entwicklung des Ansatzes von *Reich* ist, haben die Unterschiede zwischen Primär und Reichianischer Therapie herausgearbeitet (vgl. dieses Buch S. 134ff.).

Viele der von den beiden Autoren genannten Kriterien mögen richtig sein, ebenso wie einige Kritiken an der Reichianischen Therapie (einschließlich der von *Janov*) richtig sein mögen. Leider erhebt *Janov* einen Exklusivitätsanspruch, indem er darauf besteht, daß nur sein spezielles System irgendwelche Validität hat. Neben der Abqualifizierung anderer Therapiemethoden ist *Janov* selbst sehr kritisch gegenüber vielen Fehlanwendungen seiner Primär-Therapie-Methode, und diese Kritiken werde ich kurz betrachten. Zunächst der Bericht eines Patienten, der ein Geburts-Primal beschreibt:

„Diesmal ging ich in foetale Positionen. Ich fing an, mich zu krümmen. Dann schien mich eine Wellenbewegung zu erfassen, als presse ich gegen die Muskeln meiner Mutter. Ich schien periodisch durch mächtige interne Kontraktionen in Zuckungen versetzt zu werden, die mich langsam vorwärts bewegten. Dies schien stundenlang so weiterzugehen, und dann drei oder vier mächtige Kontraktionen, und ich war draußen und freigegeben. Ich war dort in schwarzer Benommenheit und paßte mich der Nicht-Mutterleib-Realität an. Zuletzt kam ein instinktiver und Leben ergreifender Schrei aus mir heraus. Ich schrie vor Geburtsschmerzen und aus Lebensinstinkt." [23]

Jahrzehnte vor *Janov* hatte *Freud* den hysterischen Anfall mit den Geburtswehen verglichen:
„Zu diesem Zweck nahmen sie ihn an die Seite des Bettes einer Hysterikerin, deren Attacken unverkennbar Imitationen des Geburtsprozesses waren." [27]
In *Janovs* Sicht muß nicht jeder Mensch durch die Konvulsionen des Prozesses der Wiedergeburt gehen, um seine Integrität wiederzuerlangen. Aber für jene, die es tun, kann man vernünftigerweise fragen: Was für Konvulsionen sind das, mit denen wir konfrontiert werden? Reproduzieren wir hier nicht den großen Streß, der zu epileptischen Anfällen führt? Wenn man den oben erwähnten Epileptiker sehen könnte, wie er durch seine Geburtsprimals geht, würde *Janov* uns sagen: „Wenn man seinen Kopf beim fürchterlich ansteigenden Druck der Schmerzen hält, während er sich windet und auf den Boden während einer oder mehrerer Stunden trampelt, kann man schnell verstehen, wie dieser Druck, wenn er blockiert wäre, ein Anfall werden könnte. Primals können wie Anfälle aussehen. Glücklicherweise sind sie es nicht; sie sind spezifische Gegenmittel gegen Anfälle."
Während ich die typisch hysterische Attacke als Abgespaltensein charakterisiert habe, bringt das Geburtsprimal, wenn es ein wahres Wiedererleben des echten Traumas ist, Einsicht und Integration mit sich, auch wenn der Prozeß physisch schmerzhaft sein mag. Caron *Kent*, ein Psychotherapeut, der keinerlei Verbindung mit *Janov* oder mit Geburtsprimals hat, hat einige Bücher der Beschreibung der „Wachstums-Kräfte" des Organismus gewidmet. Nach *Kent* schließen alle Neurosen festgehaltene und fehlgeleitete Wachstumskräfte in den Organismus ein, die eine Vielzahl von somatischen und psychischen Wirkungen haben. Wenn die Therapie sauber auf die organischen Bedürfnisse des Patienten abgestimmt ist, können diese Fehlleitungen umgekehrt werden, und die Wachstumskräfte können mit einer Vielzahl von mächtigen somatischen Änderungen befreit werden. „Bei Patienten, die eine längere Behandlungsperiode hatten", schreibt

Kent, „und der Entwicklungsprozeß nach dem Aufheben von Blockaden stattgefunden hat, zeigt es sich, daß die befreiten Energien in Richtung Expansion fließen. Erweiterung und Ausdehnung sind Attribute der Lebenskraft, die mit der embryonalen Existenz beginnen. Die vielfältigen Symptome, die nach der Befreiung von blockierten Energien aufgewühlt werden, zeigen nicht das Befreiende einer Vielzahl von Kräften an, sondern zeigen vielmehr, daß sich die ursprünglichen Lebenskräfte entfalten und sich in vielen Richtungen im sich entwickelnden Organismus ausbreiten." [28]
Caron *Kent* verweist auf diese Kräfte auch als *„Embryo-Entwicklungskräfte"*. Er betrachtet den Therapieweg als Einbeziehung von zwei gleichzeitigen Prozessen: Das Zerbrechen existierender Struktur und das Aufbauen neuer Wachstums-Muster. „Wenn wir den zugrundeliegenden Trend dieser biologischen Ereignisse betrachten, das heißt die Kräfte, die auf das Abbrechen und Aufbauen einwirken, finden wir, daß dieselben Kräfte für beide Prozesse verantwortlich sind. Ich bin zu diesem Schluß nicht durch biologische Studien gekommen, sondern vielmehr durch psychologische Beobachtung. Die unbekannte überwältigende und unkontrollierte Wucht, die die physische, geistige und emotionale Ordnung des Patienten auseinanderreißt, vermindert sich in ihrer Stärke, wenn in derselben Zeit Aufbauprozesse auf allen psychosomatischen Ebenen voranschreiten."
Es ist faszinierend, daß Caron *Kent* – der rein psychologisch arbeitet, niemals den Körper seiner Patienten berührte und analytische Interpretationen oder dramatische Formen von emotionalem Druck, so wie sie die Primärtherapie charakterisieren, vermied – mit dem mächtigen Befreiungsphänomen der Wachstumskräfte in Kontakt gekommen ist, die er in seinen Fallstudien beschreibt.[29] Aber er bietet uns eine neue Perspektive für die Geburtsprimals an, die *Janov* beschreibt. Was wir hier am Werk sehen, ist einfach eine Kategorie der das Embryo entwickelnden Kräfte.
Auf dieser Basis mag es einfacher sein, *Janovs* Darstellung zu verstehen, daß derartige Ausdehnungskräfte, die in den Geburtsprimals enthalten sind, spezifische Gegengifte zu Anfällen sind.
Der Epileptiker, den *Janov* behandelte, erlebte auch den mächtigen formbildenden Prozeß der Wachstumsenergie, die im Geburtsprimal ausgedrückt wird. Als Ergebnis der Veränderungen erfuhr er, daß er Einsicht in die Bedeutung der epileptischen Energiemuster in seinem Leben gewann. „Dann wurde mir der Zusammenhang klar, daß ich seit meiner Geburt meinen Kopf als Mauerbrecher benutzt habe. Ich habe alle Schmerzen mit meinem Kopf aufgesogen, und alles, was ich je tat, hat sich um

den Gebrauch meines Kopfes zentriert. Ich vermute, daß Sie sagen wollen, daß mein ganzes Leben ein Kopftrip gewesen ist . . . Ich bin sicher, daß meine Anfälle genau meine Antwort mit dem Kopf auf zu viel Druck waren. Ich ließ niemals den Rest meines Körpers irgendeine Arbeit tun; ich stoppte einfach und stopfte alle Schmerzen und Gefühle in meinen Kopf hinein." [23]

In gewissem Sinne ist dies das Gegenteil von dem, was der Hysteriker tut, und mag den Unterschied zwischen hysterischen und epileptischen Konvulsionen erklären. Der Hysteriker versucht, aus dem psychischen Streß durch einen somatischen Prozeß herauszukommen. Die Umwandlungs-Symptome eines Hysterikers erweisen sich als ein Mittel der Weichenstellung für den Druck aus dem Kopf heraus. Der Hysteriker hat einen aufgeladenen Körper und versucht unaufhörlich, den Energieüberschuß zu verarbeiten. Der Epileptiker hat einen aufgeladenen Kopf und versucht verzweifelt, seinen Energieüberschuß nicht zu verarbeiten – bis der Druck zu dem Punkt ansteigt, wo ein Anfall verursacht wird, um das auszuführen, was der charakteristische Lebensstil zu verhindern trachtet: das Ausagieren. *Janovs* Patient fährt fort:

„Das exakte Gefühl, das ich während des Primals in meinem Kopf hatte, war das eines wogenden Kampfes, der innen in meinem Schädel ausgeführt wurde. Dieses Gefühl eines „wogenden Kampfes" empfand ich lange Zeit immer dann, wenn ich das Unmögliche tun wollte. Diese beiden Empfindungen waren sehr wichtig für mich, da sie die Natur meines Hauptwiderstandes enthüllten – alles durch Denken und Intellektualisieren in meinem Kopf zu absorbieren."[23]

Als die Wachstumskräfte begannen, die Kanäle des Energieflusses im Körper aufzubauen, kam die Realisation: „Ich brauche nie wieder Anfälle zu haben, weil es einfach ein Gegenstand der Frage an mich selbst war, ob ich leben oder sterben wollte; d.h. ob ich Primals oder Anfälle haben wollte; denn Anfälle zu haben, bedeutet zu sterben."

Müssen wir deshalb alle durch das gehen, was *Janov* ‚primals' nennt? Ist unsere Aufgabe als Therapeut, unsere Patienten so unter Druck zu setzen, daß sie jede Struktur aufgeben, die ihnen Abwehr gegen infantile Schmerzen verschafft?

X. Die Überlastung mit Schmerzen

Daß es in *Janovs* Sicht keinen Wert an sich in dramatischen Ausbrüchen von Emotionen gibt, kann man an seiner Erzählung eines Zwischenfalls sehen, den er berichtet:

„Kürzlich ‚flippte' im Primär-Institut eine Frau auf dem Boden des Warteraums aus, während ich in meinem Büro arbeitete. Sie schlug um sich, schrie und jammerte. Nach einer halben Stunde dieses Zustandes unterbrach ich das Diktat eines Briefes, um meine Sekretärin zu fragen, wer die Patientin sei. Weder sie noch irgendjemand sonst wußte es. Es stellte sich heraus, daß sie überhaupt keine Patientin war, sondern bloß jemand, der vorbeigekommen war. Es mißlang ihr, sich irgendwie verständlich zu machen, als wir sie fragten, und sie fuhr mit Unterbrechnungen mit ihrem Murmeln und Jammern fort. Wir kamen zu der Feststellung, daß sie eine psychotische Episode hatte, und riefen in der Klinik an, um sie zu ihrem eigenen Schutz in psychiatrische Verwahrung zu bringen." [30]

Was immer man über die Art und Weise, wie *Janov* mit dieser Episode umging, fühlen mag, die Betonung, die er gab, ist interessant. Wie verschieden ist eine Primal-Situation von einer psychotischen Episode? Wann unterstützt diese Art der Abreaktion Wachstum und wann blockiert sie Wachstum?

In *Janovs* Therapie ist die karthartische Befreiung von Emotionen eine Entlastung. Kürzlich suchte mich eine Frau auf, die bei einem Therapeuten gewesen war, der von *Janovs* Ansatz beeinflußt war. Ihre Darstellung von ihrer einen und einzigen Sitzung war, daß der Therapeut sie nichts über sich selbst gefragt hatte, sondern sie aufgefordert hatte zu schreien. Sie hatte es nicht einfach gefunden zu schreien, und der Therapeut hatte ihr gesagt, sie habe einen Widerstand gegen die Therapie. Auch hatte sie zu diesem Zeitpunkt keine besondere Lust zu schreien. Dies ist ein Beispiel von Mißbrauch der primärtherapeutischen Vorgehensweise, die *Janov* selbst kritisierte.

„Es geht nicht nur darum, um sich zu schlagen, sich vor Schmerzen zu krümmen und zu schreien", schreibt er, „sondern es ist notwendig, jedes und alle Gefühle bewußt zu integrieren. ‚Integration' ist ganz entscheidend." [30]

Janov beschreibt eine Gruppe von Therapeuten, die sich von seinem Institut abgespalten haben, weil sie glaubten, daß er die Wichtigkeit des Geburtsprimals nicht genug betonte. Um *Janovs* Position zu verstehen, ist es wichtig zu wissen, daß er drei Bewußtseinsebenen unterscheidet, die er first-line, second-line und third-line nennt. Die früheste ist ein nonverbaler Bewußtseinszustand, so wie ihn ein Baby im Mutterleib und in der Zeit, bevor die Sprachentwicklung beginnt, erfahren mag. Die zweite ist ein Bewußtseinszustand, in dem Worte gefühlsmäßig und expressiv gebraucht werden, doch bevor volle Einsicht oder Verständnis des eigenen

Verhaltens vorhanden ist. Die dritte Ebene ist die Ebene des rationalen Verstehens.

Aus diesem Grund hält *Janov* der Gruppe vor:

„Zu viel Schmerz kann nicht integriert werden. Es gibt eine Überlastung und der Patient symbolisiert das Übermaß . . . Mit einer Geburtsprimal-Philosophie bewaffnet, kann der Therapeut einen Patienten dorthin führen, wohin er nicht zu gehen bereit ist . . ."

Was den Mitgliedern dieser therapeutischen Gruppe passierte, ist – nach *Janov* – „daß sie auf der ersten Ebene feststeckten, jene frühen Schmerzen nicht in die dritte Ebene des Bewußtseins integrierten und demnach die Welt durch den Schleier der ersten Ebene sahen . . . Der Patient, der während seiner ersten drei Therapiewochen zur ersten Ebene geht, ist selten. Diejenigen, die das tun, sind für gewöhnlich hochgradig gestört und haben offensichtlich beinahe keinen Widerstand auf der zweiten oder dritten Ebene übrig. Sie können Borderliner oder ehemalige Süchtige sein. Es gibt ernsthafte Konsequenzen, wenn man auf der einen oder anderen Ebene gehalten wird. Bei der dritten oder zweiten Ebene zu bleiben, bedeutet, daß die erste Ebene noch das Verhalten lenkt. Auf der ersten Ebene gehalten zu sein bedeutet, daß der Patient unaufgelöste Primals hat, die ihn in so vielen Schmerzen festhalten und ihn aufwühlen, daß er nicht mit dem alltäglichen Leben fertigwerden kann." [30]

Ein Patient, der bei einem solchen Therapeuten war, schrieb mit folgenden Worten darüber:

„Ich weiß, wohin die Annäherung an die ‚erste Ebene' in der Therapie führt, denn während zwei Jahren versuchte ich, so zu fühlen, und ich erlebte eine ganze Menge von Gefühlen während der Zeit, hatte viele Geburtsprimals, kam aber indessen in meinem Leben nirgendwohin. Ich blieb ein Krüppel, unfähig, mich auszustrecken und das zu bekommen, was ich im Leben für mich selbst wollte, unfähig, zu kämpfen und eine Person zu sein, und sah dem wahren Horror und der Leere ins Gesicht, die mein vergangenes und gegenwärtiges Leben war." [30]

Janovs Darstellungen über den Mißbrauch der Primärtherapie sind besonders interessant und wert, in einiger Ausführlichkeit zitiert zu werden:

„Der Patient mag geknebelt sein, um sich schlagen, spucken, sich schütteln, würgen, sich aufbäumen, zucken oder was auch immer, wenn er in irgendein Gefühl gerät. Aber manchmal kommen unsere Körper in eine Primärsituation auf der ersten Ebene, während unsere Kräfte noch nicht dort sind . . . Dadurch wird der Patient überlastet und geht in Trümmer. Er ist nicht bereit, die erste Ebene zu integrieren, und sollte auf der zweiten oder dritten Ebene gehalten werden, bis sein Bewußtsein (nicht nur sein Körper) bereit ist . . . Der Patient wird in den Schmerz der ersten Ebene verstrickt und entwickelt keine Realität auf der dritten Ebene, um mit seinem gegenwärtigen Leben so, wie er sollte, fertigzuwerden. Manchmal zieht und ringelt sich der Körper gegen alle Arten von Schmerzen zusammen, und dieses Zusammenringeln sieht foetal aus und mag es sein ... Wenn dem Patienten erlaubt wird, so zusammengerollt zu bleiben, oder er ermutigt wird, diese Stellung dazu zu gebrauchen, um ein Geburtsgefühl zu erreichen, wird die foetale Abwehr ein primäres ‚cop out' ... Es hat das Aussehen von ‚primalling', da er viele Stunden jeden Tag schreien und heulen kann, wenn er jedoch aufhört, kann er sich genau so schlecht wie zu Beginn fühlen, und dieses schlechte Gefühl kann über Monate anhalten. Oder er kann sich wegen der Befreiung von den Spannungen besser fühlen, aber es wird ein vorübergehender Effekt sein ... Da der Patient überlastet ist, ist er in Gefahr, diese überschüssigen Schmerzen auszuagieren ... Der hysterische Patient, mit dem Spannung und Schmerz beständig durchgehen, derjenige, der die ganze Zeit sehr nahe an der ersten Ebene ist, ist genau der, der einige Hier und Jetzt-Abwehr braucht; er ist genau der, der sich nicht auf der ersten Ebene vernichten muß. Es ist nicht gut, wenn man die Erfahrung nicht integrieren kann."[30]

Diejenigen, die mit meinen Ideen vom Körperstrom und Wort-Strom vertraut sind, werden den gleichen Nachdruck auf die entscheidende Rolle der Integration bei jeder Art von intensiver Therapie erkennen, und darüberhinaus, daß es sogar noch wichtiger ist, wenn Integration stattfindet, die Kontaktstrukturen zwischen dem Patienten und dem Therapeuten und des Patienten zu sich selbst zu verbessern.

Ich nehme Bezug auf Leute, die in dem festgehakt sind, was *Janov* die Annäherung an die erste Ebene nennt, als würden sie in einem „primären Graben" feststecken. Je schneller sie versuchen, sich selbst durch das Freaking-out-Verhalten und durch Versuche, so zu fühlen, auszugraben, desto mehr graben sie sich selbst ein. Viele solcher Leute entwickeln nach ungefähr zwei Jahren derart abreaktiver Therapie einen halb-chronischen Eingeweide-Schmerz, wie ein *Loch im Magen*, das sie ständig offen halten. Ich nenne dies die „somatische Abwehr" gegen Integration, die parallel jedoch antithetisch zur verbalen Abwehr ist.

Emotionaler Ausdruck, wenn er zentriert ist und durch volle Teilnahme entstanden ist, fördert bessere Koordination und Selbstentfaltung. Zufällige Katharsis kann nur fragmentieren so wie *Janov* es gezeigt hat. Stanley *Keleman* hat über die Wahlmöglichkeiten, die auf diesem Weg verfügbar sind, geschrieben:

„Hinsichtlich der Energie ist nicht jede aufgestaute Ladung oder Spannung Schmerz aus der Vergangenheit. Oft repräsentiert sie die Herausbildung einer neuen Realität und sollte nicht in einigen karthartischen Explosionen vergeudet werden, die mit der Sprache der Vergangenheit umkleidet wurden und Lebendigkeit versprachen. Das ist emotionales Quälen und kompromittiert die größte Überlebensgabe des Menschen, die generelle Anpassungsfähigkeit und Flexibilität, die die Erneuerung von Gefühlen und das Agieren in vielen Situationen erlaubt. Das muß erlernt werden;

es kommt nicht einfach und natürlicherweise durch das Wegschaffen der Blocks zum Vorschein. Daß man durch Leid gehen muß, um Freude und gute Gefühle zu erreichen, basiert auf der jüdisch-christlichen Ethik, die besagt, daß Qual zum Guten führe. Genau gegen diese Haltung dem Schmerz gegenüber, der angeblich zur Freude führt, protestiere ich.

Wir sollten nicht vor dem tiefen Gefühlsausdruck von Menschen zurückschrecken, jedoch uns daran erinnern, daß Energie ein Ausdrucksmuster im Prozeß der Gestaltung oder Fixierung ist. Wir sollten Menschen helfen, ihren eigenen Gestaltungsprozeß zu erfahren. Wir können sie dahingehend erziehen, Anregung und Lernen über gewisse Zeiträume unterstützen und Stetigkeit in Ausdehnung und Selbstgestaltung erlauben. Wir können zur Vertiefung des Fühlens und aller Ausdrucksfähigkeiten, die zu einem Leben kontinuierlicher Selbstgestaltung führen, ermutigen." [32]

XI. Massage und Körperkontakt

Die einzigen beiden Situationen im normalen Leben, in denen der Körper des Erwachsenen möglicherweise angefaßt wird, ist bei sexuellen Erfahrungen und bei der Untersuchung körperlicher Beschwerden beim Arzt. Während sexuelle Begegnungen den Gipfel persönlicher subjektiver Erfahrung repräsentieren können, ist die Begegnung mit dem Arzt für gewöhnlich das Gegenteil, ein entlegenes und klinisches Ereignis. Wenn in der reichianischen Therapie die Massage angewandt wird, kann sie leicht mit dem einen oder anderen dieser beiden Extreme verwechselt werden, sie hat jedoch tatsächlich einen unterschiedlichen Rang.

Die Furcht davor, daß der Körperkontakt sexuell verführerisch werden könnte, ließ die traditionelle Therapie entkörperlicht werden, und als *Reich* das enorme therapeutische Tabu der Berührung brach, indem er seine Hände in der Therapie gebrauchte, hatte er einige Dekaden der Verleumdung durchzustehen, er sei ein Krimineller, der die Sitzungen dazu benützte, seine Patienten zu masturbieren etc., etc. Teilweise als Ergebnis hiervon gab es bei vielen von *Reichs* orthodoxen Nachfolgern eine Reaktion dem medizinisch-klinischen Extrem gegenüber; wenn diese Therapeuten mit dem Körper arbeiten, tun sie dies in einer ziemlich distanzierten unpersönlichen Art, ganz ungeachtet der Tatsache, daß sie versuchen, Menschen zu helfen, deren Schwierigkeiten *Blockaden im menschlichen Kontakt* umfassen.

Einige Leute erschrecken sehr vor Berührungen und können die therapeutische Berührung nur akzeptieren, indem sie sich abspalten und depersonalisieren. Andererseits sind Leute, die oberflächliche sexuelle Erregung suchen, ängstlich gegenüber tiefen Gefühlen, die mit Bindungen und dem

Sich-emotional-Öffnen einhergehen.
Grundsätzlich gibt es drei Ebenen der Tiefe, auf denen Körperkontakt funktionieren kann: Ich nenne sie die Reibungs-, Spaltungs- und Verschmelzungsebenen. Auf der Reibungsebene gibt es angenehme Hautempfindungen und peripheres Prickeln. Einige der populären Bücher, die kürzlich als Teil des Massage-Booms veröffentlicht wurden, gelangen nicht über diese Ebenen hinaus. Ich habe die Worte „Spaltung" (fission) und „Verschmelzung" (fusion) von *Perls* übernommen. Spaltung ist mit Explosionsfähigkeit verbunden. Wenn man hart genug auf einen verkrampften Muskel drückt, wird man früher oder später irgendeine Reaktion erhalten. *Reich* selbst warnte vor den Gefahren, die er ‚muscle-pushing' nannte; er meinte damit einen harten provozierenden Angriff auf die verspannten Muskeln als einen Weg, sie dahin zu bringen, das Quantum an Energie loszulassen, das sie gebunden hatten. Die Gefahr solch einer Vorgehensweise besteht darin, daß man dazu kommt, Muskelpanzer als tote mechanische Zwangssysteme anzusehen, die durch irgendeine Art Gewalt wie tote Hülsen zerbrochen werden müssen. Unglücklicherweise ist das Spannungssystem des Körpers ein dynamisches System. Wenn es an einem Ort gegenüber Gewalt nachgibt, stellt es sich irgendwo anders wieder her, um die Gesamtabwehr aufrechtzuerhalten. Alexander *Lowen* berichtet, wie er Jahre als reichianischer Therapeut damit verbrachte, Spannungen rund um den Körper zu jagen, bis er dieses Prinzip erkannte.
Sicher kann man durch diese Methode eine symptomatische Erleichterung erreichen. Aber Emotionen eines Patienten durch harten Druck aus seinen Muskeln zu pressen, kann nicht der beste Weg sein, einen Menschen zu lehren, was emotionale Selbst-Regulation bedeutet. Die Methode des Muskel-Druckes impliziert, daß der Therapeut seine Daumen wie Meißel gebraucht, um den Panzer wegzubrechen, ihn aufzuspalten. Je mehr die Massage einer Vergewaltigung der Muskeln ähnlich wird, desto stärker wird die Wirkung schwinden. Wer durchschreitet diesen Prozeß, der, der den Druck ausübt, oder derjenige, auf den er ausgübt wird? Es ist allzu leicht für den Patienten, sich dem Glauben zu unterwerfen, daß der Therapeut seine Spannung wegnimmt (dies wird unterstützt durch den Glauben an den Arzt als einen Magier). Einige Therapeuten gaben es sogar gänzlich auf, mit ihren Patienten zu sprechen, es handelt sich für sie lediglich um eine Frage der Manipulation der Muskeln und um das Heraustreiben der Emotionen. Es ist wichtig, daß wir uns daran erinnern, daß *Reichs* Prozeß der Vegetotherapie – die einem Menschen dabei hilft, ihn für die eigenen Lebens-Bewegungen zu sensibilisieren und in Kontakt mit seinen

tiefen unwillkürlichen Prozessen zu kommen – aus dem interpersonalen Kontakt heraus entstand, der sich auf Charakter-Reaktionen konzentrierte, d.h. wie ein Mensch sein Leben lebt.

Dies bringt mich zu der dritten, und ich glaube, tiefsten Ebene der therapeutischen Berührung, die ich die „Verschmelzungs"-Schicht nenne. *Perls* schreibt:

„Es gibt einen Weg, auf dem die Explosion und die Gefahr der Explosion oft verringert ist. Das ist der Prozeß des Schmelzens. Oftmals wird man finden, daß man an einem gewissen Punkt bewegt ist, verwirrt ist, und man beginnt zu schmelzen, man fühlt sich weich, man beginnt zu weinen." [9]

Reich beschrieb diese Gefühle des Schmelzens und identifizierte sie mit den Strömungssensationen, die Menschen fühlen, wenn ihre Energien in den tiefen Zentren des Körpers lebendig werden und vom Innern zur Oberfläche strömen. Die Menschen dürsten sehr nach der Berührung in einer Beziehung, bei der die Hände des Helfers geladene Energiesysteme für ihren eigenen Anspruch werden und nicht so funktionieren, daß sie die Energie zur Entladung treiben, sondern daß sie als Instrumente dienen, die einer Person die Erlaubnis geben, in der Welt zu existieren, was ihm bisher immer verweigert worden sein mag. Ehe ein verletzter Mensch seine Energie auf *integrierte* Weise loslassen kann, muß er sie sammeln und in den tiefen unteren Bauchbereichen zentrieren. Viele Menschen haben ihr Leben lang Energie verstreut. Bevor man einem Menschen effektiv dabei helfen kann, seine Persönlichkeit zu entdecken und nach außen zu bringen, muß man ihm paradoxerweise helfen, in sich selbst hineinzufinden. *Reich* war ein natürlicher Heiler in diesem Sinne.

Es gibt bestimmte Berührungsstile, die gelernt werden können – wie z.B. das dynamische Entspannungssystem von Gerda *Boyesen*, das gut mit dem Kontaktstil zusammengeht, den ich nun beschreiben werde, weil er die Integrität des Organismus berücksichtigt und für seinen Rhythmus sensibel ist. Es wird hier fundamental die Fähigkeit gefordert, zu einem anderen Menschen auf dem Wege durch die Hände die Beziehung herzustellen, die *Reich* „vegetative Identifikation" nannte; die Fähigkeit, im eigenen Körper zu spüren, welche Art Krise im Körper des anderen vor sich geht. Wenn wir uns ausstrecken, um einen anderen Menschen zu berühren, kommen zwei Lebens-Energiesysteme in Kontakt, und die Energie beginnt so zu fließen, daß die Individualität eines persönlichen Lebensstromes zurückgestrahlt wird. Als Ergebnis dieses Fließens kann sich oftmals spontane emotionale Befreiung ereignen, aber dies wird nicht als Ziel angestrebt. Anstatt den Weg der emotionalen Erschütterung zu nehmen, wird das Pulsieren, das sich einstellt, oftmals innerlich sein, den Körper füllen und ausdehnen, um eine erhöhte Spannung fassen zu können, anstatt ihn in einen geringeren Spannungszustand explodieren zu lassen. Die Unterscheidung, die ich mache, ist eine sehr grundlegende zwischen zwei verschiedenen therapeutischen Stilen, die Trygve *Braatøy* den „agent-provocateur"-Stil und den „midwife"-Stil nannte. Für einige Leute paßt naturgemäß der eine Stil besser als der andere. Viel wird davon abhängen, wo der Mensch, mit dem man arbeitet, steht. Grundlegend hängt der Gebrauch dieser beiden Stile davon ab, welche Art der Panzerung ein Mensch entwickelt hat, um sich gegen Verletzung zu schützen. Einige Leute haben Abwehrsysteme aus Stein – sie haben Steinmauer-Körper. Sie bilden eine zu massive Barriere, als daß sie fähig wären, die Lebensenergie auszudehnen. Für diese Menschen mag ein Therapeut mit einer Massagetechnik, die das Äquivalent zu Dynamit ist, hilfreich sein. Andere haben fragmentierte Körper, denen es kaum gelingt, sich zu irgendeiner Art von zusammenhängendem Lebensstil zu integrieren. Hier werden zusammenfügende Interventionen notwendig. Bei Menschen, die eine Mauer aus Eis um das Herz haben, kann ein auftauender Berührungsstil der einzige sein, der wirksam ist.

Ich glaube, daß der auf Explosion gerichtete Stil einer Therapie, der den Organismus provoziert, angreift und streßt, höchst erfolgreich für das Herausarbeiten der Wut sein kann, die in das eingeschlossen ist, was *Reich* den Muskelpanzer an der Peripherie des Körpers nannte. Er kann die oberflächliche Todes-Schicht sozialer Konventionen und Ersatzkontakte durchbrechen. Aber es ist kein zwingender Weg, um den basalen Lebensprozeß im Kern des Organismus und im Wesen eines jeden Menschen zu behandeln. Manchmal ist es nötig, zuerst an der Peripherie zu arbeiten und den Panzer aufzubrechen, bevor es möglich ist, Kontakt zum individualisierten Ausdruck des Lebens aufzunehmen. Manchmal ist es möglich, direkt von Anfang an mit der Wachstumsenergie eines Menschen zu arbeiten. Schädlich ist es, wenn wir diese Unterscheidung nicht beachten und die Entladung der Energie mit der Wiedergewinnung von Menschlichkeit verwechseln.

Übersetzt von Heidi Albrecht, Hamburg

Literatur-Hinweise für Kapitel 1 und 2

1. DARWIN, CHARLES: The Expression of the Emotions in Man and Animals. University of Chicago Press, 1965. (first published 1872)
2. FREUD, SIGMUND: The Origin and Development of Psycho-Analysis (1909). American Journal of Psychology, Vol. XXI. 1911.
3. REICH, WILHELM: Character Analysis, 3rd edition, 1949; deutsche Ausgabe: Charakteranalyse, Kiepenheuer & Witsch, Köln/Berlin, 1971
4. LABAN, RUDOLF: The Mastery of Movement.
5. RAKNES, OLA: „The Orgonomic Concept of Health and its Social Consequences". Orgonomic Medicine, Vol. I, 1955.
6. WAAL, NIC: „A Special Technique of Psychotherapy with an Autistic Child" in Emotional Problems of Children, ed. G. Coplan, Basic Books, New York. (Reprinted in Energy & Character, Vol. I, No. 3, Sept. 1970)
7. BAKER, ELSWORTH: Man in the Trap. New York, 1968.
8. LOWEN, ALEXANDER: Physical Dynamics of Character Structure. New York, 1958.
9. LOWEN, ALEXANDER: Betrayal of the Body. New York, 1967.
10. FELDENKRAIS, M.: Body and Mature Behaviour. London, 1948.
11. ALEXANDER, MATHIAS: The Use of the Self.
12. LAWRENCE, D.H.: Sex, Literature, and Censorship. London, 1955.

Literatur-Hinweise für Kapitel 3 - 11

1. SCHWENK, THEODORE: The Sensitive Chaos, London, 1965, „Das sensible Chaos. Strömendes Formschaffen in Wasser und Luft". 3. Aufl. Freies Geistesleben, 1968
2. KELEMAN, STANLEY: Your Body is Alive and More, Simon & Schuster, 1975
3. SZENT–GYORGI, ALBERT: Bio-energetics, New York, 1960
4. REICH, WILHELM: „The Basic Antithesis of Vegetative Life", Journal of Orgonomy, Vol. 1, 1967
5. KRAUS, FRIEDRICH: Klinische Syzyologie, Leipzig, 1926
6. DAMIEN, JON: „The Principle of Re-breathing", Energy and Character, Vol. 6, No. 2, 1975
7. OHSAWA, GEORGE: Zen Macrobiotics, Los Angeles, 1965
8. STREITFELD, HAROLD: „Experiences with Life-Energy", Energy and Character, Vol. 6, No. 2, 1975
9. PERLS, FRITZ: „Four Lectures", in Gestalt Therapy Now, Penguin Books, London, 1972

10. REICH, WILHELM: Cosmic Superimposition, Orgone Institute, 1952
11. COGHILL, G.E.: Anatomy & the Problem of Behaviour, London, 1929
12. THORPE, W.H.: Learning & Instinct in Animals, London, 1955
13. REICH, WILHELM: „The Expressive Language of the Living in Orgone Therapy", Character Analysis, Orgone Institute, 1949
14. KINSEY, ALFRED: Sexual Behaviour in the Human Female, New York, 1953, „Das sexuelle Verhalten der Frau", S. Fischer 1972
15. BREUER, JOSEF: „Intra-cerebral Tonic Excitations" in Studies on Hysteria, Pelican Books, 1974, „Studien über Hysterie", S. Fischer, Frankfurt a.M., 1973
16. REICH, WILHELM: „Falling Anxiety in an Infant of Three Weeks" in Cancer Biopathy, Orgone Institute, 1948
17. LOWEN, ALEXANDER: Betrayal of the Body, New York, 1967
18. WAAL, NIC: „Shock Therapy as a Subjective Experience", International Journal of Sex-Economy & Orgone Research, Vol. I, 1942. (under pseudonym of Mary Roberts)
19. BECCLE, H.C.: Psychiatry: theory and practice of nurses, London, 1946
20. REICH, WILHELM: The Function of the Orgasm, Orgone Institut, 1942; deutsche Ausgabe: „Die Funktion des Orgasmus. Die Entdeckung des Orgons". Fischer TB, 1972
21. GANZ, MICHAEL: „The Case of a Pre-Epileptic Child", Journal of Orgonomy, Vol. 6, No. 1, May, 1972
22. BAKER, ELSWORTH: Man in the Trap, Collier-Macmillan, 1967
23. JANOV, ARTHUR: The Anatomy of Mental Illness, New York, 1971; deutsche Ausgabe: „Anatomie der Neurose", Frankfurt, S. Fischer Verlag, 1974
24. KAUFMAN, WALTER: „Primal Therapy: Lobotomy without the Knife", Energy and Character, Vol. 6, No. 1, 1975
25. KELLEY, CHARLES: „Primal Scream and the Genital Character", Energy and Character, Vol 2, No. 3, Sept. 1971
26. KELLEY, CHARLES: Education and Purpose, 2nd edition
27. FREUD, SIGMUND: Collected Papers on Psycho-Analysis, I, London, 1924
28. KENT, CARON: The Puzzled Body, Vision Press, London, 1972
29. KENT, CARON: „A Case of Hysteria", Energy and Character, Vol. 1, No. 2, May, 1970
30. JANOV, ARTHUR: „The Dangers in the Misuse of Primal Therapy", The Journal of Primal Therapy, Vol. 1, No. 4, Spring, 1974
31. BOADELLA, DAVID: „A Person and his Experience", Energy and Character, Vol. 4, No. 2, May, 1973
32. KELEMAN, STANLEY: „The Cathartic and the Formative Principles", Energy and Character, Vol. 4, No. 2, May, 1973
33. BROWN, MALCOLM: Ein Vergleich zwischen „Direkter Körperkontakt-Psychotherapie" und Janovs Primär-Therapie: Ähnlichkeiten und Unterschiede, Integrative Therapie 2/3, 1975

Bioenergetische Analyse: Eine Weiterentwicklung der Reich'schen Therapie*

von Alexander Lowen, New York

Die Bioenergetische Analyse ist eine Erweiterung und Systematisierung der von *Reich* entwickelten Seele-Körperkonzeptionen. Die fundamentale These der Reich'schen Therapie ist die funktionale Identität des Muskelpanzers und des Charakterpanzers oder auch der Körperhaltung eines Einzelnen und seiner Ichstruktur. Diese Konzeption psychischer und physischer Einheit erlaubt es einem Therapeuten, Persönlichkeitsstörungen von dem Ausdruck und der Motilität des Körpers her zu diagnostizieren. Man kann zum Beispiel einen verschlossenen Menschen an seiner Körperhaltung erkennen. Dieser Zugang zu der Persönlichkeit über den Körper ist nicht neu. Jeder sieht den anderen als Körper, das heißt, er hat ein Bild vom anderen, in dem Körperformen, Bewegung und Gestik wichtige Informationen liefern. *Reich* war jedoch der erste, der diese Informationen in das analytische Verfahren integrierte.

Eine zweite grundlegende Idee *Reichs* stellt die Beziehung her zwischen der Hemmung emotionaler Erregbarkeit und der Restriktion des Atems. Bereits 1935 beobachtete *Reich*, daß sich der Widerstand gegen den analytischen Prozeß physisch in unbewußtem Anhalten des Atems manifestierte. Wenn der Patient ermutigt wurde, tief zu atmen, dann fiel der Widerstand zusammen und eine Flut verdrängten Materials mitsamt den begleitenden Wirkungen und Gefühlen wurde freigesetzt. Diese Beobachtungen führte *Reich* zu der Erkenntnis, daß emotionale Erregbarkeit abhängig ist von der Atemfunktion. Durch die Einschränkung der Sauerstoffzufuhr reduziert der Mensch den metabolischen Prozeß in seinem Körper und senkt damit seinen Energiespiegel. Die Dämpfung des metabolischen Feuers kühlt die Erregungen des Körpers. Die Kinder scheinen zu wissen, daß Atemanhalten schmerzhafte Gefühle abfängt und bedrohliche Impulse unterdrückt.

Neben ihrer Auswirkung auf den Metabolismus übt die eingeschränkte Atmung auch eine restriktive Wirkung auf die Motilität des Körpers aus. Die Atembewegungen fließen über den Körper wie Wellenbewegungen, die bei der Einatmung nach oben und bei der Ausatmung nach unten ge-

---

* Dieser Beitrag erschien erstmals in: D. Boadella, In The Wake of Reich, London 1976 und wird mit freundlicher Genehmigung von David Boadella hier veröffentlicht.

hen. Diese Bewegungen, die den Nährboden für den emotionalen Ausdruck bilden, werden durch chronische Muskelspannungen vor allem in Hals, Brust, Zwerchfell und Bauch blockiert. Die Spannung im Hals ergibt sich aus der Hemmung des vokalen Ausdrucks. Sie stellt eine unbewußte Verdrängung der Impulse des Weinens, Schreiens und Heulens dar. Chronische Spannungen in der Brust stehen in engem Zusammenhang mit Muskelverkrampfungen im Schultergürtel, die das Ausstrecken der Arme verhindert. Die Erstarrung des Thorax unterdrückt das Verlangen nach Liebe, das seinen Ausdruck im Weinen und Ausstrecken der Arme finden würde. Diese Gefühle werden unterdrückt, weil wiederholte Enttäuschungen in der Kindheit sie zu schmerzvoll gemacht haben. Muskulare Verspannungen oder Verkrampfungen in irgend einem Teil des Körpers beeinflussen die Atmung, weil die Atmung eine Tätigkeit des ganzen Körpers ist. Ein zusammengebissener Kiefer oder zusammengepreßte Hinterbacken verringern die Atembewegungen und schränken die Atemzufuhr ein. Allgemein gesprochen kann man sagen, wenn diese Spannungen in der Oberflächenmuskulatur des Körpers vorherrschen, dann ist die Folge eine allgmeine Erstarrung sowohl physischer als auch psychischer Natur. Umfaßt die hauptsächliche Muskelverspannung die tieferliegenden, kleinen Muskeln in der Umgebung der Gelenke, dann ist Schlaffheit und Gebrochenheit die Folge. Beide führen zum Verlust der Integrität auf physischer wie auf psychischer Ebene. Ziel der bioenergetischen Therapie ist die Lösung der chronischen Muskelverkrampfungen des Körpers und dadurch die Wiederherstellung der natürlichen Motilität und Ausdruckskraft des Organismus.

Der dritte Hauptgedanke der Reichschen Therapie behandelt die Rolle der sexuellen Erfüllung für die Regulierung des Energiehaushalts im Körper. *Reich* postulierte, daß eine volle orgastische Befriedigung alle überschüssige Energie im Organismus abbaue und daß so keine Energie übrig bliebe, die für die Unterstützung neurotischer Verhaltensmuster verfügbar wäre. Er erkannte, daß dieser Abbau nicht eintritt, wenn die Energie in chronischen Muskelverspannungen festgehalten wird, und daß diese beseitigt werden müßten, wenn der volle Orgasmus erreicht werden solle. Er war der Überzeugung, wenn ein Mensch die Fähigkeit entwickele, alle seine überschüssige Energie im Orgasmus abzubauen, das heißt, wenn er orgastisch potent würde, dann wäre seine emotionale Gesundheit gesichert, da keine Energie für neurotische Verhaltensweisen verfügbar wäre. Daher wurde die orgastische Potenz das Ziel der Reichschen Therapie und das Kriterium emotionalen Wohlbefindens.

Diese drei Ideen konstituieren den Rahmen der Reichschen charakteranalytischen Vegotherapie, und sie wurden, mit einigen wesentlichen Modifikationen, zur Grundlegung der bioenergetischen Analyse.
Reich stieß aber bei der Verfolgung seines Interesses am energetischen Lebensprozeß noch weiter vor. Er entwickelte die Idee der Orgonenergie, die er als die spezielle Lebensenergie bezeichnete. Er arbeitete in der Krebsforschung, wo er, wie ich meine, wesentliche Beiträge leistete. Er untersuchte viele physische Phänomene im Hinblick auf seine orgonenergetichen Theorien. Diese Entwicklung führte dazu, daß er den Namen seines therapeutischen Ansatzes in ‚Orgontherapie' umwandelte. Die bioenergetische Analyse ging in eine andere Richtung. Sie richtete ihre gesamte Aufmerksamkeit auf die Körperfunktionen mit dem Ziel, die körperlichen Prozesse und die psychischen Phänomene in einer umfassenderen Weise zu integrieren, als *Reich* es getan hatte. Das Ergebnis ist ein tieferes Verständnis der Persönlichkeitsstörungen und die Entwicklung wirksamerer Techniken für ihre Behandlung. Eine gute Illustration für die Wirksamkeit der bioenergetischen Techniken ist die Behandlung der Depression. Gefilmte Studien haben gezeigt, daß bei dem depressiven Menschen die Motilität merklich herabgesetzt ist. Unsere Beobachtungen zeigen deutlich an, daß auch die Atmung bei dieser Störung merklich eingeschränkt ist. Die Auswirkung dieser Herabsetzung des fundamentalen biologischen Körperprozesses bedeutet die Verminderung der emotionalen Erregbarkeit. Wenn wir für einen Augenblick einmal die psychischen Faktoren ignorieren, die bei diesem Zustand mitwirken, dann bleibt doch die Tatsache, daß jedes Verfahren, das die Atmung stimuliert und die Motilität des Körpers verstärkt, den Menschen aus seinem depressiven Status herausheben muß. Die Benutzung der speziellen Techniken der bioenergetischen Analyse ermöglichen häufig eine ziemlich rasche zeitweilige Besserung dieser fundamentalen Funktionen. Für den Patienten, der keine Ahnung hatte, daß das, was er als psychische Störung ansah, direkt und wesentlich mit seinen Körperaktivitäten in Verbindung stand, ist das Ergebnis häufig überraschend. Diese unmittelbare Befreiung von der Depression ist deshalb nur von kurzer Dauer, weil die dynamischen Faktoren, die in dem Patienten eine depressive Tendenz verursacht haben, noch unberührt sind. Es ist daher vorherzusehen, daß die Depression wiederkehrt. Ich weise also die Patienten darauf hin, daß eine Wiederkehr wahrscheinlich ist. Da sie aber die Befreiung erfahren haben, wissen sie auch, daß eine fortgesetzte Arbeit an der Verbesserung des Atems und der Motilität des Körpers die Tendenz zur Depression überwinden wird.

Was ist das für eine Tendenz? Es wird überraschen, wenn ich erkläre, daß eine Depression eintritt, wenn eine Illusion zusammenbricht, die der Patient bei sich genährt hatte. Diese Illusionen, die direkt unter der Oberfläche des Bewußtseins angesiedelt sind, haben die Funktion, die Seele gegen ein tiefliegendes Gefühl der Verzweiflung zu wappnen. Die Seele des Kindes kann elterliche Zurückweisung und Ablehnung nicht akzeptieren. Sie gewinnt die Vorstellung, die Liebe, die nicht gegeben wird, könne mit gutem Betragen, Erfolg, Leistungen, Intelligenz, Liebenwürdigkeit etc. verdient werden. Das führt zu der Illusion, wenn man nur anders sein könnte, dann könnte alles in Ordnung kommen. Das Kind lehnt seine eigene Natur, seine Gefühle und seine Seinsweise ab, um einem Selbstbild zu genügen, das ihm durch die Forderungen der Eltern aufgenötigt worden ist. Die Tendenz zur Depression gründet sich auf der Ablehnung und Verleugnung des Selbst und auf den Versuch, dadurch Zustimmung zu erlangen, daß man so ist, wie ein anderer es wünscht. Zustimmung ist aber, ganz gleich, weiviel man davon für Erfolg oder Leistung erhält, kein adäquater Ersatz für Liebe. Die Liebe akzeptiert den anderen ganz und gar, ohne Bedingungen oder Forderungen. Die erste Illusion besteht darin, daß man diese Liebe verdienen könne. Wenn man merkt, daß das Ziel sinnlos und der Kampf vergeblich war, dann bricht die Illusion zusammen. Sei es auch, daß der Mensch nicht vollständig versteht, was geschieht; er gibt jedenfalls alle Bemühungen auf und wird depressiv. Jede Depression zeigt an, daß der Mensch den Punkt ‚was nützt das alles' erreicht hat. Sie bezeichnet die Rückkehr zu der ursprünglichen Verzweiflung, die durch das Scheitern der bewußten Bemühung noch verstärkt wird.
Die Sequenz Verzweiflung, Anstrengung, Scheitern und Depression muß psychisch durchgearbeitet werden, so daß der Patient ein Verständnis für den *circulus vitiosus* erwerben kann, in dem er sich verfangen hat. Ich habe aber festgestellt, daß dieses Verständnis im allgemeinen nicht ausreicht, die depressiven Tendenzen zu überwinden, ohne daß eine Umkehrung der Selbstablehnung und Selbstverleugnung, die die Tendenz verstärken, stattfindet. Um diese Umkehrung zu erreichen, muß man eine zweite Illusion zerstören, die nämlich, die eigenen Verhaltensweisen seien eine Sache der Selbstkontrolle. Diese Illusion setzt überdies das Selbst mit der Seele und dem Selbstbild gleich und ignoriert den Körper als Basis der eigenen Existenz in der Welt. Wenn wir älter werden, erkennen wir, daß das Selbst nicht Herr über den Körper ist. In unserer Jugend hatte es den Körper erbarmungslos für die Verfolgung seiner Ziele angetrieben, und nun kann der müde Körper nicht mehr weiter. Wir sind mit Krankheit geschlagen und haben eine Vorahnung des Todes. Wir haben irgendwie das

Gefühl, daß wir den Zug verpaßt haben. Lust und Freude des Lebens haben uns unmerklich verlassen. Wir sind hilflos, und wieder überwältigt uns das Gefühl ‚was nützt das Ganze überhaupt überhaupt'. Wir werden depressiv.

Der Mensch, der im Sinne seines Körpers lebt, wird nicht depressiv. Er weiß, daß Lust und Freude von guten Körpergefühlen abhängig sind, und er ist mit seinem Körper gut genug in Kontakt, um ihre Abwesenheit zu spüren und um geeignete Maßnahmen zu ergreifen, die sie wieder herstellen. Er ist sich der körperlichen Spannungen bewußt, und er weiß, daß sie, solange sie bestehen, seine emotionale Anregbarkeit bedingen und determinieren. Kontakt mit dem eigenen Körper ist für ihn gleichbedeutend mit dem Kontakt zur Realität, zur fundamentalen Realität der eigenen Existenz. Er hat keine Illusionen von sich oder vom Leben. Er akzeptiert seine Gefühle als Ausdruck seiner Persönlichkeit und er hat keine Schwierigkeiten, sie zu äußern. Wenn ein Mensch zu dieser Seinsweise zurückkehren kann, dann ist seine depressive Tendenz beseitigt. Er kann enttäuscht werden, und er kann über Ereignisse in seinem Leben traurig sein, aber er kann nicht in Depression zusammenbrechen.

Der Kontakt mit dem eigenen Körper ist das leitende Prinzipder bioenergetischen Analyse. Je gestörter ein Mensch im emotionalen Bereich ist, desto weniger ist er in Kontakt mit seinem Körper. Die bioenergetische Analyse versucht, den Patienten in Kontakt zu bringen mit dem fundamentalen Bezügen seiner Existenz, das heißt unter anderm mit dem Bezug zu der gasförmigen Umgebung, in der er funktioniert. Die Qualität des Kontakts zwischen den Füßen und dem Boden bestimmt, wie gegründet ein Mensch ist, ob seine Füße nämlich fest verwurzelt sind oder ob er ‚in den Wolken schwebt', ob er auf seinen eigenen Füßen steht oder ob er abhängig ist und der Unterstützung durch andere bedarf. Die meisten Patienten werden sich rasch bewußt, daß sie nicht das Gefühl haben, ihre Füße seien in vollem Kontakt mit dem Boden. Manche äußern sogar, sie ständen auf ihren Knien. Nicht zu wissen, wie man steht, heißt aber nicht zu wissen, wo man steht oder auch, als Mensch keinen Stand zu haben. Ein armseliger Kontakt mit dem Boden wird durch chronische Muskelverspannungen in den Füßen, in den Beinen, im Beckenbereich und im ganzen übrigen Körper verursacht. Ein hoher Spann und schmale Füße deuten hin auf den Zug weg vom Boden. Plattfüße und ein kraftloser Spann zeigen die Unfähigkeit, sich auf dem Boden zu bewegen oder ihn zu verlassen. Neben diesen Verspannungszonen findet man häufig chronische Verkrampfungen in den Muskeln der Beine und Oberschenkel, der Fesseln usw. Jede dieser chronischen Verspannungen spiegelt eine Bewegungseinschränkung wider und repräsentiert in der Folge eine Einschränkung des Ausdrucks und des Selbst. Jede hat eine Geschichte, die psychologisch erhellt werden muß, wenn die Verspannung gelöst werden soll.

Der Boden wird immer als Symbol für die Mutter interpretiert. Boden gleich Erde gleich Mutter ist ein Grundgedanke der bioenergetischen Analyse. Die Art und Weise, wie ein Mensch steht, sagt uns viel über seine frühe Beziehung zu seiner Mutter. Die Ungesichertheit der Beziehung überträgt sich auf die Unsicherheit des Stehens und wird zur fundamentalen Unsicherheit seines Lebens.

Die zweite vorherrschende Beziehung ist die zur Luft, und die Qualität dieser Beziehung spiegelt sich im Atem. Luft oder Atem ist gleichbedeutend mit dem Geist, dem *pneuma* der alten Religionen, ist ein Symbol geistiger Macht, die in Gott, der Vaterfigur, wohnt. Atmen ist ein aggressiver Akt, denn das Einatmen ist ein aktiver Prozeß. Der Körper saugt die Luft ein. Die Art und Weise, wie man atmet, manifestiert das eigene Gefühl in bezug auf das Recht, zu bekommen, was man vom Leben haben will. Beim Atmen sind wir identisch mit dem männlichen Prinzip, das heißt dem aktiven oder aggressiven Lebensprinzip. Diese Vorstellung zeigt uns die breite Basis, auf der die bioenergetische Analyse ruht. Mit diesem Konzept ist es in vielen Fällen möglich, die Beziehung eines Menschen zu seinem Vater zu analysieren.

Es gibt mehrere Arten von Atemstörungen, die zur Persönlichkeitsfunktion in Beziehung stehen. Zwei sind so wesentlich, daß sie in dieser Darstellung beschrieben werden sollen. Bei dem schizoiden und schizophrenen Patienten stellt man zum Beispiel rasch fest, daß sein Brustkorb in der Ausatmungsphase zusammengepreßt ist. Die Einatmung ist außerordentlich eingeengt, so als wären die Muskeln des Brustraumes, des Zwerchfells und des Halses teilweise gelähmt. Bei diesen Patienten gibt es in der Tat eine teilweise Lähmung aller automatischen und unwillkürlichen Körperfunktionen. Diese teilweise Lähmung steht in Beziehung zu einem Zustand des Entsetzens, der dem schizoiden Patienten überwiegend unbewußt ist, beim schizophrenen aber zum Bewußtsein kommt. Diese Seiten des schizoiden Lebens habe ich beschrieben in meinem Buch *The Betrayal of the Body.* Beim Neurotiker stellt man dagegen häufig fest, daß der Brustkasten in der Einatmungsstellung verharrt. Er ist in der Regel aufgeblasen, und der Patient hat Mühe mit der vollständigen Ausatmung. Er hält die Luft an als Sicherheitsmaßnahme. Eine tiefe Ausatmung ruft bei ihm häufig ein Gefühl der Panik hervor, so als wäre er nicht fähig, wieder Luft zu bekommen. Er behält den Atem drinnen, während der Schizoide sich einfach festhält. In beiden Fällen deckt die Arbeit mit dem Atem des Patienten bald seine Grundängste auf und fördert die psychische Verarbeitung dieser Ängste.

Die Unterscheidung zwischen einer schizoiden und einer neurotischen Atmung ist nicht absolut. Sie ist genaugenommen ebenso wenig absolut wie die Unterscheidung zwischen dem schizoiden und dem neurotischen Verhalten. Was man sagen kann, ist, daß eine restriktive Einatmung eine schizoide Tendenz in der Persönlichkeit kennzeichnet, während die restriktive Ausatmung ein Zeichen für eine neurotische Tendenz ist. Und selbst diese Unterscheidung ist nicht so wichtig wie die Tatsache, daß der Patient nicht frei und vollkommen ein- und ausatmet.

Die Beschreibung der bioenergetischen Techniken, die benutzt werden, um die Atemfunktion von den chronischen restriktiven Muskelanspannungen zu befreien, geht über den Rahmen dieser Darstellung hinaus. Eine dieser Techniken verdient jedoch einige Beachtung. Sie bezieht die Benutzung der Stimme mit ein. Die Breite und Qualität der Tonerzeugung ist ein Maßstab für die Beurteilung der Persönlichkeit.

Das Wort Person leitet sich her von dem Ausdruck ‚per-sona', was ‚Hindurchtönen' bedeutet. Man kann einen Menschen an seinem Ton erkennen, und man kann an den Tönen, die jemand äußert, erkennen, was er fühlt. Menschen, die beim Weinen, Schreien und Heulen gehemmt sind, sind in ihrer Atmung durch die Verspannung eingeschränkt, die diese Ausdrucksformen blockieren. Bekommt man einen Patienten so weit, daß er weint oder schreit, dann ist das einer der wirksamsten Wege, die blokkierte Emotion zu lösen und die Atemfunktion zu befreien. Das Schreien kann häufig hervorgerufen werden durch punktuellen Druck auf die vorderen Skalenusmuskeln, während der Patient einen getragenen Ton von sich gibt. Der willkürliche Schrei schickt einen Strom von Gefühl durch den ganzen Körper, von dem Scheitel bis zur Fußsohle, und schafft eine völlige und ungeteilte Körperbewußtheit. Wie auch immer das Persönlichkeitsproblem aussieht, es spiegelt sich in einer Störung des Gefühlsstroms im Körper. Dieser Gefühlsstrom ist die Grundlage aller emotionalen Reaktionen. Wird er unterdrückt, dann ist die emotionale Erregbarkeit flau. Ist er gebrochen, dann sind die emotionalen Reaktionen widersprüchlich und ambivalent. Nur in dem emotional gesunden Menschen ist der Strom vollkommen, frei und rhythmisch. Ein solcher Mensch ist fähig, seine Gefühle der Liebe, der Wut, der Furcht und der Trauer mühelos und mit vollständiger Selbstkontrolle auszudrücken. Er hat Selbstbeherrschung.

Wenn der Gefühlsstrom durch chronische Muskelverspannungen blokkiert ist, dann ist die Selbstbeherrschung eingeschränkt. Dann wird es wichtig, diese Verspannungen zu beseitigen. Drei Schritte sind nötig, um das zu erreichen. Erstens muß sich der Patient seiner Verspannung bewußt werden, das heißt, er muß die Verspannung fühlen und den Impuls wahrnehmen, dessen Ausdruck blockiert ist. Er muß zum Beispiel wahrnehmen, daß sein zusammengepreßter Kiefer Beißimpulse zurückhält, daß seine angespannten Schultern Impulse des Schlagens und Greifens zurückhalten usw. Jede chronische Muskelverspannung repräsentiert eine Ausdruckshemmung bestimmter Gefühle. Die Verspannung ist das physische Gegenstück zur psychischen Hemmung. Verspannungen sind aber keine isolierten Phänomene. Sie stehen untereinander in Wechselbeziehung und determinieren alle gemeinsam die Charakterhaltung des Menschen. Der Patient muß sich dieser Haltung bewußt werden und ihre Rolle in der Determinierung seines Verhaltens begreifen. Das ist es, was *Reich* die Charakteranalyse nannte.

Zweitens muß der Patient den Ursprung seiner Verspannung oder Hemmung entdecken und ihre Geschichte erhellen. Das ist die analytische Seite der bioenergetischen Therapie. Wird diese Seite vernachlässigt, dann bleibt der Patient ohne Verbindung mit seiner Vergangenheit, und der zugrundeliegende Konflikt, der die Verspannung hervorgebracht hat, wird niemals wirklich gelöst. Auch bei diesem Schritt ist die Konzentration niemals auf die einzelne Verspannung beschränkt. Das ‚Warum' einer bestimmten Verspannung wird ausgedehnt und umfaßt das ‚Warum' der gesamten Charakterstruktur. Der Patient muß sich selbst als ein Produkt einer einmaligen historischen Entwicklung sehen. Wenn er das ganze Bild im Blickfeld hat, dann bekommt das Puzzlespiel seines Lebens einen Sinn. Diese Gedanken werden in meinem Buch ‚*The Language of the Body*' entwickelt.

Drittens müssen die blockierten Impulse durch geeignete Bewegungen gelöst werden. Solange das nicht geschieht, bleibt die Analyse steril und es geschieht keine Veränderung in der Gesamtpersönlichkeit.

Der Begriff ‚geeignete Bewegung' bedeutet auch geeignete Umgebungen. Eine destruktive Verhaltensform agiert die blockierten Impulse in den sozialen Beziehungen aus. Ob man solch ein Verhalten nun als Schuld empfindet oder nicht, es negiert die Würde und Integrität des Selbst und der Anderen. Die bioenergetische Therapie stellt die Möglichkeiten bereit, durch die die Impulse im kontrollierten Setting der therapeutischen Situation zum Ausdruck kommen können. Blockierte Wut zum Beispiel kann durch Schläge oder Tritte auf die Matte gelöst werden. Bei diesem Verfahren besteht keine Gefahr, daß der Patient oder jemand anders verletzt wird. In allen meinen Praxisjahren bin ich nie von einem Patienten verletzt worden. Auf diese Weise kann das volle Ausmaß der Emotionen vom tiefsten Verlangen bis zur heftigsten Wut seinen Ausdruck bekommen.

Ein Vorteil der Arbeit mit diesen Techniken liegt darin, daß der Patient vieles selbst tun kann, um sich zu helfen. Die Kontaktaufnahme mit dem Körper ist keine einmal wöchentliche Aktivität. Jeder wache Augenblick und jede Bewegung verschafft dem Patienten die Gelegenheit, seine Körperbewußtheit zu steigern. Der Patient entwickelt eine Gefühlsbewußtheit seiner selbst anstelle der intellektuellen Bewußtheit, die aus der Analyse der eigenen Gedanken resultierte. Meine Patienten führen zusätzlich viele der therapeutischen Übungen zuhause durch und fördern dadurch nicht nur ihr emotionales Wohlbefinden, sondern gleichzeitig ihre physische Gesundheit.

Eine der vielen Modifikationen, die die Reichsche Therapie durch die bioenergetische Analyse erfuhr, ist der Wechsel von der orgastischen Potenz hin zur Lust als dem therapeutischen Ziel. Mit Lust meine ich nicht irgend eine momentane Selbstbefriedigung, sondern vielmehr die Freude am Leben. Ziel der Therapie ist es, dem Patienten dabei zu helfen, die Fähigkeit zu Lust und Freude zu gewinnen. Das ist ein breiteres Ziel, als es bei *Reich* formuliert wird, denn es umfaßt Lebensfreude, sexuelle Lust und orgastische Befriedigung. Die Analyse der sexuellen Konflikte ist zwar immer noch einer der Brennpunkte der therapeutischen Bemühungen in der bioenergetischen Analyse, aber diese Therapie vermeidet die ausschließliche Beschäftigung mit dem Sex, die den Reichschen Ansatz charakterisierte.

Am Anfang dieser Darstellung habe ich das wachsende Interesse am Körper und an der unmittelbaren Erfahrung als die Hauptzüge der neuen psychotherapeutischen Ansätze erwähnt. Die Bedeutung dieser Ausrichtung wird in der folgenden kurzen Fallgeschichte einer Sitzung sichtbar. Die Patientin, eine junge Frau von fünfundzwanzig Jahren, konsultierte mich wegen einer schweren depressiven Reaktion, die in einem Selbstmordversuch ihren Höhepunkt gehabt hatte. Sie war für diese Konsultation aus dem Krankenhaus beurlaubt worden. Nachdem wir ihre Situation besprochen hatten, arbeiteten wir mit einigen bioenergetischen Übungen, die dazu angetan waren, ihre Atmung und ihre Motilität zu steigern und den Gefühlsausdruck zu fördern. Am Ende der Sitzung war ihre Hautfarbe besser, ihre Augen waren lebendiger und ihr Körper hatte mehr Gefühl. Beim Gehen sagte sie zu mir: „Dr. Lowen, ich kam ohne Hoffnung her, aber ich gehe mit einem Gefühl der Hoffnung fort." Der Zugang zu der Persönlichkeit über den Körper bedeutet für die Psychotherapie eine neue Hoffnung für das Verständnis und die bessere Bearbeitung von Problemen, die durch verbale Techniken nicht angerührt werden können. Das betrifft die Charakterstörungen wie zum Beispiel die schizoide Persönlichkeit, die oralabhängige Persönlichkeit, die masochistische Persönlichkeit und die rigide, zwanghafte Persönlichkeit. In der Behandlung dieser Persönlichkeitsprobleme erweisen sich verbale Techniken als relativ impotent, da ihre Ausprägung im Körper verankert ist. Die schizoide Persönlichkeit zum Beispiel ist bestimmt durch eine Dissoziation des bewußten Geistes vom Körper und gründet sich auf einer Herabsetzung des Gefühls im Körper. Eine Steigerung der Körpersensationen und eine Mobilisierung der Körperbewußtheit sind die unmittelbaren Verfahren, die diese Geist-Körperdissoziation überwinden können. Die oralabhängige Persönlichkeit ist durch Gefühle der Ungesichertheit bestimmt, die aus dem inadäquaten Kontakt zwischen Füßen und Boden herrühren. Neu erlangte Gefühle in Beinen und Füßen überwinden das Gefühl der Ungesichertheit und reduzieren die Abhängigkeiten dieser Persönlichkeit. Die masochistische Persönlichkeit ist, allgemein gesprochen, bestimmt durch chronische Muskelverspannungen, die den Nacken und den Beckenabfluß einengen. Der Masochist kann betrachtet werden als Mensch, in dem sich alles aufgestaut hat, und dessen Hauptklage der Furcht gilt, er könne platzen. Werden diese Verspannungen gelöst, dann verringert sich die masochistische Tendenz zu jammern, zu klagen und zu leiden. Rigide, zwanghafte Menschen sind durch starre, angespannte Körper charakterisiert, deren psychische Rigidität nur aufgeweicht wird, wenn die körperliche Starre gelöst ist. Der interessierte Leser wird für eine vollständige Analyse dieser Persönlichkeitsstrukturen auf *Reichs* Werke und meine Bücher verwiesen. Der Kontakt mit dem eigenen Körper eröffnet dem Einzelnen eine neue Hoffnung auf eine sinnvolle Existenz in diesen verwirrten Zeiten. Alle Werte können heute angezweifelt werden, nur ein einziger nicht. Dieser eine Wert, der außer Frage steht, ist die körperliche Gesundheit. Wer mit seinem Körper in Kontakt ist, ist sich seiner Verspannungen bewußt. Er nimmt wahr, wann sein Atem gestört ist, und er kann tun, was nötig ist, um seine Körperfunktion wieder zu ihrem optimalen Stand zu verhelfen. So kann er die Verantwortung für sein emotionales und physisches Wohlbefinden übernehmen. Wer nicht mit seinem Körper in Kontakt ist, projiziert seine Probleme auf andere und sucht die Lösung für seine persönlichen Schwierigkeiten in einer radikalen gesellschaftlichen Veränderung. Die Illusion, daß die Gesellschaft sich ändern könne ohne eine vorhergehende Änderung der Charakterstruktur ihrer Glieder, ist von *W. Reich* in seinem Buch *The Mass Psychology of Fascism* entlarvt worden. Der unvermeidliche Zusammenbruch dieser Illusion wird die Sozioradikalen früher oder später in Depressionen stürzen.

Übersetzt von Monika Ross, Lüneburg

Literatur:

LOWEN, A.: Physical Dynamics of Character Structure. New York: Grune & Stratton, 1958.

LOWEN, A.: Love and Orgasm. New York: Macmillan, 1965.

LOWEN, A.: The Betrayal of the Body. New York: Macmillan, 1967.

LOWEN, A.: Pleasure. New York: Coward-Mc Cann, 1970.

LOWEN, A.: The Language of the Body. New York: Macmillan, 1971

LOWEN, A.: Depression of the Body. New York: Coward-Mc Cann, 1972.

LOWEN, A.: Bioenergetics. New York: Coward-Mc Cann, 1975.

LOWEN, A., LOWEN, L.: The Way to Vibrant Health. New York: Harper Colophon, 1977.

Zur Rolle des Körpers in der bioenergetischen Analyse

Rainer Frank, Renate Frank, München

Befaßt man sich mit einer neuen, noch nicht geläufigen Psychotherapiemethode, so suchen die meisten nach bekannten Ausdrücken und Vorgehensweisen. Entdeckt man bereits dann Bekanntes, ist man froh: Man hat den gewohnten Rahmen auf den man das Neue beziehen und in den man es einordnen kann. Dabei übersieht man zu gern – denn es scheint das Erstverständnis zu erleichtern – daß gleiche Bezeichnungen in verschiedenen Bezugsrahmen recht unterschiedliche Bedeutung haben können. Das gewohnte Schema, hauptsächlich die Grundannahmen, fließt in das neue System ein und verzerrt dessen Konstrukt, ja, läßt es manchmal sogar als diskongruent erscheinen. Dies geschieht um so eher, je mehr ein System der Entwicklung nach in früheren Modellen verwurzelt ist und je mehr Fremdanteile es hinzugenommen hat. Ein Beispiel dafür ist die bioenergetische Analyse: Ihre Urheber – *Alexander Lowen, John Pierrakos* und *William Walling* – verwenden viele Begriffe aus dem psychiatrischen und psychoanalytischen Wortschatz, der Fremdanteil des stark körperorientierten Modellansatzes aber veränderte ihre Bedeutung wesentlich.
Deshalb empfehlen wir dem Leser die im Modell benützten Begriffe wie neue zu gebrauchen – also nicht mit den Inhalten der ihm gewohnten Theorie zu belegen oder zu vergleichen – so daß sie sich zu einem neuen System zusammenfügen können. Zum anderen erscheint es gleichzeitig notwendig, die historische Abkunft des Systems aufzuzeigen, um die sprachliche Verquickung erfassen zu können.

A. Historische Entwicklung zur bioenergetischen Analyse

Betrachtet man die Reihe der Lehrer, so scheint die Entwicklung recht simpel zu sein: *Siegmund Freuds* Schüler *Wilhelm Reich* war Lehrer von *Alexander Lowen* und *John Pierrakos.* Eine kurze, direkte Linie:' Sie kommt in der Form, d.h. dem der Psychoanalyse nahestehenden Wortschatz, zum Ausdruck.
Die inhaltliche Entwicklung ist dafür umso vielfältiger und bedarf der Zusammenschau mehrerer Grundannahmen.

Siegmund Freud entwickelte seine psychoanalytische Technik – grob beschrieben – in vier Schritten:

a) Hypnose mit Zielsuggestionen (1887)
b) Hypnose mit dem analytischen Ansatz: Das Wachrufen von Erinnerungen mit Katharsis (1889)
c) Hypnose mit Einsicht durch Interpretation (1892)
d) Freie Assoziation und Traumdeutung mit Einsicht durch Interpretation und Analyse von Übertragung und Widerstand (1912)

Als theoretische Grundlage dieser „Analyse von oben" formte sich dabei immer mehr das Es-Ich-Über-Ich-Instanzenmodell aus, als Konsequenz der Veränderung seiner Triebtheorie. Erst in den späteren Schritten der Entwicklung seiner Triebtheorie (vgl. *E. Eibring:* S. 147 ff, Schritt 3 und 4)befaßte sich *Freud* nicht mehr mit der Triebquelle, sondern mit den Triebzielen: „Die Frage nach der Materie, aus der Angst gemacht ist, verliert für uns an Interesse" (1, S. 113). Er akzeptierte theoretisch die Abspaltung von Seele und Körper zumindest als Übergangsstadium – in einem Brief an *W. Fließ:* „Die Terminologie der Psychoanalyse ist vorläufig und nur solange gültig, bis sie von der Physiologie ersetzt wird" (2, S. 45). „Das Gebäude der psychoanalytischen Lehre, das wir aufgebaut haben, ist in Wirklichkeit nur ein Überbau, der irgendwann auf seine organischen Grundlagen zu setzen sein wird; aber diese Grundlage ist uns bisher noch unbekannt" (3, S. 324). Zwei Jahre früher, 1914, schreibt er: „Es kann sein, dringen wir weit und tief genug vor, daß wir entdecken, daß die sexuelle Energie, die Libido, nur das verschiedenartige Produkt einer im Gehirn allgemein arbeitenden Energie ist" (4, S. 122 übersetzt). Bis dahin war *Freuds* Libidotheorie stark mit energetischen Aspekten beschäftigt. Die Energie, die sich in den Emotionen und Symptomen seiner Patienten zeigte, betrachtete er als „etwas, das in der Lage ist, sich zu steigern, abzunehmen, zu verschieben, zu entladen und das sich selbst auf die Erinnerungsbahnen eines Gedanken ausdehnt, wie eine elektrische Ladung über die Oberfläche eines Körpers" (5, S. 75 übersetzt). Oder: „Der Schwund einer Erinnerung oder ihres Affektes hängt von mehreren Faktoren ab. In erster Linie hängt er davon ab, ob zur affektiven Erfahrung eine energetische Reaktion (Gefühlsentladung) hinzukam" (5, S. 289 übersetzt). Für die Entwicklung der bioenergetischen Analyse blieb wichtig: Der energetische Ansatz der Libidotheorie, die Verbindung von Angstsymptomen und sexueller Störung, Reaktionsbildung des Ich und Charaktereigenschaften, die bedeutende Rolle der Angst bei der Entstehung von Neurosen, sowie die Arbeitsweise der Analyse „von oben".

Weitere wichtige Anstöße kamen aus der Arbeit von *Sandor Ferenczi*, ebenfalls Schüler von *Freud*, insbesondere seinen Beiträgen zur therapeutischen Technik, sowie zur Dynamik und Struktur der Psyche. Ausgehend von der Erkenntnis, daß auch die Interpretation der Therapeuten eine Aktivität ist, verwarf er die absolute Abstinenzregel der Psychoanalyse und bediente sich aktiver Techniken und erzieherischer Maßnahmen. So ließ er seine Patienten Entspannungsübungen oder bestimmte Tätigkeiten als Aufgabe durchführen, ober er verbot ihnen lustvolle Tätigkeiten; dies führte zu einer Verstärkung des Widerstands, auf die Dauer zu einer akuten, erbitterten Krise. Dabei entdeckte er die Wechselseitigkeit von Affekt und Gedanke: Sowohl das Hervorholen einer Erinnerung als auch eine Aktivität oder eine Emotion, beide geben Anstoß zu therapeutisch Bearbeitbarem – sowohl der emotionalen Reaktion als auch dem unterdrückten Gedanken. Diese Arbeitsweise, die Analyse von der Tätigkeit her – also „von unten" erforderte auch eine unterschiedliche Haltung des Therapeuten dem Patienten gegenüber: er war nicht mehr „undurchdringlicher Spiegel", sondern er reagierte – mit sachlicher Anteilnahme. Später forderte *Ferenczi*, daß der Patient echte Liebe in der Therapie erfahren muß, sofern Störungen vorliegen, die durch Liebesmangel entstanden.
Aus seinen Beiträgen zur Dynamik und Struktur der Person sind zwei Aussagen von großer Bedeutung. Zum einen ist es seine Beschäftigung mit dem Annehmen der Wirklichkeit: es geschieht nur über den Schmerz und wie der Ausweg, ihn erträglich zu gestalten, vollzogen wird. Dieser Gedanke weist den Weg vom idealistischen, personfixierten Anspruch des Nicht-Abwehrens zur umweltbezogenen, kontextlich gesehenen Existenz. Zum anderen ist es die Erkenntnis, daß bei der Bewußtwerdung „die seelische Energie nur in einer Richtung strömt, die anderen blockiert sind – diese Blockierung . . . gehört zum Wesen des Bewußtseins" (6, S. 107 ff).
Karl Abraham ist Exponent der psychoanalytischen Charakter-Typenlehre. Seine Studien zur Libidoentwicklung anhand von klinischem Material führen ihn zu einer hierarchischen, aufeinanderfolgenden Entwicklungsreihe der Charakterzüge, wobei der Charakterzug „ein Kompromiß zwischen Wunsch und Wirklichkeit", also Symptom, der „Charakter die Summe der Symptome" (6, S. 102) eines Menschen ist.
Den bedeutsamsten Einfluß auf die bioenergetische Analyse übte *Wilhelm Reich* aus. *Freud* verließ den ökonomischen Ansatz, seine Libidotheorie unter quantitativen, energetischen und biologischen Aspekten zu verstehen. *Reich* griff dieses Konzept von der psychischen und physischen Ein-

heit der Person, also der Identität von Körperhaltung und Ich-Struktur, am Beispiel der Aktualneurose wieder auf, die durch ein aktuelles Trauma oder eine Stimulation entstand, weil der Patient nicht in der Lage war, die in der Situation freigesetzten Energien angemessen entladen zu können. Seine detaillierten, phänomenologischen Untersuchungen des Sexualaktes, der bei allen Neurosen in nicht vollständiger Form erlebt wird, führen ihn zur Annahme, daß der somatische Stau von libidinöser Energie die allgemeine Ursache bei der Entstehung der Neurose ist. Seine ausgedehnten Experimente bezüglich des elektrischen Potentials der Hautoberfläche unterstützen seine Hypothesen von der Existenz einer fundamentalen Bioenergie, deren zentral-peripheren Wirkrichtung – Angst erniedrigt, Lust erhöht die elektrische Hautaufladung – sowie deren Wirkzielsysteme: „Die Angst ist ein Phänomen des gleichen Erregungsvorgangs am vasovegetativen System, die am sensiblen System als Lust empfunden wird" (7, S. 43). Gleichzeitig unterscheidet er zwei Formen dieser Bioenergie: Die freie Energie, die als Erregung bzw. Angst wahrgenommen wird, von der „Stasis-Energie", die in unser Muskelsystem als Bewegungspotential bzw. als Ver-Spannung empfunden wird. Diese Stasis-Energie wird in charakteristischen Mustern, der „Charakter-Panzerung", in unserem Muskelapparat eingebunden. Dieses fehlgeleitete Zusammenspiel der Muskelfunktionen und die daraus resultierenden, verkrüppelten Körperhaltungen beschränken oder verhindern einen gesamtkörperlichen „Orgasmus-Reflex", der nicht, wie oft fälschlich verstanden, allein den Ejakulationsvorgang bezeichnet, sondern vielmehr den Gesamtvorgang psychischer und ebenso körperlicher, frei fließender Entladung von libidinöser Energie; er beinhaltet unwillkürlich ablaufende klonische Bewegungen des ganzen Köpers, wie auch einen Verlust der Ich-Grenzen, d.h., einen vorübergehenden „Ich-Tod" (9, S. 4).
Reichs spätere Versuche, die funktionelle Gleichheit von Lebensenergie und kosmischer Energie (dem „Orgon") darzustellen, hat für die bioenergetische Analyse keine Bedeutung mehr.
Aus obigen Überlegungen ging er von der kausalen Symptomanalyse *Freuds* zu seiner Charakteranalyse über, denn der Charakter ist die Summe der neurotischen Reaktionsbildungen, die zu Symptomen führen, sobald im geeigneten Augenblick der entsprechende Libidostau einsetzt. Deshalb sind die jeweiligen Charakterzüge des Patienten zentrales Therapiethema – nicht dessen Symptom – die er recht stereotyp immer wieder „von oben nach unten" durcharbeitet, in der Hoffnung eine freie Genitalität zu erreichen.

Alexander Lowen, John Pierrakos und *William Walling* waren Analysanden von *Wilhelm Reich* und als solche recht angetan von seiner Arbeitsweise und seinem „vor-Orgon"-Konzept. Ihre Kritik setzte jedoch dort ein, wo die Analyse buchstäblich endete: beim Aufstehen des Patienten vom Therapiebett. Sie bemängelten, daß da wohl etwas fehlen müsse, wenn die Patienten zwar auf dem Bett ihre Probleme sehen, durcharbeiten und für sie Lösungsmöglichkeiten finden können und dennoch, nachdem sie den Analytiker verlassen hatten – und sie beobachteten dies nicht nur an *Reichs* Patienten, sondern auch an denen, die in psychoanalytischer Behandlung standen –, nicht oder nur schlecht in der Lage waren, ihre Situation im Alltag („back home") auf eigenen Füßen zu meistern.
Folgerichtig fügten sie das Konzept des „grounding" ihrer eigenen Arbeit hinzu. Grounding bedeutet, sich auf die eigenen Füße stellen, den Kontakt zwischen der Person und ihrem Grund herstellen – jenes Stück an Boden oder Unterstützungsfläche zum Stehen, Sitzen oder Liegen, das uns gegen die Gravitationskraft unterstützt und das wir immer besitzen und zu besitzen gezwungen sind, solange wir uns in einem Gravitationsfeld aufhalten. Gleichzeitig bedeutet dies im psychischen Bereich: sich auf den eigenen Grund zurückziehen – z.B. im Schlaf, der Meditation oder Reflexion – um den eigenen psychischen Kräften und Energien ohne Außeneinfluß Raum und Zeit zu geben, wieder zu ihrer homöostatischen Mittellage zu gelangen.
Gerade dieses „Gleichzeitigkeitsprinzip" von Leib und Seele, Ausdrucksform einer – wie auch immer gearteten – fundamentalen Bioenergie – vergleichbar der Bild- und Wappenseite einer Münze – wurde Ausgangspunkt für die bioenergetische Analyse, die sich gegenüber *Reich* abhebt, da er das Psychische und Vegetative noch als dialektische Phänomene sieht. „Das Organische stellt sich dem Anorganischen im Organismus gegenüber und ebenso das Psychische dem Vegetativen. Sie sind einheitlich und doch auch gleichzeitig gegensätzlich" (8, S. 405). *Lowen* formuliert die Einheit des Menschen im Sinne des Strukturalismus: „Jeder Mensch ist sein Körper" (10, S. 1). Diese Struktur oder Ganzheit „Mensch" bildet sich aus seinen Elementen und deren Gesetzen, die die Transformation, also die Beziehung zur Form „Körper" regeln. Von *Lowen* und seinen Schülern wurde bisher die obige Grundannahme der bioenergetischen Analyse als dialektischer Ansatz ausgesprochen; ihre Arbeitsweise und ihre eigenen Interpretationen dazu zwingen uns jedoch, sie im Strukturalismus anzusiedeln.
Ein ebenso wesentlicher Impuls, sich von der „charakteranalytischen Ve-

geto-Therapie" abzusetzen, war die Überbetonung des Sexuell-orgasmischen durch *Reich.* Durch seine Arbeitsweise „von oben nach unten" – ähnlich der von *Ferenczi,* nur auf dem körperlichen Sektor – stellte er den Orgasmusreflex als Ziel dar, konnte aber des öfteren die segmentelle Anordnung der Muskelpanzerung bei Patienten nicht so auflösen, daß er zu diesem Ziel gelangte. *Lowen* aber erkannte in seiner späteren Arbeit den funktionellen Zusammenhang verschieden lozierter, peripherer Körperteile (z.B. Kiefer und Becken), so daß er als Ziel die „körperliche Gesundheit" (11, S. 191), die Fähigkeit zu „Lebensfreude, sexueller Lust und orgastischer Befriedigung" (11, S. 189) setzt und die therapeutische Arbeitsrichtung ändert: Von der Peripherie, jedoch hauptsächlich oben und unten, zum Zentrum („core") hin. Damit verliert die Sexualität seine finale Bedeutung zugunsten unseres Herzens, das als körperlicher und geistiger Kern des Menschen aufgefaßt wird.

Wertvolle, weiterführende Zusammenhänge wurden von *Lowen,* dem Nestor der bioenergetischen Analyse, auf dem Gebiet der Charakterstruktur und -panzerung geliefert, insbesonders Zusammenhänge zwischen Illusion, Realitätsentfremdung und Körperpanzerung; dies ist jedoch später darzustellen.

Heute gibt es eine Menge von Leuten, die ihre Arbeitsweise als „Bioenergetik" bezeichnen – alles was mit „bio" oder gesund in Zusammenhang gebracht wird, ist momentan fashionabel. Die große Mehrheit von ihnen macht situative Körperarbeit nach heuristischem Prinzip; nur wenige von ihnen besitzen den Hintergrund eines eigenen theoretischen Konzeptes. Dies bedeutet nicht, daß sie nur schlechte oder erfolglose Arbeit leisten; die bioenergetische Analyse hat auch von ihnen Techniken der Körperintervention übernommen und in ihr System eingebaut. Trotzdem sollten sie ebenso kritisch behandelt werden, wie das Gesamtkonzept „bioenergetische Analyse" selbst.

B. Theoretische Grundlagen der bioenergetischen Analyse

Das Konzept der bioenergetischen Analyse entstand durch die frustrierenden Erfahrungen der mangelhaften Umsetzbarkeit der Ergebnisse aus den therapeutischen Sitzungen in das Alltagsgeschehen der Patienten. Auf Frustration wird meist mit einer Aktivität des Mehrleistens oder Mehrmachens geantwortet. So auch hier: Die Bioenergetiker stürzten sich auf die therapeutische Arbeit, die Theorie trat in den Hintergrund. Fast die gesamte Theoriefassung wurde von *Lowen* geleistet – ansprechend, weil praxisbezogen lesbar, jedoch weniger erkennbar von der Stringenz des Aufbaus her. Das Theoriegebäude abzurunden wird zur Zeit nur von *R. Lewis* auf der Basis der Ich-Psychologie und *M. Conant* in Richtung Gestaltpsychologie betrieben; das Konzept als strukturalistischen Ansatz auszubauen, bleibt wohl den europäischen Vertretern überlassen, ist jedoch ebenfalls noch nicht geleistet. Somit ist es momentan nur möglich, die Theorie der bioenergetischen Analyse in jenem dialektischen Rahmen darzustellen, wie ihn *Lowen* aus der Denkweise *Reichs* formuliert hat; er wird sich in naher Zukunft sicherlich verändern.

Wir befassen uns im Folgenden mit dem Axiom der Einheit als Phänomen des Organismus, dem Konzept der Bio-Energie, dem daraus sich ableitenden Lust- und Realitätsprinzip, sowie der Genese der Charakterstruktur und dem Konzept des „groundings", des Gegründetseins und der Atmung.

a) Das Axiom: Die Einheit ist ein Phänomen jedes Organismus'

Jede organische Ganzheit funktioniert bezüglich ihrer Umwelt als eine Einheit; dies gilt für den Einzeller, die einzelne Zelle im Verband, wie auch den vielzellig aufgebauten Organismus. Es ist gleichgültig, wie kompliziert ein Organismus in sich aufgebaut ist, auf der Ebene „Organismus und seine Umwelt" funktioniert er immer als einzelne Zelle. Je komplexer seine innere Struktur ist, desto richtungsspezifischer ist der Freiheitsgrad seiner organismischen Funktion. Die einfachste Struktur, der Einzeller, besitzt den am meisten ungerichteten Freiheitsgrad, dessen „organismische Funktion in Ausdehnung und Kontraktion, dem Ausgreifen und Einziehen, dem Einverleiben und Abgeben" (12, S. 215) besteht. Der zweite Freiheitsgrad bringt eine Spezifizierung der Bewegungsrichtung: zur zentral-peripheren kommt die longitudinale Bewegung, wie etwa beim Regenwurm; ein deutlicher Strukturwandel des Organismus liegt vor: polarisierter Köperaufbau (vorne und hinten) sowie getrennt Muskel- und Nervensystem. Der dritte Freiheitsgrad beinhaltet die Rotation um die Längsachse des Organismus, die innere Struktur ist mehr verdichtet und differenziert, Gliedmaßen haben sich ausgebildet. *Lowen* reiht den Menschen in dieses Niveau ein, wobei er ihn darin am weitesten entwickelt sieht (13, S.59-69). Nach unserer Auffassung hat der Mensch einen weiteren Freiheitsgrad entwickelt: Es ist das zeitliche Vor- und Rückwärtsbewegen durch die Phantasie bzw. die Erinnerung. Dies wurde durch die Ausdifferenzierung von Soma und Psyche, hier speziell durch das Bewußtsein ermöglicht. Dieser Gedanke soll aber hier nicht weiter reflektiert werden.

Trotz des strukturellen Wandels des Organismus verhält sich der Organismus selbst stets als Einheit. Dies gilt auch für den Menschen. Diese phänomenologische Betrachtung läßt *Lowen* zu seinem grundlegenden Axiom kommen: „Jeder Mensch ist sein Körper" (10, S. 1). Den Körper versteht er dabei nicht im mechanischen Sinne; er ist „die Zusammensetzung und Zusammenfassung aller Prozesse, die ein eigentümliches Leben erst ausmachen". (vgl. Schema 1) Diese Prozesse enthalten einheitliche, wie gegensätzliche Aspekte, wobei der Körper die manifeste Existenz ist, der Geist die innere Erfahrung des Organismus; die Psyche beinhaltet bewußte und unbewußte Denkprozesse, der Körper die physikalischen Abläufe.
Die bioenergetische Analyse arbeitet mit der „Charakterstruktur" des Menschen. Sie ist die für ihn spezifische Umgangsweise mit und in seiner Umwelt, da sie seinen Körper, seine zwischenmenschlichen und objektbezogenen Relationen und seine kognitiven Prozesse darstellt, wobei sich das eine in der Sprache des anderen ausdrückt. „Die Art, in der ein Patient seinen Körper hält und bewegt, wird mit der Art seines Verhaltens in Verbindung gebracht, das er mit anderen Personen oder bei von ihm entwikkelten Ideen und Phantasien zeigt" (12, S. 215).
Die Grundfunktion des Lebens, Bewegung, wird nach dem Lustprinzip geregelt. Um dies im bioenergetischen Sinne behandeln zu können, ist es nötig, den Begriff der Bioenergie zu erläutern.

b) Das Konzept der Bioenergetik

Der Begriff Bioenergetik verbindet sich bei den meisten Leuten aus dem psychologischen Fachbereich sofort mit *Wilhelm Reich*, der zu dem Schluß kam, daß „die Energie, mit der er es zu tun hatte, keine ‚Bioelektrizität' war, sondern eine Energie von fundamentaler Art, eine Primordial-Energie der Natur, die er ‚Orgon' nannte . . ." (14, S. 26). *Reich* wurde von verschiedenen Seiten her angegriffen, scheiterte aber erst beim Versuch, die funktionale Gleichheit von Lebens- und Kosmosenergie zu beweisen und die Art der Lebensenergie – sein Orgon – zu definieren. Seine Ergebnisse bis zu diesem Zeitpunkt wurden nicht angezweifelt; er war auch nicht der Erste, der Gedanken zu einer fundamentalen Energie vertrat.
Darwin benützte bereits 1838 den Begriff der „Nerven-Kraft" als energetisches Konzept. War das Nervensystem starkt erregt, wurde Nervenkraft freigesetzt und in „deutlichen Empfindungen, aktivem Denken, stürmischen Bewegungen oder erhöhter Drüsensekretion" ausgegeben, so daß der „freie, nach außen gerichtete, handelnde Ausdruck sie verstärkt. Wogegen die Unterdrückung von äußerer Aktivität, soweit dies möglich ist, unsere Emotionen abschwächt" (15, S. 364).

Fünfundfünfzig Jahre später schreibt *Freud*, daß psychische Entlastung von libidinöser Spannung nur durch adäquate Aktivität erreicht werden könne, oder daß „Symptome eine abnorme Funktion, eine abnorme Form der Entladung von Erregungsquantitäten seien, deren man sich auf andere Weise nicht entledigen konnte" (5, S. 289). Weitere Beispiele seiner Annahme einer Energie wurden bereits im ersten Teil dargestellt; sie war bekanntlich die Grundlage zur Bildung seiner Libidotheorie.

Wichtige Anregungen bekam *Reich* aus der „Fluidumtheorie" von *F. Kraus* (15). Ihm war für die Unterscheidung zwischen Gesundheit und Krankheit die Zirkulation der verschiedenen Flüssigkeiten im Körper von größerer Wichtigkeit als der Chemiestoffwechsel. „Es gibt keinen Vorgang im Leben, der nicht direkt oder indirekt, vollständig oder teilweise durch eine Aktivität von Ionen erklärt werden könnte. Wie der Sauerstoff, so können auch die Elektrolyten durch nichts ersetzt werden. Auch die meisten Krankheiten, sowohl die funktionellen als auch die sogenannten organischen, haben ihre letztendliche Grundlage im vegetativen Fluß".

Dies führte *Reich* zu dem Gedanken, daß der Körper aus einer Unzahl innerer Oberflächen mit unterschiedlichem Energiepotential bestünde, deshalb sei diese, die elektrische Energie, im Körper in ständiger Bewegung. Die Ladungsträger dieses Ausgleichsprozesses seien die Partikel der Gewebsflüssigkeit, die Ionen. Jedoch gäbe es eine vorherrschende Entladungsrichtung, nämlich vom Zentrum zur Peripherie (7). In seinen ausgedehnten Experimenten, erst in Oslo, später in den Vereinigten Staaten, über den Zusammenhang des elektrischen Hautpotentials und qualitativen Unterschieden der Hautempfindungen entdeckte er: Bei einer lustvollen Ausdehnung des Körpers erhöht sich die Oberflächenspannung, wobei die innere Spannung sinkt; umgekehrt steigt die innere Ladung, z.B. während einer ängstlichen Zuckung oder eines Neurosestaus, wobei die Spannung der Hautoberfläche absinkt. Diese direkten Zusammenhänge zwischen physikalischem Geschehen im Körper und den dabei auftretenden psychischen Vorgängen ließen in *Reich* die Idee entstehen, daß diese „Bioelektrizität" oder Energie die Grundlage aller lebendiger Abläufe sein müsse, so daß körperliche und psychische Vorgänge ihr Ausdruck in jeweils verschiedener Aggregatform seien.

Übrigens kommen *Nathan* (13) wie auch *Lorenz* (in 10) bei den Tieren zu einem ähnlichen Konzept: „Es gibt bestimmte Grundinstinkte; jedem steht Energie zur Verfügung. Die Energie steigt, bis sie entladen ist. Nachdem sie durch eine Vollzugshandlung entladen wurde, baut sie sich langsam wieder auf . . . Ist das Reservoir leer, so kann, egal wie stark der Reiz auch sein mag, das Verhalten nicht mehr entlockt werden. Die Ruhe, die der Vollzugshandlung folgt, hängt von der Verrichtung der Handlung ab, weil dies der einzige Weg, das Reservoir zu entleeren, ist."

Lowen geht mit *Reich* so weit einig, daß er den Körper als ein System sieht, das sich ständig rhythmisch ausdehnt und kontrahiert. Die unwillentlichen Bewegungen der Zellen, der Muskeln und – während des Orgasmus – des gesamten Körpers sind Ausdruck dieser Energie. Da *Lowen* aber nicht mystisch werden wollte, blieb ihm nur der Weg, diese Energie als physikalisches Phänomen zu sehen, die meßbar, austauschbar und, gemäß neuerer Ansichten der Physiker, auf einen gemeinsamen Nenner zurückführbar ist.

Deshalb ist es für ihn auch „nicht wichtig, die letztendliche Form dieser Grundenergie zu kennen. Wir arbeiten mit der Hypothese, daß es diese eine fundamentale Energie im menschlichen Körper gibt, gleich ob sie sich in psychischen Phänomenen oder somatischer Bewegung manifestiert. Diese Energie nennen wir einfach »Bio-Energie«. Sowohl die psychischen als auch die körperlichen Prozesse sind durch die Wirkung dieser Bioenergie bestimmt. Alle Lebensvorgänge können auf Manifestationen dieser Bioenergie zurückgeführt werden" (13, S. 18).

c) Der körperliche Aspekt des Lust- und des Realitäts-Prinzips

Lowen, wie auch schon *Reich*, übernimmt *Freuds* Gedanken hinsichtlich des psychischen Aspektes vollkommen: Das Lustprinzip besagt, daß der Organismus Lust sucht und Schmerz oder Unlust zu vermeiden trachtet; das Realitätsprinzip beinhaltet, daß der Organismus im Augenblick Schmerz oder Unlust toleriert, um zu einem späteren Zeitpunkt mehr Lust oder weniger Schmerz zu erfahren. Anhand seiner Ergebnisse aus den Versuchen mit dem psycho-galvanischem Hautreflex – Ausdehnung und Zusammenziehung sind physiologische Prozesse und hängen mit dem sympathischen und parasympathischen Nervensystem und dem Zustand bestimmter Ionengruppen zusammen – konnte *Reich* den somatischen Aspekt des Lustprinzips nachweisen: Ein Energiefluß vom Zentrum zur Peripherie ist funktional identisch mit biologischer Ausdehnung wie auch der Wahrnehmung von Lust; umgekehrt ist der Energiefluß von der Peripherie zum Zentrum funktional identisch mit biologischer Kontraktion und ebenso der Erfahrung von Unlust und Angst.

Bisher ergibt das aber erst den qualitativen Aspekt der Bewegungsrichtung, nicht aber eine quantitative Aussage über seine wirksam werdende Kraft. Wird ein Organismus von innen her zur Peripherie hin mit Energie aufgeladen – wie es durch die Aufnahme von Sauerstoff und Nahrungsmitteln geschieht – so erhöht sich die innere Oberflächenspannung. Ist der innere Druck auf die elastische Außenhaut groß genug, so kommt es entweder zu einer Ausdehnung der Oberfläche, das ist Wachstum, oder zu einer Entladung von Energie und/oder Substanz an die Umwelt, in Form von Arbeit und/oder Reproduktion. Beide Vorgänge sind lustvoll, weil ja das Energieniveau im Zentrum und die Oberflächenspannung – bei erhöhter Oberflächenladung – absinkt; das Ausmaß an Lust hängt daher von der vorher vorhandenen und der davon abgeführten Menge an Spannung ab. „Der zweite Vorgang", so sagt *Lowen*, „ist der weitaus wichtigere" (13, S. 52); dieser Bewertung kann nicht zugestimmt werden. Allerdings ist es der, der leichter anschaulich zu verdeutlichen ist: „Energie wird benötigt um die Bewegung hervorzurufen, durch die man zu Nahrung kommt, sie wiederum liefert die freie Energie zu weiterer Bewegung" (13, S. 53).

Das Realitätsprinzip – der Organismus akzeptiert gemäß der Umweltsituation für den Augenblick Schmerz oder Unlust – bedient sich einer fraktionierten Strategie: Zwischen dem Impuls zu einer lustvollen Handlung und der ausgedrückten Durchführung liegt ein Zeitintervall. Dies bedeutet nicht eine Nullstellung der augenblicklichen Prozesse, sondern Zeitverzögerung, denn es laufen Planungshandlungen ab, d.h., ein Spannungsfeld wird bis zum geeigneten Augenblick der Lustbefriedigung aufgebaut und aufrechterhalten. Dieser Aufbau von Spannung oder Energiedruck in Richtung Zentrum über die nicht abführende Peripherie ist der Zustand der Unlust; er ist nicht direkt wahrnehmbar, da der verursachende Energiefluß vom Zentrum zur Peripherie – wie vorhin beschrieben – lustvoll ist.

Mit Unlust sind demnach jene Vorgänge zu beschreiben, die der Entladung vorausgehen. Wird die Spannung dabei sehr groß und ist eine Möglichkeit der Bewegung – entweder Wachstum oder Tätigkeit – nicht abzusehen, entsteht Angst. Weitere Spannungserhöhung, die die Unversehrtheit bereits enger umschriebener Körperstrukturen bedroht, führt zu wahrnehmbarem Schmerz. Dieser Ablauf wird im nächsten Abschnitt nochmals aufgegriffen werden.

Lowen sieht die Voraussetzungen für die Durchsetzung des Realitätsprinzips in der Struktur des Körpers. Der Mensch besteht aus 3 Hauptsegmenten: Kopf, Brust als Zentrum, Becken – und 2 Verengungen: Hals und Taille, als Drehpunkte für den 3. Freiheitsgrad. Die Engpässe sind Bereiche der erhöhten Fließgeschwindigkeit der Körperflüssigkeiten, sie vermögen

aber auch den Energiefluß zu drosseln oder abzusperren, was Zeitverzögerung bedeutet bzw. bei Chronifizierung Minderung der Abfuhrmöglichkeiten. Die beiden Endsegmente „dienen als Reservoir, in denen eine Verlangsamung und Ansammlung von Energie auftritt, bevor sie durch die natürlichen Öffnungen dieser Segmente freigegeben wird" (13 S. 59). Auch dieser Vorgang läuft auf Zeitverzögerung hinaus, vertritt also das Realitätsprinzip; dies ist sogar der vorherrschende Vertreter, weil er – im Gegensatz zur Drosselung in den Engpässen – keine Energie für den Vorgang selbst benötigt. Die Quantität der Zeitverzögerung, also der Möglichkeit, sich der Realität vorübergehend abwartend anzupassen, hängt dabei mit der Größe des Reservoirs und dessen Aufnahmekapazität für Energie, das ist die Beweglichkeit und Dehnbarkeit der willentlichen Muskulatur, zusammen; damit stellen die Endsegmente quantitative, jedoch indirekte Variablen des Lustausmaßes dar.
Die beiden Endsegmente unterscheiden sich jedoch ihrer Funktion nach wesentlich. Das Becken ist Funktionsträger des Lustprinzips. Es dient, wenn auch durch das Realitätsprinzip geregelt, direkt der Entladung von Energie und/oder Substanz, wobei die Beine funktionell als dem Becken zugehörig betrachtet werden. Wogegen das Kopfsegment dem Realitätsprinzip dient: Es dient dem Aufbau von Energie – Nahrung, Wasser, Luft, Sinneseindrücke – in Richtung Zentrum, wie auch der Speicherung, d.h. Zeitverzögerung durch Imagination und konstruktivem Planungsdenken. Auch das Kopfsegment dient indirekt dem Lustprinzip, aber erst über die Einspeicherung des auf den motorischen Bahnen laufenden Bewegungsimpulses zur Entladung von Energie und/oder Substanz. Die Arme werden gemäß ihrer Hauptaufgabe, der Nahrungsbeschaffung und Nahrungsaufnahme in funktionaler Hinsicht in erster Linie dem Kopfsegment zugeordnet.
Die somatische Entsprechung des Realitätsprinzips ist aus der Funktion der Körperteile abgeleitet; der Nachweis einer physiologisch-körperlichen Entsprechung ist noch zu erbringen, vergleichbar den Ergebnissen aus der Erforschung des psychogalvanischen Hautreflexes von *Reich*. Einen derartigen Durchbruch könnten möglicherweise die Untersuchungen von *Pierrakos* (16, 17) über das Körperenergiefeld, die Aura, oder ähnliche Ansätze bringen. Leider hat sich *Pierrakos* von *Lowen* getrennt; eine Zusammenarbeit findet momentan nicht statt.

d) Zur Genese der Charakterstruktur

Für den Aufbau der Psyche benützt auch *Lowen* die Einteilung in Es, Ich und Überich. Das Es umfaßt unbewußte psychische Abläufe: Die unbewußte Regulation unserer Organe, sowie unbewußte, jedoch bewußt machbare und auch unterdrückte Wirksamkeiten. Das Ich beinhaltet, neben den hier nicht zu behandelnden Synthese- oder Kreativformen, die bewußten Prozesse, mit denen wir uns mit unserer Umwelt in Verbindung bringen. Das Überich stellt jene Vorgänge dar, die einer Handlung vorgeschaltet sind um sie bewußt oder nicht-bewußt sein zu lassen.

Über die psychischen Aspekte der Charakterbildung und deren Schutzfunktion vor innerer und äußerer Gefahr finden sich bei *Reich* sehr genaue Ausführungen (8, S. 169-221), inklusive der jeweiligen somatischen Bilder. Wir beschränken uns hier auf eine kurze Darlegung des Körperaspektes.

Unsere Muskulatur wird umfassend als Stütz- und Bewegungsapparat beschrieben, unter Einbeziehung des Skeletts. Neben der Funktion des Bewegens haben die Muskeln aber auch noch eine zweite, gleich bedeutsame Aufgabe: die der Verhinderung von Bewegung. Beide Funktionen bedürfen der Kontraktion, also des Spannungsaufbaus; nur der Bewegung folgt jedoch die Entladung. Ein Spannungsaufbau oder eine Muskelkontraktion im Sinne der Bewegungs- oder Entladungsverhinderung kann bewußt vollzogen werden, was zu wahrnehmbarem Muskelschmerz führt (z.B. bei zurückgehaltener Wut); wird die Entspannung aber, z.B. durch ein Verbot, unbewußt verhindert – dies impliziert eine längere Zeitspanne – so entsteht zwar auch Schmerz, jedoch wird er in das unbewußte System eingebaut und der bewußten Kontrolle entzogen. Dadurch wird auch auf Dauer seine Funktionsfähigkeit eingeschränkt, wenn nicht ganz unterdrückt.

Das Gesamt dieser chronischen Muskelspannungen, das Spannungsmuster, wurde von *Reich* als „Muskelpanzerung" bezeichnet; sie stellt den körperlichen Aspekt der Charakterstruktur dar. Wegen der für jede Person spezifischen Energiedynamik ist die körperliche Haltung mit dem psychischen Verhalten identisch und für sie charakteristisch.

e) Das „grounding" und die Atmung

Das Konzept des *„grounding"* ist spezifisch für die bioenergetische Analyse, in ihm unterscheidet sie sich von fast allen anderen Therapien. Leider ist auch in diesem Punkt der physiologisch-physikalische Ablauf bisher nicht experimentell nachgewiesen. Das Konzept entsprang einem therapeutischen Bedürfnis, es ist hauptsächlich auf eine konsequente Anwendung und eines gesunden „common sense" aufgebaut und bezieht seine Rechtfertigung und Aufrechterhaltung aus dem praktischen Erfolg. Es steht direkt im Dienste des Lustprinzips. Der Gedanke des *„grounding"* beinhaltet letztlich „eine bewußte Verbindung herstellen", vor allem mit den Dingen, mit denen man Verbindung zu halten sich nicht widersetzen kann. Das ist für den Bereich des Organismus der Körper und die Seele, für den Bereich Organismus-Umwelt der Boden und – als zwischenorganismische Spezifität – die Sexualität.

Das *„grounding"* im Körper beinhaltet die volle Bewegungsmöglichkeit des Körpers in allen möglichen Ausdrucksformen, bzw. das Gespür und Gefühl von Muskelspannungen und Beweglichkeitseinschränkungen. Es ist der Selbstbesitz des Körpers, die Selbstbeherrschung (im Gegensatz zur Herrschaft) mit dem Wissen (im Gegensatz zur [Ein-]Bildung) sowohl um die gesamten Möglichkeiten als auch um die muskel- und gelenkbestimmten „Neins", die die pathogenen Elemente des Charakters ausmachen. Je gestörter diese Verbindung zum Körper ist, desto häufiger und schwerwiegender sind Verletzungen, die Anzeichen verlustig gegangener Körper-Ich-Grenzen. Je mehr diese Verbindung bewußt ist, desto anmutiger ist die Bewegung und desto angemessener zeigt sich der Ausdruck von destruktiver Aggression, konstruktiver Zärtlichkeit und Liebe.

Das *„grounding"* in der Psyche umschreibt die bewußte Verfügbarkeit unserer Verhaltensweisen und deren Geschichtlichkeit. Es ist die gefühlsmäßige Erkenntnis über die Bedeutung unseres Ausdrucks, unserer Erfahrungen und insbesondere unserer Illusionen: des „Glaubens", „Hoffens" und „Befürchtens". Ohne das Verständnis „wer man ist" und „wozu man so wurde und werden will" fehlt einem die Verbindung zu der Psyche, da sich gegenwärtiges Denken stets auf vergangene Erfahrungen bezieht.

Das *„grounding"* im Boden – von daher rührt der Ausdruck – umfaßt „mit beiden Beinen auf dem Boden zu stehen": den Kreislauf mit der Erde, mit dem Teil der Welt einzugehen, der einen im Sinne des Stoffwechselgeschehens erhält und der einen im Sinne der Gravitation unterstützt. Es ist das Sich-Einfügen in das Auf und Ab der energetischen Pulsation, die innerhalb wie auch außerhalb des Körpers an allen lebendigen Prozessen beteiligt ist. Es bezieht auch das Gehen, Laufen, Springen ein, in dem „man spürt, wie der Kontakt zum Boden abgebrochen und wieder vollzogen wird" (18, S. 2). „Ist man im Kontakt mit der Erde, dann . . . weiß man auch, wo man zu stehen hat (man steht sozusagen „auf dem Teppich"), man weiß auch, wann man zu stehen hat und besitzt ein definitives Gespür für den eigenen Stand, (weiß, wer man ist)" (18, S. 2). Verliert man den Kontakt zum Boden, so „schwebt man in den Wolken" (11, S. 188), „baut sich Luftschlösser", ist ein „Hans-guck-in-die-Luft" – alles dem Alltagswortschatz entnommen – d.h. man ist ein Phantast. Oder man „hängt in der Luft", vom anderen ab, „geht auf Krücken", d.h. man läßt sich unterstützen usw. Jeder Kontaktverlust zum Boden spiegelt sich in einer spezifischen Form Angst zu fallen wider. Die Art der Beziehung zum Boden nach bioenergetischer Auffassung repräsentiert auch die Art der Beziehung zur Ablösung von der Mutter (vgl. 11, S. 189; 19, S. 187 ff).

Das *„grounding"* in der Sexualität „ist das Äquivalent zu *Reichs* Konzept der orgasmischen Potenz" (12, S. 218). Es bezieht sich auf die freie genitale Funktion, sowohl in sexueller Hinsicht als auch im Hinblick auf die allgemeine Gesundheit, der Fähigkeit des Organismus, seinen Pulsationsrhythmus innerhalb des Realitätsprinzips aufrechtzuerhalten. Dabei stellt der Orgasmusreflex „das Hauptauslaßventil für überschüssige energetische Erregung dar, somit eine der primären Quellen von Lust im Organismus" (18, S. 3). Jede Störung in diesem Bereich tritt zumindest als Kontaktstörung zu den Menschen der näheren Umgebung (Familie, Freunde, Arbeitskollegen) wieder in Erscheinung.

Erst „das *‚grounding'* ermöglicht die Erfahrung von Lust, die daraufhin den Menschen dazu motiviert, nach mehr Aufladung in jedem Bereich auszugreifen, der Lust verspricht" (20, S. 56). Es verwurzelt ihn mit seinen ursprünglichen tierischen und menschlichen Seiten, mit der Erde, aus der er kam und mit „einem Urvertrauen" (20, S. 55), nämlich, daß er in der Welt seinen Grund hat – sowohl als Ort als auch als Anlaß.

Das *„grounding"* stellt eine wesentliche psychosomatische Technik im Sinne des Lustprinzips dar; die Betonung einer frei fließenden, vollen Atmung – ein weiterer Kernpunkt der bioenergetischen Analyse, der seinen Ursprung bei *Ferenczi* hat – wird dagegen als Technik im Dienste des Realitätsprinzips eingesetzt. Die enge, analytische Verknüpfung zum väterlichen Bereich wird in dem Artikel von *Lowen* in diesem Buch dargestellt (11, S. 186). Die somatische Auswirkung der Atmung steht mit der Sauerstoffzufuhr für den Energiestoffwechsel in Zusammenhang. Ein erhöhtes Sauerstoffniveau bedeutet ein erhöhtes Energieniveau, also ein erhöhter Erregungszustand; ein erhöhter Erregungszustand bringt aber eine erhöhte Emotionalität, wie auch eine erhöhte Bewegtheit sowohl der Substruktur wie auch der Gesamtstruktur mit sich. *Lewis* (12, S. 222) faßt es in seine reversible Sequenz: „Energie = Motilität = Gefühl = Spontanität = Selbstausdruck" und *Lowen* vereinfacht es zu: „Wird man erregt, schnauft man tiefer: schnauft man tiefer, so wird man erregt" (12, S. 222). Die starke Betonung der Atmung in der therapeutischen Arbeit rechtfertigt sich aus der Erkenntnis, daß jegliche Art von chronischer Muskelspannung, egal wo sie loziert ist, eine freie Brust-, Zwerchfell- und Bauchatmung zumindest einschränkt, so daß die respiratorische Welle gebrochen ist. Über die vertiefte Atmung gewinnt der Körper an Energie, selbst wenn sie intentional durchgeführt wird; dies bewirkt oft, daß die respiratorische Welle, wenn auch häufig nur für einen vorübergehenden Zeitraum, in Schwung kommt, ins Laufen kommt und dann Spannungen durchschwemmt und auflockert: der Körper gerät in Eigen-Vibrationen. Sie sind anfänglich erschreckend – man versucht sie zu unterdrücken, da man sie mit dem Zittern aus Furcht verwechselt – meist grob, unkoordiniert und teilweise schmerzhaft, je nach Atemtiefe, Stärke und Art der Spannung. Immer aber werden sie schon nach kurzer Zeit als befreiend erlebt. Eine Klientin sagte: „Ich komme mir vor wie auf einem Schüttelsieb, aber wenn ich durch bin, sind meine Sachen wie ins richtige Maß gerüttelt".

Grounding und *Atemtechnik* stellen primär keine psychoanalytischen Techniken dar; daß sie sekundär, also über die Interpretation, zur psycho-diagnostischen und psycho-analytischen Arbeit verwendet werden können, ist ein weiterer Vorteil des bioenergetischen Ansatzes. Primär sind es ergotrope Techniken, die auf den Körper zur Steigerung der Effizienz und „Mobilisierung der zur Selbsterhaltung in der Auseinandersetzung mit der Umwelt notwendigen Energie" (21, S. 241) angewandt werden.

C. Praxis der bioenergetischen Analyse

Jegliche Handlung resultiert immer aus dem Ergebnis zweier Faktoren: dem Erkennen, also der Diagnose (Wahrnehmung und Interpretation) des umgebenden Reizfeldes und der eigenen, umfeldverändernden Handlungsmöglichkeiten. Daraus entsteht der Handlungsentwurf, bzw. die Tat; worauf sich der Vorgang immerwährend wiederholt. Dies gilt auch für die therapeutische Tätigkeit, sowohl für den Therapeuten als auch für den Klienten: es ist ein permanentes, aneinander gereihtes, voneinander abhängiges Gefüge von Diagnose und therapeutisch wirkenden Kunstgriffen. Keiner der Vorgänge existiert realiter für sich allein; sie stellen eine, wie ich es nenne, permanente, beiderseitige „Theragnose" dar (vgl. 22, S. 311 ff). Eine Trennung von Diagnose und therapeutischer Strategie ist nur von theoretischem oder kognitivem Lern-Nutzen. Wir betrachten dies augenblicklich nur aus der Sicht des Therapeuten.

a) Die diagnostische Tätigkeit

Die Arbeitsbasis ist für den Bioenergetiker das Erkennen des Wirkungsgefüges „Charakterstruktur"; es ist die Zusammenschau von biographischen, psychischen und körperlichen Person-Umwelt-Ereignissen und deren gegenwärtiger Manifestationsform als Möglichkeit, in der Umwelt zukünftig zu existieren. Dazu bedient sich der Therapeut verbaler als auch von-verbaler Mittel: vielfach des Erlebnisberichts, hauptsächlich jedoch des bioenergetisch fundiertem Körperlesens. Wegen der inhaltlichen Identität von Psyche und Körper ist er nicht mehr nur auf Traumtechnik oder freie Assoziation angewiesen, sondern findet den Zugang zu Unbewußtem über die Aussagen des Körpers; „der Körper lügt nicht", sagt *Lowen* zum diagnostischen Geschehen; „man muß den Körper zuerst erspüren, dann kommt man auch auf das Was, Wozu und Wie, somit weiß man vom Körper" (Ausbildungseminar New York 1975). Das Was, Wozu und Wie bezieht sich auf die Fragen: Was bedeutet der Vorgang? Wozu wurde er entwickelt? Wie wirkt er in der Person? Diese Fragen sind allerdings nur beantwortbar, wenn der Therapeut seine eigenen Anmutungsreize und deren Einbau in seine Verarbeitungsmechanismen kennt – erst so wird aus einer freien Interaktion eine projektive Diagnose möglich.

Als Bezugsrahmen für die unendlich vielen Verhältnismöglichkeiten, nimmt der Bioenergetiker die Reduktion auf Charaktergrundstrukturen in Kauf – die Übernahme des Wortes „Typ" aus dem Amerikanischen wäre hier sinnverstellend – wobei er das einzelne Verhältnismuster einer Struktur zuordnet, gleichzeitig aber im Auge behält, daß die anderen ebenso präsent, momentan aber nicht dominant sind. Somit stellt er weder eine symptom- noch eine milieuorientierte Kontext-Diagnose, sondern eine kategorisierte Verhältnis-Diagnose.

Bisher wurden fünf Grundstrukturen festgelegt; sie wurden nach psychiatrischen Syndromen bezeichnet, – leider nicht nach ihrer Dynamik – wodurch manchmal Verständnisschwierigkeiten ausgelöst werden. Sie bilden bezüglich ihrer Entstehungszeit wie auch ihrer Dynamik eine aufeinanderfolgende Reihe. Jede stellt eine bestimmte Art dar, den Energiefluß im Körper unter Kontrolle zu halten, also „emotionelle Überflutung oder Auszehrung zu verhindern" und hat auch einen bestimmten körperlichen Ausdruck; jede ist also „eine Grundtechnik des Überlebens" (9 S.) bei Belastungen, die den Menschen in einem bestimmten Zeitraum seiner Entwicklung bedrohten oder überwältigten. Ihre spezifischen Illusionen bezüglich der Wirklichkeit und auch ihre negativen, weil unzeitgemäßen Einstellungen, sind gewöhnlich nicht bewußt. Alle Strukturen treten erst nach Durchlaufen der ödipalen Phase in Erscheinung, als der Zeit, in der sich die rigide Struktur entwickelt; vorher werden sie nur als „Reaktionsbasis" bezeichnet.

1. Die schizoide Struktur

Die Aufnahmefähigkeit von Energie der schizoiden Struktur ist gering; sie verträgt nur sehr wenig zusätzliche Erregung, ohne den Körper gleich in deutliche Abschnitte zu „spalten". Die vorhandene, manchmal sogar hohe Energiemenge, ist, wie die Körperöffnungen, völlig auf die zentralen Organe bezogen.

Diese Struktur kann sich durch folgenden Ablauf entwickeln, hauptsächlich zwischen Geburt und 6. Monat, möglicherweise aber auch schon vorgeburtlich. Die Kernaussage eines Menschen formuliert sich aus dem jeweiligen Entwicklungsstand seiner Bedürfnisse; für den, der gerade geboren wurde, lautet sie nur: „ich bin da". Nur wenn eine negative Reaktion aus der Umwelt auf diese Kernaussage kommt, entwickelt sich eine bestimmte Überlebenstechnik, eine Struktur; die negative Umweltreaktion ist hier: Abschaffung, Vernichtung. Diese Bedrohung des Rechts „da zu sein" wird als Zurückweisung erfahren, es entsteht ein traumatisch wirkender Konflikt in der Entwicklung der Bedürfnishierarchie: (Existenz + Bedürfnis + . . .). Es kommt zur non-verbalen vollzogenen Entscheidung in der Form von: „Ich kann entweder existieren oder die Bedrohung meiner Existenz nicht wahrnehmen und Bedürfnisse haben". Da die Existenz realiter aber bedroht ist, formiert sich eine „charakterneurotische Reaktionsbasis" (*Reich*, 8, S. 177) des „Nicht-Lebens", deren Grundbotschaft – vergleichbar mit dem Eigenskript der transaktionalen Analyse – folgendermaßen lautet: „Ich muß gleich sterben". Später erst, nachdem die ödipale Phase durchlaufen ist, formiert sich eine kompensative Illusion, z.B. hier die Abspaltung von der Existenz: „Mein Geist (Gedanke) ist mein Dasein", sowie das muskuläre Grundmuster des Haltens – hier: Zusammenhalten, und der Frucht – hier: Vernichtung; denn sobald man losließe, fiele man wieder auseinander. Derartige spezifischen Fall-Muster treten sowohl in Träumen als auch im Verhalten auf.

Im Körper drückt sich die Struktur so aus, daß das deutliche Zusammenziehen von Gelenken, Hals, Zwerchfell, Beckengrund den Anschein macht, als würde das eine nicht zum anderen passen; die Körperhälften sind stark unterschiedlich. Diese „Ab-Spaltung" gilt besonders für den Augenbereich. Bei der *schizophrenen Struktur* ist der Ausdruck der Augen seelenlos, so „als sei niemand zuhause"; bei der schizoiden ist er ausdruckslos und irgendwo fixiert („er schaut ins Narrenhäuschen"). Damit verbunden ist ein Spannungsring am Atlas. Auffallend ist immer die fehlende Symmetrie des langen, dünnen, unausgefüllten Körpers: entweder als links-rechts-Asymmetrie, oder als „Löwenkopf" auf „Eichhörnchen-

körper", oft auch Greisenkopf auf Babykörper, sowie der kalte, mechanistische Gebrauch des Körpers und die „Hydraulik"-Bewegungen von gefrorener oder flazider Form. In Wut geraten, dominiert bei der schizoiden Struktur der Impuls des In-Stücke-Zerreißens.
Die *schizoide Struktur* ermöglicht – hauptsächlich durch eine Störung der Perzeption – sich von Außenreizung zu trennen. Dies ist ihr positiver Aspekt, weil er ihr weitgehende Freiheit und Reifungsmöglichkeit gibt, sofern sie als Struktur angenommen wird: „Ich kann existieren, wenn ich keine Bedürfnisse habe" (23, S. 6). Als Langzeitstrategie ist sie im Asketen verkörpert, als Kurzzeitverhalten kennen wir alle die isolierte Enthaltsamkeit: das Fasten, den besinnlichen Rückzug. Die anerkennende Wertschätzung des positiven Aspekts jeder Struktur ist für die Therapie ebenso wichtig wie das exakte zusammenschauende Körperlesen der Charakterstruktur. Der negative Aspekt der schizoiden Struktur ist, daß sie „weder ihre Augen der Liebe ohne Mißtrauen, noch ihren Körper der Lust ohne Schrecken öffnen kann, weswegen sie unerfüllt und immer auf der Hut vor dem Auseinanderfallen (Verzweiflung)" ist (9, S. 6), also in der Isolation bleibt.

b) Die orale Struktur

Die orale Struktur kann zwar eine Menge Energie aufnehmen, ist aber nicht in der Lage, sie zu halten; deshalb ist die Aufladung immer sehr schwach; davon ausgenommen ist das für die Energiezufuhr von außen verantwortliche Segment: Kopf, Arme und Hände.
Die Basis für diese Struktur kann hauptsächlich zwischen Geburt und dem 9. Lebensmonat geschaffen werden. Die Kernaussage des Säuglings lautet: „Ich brauche", die hierzu struktursetzende, negative Umweltreaktion: Preisgabe, Verlassensein. Die Bedrohung des Rechts „zu brauchen" wird als Beraubung oder Deprivation erfahren, in der Bedürfnisentwicklung kommt es zwischen (. . . + Bedürfnis, Sicherheit + Unabhängigkeit + . . .) zum traumatischen Konflikt, etwa in der Form von: „Ich kann entweder Bedürfnis haben (s. schizoide Struktur, positiver Aspekt!) oder die Bedrohung meiner Bedürfnisse nicht wahrnehmen und mich unabhängig machen". Daraus formiert sich die Reaktionsbasis „Abhängigkeit" mit der Grundbotschaft „Ich werde Hungers sterben". Die später sich formierende, kompensative Illusion heißt: „Ich kann nicht alleine sein; ich brauche dich", mit dem Grundmuster für die Muskeltätigkeit „an-(sich-)halten" und der Furcht vor „verlassen-werden": Ließe man los, fiele man nach hinten, zurück.

Der Körper drückt diese „Un-Ernährung" hauptsächlich in fehlender Entwicklung, Unreife, aufgeschossenen, verlängerten Gliedmaßen und schlechtem Bodenkontakt aus; die Muskeln haben kaum Panzerungen, sie sind faserig oder kuschelsanft schwach. Das Becken ist schmal, die Beine sind hautige Stecken („Spatzenbeine"). Die Unernährtheit ist am besten an Händen und Füßen zu sehen, die denen kleiner Kinder ähneln. Die deutlichsten Verkrampfungen treten im Schulter- und Brustgürtel auf, das Brustbein ist nach innen gefallen, der Fortsatz liegt tief. Nur der Nacken und der Kopf sind stark, die Augen murmelhaft rund, ständig nach Nahrhaftem Ausschau haltend. Ebenfalls auffällig ist die X-Stellung der nach außen rotierten Beine, wobei die Knie stets steif nach hinten durchgedrückt sind, um die Empfindung von Stabilität zu erzeugen. Die Atmung ist immer flach, volle Ausatmung wird vermieden; die Haut bekommt leicht blaue Flecken. In Wut geraten, dominiert bei der oralen Struktur der Impuls des Ab-Beißens.
Durch unvollständige Wahrnehmung, insbesondere ihres eigenen Körpers, ihrer klebrigen Beziehungen, unrealistischen Hoffnungsvölle und gefälligen Maniriertheit, sowie durch ihre Flachatmung ermöglicht die orale Struktur den Hunger, die Wut und die allgemeine Bedürftigkeit abzutöten, wobei sie diesen Vorgang oft durch exzessive Aufnahme von Drogen, Essen, Alkohol, Rauch usw. noch verstärkt. Ihr vorherrschender Mechanismus besteht im Befriedigungsaufschub, Verminderung der Körperbewußtheit durch Atembeschränkung und oraler Ersatzbefriedigung, insbesondere in Form eines fast fesselnden Sprachflusses und großer gedanklicher Gewandheit. Der negative Aspekt der oralen Struktur liegt darin, daß sie immer auf andere hoffend abhängig und unerfüllt bleibt, stets „von Depression, Bitternis und Resignation bzw. der Furcht vor dem Verlassenwerden bedroht" ist (9, S. 7). Ihr positiver Aspekt „ich kann Bedürfnisse haben, wenn ich nicht unabhängig bin" (23, S. 6) macht sie auf die Dauer zum netten Untergebenen, kurzzeitig zum angemessenen Bittsteller.

c) Die psychopathische Struktur

Mit Energie vermag die psychopathische Struktur wohl am besten umzugehen: Ihr Energieniveau ist recht hoch, weitere Aufnahme kann sie handhaben; nur in der Abgabe ist sie impulsiv, da sie nicht viel Gefühl ertragen kann, ohne sich zu bewegen. Das Hauptkontingent an Energie ist aus dem Becken abgezogen und in die Kontrollorgane Kopf, Schultern und Arme eingelagert.

Die Strukturbasis kann hauptsächlich zwischen 6. und 15. Monat hergestellt werden. Die Kernaussage des Kleinkindes lautet: „Ich brauche deine Hilfe, deine Unterstützung", die dazu negative Umweltreaktion: Kontrolle. Die Bedrohung des Rechts auf Hilfe und Unterstützung wird als Manipulation bzw. Verführung erfahren. In der Entwicklung der Bedürfnisse (. . .+ Unabhängigkeit, Autonomie + Nähe, Intimität + . . .) kommt es zum traumatischen Konflikt, etwa in der Form von: „Ich kann entweder unabhängig sein oder die Bedrohung meiner Autonomie nicht wahrnehmen und dafür Nähe und Intimität erhalten." Daraus formiert sich die Reaktionsbasis „Ergebenheit, Ge-Befangenheit" mit der Grundbotschaft „das Leben stürzt mich nieder". Die kompensative Illusion heißt: „Alles ist Willenssache, man muß es nur wirklich wollen"; das Grundmuster der Muskeltätigkeit ist „sich-hoch-und-aufrecht-halten", mit der Furcht vor „Unterwerfung". Ließe man los, so fiele man nach hinten, unten.
Die Bezeichnung „Weltchampion in body-building" kommt dem Körperbau der psychopathischen Struktur wohl am nächsten. Die kräftigen Muskelpakete vom Bauch bis zum Gesicht können extrem gut in geführter Bewegung kontrolliert werden: Der Doppelspannungsblock im Becken und Zerchfell – ähnlich einem Sockel, der seine Fassung aufrechterhält – sowie in der Schulter, verhindert aber, daß sie z.B. weder die Arme als Hammer gebrauchen noch Bedürfnisse oder Hilflosigkeit mit ihnen ausdrücken können. Auffällig ist ihr elastischer, pfauig-balletteuser Gang. Körperlicher Ausdruck der nach oben gezogenen Energie ist immer eine ausgeprägte Stirn und unwiderstehlich kräftig oder verführerisch erscheinende Augen: voller Ausdruck der Machtorientiertheit, des Immer-oben-sein-müssens. In Wut geraten, zerschmettert sie alles.
Die psychopathische Struktur verleugnet die eigenen Gefühle, ist aber umso sensitiver was die Gefühle anderer betrifft: sie manipuliert sie meisterhaft in beweglicher, verführerischer Weise. Dies bedarf einer Erklärung: Das Kind wurde von einem Elternteil oder von beiden als Objekt unter Konditionen benutzt – „Ich kleide Dich an, helfe Dir, wenn Du mir das und das machst". Es mußte stimmen, wollte es seine Bedürfnisse erfüllt haben. Meist war auch eine sexuelle – nicht genitale – Verführung mit im Spiel, von der Art „Du bist mein kleiner Geliebter" oder „Sei mein kleiner Mann, und ich sorge für Dich" oder „Du hast mich verführt, dankeschön". Die leichteste Art sich dieser unerfüllt bleibenden Verführung zu entziehen, ist die Unterdrückung eigener, tiefer Gefühle und die Befriedigung auf dem Willens- oder Ich-Niveau durch ebenso listige Züge, sowie die sorgsame Kontrolle der Umwelt, so daß sie nicht gleich wieder in gleicher

Weise manipulieren kann. Dazu ist die Wahrnehmungsfähigkeit des Augenbereichs stark erhöht, besonders die von verwundbaren Stellen in andern Personen. Der negative Aspekt dieser Struktur liegt darin, daß sie keine enge Beziehung eingehen kann, denn sie kontrolliert und dominiert. „Da sie andere benützt, ist sie dazu verurteilt, sich am Ende selbst ausgenützt und mißbraucht zu fühlen" (9, S. 9). Ihr positiver Aspekt zeigt sich in ihrer Anerkennung: „Ich kann unabhängig sein, wenn ich nicht die Kontrolle aufgebe" (23, S. 6), der Grundlage des starken Führers bzw. des kurzzeitigen Exponenten einer Gruppe.

d) Die masochistische Struktur

Die masochistische Struktur vermag immense Mengen an Energie, die auf sie eindringen, aufzunehmen und zu speichern, deshalb ist ihr Energieniveau stets sehr hoch. Sie kann sie jedoch nicht abgeben: Entweder sie tröpfelt permanent über oder sie muß zum Bersten aufgeladen werden, so daß sie prustend sich rundum verteilt. Die Struktur gleicht einem ständig unter Druck stehendem Behälter.

Die Basis für diese Struktur kann hauptsächlich vom 1. - 3. Lebensjahr entstehen. Die Kernaussage des jungen Kindes heißt: „Ich mag/will Dich nicht", die dazu negative Umweltreaktion: Bedrängung. Die Bedrohung des Rechts auf Ablehnung wird als Druck (von oben wie auch von unten) erfahren. In der Entwicklung der Bedürfnisse (. . . + Nähe + Freiheit, Eigeninitiative + . . .) kommt es zum traumatischen Konflikt, etwa in der Form von: „Ich kann entweder Nähe erfahren, oder die Bedrohung meines Wunsches nach Nähe nicht wahrnehmen und mich durchsetzen". Daraus formiert sich die Reaktionsbasis „Unterwürfigkeit", mit der Grundbotschaft „ich bin unterdrückt und muß (alles er-)leiden". Die kompensative Illusion heißt „allen Leuten recht getan ist eine Kunst, die ich nur kann", das Grundmuster der Muskeltätigkeit ist „in-sich-halten", das der Furcht „Erniedrigung": Ließe man los, fiele „unten alles" heraus.

Die masochistische Struktur zeigt einen schweren massigen Körperbau, besonders im Schulter- und Brust-Bereich; manchmal mit ebenso mächtigem Becken, Gesäß und Oberschenkel, meist aber mit ziemlich karg entwickelten Extremitäten. Die starke Muskelpanzerung ist meist unbeweglich, auf standhafte Abwehr eingerichtet, am Sphinkter, am Hals („Stiernacken"), dem hinteren Zwerchfellteil und den langen Rückenbeugern konzentriert. Der Körper scheint im ersten Breitenwachstum steckengeblieben zu sein. Der Kopf und die Arme sind stets zu einem Katzenbuckel eingezogen; die Augen erscheinen gewöhnlich leidend, sanft oder durcheinander, zuweilen barsch, künden jedoch nichts von all der Arroganz,

Rachsucht und dem Sadismus, der in der Struktur steckt. Unter Druck werden die Augen „triefig" oder wild; in Wut geraten, zeigt die Struktur den Impuls des Zermalmens, Zu-Brei-Stampfens. Besonders auffällig ist die immerwährend weinerlich-quengelnde Stimme.
Diese Struktur ermöglicht Außendruck und Außeneinfluß zu ertragen, wobei die Ab-Kapselung vor Demütigung so groß ist, daß eine eigeninitiierte Befreiung fast nicht möglich ist. Deshalb muß sie andere stark provozieren, so daß deren scharfe Reaktion sie zum Platzen bringt. Der Mechanismus zielt darauf ab, „Angriffe aufzufangen oder abzubiegen" – die Mutter fütterte das Kind zuviel, so daß es in sich zusammenhält, um die weitere Mast zu verhindern; der gleiche Druck wurde in der Sauberkeitserziehung angewendet; er zielt darauf ab, „alle Gefühlsreaktionen in sich zu behalten, um nicht Opfer des aufdringlichen Elternteils zu werden" (9, S. 10). Dabei werden die zärtlichen Gefühle von den aggressiven überschwemmt, so daß sich die Aggression nach innen richtet. Der negative Aspekt an dieser Struktur ist der Gewinn durch die Ausdauer: Sie bleibt unterwürfig als Preis für die erhaltene Nähe. Dadurch bleibt sie gefangen zwischen „zermalmender Demütigung und dem lebenslangen Mißlingen, sich von ihren Belastungen zu befreien" (9 S. 10). Ihr positiver Aspekt zeigt sich darin, daß sie sehr viel Intimität erhalten und geben kann, wenn sie nicht unbedingt nein sagen muß; dies stellt eine Langzeitstrategie in engsten, partnerschaftlichen Verbindungen dar, kurzzeitig kennt jeder den Aspekt, der schon einmal seine Interessen einer gemeinsamen, erfolgreichen Sache untergeordnet hat.

e) Die rigide Struktur

Das Energieniveau der rigiden Struktur ist hoch und ausgewogen auf den ganzen Körper verteilt, eine verstärkte Energieaufnahme wird variabel gehandhabt. Sie wird jedoch immer in gleicher, meist harter Weise entladen. Anders als bei der masochistischen Struktur, bei der die Energie aussickert, läßt die rigide ganz gezielt Dampf ab, läßt den Zorn verrauchen.
Die Basis für die Struktur kann hauptsächlich während des 3. - 6. Lebensjahres gelegt werden. Die Kernaussage des Kindes lautet: „Ich liebe dich, ich bedarf deiner", die dazu negative Umweltreaktion: Zurückweisung, Verrat. Diese Bedrohung des Rechts auf genitale Erfüllung wird als Frustration – d.h. Vereitelung im Sinne von wertlos-gemacht-werden – erfahren. In der Entwicklung der Bedürfnisse (. . . + Freiheit + liebende, zärtliche Hingabe +, . . .) kommt es zum traumatischen Konflikt etwa in der Form: „Ich kann entweder frei und selbständig sein oder die Bedrohung

meiner Freiheit nicht wahrnehmen und mich der genußvollen Liebe hingeben". Daraus formiert sich die Reaktionsbasis „Wegnahme, Liebesentzug", mit der Grundbotschaft „innig lieben darf ich auf keinen Fall" und der kompensativen Illusion „Leistung ist alles" und „ich werde alles tun" (und sie tut es auch). Das Grundmuster der Muskeltätigkeit ist „sich-zurückhalten", „sich-d'ranhalten", „klammern"; mit der Furcht vor Auslieferung: ließe man los, so fiele er nach vorwärts (ins Grab, in die Aufgabe).

Die rigide Struktur erfreut das Auge durch ihren ausgewogenen, wohlgeformten Muskelbau und provoziert eine Phantasie von Inka-Kriegern. Bei exakter Beobachtung entdeckt man jedoch, daß die Extensormuskeln besonders gut entwickelt sind, daß der Körper unterhalb des Nabels besser entwickelt ist und daß alle Muskeln in einer Mittelspannung – also weder stark gespannt noch erschlafft – fixiert sind: Der Körper erscheint dann als durch Muskeln wohl gewaffnet. Diese Art von Block fällt dann an der Brust, in der Gegend des Herzens besonders auf. Die Augen sind klarer und strahlend herausfordernd, ohne dabei den sexuellen Drall der psychopathischen Struktur zu haben; es fehlt ihnen auch diese Art von Verrücktheit, die „das Wasser bergauf fließen lassen will". Es ist vielmehr ein „Kolumbus- oder Astronautenblick", der nach dem Noch-Unerforschten zwar mit Würde und Zurückhaltung, aber dennoch leistungsorientiert kräftig greift. Gerät diese Struktur wirklich in Wut, so durchbohrt, verwundet, verstümmelt, kastriert sie.

Diese Struktur ermöglicht, das „gebrochene Herz" und den in der ödipalen Beziehung erfahrenen Verrat durch ausgewogene Zurückhaltung und Würde zu ertragen; dazu ist das Ich sehr realitätsgerecht entwickelt. Sich dem Bereich der zarten, nach Liebe verlangenden Gefühle hinzugeben, die von ihr erlebt werden, bereitet ihr größte Schwierigkeiten, insbesondere wenn sie mit Scham in Verbindung gebracht wurden. Deshalb versucht sie so zu tun, als ob sie lieben würde. Der Kern dieser Struktur bleibt unbefruchtet, weil sie ihr Herz aus dem Wissen um den immer möglichen Verrat und die Enttäuschung nicht zu öffnen vermag: sie bleibt immer allein; hierin liegt ihr negativer Aspekt. Ihr schätzenswerter Aspekt liegt in der Freiheit; das sexuell-erotische Bedürfnis zu befriedigen bedeutet für sie keine Lebens-Not-Wendigkeit. Auch unter diesem Aspekt handelt jeder, wann immer und solange er sich – einem eigenen Interesse folgend – von seinem Lebenspartner trennt; die Langzeitstrategie verkörpert der „ewige Junggeselle", aber auch der Topmanager, sofern er mehr mit seinem Beruf als mit seiner Frau „verheiratet" ist.

Abschließend ist noch einmal die Wichtigkeit des umfassenden Erkennens zu betonen: die Grundlage jeder bioenergetisch orientierten und gezielten Handlung ist das Körperlesen. Es läßt das im Augenblick wirksame Problem des Körpers wissen, sei es, daß es nur vorübergehend auftritt oder aber permanent und für die Person charakteristisch ist. Dies gilt für den Therapeuten, der daraufhin seine Strategie wählt; mehr aber noch für den Klienten, dem das Wissen um seine soziale Rolle, die er z.B. in der Familie spielt, wenig bringt; der aber dieses Rollenspiel fallen läßt, sobald er das funktionale Gefüge seines Körpers erkennt.

b) Therapeutische Tätigkeit

Die reine Beschreibung der Strategie, also der Abläufe, Übungen, Aufgaben und Techniken ohne deren kontextlichen Zusammenhang zum einzelnen Fall widerspricht der ganzheitlichen Auffassung der Bioenergetik. Die Darstellung von Fällen sprengt jedoch den Rahmen dieser Arbeit. Der Vollständigkeit halber sollen aber wenigstens die Kategorien der Strategien erwähnt werden.

Zu den wichtigsten Strategien innerhalb der bioenergetischen Analyse gehören die Alltagsübungen. Sie sind vom Klienten außerhalb der therapeutischen Situation zu leisten und reduzieren somit die Frequenz auf eine, maximal zwei Sitzungen pro Woche. Dabei handelt es sich um eine Reihe von Körperbewegungen, die darauf abzielen, die Atmung zu verstärken, ein intensiveres Körpergrounding herzustellen und Muskelverspannungen maßvoll, jedoch permanent zu lösen. Meist sind es Techniken, die während therapeutischer Sitzungen erarbeitet wurden, wobei die in den Sitzungen bisher erfahrene emotionale Tiefung höchstens erreicht, nicht aber überschritten werden soll. Teilweise werden diese Übungen auch in Gruppen durchgeführt, wobei die Scharade der möglichen Spannungsmuster von oben nach unten und nicht personzentriert durchlaufen wird. An den meisten Tagen üben aber die Klienten zuhause und allein.

Dazu scheint uns ein Hinweis wichtig. Die Bioenergetik erfährt augenblicklich einen Boom, auch auf dem Büchermarkt, mit Anleitungen zu derartigen Übungen. Die Gefahr liegt in der unkontrollierten, übermäßigen Ausführung, bei der man sich meist mehr zumutet als angebracht ist. Daher sollte ein Buch nur benützt werden, wenn es gleichsam durch die Übungen führt und man den Eindruck hat, daß man von den Anweisungen während der Durchführung ständig begleitet wird, wie es z.B. *Lowen* (24) sehr gut zeigt. Bekommt man nur eine Übung oder Technik nach der anderen vorgesetzt, so zahlt man für so ein Buch oft einen hohen Preis, oftmals nämlich mit körperlichen und seelischen Schädigungen, die häufig eine Therapie notwendig machen, um die Wunden zu flicken, die vom „Hau-ruck"-Stil des Autors und des Buches geschlagen wurden (vgl. die Ausführungen von *Petzold* im Schlußkapitel dieses Buches).

In der therapeutischen Sitzung wird eine Reihe von Strategien benützt; einige wurden bereits angesprochen: verschiedene Gesprächstechniken, biographische Anamnese, Assoziationstechniken. Bei den körperintensiven Strategien unterscheidet man Übungen und Aufgaben von Abläufen und Techniken.

Erstere werden vom Therapeuten lediglich initiiert: zu ihnen gehören das breiten Raum einnehmende *„Grounding"* und *„Atmen"*, aber ebenso expressive Tätigkeiten wie Singen, Schreiben, Ausgreifen, Schlagen, Beißen, Reißen, Grimassieren, sowie perzeptive Tätigkeiten wie Sehen, Hören, Fühlen . . . – und, wegen der engen Verbindung zu den Illusionen, die so wichtigen Formen des Fallens. Als Hilfsgerät dient, meist zweckentfremdet und sehr verschiedenartig eingesetzt, die Matratze und das Kissen des Therapiebettes, ein Handtuch, ein Tennisschläger und der „Bioenergetik-Stuhl", eine Art Hocker mit Wolldeckenpolsterung, der hauptsächlich zur Lösung von Atmungsblockierungen bei gleichzeitiger körperlicher Belastung eingesetzt wird.

Dagegen greift der Therapeut bei Abläufen und Techniken aktiv ein. Unter Abläufen sind Sequenzen von einer oder mehreren Aufgaben und Techniken zu verstehen, die durch Aussagen, Fragen und Zusammenfassungen unterbrochen werden. Bei einer Technik greift der Therapeut direkt in das Körpergeschehen mit ein; dies setzt die genaue Kenntnis der funktionalen Anatomie des Körpers und eine geschulte Sensitivität beim Bioenergetiker voraus. Dies kann eine flächige Massage oder ein punktueller Druck auf bestimmte, funktional relevante Körperpartien sein, das Erstellen bzw. Ermöglichen von bedeutsamen Haltungen, Stellungen oder Bewegungen oder die Gabe von situativ notwendigen, jedoch augenblicklich fehlenden Reizen aus der Umwelt des Klienten. In diese Kategorie fallen Tätigkeiten, die in der bioenergetischen Analyse eine immens wichtige Rolle spielen, wie Trösten, Streicheln, Unterstützen und Schutz geben, Wärme und Körperkontakt ermöglichen, da die Lösung chronischer Verspannungen immer mit Entspannungsschmerz, ähnlich dem Schließfunkten im Stromkreislauf, verbunden ist. Aber auch das Mitlachen, Mitschwingen gehört in diese Kategorie.

Der umfassende Fächer therapeutisch äußerst wirksamer Strategien zeigt die Möglichkeiten und weit gesteckten, kaum Kontraindikationen stellenden Grenzen dieser Therapieform; gleichzeitig verdeutlicht er auch das

hohe Anforderungsniveau an den Therapeuten. Die Kontraindikation liegt nur selten in der Person des Klienten, sondern wird gesetzt durch den Reifungsstand des Therapeuten: zum einen durch die Qualität und Breite seiner Ausbildung, vielmehr aber durch die Erfahrung seines eigenen Körpers und der Bereitwilligkeit in ihm, im Wechselspiel mit dem Klienten, den Energiefluß in Schwung kommen zu lassen. (Frank 1976).
Denn eine Tätigkeit, die dazu führt, daß das eigentümliche Wesentliche einer Person – per-sonare bedeutet durch-tönen – ohne Resonanz in die Zeit hinein verhallt, ist keine Therapie; sie verführt nur die beiden Beteiligten in eine weitere Illusion zu verfallen: Das Leben sei eine vernichtende Öde, ohne jegliche Nahrung, ein unkontrollierbarer Abgrund, dessen Stille ihm nur Last ist und jede Leistung zu jederzeit wertlos ist – in den Zustand der Langeweile. Im Vergleich dazu ist doch jede floride psychosomatische Krankheit eine „gesunde" Alternative mit ihrer bunt sprießenden, zeitraubenden Ausdrucksform.

Literatur:*

(9) BELLIS, J.M.: Bioenergetic Analysis with Couples. Arbeitspapier zum Sommerseminar des Institute for Bioenergetic Analysis, New York (im folgenden abgekürzt: ArbPa-IBA). 1975.

--- :Reading the Body. ArbPa-IBA, 1976.

--- : The Eyes Have It. ArbPa-IBA, 1976.

BIBRING, E.: Zur Entwicklung und Problematik der Triebtherorie. Imago, 1936.

(14) BOADELLA, D.: The Concept of Bioenergy. Energy and Character, 1972/3, S. 15 - 29.

BROWN, M.: The Healing Touch. Berkeley: 1973.

ELROD, N.: Kriterien der Besserung in der Psychotherapie. München, 1974.

FELDENKRAIS, M.: Body and Mature Behavior. Tel. Aviv, 1949.

--- : Awareness through Movement, New York, 1972.

--- : Bewegungserziehung zur Verbindung von Körper und Geist, in 22.

FERENCZI, S.: Theory and Techniques of Psychoanalysis. New York, 1953.

(26) FRANK, R.: Zur Ausbildung von Körpertherapeuten, Integrative Therapie, 2/3 (1976).

(4) FREUD, S.: Collected Paperes, Vol. I. New York, 1924.

(5) --- : Collected Papers, Vol. II. New York, 1933.

(1) --- : Studienausgabe. Bd. I. Frankfurt/M., 1969.

(2) --- : Der Ursprung der Psychoanalyse. Imago, 1954

(3) --- : Neue Folge . . . in (1)

GREENSON, R.R.: Technik und Praxis der Psychoanalyse. Bd. I. Stuttgart, 1973.

* Die Klammerzahlen beziehen sich auf das Zitat im Text

(18) KIRSCH, K.: Grounding. ArbPa-IBA, 1972.
(15) KRAUS, F.: Allg. und spezielle Humanpathologie, in: Klinische Syzyologie, Göttingen, 1926.
KURTZ, R., H. PRESTERA: The Body Reveals. New York, 1976.
(12) LEWIS, R., A. Lowen: Bioenergetische Analyse, in: (22).
(19) LOWEN, A.: Bioenergetics. New York, 1975.
(20) --- : Depression and the Body. New York, 1972.
(13) --- : The Language of the Body. New York, 1971.
--- : Love and Orgasm. New York, 1965.
--- : The Betrayal of the Body. New York, 1967.
--- : Pleasure. New York, 1970.
--- : Breathing, Movement and Feeling, IBA, New York: 1965.
(10) --- : Bioenergetic. ArbPa-IBA, 1973.
(11) --- : Bioenergetische Analyse, in diesem Buch S.
(23) --- : A Characterological Hierarchy. ArbPa-IBA, 1973.
(24) --- : The Way to Vibrant Health. New York, 1977.
MINTZ, E.E.: Über die Rolle der Berührung in der Psychotherapie, in: *Sager/Kaplan:* Handbuch der Ehe-, Familien- und Gruppentherapie. Bd. I. München, 1973.
(22) PETZOLD, H.: Psychotherapie und Körperdynamik. Paderborn, 1974, 2. Aufl. 1977.
(25) --- : Gegen den Mißbrauch bioenergetischer, primärtherapeutischer und thymopraktischer Körpertherapie, dieses Buch S. 478ff.
(16) PIERRAKOS, J.: The Energy Field of Man and Nature. IBA, New York, 1971.
(17) --- : The Core of Man, in: Energy and Character, 1974:3, S.7 - 18.
(21) PSCHYREMBEL, W.: Klinisches Wörterbuch. Berlin, 1964.
(7) REICH, W.: Die Funktion des Orgasmus. Wien, 1927.
(8) --- : Charakteranalyse. Berlin, 1970.
SCHILDER, P.: The Image and the Appearence of the Human Body. New York, 1950.
SHELDON, W.H.: The Varieties of Human Physique. New York, 1940.
--- : The Varieties of Human Temperaments. New York, 1942.
SZASZ, T.S.: Pain and Pleasure. New York, 1957.
(6) WYSS, D.: Die tiefenpsychologischen Schulen von den Anfängen bis zur Gegenwart. Göttingen, 1970.

Core-Therapie

John Pierrakos, New York

Historischer Rückblick

In dem neuen therapeutischen Ansatz, den ich hier entwickle, spielen drei Hauptthesen zusammen, die ich als Zentral-Energien bezeichne. Die erste These besagt, daß der Mensch eine psychosomatische Identität ist. Die zweite postuliert, daß die Quelle der Heilung im Selbst liegt und nicht außerhalb wie etwa in einem Gott, einem Arzt oder den Kräften des Kosmos. Die dritte These besagt, daß alles Existierende eine Einheit bildet, die zur kreativen Entfaltung des Ganzen und dessen zahlloser Komponenten strebt. In einem gewissen Sinne bezeichnen die drei Thesen den gleichen Sachverhalt. Ich will sie dennoch seperat behandeln, um das zentrale Konzept der „core energetics" zu entwickeln. Ich bin der Ansicht, daß die Menschheit an der Schwelle einer neuen Zeit steht, einer Ära, in der wir uns über Konflikte und Kummer hinwegheben und unser Leben kreativ entfalten können.

Zu dieser Schwelle sind wir in Millionen von Jahren gekommen, in denen wir gelernt haben, wo und was wir sind und wie wir unsere Bestimmung erfüllen können, nämlich zu dem Verständnis, in welche Richtung sich unser Potential entfalten kann. An mehreren Punkten in unserer langen Geschichte haben uns Beobachtungen und Experimente bewußt gemacht, daß wir einen guten Teil des Dualismus in unserer Existenz zur Seite legen können. Therapien wurden geboren und systematisiert. Es entwickelte sich im Hinblick auf den Körper, den physisch sichtbaren Teil einer Person, die Disziplin der Medizin. Was die Medizin nicht herausfinden konnte – die Ursachen von Krankheit und Tod – wurde mit anderen mystifizierten Phänomenen zur Domäne der Religion, der Therapie des menschlichen Geistes. Erst mit Sigmund *Freuds* monumentalen Entdeckungen über das Unbewußte konnten sich die heilenden Künste auf die geistig-emotionale Dimension der menschlichen Persönlichkeit ausrichten.

Jedoch sogar die frühen Kollegen von *Freud* sahen, daß das Unbewußte, obwohl es einen großen Informationsreichtum über das Leben und die Situation der Persönlichkeit gibt, nicht der einzige Schlüssel zur psychischen Krankheit war. *Freuds* Schwerpunkt lag auf dem Vorstellungsinhalt der geistigen Substrata des Individuums. Carl *Jung* schloß die Seele in die psychiatrische Behandlung mit seiner Erkenntnis ein, daß das „Göttliche Bild in der menschlichen Psyche"[1] eine machtvolle und in sich selbst eine gesunde Komponente des kollektiven menschlichen Unbewußten sei. Wilhelm *Reich* verband die Physiologie mit der Psychologie, indem er die psychosomatische Identität der Person anschaute, und brachte eine wissenschaftliche Synthese hervor, die auf seiner Theorie des *Orgons* basierte. Die Bioenergetik, die von Alexander *Lowen* und mir selber begründet wurde, erkannte die Funktion des Willens in psychischen Dysfunktionen und damit die Notwendigkeit der Einbeziehung des Willens in die Behandlung der leidenden Person zusammen mit dem Körper, dem Gefühl und dem analytischen Verstand. Jede dieser Erweiterungen der therapeutischen Theorien kam näher und näher an das Konzept, die *ganze Person* als die angemessene Domäne der Therapie zu betrachten. Dieser Ansatz wurde der funktionalen Betrachtung einzelner Gebiete als überlegen erkannt, obgleich viele Therapieschulen damit fortfuhren, sich auf die Wunden der Patienten zu zentrieren und das essentielle Sein des Leidenden auszuschließen, nämlich die Lebenskraft, die von diesen Wunden affiziert wird.

Die Menschen wurden immer unbefriedigter darüber, daß die Person durch diese verschiedenen Heilungssysteme fragmentiert wurde, und begannen zu verstehen, daß allein das Nähen der Wunden nicht genug war, um dem menschlichen Leben Erfüllung zu schaffen. In den fünfziger und sechziger Jahren wurde die Suche nach einem tieferen Sinn im Leben immer umfassender und führte zur Entwicklung des „Human potential movement". Viele Strömungen tragen zu dieser Bewegung bei. Im Grunde gehen sie alle von einer Vorstellung aus: nämlich daß die Person eine Einheit innerhalb des Selbst ist, die in Interaktion mit ihrer Umgebung steht. Ich möchte sagen, daß diese Einheit des Selbst und die Interaktion mit der Umwelt die Totalität der Existenz bilden.

Energie und Bewußtheit in der menschlichen Person

Im physikalischen Universum sind sowohl zentrifugale als auch zentripetale Bewegungen beobachtbar. Die beliebteste Erklärung in der Astronomie für die Entstehung des Universums ist die „Urknall-Theorie", nach der durch eine Explosion von irgendeiner zentralen Stelle Materie in den Weltraum flog. Schwirrende Massen dieser Substanz haben sich dann zu den Himmelskörpern akkumuliert, die die Galaxen ausmachen, welche dann auf Grund ihrer Gravität zusammenhängen, während sie in immensen Geschwindigkeiten vom Explosionszentrum hinwegstreben. Diese duale Bewegung, sowohl hin als auch fort von dem Entstehungszentrum, wiederholt sich in jeder Entität, die die Menschheit beobachtet hat. In der menschlichen Anatomie z.B. erweitern und kontrahieren sich die Zellen; ebenso die einzelnen Organe wie zum Beispiel das Herz und Systeme wie die Eingeweide und die Lungen. So bewegt sich auch der totale Organismus, die menschliche Person. Grundsubstanz einer Person ist Energie, und die Bewegung der Energie ist Leben. Je freier sich jede Komponente in sich selbst bewegen kann und trotzdem die Integrität – die Kohäsion – seiner selbst und des Ganzen wahrt, um so intensiver ist das Leben.

Man stelle sich die menschliche Person als einen Mikrokosmos vor. In unseren Augen sind Gewebe und Organe „solide" und bilden „solide" Systeme, die wiederum sich zu unserem „soliden" Körper konstituieren. Aber genau wie die Billionen von Himmelseinheiten im Makrokosmos formen die Billionen von Zellen Clusters von verschiedener Dichte im Raum. Unter einer Vergrößerung von ca. 500 000 Einheiten sieht zum Beispiel das Hautgewebe aus wie Sterne, die weit auseinander gestreut sind, und ein Knochen schaut aus wie eine dichte Galaxie; das Herz könnte eine Himmelsphäre darstellen. So kann der Körper als Modell des gesamten Makrokosmos angesehen werden.

Lebendige Energie ist nicht nur Quantität oder Masse. Der qualitative Aspekt, die Bewegung, ist Bewußtheit. In jeder Minute ist sich jedes Lebenspartikelchen genau bewußt, was es tut. Es hat ein Bewußtsein, eine Vernunft, die den inneren Plan versteht, und einen Willen, der die eigenen Aktivitäten an diesen Plan adressiert. Ein kleiner Apfelsamen wächst in wenigen Jahren zu einem schönen Baum, der blüht und Frucht trägt, indem er seinen inneren Plan (Entelechie) vollführt. Sobald Energie ungeteilt fließt, fließt auch die innere Bewußtheit ungeteilt. Der Unterschied zwischen dem Apfelbaum und der menschlichen Person ist ganz einfach zu bestimmen. Der Mensch weiß, daß er weiß; daß der äußere Geist (outermind) den Organismus und seine Umgebung steuern kann (die wache Vernunft und der Wille verbunden mit dem Unbewußten, den mentalen Prozessen), was der Apfelbaum nicht kann. Von dieser Hierarchie des Bewußtseins in der Natur sagt der französische Paläontologe und Philosoph Teilhard *de Chardin*, daß „universelle Energie eine denkende Energie sein muß".[2]

Der äußere Geist ist im gewissen Sinn eine Kristallisation des inneren Geistes, der jedem lebendigen Ding innewohnt, genau wie der physikalische Körper, den wir sehen und anfassen können, eine Kristallisation unserer quantitativen energetischen Entität ist. Die „materiellen" und die „nicht-materiellen" Funktionen unterscheiden sich in der Vibrationsfrequenz, nicht aber in der Substanz. Aus diesem Grund ist das Ganze eines Lebens, sogar bis zur Länge der Knochen und bis zum Grad der feinmotorischen Koordination buchstäblich aus dem Bewußtsein herausgemeißelt: integrative „awareness" vom Gen bis zum Geist. Das heißt nicht, daß die Außenumgebung nicht an der Formung unserer Wahrnehmung und Aktionen beteiligt sei. Es besagt vielmehr, daß unser Lebenszustand davon abhängt, wie wir die äußere Umgebung wählen. Unsere Energie hat Bewußtsein in sich selbst und bewegt sich eigenständig fort.

Die qualitative Differenzierung innerer Energiebewegungen verursacht die ganze Bewußtheit, unsere innere sowohl als auch unsere äußere „awareness". Wir glauben von uns selbst, daß wir unabhängige Machtressorts haben. Unsere Wahrnehmungen sind definiert als sensorisch, emotional, rational, oder intuitiv, und unsere Taten als instinktabhängig oder determiniert, reaktiv oder initiiert. Das sind sehr nützliche Unterscheidungen, weil es immense Unterschiede von Wahrnehmungen und Aktionen gibt, die sogar von einer einzelnen Erfahrung her bestimmt werden können. Aber ich sehe die verschiedenen Kräfte als Operationen von Bewußtheit, die in Abhängigkeit von der inneren Energiebewegung an die Oberfläche geraten. Gefühle sind somit eine Pulsierung des ganzen Organismus. Das Gefühl des Sichwohlfühlens zum Beispiel ist, im Ganzen gesehen, die Anerkennung des äußeren Geistes, so daß die Energie frei strömt. Der äußere Geist in einer gesunden Person kann sich zu dem Energiestrom hinwenden oder sich davon zurückziehen. Es ist bekannt, daß Yogis dazu fähig sind, ihre autonomen nervösen Funktionen zu kontrollieren, und auch, daß „Heiler" willentlich ihre Lebenskräfte in eine kranke Person kanalisieren können. Solche Personen verfügen über eine außergewöhnliche Integration ihres Bewußtseins, jedoch ist die Kapazität für eine solche ganzheitliche Selbstawareness und Selbstbestimmung jeder Person angeboren. Wenn wir von der Integration des Bewußtseins sprechen, so impliziert das, daß eine energetische Entität, auch während sie lebt, desintegrieren kann. Dies kann nicht in dem Sinne passieren, daß die Lebenskräfte eines Individuums in Teile zerfallen, sondern vielmehr in dem Sinne, daß die Bewegungen zwischen den Vibrationsfrequenzen durch Krankheit gehemmt werden können. Die unterschiedlichen Frequenzen, die auch als Vibrationspläne oder Energiekörper bezeichnet werden können, fügen sich zu spezifischen unterscheidbaren Formen zusammen, die wiederum unterscheidbare Kräfte haben. Die materielle Form – unser physikalischer

Organismus – besteht aus der Energie, die sich am langsamsten bewegt. Die verschiedenen Formen werden mitunter in Abhängigkeit von ihren unterschiedlichen Funktionen kategorisiert, von den physikalischen, den sensorischen, geistigen oder intuitiven, und mitunter in Abhängigkeit davon, ob sie mit dem irdischen Leben zusammenfallen oder ob sie über das irdische Leben hinaus existieren. Diese Fragen, die früher von Metaphysikern und Erforschern okkulter Phänomene diskutiert wurden, werden heute erneut in der wissenschaftlichen Forschung aufgeworfen. Im Folgenden werden sie als funktionale Aspekte des unitären Energiekörpers definiert.

Obgleich das einzige Energiesystem, das wir unter normalen Umständen wahrnehmen können, der physikalische Körper ist, können mittels technischer Ausrüstung einige höhere Frequenzen experimentell festgestellt werden.[3] Diese sind generell als elektrisch oder elektromagnetisch definiert. Der Energiekörper jedoch besteht nicht nur aus solchen allgemein bekannten Ladungen. Seine Substanz ist Lebensenergie, die auf gewisse Weise jene elektrischen Energien als Komponenten trägt, Die lebendige Kraft strömt über die Grenzen der Haut in die Atmosphäre, um so ein Energiefeld, die Aura, zu schaffen, die eine ganze Menge von Informationen über die Natur und das Funktionieren der Menschen in sich trägt. Sie kann als ätherisches Doppel verstanden werden, welches die nächsthöhere Vibrationsform nach dem physikalischen Körper ist. Die Aura ist ein exaktes Duplikat unserer Physiologie: sie „hat" ein Herz, Füße, Hände, einen Rumpf. Dieser Zusammenhang geht sogar noch weiter: Wenn einer Person ein Glied oder ein Organ operativ entfernt wird, bleibt das Duplikat im Energiekörper noch für einige Zeit bestehen (Phantomglied). Darum sollte auch die kleinste medizinische Intervention nicht ohne ihre unbedingte Notwendigkeit durchgeführt werden. Sie bewirkt ein Trauma des Systems, weil sie eben nicht nur den physikalischen Teil betrifft, sondern die ganze integrierende Energieentität. Dies ist auch der Grund, warum nichtmaterielle Ereignisse – Erfahrungen der Gefühle, des Geistes und der Gedanken – auch unsere Physiologie direkt beeinflussen können. Die Art der energetischen Bewegungen in dem Ereignis beeinflußt und prägt den Energiekörper, und wenn die Erfahrung intensiv ist, bzw. wenn sie wiederholt wird, wird diese Prägung auch im fleischlichen Körper sichtbar, genauso wie in der Aura. Dieses Konzept des Energiekörpers ist mehr als pure Spekulation und Analogieschluß. Obgleich erst in unserem Jahrhundert wesentliche wissenschaftliche Fortschritte in der Untersuchung dieses Konzepts gemacht wurden, war es doch stets während der ganzen aufgezeichneten Menschheitsgeschichte von großem Interesse. Die Chinesen haben die Vorstellung einer Basisenergie, *ch-i*, die sich in zwei entgegengesetzten Kräften manifestierte, *Yin* und *Yang*, welches Prinzipien von Rezeptivität und Assertivität sind. *Ch-i* ist das universelle Substrat aller Dinge, was auch den Menschen einschließt. Nach frühem indischen Denken ist das Lebensmaterial oder der „vitale Saft" *ojas*, welcher wiederum die Basis für *Prana* darstellt, das im Zentrum der Yoga-Übungen steht. *Ch-i* und *Prana* bezeichnen ursprünglich beide „Atem", ebenso wie *Speira*, welches ein Parallelkonzept ist, das dem klassischen Griechenland entstammt. *Paracelcus* bezeichnet die Lebenskraft und die heilende Kraft in dem Menschen als *Mumia*. Im späten 18. Jahrhundert kam Anton *Mesmer* zur Beschreibung des animalischen Magnetismus, den er sowohl in lebendigen als auch in totalen Entitäten sah. *Galvani*, ein Zeitgenosse *Mesmers*, schloß, daß alle lebendigen Dinge etwas enthalten, was er als Bioenergie oder Lebenskraft bezeichnete Karl *von Reichenbachs* Bezeichnung für die gleiche Kraft war *Od* oder *Odyl*. Er hypostastierte, daß Od eine Eigenschaft aller Dinge sei und daß es das ganze Universum fülle.

Wilhelm *Reich*, der vierzig Jahre lang nach dem 1. Weltkrieg in verschiedenen Naturwissenschaften experimentierte, fand ebenso diese universelle Energie, die er *Orgon* nannte und die er als unterschiedlich von elektrischen, mechanischen und chemischen Kräften ansieht. Etwas früher erfand Dr. Walter J. *Kilner* aus London chemisch gefärbte Wandschirme, die die Aura seiner Patienten sichtbar machten, ebenso wie dies dann durch einige von *Reichs* Instrumenten möglich wurde. In den frühen dreißiger Jahren wurden unter der Leitung von Harald S. *Burr* an der Yale University weitere technische Untersuchungen der Aura begonnen. Obgleich diese Forscher mit dem Konzept, daß das elektro-dynamische Feld, (wie sie es nannten), aus einer Energie bestehe, die etwas viel Grundsätzlicheres bedeute, als alle andern bekannten Energietypen, nicht übereinstimmten, kamen sie doch zu der Auffassung, daß frühere Vermutungen, die die psychosomatische Identität des lebenden Organismus und seine Interdependenz mit äußeren Kräften betrafen, richtig seien. Gegenwärtige russische Forschung tendiert jedoch dahin, daß es spezielle lebendige Energie gibt, Bioplasma, ein viertes Stadium der Materie, die als ein Agens für die Effektivität von Akupunktur angesehen wird.[4]

Ich habe zu Beginn meiner Karriere zunächst dieselben Ausrüstungen gebraucht wie Wilhelm *Reich* und ich baute auch einige von *Kilners* Wandschirmen nach, bevor ich entdeckte, daß meine eigenen Augen die Aura auch ohne räumliche oder visuelle Hilfen sehen konnten. Diese Fähigkeit muß trainiert werden, aber ich bin überzeugt davon, daß viele Leute die Kapazität haben, die Aura wahrzunehmen. Alle Entitäten, die ich in mehr als zweieinhalb Jahrzehnten studiert habe, geben Energie ab: Unorganische Materie wie Kristalle, Felsen, geophysikalische Formationen und die lebendigen Dinge, von Pflanzen bis zum Menschen. Innerhalb jeder Kategorie hat das Energiefeld gewisse Charakteristika in der Gestalt, der Farbe, der Ausweitung, der Lagerung, der pulsierenden Frequenz usw.. Die Aura einer gesunden Person zeigt außen herum drei verschiedene Lagen, die im normalen Wachzustand etwa 15 bis 25 mal in der Minute pulsieren und sich mitunter bis über einen Meter weit von der Haut ausweiten. Die Aura zieht sich zusammen, weitet sich dann aus, ruht nach der Expansion und erreicht die maximale Leuchtkraft und zeigt verschiedene gut unterscheidbare Energieströme. Eine Figur, die wie eine Acht geformt ist, legt sich um den ganzen Körper, wobei das Kreuz der Acht am Solarplexus liegt. Von der inneren Longitudinalstruktur des Organismus schwirren Spiralformen aus, zum Beispiel vom Herz und vom Rückgrat ebenso wie um den ganzen Rumpf.

Bündel von Energie strahlen perpendikulär von dem Körper an verschiedenen Seiten aus. Ein strahlender Kranz umgibt den Kopf, was, wie wir annehmen können, als Heiligenschein oder als Corona bei sehr machtvollen Leuten wie Buddha oder Jesus gesehen wurde. Jeder hat diese Corona, und diese ist tatsächlich gelb oder weiß und kontrastiert mit den blauen Schatten der außen herum gelagerten Basisenergie.

Die Erscheinung der Aura spiegelt auf sehr sensible Weise den internen Status einer Person wider, wodurch sie zu einem sehr wertvollen Diagnostikum wird. Ein Affront jedweder Art, handle es sich nun um eine physikalische Krankheit oder um eine nicht eingetroffene Erwartung, unterbricht das Muster der Aura. Begeisterung reichert die Farbe an, erhöht die Ausweitung und akzeleriert den Rhythmus der Schläge. In einer Gruppe, wo eine intensive Kommunikation stattfindet, können die Auren der beteiligten Leute 50 oder mehr Pulsierungen pro Minute erreichen und sie bewegen sich ungefähr vier Meter oder mehr nach außen.

Die beschleunigte Bewegung formt neue Energiemassen, die sich wie ein Schirm über und um die anderen ausbreiten, so daß sich eine neue Bewußtheit entwickelt, die mehr als Summe der individuellen Bewußtheiten ist, die durch und in die Beteiligten strömt, weil die Energie immer ungeteilt fließt. Diese neue Formation kann von jemand, der in der Mitte dieser Energie steht, direkt zwischen den Händen gefühlt werden. Was hier passiert, ist eine Intensivierung nicht nur vom Ausfluß innerer Energie der

Individuen, sondern ebenso eine Intensivierung des Hineinziehens von Energie in alle Gruppenmitglieder.
Die Eingangswege für die hineinkommende Kraft sind trichterförmige pulsierende Strudel, die ca 5 cm oder länger sind und deren Spitzen die Haut berühren, während die Öffnungen hinaus in die Aura gehen. (Siehe

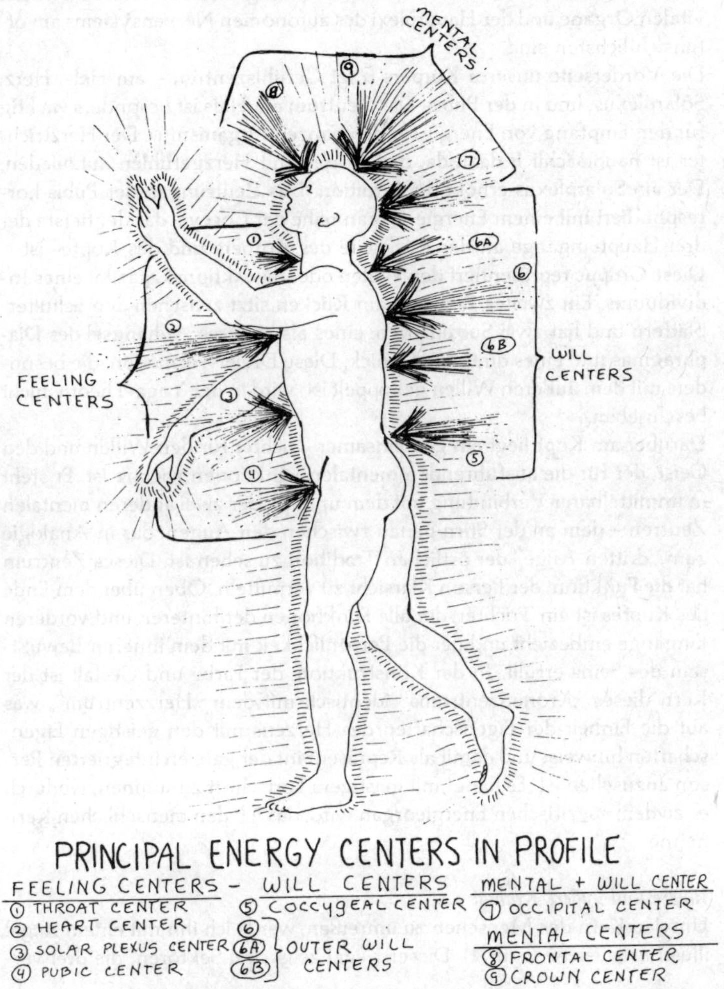

Figur 1). Die Energie, die sie hineinziehen, wird vom Organismus metabolisiert bis hinunter zum Zellniveau und durch den Körper verteilt. Diese Zentren schicken auch innere Energie hinaus. Diese Ausstöße vibrieren schneller als die Energie der äußeren Aura. Ich lokalisiere Energiezentren über den ganzen Körper, wenngleich die Energiezentren in der Nähe der vitalen Organe und der Hauptplexi des autonomen Nervensystems am offensichtlichsten sind.

Die Vorderseite unseres Körpers trägt Gefühlszentren – am Hals, Herz, Solarplexus, und in der Pubis. Das Zentrum am Hals ist besonders wichtig für den Empfang von Energie für den ganzen Organismus. Der Herztrichter ist hauptsächlich dazu da, den Körper mit Herzgefühlen aufzuladen. Der am Solarplexus erhöht die Intuition. Das Zentrum an der Pubis korrespondiert mit einem Energie-Organ nahe der Coccyx, das der tiefste der drei Haupteingänge an der Rückseite des Körpers und des Kopfes ist.

Diese Gruppe repräsentiert den Willen oder die Aktionskapazität eines Individuums. Ein zweites Zentrum am Rücken sitzt zwischen den Schulterblättern und hat zwei Subsidiarien: eines als hinteres Anhängsel des Diaphragmas und eines direkt im Genick. Diese Dreier-Formation, die besonders mit dem äußeren Willen gekoppelt ist, wird in der Yoga-Theorie nicht beschrieben.

Darüber am Kopf liegt ein gemeinsamer Trichter für den Willen und den Geist, der für die ausführenden mentalen Funktionen wichtig ist. Er steht in unmittelbarer Verbindung mit dem unteren der zwei anderen mentalen Zentren – dem an der Stirn genau zwischen den Augen, das in Analogie zum „dritten Auge" der östlichen Tradition zu sehen ist. Dieses Zentrum hat die Funktion, der Person Klarsicht zu vermitteln. Oben über dem Ende des Kopfes ist ein Trichter, der alle Funktionen der hinteren und vorderen Eingänge einbezieht und der die Persönlichkeit mit dem inneren Bewußtsein des Seins erfüllt. In der Konstruktion, der Farbe und Gestalt ist der Kern dieses „Kronenzentrums" identisch mit dem „Herzzentrum", was auf die Einheit der Eigenschaften des Herzens mit den geistigen Eigenschaften hinweist und damit als Repräsentant der ganzen integrierten Person anzusehen ist. Es hängt mit geistigem Fortschritt züsammen, wodurch es zu dem spezifischen Energieorgan wird, das ich den menschlichen Kern nenne.

Innere und äußere Realität:

Um den Kern des Menschen zu umreißen, werde ich ihn mit einem Kegel illustrieren (siehe Figur 2). Dieser Kegel zeigt drei Sektoren, die drei ver-

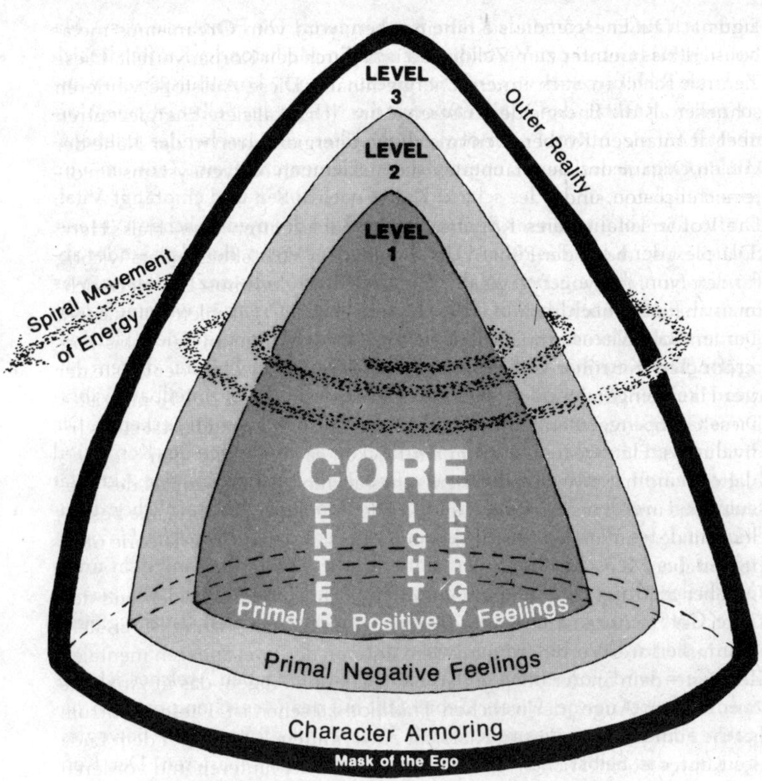

LEVELS OF REALITY

schiedene Energie-Niveaus darstellen sollen. Ich gebrauche das Wort Niveau nicht im topologischen Sinne sondern mehr operational und werde über höheres und niederes Niveau sprechen. Tatsächlich durchdringt jede Lage jede Ebene vom physikalischen Körper bis zu Seele.

Niveau 1, das Innerste, ist der Kern: *Das Zentrum der richtigen Energie.* Richtig heißt hier direkt, ungeteilt, wahr. Zwei Lagen liegen zwischen dem 1. Niveau und der äußeren Realität und beide haben die Aufgabe, die Energieströme von und zu dem Kern auszubalancieren. Die Lage nächst dem Kern ist die Kapazität des Organismus, Kräfte von außen aufzufangen und nach außen strömende Kräfte zu alternieren. Die Peripherie, das 3. Niveau, ist das Gebiet der Verteidigung und ein Mediator der Kräfte, die sich in beide Richtungen bewegen. Die Niveaus 1 und 2 konstituieren die wahre innere Realität, das 3. Niveau oder die Maske des Selbst ist eine Vorrealität für sie, obwohl ein notwendiger Filter, ein täuschendes Erlebens-Territorium. Jedes dieser energetischen Elemente hat ein Zentrum und eine Peripherie, und jedes schickt Kräfte nach außen und empfängt Vitalkräfte. Die Totalität dieser Zentren ist der *Kern* des menschlichen Wesens. Daher ist der Kern, das innere Universum der Person, der Platz – oder abhängig von den eigenen Wahrnehmungen die Substanz – dessen, was man als Seele bezeichnet. Es ist das höhere Selbst. Dieses ist wie eine leuchtende, vitale Masse, die Quelle und zugleich der Empfänger der Erlebenskräfte. Der Kern hat völlige Einheit, da ist keine Dualität auf diesem Niveau, kein entweder oder, kein gut oder schlecht. Es ist unteilbare Vibrationsbewegung, ein Ort, wo jede Person Wahrheit instinktiv erkennt. Die qualitativen Unterscheidungen innerhalb der Bewegungen des Kerns sind die primären positiven Emotionen, und diese können als *eine* Aktivität summiert werden: Liebe. Der Kern ist die Quelle der menschlichen Intuition und des Vertrauens. In diesem Kern liegt die unsterbliche Einzigartigkeit des Menschen, und hier liegt auch die Verbindung mit dem unermeßlichen Universum und der ganzen äußeren Existenz mit dem, was einige Gott nennen. Die Kraft, die das Universum regiert, ist die gleiche Kraft, die im Kern des Menschen wirkt.

Der Kern wird von einem 2. Realitätsniveau umgeben, welches ich das niedere Selbst nenne. Dieses Gebiet fällt mit des Menschen primären negativen Emotionen zusammen: Haß, Wut, Panik, Terror – die Bewegungen, die das Selbst von dem äußeren Universum separieren. Der Kern selbst ist gänzlich ausdrückend und wahrnehmend. Das Selbst hat keine Verteidigungsmechanismen, die es vor exzessiven Attacken gegen seine Substanz schützen. Die Negativität des Menschen erfüllt diesen Zweck; sie ist nicht antithetisch zum Leben, sondern sie beschützt das Leben. In Bewegungsbegriffen gesagt ist Energie in der 2. Lage verändert, sie ist dichter und langsamer in den Vibrationen. Diese destruktiven Anstöße werden galvanisiert, sobald der Kern entweder von außen oder von innen bedrängt oder frustriert wird.

Die Peripherie des Menschen ist die Maske selbst, Aspekte des Egos, welche wir zwischen das innere und äußere Sein schieben. Der dritte Realitätslevel oder dieses Niveau der Vorrealität hat eine protektive Funktion, genau wie die Schale des Apfels. Defensive Aktionen sind gemeinsame

Produkte der negativen Emotionen und der Maske. Während jedoch das niedere Selbst aus der eigenen Natur heraus z.T. unbewußt ist, ist die äußere Fassade, d.h. die Peripherie, eine bewußt angenommene Front. Der äußere Geist braucht sehr viel Zeit auf dem 3. Niveau, indem er die zentrifugalen und zentripetalen Bewegungen des Energiesystems manipuliert.
Die Maske ist genau das, was der Name sagt, nämlich ein Mechanismus, hinter dem man sich verstecken kann und der die äußere Welt abschirmt. Sie wirkt wie ein Rheostat und besteht selbst aus deutlich verlangsamter Energie. In einem total gesunden Organismus können innere und äußere Aufladungen durch Kanäle flüssig hin und herfließen. Mit einer Verzerrung dieser Kanäle wird die innere Energie von der Maske eingeschlossen, so daß diese zu einem System der Verdrängung und Negation wird, welches nicht frei durch Energiebewegung in beide Richtungen durchdrungen werden kann. Nach *Reich* legt die Verdrängung innere Energieblöcke lahm. Diese „frieren" dann in Verhaltensmustern ein, die er als Charakterstrukturen oder Charakterpanzerungen bezeichnete. Blockierungen sind nicht nur Symptome, sie sind auch kraftvolle Widerstände, die sich im physikalischen Körper in Erstarrungen der Skelett-Muskulatur finden und ebenso auf höherer Ebene die Energie in stagnierenden Pools und inflexiblen Einstellungen halten. Diese Stellen, an denen die Bewegung verlangsamt ist, zeigen sich in der Physiologie und in der Aura. Obgleich solche Panzerungen den ganzen Organismus betreffen, können verschiedene Druckpunkte die unterschiedlichen Richtungen anzeigen, in der eine Therapie gehen sollte.
Blockierungen hemmen die Aufladephase der Energie und unterbrechen die Aufnahme der Vitalkräfte in den Aufnahmetrichtern. Damit reduzieren sie das Bewußtsein desjenigen Teils des Organismus, mit dem sie verbunden sind. Dadurch kann das Zentrum teilweise kollabieren oder gänzlich zusammenbrechen und blaß oder unklar werden. Der Trichter kann sich auch herumdrehen, so daß das offene Ende auf die Haut trifft. Ebenso können ein oder mehrere Kanäle kleiner werden und damit die Seiten des Trichters asymmetrisch machen. Der Ausschluß von Energie kann dadurch ein sich selbst verstärkendes Syndrom werden – eine Neurose oder Psychose. Der Lebenskern wird der Vitalenergie depriviert und muß sich nun andere Energiezentren suchen, um zu leben und zu funktionieren; und diese Zentren sind wiederum abgeschnitten von der Bewegung, die sie vom Kern bekommen müssen, um zumindest offen zu bleiben.
Wenn wir uns mit der Ätiologie der Neurose befassen, sehen wir, daß die

Genetiker und die Environmentalisten die große Erbe-Umwelt-Debatte aufs Korn genommen haben, wobei die ersteren mehr Gewicht auf die genetischen Kräfte und die anderen mehr auf die Umwelt legen. Alles psychoanalytisch orientierte Denken tendiert dazu, die Wurzel der neurotischen Verhaltensmuster in der Erziehung des Kindes zu sehen, und einige behavioristische Schulen sehen in der Vererbung allein das Fundament der neurotischen Entwicklung. Beide Ansätze haben ihre Grenzen, da nämlich ein simultaner Prozeß in den energetischen und spirituellen Aspekten des Menschen abläuft. Obgleich die Eltern in diesen Prozeß einbezogen sind, kreieren sie jedoch nicht die Neurose des Kindes, obwohl sie zur Beschleunigung der Charakterformationen, die sich als neurotische Komplexe manifestieren, beitragen. Das heißt also: sie fixieren die Neurose und tragen zur Panzerung bei.

Defensive Panzerung spielt meistens schon sehr früh eine Rolle und formiert sich immer fester zwischen dem ersten und dem dritten und vierten Lebensjahr. Das Kleinkind ist ein vibrierendes lebendiges System, das unabhängig von der Umgebung unmittelbare Wunschbefriedigung verlangt. Das Ego des Kindes hat sich zu diesem Zeitpunkt noch nicht entwickelt und kann noch nicht zwischen dem, was realistisch möglich und was unmöglich ist, unterscheiden. Deshalb sind seine Wünsche oder Forderungen stets in absoluten Begriffen ausgedrückt, und sie liegen manchmal im Widerstreit mit der Realität der Eltern und ihrer Kapazität, diese Wünsche zu erfüllen. Im Austausch zwischen Kind und Eltern sollten beide biologische Systeme nach dem Gesetz der Synchronizität reagieren: die Energiewellen sollten sich über beide ausbreiten, und die zentralenergetischen Reaktionen sollten stets bei beiden gefühlt werden.

Sobald wiederholter negativer Austausch zwischen Elternteil und dem Kind stattfindet, wird eine defensive Panzerung im Energiekörper des Kindes auftreten, was natürlich auch den physikalischen Organismus betrifft, und dies wiederum wird die defensiven Strukturen des Elternteils verstärken, die sich bereits in dessen eigener Kindheit geformt haben. Sobald ein Baby mit dieser dauernden Verwirrung konfrontiert wird, lernt es, die inneren Bewegungen still zu legen und die Aufmerksamkeit von den inneren Bewegungen abzulenken, um den Schmerz des emotionalen Hungers zu vermeiden. Hier beginnen die negativen Einstellungen. Das ältere Kind, welches davon abgehalten wird, Liebe oder Ärger oder andere Energiepulsierungen auszudrücken, kämpft, um diese innere Realiät abzustellen, da die Eltern im Effekt ja sagen: „Es ist nicht erlaubt, daß Du Deine lebendigen Gefühle hast". Dies verursacht unge-

heure Frustration, und das Kind, welches dazu gezwungen ist, die inneren Erlebnisse anders zu repräsentieren, findet mehr und mehr „akzeptable" Wege, um diesen inneren Energiestrom zu handhaben. Hier beginnt normalerweise das „Acting out".
Sofern sich der „äußere Geist" darauf konzentriert, die defensive Peripherie solide zu machen, wird mehr und mehr energetische Substanz in die Panzerung fließen. Diese persönlichen Verteidigungsmechanismen lassen die Person mehr und mehr stagnieren und reduzieren die Beteiligung des Bewußtseins, des kreativen Selbst. Der Kern ist vergraben unter dem Schutt des niederen Selbst und der Maske. Die gepanzerte Person sagt: „Ich werde immer gefeuert, weil ich besser arbeite als meine Vorgesetzten, und sie können es nicht aushalten, daß ihnen jemand das zeigt". Oder : „Ich habe bis jetzt noch keine Frau gefunden, die nicht frigide ist". Anstatt ihre eigenen negativen Ansichten zu erkennen, rationalisieren und projizieren diese Leidenden ihre negativen Aspekte in andere. Ihre Masken sagen: „Es ist nicht *mein* Fehler". Die Maske beklagt sich, weint, beschuldigt andere, das Schicksal oder die Gesellschaft für den Schmerz oder die Leere, weil sie sich selbst vom Prozeß des richtigen Lebens abschließt – dem Energiefluß zwischen der inneren Realität der Person und der inneren Realität anderer.
Warum leben wir immer weiter in diesem Sumpf? Der Kern ist in jedem Menschen vorhanden. Er bewegt sich durch seine eigene Natur und möchte erlöst werden; er ist sehr schön; seine Einheit kann heilen. Warum wird er als Gefangener gehalten? Die fundamentale Antwort ist: aus Furcht. Das Kind lernt, sich vor dem Fluß des Kerns zu fürchten, so wie es oben beschrieben wurde. Dieser Kern jedoch, nicht die primären negativen Gefühle, ist der gute Ursprung der inneren Bewegung. Es ist sogar so, daß die Eltern oder Erwachsenen, wenn sie beim Kind die negativen Ausdrucksformen zurückweisen, damit impliziert den Lebensgrund des Kindes zurückweisen, dessen Frustration überhaupt erst die negativen Reaktionen hervorgerufen hat. Daher werden die primären positiven Gründe dann angsterregend, sobald sie wahrgenommen werden. Die Sicherheit des Individuums liegt dann darin, sie zu verdrängen. Die ursprüngliche Furcht, die Furcht vor äußerer Zurückweisung, wird geringer, sobald die Person unabhängig ist, aber die Superstruktur von Verneinung bleibt in Kraft, erhalten von den primären Negativitäten. Die Maske außen möchte nicht die Liebe und Wahrheit des Kerns akzeptieren und hält das höhere Selbst in Kerkerwänden umschlossen, wie ein Diktator, der Angst davor hat, daß sein Regime gestürzt wird, sobald diese vereinende Kraft freige-

setzt wird. Der Diktator mag vielleicht seinen Gefangenen hören, wenn er um Freiheit bittet, oder die Gefängnismauern sind möglicherweise so dick, daß die Stimme des Kerns ihn gar nicht erreicht. Er kann sich selbst und der Welt vormachen, daß sie gar niemand mehr ist.

Außerdem sind da noch andere Motive, die in die Wahl, in der Maske zu leben, eingehen. Es liegt eine gewisse Erregung im Akt der Verdrängung; ich habe immer wieder beobachtet, wenn Menschen von Neutralität zur Negativität wechseln, daß die Pulsierungen und die Ausweitung ihrer Auren sich erhöht haben. Die Reibung zwischen den Vitalkräften und der verfestigten Peripherie hat nichts von der Stärke einer klaren Energiebewegung, aber für eine Person, die in Gefühlsverdrängung lebt, fühlt es sich wie vitale Energie an.

Verdrängung bringt Stolz hervor, keine konstruktive Selbstbewertung, die sich aus der Güte des ursprünglichen Seins ergibt; sie ist vielmehr eine destruktive Selbsttäuschung, die sich aus der Erfahrung der Kontrolle ergibt. Dieser Stolz sagt: „Ich bin stark, weil ich nicht ängstlich bin." Er sagt außerdem: „Ich schlage diesen Menschen";er sagt auch: „Ich kann Leute um meinen kleinen Finger wickeln".

Der Januskopf des äußeren Stolzes ist innere Scham. Wenn eine Person nicht stark gestört ist, wird die Maske in beide Richtungen von einigen positiven Bewegungen durchdrungen. Wenn dieser Fluß gefühlt wird, dann sieht der äußere Geist nicht die wirkliche Qualität der Energie, sondern fällt das Selbsturteil, daß diese Energie wieder unangebracht ist. Dies geschieht nach der Lektion, die in der Kindheit gelernt wurde und später durch die Energieblocks erhalten wurde. Scham gleicht im emotionalen Bereich der intellektuellen Überzeugung von Wertlosigkeit, die wiederum die Person dazu veranlaßt zu glauben, daß eine Rechtfertigung fabriziert werden müsse, um den Kern zu öffnen. Dies ist zum Beispiel die grundsätzliche Dynamik von Leuten, die keine lustvollen Sexualgefühle erleben können, bevor sie nicht einen Krach mit ihrem Partner provoziert haben. Dieser Krach erlaubt ihnen dann, Sex zu haben, um der Entschuldigung willen, denn dies ist ein „angemessener" Folgezustand von Ärger (ein Ausdruck von offenherziger Reue und Zärtlichkeit). Furcht und Stolz beschleunigen die Verhärtung der Maske, die die Freiheit des Kerns verdrängt. Da ist aber noch ein anderer Verschwörer, den ich mehrmals benannt habe. Dies ist der äußere Wille. Wie ich bereits gesagt habe, ist dies nicht nur der Wille im wachen Zustand, obwohl auch dieser einbezogen ist; es ist die zusammengesetzte Kapazität, willensgesteuert zu agieren. Vieles davon liegt – ebenso wie die Begründungen aus dem Unbewußten, die von *Freud* entdeckt wurden – unterhalb die Schwelle unmittelbarer Selbstbewußtheit. Es ist wahr, daß die Panzerung ursprünglich als Antwort auf äußere Ereignisse entsteht, jedoch sind für den Erwachsenen diese äußeren Ereignisse nicht länger die Gestalter unseres Lebens. Wir sind dies selbst. Wir akzeptieren unsere eigenen Wahrnehmungen, die auf falscher Basis beruhen. Wir wählen unsere eigenen fehlgeleiteten Aktionen aus. Wir sind nicht die Opfer von irgendwem, obwohl wir sehr viel Energien darin investieren, uns von Gefangenschaft durch andere fernzuhalten. Wir machen uns selbst zu Opfern – wir halten unseren eigenen Kern im Gefängnis und wir halten den Schlüssel so fest, als sei unser Leben davon abhängig. Ebenso wie ein Apfelsamen hat jedes menschliche Wesen einen Lebensplan, ein Design für die Erfüllung des einzigartigen Potentials, welches intern gelagert ist. Die Hülle nimmt die Energien von dem Inneren des Samens und konzentriert diese Energien darauf, Borke zu produzieren. Unter solchen Umständen werden der Kern des Baumes, die Blüten und die Frucht leiden. Nehmen wir einmal an, daß unser Baum nach einem Kompromiß strebt. Er sendet einige Zweige aus und diese tragen schöne Äpfel. Aber der Baum erreicht nicht seine volle Entfaltung und fängt an, die Erde und das Wetter und die Geographie zu beschuldigen. Die ganze Zeit drückt jedoch der Kern gegen die Borke. Und eines Tages bemerkt der Baum, daß er krank ist. Er fühlt sich taub innen, mitunter fühlt er auch Schmerz oder Qual und kann sich seines Lebens nicht freuen. Er fühlt sich in einer Krise und ist sich im klaren, daß er sterben wird, wenn sich nicht bald etwas ändert.Ich werde nun etwas sagen, was Sie verwundern wird: *Die Krise ist eine Wiedergeburt und eine Ursache für große Hoffnung.* Ich denke, daß ohne die drohende Katastrophe wir, die wir unseren eigenen Kern beschränken, möglicherweise unser ganzes Leben in einem Kompromiß vegetieren würden – etwas wachsen – aber nicht soviel, wie wir könnten; etwas Frucht produzieren, aber nicht so großzügig, wie wir könnten. Die Krise konfrontiert das innere Feld, die richtige Energie des menschlichen Zentrums mit dem äußeren Selbst, der verzerrten Energie der gepanzerten Maske. Der Akt der Selbsterfahrung ist der erste Schritt in Richtung auf eine Reintegration, nicht nur der inneren Person, sondern auch der Integration mit der äußeren Realität.

Einige Krankheitsperspektiven

Ich möchte eine summative Definition der heilenden Berufe vorschlagen, nämlich, daß sie gemeinsam zum Ziel haben, die Funktionsfähigkeit von verletzten Teilen wiederherzustellen, so daß das Ganze gedeihen möge.

Ich teile zwar dieses Ziel, aber von einer gegenteiligen Perspektive. Das Konzept der Core-Energie ist auf das Funktionieren des Ganzen zentriert und leitet die Vitalkräfte des Ganzen dahin, die verletzten Teile zu heilen. Ganzheitliche Orientierung korrespondiert mit der Natur des Seins. Den Sinn der menschlichen Person oder den jeder existenziellen Entität muß ich davon ableiten, daß sie ein Ganzes ist; sonst könnten ihre Teile nicht einen einzigen Organismus bilden. Dies mag wie eine Tautologie klingen, aber es hat einige sehr radikale Implikationen für den Leidenden, ebenso für den Heilenden und für die therapeutischen Modalitäten. Core-Engergien wirken eher dahingehend, daß sie die Stärke des Kerns freimachen, als daß sie Schwächen korrigieren. Der Leidende selbst führt dann diese Stärke und entwickelt für sich Wege der Behandlung. Der Heilende wirft so etwas wie eine Suchlicht in das Lebenszentrum des Lebens des Leidenden und erhellt die innere Wahrheit, das höhere Selbst, das dann selbst seinen Weg suchen wird.
Dieser Prozeß des Eröffnens für das höhere Selbst ist hier Therapie genannt. Tatsächlich sehe ich darin mehr eine Erziehung zur inneren Realität, eine Hilfe für die Person, wahrzunehmen und durch den Kern zu agieren. Dieser Lernprozeß führt den Leidenden dahin, sein Lebenszentrum zu öffnen und mit ihm kongruent zu sein und seine existenzielle Perspektive von dort abzuleiten. Das Core-Energiekonzept verlangt vom Therapeuten, vielmehr ein Lehrer und Führer als nur ein Kliniker zu sein. Ein Erzieher weiß, daß jede Person einzigartige Gaben besitzt, und wird diese in sein Lernprogramm in einzigartiger Weise einbauen, um einen einzigartigen Lebensplan zu fördern. Der Erzieher offeriert dabei weder die Gaben noch den Plan, diese liegen im Schüler.
Wir nehmen unser Leitmotiv von der Wurzel des Wortes Theraps, dem griechischen Wort für Wächter, und wir bekennen uns zur Doktrin des *Hippokrates,* nämlich daß die Natur heilt und nicht der Arzt.
Die Essenz unserer Arbeit verlangt von uns, daß wir das traditionelle Arzt/Patient-Verhältnis zur Seite schieben (den Status übergeordnet oder untergeordnet), denn dies ist ein Konzept der Maske, und wir können den Kern des Leidenden nicht erreichen, wenn wir nicht von unserem eigenen Kern ausgehen. Und da sich jede energetische Entität in Richtung auf eine kreative Entwicklung bewegt, begleiten wir die Person nicht nur auf dem Weg nach innen, hinein in ihr Zentrum, sondern auch nach außen in die externe Realität, indem wir mit dem Ausdruck des Kerns hinauswandern und den Lebensplan der Person enthüllen. Die Gegenseitigkeit zwischen dem Praktizierenden und dem Leitenden ist so, daß wir Schwierigkeiten

haben, unsere Rolle zu definieren; viele von uns nennen sich Führer und versuchen damit, sich darauf zu konzentrieren, wie sie der Person helfen, ihre eigene Wahrheit und ihren einzigartigen Weg zu finden.

Ein weiterer Punkt, der im Konzept der Core-Energetik verstanden werden muß, ist folgender: obgleich die Abwehrmechanismen pathologisch sind, werden sie nicht als feindliche Kräfte behandelt, die wie eine Kolonie von giftigen Bakterien ausgerottet werden müssen. Die Energien, die sie in der Falle haben, sind gute Energien, Core-Energien, obwohl diese stagnieren. Die Charakterstruktur beeinflußt das Zentrum des Lebens, sie windet sich um das innere Selbst und täuscht falsche Eindrücke vor, die mehr und mehr Energie absorbieren. Aber diese verzerrten Bedingungen beginnen als wunderschöne Bewegungen im tiefsten Teil der Person, unabhängig davon, wie grotesk oder destruktiv sie später werden, wenn sie hervorkommen. Wenn wir aufmerksam in das Gesicht eines fetten Mannes schauen, können wir oft einen wunderbaren, vibrierenden Menschen sehen, der eingekerkert ist in einer Masse von Fleisch. Die Übergewichtigkeit ist ein peripherer Ausdruck für seinen Versuch, eine Art dynamisches Gleichgewicht zu erhalten. Wie mißgestaltet dieser physikalische Körper auch immer sein mag, die Energiebewegungen, die ihn bauen, haben angeborene Feinheit, nur seine Verteidigungsmechanismen mißbrauchen sie einfach.

Während der Kern in jedem menschlichen Organismus einzigartig ist, sind die lebensblockierenden Kräfte in der Peripherie oft von gewöhnlichen Mustern. Diese unterbrechen, wie bereits erwähnt, das Funktionieren der energetischen Vibration auf allen Ebenen. Eine Manifestation der Stagnation – wie zum Beispiel Fettpolster im Körper – ist normalerweise aus Energiepartikelchen von anderer Wellenlänge als zum Beispiel die Emotionen, der Geist und der Verstand. *Freud* und seine Kollegen definierten die Abwehr-Mechanismen in Abhängigkeit von ihrem Ursprung in der psychologischen Geschichte einer Person; viele therapeutische Schulen akzeptieren diese Klassifikation, obwohl sie die entsprechenden Krankheiten anders nominieren. In der Bioenergetik haben ich und Dr. *Lowen*, ausgehend von *Reichs* Charaktertypen, das Konzept dahingehend erweitert, daß Menschen verschiedene dominante Wege haben, sich selbst zu verteidigen, und ich bin noch dabei, weitere zu entwickeln. Die Netzwerke der Verneinung sind in den Energiebewegungen der Aura ebenso wie im physikalischen Körper, der Wahrnehmung und im Verhalten profiliert.

Der *orale Charakter*, der in Freud'schen und bioenergetischen Konzepten als in einem frühkindlichen Stadium der Entwicklung steckengeblieben angenommen wird, hat nicht genug Gefühl. Der fundamentale Ausdruck, der durch die Maske kommt, ist: „gib mir, Du schuldest mir das", wie eine Bitte aus einem leeren Sack. Der Körper ist meistens lang und dünn, und die Muskeln zwischen den Schultern sind schwach. Das Gesicht und der Kopf allein zeigen Energie. Dazu korrespondierend pulsiert die Aura nur um Vorderseite und Oberseite des Kopfes frei. Das „dritte Auge" ist von ziemlich ruhiger Aktivität, aber das äußere Willenszentrum zwischen den Schulterblättern ist kollabiert. Dies ist mit der Unfähigkeit des oralen Charakters, Aufgaben durchzuführen und dabei zu bleiben, verbunden. Auch die anderen Energiezentren funktionieren nur schwach.

Die *masochistische Struktur* kontrastiert mit der oralen Struktur. Diese Personen wurden als Kind verschaukelt. Zum Beispiel kann die Mutter den kleinen Jungen gefüttert haben und dabei gleichzeitig Umarmung und Küsse verlangt und somit in seine Autonomie eingegriffen haben. Dadurch hat das Kind sich im Kern benutzt und verletzt gefühlt und hat angefangen, Mauern aufzubauen. Der erwachsene Körper erscheint deshalb oft als eine Akkumulation von Muskeln und Fett. Es bestehen unglaubliche Blockierungen im Torso und in den Schenkeln. Die Energie häuft sich in den Schultern und im Rücken und saugt die zentrifugale Bewegung, die sich im Vorderen des Körpers abspielen sollte, an sich und zerstört oft den rezeptiven Trichter im Hals. Während die orale Person überall niedere Energieaufladung hat – die Pulsierungsfrequenz ist gewöhnlich geringer als 15 pro Minute – hat das Feld des Masochisten gewöhnlich einen Rhythmus von 30 oder mehr Schlägen pro Minute. Das Verhaltensmuster des Insichhaltens sagt der äußeren Welt: „Ich möchte keinen Kontakt mit Dir." „Es ist zuviel, bleib weg."

Im *psychopathischen Charakter* ist das Willenszentrum zwischen den Schulterblättern enorm ausgeweitet, sogar mehr als im Masochisten. Diese Personen leiden gewöhnlich unter der asynchronen Pulsierung in den oberen und den unteren Teilen des Körpers. Diese Disharmonie reflektiert frühkindliche Erlebnisse verführerischer Manipulationen und Inkonsequenzen, so wie zum Beispiel einen Vater, der alternierend seine Tochter annimmt oder zurückweist. Die erwachsene Frau hat sich nun in die obere Hälfte ihres Körpers zurückgezogen und hat Angst davor, daß sie die Genitalfunktionen losläßt, und entwickelt sich damit zu einer aggressiven, manchmal alles an sich reißenden Persönlichkeit und hat Schwierigkeiten, etwas in ihrem Organismus zu empfangen. Das Herz- und Halszentrum ist oft total kollabiert. Diese Konfiguration schreit in die Welt hinaus „Macht ist alles".

Auch in der *schizoiden Struktur* sind die Herz- und Halstrichter geschlossen. Die Aura des Schizoiden zeigt viele Unterbrechungen an den Körpergelenken und ist gewöhnlich zitronengelb bis braun anstatt blau gefärbt. Die Pulsierungsfrequenz der Energiebewegung ist gewöhnlich heruntergesetzt, und der Schizoide tendiert dahingehend, ebenso wie der orale Charakter, apathisch zu sein. Die Maske dieses Leidenden sagt uns: „ich mach mir nichts daraus, es ist alles dasselbe für mich". Wenn die Persönlichkeitsspaltungen ernst sind, dann rotiert das Gesamtfeld um 90 Grad und wird somit in einem rechten Winkel zur Länge des Körpers projiziert. Die weniger ernsthaft gestörten Schizoiden haben weitgehend ihre integrierten assertiven Funktionen verloren, was sich in einer Herabsetzung aller hinteren Energiezentren feststellen läßt. Die einzigen Trichter, die gut funktionieren, sind die des Solar-Plexus und die der Stirn. Sofern diese überhaupt entwickelt sind, sind die Kronenzentren teilweise offen.

Der letzte Charaktertyp ist häufig der, der sich am schwersten ändern läßt. Dies ist die rigide Person, die ein körperliches Equilibrium hat und auch über ein starkes Aktionspotential verfügt, aber deren Kapazität zu empfangen nicht entwickelt ist. Die Aura pulsiert sehr schnell, oft mit 30 oder mehr Schlägen pro Minute, und die Lebenskräfte bewegen sich frei, außer am Hals- und Herzzentrum, wo sich eine Inversion der Trichter ergeben hat. Das Energieorgan am Solar-Plexus ist häufig zum Teil blockiert und hat daher eine asymmetrische Form. Beide Sexualzentren, die vorderen und die hinteren, sind gewöhnlich offen, während sie in allen anderen dominanten Charakteren meistens zusammengefallen sind. Das Potential zum Geben bleibt für die rigide Person geschwächt, da das Potential zum Empfangen völlig verdrängt wird. Daher fühlen diese Leidenden sich oft leer und bedeutungslos. Die Maske hingegen sagt: „Bei mir stimmt alles".

Wie diese kurzen Beschreibungen zeigen, sind alle diese Krankheitsmuster essentielle Fehlplazierungen von Energie und Barrieren, die in der defensiven Peripherie, der Vorrealität der Maske liegen. Die Arbeit der Core-Energetik beginnt also mit dem dritten Niveau, der Maske, und schreitet dann über die zweite Ebene, das niedere Selbst, weiter fort in das erste Lebensniveau, das höhere Selbst. Jede Phase dieser Art involviert sukzessiv auch die tieferen Ebenen insofern, als die Person diese dann betreten kann, und auch insofern, als jede dieser Ebenen alle Operationsebenen des Lebens erhält. Diese Arbeitsweise wirkt sowohl bezüglich der quantitativen als auch der qualitativen Aspekte der persönlichen Energie – ihrer Masse und ihrer Bewußtheit – und ebenso auf die zentrifugale und die zentripetale Puslierung des energetischen Systems (die Bewegung vom Kern weg und in den Kern hinein).

Von der Verzerrung zur Selbstidentität

Die Behandlung mit Core-Energie entfaltet sich, wie ich bereits bemerkte, in Abhängigkeit von den Bedürfnissen und Stärken des Leidenden. Mit einer Person mit oraler Symptomatik wird viel Arbeit in den frühen Sitzungen darauf gerichtet sein, die verminderte Vitalität des Organismus zu steigern und den Willen gegen die Intention zu richten, andere für das eigene Leben verantwortlich zu machen. Blockierungen lösen sich in dieser Charakterstruktur leichter als in den anderen, weil das frontale Zentrum sehr gut entwickelt ist. Jedoch bleibt die Fähigkeit, die zirkulierende Energie zu beherrschen, für lange Zeit sehr schwach. Der Psychopath hingegen muß sich zu Beginn darauf konzentrieren, den Energiefluß zwischen dem oberen und dem unteren Teil des Körpers auszugleichen und zu öffnen. Die entscheidende Arbeit des Reaktivierens der rezeptiven Zentren muß gewöhnlich sehr vorsichtig voranschreiten, bis nämlich die Person einige Erfahrungen mit der inneren Rhythmik hat.

Der hauptsächliche Blickpunkt der Core-Energetik ist von Anfang auf die Masse der Energie, die in dem Abwehrschichtperimeter eingeschlossen ist, gerichtet. Für jeden Leidenden zentriert sich die Erfahrung der neuen inneren Bewegung dort, wo die groben physikalischen Blockaden liegen. Für einige wirft dies schnell Licht auf den ganzen Komplex der Maske – die Strukturen der psychischen ebenso wie der somatischen Ebenen. Die meisten Menschen müssen allerdings durch die Körperarbeit ebenso wie in das Grundkonzept des Bewußtseins gehen, um solche Einsichten zu erreichen.

Die Körperbewegungstechniken basieren hauptsächlich auf den Systemen der Reich'schen Theorie und Therapie, die meine Kollegen und ich weiterhin ausweiten, um den psychologischen Ausdruck der direkten Core-Energie mit einzuarbeiten. Absichtliche Bewegungen des Körpers und Druck, der vom Therapeuten angesetzt wird, stimulieren das autonome Nervensystem, erhöhen den Energiestrom durch den Organismus und heben das Bewußtsein der Person über die weitreichenden Auswirkungen der Krankheit. Die sich bewegende Energie selbst löst die Muskelverspannungen und entläßt mehr Vitalkräfte, welche wiederum in die subtilen Komponenten der charakterologischen Muster eindringen. Wenn die Core-Energiebehandlung fortschreitet, dann wendet sich die Körperarbeit graduell vom Lösen der Körperblocks dazu, den physischen Teil auch in die ganzheitliche Kreativität der Person zu integrieren, nämlich den energetischen Einfluß-Ausfluß, der den ganzen Lebensplan ausmacht.

Das Bewußtsein intensiviert sich mit der Erhöhung der quantitativen Ak-

tivierung der Energie, was wiederum Zugang zu den Intentionen und Rationalisierungen in der Maske einschließt.
Das Zentrum der Arbeit liegt also im Ausmerzen der unbewußten Knoten und Emotionen und des Intellekts, die die qualitativen Potentiale des energetischen Systems sabotieren. Die Wurzel von deformierten Wahrnehmungen liegen tief und greifen um sich wie Fangarme.
Psychoanalytische Techniken setzen diese Wurzeln der äußeren Vernunft aus, aber mit wenigen Ausnahmen löst dies nicht das Zentrum auf, wie man nach Jahren von traditioneller Therapie erfahren hat. Wir wissen zwar, wie eine neue Situation eine Reaktion auslösen kann, die auf einer Verzerrung basiert, die uns lange begleitet. Wir verhalten uns jedoch, als hätten wir von den Wurzeln dieser Verzerrung nichts verstanden. Der Grund dafür ist, daß ein gewisser Eindruck dieser ursprünglichen Mißkonzeption in unserem Energiekörper überlebt. Vorurteile sind Beispiele von mentalen Verzerrungen. Wir können theoretisch davon überzeugt sein, daß jeder Mensch gleich ist, und uns dabei erwischen, daß unser Eindruck davon bestimmt ist, ob jemand ein einfacher Arbeiter, ein Minderheitenmitglied oder ein Fürsorgeempfänger ist. Obwohl also Verstehen ein machtvolles Korrektiv ist, kann es aus sich selbst heraus nicht die verzerrte Wahrnehmung korrigieren.
Der Wille, das assertive Prinzip in unserem Bewußtsein, ist auch daran beteiligt, daß über und unter der Linie der „awareness" gepanzert wird. Eine übertriebene Entwicklung des Willens zeigen die Energieausstrahlungen verschiedener Charaktertypen, die ich beschrieben habe. Diese können durch eine solche Entwicklung das ganze Energiesystem aus der Ballance bringen. Der kraftvolle Business-Man, der in seinem Verhaltensmuster verfangen ist, sieht sein Leben nur in seinem Erfolg als ein Geschäftsmann. Er wird seine ganze Energie nach außen drängen und die Anstrengungen anderer so steuern, daß sie seinen Ambitionen dienen, – und manchmal mit einer Herzattacke enden.
Weil die gepanzerte Maske ein Verdrängungsinstrument ist, bezeichne ich diese ganzen Permutationen des Lebensstromes als „negative Energien". Ich möchte nochmals ausdrücklich darauf hinweisen, daß sie an sich gute Kräfte sind. Es ist außerordentlich wichtig, von Anfang der Behandlung an dieses Faktum der leidenden Person mitzuteilen, um Selbstverdammung in allen Formen der Krankheit zu zerstreuen. Hier an diesem Ausgangspunkt fließt dann das aktive Üben von zentripetaler Energie in der Behandlung ein. Der Behandelnde stellt seine eigene Kernbewegung vor und kommt dadurch zum Erkennen der inneren Schönheit und des

Werts seines Patienten. Jeder sensible Therapeut macht dies natürlich zu einem gewissen Ausmaß, selbst wenn er nur moralische Beurteilungen seines Patienten unterläßt. Bei der core-energetischen Behandlung schließt der Führende die eigene innere Person in den Heilungsprozeß mit ein und verstärkt dadurch jede Art von zentrifugaler Bewegung des Leidenden. Die Arbeit an den Abwehrschichten dreht die Person vollständig herum, nämlich dahingehend, daß sie mehr in sich hineinschaut als herausschaut. Die Krise, die den Leidenden zur Behandlung gebracht hat, ist im Selbst zu lokalisieren, nicht in der äußeren Welt. Weil es eine unbedingte Voraussetzung in der Core-Energetik ist, daß die Person in ihre eigene Lebenssituation schaut, und zwar dies nicht mit Anschuldigungen gegen andere oder gar Verantwortlichmachung von anderen, (obwohl dies auch manchmal richtig sein mag), sondern vielmehr in Begriffen der Selbstnegation des inneren Seins, der Eigenverantwortlichkeit für die Krise, der eigenen Entscheidungskraft, die negativen Energien in positive zu transformieren. Das erste Stadium der Behandlung ist also summa summarum die Bewertung der Maske und die Vorbereitung der Person, Lebensverdrängung durch Lebensstärkung zu ersetzen.

Schon nach wenigen Sitzungen wird diese Anfangsarbeit mit dem zweiten Stadium kombiniert, in dem der Hauptakzent darauf liegt, daß die primären negativen Gefühle unverzerrt hervorgerufen werden. Die Maske versucht, diese noch zu verdecken, aber die beiden inneren Lebensniveaus müssen ihre zementierte Ruhe auflösen, wenn sie ihre gesunden Funktionen zurückgewinnen wollen. Jedes lebendige Ding hat Gefühle wie Haß, Wut oder Furcht erfahren. Wenn das Selbst also *so* mit der Maske verbunden ist, daß es diese Gefühle nicht aus dem Organismus herauslassen kann, so können sie nur an eine einzige Stelle strömen: zurück gegen den Organismus. „Alles Pathologische fängt mit Hemmung an". *(Laborit)*[5]

Sehr viel willentliche körperliche Bewegung mag notwendig sein, bevor der Leidende sein Bewußtsein für die negativen Bewegungen öffnen und ihnen auch ein spontanes Ausströmen erlauben kann; und es mag möglicherweise den Hauptteil der ganzen Behandlung einnehmen, bis diese Gefühle als ein Teil aller Lebensgaben akzeptiert werden. Die Maske wird immer und immer wieder hervorkommen, um das Selbst von ihnen zu entfremden. Übertragungen werden vorkommen und ein neues Feld für die üblichen Projektionen bilden. Da auch dies ein Vermeidungsmechanismus ist, muß er aufgedeckt werden. Die Core-Energetik verarbeitet diese Probleme anders als alle anderen therapeutischen Schulen. Ich selbst benutze mich als angemessenes Objekt der Negativität, um zu demonstrieren, daß sie weder mich noch den Leidenden vernichten wird.

Die Kraft vom Kern des Leidenden bedeutet prinzipielle Auflösung der negativen Energiepools: zentripetale Bewegungen – meine Energie und Bewußtheit – durchdringen die Lebensquelle der Person, rufen sie nach außen, begleiten sie, aber agieren nicht an ihrer Stelle. Der Therapeut geht den Kern der Person durch die Energietrichter an, welche der Diagnose nach noch relativ gut funktionieren.

Das Ziel sind die Herzemotionen, egal welche Kanäle dahin offen sind. So kann man zum Beispiel einen oral fixierten Mann dahin dirigieren, daß er beispielsweise körperliche Bewegungen ausführt und Töne von sich gibt, die Ärger ausdrücken. In den frühen Sitzungen wird sich das für den Klienten selbst gewöhnlich nicht mit Ärger verbinden. Die physische Arbeit erhöht seine organische Aufladung und beschleunigt die Vibration der Energien in den Blocks.

Daraufhin kann man sein Bewußtsein stimulieren, damit der Klient die gebundene, negative Energie erkennt, indem er dahin geleitet wird, daß er sich an frühkindliche Deprivationen erinnert und dagegen protestiert; die mnestischen Kräfte der oralen Person, die mit dem Energiezentrum zwischen den Augen zusammenhängen, können gewöhnlich gut erschlossen werden. Dann arbeiten wir über einige Zeit daran zusammen, daß wir ihm helfen, den Ärger und die Wut zu spüren und auszudrücken, denn, wie ich bereits sagte, hat der orale Typ besondere Schwierigkeiten damit, bei einer Sache zu bleiben, sei sie negativ oder positiv.

Sobald sich seine Stärke ausweitet, wird er auch seiner energetischen Bewegung und seiner Kapazität, diese mit oder ohne physische Aktivation anzutreiben, bewußter. Damit steigt auch seine Determination, sein inneres Selbst auf tiefere Weise zu erfahren. Er ist nun mehr und mehr imstande, die Wurzeln der Blocks auszuschalten – das „warum" der Einprägungen in den Energiekörper – und erlebt seine Gefühle in Reinheit und Intensität. Das heißt, daß er jetzt nicht mehr seine Erinnerungen braucht, um seinen Widerstand oder seine Furcht hervorzurufen, denn er kann diese Gefühle entlang ihres ganzen Kontinuums bis zur letzten Stärke wie Wut oder Terror hervorrufen. Gleichzeitig öffnet er mehr und mehr seine positiven Emotionen. Bei dem oralen Charakter sollte man dann sehr früh in der Behandlung zur qualitativen Differenzierung der Bewegungen von Core-Energie schreiten. Wenn man die Erinnerungen an die Kindheit ausgräbt, sollte durch Zurückweisung sowohl Trauer als auch Protest hervorgerufen worden sein. Die Körperarbeit kann daher davon geleitet werden, daß man Trauer in Weinen übersetzt und dann, wenn die Energie weniger zurückgehalten wird, in konvulsives Seufzen des ganzen Organismus.

Auf diesem Kontinuum ist das Individuum dann mehr und mehr imstande, das Element der Reaktion auf Zurückweisung herauszufiltern und sich auf den reinen Ausdruck der Trauer, der damit vermischt ist, zu zentrieren: die vielen Formen von Ausdehnung und Annahme, nach denen der Kern instinktiv schreit.
Bei den anderen Charakterstrukturen sind die positiven Emotionen als solche vielleicht nicht so schnell für das bewußte Erfassen zugänglich, und daher muß man sich im zweiten Stadium der Behandlung möglicherweise einige Zeit darauf konzentrieren, einfach die Masse der Lebenskräfte zu benutzen und sie nicht zu differenzieren. Eine masochistische Frau, zum Beispiel, wird lange an dem Haß arbeiten müssen, bevor sie sich dessen bewußt wird und sich mit den konstruktiven Bewegungen der Core-Energie identifiziert. Sie wird möglicherweise lange Zeit die positive Energie, die hereinströmt, als eine Bedrohung ihrer Unabhängigkeit ansehen. Der schizoide Patient wird sich ähnlich entwickeln, jedoch mit unterschiedlichen Einzelschritten bezogen auf die Zeitverteilung. Dieser Mensch ist ein Meister der Erfindung, der viele unterschiedliche Einheiten in sich hat, die jedoch im gegenseitigen Widerspruch stehen. Obwohl die Aura generell eine erniedrigte Frequenz hat, ist diese Person zu mannigfaltigen kreativen Episoden fähig und zu ähnlich variablen destruktiven Phasen: Man denke zum Beispiel an *Van Gogh.*
Das Selbst kennt den Kern und kann den Einfluß und Ausfluß von Energie steuern, kann die negativen Emotionen und die Peripherie angemessen einsetzen, nämlich gegen echte Gefahren der Außenwelt und nicht gegen die inneren Bewegungen. Die Kreativität des menschlichen Zentrums endet jedoch ebensowenig bei der inneren Fusion wie die Lebensspanne bei der Geburt aufhört. Daher fährt die Core-Energetik dort fort, wo andere therapeutische Ansätze aufhören, nämlich nach der Auflösung der Dysfunktion. Eine Apfelschale oder die Rinde eines Baumes ist keineswegs der Kern. Es ist nur der Schutz, der das Lebewesen ganz erhält, so daß es seine Lebensabsicht realisieren kann – nämlich die *Selbsterfüllung.* Daher ist dieses dritte Stadium der Therapie der Entfaltung der Person in Richtung auf die integrative Einheit mit der ganzen Existenz gewidmet. Die innere Bewußtheit, der Kern des Menschen, benötigt Konzentration und Arbeit, um sein volles Potential zum Fortschreiten in Stärke und Harmonie mit der Umwelt zu entwickeln. Unsere ganze Erfüllung hängt davon ab, wie klar wir unsere innere Welt von angeborenen und erworbenen Fähigkeiten wahrnehmen und wie effizient wir diese auf die unendlich variable Außenwelt anwenden.

Es ist natürlich eine Binsenwahrheit, aber sie ist eben wahr, daß eine endgültige Selbstverwirklichung nicht möglich ist. Ich sage dies, weil wir sonst die Tatsache nicht erfassen, daß dauernde Bewegung auch dauernde Veränderung heißt: qualitative, nicht nur quantitative Änderung. Jedes Hereinnehmen von Energie kann unser Bewußtsein erweitern, jeder Herausfluß von Energie kann unsere Umwelt bereichern. Das dritte Stadium der Core-Energetik-Behandlung benutzt zahlreiche konkrete Methoden der Exploration und des Lernens, um die Person dahin zu bringen, daß sie beim Lebenskern bleibt und sich im höheren Selbst verwirklicht. Zwei fundamentale Praktiken sind Meditation und die Wahl oder die Reorientierung der „awareness" der Intentionalität vom Negativen zum Positiven. Das sind kreative Handlungen, die zentrifugale mit zentripetaler Energie verbinden. In der Core-Arbeit heißt Meditation nicht, den Geist von der materiellen Erfahrung abzuspalten und irgendwo hin in ein geistiges Nirwana zu senden. Wahl heißt nicht, den Willen in ein statisches oder instinktives Rahmengefüge des Verhaltens zu fügen. Die erstere Übung trainiert das Bewußtsein, Energieformen wahrzunehmen, die latent im Zwischenraum innerer und äußerer Realität liegen: zu neuen Synthesen von Informationen, neuem künstlerischem Ausdruck, einfühlsamen Interpretationen der Handlungen anderer und ökonomischem Einsatz der körperlichen Kräfte. Die zweite Übung macht das Operieren des guten Willens bewußt: die Wahl, etwas anzunehmen statt zurückzuweisen, konstruktive Faktoren hinter destruktiven Phänomenen zu suchen, nach der besten zwischen mehreren guten Alternativen zu streben.

Ich kann nicht genug betonen, wie wichtig die aktive Vereinigung der dem Selbst bewußten geistigen Kräfte mit dem Kern ist, denn selbst, wenn der Kern zugänglich ist, kann der „äußere Geist" sich immer noch im niederen Selbst einnisten und von den primären positiven Bewegungen ablenken. Ebenso wie es nicht reicht, Hindernisse im Unbewußten aufzuzeigen, um negative Wahrnehmungen zu zerstreuen, reicht es auch nicht, den verzerrenden Mechanismus zu zeigen, um negative Intentionen aufzulösen. Tatsächlich ist es vielfach so, daß eine Person, die einen großen Teil innerer Bewegung gewonnen hat, diese befreite Energie dazu nimmt, sie geradewegs in die Negation zurückzuwerfen.

An diesem Punkt der Behandlung sehe ich das Problem weniger in einer Wiederbelebung des alten Widerstandes als in einer unterentwickelten Verbindung mit dem äußeren Leben. Die Person zögert, sich vorwärtszubewegen, da eine inadäquate Erfahrung mit der rezeptiven Phase mit den konzentrischen Energie-Systemen, die uns umgeben, vorliegt. Kurz gesagt, es fehlt an Vertrauen – eine Lücke, die viele Aspekte der menschlichen Gesellschaft wiederspiegelt, jedoch nicht ihren zentralen Zweck. Dieser Zweck, so will ich nochmals betonen, ist die kreative Entfaltung. Am Ende der Core-Energetik-Behandlung wird daher viel Arbeit darauf gerichtet, das Vertrauen der Person zu erweitern. Dieser Schritt besteht darin, daß man die Grundgefühle, die während der Therapie entwickelt wurden, auf andere Bereiche und ebenso auf die Zukunft extrapoliert – i.a.W., daß man das fortlaufende Leben dem höheren Selbst anpaßt. Eine Welt der Möglichkeiten umgibt jeden Menschen, da niemand und nichts im Leben unveränderlich ist. Die Bewegung des Leidenden von der Krise zur Integration beweist die Dynamik der richtigen Energie, ebenso wie es Veränderungen in seinem Leben oder seiner Begegnung mit anderen Menschen und äußeren Umständen tun. Die Heilung zeigt, daß die Annahme der Lebenskraft eines anderen die eigene innere Balance gefördert hat, aber es ist dennoch die eigene Lebenskraft der Person, der Kern, der das Selbst vereint hat. Umgekehrt hat die Annahme der eigenen Lebenskraft wieder Veränderungen in anderen gefördert, aber es ist deren eigener Kern, der ihre innere Transformation verursacht hat. – Dieses Prinzip der Reziprozität wohnt der gesamten Existenz inne – es erklärt die Symbiose von Menschen untereinander, von Pflanzen und Menschen usw..Wenn wir unseren Kern den Energiesphären um uns öffnen, dann erhellen wir nicht nur die eigene Wahrheit, sondern wir beleben das Universum.

Übersetzt von Ulrike Hempel, Konstanz

Anmerkungen:

1. C. G. JUNG, Memories, Dreams, Reflections, ed. A. Jaffé, Pantheon Books, New York 1963, p. XI.
2. PIERRE TEILHARD DE CHARDIN, S. J., The Phenomenon of Man, Harper & Row, Torchbooks, New York 1961.
3. Z. B. der Electroencephalograph, der Electrocardiograph und neuerlich auch die Kirilianische Photographie.
4. Eine umfassendere Behandlung von Untersuchungen zum Energiekonzept findet man in meiner Monographie „Human Energy Systems Theory: History and New Growth Perspectives", New York, Institute for the New Age of Man (INAM), 1977. Dieser Beitrag berichtet über meine eigenen Forschungen und Beobachtungen und zwar detaillierter als dies in diesem Artikel geschehen kann. Vgl. weiterhin „The Energy Field in Man and Nature", New York, Institute for Bioenergetic Analysis, 1971; Nachdruck, New York INAM 1975; „Life of Energy Centers of Man", New York, INAM 1975.
5. HENRI LABORIT, The Roots of Frustration, *Atlas World Press Review* Oct. 1976, p. 25.

Radix-Gefühlserziehung

Charles R. Kelley, Berkley

Therapeutische Arbeit nach *Reich* ist Arbeit am Körper und mit den Gefühlen. Sie wurzelt in zwei hauptsächlichen Entdeckungen *Wilhelm Reichs.* Die erste ist der Muskelpanzer, die chronischen Verspannungsmuster im Körper, die für blockierte Gefühle verantwortlich sind. Die zweite ist die im Körper fühlbare Lebensenergie, die als überbrückendes Konzept zwischen dem Panzer und dem blockierten Gefühl dient. Der Muskelpanzer ist objetiv, „von außen" beobachtbar, physisch, „Körper", das Gefühl ist subjektiv, nicht von außen beobachtbar, „Psyche". Das Konzept der körperlichen Lebensenergie überbrückt die Kluft zwischen Körper und Psyche. Der Fluß der Lebensenergie im Körper wird als Empfindung, als Gefühl erfahren und in Spontanbewegungen des Körpers ausgedrückt. Der Muskelpanzer hemmt den Lebensenergiefluß und blockiert dadurch das Gefühl.

Diese Entdeckungen von *Reich* lösen tatsächlich das Leib-Seele-Problem, das die Philosophie 2000 Jahre lang geplagt hat. Reichianische Arbeit wurzelt im Verständnis der Lebensenergie als körperlicher Grundlage von Gefühlen und Gefühlsblockierungen und der Eigenschaften der körperlichen Lebensenergie, wie Pulsation, Ladung, Verspannung und emotionale Blockierung.

Ich nenne die Lebensenergie *Radix*, während *Reich* sie *Orgonenergie* nannte. Radix ist ein selten verwendetes Wort mit der Bedeutung Wurzel, Quelle oder erste Ursache. Ich betrachte Radix *nicht* als Energie, sondern als Substrat der Natur, aus dem Energie und Gefühl entstehen.

Der funktionale Ansatz zum Öffnen der Gefühle

Reich verfolgte bei der Auflockerung des Muskelpanzers einen strukturellen Ansatz. Er stellte sieben Körpersegmente der Panzerung fest: 1. Augen, 2. Mund, 3. Hals, 4. Brust, 5. Zwerchfell, 6. Bauch, 7. Becken.

Der Panzer bildet horizontale Verspannungsmuster in jedem Segment, die den normalen, vertikalen Fluß der Lebensenergie hemmen. In der Radix-Arbeit haben wir festgestellt, daß jedem tieferen Gefühl eine spezifische, vertikale Strömung zugrundeliegt. *Reich* fand heraus, daß der Panzer

systematisch von oben nach unten aufgelockert werden sollte. Es traten Probleme auf, wenn die näher am Körperzentrum liegenden Panzerungssegmente vor der Lösung der oberen Segmente bearbeitet wurden. *Reichs* Einteilung des Panzers in Segmente ist ein sehr wertvolles Hilfmittel. Wir gehen in der Radix-„Gefühlsarbeit" ebenfalls „von oben nach unten" vor, oder genauer „von außen nach innen", aber wir beginnen nicht nur an den Augen, sondern auch an Händen und Füßen. Augen, Hände und Füße sind die drei wichtigsten Kontaktbereiche zur äußeren Realität. Wir möchten erreichen, daß unsere Klienten ihre „Augen offen" halten, mit den „Füßen auf dem Boden" stehen und die „Realität fest im Griff" haben. Das sind nicht bloße Metaphern, sondern sie beziehen sich auf den Radix-Fluß im Körper. Der strukturelle Ansatz bedeutet für uns, die Panzerungsmuster zu lösen, indem wir mit Augen, Händen und Füßen beginnen und zum Zentrum hinarbeiten. Das schließt die Lösung von Kopf, Hals und Brust – in dieser Reihenfolge – ein, was allgemein mit Reichs Konzept der Segmente übereinstimmt.
Ein zweiter Ansatz zum Öffnen der Gefühle arbeitet nicht mit Strukturen, sondern mit Funktionen, also Gefühlen, ihrem Ausdruck und ihrer Blokkierung. Das Augenmerk wechselt von der Anordnung der körperlichen Panzerungsmuster auf die Organisation der Muster, die ein spezielles Gefühl blockieren. Für jedes elementare Gefühl verteilen sich diese Muster über die Körpersegmente. Der Radix-Lehrer muß die Fähigkeit entwikkeln, das besondere Verspannungsmuster zu identifizieren, das mit der Blockierung eines bestimmten Gefühls verbunden ist. Subtile, muskuläre Hinweise sagen aus, wann der Klient Schmerz, Angst oder Wut blockiert. Die funktionale Arbeit verläuft über mehrere Segmente, um bei der Entladung einen integrierten Gefühlsausdruck zu erreichen.
Der funktionale Ansatz zum Verstehen und Öffnen der Gefühle beruht auf Radix-Funktionen, die auch den elementaren Gefühlen zugrundeliegen. Hauptfunktionen sind: Pulsation, Ladung, Entladung, Gegenpulsation und Blockierung.

Pulsation, Ladung, Entladung

Radix-Pulsation ist so grundlegend, daß sie sowohl in der belebten wie der unbelebten Welt existiert. In einigen Organismen kann das im rhythmischen Pulsieren der Blutgefäße und des Atmungssystems direkt beobachtet werden. Jedes Lebewesen pulsiert ständig, ob in Bewegung oder Ruhe, aber das Ausmaß und die Art der Pulsation sind unterschiedlich. Wenn ein Radix-System pulsiert, entwickelt es eine Radix-Ladung, die die Spannung und die Kapazität für die Entladung erhöht. Im menschlichen Körper entwickelt die Radix-Ladung die Kapazität für Handlungen und Gefühle, und Entladung ist der Prozeß, in dem diese Kapazität genutzt wird. Die Entladung ist also die Umsetzung der Radix in etwas Anderes; beim Menschen sind dies Gefühle und Bewegungen. Mit der Umwandlung geht die Ladung verloren.

Die stärksten Radix-Entladungen sind konvulsiv. Zweierlei ist für solche Entladungen notwendig: 1. Eine Radix-Ladung, eine Konzentration im Körper muß vorhanden sein; und 2. muß die Pulsation sich steigern bis zum Punkt der Konvulsion.

Die beste Illustration dieses Prozesses ist die menschliche Sexualität. Die Radix-Ladung entwickelt sich zunächst relativ langsam, mit nur vagen subjektiven Empfindungen von Ruhelosigkeit und Spannung. Die Ladung steigert sich, wenn man zunehmend „geil" wird. Es entwickeln sich eine angenehme Spannung und Schwellung in den Genitalien und ein erhöhtes Interesse an sexuellen Erlebnissen. Während des Vorspiels vertieft sich die Pulsation, die Ladung verstärkt sich und konzentriert sich in den Genitalien. Beim Geschlechtsakt wächst die Ladung schnell an, während sich die Atmungspulsation weiter vertieft, bis sie schließlich mit den willentlichen Bewegungen synchron verläuft und auf die Konvulsion hindrängt. Dann werden die Bewegungen unwillkürlich, der Wille ist ausgeschaltet, und der ganze Körper überläßt sich der konvulsiven Lust des Orgasmus.

Die grundlegende Sequenz dieses Prozesses beschrieb *Reich* als „Spannung – Ladung – Entladung – Entspannung". Ich bin der Ansicht, daß der Entwicklung mechanischer Spannung ein Prozeß der Radix-Ladung vorausgeht. Die Formel wird dann zu: „Ladung – Spannung – Entladung – Entspannung". Dieselbe Sequenz tritt bei anderen tiefen Gefühlen auf. Der tiefste Ausdruck von Schmerz, Wut und Angst bedeutet ein ähnliches Sichausliefern an eine übermächtige und unwillkürliche Konvulsion des ganzen Körpers. Die Entladung von Schmerz z.B. kann mit Weinen beginnen, das nur die Augen, den Mund und den oberen Brustbereich einbezieht. Wenn man die Entladung sich entwickeln läß, wird die Atmung voller und konvulsiver, und tiefes Schluchzen kann aus der Bauchregion aufsteigen.

Wenige Erwachsene haben sich die Fähigkeit erhalten, sich den unwillkürlichen Bewegungen einer totalen Entladung hinzugeben. Einige leben mit einem chronischen Ladungs- und Spannungsniveau; andere blockieren bereits den Prozeß von Pulsation und Ladung und leiden an erheblicher Reduzierung ihrer Vitalität.

Entladung findet eher statt, wenn die Ladung hoch ist, und wir haben Techniken entwickelt, um sie zu steigern. Das Radix-System lädt sich bei der Einwärtsbewegung der Radix-Pulsation auf; im Körper geschieht das bei der Einatmung. Für die Anregung der Entladung ist das Ausatmen wichtiger, aber die Erhöhung des Handlungspotentials und die Aufladung finden mit dem Einatmen statt, wobei der Radix-Fluß auf das Zentrum des Systems gerichtet ist. Zwei der von uns häufig benutzten Techniken zur Aufladung sind „Bauchatmung" und Einatmen im oberen Brustbereich. Oft werden diese beiden Techniken kombiniert.

Bei der „Bauchatmung" wird bewußt mit dem Zwerchfell geatmet. Das Zwerchfell ist ein schirmförmiger Muskel, der den Brustkorb vom Bauchraum trennt. Während der Einatmung zieht sich das Zwerchfell in der Mitte nach unten, wobei die Bauchorgane von oben zusammengepreßt und der Bauch herausgedrückt wird. Die Bauchwand muß nachgeben und sich ausdehnen, um das geschehen zu lassen. Während der Ausatmung entspannt sich das Zwerchfell, und bei der Rückbewegung von Bauchwand und Bauch wird es nach oben gedrückt. Wenn der Bauch locker ist und das Zwerchfell frei schwingt, geht die Erregungswelle bei jedem Atemzug durch den Körper hinunter; das erweckt den subjektiven Eindruck, der Atem selbst bewege sich nach unten. Der Effekt dieser Technik ist, den unteren Teil des Körpers, der häufig zu wenig geladen ist, zu lockern und aufzuladen.

Bei der zweiten Technik, der Einatmung im oberen Brustbereich, öffnen sich Augen und Mund, und die Luft wird mit einem Keuchen wie bei Überraschung oder Furcht eingeatmet. Das Zwerchfell zieht sich zusammen, aber der Bauch spannt sich an und begrenzt so die Abwärtsbewegung des Zwerchfells. Die Rippen heben sich, die Brust wird geweitet und die Luft wird schnell eingesogen. Pulsation tritt hauptsächlich oberhalb des Bauches auf; dies ist eine effektive und schnelle Methode, um den oberen Teil des Körpers aufzuladen. Allerdings erzeugt diese Methode bei einer dazu vorhandenen Neigung schnell Anzeichen von Hyperventilation.

Die Wirkung dieser Übungen ist individuell ziemlich unterschiedlich. Das überrascht nicht, da manche Menschen meistens mit niedrigem Ladungsniveau leben, andere sind gewöhnlich überladen. Jemand mit niedriger Ladung macht allgemein den Eindruck geringer Vitalität und mangelnder Energie. Die Atmung ist flach und die Brust eingefallen in einer Haltung verlängerter Ausatmung. Die Haut ist gewöhnlich weich, bleich und wirkt ziemlich leblos. (Die Haut eines jungen, gesunden Menschen ist im Vergleich dazu weich, schimmernd und fest.) Die Muskeln neigen zur Schlaffheit; Bewegung und Sprache sind langsam und unsicher. Der „Unterladene" hat eine weiche Struktur. Der Rücken ist flexibel, die Muskeln entspannt. Es ist nicht viel Vitalität vorhanden. Ein solcher Mensch hat gewöhnlich ein niedriges Energieniveau mit begrenzter Arbeitskapazität. Dagegen macht jemand mit sehr hoher Ladung den Eindruck von beträchtlicher Vitatlität und Energie. Seine Sprache ist eher kraftvoll und die Bewegungen sind hyperaktiv, obwohl er blockiert und ungelenk sein kann. Physisch gesehen wird die Brust in chronischer Einatmung hochgehalten, denn die Ausatmung ist blockiert. Die Muskeln tendieren zur Starre, und der Körper ist angespannt. Die Haut ist straff, lebendig und rötlich. Der Körper lädt sich kontinuierlich auf ohne adäquate Fähigkeit zur Entladung. In einigen Fällen ist der gesamte Körper gespannt und überladen, doch gewöhnlich konzentriert sich die Spannung im oberen Brustbereich, einschließlich Schultern und Gesicht. Relativ häufig zeigt der untere Teil des Körpers, unterhalb des Zwerchfells, keines dieser Charakteristika und kann sogar bleich, unterladen und unterentwickelt sein, trotz der überladenen oberen Hälfte. Viele Menschen haben Blockierungen, die sich in Überladung einiger Körperteile und Unterladung anderer auswirken. Im allgemeinen lädt sich ein unterladener Mensch mit weicher Struktur schnell auf, während jemand mit angespannter Muskulatur sehr viel länger dazu braucht. Unterladene Bereiche werden durch Erweiterung der Atmungspulsation auf diese Bereiche aufgeladen. Überladung wird nicht durch Blockierung der Pulsation behandelt, sondern durch Erleichterung der Entladung.

Das Ziel der Aufladungstechniken ist für gewöhnlich nicht die Ladungssteigerung als solche (obwohl das bei unterladenen Strukturen wichtig ist), sondern das Erleichtern emotionaler Entladung. Die Entladung muß indirekt angegangen werden, da sie ein unwillkürlicher und spontaner Prozeß ist. In einer Übung kann der Entladungsprozeß imitiert werden, aber es bleibt eine Imitation, da die willentliche Kontrolle weiterbesteht. Zwar können Übungen wertvoll sein, um Muster von Muskelverspannungen und Atmungsblockierungen aufzudecken, die die Entladung verhindern; manchmal leiten sie auch einen Radix-Fluß ein, der zur Entladung führt, aber *erwarten* läßt sich eine Entladung bei einer Übung nicht. Echte Entladung ist unwillkürlich und über das autonome Nervensystem vermittelt. Ihre Entwicklung muß auf ihre eigene Weise und in ihrem eigenen Rhythmus zugelassen werden. Wie der Orgasmus „kommt" sie einfach. Die stärkste Entladung ist konvulsiv, was nicht heißt, daß jede Entladung konvulsiv sein muß. Jede emotionale Erfahrung (eigentlich jede bewußte

Erfahrung) bedeutet eine Radix-Entladung. Gefühle und andere Formen bewußten Erlebens sind die subjektive Erfahrung des Radix-Prozesses. Je stärker die Radix-Entladung, desto stärker ist das Gefühl; und am stärksten sind die konvulsiven Entladungen von Sex, Schmerz, Angst und Wut.

Konvulsion heißt in diesem Zusammenhang nicht Härte. Orgasmus und Schmerz (Schluchzen) sind weiche Konvulsionen, sie sind unwillkürlich, und die Ich-Kontrolle wurde aufgegeben. – Nebenbei sollte erwähnt werden, daß manchmal die bedeutsamsten Prozesse emotionaler Lösung nicht konvulsiv verlaufen, sondern neue, zarte, tiefe Gefühle sind, die der Klient zulassen kann, sobald die Radix-Blockierung sich löst. Auch diese haben ihren Ursprung im Radix-Prozeß.

Die Techniken zur Erleichterung der Entladung sind genauer gesagt Techniken zur Auflösung von Entladungsblockierungen. Entladung oder emotionales Loslassen ist im Grunde ein einfacher Prozeß, zu dem ein dreijähriges Kind fähig ist. Doch kann es für einen Erwachsenen sehr schwierig und kompliziert sein, durch sein Labyrinth von Abwehr an diesen einfachen Prozeß heranzukommen. Häufig läßt der Erwachsene ein Gefühl sich bis zu einem bestimmten Punkt entwickeln, aber blockiert es kurz vor der vollen, unwillkürlichen Entladung. Das Problem besteht dann darin, den Willen des Klienten auszuschalten, damit der spontane Prozeß der Entladung stattfinden kann.

Bei der Radix-Arbeit wird häufig eine interessante Entladungsart beobachtet, die ich „direkte motorische Entladung" nenne. Hierbei handelt es sich im Unterschied zum üblichen Entladungsprozeß um eine Entladung, die zwar konvulsiv ist, bei der aber das Gefühl, das sie begleiten sollte, fehlt. Im typischen Fall fängt jemand vielleicht an, wütend zu treten, verliert die willentliche Kontrolle und explodiert in etwas, das als spontane Entladung von Wut erscheint. Hinterher hat er einen gesunden, entspannten Ausdruck. Aber nach seinen Empfindungen während des Erlebnisses befragt, antwortet er: „Ich weiß nicht, ich habe nicht viel gefühlt." In ähnlicher Weise mag jemand die Anzeichen von großem Entsetzen zeigen. Er schreit, sein Kopf ist zurückgebogen, die Augen weit geöffnet, er verkrampft sich und zuckt zusammen, als sollte er umgebracht werden. Danach sagt er: „Ich habe nicht viel gefühlt, aber es war gut. Mir geht es jetzt besser."

Irgendwie ist das Gefühl, das sich in der direkten motorischen Entladung ausdrückt, kurzgeschlossen. Die unwillkürliche Entladung, die dem Gefühl zugrundeliegt, wird zugelassen, aber die Erfahrung wird vom Bewußtsein ferngehalten. Wenn der Betreffende vorher unfähig war, Entladung zuzulassen, stellt das einen Fortschritt dar. Aber ein wesentlicher nächster Schritt besteht darin, das Gefühl erleben zu lernen. Manchmal hilft es, das Gefühl identifizieren und benennen zu lassen, indem man z.B. denjenigen sagen läßt: „Ich habe Angst" oder „ich bin wütend", bevor der Entladungsprozeß abgeschlossen ist. Vorzeitige Verbalisierung hemmt jedoch das spontane Loslassen.

In einem ähnlichen, aber anders gelagerten Fall findet eine tiefe, befriedigende Entladung statt, aber ohne spätere Erinnerung daran. Das scheint dann aufzutreten, wenn die Entladung vollständig und unblockiert ist, und die Erfahrung voll durchlebt wird. Ich glaube, daß sich dieser Prozeß insofern von der direkten motorischen Entladung unterscheidet, als der Betreffende das Gefühl während der Entladung erlebt, aber es nicht im Gedächtnis registriert. Offensichtlich läßt sich dieser Punkt schwer überprüfen.

Das Urteil darüber, ob ein Klient eine echte konvulsive Entladung hat oder nicht, hängt nicht von seiner subjektiven Erfahrung ab. Entscheidend ist vielmehr, inwieweit ein unwillkürliches Element an den Bewegungen beteiligt ist und welche Laute er von sich gibt. Wenn alles völlig willensmäßig geschieht, ist es eine Übung und keine Entladung. Wir unterscheiden sorgfältig zwischen unseren Übungen und den vegetativen Erfahrungen, zu denen sie manchmal führen. Emotionale Entladung ist eine vegetative Funktion, und nur in dem Maße, wie sie eine vegetative, autonome Komponente enthält, ist sie eine „echte", d.h. spontane, konvulsive Radix-Entladung.

Bevor wir zu den Arten der Entladungsblockierung kommen, sollten wir etwas zur Begriffsverwirrung im Gebrauch des Wortes „Gefühl" sagen. Es ist wichtig, zwischen Emotionen und Körperempfindungen zu unterscheiden, da beide als Gefühle bezeichnet werden. Bestimmte Methoden der sensorischen Entspannung, Meditation, Introspektion und Drogen zielen darauf ab, die innere und äußere Umwelt mit erneuerter Lebendigkeit erleben zu lassen. Man kann ein wahrer Kenner von Körpergefühlen werden, der die subtilste, somatische Veränderung wahrnimmt, und doch unfähig sein, Liebe, Ärger oder Vertrauen zu empfinden. Diese beiden gefühlsmäßigen Erfahrungen sind völlig unterschiedlich. Die eine ist Empfindung, die andere Emotion.

Empfindungen beziehen sich auf die Körperperipherie und den Energiefluß von der Umwelt her. Die spezifischen Sinnesorgane und die Haut sind die Hauptquellen der Empfindung, Emotionen dagegen sind eher innere als periphere Erfahrungen, die eine Wertung ausdrücken und oft eine Handlungstendenz beinhalten. Emotionen sind die Erfahrung der Radix-Strömung durch das Plasma, die flüssigen Inhalte des Körpers. Wir arbeiten sowohl mit Empfindung als auch mit Emotion, aber das Hauptgewicht liegt bei der Emotion.

Panzer, Blockierung, Gegenpulsation
Es gibt zahlreiche und vielfältige Methoden der Blockierung von Entladung. Die einfachsten sind direkter Widerstand gegen den Prozeß, indem die Muskeln angespannt werden. Andere Methoden sind subtiler. Ein ängstlicher Mensch versucht, die Emotion zu antizipieren, und beginnt, sie auszudrücken, bevor er sie fühlt. Ein anderer flieht vor dem beängstigenden zu einem vertrauteren und angenehmeren Gefühl. Männer zeigen oft lieber „männlichen" Zorn anstatt „weibliche" Tränen. Umgekehrt ziehen Frauen der Wut häufig die Tränen vor. Wieder ein anderer wehrt den Entladungsprozeß auf eine Weise ab, die der vorzeitigen Ejakulation analog ist, nämlich indem er die Konvulsion auf einen kleinen Teil des Körpers beschränkt, z.B. den oberen Brustbereich, und vorzeitig und unvollständig in Schreien und Heulen ausbricht. Auch wenn die Entladung unwillkürlich geschieht, bleibt sie unter diesen Bedingungen oberflächlich, da sie sich nicht zu einer vollständigen, integrierten Konvulsion vertiefen kann. Andere benutzen Phantasien oder Erinnerungen oder eine Mischung aus beidem bei ihren Bemühungen, eine Entladung zu erreichen. Die meisten dieser Strategien zum Erreichen oder Simulieren der Entladung sind in Wirklichkeit Vermeidungstechniken; letzten Endes braucht man zur Hingabe keine Strategie. Angst-, ärger- oder schmerzerregende Phantasien dienen gewöhnlich dazu, den Körper gegen tiefere, unwillkürliche Angst, Wut oder Schmerz anzuspannen, die sonst aufsteigen könnten.
Von fast gleicher Bedeutsamkeit wie *Reichs* Orgonkonzept ist sein Konzept des Muskelpanzers, durch den der Radix-Fluß gewohnheitsmäßig abgeschwächt und blockiert wird. Diese Blockierung hemmt die Radix-Bewegung im Körper, die auf Entladung abzielt, und die entsprechenden Gefühle. Mit Muskelpanzerung werden chronisch angespannte Muskeln bezeichnet, die oft als harte und unnachgiebige Strukturen und Furchen sichtbar werden. Es ist ein leicht verständlicher, deskriptiver Terminus und läßt an eine Rüstung denken, die den Träger vor unakzeptierbaren Gefühlen schützt. Unglücklicherweise impliziert dieser Terminus das Bild einer statischen, objektiven, äußeren Barriere. In einigen Veröffentlichungen finden sich Überlegungen, wie dieser „Panzer zu durchbrechen" sei. Tat-

sächlich ist der Körperpanzer keine objektive Barriere, sondern die kontinuierliche, zielgerichtete Aktivität eines lebendigen Organismus, um Gefühle zu blockieren. Ich weise meine Ausbildungskandidaten an, immer daran zu denken, daß der Panzer eine *Aktivität* ist, ein Prozeß. Diese wird am leichtesten verstanden, wenn man von *Gegenpulsation* spricht.

Gegenpulsation ist der Panzer in Aktion. Wie bereits der Begriff sagt, ist Gegenpulsation eine Kontraktion gegen die normale Radix-Pulsation im Körper. In der expansiven Phase der Pulsation vom Körperzentrum aus spannt sich der gegenpulsierende Körperteil an. Ob ein rhythmisches Anspannen und Loslassen irgendwo im Körper Pulsation oder Gegenpulsation ist, hängt davon ab, ob es mit der Pulsation des Körperzentrums mitgeht oder dagegen ankämpft. Wenn sich im Körper Pulsation bildet, droht sie, zu konvulsiver Entladung zu führen, und dann ist Gegenpulsation das Mittel, um sie zu blockieren und die Entladung zu verhindern. Sie stellt sich der Pulsation entgegen und hindert sie, sich in andere Körperteile auszubreiten und dort Entaldung herbeizuführen.

Gegenpulsation ist die Aktivität, die die Grundlage des Panzers bildet und ihn aufbaut. Zuerst treten große, gegenpulsierende Bewegungen auf, später wird der Radix-Fluß nur noch durch isolierte, chronisch angespannte Regionen des Körpers sehr subtil blockiert, und selten müssen größere Muskelgruppen eingesetzt werden. Denken Sie an ein Kind, das Ärger zurückhält. Es verspannt sich stark in Fäusten, Schultern, Nacken und Kinn, um seinen Zorn zu unterdrücken. Mit der Zeit fallen all diese großen Kontraktionen weg, denn dem Kind gelingt es, das Gefühl nur noch mit einer kleinen, gegenpulsierenden Restspannung zu kontrollieren. In einigen Fällen kann man Pulsationen und Gegenpulsationen nicht mehr feststellen, da die chronische Muskelverspannung überhaupt keine Bewegung mehr erkennen läßt.

Gegenpulsation und Panzer zeigen immer einen dualistischen Impuls an. Der Radix-Fluß des Körpers hat sich in zwei Strömungen geteilt. Die eine trägt den Impuls, der zum Ausdruck kommen will, die andere den, der gegen diesen Ausdruck arbeitet. In der Arbeit an emotionaler Lösung ist es zu einfach, sich das aufsteigende Gefühl als lebendig vorzustellen und die Blockierung, die es zurückhält, als totes Stück Holz. Das ist irreführend und falsch, denn die Blockierung ist lebendiger Ausdruck eines entgegengesetzten Impulses. Obwohl der blockierende Impuls das aufsteigende Gefühl durch Kontraktion abwehrt, drückt er doch ein echtes und lebendiges Gefühl aus, einen Persönlichkeitsanteil, der anerkannt und verstanden werden muß. Die Blockierung basiert auf der begrifflichen Bewertung und dem Kanalisierungsprozeß, der den Mechanismus des Willens bildet. Wir wissen allerdings wenig darüber, *wie* das geschieht.

Einiges Interessante ist uns über die beiden Zweige der Radix bekannt. Im allgemeinen wird nur ein Zweig bewußt wahrgenommen, während der andere verleugnet wird. Das geschieht zum ersten Mal in der Kindheit, wenn wir uns wegen einer Empfindung schuldig, verängstigt oder schlecht zu fühlen beginnen. Unsere sich entwickelnden Werte, nach denen diese Gefühle unangemessen, unerwünscht oder unwert sind, stellen sich ihnen entgegen. Diese Abwertung mag vom Standpunkt des Erwachsenen aus richtig oder falsch sein, dennoch ist die Fähigkeit, unerwünschte Gefühle zu blockieren, eine wichtige Überlebensfunktion, die Grundlage des Willens. Die Entwertung verbindet sich mit dem neugebildeten, zweiten Zweig der Radix, der den ersten bekämpft. Nehmen Sie ein Kind, das sexuelle Empfindungen hat und dem vermittelt wird, daß das etwas Schlechtes sei. Häufig wird es sie dann als „echten" Teil seiner selbst verleugnen und als Ergebnis schließlich die Blockierung akzeptieren, die sie unter Kontrolle hält. – Häufig passiert beim Erwachsenen in unserer Arbeit das Umgekehrte. Er wird mit seiner Empfindungsfähigkeit unzufrieden und möchte die blockierten sexuellen, Schmerz- oder Wutgefühle akzeptieren, die er früher zurückgewiesen hat. Dann entsteht die Tendenz, das Gefühl hinter der Blockierung zu verleugnen und die Verantwortung dafür abzulehnen. Es waren die Eltern, die Schule oder andere Bezugspersonen, die die Blockierung verursachten: „*Sie* sind schuld – nicht *ich.*" Mit der Verleugnung des Gefühls hinter der Blockierung wird der positive Wert der emotionalen Kontrolle und des Willens in unserem Leben häufig verworfen.

Es ist sehr schwierig, die Blockierungen, die aus dem Bewußtsein verdrängt wurden, wahrnehmen zu lassen. Aber die Blockierung ist da und funktioniert im Hier und Jetzt. Ein gut Teil unserer Arbeit besteht in der Intensivierung der Gegenpulsationen und Blockierungen, damit der Betreffende entdecken kann, was er tut, und es bewußt erlebt. *Reich* nannte das Verstärkung des Widerstandes. Wenn die Blockierungen sich zu lösen beginnen, wird dem Klienten oft bewußt, daß er sie „erzeugt" – ebenso wie das Gefühl – und daß die Blockierung etwas ist, das er aufgerichtet hat und beibehält, was immer die ursprüngliche Rolle der Eltern oder der Umwelteinflüsse gewesen sein mag. Wir betrachten es nicht als unsere Aufgabe, die Gefühlsblockierungen aufzuheben, sondern den Prozeß der Kontrolle so zu verfeinern, daß der Klient entweder blockieren kann oder die Blockierung aufgibt, falls er sich dazu entscheidet.

Der erste Schritt, dieses neue Niveau von Kontrolle zu erreichen, ist das Bewußtmachen der Blockierungen und Gegenpulsationen, die bei den meisten Menschen unbewußte Gewohnheitsmuster sind.
Der Prozeß der Panzerung und Gegenpulsation wird in bestimmten Körperhaltungen sehr deutlich. Die von *Reich* und den meisten seiner Schüler verwendete Position läßt den Klienten auf dem Rücken liegen, die Knie angezogen und gespreizt, eine Haltung von Offenheit und Unterwerfung. Wenn der Klient nicht blockiert, seine Gefühle akzeptiert und integriert, überläßt er sich einfach dem Prozeß, und der ganze Körper pulsiert als eine Einheit. Wenn wir den Atem beobachten, stellen wir bei jedem Ausatmen einen auswärts gerichteten Impuls vom Körperzentrum zu den Extremitäten fest, nicht dramatisch, aber wahrnehmbar. Beim Ausatmen hat der Körper eine Haltung von entspannter Ausdehnung. Im Brustsegment senkt sich die Brust, die Schultern fallen herab und die Finger strecken sich ein wenig. Die Ausatmungspulsation erweitert Nacken und Kehle, und der Kopf neigt sich leicht zurück. Es ist dieselbe Bewegung, die ausgeprägter beim Geschlechtsverkehr auftritt. Diese Kopfbewegung hat einen anderen emotionalen Ausdruck als die Neigung, die durch Anspannung der Muskeln hinten im Nacken erzeugt wird, eine verbreitete Gegenpulsation. Wenn wir die Ausatmungspulsation in der unteren Körperhälfte betrachten, stellen wir fest, daß der Bauch sich senkt, das Becken sich leicht nach oben und vorn dreht und bei der Einatmung zurückfällt. Bei der Drehung des Beckens nach oben spreizen sich die Beine noch weiter. Oft tritt eine Strömung angenehmer Empfindungen in den Genitalien auf. Der Ausatmungsimpuls fließt in Beine und Füße; die Zehen tendieren beim Ausatmen zur Streckung, beim Einatmen zur Beugung.
Wenn jemand unfähig ist, Ebbe und Flut der Radix-Strömung nachzugeben, beobachten wir anstelle der einheitlichen Pulsation Bewegungen in den Extremitäten, die denen vom Körperzentrum her entgegenlaufen, Gegenpulsationen. Während der Ausatmung ziehen sich die Schultern zusammen, oder die Finger werden angewinkelt, manchmal zu Fäusten, die den Widerstand gegen den expansiven Impuls zeigen. Das Kinn bleibt manchmal unten; das Zwerchfell zieht sich zusammen und verhindert so die volle Ausatmung. Der untere Rücken biegt sich nach hinten und zieht das Becken zurück. Die Gegenpulsation spannt die Muskeln auf der Innenseite der Oberschenkel an. Oft nähern sich mit jedem Ausatmen die Knie einander, bis sie zusammen gepreßt sind wie bei einem jungen Mädchen, das seine Jungfräulichkeit verteidigt.
Bisher haben wir Gegenpulsationen beschrieben, die im Rhythmus der

Grundpulsation des Körpers verlaufen. Es gibt auch solche, die eine von der Grundpulsation völlig unabhängige Form annehmen. Dieser zweite Typ von Gegenpulsation ist gewöhlich viel schneller als der Grundrhythmus. Ein gutes Beispiel ist der Geschlechtsverkehr oder die Masturbation. Wenn die lustvolle Erregung zunimmt, gehen manche Menschen zu extrem schnellen Beckenbewegungen über, die keine Beziehung zum Atemrhythmus haben. Der Effekt ist die Blockierung der langsameren Bewegungen und der tieferen Hingabegefühle zugunsten einer schneller eintretenden, viel begrenzteren Empfindung. Dieser Typ von Gegenpulsation erlaubt eine teilweise Entladung und verhindert eine vollständige. Manchmal jedoch kann diese Gegenpulsation intensiver werden, sich verlangsamen und immer mehr Bereiche des Körpers einbeziehen, bis sie eine echte Pulsation wird. Ein weiteres Beispiel für diesen zweiten Typ sind die „Trostbewegungen" frustrierter und unglücklicher Kinder. In unserer Arbeit treten sie häufig als Schaukelbewegungen der Beine auf, unabhängig vom Atemrhythmus. Nervöses Drehen und Strampeln gehören auch zu dieser Art von Gegenpulsation.

Bei Gefühlsblockierungen ist häufig ein symmetrisches Muster feststellbar. Wenn jemand eine Halsblockierung hat, ist fast immer auch eine Zwerchfellblockierung vorhanden. Diese beiden bilden ein funktionales Paar, d.h. sie kooperieren, um denselben Impuls zu blockieren. Wenn eine sich lockert, wird häufig der Impuls in der anderen verstärkt, was deren Verfestigung zur Folge hat. Solange nicht beide gleichzeitig locker gelassen werden können, ist der blockierende Impuls noch nicht aufgegeben. Weiter entfernt vom Körperzentrum bilden Kinn und Becken ein weiteres funktionales Paar, in ähnlicher Weise Mund und Genitalien, sowie Augen und Füße. In dieser Symmetrie gibt es einige Komplikationen, und vieles wird noch nicht verstanden; z.B. tritt zusammen mit der Kinnblockierung meist eine Schulterblockierung auf und dehnt sich auf Arme und Hände aus. Fast jeder „Kopftyp", der Gefühle durch Intellektualisierung abwehrt, hat eine Hals- und Zwerchfellblockierung. Das ist eine unserer häufigsten und doch schwierigsten Blockierungen, die anzeigt, daß unserem Verständnis ein wichtiges Element fehlt.

In unserem Alltagsleben stoßen wir selten auf die Begrenzungen, die uns die Radix-Blockierungen auferlegen. Unsere gewohnheitsmäßigen Bewegungen sind darauf abgestimmt, unsere eingeschränkte Beweglichkeit zu kompensieren. Nur wenn wir eine ungewohnte Aktivität versuchen, kommen wir an diese Grenzen, und sie werden uns bewußt. Zwei von *Reichs* kreativsten Schülern, *Alexander Lowen* und *John Pierrakos*, haben Körperpositionen entwickelt, die gezielt bestimmte Muskeln unter Streß setzen.* In diesen Streßpositionen erfährt der Klient schnell, wie rigide oder kraftlos seine Wirbelsäule ist, oder daß er sein Zwerchfell nicht entspannen und die Bauchatmung zulassen kann. Seine Erfahrung ist unmittelbar und keine intellektuelle Einsicht. Diese Positionen werden zu Beginn fast jeder Radix-Sitzung verwendet, einmal um die Atmung zu vertiefen, zum anderen, um den „Klienten" in Kontakt mit seinen Verspannungen zu bringen.

Es sollte betont werden, daß nicht alle Muskelanspannungen mit emotionaler Blockierung verbunden sind. Normale Bewegungen und Ausrichtungen der Haltung erfordern ein ständiges Zusammenspiel von Muskelspannungen. Als Ergebnis seines Berufes, athletischer Betätigung oder seiner Lebensgewohnheiten entwickelt jeder Mensch bestimmte individuelle Muster von Anspannung und Entspannung, die keine blockierten Impulse verbergen. Es gibt keine klare Abgrenzung dieser beiden Arten von Muskelspannung. Um festzustellen, ob eine Spannung eine Emotion blockiert, löst man die Spannung in der Sitzung auf. Beim einen wird der Muskel sich einfach verlängern und locker werden, beim anderen wird dieselbe Entspannung eine Flut von Tränen auslösen.

Wenn ich mit einem neuen „Klienten" arbeite, lasse ich mir erst von seinem Körper zeigen, wie er mit seinen Gefühlen umgeht. Der Körper drückt seine emotionale Geschichte aus. Anstatt ihre Erscheinungsweise in die allzu bekannte Sprache der Kindheitserfahrungen zu übersetzen, bleibe ich bei den uninterpretierten Beobachtungen. Gewöhnlich interessiert mich zweierlei. Das erste ist die Haltung, die für mich sowohl die Form als auch die Bewegung des Körpers umfaßt. Das zweite ist das Radix-System und seine Funktionsweise. Durch Erfahrung lernt man, den Unterschied zwischen gut entwickelten und verkrampften und den zwischen entspannten und schlaffen Muskeln zu sehen. Ich registriere, wo jemand überladen, wo unterladen ist, und ob er eine Ladung hat, die seiner Struktur angemessen erscheint. Natürlich wird nicht die Radix-Ladung an sich beobachtet, sondern abgeleitet. Beobachtet werden Tonus, Spannung, Stärke, Vitalität, Farbe und Pulsation. Die meisten Menschen nehmen all dies unbewußt im Alltagsleben wahr. Bei unserer Arbeit werden diese Wahrnehmungen bewußt. Wir lernen die Bewegungen der Radix und ihre Blockierungen zu „sehen". Indem wir die Körperpulsation sorgfältig beobachten, können wir feststellen, wo die Strömung behindert ist.

Wenn ich einmal einen Eindruck von der Funktionsweise des „Klienten" und der Art und Lage der Blockierungen gewonnen habe, versuche ich,

---

* Vgl. vor allem Lowen, Alexander, *The Betrayal of the Body.*

ihn das bewußt erleben zu lassen. Ich beginne mit dem Augensegment und arbeite dann abwärts. Es gibt kein Mittel, jemanden zur Entspannung zu zwingen; das ist ein Widerspruch in sich. Der „Klient" muß allmählich lernen, seinen Körper zu erleben und ihm zu vertrauen. Wenn er die Bewegung seines Atems zulassen kann, werden seine charakteristischen Blockierungen deutlich. Mit zunehmender Ladung ändert sich die Hautfarbe, und es wird viel einfacher, überladene und unterladene Bereiche zu unterscheiden. Man muß immer die Ängste des „Klienten" berücksichtigen, die seinen Körper betreffen. Manche sind sicher, daß sie, sobald sie ihren Gefühlen nachgeben, einen Herzanfall bekommen oder „ausflippen" oder verrückt werden. Es ist wichtig, den „Klienten" auf dem Boden der Realität zu halten – im wörtlichsten Sinne. Wenn die Radix-Pulsation sich vertieft, und die Ladung stärker wird, entwickeln sich leichte Vibrationen, Veränderungen der Hautfarbe oder andere vegetative Ausdrucksformen. Anstatt zu versuchen, die Gefühle des „Klienten" zu entschlüsseln, achte ich auf diese vegetativen Äußerungen und ermutige ihn, diese Impulse bewußt zuzulassen und sich seinen vegetativen Prozessen zu überlassen.

In der Arbeit mit einem neuen „Klienten" bekämpfen sich oft aufeinanderfolgende Impulse. Sobald er beginnt, Ärger zu spüren, wird er vielleicht ängstlich und unterbricht ihn. Oder der Mund will saugen, und anstatt das zuzulassen, wird er ärgerlich und fängt an zu treten. Darauf muß man gefaßt sein und dieser Verwirrung den physischen Ausdruck gestatten. Ich versuche herauszufinden, was der Oberfläche am nächsten liegt – die erste Schale der Zwiebel –, und lasse die ersten Blockierungen sich eine Zeit lang ihren Weg bahnen, indem ich die Muskeln lockere, mit den Gegenpulsationen arbeite und sie im geeigneten Moment verstärke. Wenn ich dem „Klienten" zum richtigen Vorgehen verhelfe, gibt die Gegenpulsation zur rechten Zeit der Pulsation nach, und der Klient kommt zu einem klaren, reinen Gefühl.

Dann ist es Zeit, die nächste Schale der Zwiebel anzugehen. Wie ich bereits erwähnte, ist die allgemeine Richtung unserer Arbeit von außen nach innen und von oben nach unten. Historisch entspricht das der Richtung von neueren Blockierungen zurück zu früheren. Aber wir sind nicht rigide oder programmatisch bei der Reihenfolge unserer Vorgehensweise. Der Körper und die Gefühle sind unsere Führer, und nicht der Kopf. Die Irrtümer in der Reihenfolge entstehen gewöhnlich im Kopf – des Schülers oder des Lehrers. Ein „Klient" hat ein Buch gelesen und beschlossen, an seinen „Inzestwünschen" zu arbeiten, oder er versucht, sich einen Weg zu seinen „Primärgefühlen" zu erzwingen, oder zu seiner Wut. Wir empfehlen dann, die Gedanken und Erwartungen aufzugeben, sich den Phantasien zu überlassen, in Kontakt mit dem Körper zu kommen und zu atmen. Wenn der Kopf herausgelassen wird, zeigt der Körper, welche Gefühle tatsächlich bereit sind aufzusteigen. Ein guter Radix-Lehrer arbeitet mit dem Radix-Prozeß im Körper des Klienten. Er ist dazu fähig, sich auf die Vorgänge auf der vegetativen Ebene einzustimmen; er lenkt den Ladungsprozeß, entwickelt die Bereitschaft zur Entladung, er sorgt für die geeigneten unwillkürlichen Ausdrucksformen, so daß die Ladung gesammelt wird, und der Übergang zur Entladung gelingt. Der Lehrer spürt, wann der Prozeß gut läuft, und wann Interventionen nötig sind, um Blockierungen aufzuheben oder die Strömung zu unterstützen. Das ist die „Kunst" der Arbeit, die so häufig in der Praxis ungeschulter „Reichianer" fehlt. Betrachten wir ein Beispiel:

Ein „Reichianer" beobachtet den Ausdruck von Gesicht und Körper eines Klienten, der auf der Matte liegt, und erkennt richtig, daß Ärger aufsteigt und blockiert wird. Der Klient wird angewiesen: „Schlagen und treten Sie, schütteln Sie den Kopf und sagen Sie: ‚Nein, ich will nicht.' " Er befolgt das laut und kräftig, bis er schließlich erschöpft und ruhig daliegt.

Wenn diese Beschreibung des Ablaufs zutrifft, ist sie beispielhaft für eine schlecht vermittelte, ineffektive Erfahrung von emotionaler Lösung. Hier ein besseres (und besser beschriebenes) Beispiel:

Ein „Klient" ist durch Radix-Atemtechniken gut aufgeladen, und der Übergang zu emotionaler Entladung beginnt. Der Lehrer beobachtet den Ausdruck von Gesicht und Körper des „Klienten" und erkennt richtig, daß Ärger aufsteigt und blockiert wird. Er bemerkt, daß die Augen beweglich und ausdrucksvoll sind, daß aber offenbar in Mund, Nacken und oberer Brust Blockierungen bestehen. Unterkiefer und Zunge sind zurückgezogen, und der Mund schließt sich leicht bei jedem Ausatmen. Dieses Muster registriert der Lehrer als Gegenpulsation des Unterkiefers. Die Spannung an den Seiten des Halses wächst an, Brustbein und Schlüsselbein treten hervor. Daraus schließt der Leher, daß der Klient die aufsteigende Wut zurückhält und „den Kopf behält". Die Schultern sind steif, die Brust leert sich nicht, und durch die Leblosigkeit und den Mangel an Beteiligung der Beine an der Atmungspulsation gewinnt der Lehrer den Eindruck, als sei die untere Körperhälfte abgeschnitten.

Der Radix-Lehrer beginnt mit der direkten Bearbeitung am Kinn, was dem Klienten signaglisiert, den Mund zu öffnen, das Kinn loszulassen und es bei jeder Ausatmung ein wenig vorkommen zu lassen. Dann arbeiten die Finger des Lehrers an der angespannten Muskulatur des Halses und beginnen, den Kopf leicht von einer Seite zur anderen zu drehen, um die Halsspannungen zu lösen. Der Unterarm des Lehrers drückt auf die Brust des Klienten und fordert ihn dadurch auf, seine Atmung zu vertiefen. Schließlich nimmt der Lehrer die Schultern des Klienten und schüttelt sie . .

Hier wurde kein Wort gesprochen, aber weil die segmentelle Arbeit an der Ärgerblockierung korrekt ausgeführt wurde, ist eine erhebliche Entladung der dem Ärger zugrundeliegender Radix-Strömung eingetreten. Da die Augen frei waren, wurde die Gegenpulsation im Mund zum ersten Fokus der Arbeit. Nachdem der Lehrer dort erfolgreich war, ging er zum Hals und noch während der Arbeit dort weiter zur Brust und dann zu den steifen Schultern. Die ganze Zeit über wurde der Fortschritt des Klienten auf dem Weg zur spontanen Entladung der Wut beobachtet. Farbveränderungen der Haut, Atemgeräusche und Veränderungen der Pupillengröße sind einige der registrierten Phänomene. Wenn sich die Strömung zur Entladung entwickelt hat, kann der Lehrer den Klienten zum Schlagen, Treten oder Kopfschütteln bringen, aber ebenso kann er ihn seine eigene Ausdrucksform finden lassen. Jedenfalls wird der Lehrer den Klienten nicht zu Worten drängen. Worauf der Lehrer abzielt, ist die *Lösung der Kontraktion, mit der der Klient den Radix-Fluß blockiert*, und darauffolgend der spontane, vegetative Ausdruck des Gefühls, das durch die Kontraktion kontrolliert wurde – in diesem Fall Wut. Diese Art der Arbeit führt – verglichen mit der ersten – zu tieferer, spontaner Entladung und zu authentischer Veränderung; letztere kann durch die Arbeitsweise im ersten Beispiel möglicherweise für immer kurzgeschlossen bleiben. Simulierte Entladung oder echte Entladung ohne Lösung der Kontraktion hat keine Entfaltung der Empfindungsfähigkeit zur Folge. Echte Entladung ohne Lösung der Kontraktion tritt auf, wenn sie vom Kopf her durch Worte oder Phantasie erzwungen wird.

Das heißt natürlich nicht, daß Worte nicht benutzt werden sollten. Solange sie dem Radix-Prozeß, der den Fokus der Arbeit bildet, untergeordnet sind und nicht vorzeitig angewandt werden, um Gefühle zu produzieren oder zu forcieren, solange sie also die nonverbale Körperarbeit nicht ersetzen sondern ergänzen, sind sie eine wertvolle Erweiterung der nonverbalen Technik.

Diskussion der emotionalen Erziehung

Von oben nach unten versus von unten nach oben: Reich stellte fest, daß der Körper durch die Panzerung in Segmente geteilt wird, die einen gewissen Grad funktionaler Autonomie besitzen. Nach *Reich* erfordert die ordnungsgemäße Auflösung des Panzers, daß man von oben, dem Augensegment, nach unten arbeitet.* *Elsworth Baker*, von *Reich* zur Ausbildung reichianischer Therapeuten autorisiert, betonte diese Richtung der Arbeit sogar noch stärker als Reich selbst. Dennoch beginnt *Reichs* bekanntester

---

* Vgl. Reich, W. *Character Analysis*, Chapter 14 (dt. Fischer TB, Kap. III, II Die Ausdruckssprache des Lebendigen)
Vgl. auch Baker, Elsworth, *Man in the Trap*, Kap. 4, New York: Macmillan, 1967

Schüler, *Alexander Lowen*, bei seinen Klienten mit Grounding-Übungen und bringt sie in Kontakt mit Beinen und Füßen. Beine und Füße sind nach *Reich* Teil des siebten, des Beckensegments und sollten daher am Schluß und nicht am Anfang des „Entpanzerungsprozesses" behandelt werden. Die Reihenfolge betreffend, in der die chronischen Spannungen der Radix-Blockierung aufgehoben werden sollten, sind wir am Radix-Institut zu der Ansicht gekommen, daß von oben nach unten und von außen nach innen die wirksamsten Prinzipien sind. Bevor die peripheren Blockierungen behandelt werden, ist Arbeit zur Befreiung des Körperzentrums eher schädlich, bezogen auf den langfristigen Fortschritt. Aber Arbeit an Beinen und Füßen sollte nicht gleichgesetzt werden mit Arbeit am Becken, nahe am Körperzentrum.

Klienten, die viel zur Lösung der Beckenblockierungen getan haben, bevor sie zur Arbeit am Radix-Institut kamen, zeigen regelmäßig verstärkte Blockierungen im oberen Körperbereich, besonders um die Augen und am Hals. Diese intensivierten Blockierungen sind schwer zu lösen, schwerer, als wenn die Beckensegmentarbeit nie stattgefunden hätte. Daraus ergibt sich, daß Panzerungen des Körperzentrums einschließlich des Beckens nicht gelockert werden sollten, bevor die oberen Segmente, besonders Augen und Hals, ein Stück weit bearbeitet sind.

Die „hysterische" Charakterstruktur verbindet ein relativ großes Maß an Freiheit im Becken mit sehr starken Radixblockierungen in der Kehle und den Augen. Hysterische Anfälle treten auf, weil die oberen Segmente nicht in der Lage sind, mit dem Ladungsniveau und dem Radix-Fluß umzugehen, die von Becken und Rumpf gebildet werden. Kontraktion und Gegenpulsation in den oberen Segmenten, verbunden mit starker Pulsation im Körperzentrum, stellen den Kern des hysterischen Problems dar. Ein Fortschritt Reichianischer Arbeit bei der Öffnung des Beckens vor der Befreiung der oberen Segmente kann Probleme erzeugen, die denen des Hysterikers ähnlich sind. Und die hysterische Charakterstruktur ist schwierig und unbequem.

Das umgekehrte Problem tritt auf, wenn die Arbeit am Becken unangemessen verzögert wird, besonders bei der Hemmung natürlicher, vegetativer Aktivität zugunsten verlängerter Arbeit an den oberen Segmenten. Es gibt Reichianer, die über Monate und sogar Jahre arbeiten, ohne die Lösung des Beckens anzugehen. Solche Arbeit tendiert dazu, ängstliche, überabhängige, moralistische Charakterstrukturen hervorzubringen, – eine subtile und tückische Art psychischer Kastration. Es ist befremdend, daß ein so offensichtlich antisexuelles Vorgehen mit dem Namen von *Reich* gerechtfertigt wird.

Lowens Grounding-Techniken für Füße und Beine können sinnvoll eingesetzt werden vor der direkten Arbeit an der Befreiung sexueller Blockierungen. Radix-Arbeit zum Öffnen der Gefühle geht eher „von außen nach innen" vor als „von oben nach unten". Füße und Beine, Hände und Arme sind „Schalen der Zwiebel", die sinnvollerweise zusammen mit den Augen am Anfang der Bearbeitung stehen. Realitätskontakt wird über Augen, Füße und Hände hergestellt; wir öffnen unsere Augen, stellen die Füße auf den Boden und ergreifen die Welt um uns herum. *Lowens* Grounding-Arbeit ist also eine wertvolle, wenn auch partielle Verstärkung der Realitätsfunktion; zu ihrer Vervollständigung benötigt sie die Arbeit an Augen und Händen. Vor allem ist wichtig zu beachten, daß man nicht Blockierungen im Körperzentrum anzugehen versucht, bevor die oberen Segmente geöffnet wurden.

Primärtherapie und die Verwendung von Phantasie

Es gibt eine Reihe von Ähnlichkeiten zwischen *Janovs* Primärtherapie, Radix „emotionaler Erziehung" und der Arbeit von *Reich.* Einige dieser Ähnlichkeiten habe ich in einem früheren Artikel untersucht.* Seit Erscheinen dieses Artikels sind jedoch als Resultat der Radix „emotionalen Erziehungs"-Arbeit mit vielen Primär- und Ex-Primärpatienten wichtige, technische Unterschiede festgestellt worden. Einige dieser Klienten waren praktizierende Primärtherapeuten. Der wesentlichste Unterschied betrifft den Gebrauch der Phantasie – im Gegensatz zu Körpertechniken – als Mittel zur Befreiung von Gefühlen.

Unser Ansatz ist körperzentriert und hat zum Ziel, systematisch Gefühlsblockierungen zu befreien und dadurch die Gefühlsfähigkeit wiederherzustellen, insbesondere die Fähigkeit zu tiefer, konvulsiver, emotionaler Entladung, wenn sie der gegenwärtigen Situation angemessen ist. Primärtherapie bezweckt das „Aufbrechen der Abwehr", wie *Janov* es formuliert hat. Ich beging diesen Fehler, als ich das erste Mal den „Urschrei" las.

Seitdem habe ich gelernt, daß Primärtherapie nicht zur Befreiung des Körpers vom Muskelpanzer und zur Lösung der Radix-Blockierungen führt. Klienten mit ausgedehnter primärtherapeutischer Behandlung zeigen mehr Panzerung als „unbehandelte", besonders im Augensegment und um das Körperzentrum. Dieses Muster hat sich viele Male bestätigt, und seine Ursachen sind inzwischen evident: die Verwendung emotionaler Erinnerungen und Phantasien in einer Weise, daß wiederholt emotionale

* Kelley, C.R. „Post primal and genital character, A critique of Janov and Reich." *Journal of Humanistic Psychology,* Fall 1972, *12* (2).

Entladung, bezogen auf Phantasiepersonen, herbeigeführt wird. Sicher, der Patient lernt in der Primärtherapie, seinen Gefühlen nachzugeben, aber die Gefühle richten sich nach innen. Im typischen Fall sind während dieser Entladung die Augen fest geschlossen, und der Bauch zieht sich zu einer harten Kugel zusammen. Wenn das auftritt, ist eine stark emotionale Phantasie im Gange, nach innen zentriert und ohne Beziehung zum Hier-und-Jetzt. Bei dieser Form emotionaler Entladung ist die nach außen und die nach innen gerichtete Aufmerksamkeit nicht im Gleichgewicht, und sie löst auch nicht systematisch die chronischen Körperverspannungsmuster, die die natürliche Gefühlsentladung blockieren.

Die Tendenz von Primärpatienten, in Situationen unangemessene Gefühlsreaktionen zu zeigen, ist häufig beschrieben worden, etwa, daß ein Primärpatient bei einer öffentlichen Veranstaltung weint, weil er an etwas Trauriges aus der Vergangenheit erinnert wurde. Diese Entladung bezieht sich nicht auf die reale Situation, sondern auf eine Erinnerungsphantasie, die durch einen Auslöser in der realen Situation hervorgerufen wurde. Im Gegensatz dazu stellen Radix-Techniken die Fähigkeit wieder her, zu weinen, wenn die reale Situation entsprechend traurig oder schmerzhaft und Weinen nicht unangemessen ist. Die Befreiung dieser Fähigkeit geschieht durch Arbeit am Muskelpanzer in Augen, Mund, Kehle, Brust und Zwerchfell, wo die Radix-Blockierung des Weinens lokalisiert ist. Wenn die Blockierung aufgelöst ist und das Weinen durchbricht, kann die Erinnerung an eine Situation aus der Vergangenheit auftauchen oder auch nicht. Für den Fortschritt der Arbeit macht das keinen Unterschied. Durch die Befreiung der Radix-Blockierung, der chronischen Muster von Muskelverspannungen, wird der Zugang zu Gefühlen geöffnet und die Gefühlsfähigkeit erweitert, und nicht durch die Belebung von Erinnerungen aus der Vergangenheit. Die Muskelspannung ist das dynamische Element der Gefühlsblockierung, nicht Erinnerungsspuren im Gehirn.

Dies sind einige der wesentlichen Unterschiede, die ich zwischen Radix „emotionaler Erziehung" und Primärtherapie sehe:

Radix emotionale Erziehung	*Primärtherapie*
Augen offen, nehmen wahr; äußere und innere Aufmerksamkeit vorhanden	Augen geschlossen, nehmen nicht wahr; äußere Aufmerksamkeit abgeschnitten
Befreit das Augenpanzerungssegment	Intensiviert den Panzer im Augensegment

Gefühlsreaktionen treten auf, sobald der Körper gelockert ist	Gefühlsreaktionen treten auf durch Stimulierung emotionaler Erinnerungen und Phantasien
Abwehrende Phantasie wird möglichst verhindert	Abwehrende Phantasie wird ermutigt
Kontakt mit dem Hier-und-Jetzt wird während der emotionalen Entladung aufrechterhalten	Kontakt mit dem Hier-und-Jetzt ist während der emotionalen Entladung unterbrochen
Emotionale Reaktionen werden den realen Ereignissen angemessener	Emotionale Reaktionen werden den realen Ereignissen weniger angemessen
Der Panzer um das Körperzentrum herum nimmt ab	Der Panzer um das Körperzentrum herum nimmt zu
Interesse an und Häufigkeit von sexuellen Erlebnissen nimmt zu.	Interesse an und Häufigkeit von sexuellen Erlebnissen nimmt ab.

Meiner Ansicht nach ist die Abnahme des Sexualtriebes, die *Janov* als typisches Ergebnis der Primärtherapie berichtet, eine Folge des verstärkten Panzers um das Körperzentrum, der sich in der Verkrampfung des Bauches während der emotionalen Phantasie am deutlichsten zeigt.* Im Gegensatz dazu führt die Lösung des zentralen Körperpanzers in unserer neoreichianischen Arbeit zu intensivierten sexuellen Empfindungen, was üblicherweise erhöhte Häufigkeit sexueller Erlebnisse zur Folge hat. Eine Ausnahme bildet die Minderheit von Klienten, denen häufiger, konvulsiver Sex ein anfängliches Problem war, das sie mit zunehmendem emotionalen Wachstum verloren. Ich erinnere daran, daß bei relativ ungepanzerten, primitiven Völkern, etwa den Polynesiern oder Trobriandern, die Häufigkeit sexueller Betätigung sehr hoch ist.

Der Panzer im Augensegment und um das Körperzentrum, der bei Primär- und Ex-Primärpatienten beobachtet wurde, ist m.E. verstärkt worden durch die spezifische Art, wie in der Primärarbeit Erinnerungen und Phantasien eingesetzt werden. Dennoch sind Erinnerungen und Phantasien wirksame Hilfsmittel, um die Gefühle zu erreichen, vorausgesetzt, daß sie

* Janov berichtet, daß Nachuntersuchungen bei Primärpatienten zeigen, daß „fast alle sich sehr viel seltener sexuell betätigen als vorher . . . Die durchschnittliche Häufigkeit ist bei ehemaligen Patienten einmal wöchentlich; bei noch behandelten jede zweite Woche . . . Frauen schienen zu empfinden, daß wirkliches Interesse am Sex nicht öfter als zweimal im Monat auftritt." (Janov, A., *The Anatomy of Mental Illness.* New York: Putnams, 1971, S. 212).

nicht der Abwehr dienen. Phantasie ist eine nützliche sekundäre Technik, aber sollte nie die direkte Arbeit an den verspannten Muskeln ersetzen, die die Radix-Blockierung bilden. Erinnerungen und Phantasietechniken werden in der Radix-Arbeit frei verwendet, *unter der Bedingung, daß der Klient lernt, die Gefühlsentladung auszuhalten mit offenen Augen, lockerem Körper und mit einer auf einen Partner im Hier-und-Jetzt gerichteten Aufmerksamkeit.* So gehandhabt hat die Phantasie keinen Abwehrcharakter, der die Radix-Blockierung verstärkt. Wenn die Phantasie die Blockierung verfestigt, oder wenn das Öffnen der Augen die Gefühle unterbricht – was häufig geschieht –, wird das Augensegment blockiert. Um bei der „emotionalen Erziehung" richtig vorzugehen, muß die Blockierung gelöst werden.

Die Rolle der Erinnerung an frühe Traumata bei der Blockierung von Gefühlen wird erheblich überschätzt, nicht nur in der Primärtherapie, sondern in der gesamten psychologischen Literatur. Gefühlsblockierungen werden aufgerichtet durch die tagtäglichen Einstellungen in der Familie des Kindes. Nur selten sind sie ein Resultat spezifischer Traumata. Zum Beispiel wird ein Kind, das mit einem irrationalen, zornigen Elternteil aufwächst, sich fürchten und wahrscheinlich lernen, den Radix-Fluß zu blokkieren, der die Erfahrung von Furcht hervorruft. Das ist ein Resultat Hunderter furchtauslösender Erlebnisse, von denen keines allein der „Grund" für die Blockierung ist. Dasselbe gilt für die Blockierungen von Wut, Schmerz und Sexualität. Es gibt Radix-Blockierungen, die als Reaktion auf einen einzelnen, traumatischen Vorfall gebildet werden, und wahrscheinlich wird die Erinnerung an diesen Vorfall auftauchen, wenn die Blockierung gelöst wird. Im Gegensatz zur Mythologie der Psychologie sind solche traumatischen Episoden im wirklichen Leben ungewöhnlich.

Weit häufiger sind Abwehrphantasien, die die Radix-Blockierung schützen und sich als Erinnerung an frühe Verletzungen und Traumata „verkleiden". Echte Erinnerungen können auch für Abwehrzwecke eingesetzt werden. Diese Phantasien und Erinnerungen verstärken die Verspannungsmuster, die die Radix-Blockierung ausmachen. Jemand, der alle elementaren Gefühle blockiert, kann diese Art von Abwehr entwickeln, um seine Radix-Blockierung zu verstärken. Wer Angst abwehrt, hat beängstigende Erinnerungen, Träume und Phantasien, um seine Angstblockierung zu verstärken. Er erschreckt sich selbst und verfestigt dadurch die Blockierung. Jemand mit Wutblockierung braucht Phantasieobjekte für seinen Ärger – die John Birch-Gesellschaft oder die Kommunisten oder die rhodesische Regierung – als sekundäre Ärgerquelle, um „sichere", kontrollierte Ärgerbeträge zu erzeugen und seine Wutblockierung zu erneuern. Und jemand, der Schmerz blockiert, kultiviert Phantasien von Enttäuschungen oder Zurückweisung, um Gefühle von Verletztheit zu verstärken, die seine Blockierung gegen Weinen zu ihrer Aufrechterhaltung braucht. Sekundäre, emotionale Phantasien sind dann Teil des Abwehrsystems. Der „Kopftyp" ist besonders anfällig für den Gebrauch defensiver Phantasien und Intellektualisierungen, um eine echte Lockerung der Radix-Blockierung und die darauffolgende Öffnung für vegetative Erfahrungen zu verhindern.

Aktive versus passive Technik

Reichianische, neoreichianische und Radix-Therapeuten unterscheiden sich sehr im Ausmaß und in der Art, wie sie willentliche Aktivität in die Arbeit zum Öffnen der Gefühle einbeziehen. Die Anhänger von *Alexander Lowen* verfolgen einen sehr aktiven Ansatz und verwenden eine Vielfalt von Übungen und Streßpositionen. In *Lowens* Bioenergetik arbeitet der „Klient" hauptsächlich mit dem Willen. Am anderen Extrem befinden sich solche Reichianer, die den „Klienten" anweisen, gar nichts zu tun als still zu liegen, in bestimmter Weise zu atmen und sich jedem Gefühl zu überlassen, das während des Prozesses aufkommt. Diese Therapeuten spüren, daß willentliche Aktivität den spontanen, vegetativen Prozessen im Wege ist, die auftreten, sobald der Wille aufgegeben wird.

Die Radix-Arbeit, ebenso wie die Arbeit von *Reich* selbst, liegt zwischen diesen beiden Positionen. Übermäßige Anwendung von Willensaktivität in der Arbeit zum Öffnen der Gefühle ist gefährlich. Aktivität wird leicht zum Ersatz für und zur Abwehr von Gefühlen. Z.B. sind willentliches Schlagen, Treten und Schreien keine spontane Entladung von Wut und können leicht zu einer weiteren Abwehr gegen die spontane Freisetzung der blockierten Wut werden. Beim Öffnen von Gefühlen kann jede Art von Leistung hinderlich werden. Man „macht" Gefühle nicht, sondern überläßt sich ihnen. Das bedeutet, daß man mit etwas aufhört, das man praktisch sein ganzes Leben lang getan hat, nämlich mit der Aktivität des Blockierens. Das Ziel der Radix-Arbeit ist die Freilegung der spontanen, vegetativen Prozesse des Körpers. Willentliche Aktivität lenkt die Ladung ab, die für den vegetativen Ausdruck zur Verfügung steht, oder vermindert sie und bekämpft dadurch dieses Ziel.

Es liegt andererseits auch eine Gefahr in allzu großer Passivität. Sie kann ebenso wie Aktivität zur Abwehr werden. Das beste Beispiel bietet die Sexualität. Die tiefste sexuelle Erfahrung ist nicht leistungsorientiert. Partner, die sich auf sexuelle Technik und sexuelle Leistung konzentrieren, vermeiden damit die Bedrohlichkeit der Hingabe an vegetative Prozesse. Dennoch ist sexuelle Passivität kein Heilmittel. Sie ist im Gegenteil nur eine andere Abwehrstrategie. Im allgemeinen wäre es ein schlechter Rat, wollte man einer prä-orgasmischen Frau sagen, sie solle während des Verkehrs einfach stilliegen und warten, daß etwas passiert. Wahrscheinlich wird Passivität von prä-orgasmischen Frauen häufiger zur Abwehr eingesetzt als Aktivität. Das beste Mittel beim Sex ist es, sich mit dem Partner zu bewegen und dabei ganz offen zu bleiben für vegetative Empfindungen. Wenn diese Empfindungen stärker werden, sollte man bereit sein, den Willen aufzugeben und sobald die willentliche Phase der sexuellen Aktivität überwunden ist, sich den spontanen, konvulsiven Bewegungen des Orgasmus zu überlassen.

Die Radix-Arbeit basiert auf demselben Prinzip. Willentliche Handlungen sind manchmal angebracht, ihr Sinn ist jedoch, den Übergang zu unwillkürlicher, vegetativer Erfahrung zu fördern. Das Ziel des „Klienten" ist nicht die willentliche Aktivität oder Leistung als solche, sondern als Mittel zum Zweck. Willentliche Bewegungen werden eingesetzt, um spontane, vegetative Entladung zu erleichtern. Wie beim Orgasmus treten manche Formen emotionaler Entladung selten auf, wenn keine willentlichen Bewegungen verwendet werden. Es ist wichtig, klar zu unterscheiden zwischen willentlicher Aktivität, die zur Erleichterung der Entladung eingesetzt wird, und spontaner, vegetativer Aktivität, die sich manchmal entwickelt. Es ist die erfolgreiche, kontinuierliche Arbeit mit vegetativen Prozessen, die den Zugang zu Gefühlskapazitäten öffnet.

Übersetzt von Gabriele Witt, Frankfurt

Literatur:

BAKER, E.: *Man in the Trap.* New York: Macmillan, 1967.

JANOV, A.: *The Primal Scream.* New York: Delta Publishing Co. Inc., 1970.

JANOV, A.: *The Anatomy of Mental Illness.* New York: Putnams, 1971.

KELLEY, CH. R.: *Education in Feeling and Purpose.* Santa Monica, California: Interscience Work Shop, 1970.

KELLEY, CH. R.: *Primal Scream and Genital Character: A critique of Janov and Reich.* Santa Monica, California: Intersciense Work Shop, 1971.

LOWEN, A.: *The Betrayal of the Body.* New York: Macmillan, 1967.

LOWEN, A.: *Bioenergetics.* New York: Coward, McCann, Geoghegan, 1975.

REICH, W.: *The Function of the Orgasm (The Dicovery of the Orgone).* New York: The Noonday Press, 1961.

REICH, W.: *Character Analysis.* New York: Farrar, Straus & Giroux, 1961.

Biodynamische Theorie und Praxis

Gerda Boyesen, Monalisa Boyesen, London

Seit der Entdeckung des Unbewußten bei der Verdrängung emotionaler Anteile erhob sich immer wieder die Frage, an welcher Stelle sich Konflikte manifestieren.

Im allgemeinen wird angenommen, daß Konfliktmanifestationen ihren Ursprung im Gehirn oder Nervensystem haben, und alle Untersuchungen und Forschungen beschäftigen sich damit, wie man die Neurosenbildung beeinflussen kann. *Freud* hat das Phänomen insofern erhellt, als er über den psychoanalytischen Ansatz der freien Assoziation einen Zugang zu psychischen Phänomenen gefunden hat, aber gleichzeitig bezeichnete er die unbewußte Unterdrückung emotionaler Inhalte als ein unerforschtes Gebiet, als Niemandsland zwischen Physiologie und Psychologie. Er hat sogar einmal geäußert, daß zukünftige Forschung erfolglos bleiben werde, wenn man nicht anfinge, den Organismus selbst zu betrachten, um Ursachen und Heilungsmöglichkeiten der Neurose zu finden. Einen derartigen Ansatz bezeichnet er als eine Art ‚Orgon-Therapie'. Durch die Erkenntnisse der psychosomatischen Medizin und der experimentellen Psychologie konnte die Kluft zwischen Organismus und Psyche seit *Freuds* Zeiten mehr und mehr verringert werden. Als wichtigster Beitrag müssen hier die Arbeiten von Wilhelm *Reich* angesehen werden, in der er sich hauptsächlich mit den vegetativen und biologischen Aspekten von Verdrängung und Psychopathologie beschäftigt hat.

Muskelpanzerung und viscerale Panzerung

Nach *Reichs* Theorie der Muskel-Panzerung wird emotionaler Ausdruck durch chronische Anspannung der Skelettmuskulatur *zurückgehalten.* Er betont, daß das Individuum, das in seinem Panzer eingefangen ist, ein entsprechendes neurotisches Verhaltensmuster zeigt. Durch Auflösung der Muskelpanzerung in der Therapie entwickelt sich der Patient gleichzeitig in Richtung einer gesunden und authentischen Persönlichkeit.

Im Rahmen seiner klinischen Forschung hat sich *Reich* intensiv mit dem visceralen und dem vegetativen Nervensystem beschäftigt. So entwickelte er den Begriff der ‚Vegeto-Therapie'.

Die biodynamische Psychologie und Therapie – ein Ansatz, der sich aus den Beobachtungen der vegetativen Reaktionen bei Patienten während der Behandlung entwickelt hat – hat sich intensiver mit dem visceralen System befaßt.
Der neue Beitrag besteht in der Hypothese, daß sich ungelöste Konflikte als latente dynamische Anspannung der Viscera manifestieren. Der viscerale Bruch führt zu vegetativen und osmotischen Störungen.
Wenn man Neurosen von dieser Seite her betrachtet, kann man vom Konflikt im autonomen System sprechen. Diese Sichtweise führt zu einem besseren Verständnis psychosomatischer Symptome und Manifestationen.
Die biodynamische Theorie geht davon aus, daß Spannungen, die während jeder emotionalen Erregung im visceralen System vorhanden sind, nur dann zu vorübergehender Verspannung oder besser zu Druck führen, wenn der entsprechende Impuls unterdrückt bzw. verhindert wird. Der Organismus, der gezwungen ist, die Gefühle im *Innern des Körpers festzuhalten,* muß zusätzlich für eine Neutralisierung des visceralen Drucks sorgen.
In traumatischen und neurosebildenden Situationen werden die vegetativen unterdrückenden Kräfte zu überdauernden Strukturen, so daß wir von visceraler Panzerung sprechen können.
Innerhalb der visceralen Panzerung bleiben die verfestigten emotionalen und vegetativen Inhalte als dynamische Potentiale im Innern des Körpers eingefangen, jederzeit bereit auszubrechen, wenn die Abwehr nachläßt. Diese viscerale Dynamik ist als Hintergrund von Krankheit anzusehen, denn pathologische Kräfte werden aktiviert, wenn die Abwehr zusammenbricht.
Geschieht dies unbeabsichtigt, so wird der Organismus vom Unterbewußten überschwemmt oder, um es mit *Freuds* Worten zu sagen: „Die Neurose manifestiert sich, wenn das Es auf das Ich übergreift".
Die Panzerung – man kann auch von Widerstands-Mechanismen sprechen – ist der Kompromiß, den der Organismus eingeht, um die vegetative Spannung zu neutralisieren und inneren Druck und Schmerz zu verteilen. Demzufolge verwendet die biodynamische Therapie systematisch entwickelte Techniken, um den visceralen Panzer allmählich zu lockern, indem das Es mit einem minimalen Druck in das Ich eindringen kann, so daß das Ich – das Bewußte – an einem Heilungsprozeß ohne pathologische Konsequenzen teilnehmen kann.

Ernährungs-/Verdauungskanal: Emotionaler Kanal

Im Rahmen meiner eigenen Forschung und klinischen Erfahrung habe ich

– ohne danach gesucht zu haben – den visceralen Panzer mit dem Ernährungstrakt und dem von ihm einbezogenen Verdauungssystem in Verbindung gebracht und betrachte ihn seither sowohl als Leitstelle für instinktmäßige und emotionale Energien als auch als auflösenden Mechanismus zur Regulation und Entladung nervöser Spannungen. Davon ausgehend, daß der Ernährungskanal zur primitivsten embryonalen und phylogenetischen Schicht gehört, schien die Annahme, daß die instinktmäßigen primitiven Energien durch diesen Kanal übermittelt werden, naheliegend. – Ich muß jedoch zugeben, daß es mir anfänglich widerstrebte, diese theoretische Überlegung in Betracht zu ziehen. Aber da meine klinischen Erfahrungen mit Patienten sowie mein eigener therapeutischer Prozeß immer wieder auf die vitalen Reaktionen des Ernährungskanals hinwiesen, begann ich, die Psychodynamik von einem mehr biologischen Standpunkt und aus dem Blickwinkel der Evolution zu betrachten. Wenn man die strukturelle Form von den Säugetieren bis zu weitaus primitiveren Organismen zurückverfolgt, stößt man auf eine erstaunliche Ähnlichkeit: die Form des Ernährungskanals, der vertikal von Mund zu Anus durch die Mitte des Körpers führt.

Wenn wir an einen Wurm denken, der ausschließlich als Schlauch zur Nahrungsaufnahme, Verdauung und Beseitigung von Abfallstoffen geschaffen ist, dann muß man den Ernährungskanal als wesentlichstes Organ für die inneren, lebenserhaltenden Prozesse betrachten. Die Körperenergie ist während der Ernährungsvorgänge nach innen gerichtet, während sie in Notsituationen nach außen gerichtet und der obere Teil des Körpers zentriert ist in Hals und Mund sowie – bei den weiter entwickelten Tieren – in den Vorderfüßen mit den Klauen zum Angriff, beißen, greifen oder verschlingen des Angreifers, um zu überleben. Alle Aktivitäten, ganz gleich, ob sie nach innen (parasympathische) oder nach außen (sympathische) gerichtet sind, können in erster Linie als Ausdruck einer *visceralen Energie* betrachtet werden.

Unsere These lautet, daß das Gleiche für den Menschen gilt, unabhängig davon, ob Aktivität vom lebenserhaltenen Prozeß durch den Verdauungskanal oder von Reaktionen auf Notfälle oder von emotionalen Zuständen herrührt. Aus diesem Grunde bezeichne ich den Ernährungskanal auch als *emotionalen* Kanal. Er hat gleichzeitig die Funktion, als maßgeblicher Leiter *und* als Hauptspender für unterdrückte Impulse und Triebe zu fungieren. Hierin ist er dem Freudschen Konzept vom Es vergleichbar. So können wir ihn als „Es-Kanal" bezeichnen, dem der Solar Plexus und die emotionalen Organe zugeordnet sind.

Unserer Ansicht nach findet der autonome Konflikt genau in diesem Kanal statt, psychoanalytisch betrachtet, der Konflikt zwischen Es (in Bezug auf Triebe) und Ich (in Bezug auf Kontrolle).

Die Entstehung der Neurosen

Es soll jetzt aus biodynamischer Sicht erklärt werden, wie der Prozeß der Neurosen-Entstehung im Innern des Körpers stattfindet. Wieder muß ich betonen, daß dieser Vorgang zuerst experimental beobachtet und von einem rein phänomenologischen Standpunkt aus ins Auge gefaßt wurde. Erst sehr viel später, nachdem ich auch in der neurologischen Wissenschaft Unterstützung fand, begann ich, konkretere Theorien zu entwickeln.

Konfliktmanifestationen sowie emotionale und instinktmäßige Regulationen finden über die beiden primitivsten Schichten statt, nämlich über das Endoderm, aus dem die glatte Muskulatur des visceralen Systems mit seinen autonomen Interventionen hervorgegangen ist, über das Mesoderm, Ursprung der gestreiften Muskulatur (wie wir sie bei den Skelettmuskeln finden) mit Innervationen vom ZNS. In dieser Konstellation wird der Prozeß der Konfliktbildung deutlich: Im gesunden Prozeß finden wir ein Miteinander der Schichten während des Erregungsvorganges, Konfliktmanifestationen finden sich, wenn sich die beiden Schichten bekämpfen. Es würde kein Konflikt entstehen, wenn es keine entgegengesetzten Kräfte gäbe. Entsprechend gibt es ohne nach Ausdruck verlangende „Es-Impulse" keine entgegengesetzten Ich-Elemente.

Im Folgenden möchte ich die emotionale Erregung des Menschen betrachten. Sie entsteht im visceralen System und wird durch den Ernährungskanal und verbindende Nervengeflechte und Drüsen in Richtung Hals und Gesicht weitergeleitet und dient emotionalem Ausdruck und Entladung. Wenn es sich bei diesen Wellenbewegungen von Erregung um rein vegetative und instinktmäßige Reaktionen handelt, dann können wir bereits mit verschiedenen Kräften rechnen, die zusammenwirken: der un-willkürliche Impuls aus der emotionalen Situation und das willkürliche Reaktionssystem. Folglich findet eine Konfrontation zwischen zwei Nervensystemen statt, dem autonomen, vegetativen NS, das die psychomotorischen Reaktionen lenkt, d.h. die Skelettmuskulatur und die bewußte Kontrolle.

Wenn der unwillkürliche Impuls eingeschränkt wird oder unerwünscht ist, dann tritt die willkürliche Muskelkontrolle auf den Plan, welche die Impulse zurückhält. Auf diese Weise entwickelt sich die Panzerung der Skelettmuskulatur, bei der Gefühle der Muskulatur eingefroren bleiben. Die

Kontrollmanifestation im visceralen System, die viscerale Panzerung – geht nach einem komplizierten Prozeß vor sich. Aber wir werden sehen, daß es sich um die gleiche Wechselwirkung zwischen zwei Nervensystemen handelt, sie ist allerdings nicht so leicht erkennbar. Anfänglich war es für mich rätselhaft, wie der Konflikt im Ernährungskanal überhaupt entsteht, da die entgegengesetzten Impulse in der glatten Muskulatur stattfinden müßten, die jedoch keine direkt kontrollierenden Gegenspieler besitzt.

Das war meine Meinung, bis ich durch den norwegischen Neuro-Physiologen Dr. *Setekleiv* erfuhr, daß auch die glatte Muskulatur zwei Innervations-Muskelgruppen besitzt, die Single-unit-Muskelgruppe, die durch vegetative Impulse ständig in Erregung ist, und die Multi-unit-Muskelgruppe, die auch auf zentral gelenkte nervöse Reize reagiert (wie z.B. die Sphinktermuskeln).

Die Multi-unit-Gruppe zieht sich bei Reizung des motorischen Nervs mechanisch zusammen, und die Innervationen sind denen der gestreiften bzw. der Skelettmuskeln ähnlich. Folglich können die spontanen vegetativen Reaktionen der Single-unit-Gruppe den motorischen Kontraktionen der Multi-unit-Gruppe engegengesetzt oder durch diese eingeschränkt sein. Und genau in der Konfrontation zwischen diesen beiden Systemen innerhalb des gleichen Organs liegt die physiologische und anatomische Voraussetzung der Konfliktmanifestation im visceralen System. Zur Verdeutlichung möchte ich aus einem Artikel in „Energy and Character" zitieren, der sich mit dem biodynamischen Prozeß der Verdrängung beschäftigt.

„Wenn wir uns als Gedankenexperiment erlauben, die emotionale Ladung des Menschen in aggressiven oder in Not-Situationen als Energie zu betrachten, die aus dem Innern des Körpers, aus den Eingeweiden freigesetzt wird in Richtung des Kopfes, dann folgt daraus, daß durch die Adrenalinsekretion (sympathischer Prozeß) die inneren Gefäße im gesamten Trakt sowie das Gewebe anderer wesentlicher Muskeln durchdrungen werden. Dieser Prozeß wird das Energieniveau und die Erregung der Single-unit-Gruppe erhöhen und die Kontraktion der Multi-unit-Gruppe verstärken. Man kann also sagen, daß die emotionale Energie beim Aufsteigen im Es-Kanal angezapft wird und sich in emotionaler Entladung in Hals, Körper und anderen Ausdrucksbereichen äußert."

„Hieraus läßt sich eine wichtige Überlegung ableiten: solange die Single-unit-Wellenformation ins viscerale System frei und harmonisch mit der Multi-unit-Gruppe zusammenarbeiten kann, gibt es in der Beziehung von

Geist und Körper keine Schwierigkeiten. Aber sowie ein Konflikt zwischen dem Es-Impuls und der Angst, diese Emotion freizulassen, entsteht, dann müssen der Multi-Unit-Sphinkter und andere motorische Einheiten auf dem Weg über das ZNS den Druck und die Kontrolle über die Single-unit-Muskeln verstärken, um den Impuls nicht nur zu reduzieren, sondern auch seinen Ausdruck ganz zu unterbinden und die psychomotorische Reaktion übernehmen."

„Die Gefahr, die in der Realisierung der instinktmäßigen Antriebe liegt, aktiviert die Kontrollelemente in der gestreiften und in der Skelettmuskulatur, während Zwerchfellkontraktionen die Atmung und die Abwehrfunktionen des halb-willentlichen Systems regulieren. An dieser Stelle können wir uns leicht vorstellen, wie die Muskelpanzerung (sowohl des Skelettes als auch des visceralen Systems) eine Veränderung der Körperhaltung und somatische Kompromisse erzwingt, um die Energie zu unterdrücken oder an anderer Stelle des Körpers zu verteilen. Es ist interessant zu beobachten, wie die emotionale Energie, die sich aufwärts bewegt, zurückgehalten wird, ja buchstäblich in den Ernährungskanal hinabgedrückt wird, zurück in die Tiefe des Körpers. Natürlich gibt es noch weit mehr sowohl physiologische, psychologische als auch geistige Faktoren, die bei der Verdrängung eine Rolle spielen. Dazu gehören vasomotorische und cardiovasculäre Aktivitäten, die Atmung und der gesamte endokrine Apparat. *Dieses alles* spielt eine wesentliche Rolle im Prozeß der Verdrängung, Neutralisierung und Reaktivierung, wenn man bei der Panzerung und Abwehr ansetzt und diese löst."

Wir haben uns entschlossen, die viscerale Konflikt-Manifestation im einzelnen zu erklären, um darzustellen, was wir als den „organischen Kern" der Neurose betrachten.

Allerdings war es weniger die viscerale Konflikt-Manifestation, die den Ernährungskanal in den Brennpunkt des Interesses gerückt hat, als die regulierende und entspannende Aktivität der Peristaltik. Diese Aktivität betrachten wir als Hauptregulans für die Freilassung nervöser Energie, welche die Fähigkeit besitzt, Neurosen „zu verdauen" und das vitale Energiegleichgewicht im Organismus zu handhaben.

Diese Erkenntnisse waren das Ergebnis einer langen und komplizierten Entwicklung aus der klinischen Tätigkeit als auch aus der eigenen Analyse. Die Methode, die aus dieser Forschung entstanden ist, hat sich zum wichtigsten therapeutischen Werkzeug im direkten Angehen der visceralen Panzerung entwickelt, und zwar sowohl in der Behandlung als auch in der täglich selbst initiierten Regulation.

Um unsere heutige Abfassung und den Wert unserer psychotherapeutischen Arbeit darzustellen, möchten wir beschreiben, wie *Gerda Boyesen* überhaupt zur Beschäftigung mit dem Phänomen der Psycho-Perestaltik gekommen ist. Dabei möchte der Senior-Autor dieses Beitrages einen kurzen biographischen Bericht über die Methoden und Fachrichtungen geben, die zu der Therapie beigetragen haben, die wir heute Biodynamische Psychologie nennen.

Erste Begegnung mit der Muskelpanzerung

Während meines Psychologiestudiums an der Universität Oslo hörte ich zufällig eine Vorlesung des inzwischen verstorbenen Dr. Ola *Raknes*. Er hat mich derart beeindruckt, daß ich beschlossen habe, bei ihm in Analyse zu gehen. Ola *Raknes* war der führende Vegeto-Therapeut in Norwegen und hatte selbst von 1934-1939 bei Wilhelm *Reich* studiert. Da aber meine Therapie bei ihm auf einer erlebnismäßigen Ebene verlief, wurde ich mit den reichianischen Konzepten der Vegeto-Therapie erst vertraut, als ich mit der Therapie bei *Raknes* schon lange aufgehört hatte.

Aber offensichtlich ist der psychodynamische Prozeß, der während dieser Sitzungen in mir wachgerufen wurde, zum Leitfaden für meine eigene Entwicklung und berufliche Arbeit geworden. So hatte *Reich* – auf dem Weg über *Raknes* – für mich den wichtigsten Einfluß.

Der Blickwinkel, unter dem ich später die Ideen und Methoden von *Reich* aufnehmen sollte, wurde durch seine Persönlichkeit und seine ethischen Prinzipien geprägt.

Nach meinem Abschlußexamen belegte ich auch einen Kurs in Physiotherapie und setzte mich mit den experimentellen Theorien und Methoden von A. *Bulow-Hansen* und der verstorbenen Dr. Trygve *Braatoy* auseinander. In diesem Zusammenhang hörte ich zum ersten Mal von der Muskelpanzer-Theorie, allerdings aus einem völlig anderen Blickwinkel, als ich es durch die Vegeto-Therapie gelernt hatte. In erster Linie war Dr. *Braatoy* eine konventionelle Psychotherapeutin, obgleich sie ein aufgeschlossener und kreativer Mensch war. In gewisser Weise war sie von den Ideen *Reichs* beeinflußt, aber sie vertrat doch ihre eigene Meinung und ihren eigenen Ansatz. Sie betrachtete Muskelpanzerung als wichtige Ergänzung zum psychosomatischen Ansatz und arbeitete im Team mit dem leitenden Physiotherapeuten *Bulow – Hansen* in der psychiatrischen Klinik eng zusammen. Allerdings war ihre Zusammenarbeit mehr oder weniger mechanisch, bis *Bulow – Hansen* aus Versehen oder zumindest ziemlich unbeabsichtigt entdeckte, daß bei bestimmten Patienten emotionale Reaktio-

nen als Begleiterscheinungen der Muskelbehandlung auftraten. Bei näherer Betrachtung stellte sie fest, daß die von ihnen behandelten Patienten alle die gleichen Muster von Muskelspannung und Verkürzung der Skelettmuskulatur aufwiesen, auch wenn sie an unterschiedlichen Muskelschmerzen und psychosomatischen Symptomen zu leiden hatten.
Als diese Verkürzungen durch spezielle Massage-Methoden behandelt wurden, entstand eine tiefe Entspannung der Atmung, oft gefolgt von emotionalen Entladungen. *Braatoy* zog eine Verbindung zwischen diesem Phänomen und dem von ihr so bezeichneten „*Aufschreck-Reflex-Muster*". Die Befreiung von diesem Reflexmuster und dessen Aufhebung machte die Physiotherapie von *Bulow – Hansen* zu einer dynamischen Therapie. Zur Beschreibung des Startle-Reflex-Musters verwendete *Braatoy* als Beispiel die körperlichen Reaktionen auf einen Pistolenschuß: Der Körper versteift sich durch Kontraktionen und die Beugemuskeln des Körpers erlangen die Herrschaft über die Streckmuskeln, während die Atmung gleichzeitig im Zustand des Einatmens verharrt. Dieses Muster kann bei jeder Art von traumatischen psychischen Situationen – von kleinen, alltäglichen Streßreaktionen bis hin zu dramatischen Kindheitstraumata und Streßsituationen wie Krieg und Unfälle – nachgewiesen werden. Normalerweise sollte der Körper mit Beendigung der Streßsituation, die den Streßreflex entstehen ließ, zum früheren, normalen Gleichgewicht zwischen Muskel-Strecken und -Beugen zurückfinden. Oft geschieht dies jedoch nicht, da hervorgerufene Gefühle oder Ängste nicht ausreichend abgebaut oder verarbeitet wurden. Der Mensch verharrt dann in unausgeglichenem Zustand. Die Beuger halten sich selbst in einem solchen Zustand, als ob sie auf die ursächliche Streß-Situation reagierten. Die Technik zur Aufhebung des Startle-Reflex-Musters besteht aus speziellen Massagemethoden mit dem Ziel einer spontan abdominalen Atmung und Entspannung. *Bulow – Hansen* hatte diese Methode in folgender Weise angewendet: der angespannten Skelett-Muskulatur wurde ein leichter taktiler Schock verabreicht. Dann wurde abgewartet, um der angeregten Abdominalatmung eine Möglichkeit zum Reagieren zu geben, da sie durch eigene Erfahrungen festgestellt hatte, daß dies notwendig war. Der Grundgedanke, der auf ihren klinischen Beobachtungen über eine beträchtliche Zeitspanne basierte, bestand darin, daß die Muskulatur durch eine künstliche Verlängerung des Atemmusters zum normalen Streckzustand zurückgeführt werden kann, d.h. zu dem Festigkeitszustand der Muskeln vor dem Chronischwerden der Verkürzungen.
Auf diese Weise konnte sie es dem Organismus ermöglichen, Hemmun-

gen (Verdrängungen) abzubauen, die eine natürliche Atmung und Körperentspannung verhindert haben.
Dieser dynamische Zustand führte dazu, daß die darunterliegenden Affektschichten für eine emotionale Lösung und Abreaktion bereit wurden, die dann im weiteren in der Analyse bei einem mitarbeitenden Psychiater behandelt werden konnte. Bei Anwendung dieser Methode bei verschiedenen Segmenten und Teilen der Skelettmuskulatur konnte immer wieder beobachtet werden, wie sich die Körperhaltung veränderte. Es liegt auf der Hand, daß das Konzept des somatischen Startle-Reflex-Musters dem Konzept der Muskelpanzerung entspricht. Durch unsere Kenntnis der visceralen Panzerung und ihre Kontrolle durch die Multi-unit-Gruppe und die Abspannung der gestreiften und der Skelettmuskulatur wird es möglich, zu verstehen, wie ein Fortbestehen des peripheren Abwehrsystems viscerale und emotionale Reaktionen auslösen kann.
Als ich als Freudscher Psychologe anfing, mit psychomotorischer Entspannung zu arbeiten, verwandte ich die Massagetechniken für eine Psychoanalyse des Körpers. Ich fand es faszinierend, daß durch Arbeit mit Muskeln und durch Lockerung von Spannungen und Atemblockaden Abreaktionen wie Schreien, Weinen, Neuerleben dramatischer Kindheitssituationen und andere emotionale Befreiungen hervorgerufen wurden.
Heutzutage erscheint mir das gar nicht mehr so seltsam, aber zu jener Zeit war das eine vollkommen neue Erfahrung für mich. Zusätzlich traten starke vegetative Reaktionen auf, wie Zittern, Übelkeit, Schwindelgefühle, Magenreaktionen mit Schmerzen oder akute Diarrhöe, sowie kurzzeitige Grippeinfekte und Kopfschmerzen. Anfänglich hat mir das Sorge bereitet und ich besprach diese Erscheinungen mit *Bulow – Hansen*. Durch ihre Versicherungen sowie durch mein eigenes Erleben der Behandlung und Symptome fühlte ich mich allmählich mit diesen Reaktionen vertraut und begann, sie als wertvoll für den therapeutischen Prozeß und die Beseitigung der Neurose zu betrachten.
Die bei ihr gelernte hypertonische Massage öffnete mir einen Weg zum Verständnis der dynamischen Physiotherapie, und selbst heute noch – trotz all meiner Erfahrungen mit anderen Behandlungsmethoden – halte ich sie für den direktesten Ansatz, um massive Körperveränderungen zu bewirken.
Allerdings werde ich später noch darauf eingehen müssen, daß diese Effektivität auch eine Kontraindikation darstellte, da Veränderungen auch mit zu großer Geschwindigkeit stattfinden können. Ich habe von Fällen gehört, bei denen als Folge der Behandlung akute Entzündungen der Lun-

ge und anderer Organe und Drüsen aufgetreten sind. Derartige Reaktionen sind natürlich selten, und mir selbst sind solche „Unfälle" in der Arbeit nie begegnet. Jedenfalls hat *Bulow – Hansen* strenge Vorsichtsmaßnahmen für die Anwendung dieser Methode aufgestellt. Über viele Jahre, während ich verschiedene Möglichkeiten der Körperarbeit erforscht habe, habe ich diese Behandlungsform sogar vollständig vermieden. Nachdem ich heute jedoch den visceralen Regulations-Mechanismus erkannt und entsprechende Techniken entwickelt habe, kann ich die Technik der hypertonischen Massage in meine Arbeit und Lehre integrieren.

Behandlung der visceralen Panzerung

In der ersten Zeit nach meiner Ausbildung in psychomotorischer Entspannung und einer eigenen Arbeit mit privaten Patienten habe ich mich ausschließlich mit den muskulären Abwehr-Mustern beschäftigt – nämlich der hypertonischen Skelettmuskulatur. Ich habe die Massagegriffe in der gelernten segmentalen Richtung gezielt angewandt. Zu jener Zeit und auch in den nächsten Folgejahren wiesen meine Patienten tatsächlich alle klassische Symptome des Startle–Reflexes und der Muskelpanzerung auf. Alle Abreaktionen folgten dem bekannten Muster von befreiter Atmung, vegetativen Reaktionen und Körperveränderungen. Ich ging ganz naiv davon aus, daß der Patient seine Neurose loswerden würde, wenn sich nur die Skelettmuskulatur lockern würde. Diese Ansicht wird übrigens von vielen Neo-Reichianern auch heute noch vertreten.

Danach hatte ich einige Patienten angenommen, die als Borderline-Fälle eingestuft waren, und zu meinem größten Erstaunen stellte ich fest, daß die meisten von ihnen eine sichtbar lockere hypotonische Muskulatur hatten. Fast keiner von ihnen zeigte die üblichen Muskel-Panzer-Strukturen, obwohl sie ganz offensichtlich noch durch emotionale Startle-Reflex-Muster berührt wurden. Wenn ich die Massagetechnik anwendete oder auf irgendeine Weise ihre Atmung anging, reagierten sie auf die Behandlung negativ und ihre Angst und nervöse Spannung verstärkte sich noch. Ich hörte mit der Massage auf und hielt mich für eine Zeit lang an die psychosomatische Behandlung. So sind mir zum ersten Mal, seit ich mit der Anwendung der psychomotorischen Entspannung begonnen hatte, die Grenzen und sogar die Gefahren derselben deutlich geworden, die in dem therapeutischen Körperansatz liegen.

Bei diesen Patienten bestand das Problem gerade nicht in der Muskelpanzerung, sondern vielmehr in einem Fehlen dieser Panzerung. Wenn man ihnen ihre schwachen Abwehrmechanismen entzog, wurden sie krank und unkontrolliert. Als Folge dieser Erkenntnis verschob sich meine therapeutische Betrachtung von der Betonung des somatischen sichtbaren Ausdrucks der Neurose in Blickrichtung auf einen mehr vegetativ orientierten Ansatz, und ich begann, mich dem unsichtbaren inneren Prozeß der Psychopathologie zuzuwenden.

Folgende Frage hat mich sehr beschäftigt: Wie kann es kommen, daß einige Menschen chronische Startle-Reflex-Muster entwickeln, während andere durch ähnliche Situationen überhaupt nicht beeinträchtigt werden, obwohl schließlich jeder Mensch irgendwelchen Schocks und Traumata ausgesetzt war?

In manchen Fällen schien der Körper ganz ruhig Anspannung beseitigen zu können, in anderen Fällen tragen Muskelschmerzen und psychosomatische Störungen auf sowie nervöse Symptome und tiefgreifendere geistige Störungen. Ich habe mich immer wieder gefragt, warum einige Menschen in der Lage sind, mit Streß und Spannungen umzugehen bzw. sich davon zu befreien, während andere ihnen ausgeliefert sind. Ich habe lange Zeit – ja, sogar Jahre – darüber nachgedacht. Mit Hilfe der Analyse und meiner klinischen Arbeit konnte ich einige außergewöhnliche Beobachtungen über den komplizierten vegetativen Prozeß der Psyche anstellen. Ohne auf Einzelheiten näher einzugehen, möchte ich jetzt versuchen, diesen Prozeß in einer möglichst zielgerichteten Darstellung zu beschreiben.

Die Tatsache, daß einige Menschen tatsächlich in innerer – augenscheinlich vegetativer – Harmonie Frustrationen verarbeiten können, brachte mich darauf, an die Möglichkeit eines Selbstregulations-Prozesses im Organismus zu denken. Der Gedanke der Selbstregulation, (mit dem sich auch *Reich* intensiv auseinandergesetzt hat), führte mich zu der Hypothese, daß es einen weiteren, subtileren Mechanismus als den der aktuellen emotionalen Abreaktion geben muß, und zwar irgendein bisher unbekannter physiologischer Entladungsprozeß für nervöse Spannungen. Es war mir unmöglich, weiter davon auszugehen, daß emotionale Verdrängungen durch emotionalen Ausdruck abreagiert werden müßten, und gleichzeitig die Regulationsmechanismen des Körpers anzuerkennen. Wir müßten ja wie Roboter sein, wenn wir uns bei jeder Frustration abreagieren oder schreien müßten oder für jeden spontanen Impuls, den wir zurückgehalten haben, einen Wutausbruch bekommen müßten. Ich hatte beobachtet, daß festgesetzte und unterdrückte Gefühle durch vegetative Reaktionen abreagiert wurden, und zwar oft sogar ohne Erinnerung oder emotionalen Ausdruck. Außerdem hatte ich festgestellt, daß bei Patienten mit besonders starken vegetativen Reaktionen die Behandlung am besten anschlug, und zwar besonders bei Patienten mit Angstneurosen, die eine lange Fallgeschichte aufwiesen und durch psychoanalytische Methoden nicht geheilt worden sind. Gerade diese besserten sich bei einer Steigerung vegetativer Reaktionen zunehmend. Außerdem reagierten einige Patienten mit explosiven Entladungen wie Diarrhöe und anderen Magenreaktionen auf die Behandlung. Ich erinnere mich an eine der schwierigsten Angstpatienten, die ich je hatte; sie hatte nach jeder Sitzung drei Tage hintereinander Durchfall und in den darauffolgenden Wochen abwechselnd Übelkeit und Koliken verschiedener Schweregrade. Die nervösen Energien mußten aus ihrem System herausgelassen werden, bis sich ihr autonomes Nervensystem wieder im Gleichgewicht und unter emotionaler Kontrolle befand. Mir schien es, als würde ein mit nervöser Energie aufgefüllter Sack allmählich entleert. Bei diesem Entleerungsprozeß drängte sich mir immer wieder der Vergleich zur Physik und zu Energiekonzepten auf. Es schien, als habe der Körper innerhalb der Schichten von muskulären Anspannungen Mengen von emotionaler Energie (ein)gelagert, wie bei der eingekapselten TB, wo die Verkapselung jederzeit aufbrechen und die Krankheit wieder neu entstehen könnte.

Das führte mich schließlich zu der Überzeugung, daß es sich auch bei der Diarrhöe nicht nur um eine psychodynamische Reaktion des Körpers, sondern um eine Abreaktion handelte. Daher hatte ich bereits eine biologisch-dynamische Betrachtungsweise im Hintergrund: Sowohl Soldaten auf dem Schlachtfeld als auch Menschen in Angst und Panik bekamen häufig akute Diarrhöe. Dies ist keine Folge des Verdauungsinhalts, sondern eine explosive Abreaktion nervöser Energie. Das trifft auch für Tiere und überhaupt alle Lebewesen zu, die sich in einem nervösen Zustand befinden. Dieser Gedanke hat mich eine Zeitlang beschäftigt und dann zu der Hypothese geführt, daß – sofern wir tatsächlich einen inneren physiologischen Abreaktionsmechanismus für nervöse Entladungen besitzen – Durchfall nicht die einzige Möglichkeit der Erleichterung sein würde.

Ich war sicher, daß es einen weiteren, ruhigen, subtilen Mechanismus zur Beseitigung und Entladung nervöser Spannungen geben mußte. Wenn man eine Beziehung zwischen einem derartigen Mechanismus und der intestinalen Aktivität finden könnte, könnte logischerweise die Hypothese abgeleitet werden, daß der Körper innerhalb seines Verdauungssystems einen eigenen Abreaktionsprozeß in Form von leichteren intestinalen Kontraktionen besitzt, wie z.B. die peristaltische Aktivität selbst. Dies stellte sich als richtig heraus, und mit fortschreitender Erfahrung konnte ich feststellen, daß die intestinale Peristaltik mit dem emotionalen Zustand in enger Beziehung steht und therapeutisch angegangen werden kann mit dem Ziel, unterdrückte emotionale Inhalte zu beeinflussen.

Diese Theorie ist ziemlich neu, und ich selbst war über die Einfachheit der Natur erstaunt. Die Massagemethoden, die ich aus dieser Theorie entwikkelt habe, erwiesen sich ebenfalls als einfach. Es ergab sich, daß sie aus ganz grundlegenden Bemühungen bestehen, wie z.B. das beruhigende Streicheln einer Mutter gegenüber ihrem Kind oder die spontane tröstliche Umarmung, wenn ein Freund Kummer hat. Sie sind alle unterschiedlich, aber sehr grundlegend und natürlich, um die Entladungsarbeit des Darms zu stimulieren.

Ich möchte jetzt von dieser Theorie aus weitergehen und versuchen, sie auf den Boden physiologischer Tatsachen zu stellen.

Im allgemeinen werden intestinale Kontraktionen auf den Verdauungsprozeß bezogen, aber es konnte nachgewiesen werden, daß die peristaltische Aktivität auch einen starken Einfluß auf die Gefühle und das autonome NS ausübt. *Pawlov* demonstrierte, wie ein Hund mit normalen Verdauungsvorgängen seine Eingeweide verkrampft, wenn eine Katze ins Zimmer kommt. Auch wir verkrampfen unsere Eingeweide bei Angst und anderen Gefühlszuständen und Hyperaktivitäten. Andererseits entspannen wir unsere Eingeweide, wenn wir uns selbst entspannen, und so kann die Verdauungsarbeit beginnen. (Dieser Wechsel entspringt dem sympathischen und parasympathischen System). Durch diesen Entspannungsprozeß werden wir unter gesunden konfliktfreien Bedingungen auch überschüssige Energiespannung abführen. Bald nach dieser Entdeckung der Psycho-Peristaltik erfuhr ich durch die Intestinalforschung von Dr. *Setekleiv,* daß es zwei Arten von Reizen gibt, die zu intestinalen Kontraktionen führen, und zwar zum einen die Verdauungssäfte und zum anderen die Reizung durch den Flüssigkeitsdruck in den Gefäßwänden der Eingeweide (Ausdehnungsdruck), eine bisher vom medizinischen Standpunkt her unbekannte Funktion. Dieser Ausdehnungsdruck steht meiner Meinung nach in Beziehung zur nervösen Bewegung, und die spontane intestinale Kontraktion steht in Beziehung zum aktuellen Prozeß der Entladung nervöser Inhalte. Mit anderen Worten, diese unbekannte Funktion der Peristaltik ist der biodynamische Prozeß von Entspannung und Befreiung des visceralen Panzers durch Lockerung und Entladung von Konfliktmanifestationen im Ernährungskanal.

Aufgrund dieses Wissens über die antagonistischen Visceralsysteme kann ich jetzt die Hypothese über den Entladungsprozeß formulieren, sowie die daraus entwickelte psychoperistaltische Behandlungsmethode.

Durch ein langsames In-Gang-Setzen der spontanen Abläufe des Single-Unitsystems im intestinalen Trakt, wird sich die Multi-Unit-Spannung auflösen und der ursprüngliche vegetative Impuls wird sich wieder manifestieren. Auf diese Weise appellieren wir therapeutisch an die beiden Systemfunktionen: Koordination und Reziprozität. Mit dieser Erkenntnis hatte ich mein Ziel in der Verfolgung von *Braatoy's* Lehrsatz erreicht. „Wenn man durch die Muskulatur das viscerale und damit das intestinale System beeinflussen kann, dann kann man die Neurose auf dem direkten Weg heilen."

Anthropologische Überlegungen

Da jedoch das Multi-Unit-Regulationssystem in den Eingeweiden ein adaptives System besitzt, das mit der willkürlichen Muskulatur und der bewußten Kontrolle verbunden ist, sollten wir die viscerale Panzerung in unserer theoretischen Diskussion nicht als ausschließlich negativ betrachten. Dann würde es sie nämlich überhaupt nicht geben. Für den Menschen sind emotionale Kontrollen wichtig. Nur die Art und Weise, wie sie arbeiten, und die Störungen ihrer natürlichen Funktion führen zu dem negativen Unterton im Sinne einer Tendenz zur Konfliktmanifestation.

Betrachtet man den visceralen Panzer positiv, so ist er in erster Linie ein Moderations- und Regulationsmechanismus. In Notsituationen gibt es eben keine Zeit, sich zu entspannen, da wir viscerale Anspannungen benötigen, um die Energie situationsgerecht zu produzieren, zu konservieren und einzusetzen. Wenn keine Konflikte vorherrschen, arbeiten beide Systeme in guter Zusammenarbeit parallel.

Neurose entsteht nur, wenn innerhalb der Impulse Widersprüche auftreten, wenn die vegetativen Reaktionen mit bewußter oder unbewußter Zensur in Konflikt liegen, oder – das ist seltener – wenn sehr schwere Streßsituationen wie Traumata und Schocks vorliegen.

Wenn emotionale Reaktionen die Funktion haben, den Organismus energiegeladen zu machen, dann folgt daraus, daß der Körper in emotionalen Situationen oder in Notsituationen eine hohe Ladung nervöser Energie (Adrenalin) aufweisen sollte, um mit der schwierigen Situation affektiv fertig zu werden. Wenn man davon ausgeht, daß ein physiologischer Entladungsmechanismus vorhanden ist, sollte dieser nicht in emotionalen Situationen oder Notfällen zur Wirkung kommen, weil dem Körper dann wertvolle nervöse Energien fehlen würden, die lebensnotwendig sind. Wenn wir noch einmal das Beispiel der Diarrhöe in Extremsituationen betrachten, stellen wir fest, daß sie eine Befreiung von Angst, aber auch

gleichzeitig eine Verringerung der Energievorräte zur Folge hat. In Schwächesituationen bleibt der Mensch dann ohne Kraft für Überlebensreaktionen. Die physikalischen Vorgänge müssen zuerst bei geschlossenen intestinalen Systemen stattfinden. Im Anschluß an die Situation, wenn die Gefahr vorüber ist, kann die Person entspannen und die vegetative Entladung kann in einem offenen System stattfinden.
Ich habe erfahren, daß das Prinzip der Psycho-Peristaltik-Regulation auch in der therapeutischen Behandlung eine wesentliche Rolle spielt. Ich habe wiederholt festgestellt, daß die Peristaltik geschlossen ist (mit dem Stethoskop können keine Geräusche registriert werden), wenn der Klient zu stark angespannt oder unter Druck ist. Dann sind andere therapeutische Methoden erforderlich, um einen ruhigen und entspannten Zustand herbeizuführen und das autonome System zu beeinflussen, z.B. durch Massage oder den Ansatz der „Berührungsreize". Wenn z.B. zuviel Energie im Hals zentriert ist, dann muß damit erst einmal verbal gearbeitet werden. Eine Patientin, die regelmäßig zur Behandlung kam, hatte normalerweise sofort ein offenes System, wenn sie sich auf die Couch legte und ich mit meiner Arbeit anfing. Eines Tages konnten jedoch überhaupt keine peristaltischen Reaktionen registriert werden , und obwohl ich systematisch versucht hatte, das offene System zu stimulieren, blieb es geschlossen. Schließlich sagte sie: „Ich weiß, warum es heute nicht geht. Ich trage eine Last auf meiner Seele und muß unbedingt darüber sprechen." Dann ließ sie ihre ganze Wut und ihren Ärger heraus, den sie gegenüber ihrem Mann empfand, von dem sie annahm, daß er am vergangenen Abend mit einer Freundin ausgegangen war. Nachdem sie diesen ganzen emotionalen Zyklus ausgedrückt hatte (Verärgerung, Wut, Eifersucht, Verletzung), legte sie sich auf der Couch wieder zurück und sagte: „Jetzt wird es gehen". Und das tat es auch, da die emotionale Kontraktion, die das Gefühl festgehalten hatte, durch die emotionale Aussprache und Entladung gelöst war, und der Rest des Affekts löste sich mit peristaltischen Wellen mit gleichzeitigen knurrenden Geräuschen.
Dieser Vorfall war eines der ersten Beispiele, die auf die Beziehung zwischen psycho-peristaltischer Entladung und einem emotionalen Gegenstück hinwiesen. In vielen Fällen führt emotionales Sprechen über Probleme (im Gegensatz zu undramatischem Ausdruck von Gedanken ohne Gefühle und Involvierung) zu den gleichen Entladungsprozessen in den Eingeweiden, die wir auch mit Hilfe der vegetativen Massagen bewirken wollen. Und das ist ja auch logisch, denn das Besprechen, Mitteilen und Prüfen von emotional unangenehmen und angenehmen Vorfällen ist nun

einmal der natürliche Weg zur Beseitigung von nervöser und überflüssiger Energie im Körper. Eigentlich sollte es gar nicht erforderlich sein, diesen Prozeß durch irgendeine Form von Therapie und Behandlung in Gang zu bringen. Aber in unserer Kultur, in der wir uns ständig durch Zurückhalten und Verleugnung unserer Gefühle Gewalt antun, kann der natürliche und organische Entladungsprozeß blockiert und unterdrückt werden. Aber selbst, wenn Impulse eingeschränkt und an ihrer Äußerung gehindert werden, bestehen für das intestinale System noch Möglichkeiten zur Entspannung und Verdauung von geballter und überschüssiger Energie. Wenn es keine Gefühlskonflikte gibt, ist das Zurückhalten von Impulsen nur vorübergehend. Dann lockert sich bald der äußere Panzer (Skelettpanzer), das Zwerchfell entspannt sich und die Atmung vertieft sich. Wenn das Multi-unit-System seinen Druck auf die Single-unit reduziert, kann sich die viscerale Panzerung auflösen und die psycho-peristaltische Entladung kann beginnen. Nur wenn die Multi-unit-Kontraktionen chronisch werden, (was bedeutet, daß der Konflikt mit seinen entgegengesetzten Impulsen noch vorhanden und in seinen Kontrollwirkungen aktiv ist), verwandeln sich die visceralen Moderationsmechanismen in einen Panzer und kommt es zu chronischer Schließung.

Das Konzept der Gewebepanzerung

Während der Heilungsprozesse, die durch den peristaltischen Regulationsmechanismus ausgelöst werden, begann ich, die Neurose mehr und mehr als Fremdkörper im Gewebe zu betrachten, der toxische Produkte beinhaltet, welche den normalen Kreislauf und Stoffwechsel behindern. Anfänglich habe ich an Fehler in der Blutzirkulation und im venösen Transport gedacht, aber die vielen unerklärlichen Sensationen und Störungen im Körper ließen mich auch an zirkulierende Kräfte denken, und bald begann ich, Reichs Theorien der vegetativen Störungen und der Orgon-Energie einzubeziehen.

Unabhängig von ihm kam ich zu den gleichen Schlüssen, daß der Ursprung der Libido-Dynamik in metaphysischen Quellen zu suchen ist, und in den vergangenen fünfzehn Jahren habe ich ergänzende Darstellungen der bioenergetischen Manifestation von Gesundheit und Krankheit entwickelt.

Die biodynamische Psychologie geht heute davon aus, daß in allen lebendigen Organismen so etwas wie Lebensenergie oder Bioenergie existiert. Diese Lebensenergie sorgt nicht nur für Leben, Kraft und Lebendigkeit des Individuums sowie aller Lebewesen auf der Erde, sondern führt auch zu Wohlbefinden und einem allgemeinen guten Lebensgefühl.

Im Kreislauf ermöglicht diese Lebensenergie ein inneres Gefühl von Vertrauen und Optimismus, welches als unabhängiges Wohl- und Grundgefühl der Primärpersönlichkeit betrachtet werden kann. Im Gegensatz dazu steht das abhängige Wohlbefinden, bei dem die Befindlichkeit des Individuums einzig und allein von äußeren Umständen abhängig ist. Es läßt sich hier ein Zusammenhang zu dem Konzept des „ozeanischen Gefühls" finden, was meiner Meinung nach wörtlich als Hinweis auf die lebenspendende Versorgung zu nehmen ist, die alle Lebewesen aus der kosmischen Energie beziehen (vgl. *Reichs* „kosmisches Meer"). Diese kosmische Energie bewirkt die Pulsierung für alle lebenden Zellen und ist in den Viscera und in allem lebenden Gewebe eingeprägt.

Jedoch gibt es wie in der Muskulatur und den Viscera Barrieren, die Verdrängung aufrecht erhalten und Spontaneität verhindern. Das bedeutet, daß das Gewebe eine Infiltration, eine Gewebe-Panzerung besitzt, welche einen desensibilisierenden Effekt hat und den normalen Kreislauf und die Homöostase – und zwar sowohl physikalisch als auch geistig und seelisch – beeinflußt.

Meiner Meinung nach ist Gewebe-Panzerung das Ergebnis von nicht entladener hormonaler Flüssigkeit – besonders Adrenalin, Sexualhormone und Milchsäure –, die bei Erregung in die Muskulatur strömt und in geweben und im Ernährungskomplex als ein Bestandteil der visceralen Dynamik gelagert wird. Nach dieser Betrachtungsweise ist der viscerale Druck (auch in der Form von Psychose, psychosomatischen Symptomen und nervöser Anspannung) lediglich die eigene heilende Kraft des Körpers, die versucht, in die Gewebebarriere einzudringen, die emotionalen, hormonalen Durchdringungen herauszuspülen, so daß die natürliche Bioenergie zur Wirkung kommen kann. Wenn wir uns klarmachen, wie unsere Zivilisation aufgrund von Adrenalinausschüttung aus dem Nierenkortex unter sympathischem Streß leidet, dann können wir verstehen, daß der Organismus einen hormonalen Überschuß mit sich herumträgt. Dieser Überschuß ist im Zusammenhang zu sehen mit *Freuds* Konzept des ‚Residualaffekts' und der Reichianischen Theorie der ‚sexual stasis'. Das Konzept der „Entleerung" des Organismus für diese Stasis ist daher ganz logisch. Die intestinale Peristaltik führt nicht nur zur Entladung vom Überschuß, sondern stimuliert auch einen angemessenen Energiekreislauf. Daher betrachte ich die intestinalen Organe auch als Generatormechanismus, der unter entspannten konfliktfreien Bedingungen das bioenergetische Funktionieren von Zellen und Gewebe ermöglicht. Man kann fast sagen, daß er vitale Kanäle für kosmische Versorgung eröffnet. Auf diese Weise kann ich *Reichs* spätere Orgon-Arbeit, seine Forschung zur kosmischen Strahlung und das Vorhandensein oder Fehlen der individuellen Aufnahmefähigkeit für diese Strahlen vollständig integrieren.

Bei einer Befreiung der Gewebepanzerung erhält das Gewebe seine originale und natürliche Elastizität zurück. Hierdurch wird Selbstverwirklichung und Expansion ermöglicht. Auf diese Weise kann eine verzerrte, gebeugte und eingeengte Persönlichkeit Zugang finden zu ihrer wahren Sensitivität und auf ihre eigenen Fähigkeiten und Einzigartigkeit reagieren.

Ich bin mir darüber im klaren, daß einige neo-reichianische Therapeuten es ablehnen, Bioenergie als kosmische Energie zu betrachten, aber ganz gleich, wie wir sie bezeichnen, sie ist ein Phänomen, das berücksichtigt werden muß, ebenso wie die Ki-Energie in der chinesischen Medizin und das Yoga-Konzept des ‚prana'. Bei der theoretischen Diskussion der Geschichte der Neurose fällt interessanterweise auf, daß sowohl *Hippokrates* als auch die Vorsokratiker und *Plato* ihre Theorien stärker auf die Basis metaphysischer Vorstellungen gründeten als es heute die konventionelle Psychoanalyse und die Psychiatrie tun.

In ihren Überlegungen zu geistigen Strömungen haben sie Prinzipien, die Gemeinsamkeiten zu *Reichs* Theorie der Orgon-Energie aufweisen.

Auch *Freud* ging von der Annahme aus, daß der Störfaktor im Phänomen der Neurosen in der Energiedynamik bestand. Tatsächlich basieren die früheren Schriften von *Freud* auf Energieprinzipien und Libidodynamik, welche die Basis für *Reichs* Vegeto-Therapie gebildet haben. In der heutigen Forschung wird diese Energie als Bio-Plasma-Energie aufgezeigt, und es ist zu hoffen, daß mit der Entwicklung der Forschung die Orgonomie in die Psychiatrie und Medizin Eingang finden kann.

Mein eigener Beitrag zu diesem Thema ist die Theorie der visceralen Dynamik und die Lokalisierung des Bioenergie-Regulators und -Generators in den intestinalen Organen.

Übersetzt von Dorothea Rahm, Braunschweig

Anmerkungen:

1. J. SETEKLEIV, „Spontaneous rhythmic activity in smooth muscles", *Norske Legeforening,* 1964, Nevrofysiologisk Labratorium, Anatomisk Institutt, Univ. of Oslo.
2. G. BOYESEN, *Foundation of Bio-dynamic Psychology,* in: ‚Energy and Charcter', 1977, Vol. VIII, nr. 1.

Bioenergetische Konzepte des ‚Grounding'*

Stanley Keleman, Berkeley

Das Grundleiden, mit dem ich als Bioenergetiklehrer konfrontiert werde, ist die Spaltung in den Prozessen des menschlichen Lebens. Wir haben fast alle eine Trennung vollzogen zwischen dem, was wir unser Selbst nennen, und unseren körperlichen Prozessen und Gefühlen. Wir sind wie Bäume, deren Wurzeln man aus der Erde gerissen hat; wir haben unseren Aufbau, unseren Halt und unsere Wachstumsfähigkeit verloren. In meiner Sprache heißt das: wir sind nicht gegründet. Für mich heißt *‚grounding'* Verankertsein in unseren psychophysischen Wachstumsprozessen; es heißt Ausdehnung, Kontraktion (Kontakt und Rückzug), Belastung, Entlastung. Grounding bedeutet Verwurzelung in und Teilhabe an dem innersten Wesen der menschlich-animalischen Funktionen.

Zunächst einmal stelle ich fest, daß der Mensch in seinem Grunde völlig animalisch ist, daß wir lernen müssen, diesen animalischen Status zu akzeptieren und uns ihm zu überlassen. Wir teilen unsere grundlegenden Lebensgewohnheiten mit den anderen Tieren und reagieren in unseren willensunabhängigen Muskel- und Nervensystemen in der gleichen Art wie sie. Wir haben zu oft versucht, „das Tier in uns" zu verleugnen, und das hatte schwere psychische und physische Störungen zur Folge.

Zu gleicher Zeit hat aber der Mensch die Möglichkeit, eine erweiternde Wahl in dem Leben, das er führt, zu treffen; wir haben ein Willenssystem, das uns erlaubt, unsere Erfahrungen zu verantworten und bewußte Werte zu schaffen. Die vorzeitige Geburt und die lange Kindheit des Menschen schaffen neue Dimensionen von Freiheit und Experimentiermöglichkeit im menschlichen Wesen. Alle diese Attribute zusammen stellen den tiefsten Unterschied zwischen dem Menschen und dem „Bruder Tier" dar: eine Möglichkeit des dynamisch sich vertiefenden Gefühls, des Ausdrucks, der Bewegung und der Liebe, eine Fähigkeit, die uns erlaubt, in immer tieferer Weise Bedeutung und Freude des biologischen Lebens zu verstehen. Der Gegensatz zum grounding ist das Abgehobensein oder die Durchkreuzung unseres menschlichen Wesens; seine Ergebnisse (unsere

---

* Dieser Aufsatz erschien zuerst in *Energy and Character*, 3 (1970) und wurde mit freundlicher Genehmigung von D. Boadella für dieses Buch übersetzt.

bekannten Leiden) sind die Furcht, die Wut, die Frustration und die Unzufriedenheit. Die Trennung vom biologischen Grund bringt Qual und Verzweiflung anstelle des großen Vorrats an Vitalität, Liebe, Kontakt und Wachstum, mit dem wir ausgestattet wurden.

In diesem Aufsatz will ich Modelle des grounding und der Durchkreuzung schildern, die ich im Laufe meiner Arbeit entwickelt habe, in der Hoffnung, daß wir, wenn wir gemeinsam an diesen Problemen arbeiten, die Möglichkeiten der Lust und des Wachstums in uns und in späteren Generationen steigern können.

I

Ich bin dahingekommen, das menschliche Tier als ein Energiesystem zu betrachten. In biophysischem Sinne ist jeder von uns ein gewaltiger Energiespeicher, der Energie empfängt, umformt und entlädt (nach außen bringt oder umverteilt), die wir auf drei Arten in Gefühle, Ausdruck und Bewegung verwandeln und umformen. Erstens gibt es einen Energiestrom, der immer weg vom Kopf und von der Welt zur Erde strebt. (Die Energiebewegung zum Kopf hin ist in unserer Welt überbetont worden). Die Durchkreuzung dieses Energiestroms schafft Anspannung und Unsicherheit. Zweitens besteht im gesamten Organismus der Aufbau und Abbau von Spannungen, er kann auch als Ausdehnung und Zusammenziehung verstanden werden. Frustration, Wut und Verzweiflung sind charakteristisch für eine Durchkreuzung dieser Funktion. Schließlich gibt es das, was ich die bewahrende oder offenbarende Funktion nenne, das Phänomen des Wachstums im unteren Körperraum. Das ist die Sexualfunktion, durch die wir einen anderen Pol unserer Existenz entdecken. Reifung durch Bewahren ereignet sich auch in den anderen Polen (Brust und Kopf), entwickelt Möglichkeiten des Fühlens und Seins und offenbart sich uns durch die Zeit. *Grounding* heißt im Sinne dieses biophysischen Modells das Funktionieren in jedem dieser elementaren Bereiche; es bedeutet, die Energie auf alle drei Arten, die ich skizziert habe, durch den Körper fließen zu lassen. Es besteht eine Beziehung zwischen dem Energiestrom und der physischen Struktur des Körpers. Wir stören den Energiestrom durch Muskelverkrampfungen, durch tiefgreifende Kontraktionen, die den normalen Energiefluß im Körper hemmen. Tiefgreifende Kontraktionen dieser Art stören das gesamte propriozeptive System, die Beziehung zu Raum und Schwerkraft; die Fähigkeit, lebenskräftige Substanzen aus der Umgebung aufzunehmen, umzuformen und zu entladen, ist durchkreuzt. Und wer so gestört ist, bekommt natürlich Gefühle der Wut, der Verzweiflung

und der Frustration. Selbst die Form des Organismus bestimmt der Energiestrom.
Prüfen wir die Ursachen dieser hemmenden Kontraktionen und ihre emotionalen Folgen, dann kommen wir dahin, wo sich die psychologischen und die energetischen Zugänge zum Menschen treffen. Wir können beginnen, einige der Ursachen und Wirkungen der Trennung vom biologischen Grund zu betrachten.

II

Wenn man zum Beispiel manche Leute genau anschaut, bemerkt man, daß der Kopf reif erscheint, der Körper dagegen unreif, er wirkt zusammengewürfelt, als hätte er sich niemals ausgerollt, und die Beine erscheinen verspannt und hart. Was bedeutet das und wie ist es geschehen? Wir wissen, daß die natürliche Entwicklung des Kindes aus der gekrümmten Lage zur Ausdehnung hin verläuft, also ein natürliches Ausrollen darstellt; das ist ein sehr tiefer und dynamischer Lernprozess. Die Fähigkeit, in der Verbindung mit der Schwerkraft Ausdehnungen zu erschaffen, wird zu einem der dramatischsten Abenteuer des wachsenden Kindes und bringt ihm große Lust und viel Vergnügen. Das spielt sich vor einem entgegenlaufenden emotionalen Hintergrund, nämlich der Beziehung zu den Eltern, ab; während es emotional an die Eltern gebunden ist, lernt es, seinen Schwerpunkt weiter nach unten zu verlegen und seine Unabhängigkeit und Selbstachtung zu gewinnen. Wenn ich jetzt einen Klienten, der sich noch nicht richtig ausgerollt hat, bitte, eine Stellung einzunehmen, die das ‚Auf-den-eigenen-Füßen-stehen' repräsentiert, dann bedeutet das ein kurzzeitiges Ausrollen, das gewöhnlich Furcht, Wut und Unsicherheit hervorruft. Er wird sich, wie viele von uns, stark dagegen wehren. Früher oder später offenbart dieser Mensch spezifisch emotionale Konflikte in seinen frühen Jahren. Das kann eine übereifrige Mutter sein, die das Kind zwingt, zu früh innerhalb seiner dynamischen Beziehung zur Schwerkraft auf seinen eigenen Beinen zu stehen, oder, umgekehrt, eine Mutter, die vielleicht überbesorgt ist und dem Kind Furcht einpflanzt. So wird nicht allein eine strukturelle Unreife erzeugt, sondern auch noch ein allgemein emotionaler Grundzug von Anspannung und Unsicherheit, der als Struktur in dem Erwachsenen der späteren Jahre verbleibt. Bringt man die Klienten dazu, ihre Kontraktionen zu lösen, dann wird man gewahr, wie der gesamte Mutterkomplex an die Oberfläche kommt.
Man findet die Beziehung des Menschen zum Prinzip der Großen Mutter noch in einem viel weiteren Umfang, nämlich in der Verbindung mit dem

Hintergrundmilieu, das individuell durch jede Mutter repräsentiert wird. Die Beziehung zum Boden hat einen ungesicherten Hintergrund; die Beziehung zu unserer eigenen instinktiven Ausrichtung (dem Unbewußten) wird also schwanken. Wir haben zum Geheimnis des Lebens nie eine feste Beziehung. All das findet sich in der physischen Struktur; es bedeutet eine Durchkreuzung des energetischen und emotionalen Potentials des Einzelnen. Es wird deutlich, daß der Ödipuskomplex Ausdruck einer Entwicklung ist, die sich im Körper physisch in Form von tiefen Muskelverkrampfungen manifestiert; diese Muskelverkrampfungen durchkreuzen die natürliche Entwicklung des Energiestroms.

III

Wenn ich von muskulären Kontraktionen rede, die den Energiestrom einschränken, dann spreche ich von einem tiefen und beherrschenden Prozeß. Das heißt, ich sehe, daß jeder Teil des Körpers, das Organsystem eingeschlossen, nach dem gleichen Prinzip der Triebformation, der Bewahrung, der Umwandlung und des Ausdrucks von Substanzen funktioniert. Starke Muskelkontraktionen stören die Entwicklung des Knochenbaues, der Gewebe und sogar die chemischen Funktionen des Körpers.

Es gibt verschiedene chemische Substanzen, die nach der inneren Uhr des Körpers freigesetzt werden und uns befähigen, strukturelle Elemente rechtzeitig zu entwickeln. Die Hemmung dieses Zeitablaufs produziert einen sichtbaren Infantilismus. Ich suche also in der Struktur nach Stellen mit infantilen Zügen, die bedeuten, daß das Wachstumspotential gestört ist, und die die Trennung vom Entwicklungsgrund und die Verringerung der Motilität anzeigen. Die weite Verbreitung von Infantilismus in unserer Kultur ist eine Tatsache; in der emotionalen Sphäre zeigt sie sich in der Unfähigkeit, angemessene Gefühle zu bewahren, zu entwickeln und auszudrücken. Die Fähigkeit, emotional zu reagieren, immer tiefere Gefühle zu entwickeln und Befriedigung zu erreichen, ist abhängig vom Zustand der Aufnahmefähigkeit und der Motilität in den Geweben; muskuläre Kontraktionen können die Reifung unserer Gewebe beeinträchtigen und verhindern.

Reife ist, im biologischen Sinne gesehen, die Fähigkeit des Gewebes, die Fähigkeit des gesamten Organismus, beweglich zu sein, Energie und Substanz immer tiefer aufzunehmen, zu behalten, umzuformen und zu entladen. Biologische Reife wird für mich in dem Sinne definiert, wie das Gewebe, wie mein Körper, wie mein Sein fähig ist, Gefühle zu bewahren, auszudrücken und zu entwickeln. Wir haben in der westlichen Welt die Reife des Denkens und der Vernunft, die Reife an dem einen Ende der Struktur betont und erlauben uns auf der Gefühlsseite den Infantilismus, das heißt eine Unausgewogenheit von zu viel Wissen mit zu wenig Gefühl.

Aus der Perspektive von Reiz/Reaktion gesehen, ist Reife die Fähigkeit, direkt auf ankommende Reize zu reagieren, uns von ihnen verändern zu lassen, d. h. ohne die verzerrte konditionierte Reaktion, die keine Beziehung zum Reiz hat, vorzugehen. Nähert sich mir jemand, und ich weiß nicht, was ich fühle, dann muß ich zweimal hinsehen, muß mich nach Schablonen richten etc. Reife bedeutet die Fähigkeit, ihn aufzunehmen und zu ihm hinauszugehen, beides ohne vorgefertigte Reaktion; ich reagiere mit einem offenen, aufnahmefähigen Gefühl. Diese Fähigkeit hängt auch wieder von dem Zustand der Gewebeentwicklung und der Motilität ab. Wir können den Unterschied zwischen einem jungen und einem alten Baum, einem jungen und einem älteren Hund zum Modell nehmen. Es ist die qualitative Andersartigkeit des Gewebezustands, wenn das Gewebe reift, die ein gründliches Verständnis verlangt. In der Sexualität ist es der Unterschied zwischen Frustration, Anspannung und Hemmung auf der einen Seite und sich vertiefender Lust, Befriedigung und Wachstum auf der anderen. Man kann weder einen Strom verstärken noch Reize direkt beantworten, es sei denn, man verfüge über das Gewebe, das dafür nötig ist. Es gehört wesentlich zur Natur des Organismus, daß die Entwicklung des Gewebes zugelassen wird; durch die Ausbildung von chronischen Muskelkontraktionen wird sie gestört.

IV

Ein anderer Ausdruck des biologischen Grundes ist die Ausdehnung und Zusammenziehung, also die Art und Weise, wie wir die Versorgung unserer biologischen Existenz erlangen. Durch diesen Prozeß nehmen wir Sauerstoff auf und geben Kohlendioxyd ab; wir konsumieren Nahrung und Wasser und scheiden Abfallmaterial aus; das Herz schlägt in dem zweifachen Rhythmus von Systole und Diastole. Biophysisch baut das menschliche Wesen die Energie bis zu einem bestimmten Punkt auf und drückt sie dann aus; das bedeutet Kompression und Anspannung. Die orgastische Befreiung operiert genauso: auf den Aufbau von Energie folgt eine konzentrierte Befreiung. Die muskuläre Kontraktion und der begleitende psychische Gehalt stören die Ausdehnung und die Zusammenziehung und setzen die Fähigkeit der Aufnahme und Entladung von Substanzen herab. Viele Leute hemmen zum Beispiel den Atemapparat. Sie haben vielleicht einen aufgeblähten Brustkasten oder krumme Schultern; oder sie verhindern die Zwerchfellfunktion und schränken ihre Fähigkeit zum Einatmen und Ausatmen ein. Manche Leute haben Kontraktionen im Verdauungs- und Ausscheidungssystem, und fast überall verbreitet in unserer Kultur ist die Unfähigkeit, den Aufbau und den ernergetischen Erguß von Körper-, Liebes- und Sexualgefühlen zuzulassen.

Mit der physischen Herabsetzung der Möglichkeiten und der wirklichen Erschöpfung, die die Hemmung der Ausdehnung und des Zusammenziehens begleiten, geht unwandelbar wieder sowohl ein psychisches Unbehagen als auch eine psychische Ursache einher. Als ich einem jungen Mann, mit dem ich arbeitete, half, seinen Brustkasten und sein Zwerchfell erstmalig zu lösen, kam unmittelbar der Ausdruck tiefer und mörderischer Wut heraus; er war als Kind unfähig gewesen, seine Wut auszudrücken, und konnte jetzt weder Wut noch Zärtlichkeit direkt äußern. Selbst die Erfahrung seiner eigenen sanften Gefühle war für ihn zu schwer zu ertragen, und er versuchte sie durch Wutausbrüche zu vertreiben. Er hatte das alles dadurch unter Verschluß gehalten, daß er seine Brust eingeschnürt hatte, daß er in der Tat seinen Atem und die Tiefe seines Empfindens herabgesetzt hatte. Eine junge Frau, mit der ich arbeitete, hatte sich von ihrem Körpergrund abgelöst, indem sie den Brustkasten aufgeblasen und Bauch, Hinterbacken und Harnröhre verkrampft hatte. Sie hatte Gefühle der Abkapselung, der Kontaktlosigkeit. Im Laufe der Arbeit offenbarte sie eine Unfähigkeit, zu weinen, weich zu werden, irgend eine tiefe Befriedigung zu spüren. Vieles davon stand in direkter Beziehung zu den Verboten von starkem emotionalem Ausdruck, die ihr von ihrem Vater erteilt worden waren: Vaters liebes Mädchen weint nicht und zeigt auch nicht irgendwie anders, daß es unglücklich ist, denn Vater hat nicht die emotionale Stärke, daß er damit direkt und ehrlich umgehen könnte. Um in seiner Gunst zu bleiben, lernt sie, auf physischem Wege alle stark empfundenen physischen oder emotionalen Sensationen zu unterdrücken.

Wie schon an diesen beiden Beispielen ersichtlich ist, schafft die Störung der Funktion des Ausdehnens und Zusammenziehens eine Erstarrung und Verminderung der Persönlichkeit, die sich ebenso in der physischen Struktur wie im emotionalen Ausdruck manifestiert.

V

Die vielleicht wesentlichste und tiefstgefühlte Unzufriedenheit in unserer Kultur ist die sexuelle, und gleichzeitig ist es die am häufigsten mißverstandene Unzufriedenheit. Wir sind entweder konditioniert, Gewalt und Sexualität zusammenzuwerfen, oder wir sind konditioniert, Sexualität von

Liebe oder Passivität vom Sex abzuspalten. Die meisten meiner Klienten haben auf die eine oder andere Art die Entwicklung ihres sexuellen Ausdrucks festgehalten, sind unfähig, ihre Sexualität zu verstehen oder auszudrücken und werden bei Fragen der Perversion, des Orgasmus oder der Bedeutung der Sexualität verwirrt und verlegen.

Ich habe diesen sexuellen Ausdruck die bewahrende oder offenbarende Funktion genannt. Das Bewahren ist, wie ich später im Einzelnen erklären werde, die Entwicklung der Fähigkeit, Gefühle zu behalten, zuzulassen und sich von ihnen umformen zu lassen. Wenn wir mit und von unseren Gefühlen leben, wenn wir zulassen, daß sie uns verändern, und wenn wir mit ihnen wachsen, dann werden laufend größere Möglichkeiten der Liebe und des Ausdrucks in uns offenbar. Ich sehe die Sexualität als einen fortlaufenden Vertiefungsprozeß, der unsere Möglichkeiten während unserer gesamten Lebenszeit steigert, wenn wir es nur zulassen. Was ich im Grunde sehe, ist, daß das ganze Phänomen an der Tatsache hängt, daß der Mensch mehr sexuelle Möglichkeiten hat als die eine, Kinder zu zeugen. Im Gegensatz zu der Art von Zügellösigkeit, die in dieser besonderen sexuellen Fähigkeit nur schales ‚Vergnügen' vermutet, sehe ich sie als einen Teil der menschlichen Möglichkeiten zu größerer Integration und Bewegung, Gefühlskraft und Liebe, das heißt aber als Kontakt.

Wir können das von einer anderen Perspektive aus sehen, wenn wir auf die biologische Entwicklung des Einzelnen blicken. Nach der Geburt beginnen wir zunächst mit Abwärtsbewegungen; wenn die oralen Grundbedürfnisse befriedigt werden, werden die Arme frei und fangen an, die Welt zu erforschen; die Beine strampeln und entwickeln Kraft. Wird das Kind älter, dann geschieht eine Repolarisierung, die anatomisch mit einer Bereicherung der Blutzufuhr in den unteren Körperpartien, wo sie bei der Geburt nicht so stark war, einhergeht. Das Kind bekommt das Gefühl für und die Kontrolle über Bereiche seines Körpers, die ihm vorher unzugänglich waren, so wie zum Beispiel für die Blase und den analen Schließmuskel. Zuerst haben die tieferen Bauchstrukturen, die Genitalstrukturen und die tieferen Verdauungsstrukturen nicht die reiche Blutzufuhr; zuerst verbindet sich der Organismus mit dem Kopf, d. h. dem Mund. Nach und nach wandern die Bewegungen abwärts und verbinden sich mit den Beinen, den Genitalien und den Eingeweiden. Ein zweiter Pol entwickelt sich im Organismus. Schließlich beginnt die spezifisch genitale Funktion ihre Entwicklung und setzt sie durch das ganze Leben des Menschen fort.

Der Prozeß der Entwicklung setzt sich durch die sexuelle Erfahrung fort. Die abwärts gehende und (im Orgasmus) Ausdruck findende Bewegung in dem Beckenbereich sagt mir, daß die abwärts fließende Energie dazu verhilft, die Schichten, die Abschnitte von Gefühl, die der Mensch bereits aufbaut, eine Serie von Kanälen von innen nach außen, zu beleben. Während die Energie nach unten strömt, strömt sie aus und bringt mehr Lebendigkeit, mehr Integration, mehr Möglichkeiten. Sie zieht den Kopf hinunter, entlastet ihn und läßt zu, daß der Kopf sich für neue Möglichkeiten öffnen kann. Es entsteht eine Bewegung auf immer authentischeren Ausdruck hin, mehr Sauerstoff wird aufgenommen, mehr Wurzeln ausgestreckt, dadurch entwickelt sich mehr und mehr Gefühl und mehr und mehr Bewegung und Unabhängikeit.

Wichtig ist es zu betonen, daß diese Entwicklung von Energievorräten in den Genitalien und Eingeweiden analog zu der Energie des Kopfes steht. Die natürliche Entwicklung der Sexualität ist es, die den meisten von uns ungewohnt ist und Angst macht. Wir haben geistige Vorstellungen von der Sexualität entwickelt und den unteren Pol unserer Existenz verleugnet, und daher haben wir Angst vor unseren Gefühlen und werden von ihnen bedroht. Wir behalten unsere Energie im Kopf und fürchten uns davor, sie in die unteren Strukturen fließen zu lassen, und auf sehr reale Weise versteifen wir uns in unserem Sein auf verkehrte Ideen von dem, was wir sind oder sein sollten. Das wurde mir besonders bei meinen Klienten deutlich: wenn ihre Energie aus dem Kopf abgezogen wird, wenn der Energiestrom abwärts braust und den Kopf entlastet, dann werden sie blaß und fahl im Gesicht und empfinden Schwindelgefühle oder Furcht. Für sie ist damit ein Verlust verbunden, der Verlust eines langgehegten, idealisierten Bildes, das bestärkt wurde durch die Verdrängung des unteren Pols.

Genau wie es bei den anderen Grundarten des Ausdrucks der Fall ist, hemmen wir die Entwicklung des sexuellen Pols durch Muskelkontraktionen, die mit emotionalen Gehalten verbunden sind. Kindern wird zum Beispiel eher beigebracht, im unteren Pol zu kontrahieren als zuzulassen, eher zu vermeiden als Gefühle und Wachstum entstehen zu lassen. Wir lehren sie, daß anale und genitale Funktionen ‚schmutzig' sind und lustvolle Sensationen ‚böse'. Unsere Reinlichkeitserziehung und unsere Sexualaufklärung sind Gebote, die Energie und die Gefühle von dem analen und genitalen Bereich fernzuhalten; und die Kinder lernen, ihren energetischen Gefühlen zu mißtrauen, indem sie lernen, Kontraktionen auszuprägen, die sie verhindern. Oder wir lehren andere, nicht ihren Gefühlen nachzugeben und sie nicht auszudrücken. Zu mir sind Menschen gekommen, die wunderbare Gefühle entwickeln können, die aber nicht fähig sind, diese Gefühle in den Ausdruck einfließen zu lassen. Sie schaffen eine Trennung zwischen innen und außen und haben sich für eine unvollständige und gefesselte Existenz entschlossen. Man kann viele Menschen sehen, die unfähig sind, ihre gutausgebildeten Gefühle zu äußern, die eine starre Muskulatur haben, die nicht schmelzen können. Da besteht eine Unfähigkeit, sich zu entlasten, und demzufolge eine Unfähigkeit zu wachsen. Eine Frau zum Beispiel, mit der ich arbeitete, erzählte mir vor kurzem, daß sie lautlos und nicht sehr häufig weine. Sie gab sich den Anschein einer gewissen Härte und meinte, daß sie sich ausliefere, wenn sie sich Ausdruck gebe. Sie hatte Angst davor, sich Weichheit zu gestatten, wirklich zu schmelzen. Sie konnte weder Beine und Zwerchfell noch ihr Becken dazu bringen, sich mit dem zu bewegen, was sie fühlte, und sie war im Ergebnis unfähig, den orgastischen Ausdruck zu erfahren. Man hatte ihr von früher Kindheit an beigebracht, nicht zu weinen und dem Ausdruck ihrer elementaren Gefühle zu mißtrauen.

Wenn wir älter werden, lehrt man uns weitere Entstellungen unseres Lebensprozesses. Wir werden erzogen, in einer Sexualwelt mit hohem Stimulationsniveau, aber ohne orgastischen Ausdruck, zu leben. Die Frauen werden erzogen zu verlocken, also in einem, ich möchte sagen, klitoralen Dauerzustand zu bleiben, und die Männer müssen lernen, in einer ‚Penisspitzen-Haltung', wie ich sie nennen möchte, zu leben. Beide übernehmen den Reiz ohne Wachstum und gewinnen eher äußere als innere Gefühle. Sie sind sexuell charakterisierbar durch ein spritziges, flackerndes Prikkeln, das zwar zündet, aber die tiefsten Strukturen der Person nicht einbezieht. Die Reize kommen von außen, während in den tieferen orgastischen Zuständen die Gefühle, Bewegungen und Vibrationen von innen herauskommen. In einem Workshop, den ich vor kurzem abhielt, kam ein Mädchen zu dem Punkt, an dem sie die Lust in sich erfuhr, und das machte ihr Angst. Es war für sie ganz in Ordnung, Gefühle von außen zu haben, Gefühle, die nicht ein Teil von ihr waren. Es war aber nicht in Ordnung, Gefühle und Vibrationen und Bewegungen von innen her zu haben, für die sie verantwortlich war. Sie war dazu erzogen, mit äußeren Ereignissen, aber nicht mit ihren eigenen, umzugehen. Man hatte sie gelehrt, Angst zu haben und sich der eigenen Gefühle zu schämen, und dieses Mißtrauen verursachte eine Zurückhaltung, eine Unfähigkeit, einen befriedigenden Ausdruck zu erfahren, ein Gefühl, vom Leben betrogen zu sein, und eine tiefliegende Verzweiflungshaltung.

Wir haben andererseits Vorstellungen und Ankündigungen von dem entwickelt, was wir von der Sexualität erwarten können, und die veranlassen uns, zusammen mit der Frustration und unserem Verlangen, uns mit harten, gewollten Bewegungen zu tarnen, die alles überdrehen. Sie sind ein weiterer Ausdruck unseres versperrten und kontrahierten unteren Pols. Man kann einen befriedigenden Ausdruck nicht mit gewolltem Geschüttel, mit gewalttätigen, stoßenden, schiebenden Bewegungen erreichen. Sie sind in Wahrheit Ausdruck von Panik und der Widersprüchlichkeit, ein ‚ich kann nicht durchstoßen'-Schrei.Das Ergebnis ist eine unvollständige Erfahrung, das Gefühl der Sinnlosigkeit und des Unbefriedigtseins.

Im natürlichen Zustand ist der ganze Mensch mit im Spiel. Die Bewegung ist anfangs klein und sanft, die beiden Becken bewegen sich hin und her. Und dann wird es sehr intensiv und stark; eine Menge Bewegung findet ihren Ausdruck. Kein hysterisches Peitschen ereignet sich, sondern eher ein leichtes, sanftes Eindringen. Das Pulsieren und Eindringen wird stärker und tiefer, bis auf dem Gipfel die Befreiung kommt. Der Ausdruck des eigenen Selbst ist der Schlüssel zur Ermöglichung des Neuen; nur so können alte Formen verschwinden und tiefere Möglichkeiten auftauchen. Die befreiende Funktion ist der Schlüssel, der uns erlaubt, die Welt ständig neu zu sehen. Die Befriedigung liegt nicht in dem gut ausgeführten Job; sie liegt in der neuen, tiefen Erfahrung.

Bei der Frau findet dieser befreiende Ausdruck im Uterus statt. Bei der Frau und dem Mann ist die Bewegung spontan gewachsen und hat sich aus sich selbst entwickelt. Der Körper hat sich gleichsam selbst dirigiert, er brauchte keine Direktion vom Kopf. Beide Partner waren einbezogen und haben sich mit der Energie, die durch ihre Körper strömte, bewegt. Danach – und der orgastische Zustand kann sich am besten an dem erweisen, was nach dem Ereignis geschieht, – hinterläßt der natürliche, tiefe Ausdruck, den ich beschrieben habe, in dem Menschen ein tiefes Gefühl der Befriedigung, der Lust und der Dankbarkeit. Das steht in starkem Kontrast zu der partiellen Befreiung der peitschenden, hysterischen oder unbeweglich kontrahierten Erfahrungen, die die Unzufriedenheit hervorrufen, die ich zuvor beschrieben habe.

An diesem Punkt kommen wir alle in Verlegenheit wegen der möglichen Stellungen, Rollen und Perversionen. Die natürliche Entwicklung der Sexualität läßt eine Fülle von Rollen und Erfahrungen zu, wenn das Selbst offen ist für alles, was geschieht. Die eine Grundvoraussetzung ist nur, sich zu gestatten, bis zum Ende durchzugehen, und die volle Einbeziehung der gesamten Struktur zuzulassen. Man kann jetzt wohl anfangen wahrzunehmen, welche Folgen es hat, wenn man die unteren Strukturen nicht einbezieht, wenn man, im Endeffekt, allein mit dem Kopf liebt und eine gelernte Rolle spielt. Die Männer sind zum Beispiel erzogen, in der Welt die starken Helden zu sein, die Emotion zurückzuhalten, eher die Dinge zu verändern, als von ihnen verändert zu werden. Im allgemeinen ärgern sie sich mit der Zeit darüber, und dann erleben sie den Konflikt, daß sie einerseits geliebt werden wollen, andererseits aber physisch und emotional unfähig sind, rezeptiv oder passiv zu sein. Oder viele Frauen sind erzogen, in der Welt aggressiv und im Bett passiv zu sein, also in einem Widerspruch zu leben, der schwer auszuhalten ist. Sie landen häufig in einer Kastrationshaltung oder im Kriegszustand mit dem Mann, den sie gewählt haben; oder in einigen Fällen fallen sie in ihrer Sexualenergie in die Adoleszenzrolle zurück. Die Entwicklung des unteren Pols, die Fähigkeit, Gefühle und Energien zu erfahren und zu entladen, erlaubt die Erfüllung der verschiedenen Rollenbedürfnisse zwischen Mann und Frau ohne Rigidität und mit wachsender Tiefe und wachsendem Verständnis. Die Funktion der Sexualität bedeutet in einem sehr realen Sinn die Schaffung neuer Möglichkeiten, die fortlaufende Entwicklung von Gefühlen, Ausdrucksformen, Bewegung und Sein.

Was ich jetzt sagen will, ist, daß Sexualität nicht einfach nur das genitale Wechselspiel, sondern vielmehr die Entwicklung und den Ausdruck der Gesamtperson im Sinne des Aufbaus immer tieferer Gefühle und immer tieferen Kontakts mit der Welt bedeutet. Was der Mensch auch tut, während er durchs Leben geht – laufen, Geschirr spülen – es gibt Bewegung und Kreativitätsfelder, die von sexuellen Gefühlen, d. h. von den inneren Gefühlen, die sich nach außen ausbreiten, gestärkt werden. Und von diesen Gefühlen lebt man und gibt ihnen Ausdruck bei dem Menschen, mit dem man zusammen ist. So wirken sie biologisch, und das ist das Wesen reifer Sexualgefühle: daß man mit seiner Umwelt diese Wechselbeziehung hat, die mehr Gefühl aufbaut und erzeugt, aus dem man die Welt erschafft; und man geht in die Welt hinaus, drückt die Gefühle aus und schafft sie von neuem. Und aus diesem Erschaffen und Entladen, das das gesamte Selbst umfaßt, entfaltet es, als tieferes und volleres Selbst, beständig größere und tiefere Möglichkeiten des Seins, des Liebens und des Handelns. Diese Art von Lebensstil, diese tiefste biologische Wahrheit unseres Seins, ist nie offenbar geworden. Wir wurden stattdessen erzogen, in Angst vor unseren Gefühlen und ihrem Ausdruck zu leben; wir wurden erzogen, das Wesen unseres Seins auszuschalten und es nach Möglichkeit zu steuern.

VI

In den vorangehenden Kapiteln dieses Aufsatzes habe ich bei der Beschreibung der drei Existenzweisen versucht, Einheit und Gebrochenheit,

Elend und Lust, Hemmung und Ausdruck voneinander abzuheben, so wie sie sich in Körperzustand und Körperhaltung meiner Klienten manifestieren. Wenn die elementaren Funktionen allmählich neu gegründet werden, wenn nach und nach in das System und in die Vibration Bewegung kommt, dann erfahren die Menschen eine Veränderung sowohl in ihrer Wahrnehmung als auch in ihren Werten. Sie berichten von wachsender Lust, Befriedigung und Bedeutung in ihrem Leben; sie entwickeln eine Fähigkeit, diese Erregung aufrechtzuerhalten, eine Fähigkeit, sie geschehen zu lassen, zuzulassen, daß sie eine qualitative Lebendigkeit entfaltet, die sie selbst und ihre Beziehungen zur Welt verändert. Sie lernen Liebe und Eros kennen, tiefen Kontakt und daraus fließende Erfahrung des eigenen Ich und der Anderen, die das Ich vertieft und ihm zu mehr Selbsterkenntnis und Selbstausdruck verhilft. Diese dynamische Lebendigkeit wird für sie zum zentralen Wert und zur Seinsweise in der Welt; wie diese Lebendigkeit, diese Menschlichkeit und diese Liebe weiterentwickelt und vermittelt werden könne, das wird zur zentralen Frage ihres Lebens. Dies alles bildet einen Kontrast zu ihrer früheren Muskelstarre, die von Werten wie: wie kann ich mich sicher fühlen, überlegen sein oder die Welt regieren, begleitet war. Ein biologisches *grounding* der Art, wie ich es beschrieben habe, erlaubt die Entwicklung einer Persönlichkeit als energetisch lebendiger, lustfähiger und liebender Körper; und einem solchen Menschen würde es, glaube ich, unmöglich sein, in den Krieg zu ziehen, Krieg zu führen oder ihn anzuzetteln, es sei denn, er wäre tatsächlich bedroht. Es ist unmöglich, sich von einem solchen Menschen vorzustellen, er töte oder unterdrücke andere, nicht weil er geistig so entwickelt wäre, sondern weil er auf menschliche und sensible Art lebendig ist.

Zugelassenes oder verhindertes *grounding,* wie ich es hier entwickelt haben, impliziert meines Erachtens auch die Entscheidung, wie wir die Welt sehen, unser Leben leben und unsere Kinder erziehen. Gegenwärtig bringen wir unseren Kindern bei, wie man sich zurückhält und zusammenzieht, anstatt wie man bewahren und halten kann. Wir lehren mit Hilfe der Disziplin , der Bestrafung und der Krampferzeugung, anstatt uns das Halten, das Bewahren und das Wachsen zunutze zu machen. Das eine Erziehungsmodell ist die Krampferzeugung, und ich hoffe, es wird eines Tages überall überwunden werden; und das andere ist das Phänomen wirklichen Wachstums, das auf der Möglichkeit des Wachsens und der Fähigkeit zur Ausdehnung basiert.

Die Frage im Leben ist nicht die, ob wir unsere ödipale Situation überwunden haben, sondern vielmehr die, ob sie für oder gegen uns arbeitet. In dem Maße, wie meine kindlichen Bindungen und Hemmungen immer mehr sichtbar werden, setzen sie mir immer mehr Gefühl frei. Und das ganze Gefühl, das eingesperrt oder an der Entwicklung gehindert war, das durch Verspannungen und Verzerrungen drinnen gefangen war, ist eine Energiequelle, die mir, wenn sie befreit wird, immer mehr Möglichkeiten des Gefühls und der Liebe (des Kontakts) verschafft.

Für mich liegt in der dynamischen Vertiefung der Liebe, in der Möglichkeit, Zuneigung, Sensibilität und das Sein zu intensivieren, der grundsätzliche Unterschied zwischen dem Menschen und den anderen Tieren. Ich teile die Überzeugung des französischen Jesuiten *Teilhard de Chardin*, daß diese Vertiefung und Entwicklung der Liebe die Einzigartigkeit des Menschen und seine Verantwortung in der Welt ausmacht. Ich hoffe, wir können zusammen auf unseren Grund hinarbeiten und den versprochenen Lohn in dem Wert unseres Lebens erkennen.

Bemerkungen zum Grounding

Unsere Arbeit liegt im wesentlichen darin, die Blockierungen unserer abgespaltenen Teile zu lösen, uns zur Vertiefung unseres Kontakts zu uns selbst und zur Welt zu verhelfen und zu lernen, mit dieser gesteigerten Lebendigkeit zu leben.

Die Blockierungen haben die Funktion, unser Energiepotential und den Ausdruck herabzusetzen und in die ‚gesellschaftlich anerkannten' Bahnen unserer Zeit zu zwängen, das bedeutet die Betonung der zerebralen vor der körperlichen Lebendigkeit; die Betrachtung der Liebe als ein geplantes Handlungskonzept anstatt als einen sexuellen Körperkontakt. In diesem Bereich haben die Blockierungen die Funktion, hemmend auf die vorhandene Energie einzuwirken. Es stellt sich aber, so seltsam das auch klingen mag, heraus, daß das schwerste Problem nicht darin liegt, dem Menschen zu mehr Lebendigkeit zu verhelfen, sondern vielmehr darin, ihn zu lehren, wie er mit der Lebendigkeit, die er dann hat, umgehen kann. Es ist sinnlos, die Lebendigkeit zu steigern, wenn sie nicht ertragen oder gelebt werden kann.

Der Mensch hat drei Schichten: die Außenschicht, die mittlere Schicht und den Kern; in diesen Schichten kann sich ein Block manifestieren.

Die Außenschicht ist die gesellschaftliche Schicht, d. h. die Rollen und die Einstellungen, die wir übernehmen, die Begrenzungen oder der Spielraum der Bewegungen, die wir uns gestatten, die Gefühle, die wir uns zubilligen, und die Ideen, die wir haben. Diese Schicht ist in Konflikt mit dem, was wir wirklich mit unserem Körper und mit unseren Gedanken machen.

Wenn man zum Beispiel jemandem, der von sich selbst großartige Ideen hat, erzählt, sein Brustkasten sei aufgeblasen, dann spürt er das nicht, zumal er ihn ja nicht entleeren oder entspannen kann. So ist also in Wahrheit diese Schicht eine Schicht des Pseudo-Kontakts oder eher der Kontaktlosigkeit; sie verhindert den Kontakt mit der inneren und mit der äußeren Welt.

Diese Schicht umfaßt das Muskelsystem, (die Organsysteme und das Gehirn), behindert den Atem (alle Blockierungen müssen den Atem beeinflussen) und bildet einen wesentlichen Teil des Rollenspielsystems.

Die zweite Schicht enthält alle sogenannten und realen sozialen Impulse: die blockierte Wut, Raserei, Angst, Trauer, die blockierten Impulse zu weinen, zu saugen, zu berühren, trotzig oder eigensinnig o. ä. zu blicken, und den unterdrückten Impuls der Identifikation. Die zweite Schicht enthält die umgewandelten ursprünglichen energetischen Impulse, z. B. zu berühren, zu lieben, zu saugen, und dazu die Wutkomponente. Dies ist der Bereich, vor dem die meisten Leute ihrem Gefühl nach Angst haben. In Wirklichkeit ist es der Kern, vor dem man Angst hat. Diese zweite Schicht bezieht in der Regel tiefe muskuläre Muster, vegetative Organe und Nerven mit ein. Es bedeutet eine Überbeanspruchung der Kapazität des Organismus, wenn wir Impulse für eine passende Entladung, oder besser, für einen passenden Ausdruck festhalten bzw. eher aufbewahren. Wir müssen alle möglichen Tricks benutzen, um das Festhalten, die Zurückhaltung, zu lernen; der ganze Organismus, Muskeln wie Gehirn, Eingeweide etc., wird in Mitleidenschaft gezogen. Mit Kontraktionen und Angst halten wir fest, anstatt die Ausdehnung und die Lust zu bewahren. Diese Funktion des Bewahrens wird nicht im Sinne einer angemessenen Assimilation im Ausdruck verwendet, sondern stattdessen im Dienste der Verdrängung. (Ich möchte hier die Feststellung einfügen, daß das Ziel nicht die Entladung, sondern der Ausdruck, nicht das Bewußtsein, sondern der Ausdruck, nicht das Wissen, sondern das Sein ist.) Der Ausdruck, also die Expression, hat als Gegenspieler nicht die Repression, sondern die Impression, um den natürlichen inneren Fluß zu verhindern, oder um zu verhindern, daß die Impression selbst Ausdruck findet.

Die dritte Schicht ist der Kern, das dynamische Muster der Lebenskräfte mit seiner Beständigkeit und seinem Wechsel, der sich spiegelt in tiefen Gefühlen von Lebendigkeit, von Frieden, von Geborgenheit, von einem Wissen ohne überanstrengte Erkenntnis, von dem Kontakt, den wir Liebe nennen; eine Kraft also, die uns bewegt und uns ein Gefühl der Verbundenheit mit der kosmischen Welt, der sozialen Welt und der natürlichen

Welt verschafft. Diese Schicht, nach der sich die meisten sehnen, ängstigt uns, bis wir lernen, Lust zu bewahren und unsere wahre Identität anstelle der trügerischen wieder zu erlangen, in der wir uns diesen Fluß und diesen Ausdruck gestatten können, der zu ein und derselben Zeit Kontakt und Individualität zuläßt.

Eines der wirklich bemerkenswerten Dinge bei uns Menschen ist unsere Gabe der ständig wachsenden Bandbreite von Bewegungen im Großen und im Kleinen, die uns neue Ausdrucksmöglichkeiten erlaubt. Die haben wir allen Tieren voraus, und wir haben drei Organsysteme, um sie auszuleben: den Kern, den Bewahrer und das Muskelsystem.

Der Körper kann sowohl symbolisch als ausdrucksmäßig im Hinblick auf diese Bereiche aufgeteilt werden:

Kopf und Becken	Organe der Realität, der Bewahrung und des Ausdrucks
Torso (Kern)	Organe des Kerns und der Bewahrung
Arme und Beine (in Verbindung zu Kopf, Becken und Rumpf)	Organe des Ausdrucks und des Kontakts, des *grounding*

In diesen Bereichen können wir Ausschau halten nach den Ausdrucksqualitäten des Lebens. Nach den Beinen zum Beispiel, die zurückweichen anstatt zu tragen; nach den Armen, die sich klammern, anstatt zu greifen und zu erforschen; nach einem Bauch, der flach, gespannt und hart ist, anstatt weich, bewahrend, sensibel, empfänglich zu sein; kurz, nach diesen Zeichen der Schwäche oder der überentwickelten Stärke (schlappen Muskeln, überstraffen Muskeln, schwachen Augen, überentschiedenen Kiefern). Schauen wir auf den Atem, dann entdecken wir ihn nur im unteren Teil des Körpers, oder eingeengt im Brustkasten. Das kann entweder ein überbetontes Sexual- oder ein überbetontes Gefühlsleben anzeigen und eine schwache soziale Funktion; oder der Atem ist im umgekehrten Fall im Brustkasten überentwickelt, und wir haben wahrscheinlich eine überentwickelte soziale Funktion und einen unterentwickelten Instinkt. Beide Störungen geben Auskunft über Schwierigkeiten in der Liebe und der Lust.

In der psychologischen Sprache sieht das so aus:

Schizoid	*Zwanghaft*	*Phallisch*
Gebrochen und überstarr	Unterdrückend überstarr, nicht gebrochen	Überhart, überstarr, keine Weichheit, energisch

Oral	Masochistisch	Hysterisch
Schwach, unterentwickelt	Muskulatur verspannt, niedergedrückt, eingeengt	Überhart, starr, wenig Weichheit, zu viel oder zu wenig Umfang

Mit dem Atem ist es das gleiche: verringerter Atem, verdrängter Atem entspricht einem niederen Energieniveau, einer tiefen Zurückhaltung, einem geringen Audruck und geringer Lebendigkeit.
Übererregter Atem entspricht fehlender Bewahrung und zeigt einen überreaktiven und impulsiven Menschen an.
Die Befreiung des Atems wird von den meisten Leuten nicht verstanden, denn sie bedeutet völlig ungehemmten Atem, was gleichbedeutend ist mit vollem emotionalem Ausdruck. Wird das Zwerchfell am vollen Weinen, an dem Ausdruck der Wut oder dergleichen gehindert, dann tritt eine Blockierung der Gesamtbewegung ein. Die Schwingungen des Zwerchfells sind der Unterbau für Sensationen und Gefühle. Werden sie nicht geduldet, dann gibt es auch dort eine Blockierung. Eine Blockierung kann auch auf andere Weise sichtbar werden: Ein zu großer Umfang (ausdrucksvolle Muskelstarre) entspricht einer Persönlichkeit, die überrigide, zwanghaft, egoistisch und unfähig ist, sich fallen zu lassen, die keinen leeren Raum und keine leeren Gefühle zulassen darf und bei zu wenig Gefühl und zu wenig Lustmöglichkeiten von einem Machttrieb beherrscht wird. Zu wenig Umfang (ein unterentwickelter muskulärer Ausdruck) entspricht einem schwachen, zerbrechlichen Ich, das nicht bewahren kann, sondern zusammenbricht, das impulsiv und von Gefühlen überschwemmt ist, das in einem allumfassenden Lustgefühl schwimmen kann, aber keine Erfahrung der Individualität hat.
Ein gutausgewogener Mensch hat eine Form, die er aufgeben kann, er schwingt ständig zwischen Form und Formlosigkeit, oder besser, Formneubildung und Formhingabe. Das heißt: er wächst immer und findet dadurch neue Wege, sich auszudrücken.
In dieser Arbeit versuchen wir den Kontakt mit dem Kern und zwischen dem Kern und dem gesamten Selbst aufzubauen, also einen Fluß von Ausdehnung und Bewahrung, von Ausdruck, Kontakt und Rückzug zu erreichen. (Hierfür benutzen wir eine aktive Technik,* die den Atem und die Ausdrucksorgane des Körpers mobilisiert.) Im Atemfluß ist es deutlich sichtbar: man atmet ein, assimiliert oder pausiert, atmet aus und gibt Aus-

* Vgl. Alexander Lowen, Betrayal of the Body.

druck. Der Fluß des Lebens bedeutet nicht Entladung; er bedeutet, daß wir uns der Welt gegenüber ausdrücken und uns ihr (durch Greifen) eindrükken, und ebenso, daß wir die Welt sich ausdrücken und uns beeindrucken lassen. In diesem dynamischen Prozeß sind und werden wir wir selbst. Wir sind in uns, in unseren Körpern gegründet. Wir sind als Körper in unserem Mutterkörper, der Erde, gegründet. Wir sind unser Körper; und soweit wir das sind, sind wir gegründet.

Übersetzt von Monika Ross, Lüneburg

Literatur:

WILHELM REICH, M.D., Charakteranalyse, Fischer, Frankfurt 1973.
ALEXANDER LOWEN, M.D., Betrayal of the Body. Macmillan, New York 1967.
CAROL KENT, PH.D., Man's Hidden Potential.
KARLFRIED DÜRCKHEIM, Der Durchbruch zum Wesen. Huber, Bern 1968.
KELEMAN, S., „Sexuality, self and survival", Lodstar Press, San Francisco 1972, 2. Aufl.
KELEMAN, S., „The human ground", Energetic concepts of grounding, Lodstar Press, San Francisco 1973, 2. Aufl.
KELEMAN, S., „Living your dying", Random House, New York 1974.
KELEMAN, S., „Your body speaks its mind", Simon & Schuster, New York 1975.

Die Beziehung zwischen Patient und Therapeut in der „Therapie des direkten Körperkontakts"

Malcolm Brown, Berkeley

Die Praxis der Psychotherapie mit direktem Körperkontakt verlangt vom Therapeuten mehr als die orthodoxen verbalen Methoden. Für einen großen Teil des Behandlungsprozesses typisch ist der große Spielraum zwischen Gefühlspolaritäten; viele Gefühlsausbrüche treten sprunghaft und plötzlich auf; daher verlangt Körpertherapie vom Therapeuten weit mehr persönlichen Einsatz und Toleranz. Daß der Körpertherapeut einmal in seinem Stuhl einschläft, weil er nicht voll beim Patienten involviert ist, ist undenkbar. Deshalb wird die Körpertherapie niemals solche Therapeuten anziehen, deren therapeutische Einstellung sie daran hindert, eine intuitive, subjektzentrierte und primärprozeßhafte Beziehung zum Patienten aufzunehmen. Man kann direkte Körpertechniken nur dann erfolgreich anwenden, wenn sie – auf der Seite des Therapeuten – direkt aus den ursprünglichen, lebendigen dynamischen Gefühlszentren des Leibes kommen.

1. Die erste Behandlungsphase

Für den Therapeuten, dem es schwerfällt, dem Patienten gegenüber eine aktiv-direktive und dynamische selbstbewußte Haltung einzunehmen, wird die erste Behandlungsphase die schwierigste sein. Denn diese Phase ist gekennzeichnet durch das starke unbewußte Bedürfnis beim Patienten, psychologisch und emotional von außen durchdrungen zu werden. Dies Bedürfnis muß erst gestillt sein, bevor der Patient in der Lage ist, die gefrorenen Verhärtungen seines Panzers und das ganze Ausmaß seiner Blockierungen zu spüren. Selbst wenn der Therapeut es schafft, dem Patienten einfühlsam und leidenschaftslos bejahend gegenüberzustehen, bleibt das Bedürfnis des Patienten, mehr als bedingungslos verstanden und akzeptiert zu werden, ungeheuer wichtig. Ein Therapeut, der die Natur einer muskulären Charakterpanzerung, vor allem die Wahrnehmungstrübung und oft totale Wahrnehmungsabwehr, die mit der Panzerung einhergeht, nicht richtig einschätzt, wird unfähig sein, die fundamentale unbewußte Priorität wahrzunehmen, die das Bedürfnis des Patienten nach Durchdringung und Befreiung hat.

Früher war ich ganz auf das therapeutische Verhaltensrepertoire von Carl *Rogers* eingeschworen und hätte niemals das Bewußtsein des Patienten aktiv und direktiv auf dieses oder jenes spezielle Thema gelenkt. Nach einigen Jahren solchen Vorgehens wurde mir klar, daß mein absichtlicher Vorsatz, dem Klienten nicht meine eigene Gegenwart überzustülpen – was sogar so weit ging, daß ich beim Klienten auch nicht die geringste Selbstbeobachtung angeregt habe – sich gesteigert hatte zu einer übermäßigen Vorsicht und zu einer Passivität, die für den Klienten nicht mehr hilfreich war. Später ist mir klar geworden, daß die Rogerianische Art der Patient-Therapeut-Beziehung für die Anfangsphase der Therapie besonders dann ungeeignet ist, wenn der Patient stark verpanzert ist. Der Rogerianische Glaube, daß der Klient kraft seiner innewohnenden Tendenz zur Selbstverwirklichung immer selbst am besten weiß, was er gerade braucht, ist naiv und idealistisch, und von der klassischen Gestalttherapie kann ähnliches gesagt werden. Meine schwer erkämpfte klinische Erfahrung hat mir gezeigt, daß der Patient unfähig ist, zu wissen, was er braucht, solange sein muskulärer Charakterpanzer nicht berührt, nicht durchbrochen und befreit ist, und zwar gilt das für die psychodynamischen Bedingungen seiner Blockierung ebenso wie für seine unmittelbaren „organismischen Wertungen", wie Rogers die ursprünglichen dynamischen Gefühlszentren bezeichnet.

Daher ist die direktive, selbstbewußte Einstellung des Therapeuten zum Patienten in der Anfangsphase der Therapie eine notwendige Voraussetzung für das Spürbarmachen und Lösen der Muskelpanzerungen. Etwas aufzulösen, was beim Patienten zwar im Vordergrund steht, ihm aber unbewußt ist, erfordert mehr als nondirektive Passivität und geduldiges Einfühlen. Daneben ist es aber genauso wichtig, von Anfang an eine Atmosphäre der Achtung und bedingungslosen Wertschätzung herzustellen. Ich bin davon überzeugt: Zuneigung und Achtung für den Patienten, so wie er jetzt ist und wie er werden kann, sind die wichtigsten Heilungsfaktoren therapeutischer Arbeit. Hier möchte ich betonen, daß der Therapeut von Anfang an einen multidimensionalen Schwingungsaustausch zum Klienten aufbaut, d.h. er sendet Schwingungen zum Klienten, die aus seinen ursprünglichen Gefühlszentren aufsteigen zu einer hochentwickelten erwachsenen Form.

Aber wie entstehen diese erwachsenen, reifen Erscheinungsformen aus den ursprünglichen, natürlichen und gefühlshaften Beziehungsfähigkeiten, mit denen wir geboren werden? Die Bauchregion, die zuerst nur als Basis für die interne Stabilität, für Homöostase und Seinskonstanz diente, entwickelte sich zum großen Hara-Zentrum der Psyche. Der Bauch ermöglicht es dem Erwachsenen, sich selbst zu verwirklichen und sich selbst als wahres Zentrum der Welt zu fühlen und den eigenen religiösen Geist in sich selbst wahrzunehmen. Die Bauchregion gibt dem Erwachsenen die Fähigkeit, an seine eigenen kreativen Kräfte zu glauben. Hier kommen die Schwingungen her, die der Therapeut zum Patienten sendet und die von Beginn der Behandlung an seine Möglichkeiten unterstützen, seine eigenen selbstverwirklichenden Kräfte zu entdecken.

Natürlich nimmt der Patient diese Schwingungen nicht bewußt wahr, die die Bauchregion des Therapeuten ausstrahlt, aber sie wirken unbewußt bei ihm.

Die Brustregion hatte ursprünglich die Funktion, die Öffnung zur Außenwelt und Verbindung zu anderen Menschen herzustellen – bis hin zu Vereinigung und symbiotischer Verschmelzung; jetzt entwickelt sie sich zu der Fähigkeit, andere Menschen in ihrer Freiheit, sie selbst zu sein, zu unterstützen. Hier ist das Zentrum des reifen Erwachsenen, seine Herzensweisheit oder Eros, das ihm erlaubt, sein Herz zu verschenken, ohne seine Seele zu verlieren, Höhepunkte in der emotionalen Verbindung zum Anderen zu erleben, die dennoch nicht dessen Andersartigkeit auslöschen – selbst im Orgasmus nicht. Hier kommen die Schwingungen her, die der Therapeut zum Patienten sendet, die das Sichöffnen des Patienten bewirken und es ihm ermöglichen, die reale Person des Therapeuten als Modell zu sehen, dem er nacheifern kann.

Der obere Rückenbereich – das autonome Nervensystem des Brustkorbs – war ursprünglich das Mittel des Kindes, sich selbständig etwas anzusehen. Jetzt entwickelt sich hier das Bedürfnis, die Welt kennen und verstehen zu lernen; damit verbunden sind die strukturierenden intellektuellen Fähigkeiten, das teilweise transzendentale Bedürfnis, die Welt in Kategorien und Schemata einzuordnen. Hier entwickelt sich der instinkthafte Trieb, die innere und äußere Welt durch Wissen zu beherrschen – das, was als Logos bezeichnet wird.

Beim Patienten wird durch den oberen Rückenbereich des Therapeuten eine katalytische Polarisation des schlummernden Instinkts aufgerührt, der dem Patienten ermöglicht, sich selbst auf reflektiver und auf emotionaler Ebene kennen und verstehen zu lernen.

Das untere Zentrum des Rückens – der Lendenbereich – dient dem Kind als Quelle seiner Sicherheit, Kraft für den Überlebenskampf zu haben; jetzt entwickelt es sich zum Phallus-Prinzip, zur Macht zur Selbstverwirklichung. Dieses Prinzip verkörpert den gesunden menschlichen Trieb, das

Unbekannte zu besiegen und mit gleichsam kriegerischer Freude und Begeisterung zu durchdringen. Es treibt die Menschen an, ihre Umwelt zu beherrschen, Ruhm und Reichtum zu erwerben, was viel weiter geht als der reine Überlebenskampf. Aus diesem Grunde lieben die Menschen den Wettstreit um das Beste, Wettstreit ebenso durch soziale Leistungen wie durch individuelles Können.

Der Lendenbereich des Therapeuten sendet Schwingungen zum Klienten aus, deren Widerhall ihm Mut und Unabhängigkeit geben und ihm helfen, auf seinen eigenen Füßen zu stehen.

Während der ersten Behandlungsphase muß der Therapeut einen Schwingungsaustausch präkognitiver Gefühle zum Patienten herstellen, bei dem das Logos- und das Phallus-Prinzip vorherrschen. Nur die wechselseitige Durchdringung dieser beiden Prinzipien innerhalb des Therapeuten bietet die Grundlage dafür, daß die chronischen Verhärtungen im funktionalen System des Patienten erschüttert werden und die Verpanzerungen aufweichen.

Wenn der Therapeut in der ersten Behandlungsphase die Ausstrahlung des Logos-Prinzips aufgibt zugunsten seines Fachwissens über psychopathologische Strukturen bei Verpanzerungen allgemein und speziell bei seinem Patienten, so wie er ihn sieht, dann zieht er sein Bestes ab. Weder begrüße ich die völlig leidenschaftslose und objektivierende Einstellung, die die medizinische Wissenschaft dem Patienten gegenüber einnimmt, noch begrüße ich die Abkehr der Rogerianer von jedweder diagnostischen oder fachlichen Einstellung dem Patienten gegenüber. Beide Positionen sind zu einseitig: so entwertet die Medizin jegliche intuitive und sympathetische Qualität des Therapeuten, die dieser in Brust- und Bauchregion hat, und auf der anderen Seite entwerten die Rogerianer jegliches Fachwissen und jegliche klinische Erfahrung, die aus dem oberen Rückenbereich des Therapeuten kommen, und sie entwerten seinen Impetus, den Patieten aus seinen unbewußten Gefängnismauern zu befreien, einen Willensimpuls, der aus dem Lendenbereich kommt.

Da es im ersten Therapieabschnitt um die Katalyse und das Freisetzen isolierter Bereiche abgetöteter Energie geht, muß der Therapeut die meiste Zeit bewußt und willentlich eine dynamische Rolle einnehmen. Die Anwendung der beiden Arten von Körpertechnik – direktes Anfassen durch den Therapeuten und Übungen, die der Patient selbständig ausführt – erfordert beim Therapeuten eine extrem phallische Einstellung zum Patienten. Aber diese Techniken sind nicht die einzigen, die der Therapeut aktiv hineinbringt. Sie sind lediglich gute Mittel für den fortschreitenden Wahrnehmungsprozeß des Patienten bezüglich dessen, was ihn einengt und quält. Der Körpertherapeut zögert nicht, den Energiefluß des Patienten zu bestimmten Bereichen zu schicken, von denen er aus Biographie und Persönlichkeitsstruktur weiß, daß dort ungelöste emotionale Konflikte liegen. Aber mindestens ein Drittel jeder Sitzung, in der Körpertechniken angewandt werden, soll psychologischen Techniken vorbehalten sein, die der Therapeut hineinbringt, um die Charakterstruktur von „oben" zu katalysieren, sozusagen als Gegengewicht zu dem Energiefluß, der von „unten" kommt.

Im ersten Behandlungsabschnitt ist meine bevorzugte katalytische Technik die, daß ich den Patienten bitte, sich z.B. ein Gesicht, ein Ereignis, Gefühl vorzustellen. Wenn er diese Vorstellung dann beschreibt, fordere ich ihn auf, eine Haltung einzunehmen oder eine Bewegung zu machen, die es ihm leichter macht, stärker in die Vorstellung hineinzugehen und hier und jetzt Gefühle zu spüren. Wenn er dabei stecken bleibt und meiner Aufforderung nicht nachkommen kann, schlage ich eine andere Übung vor: er soll sich in einer bestimmten Weise hinstellen, die ich ihm gewöhnlich an mir selbst zeige, während der Patient über das sprechen soll, was er meines Erachtens nach vermeidet.

Wenn dabei bedeutsame Ereignisse herauskommen, lasse ich den Klienten sich auf die Matte legen, während ich ihn anfasse und dabei sein belastendes Material von verschiedenen Seiten her exploriere. Ich nehme also während dieser ganzen Zeit eine ziemlich direkte aggressive Haltung ein – auf der psychodynamischen Ebene, um den Charakterpanzer des Patienten zu durchdringen, und auf der bioenergetischen Ebene, um die vitalen Energieströme zu polarisieren.

Dabei versuche ich keineswegs, eine gottähnliche Autorität oder ein zudringlicher Angreifer zu sein; beide Haltungen halte ich für außerordentlich aggressiv und auch für gefährlich, weil sie die brüchige Abwehr des Patienten überrennen und ihren emotionalen Wert entkräften können. Ich bin dagegen, die Abwehr des Patienten undifferenziert anzugreifen; jede Abwehr hat auch ihren Sinn, der einfühlend beachtet werden muß. Abwehr kann nur langsam und allmählich von außen her abgeschält werden und von innen her nur durch einen Austrocknungsprozeß sich abbauen. Daher muß der Therapeut ebenso klinisches Wissen haben wie einfühlendes Verständnis, um die Abwehr tolerieren und allmählich unterminieren zu können.

Nachsicht und Geduld sind sehr wünschenswerte therapeutische Vorzüge. Wenn der Therapeut nicht ein bestimmtes Ausmaß an sympathetischen

Schwingungen von seiner Vorderseite her aussendet, kann er in die größte Gefahr geraten, die es m.E. in der Körpertherapie gibt: nämlich in die Versuchung, Körpertechniken inadäquat zu gebrauchen und so die Therapie zu einem therapeutenzentrierten Prozeß zu machen, anstatt zu einem klientenzentrierten.

Der beste Schutz, den ich gegen übermäßig direktives Verhalten in der ersten Behandlungsphase herausgefunden habe, ist, daß ich ganze Sitzungen ohne jegliche Körperarbeit laufen lasse. Ich bin der Ansicht, jede dritte oder vierte Sitzung sollte so verlaufen.

Es ist ja bekannt, daß der Patient eher fähig wird, seine Wahrnehmung für abgewehrte und unterdrückte Inhalte zu öffnen, je weniger er vom Therapeuten unter Druck gesetzt wird, dies besonders dann, wenn er Sitzungen erlebt hat, in denen das der Fall war. Ein weiterer Schutz, den sich der Therapeut verschaffen kann, ist, sich im Sessel zurückzulehnen und mindestens fünf Minuten zu schweigen, wenn er vorher eine Serie bioenergetischer Übungen mit dem Patienten gemacht hat. Während solcher Schweigeperioden nach der Körperarbeit hat der Patient am ehesten die Möglichkeit – wenn er wirklich die Freiheit hat, alles zu sagen und zu tun, was er will, sogar selbst zu schweigen –, spontan an konfliktbesetztes Material heranzugehen, das tief in ihm gärt und nach Bewußtwerdung und Entladung drängt.

Ich will hier meinen Dank an *Reich* und *Lowen* aussprechen für ihre hervorragende Charaktertypologie. Ich halte die Auffassung beider vom Kern neurotischer Fehlhaltungen für das gründlichste und klarste, was bis heute formuliert worden ist. Besonders dankbar bin ich ihnen dafür, daß sie die Arbeit auf sich genommen haben, die vielen, erstaunlich gleichförmigen Strukturen von Muskelrigidität herauszuarbeiten und sie zu den verschiedenen Typen von Charakterrigidität in Beziehung zu setzen. Ohne die anregende Arbeit dieser Männer hätte ich niemals die Rogers-Orientierung verlassen und den Weg zu meiner eigenen Art humanistischer Körpertherapie gefunden. Besonders wichtig ist für mich der praktisch-klinische Wert dieser Charaktertypologie, wenn ich mit der Therapie eines charakter- und muskulär verpanzerten Patienten beginne. Das bedeutet aber nicht, daß ich das gut finde, was *Reich* „charakter-analytische Widerstandsanalyse" nannte. Ich stehe zu der Auffassung von Rogers, wenn es darum geht, ob man dem Patienten Interpretationen anbieten soll oder nicht, und daher benutze ich die Typologie von *Reich* und *Lowen* ausschließlich für meine private Diagnose, die ich dem Patienten nicht überstülpe – außer in ganz seltenen induzierten Fällen.

Außerdem sind dem Gebrauch dieser Typologie deutliche Grenzen gesetzt; sie wird zunehmend unbrauchbar, wenn der Klient beginnt, sich zu entpanzern und in die zweite Therapiephase kommt. Wenn der Therapeut dann immer noch stereotype Klischees anwendet, tut er dem Patienten einen schlechten Dient. Erst wenn beim Therapeuten solche Klischees nicht mehr im Vordergrund stehen, hört er auf, den Patienten unter der Optik der Pathologie zu betrachten, und ist in der Lage, wahrzunehmen, daß auch der Patient viele integrierte Persönlichkeitsanteile hat, die von Blokkierungen und Verpanzerungen frei sind. Ein Therapeut, dem es noch nach sechs Monaten therapeutischer Arbeit mit einem Patienten schwerfällt, sich von der Reich-Lowenschen Typologie zu lösen, schein selbst blockiert zu sein und fixiert auf intellektuelle Konstrukte, anstatt auf den lebendigen Fluß zwischen Patient und Therapeut.

2. Die zweite Behandlungsphase

In der zweiten Phase verändert sich der Schwingungsaustausch präkognitiver Gefühle zwischen Therapeut und Patient, Phallus- und Logos-Prinzip verlieren ihre dominante Stellung, und Eros und Hara, welche aus Brust- und Bauchregion des Therapeuten kommen, treten an ihre Stelle. Diese Veränderung steht in Zusammenhang mit den unbefriedigten instinkthaften Bedürfnissen des Patienten, die nun nicht mehr im Vordergrund stehen – dies unterscheidet die zweite Therapiephase von der ersten. Hauptcharakteristikum der Veränderung ist das Brüchigwerden der Ich-Abwehr und die bruchstückhafte Neuformierung der Psyche, deren Hauptbedürfnis es ist, vom Therapeuten und in der Therapie unterstützt und erhalten zu werden.

Die gegenseitige Durchdringung von Brust- und Bauchregion und das Dominieren beider gegenüber den beiden Rückenzentren ermöglicht es dem Therapeuten, einen unmittelbaren Kontaktkreislauf aufzubauen, dessen Qualität eher stützend als katalytisch ist. Über seine Brustregion kann sich der Therapeut mit den bewußten und unbewußten Gefühlen des Patienten identifizieren; über die Bauchregion kann er ihm seine bedingungslose positive Zuwendung ausdrücken, durch die sich der Patient so akzeptiert fühlt, wie er gerade ist. Die Bauchregion kann in Konflikten sowohl beim Therapeuten selbst als auch beim Patienten durch den indirekten interpersonellen Gefühlsaustausch zwischen beiden versöhnend wirken. Der Bauch polarisiert sich primär zur Erde hin und hat von daher eine unerschöpfliche Aufnahmefähigkeit für die fragmentierenden Verzerrungen und Konflikte. In Brust und Bauch befindet sich der große mütterliche

Mittelpunkt, während die beiden Rückenzentren eher männlich sind. Der neurotisch gespaltene Patient, dessen unechtes Person-System durchbrochen und teilweise durcheinandergeraten ist, wird beinahe unausweichlich unter seinen internalisierten Gefühlen zusammenbrechen und wird seine Schwächen, Ängste und seine existentiellen Unsicherheiten spüren, wenn er sich des sicheren, stützenden Milieus der Therapie sicher ist. Der stützende Aspekt wird dadurch verstärkt, daß der Therapeut Methoden direkter Berührung anwendet, denn sie bieten mehr Bedürfnisbefriedigung als die katalytische Bewußtmachung. Die Berührung muß sanft und gewährend sein; wenn der Patient gleichzeitig immer weniger Widerstand gegen den körperlichen Kontakt spürt, dann wird die Voraussetzung für außerordentliche regressive Durchbrüche geschaffen.

Nach solchen körperlichen Berührungen verändert sich häufig die Selbst-Identifikation des Patienten, und er wird dadurch in früheste Kindheitsjahre zurückversetzt. Wenn der Patient zu einer negativen Erfahrung regrediert, und wenn er das Vergangene wiedererlebt, spannt sich der Körper an und windet sich verbal oder non-verbal in akutem Schmerz. Meistens ist der Patient so regrediert, daß er nicht sprechen kann; dann läßt der Therapeut ihn auf der non-verbalen Ebene durch das Erlebnis hindurchgehen, zieht vielleicht seine Hand zurück und wartet ruhig, bis der Patient wieder zurückgekommen und in der lebendigen Gegenwart ist. Er wartet so lange, bis er wieder eine verbale Beziehung zu ihm aufnehmen und sagen kann, was er gerade erlebt hat.

Führt die Regression zu einer positiven Kindheitserfahrung, so zeigt sich das daran, daß der Körper sich rhythmisch und wellenartig bewegt, ein Merkmal für Lust und tiefe Entspannung. Solche Art Wiedererleben führt meist zu den angenehmeren Situationen der frühen Mutter-Kind-Beziehung. Ein solches Erlebnis kann sich der Patient aber nur gestatten, wenn er bereits beträchtliches Vertrauen zum Therapeuten entwickelt hat und sich bei ihm wirklich sicher fühlt. Ein Patient, der noch stark verpanzert ist – selbst wenn sein unechtes Ich-System schon bröckelt und schwächer wird – wird es fast immer schaffen, das regressive Wiedererleben angenehmer Kindheitserlebnisse auf irgend eine Weise zu unterdrücken. Denn ein solcher Patient kämpft immer noch innerlich mit seinem fortschreitend desintegrierten Ich-System, und in seinem Kampf projiziert er Wahrnehmungsverzerrungen auf den Therapeuten, die ihm als Schutz gegen Entspannung und emotionale Verletzbarkeit in Gegenwart des Therapeuten dienen. Damit sind wir beim Phänomen der Übertragung angelangt.

In vielen Jahren klinischer Erfahrung habe ich gelernt, daß das, was Übertragung genannt wird, tatsächlich ein objektives und reales Moment ist, das unausweichlich wird, sobald die Behandlung an Tiefe zunimmt. Ich stimme *Rogers* nicht zu, der sagt, ein Therapeut hätte die Möglichkeit, einen Patienten an der Übertragung zu hindern, d.h. daran, daß der Patient eine intim-emotionale Beziehung zum Therapeuten aufbaut und Eigenschaften auf ihn projiziert, die eigentlich zu seinen Eltern gehören und nun verschoben werden.

Übertragung hat etwas zu tun mit der Furcht eines Patienten, zu einem anderen Menschen eine Beziehung aufzunehmen, die mehr emotionale Nähe beinhaltet als alle Beziehungen, die er bisher hatte. Letztendlich repräsentiert die Übertragung eine Art Ich-Abwehr gegen das, was dem neurotischen Patienten als extreme Abhängigkeit vom Therapeuten erscheint. Das Letzte, was der Neurotiker ertragen kann, ist die Aussicht auf den Verlust seines Überleben-durch-Leiden-Willens. Daher fühlt er sich durch psychisch positive und körperlich angenehme Erfahrungen mehr bedroht als durch schmerzhafte Erfahrungen oder solche, die seinen Selbstwert beeinträchtigen. Jeder Therapeut, der auch nur ein bißchen dynamisch orientiert ist, weiß, daß das verschanzte, autoaggressive Über-Ich die letzte Bastion ist, bevor eine Neurose zerfällt. Übertragung ist ein Ergebnis des verschanzten Über-Ich.

Es ist eine äußerst bedrohliche Erfahrung für das verschanzte Über-Ich, regressiv die befriedigenden psychischen Schwingungen wiederzuerleben, die für eine gesunde Mutter-Kind-Beziehung typisch sind und die existierten, bevor die Psyche den ursprünglichen Gefühlen entfremdet wurde – was in jeder Kindheit passiert. Wir müssen hypothetisch die Struktur einer gesunden Mutter-Kind-Beziehung wiederherstellen, um verstehen zu können, warum für Neurotiker das Wiedererleben dieser Beziehung angstauslösender ist als alles andere. Es ist gleich, ob der Patient eine solche Erfahrung tatsächlich gemacht hat oder nicht. In jedem Fall kann der erwachsene Patient das Wiedererleben des kindlichen ozeanischen Gefühls von totaler Geborgenheit und liebender Fürsorge bei der Mutter nicht ertragen. Diese Gefühle sind für ihn zu überwältigend.

Diese positive Erfahrung totaler Geborgenheit stellt sich ein, wenn in späteren Behandlungsphasen die Verpanzerung aufgelöst ist und der Therapeut den Patienten sanft und befriedigend berührt.

Ich habe Patienten erlebt, deren tiefste Energieströme durch meine Berührung wieder zum Leben erweckt wurden, so daß ihre Körper sich spontan wellenartig bewegten, vom Kopf bis zur Fußspitze, ohne daß ich sie verbal beeinflußt hätte. Solche Bewegungen ähneln orgastischer Ekstase, obwohl diese Patienten sich sexuell nicht erregt fühlten, sondern eine Art Verschmelzung mit ihrer Mutter wiedererlebten und sich selbst als kleines Baby fühlten.

Ich habe allmählich entdeckt, daß diese außerordentlich lustvollen regressiven Erfahrungen aus der frühen Kindheit ein sicheres Zeichen sind für den Rückgang der charaktermuskulären Verpanzerung. Die Fähigkeit zu solchen regressiven Höhepunkt-Erlebnissen zeigt, daß die wichtigsten Energieblockierungen – sowohl an der Peripherie als auch in den Stoffwechselzentren – soweit zurückgegangen sind, daß der Patient ekstatische Lust erleben kann. Diese Erlebnisse werden begleitet von der Mobilisierung tiefliegender, bisher blockierter längsfließender Energieströme. Die Freisetzung dieser Energieströme markiert den Aufbruch des Patienten zu der Fähigkeit, seine originären Bedürfnisse und Gefühle bewußt und direkt zu erleben. Diese Bedürfnisse und Gefühle sind der psychodynamische Hauptgegenstand der zweiten Behandlungsphase.

Die Haltung des Therapeuten während der zweiten Therapiephase darf nicht reduziert werden auf die einer ständig nährenden Mutterfigur. Ganz im Gegenteil, die Kunst des Körpertherapeuten besteht in der Fähigkeit, von einem Moment zum anderen eine steigend intensive Beziehung zum Patienten aufzunehmen, von einer Übertragungsinteraktion zu einer anderen zu wechseln, ohne auf einer bestimmten Rolle oder auf einem bestimmten Verhalten zu verharren. Der gute Therapeut muß flüssig und elastisch auf den Patienten reagieren, eine unbegrenzte Anzahl möglicher Seinsweisen zur Verfügung haben; diese stellen eine Synthese der vier fundamentalen Beziehungsqualitäten dar, die die vier Gefühlszentren vermitteln. Der Therapeut muß ein starker und unabhängiger Vater sein, ein freundlicher, weiser älterer Bruder, ein warm aufnehmender gleichaltriger Freund, ein kämpferischer Herausforderer, ein selbstverwirklichter Guru, der seine eigenen Gefühle und Erfahrungen ausdrücken und mitteilen kann, ein selbständiger und zuverlässiger Kämpfer, kurz ein Vorbild für das transparente reale Selbst des Patienten.

Dies alles ist in der zweiten Behandlungsstufe wichtig, weil der Patient mehr und mehr bereit wird, ihn nicht nur als Fachmann und Autorität wahrzunehmen. Wenn der Therapeut darauf nicht elastisch reagieren kann, ohne eine Fassade aufzubauen, dann wird er die ambivalente Haltung des Patienten zum Therapeuten verfestigen, so daß das bestehen bleibt, was man negative Übertragung nennt. Dadurch wird der Moment aufgeschoben, in dem der Patient genügend Vertrauen zum Therapeuten hat, um eine zunehmend partnerschaftliche Interaktion mit ihm zu wagen.

Je länger es dauert, bis der Patient so weit ist, desto mehr Zeit wird die zweite Behandlungsphase beanspruchen; und wenn es zu lange dauert, dann hat sich der Therapeut wahrscheinlich in den unbewußten Selbsttäuschungen des Patienten verfangen, die beide daran hindern, sich genügend voneinander zu distanzieren, damit der Patient in die selbständigere dritte Stufe der Therapie hineinkommen kann.

Ein guter Therapeut erfaßt in der zweiten Therapiephase intuitiv, wie er den richtigen Schwingungsaustausch seiner Gefühle zum Patienten herstellen muß, damit dieser zwischen dem Gehenlassen seiner Abwehr gegenüber der potentiell angstauslösenden regressiven Befriedigung frustrierter infantiler Bedürfnisse und dem Wiedererstarken der Abwehr gegen diese Bedürfnisbefriedigung alternieren kann. Im vorangehenden Abschnitt habe ich ausgeführt, wie Patienten in der zweiten Behandlungsphase zwischen psychologischen Gegensätzen mit einer solch unvorhersehbaren Plötzlichkeit wechseln können, daß es dem Therapeuten oft schwerfällt, zu erkennen, was gerade passiert. Der intuitive Therapeut muß in der Lage sein, mit seinem „sechsten Sinn" die starken Schwankungen in der Stimmung, Einstellung und Wahrnehmung des Patienten gegenüber sich selbst und seiner Umwelt zu erkennen, damit er das richtige Gleichgewicht findet zwischen dem Ausstrahlen mütterlicher oder väterlicher Gefühlsqualitäten.

Zum Beispiel: Wenn der Therapeut spürt, daß der Patient sich hinter eine Fassade oder eine Mauer zurückzieht, die unecht oder schützend ist, muß er wissen, was jetzt günstiger ist: „mütterlich" zu sein und den Patienten hinter seiner Abwehr verschanzt lassen oder „väterlich"; wenn er sich für die väterliche Gefühlsqualität entscheidet, dann wird er seine männlichen Zentren, Logos und Phallos, einsetzen und den Patienten mit seinen selbst-täuschenden und vermeidenden Motiven konfrontieren, welche hinter den Abwehrmechanismen stehen.

In diesem Punkt unterstreiche ich das Reichianische Konzept der neurotischen Charakter-Struktur, nach dem diese dem Bewußtsein so gut verborgen ist, daß dieses (bzw. der Patient) sie nicht wahrnehmen kann, wenn nicht der Therapeut sie herausstellt und aufdeckt. Deshalb ist psychopathologisches Fachwissen für den praktizierenden Körpertherapeuten unerläßlich.

Es ist nicht adäquat, dem Patienten die ganze Zeit bedingungslose, mütterliche Zuwendung zu geben. Eine solche rogerianische Haltung halte ich für nicht ratsam, weil sie die latente Negativität verleugnet, die in jeder neurotischen Charakter-Struktur steckt. Manchmal muß der Therapeut es riskieren, diese latente Negativität anzugreifen und die Logos- und Phallos-Fähigkeiten des Patienten wenigstens dazu anregen, sich das Persönlichkeitsbild einmal mit neuen Augen anzusehen. Eine solche Konfrontation mit der Realität wird häufig dazu führen, daß der Patient sich schneller von seinen Abwehrmanövern befreit und in die regressive Bedürfnisbefriedigung zurückfällt.

Dies führt unmittelbar zu dem, was ich den Wiederbeginn positiver Elternbilder, den „reparenting process" nenne. Die Wachstumstendenz der Psyche – weg von der Bestimmtheit durch das Ich hin zu den frühen Seinszuständen – bringt das Hauptbedürfnis jedes Patienten hervor, nämlich geliebt und vollständig akzeptiert zu werden. Diesem Bedürfnis, das noch schwerer wiegt als das nach Sicherheit und Geborgenheit, steht die unbewußte neurotische Charakter-Struktur innnerhalb der Patienten-Therapeuten-Beziehung entgegen.

Rogers mit seiner naiven Weltanschauung hat versäumt, in der charaktermuskulären Verpanzerung das Böse und seine Verkörperung zu sehen, und die Beharrlichkeit, mit der die Abwehr um ihr Bestehen kämpft. Es gibt Zeiten, wo nichts weniger als eine robust-vielseitige und sogar mutig zu nennende Selbstsicherheit auf Seiten des Therapeuten in der Lage ist, das Bewußtsein des Patienten auf sich selbst zu richten, und zwar direkter und umfassender als je zuvor. Der Therapeut braucht viel Willenskraft aus seinem phallischen Zentrum, um ein guter Therapeut zu sein. Dies ist sowohl für die zweite als auch für die erste Therapiephase wichtig, vielleicht noch wichtiger für die zweite, da der Therapeut hier so viele verschiedene Seinsweisen konstellieren und in der Lage sein muß, sein Verhalten entsprechend zu verändern. Manchmal drückt der Therapeut dem Patienten Zuneigung und Engagement besser durch aufrichtiges und ehrliches Verhalten aus, als durch Zurückhalten seiner Kritik oder seiner negativen Reaktionen.

Ich will noch kurz auf den „reparenting process" eingehen. Dies ist ebenso ein Prozeß der Wiederherstellung eines positiven Mutter- als auch Vaterbildes. Beides halte ich für notwendig, damit der Patient seine Abwehrmechanismen aufgeben und seine innersten emotionalen Bedürfnisse entdecken kann. Was ich im letzten Abschnitt als Hierarchie der vorherrschenden Instinktbedürfnisse beschrieb, leitet das Auftauchen zweier neuer Bedürfnisse ein, die gleichzeitig auftreten – nachdem das Bedürfnis nach emotionaler Sicherheit erfüllt worden ist –: das Bedürfnis nach Liebe und bedinungsloser Akzeptierung, das oftmals mit dem neurotischen Bedürfnis nach Kampf gegen die Befriedigung dieser Wünsche verbunden ist. Wahrscheinlich liegt es am gleichzeitigen Auftreten beider Bedürfnisse, daß die zweite Behandlungsphase so chaotischen und so starken gegensätzlichen Gefühlszuständen unterworfen ist. Durch den mütterlichen Schwingungsaustausch kann der Therapeut das Bedürfnis nach Liebe und Akzeptierung befriedigen; durch den väterlichen Schwingungsaustausch kann er der Verneinung dieses Bedürfnisses entgegenwirken und sie allmählich aushöhlen.

Wenn Therapeut und Patient es schaffen, sich durch die zweite Therapiephase, in der das Liebesbedürfnis in den Vordergrund rückt, hindurchzuarbeiten und das neurotische sekundäre Bedürfnis auszulösen, dann ist der Prozeß der Wiederherstellung der Elternbilder im großen und ganzen abgeschlossen. Der Patient hat sein Mißtrauen abgebaut und kann dem Therapeuten gegenüber Dankbarkeit spüren und ihm mit größerer Offenheit und ohne Angst vor Verrat gegenübertreten. Wenn dieser Punkt erreicht ist und der Patient seine Liebe zum Therapeuten akzeptieren kann, muß dieser anfangen, die Beziehung in Richtung auf ein mehr partnerschaftliches Verhältnis zu ändern. Dies gilt für die letzten Teile der zweiten Behandlungsphase und für die ganze dritte. Dies bringt es mit sich, daß der Patient es sich abgewöhnt, den Therapeuten als Mutter- oder Vater-Ersatz zu betrachten, weil sein Bedürfnis nach Liebe und Akzeptierung vom Therapeuten befriedigt worden ist.

Unter Therapeuten der verschiedenen Richtungen hat es viel Verwirrung darüber gegeben, ob das gezielte Bemühen des Therapeuten zur Wiederherstellung der Eltern-Kind-Beziehung (reparenting process) von heilendem Wert ist oder nicht. Ich teile die Auffassung, daß der *reparenting process* immer dann wichtig ist, wenn für ihn in der Patient-Therapeut-Beziehung eine entsprechende Basis vorhanden ist. Der Therapeut kann ihn nicht erzwingen; genauso wie wirkliche Liebe, muß sich dieser Prozeß spontan entwickeln, sonst wird er zu einer Manipulation. In unserer maschinenbeherrschten Welt wächst das Mißtrauen gegenüber der Heilkraft der Liebe, so daß sogar viele Therapeuten sich davor hüten, sich emotional auf ihre Patienten einzulassen, aus Angst davor, sie in eine emotionale Sackgasse hineinzubringen, in der ihre Gefühle unerwidert bleiben. Bei meinen Patienten habe ich so etwas nicht erlebt. Wenn direkter Körperkontakt von Anfang an ein integraler Bestandteil der Therapie ist, wird das latente Mißtrauen des Patienten, der Therapeut könne ihn sexuell verführen, entmystifiziert. Statt dessen kann direkter Körperkontakt viel eher die belastenden Eltern-Imagines aus den bewußten Tiefen herauslösen, als das mit orthodoxen Therapiemethoden möglich ist. Es kann dann ein neuer Prägungsprozeß entstehen, wenn der Patient den Therapeuten als neuen Elternteil erlebt, der genauso viel prägenden Einfluß hat wie das allererste Wesen, dem ein Neugeborenes jeglicher Spezies begegnet. Eine solche Entwicklung bringt neue Probleme – die emotionale Fixierung des Patienten auf den Therapeuten muß in der Übertragung von beiden aufgelöst werden. Aber die Prägungsreaktion ist selten; gewöhnlich vollzieht sich im Patienten ein langsamer Prozeß, in dem dieser den Therapeuten mit zunehmender Objektivität und Distanz wahrnimmt. Diese Entwicklung sollte der Therapeut voll unterstützen und dabei gegenüber der wachsenden Zuneigung des Patienten eine akzeptierende Haltung bewahren, die gleichzeitig mit der Objektivität zunimmt.

Diese Entwicklung zeigt die Vorteile des Reparenting-Prozeß, der für den Patienten ein Lernprozeß ist, der aus drei Phasen besteht:

In der ersten Phase löst er sich von seinen unbewußten, tief verwurzelten Vorstellungen über seine Eltern-Kind-Beziehung; es handelt sich um eine Lösung vom negativen väterlichen/mütterlichen Archetypus, wie C.G. *Jung* formuliert.

In der zweiten Phase lernt er, ein neues, positiveres Mutter/Vaterbild in Gestalt des Therapeuten zu lieben,

und in der dritten Phase lernt er, die wahre Person hinter dem Mutter/Vaterbild zu lieben.

Diese drei Phasen stimmen überein mit den drei Behandlungsphasen, von denen zwei bisher beschrieben wurden und die dritte im folgenden Abschnitt dargelegt wird.

3. Die dritte Behandlungsphase

Charakteristisch für die dritte Phase der Behandlung ist das Hervortreten des letzten Bedürfnisses in der Instinkthierarchie:

das Bedürfnis nach Selbstverwirklichung. Während die ersten beiden Phasen bestimmt sind von der Befriedigung von Mangelbedürfnissen, wie Maslow sie nennt, so ist die dritte bestimmt von der Entdeckung der eigenen Wachstumsbedürfnisse, das auch mit dem Begriff Individuation gekennzeichnet werden kann. C.G. *Jung* hat diesem Geschehen in seinen Schriften große Bedeutung eingeräumt.

Hier wollen wir uns auf die Veränderung der Beziehung zwischen Therapeut und Patient in der dritten Behandlungsphase beschränken.

Das Wichtigste an der Veränderung der Beziehung zwischen Patient und Therapeut ist, daß der Therapeut nun nicht länger dazu bereit sein muß, für den Patienten Vater- oder Mutterfigur zu sein. Er fühlt sich jetzt moralisch dazu verpflichtet, den Patienten nicht länger ausschließlich zu unterstützen. Das heißt nicht, daß er ihm seine Wärme oder die bedingungslose Zuwendung entzieht. Ohne Frage muß der positive Schwingungsaustausch zwischen Patient und Therapeut weiterhin bestehen, nur konstellieren sich die Elemente in diesem Austausch neu. Am deutlichsten drückt sich die fast unmerkliche Veränderung in der Einstellung des Therapeuten zum Patienten darin aus, daß der Therapeut nicht mehr primär sein Brustzentrum in der Beziehung zum Patienten einsetzt, sondern sein Bauchzentrum; damit zieht er sich aus der empathischen Identifikation zum Patienten, die aus seinem Brustzentrum kam, zurück und sendet seine Strömungen aus seinem Bauchraum. Entsprechend zieht er auch seine phallischen Tendenzen zurück, womit er in der zweiten Phase das Bewußtsein des Patienten katalysierend ansprach, damit dieser seine Abwehrspiele bemerken konnte. Der Therapeut sendet jetzt seine Schwingungen primär aus seinem unteren Rückenbereich und weniger aus dem oberen. Dieser Wechsel vom oberen zum unteren Gefühlszentrum muß ebenso interpretiert wie gewürdigt werden. Die Gefühlszentren im Bauch und im oberen Rücken sind die Hauptvermittler des Instinkts nach Autonomie; dagegen ist das Gefühlszentrum der Brust Hauptvermittler des Instinkts nach Weltoffenheit. Mit Weltoffenheit meine ich das Streben nach draußen, zum Anderen, zur Identifikation mit den sozialen und kulturellen Aktivitäten anderer aus einem gesunden Gemeinschaftsbedürfnis heraus. Dieses Bedürfnis nach Weltoffenheit war wichtig für die fortschreitende Befriedigung der Mangelbedürfnisse, die in der zweiten Phase vorherrschten. Alle diese Bedürfnisse und ihre Befriedigung in der zweiten Therapiephase dienten dem Patienten dazu, aus sich selbst heraus und in die Welt um ihn herum hineinzugehen und sich nicht nur mit dem Therapeuten zu befassen. Das Therapieziel war, dem Patienten das Universum anderer Menschen zu erschließen und seine Selbstwerdung zu erleichtern, die hinter den Fassaden ist, und ihn zu lehren, echte Beziehungen zu anderen aufzunehmen. Dagegen wird die dritte Therapiephase bestimmt durch den Instinkt, nach innen zu schauen zum eigenen Seinszentrum – das Entdekken der verschiedenen Möglichkeiten, für sich zu sein, was den höheren Wachstumsprozeß zur Individuation charakterisiert. Zusammengefaßt: die dritte Phase ist die Phase größeren Innewerdens der eigenen Fähigkeiten und Kräfte.

Der Psychotherapeut, der in sein Bauch- und sein oberes Rückenzentrum hineingeht, bestärkt dadurch von Grund auf seine autonomen Kräfte; wenn er aus diesen Gefühlszentren heraus in Beziehung zum Patienten

tritt, bestärkt er indirekt auch dessen autonome Kräfte für die Beziehungen zu anderen Personen.
Entsprechend dieser Beobachtung behaupte ich, daß der Therapeut für den Patienten ein Persönlichkeitsmodell für vitales, selbstverwirklichtes Leben darstellt, das den Patienten mit zunehmender Wechselwirkung mitschwingen läßt. Der Schwingungsaustausch zum Patienten, den der Therapeut durch seinen Bauch heraus herstellt und mit dem er eine Buddhagleiche Autonomie und die integrierte Geschlossenheit selbstverwirklichter Seinsfülle zeigt, führt dem Patienten gegenüber zu einer weniger engen Beziehung. Dies spürt der Patient zunächst unbewußt; mit der Zeit aber wird es ihm auf vielerlei Weise bewußt. Der Patient wird damit auf den Weg der Bewußtseinsveränderung in Richtung zum universellen Symbolismus – *Jung* nennt dies das Kollektive Unbewußte – gebracht. Die Bauchregion ist der große Seinsgrund und als solcher Quelle religiöser Erfahrungen der eigenen inneren Gottheit, die in jeder Religion enthalten ist – nur im Christentum nicht. Immer ist es der Bauch, der von den archaischen Kulturen idolisiert wird: in Japan, China, Indien, Afrika, dem Nahen Osten oder bei den europäischen Völkern der vorchristlichen Zeit.
Es ist für mich immer wieder faszinierend, zu erkennen, wie oft meine Patienten einer nach dem anderen fast unausweichlich dahin kommen, daß sie ihre religiöse Verbundenheit zu sich selbst und zum Universum um sich herum entdecken, sobald ihre Mangelbedürfnisse befriedigt sind.
Dieses religiöse Empfinden führt zu einer verfeinerten Abstimmung mit den ursprünglichen Energiequellen, welche neben dem Geist die universelle Ordnung innerhalb und außerhalb des Menschen regulieren; sein Auftauchen hängt zusammen mit der Veränderung des Seins-Zentrums, das nun nicht mehr im Kopf ist, sondern im Bauch. Diese Abstimmung mit den Rhythmen und dem Energiefluß des Universums versetzt das Individuum auf geheimnisvolle Weise in die Lage, ehrfürchtig zu werden vor sich selbst als dem wahren Zentrum der Welt. Solch ein Mensch ist erleuchtet von seiner eigenen geistig-energetischen Wesenheit und weiß von der Freude über das „Ich bin Ich, und alles andere kreist in mir und ist eins mit mir" – um D.H. *Lawrence* zu zitieren. Wenn der Patient sein religiöses Bedürfnis nach Verbundenheit mit dem Universum entdeckt, dann vergrößert sich sein Instinkt zu einer ontologischen Lebensautonomie hin. Das zeigt sich darin, daß sich der Therapeut in der Wahrnehmung des Patienten verwandelt, vom Eltern-Ersatz zum religiösen Guru.
Ich habe beobachtet, daß der Patient seine eigenen geistigen Bedürfnisse umso mehr befriedigen kann, je mehr diese Verwandlung deutlich wird.

Er beginnt, Höhepunkte der Begegnung zu erfahren zwischen dem Subjekt und der Welt; diese Erfahrungen erfüllen ihn mit Ehrfurcht vor der großen Ordnung des Seienden, der Natur, und je mehr Erfahrungen dieser Art er macht, desto eher kann er sich aus einer anfänglichen emotionalen Abhängigkeit zum Therapeuten lösen. Er bezieht zum Therapeuten allmählich die gleiche Haltung von Losgelöstheit, die dieser zum Patienten herstellt, so daß ein Ich-Du-Dialog zwischen beiden entsteht. Das Wichtigwerden religiöser Werte führt auf geheimnisvolle Weise dazu, daß in der Therapeut-Patient-Beziehung beide Teile sich ihrer elementaren Einsamkeit und Subjektivität gegenübersehen.
Ein anderer Einfluß – wahrscheinlich der Stärkste unter den Katalyten für Veränderung – der die wachsende Autonomie des Patienten fördert, ist die verstärkte Selbstmitteilung des Therapeuten als Individuum. Dadurch deckt er seine individuellen Stärken und Schwächen auf. Darin zeigt sich, daß das Logos-Prinzip wichtiger wird und während der dritten Therapie-Phase durchgängig vorherrscht, im Vergleich zu seinem nur streckenweisen Hervortreten in den beiden ersten Phasen. Man könnte die Bestärkung des Logosprinzip durch das obere Rückenzentrum für die Therapeut-Patient-Beziehung für unangemessen halten. Therapeuten, die diese Meinung vertreten, begründen sie damit, daß die Beziehung immer durch die Tugenden Takt und Sanftheit bestimmt sein müsse und daß diese nicht zu dem passen, was das obere Rückenzentrum ausstrahle. Dagegen gebe ich Folgendes zu bedenken: Wenn es dem Therapeuten nicht gelingt, von seinem oberen Brustzentrum abzugehen und aus der Synthese zwischen Bauch und oberem Rückenzentrum einen Schwingungsaustausch aufzubauen, dann bleibt der autoritative Abstand zum Patienten weiterhin bestehen, und dieser behält seine überwältigende Ehrfurcht vor dem Therapeuten.
Diese Beobachtung folgt aus der Tatsache, daß durch den Reparenting-Prozeß beim Patienten die Auslöschung seines Selbst verstärkt wird und er den Therapeuten unbewußt auf ein idealisiertes Podest hebt. Einige Patienten habe ich nach einem tiefen Reparenting-Prozeß mit ihrer Wahrnehmung bewußt darauf stoßen müssen, mich als begrenztes Wesen zu sehen mit ganz spezifischen Schwächen, die sie sehr schnell merken würden, wenn sie mein tägliches Leben teilen würden. Bei diesen Patienten mußte ich aktiv eine Entmystifizierung meiner Person in die Wege leiten, um ihre emotionale Ablösung von mir als Über-Ich-Vorbild anzuregen. Die verstehende Kraft des Logos führt immer zur Konfrontation mit der Realität und weg von romantischer Idealisierung.

Obwohl mein Logos-Begriff dem ähnelt, was *Rogers* Kongruenz nennt oder Transparenz des Seins und aktives Mitteilen der eigenen Gefühlsreaktionen dem Patienten gegenüber, so sehe ich doch viele Unterschiede. Das Logos-Prinzip ist, wenn es in Wechselwirkung steht zum Phallos-Prinzip, in seiner aggressiv-unabhängigen Qualität „heidnisch" und animalisch primitiv. Es ist völlig rein von Sentimentalität und vergeistigter Nachsicht anderen gegenüber. Aber genau dieser spontane geistige Stolz und die männliche Selbst-Transzendenz erleichtern beim abhängigen Patienten die emotionale Ablösung von der Übertragung, und zwar viel effektiver als alles andere. Der Bauch weist einen großen Nachteil sogar noch während der dritten Behandlungsphase auf, nämlich seine Tendenz, alles, was sich außerhalb befindet, einzuverleiben und aufzusaugen; wie sich dies bei Patienten zeigt, die im Therapeuten ein Vorbild heiliger Weisheit und Tugend sehen und deshalb weiterhin in seinem Einflußbereich gebannt bleiben; sie sehen ihn eher als Guru an statt als das, was er wirklich ist, nämlich einerseits geistiger Führer und andererseits ein stolzes, selbständiges menschliches Wesen mit einem privaten Leben voller geistiger und animalischer Bedürfnisse.
Die untere Körperhälfte unterscheidet sich von der oberen; sie ist der Sitz der lebendigen, leidenschaftlichen Lebensimpulse. Dagegen ist die obere Körperhälfte der Sitz des Geistes und der höheren Kreativität. Die Dimension, die in *Rogers'* Beschreibung der Therapeutischen Kongruenz fehlt, ist die leidenschaftliche Selbstbestätigung der eigenen Person. Damit schlage ich nicht vor, daß der Therapeut mit dem Patienten über seine privaten sexuellen Aktivitäten sprechen soll, sondern ich meine, der Therapeut ist dem emotional abhängigen Patienten gegenüber moralisch verpflichtet, sich so auszudrücken, daß dieser dessen natürliche geistige Disziplin in Verbindung mit seiner Fähigkeit zu körperhafter Befriedigung und vitalem Überlebenswillen direkt spürt.
Die wohl effektivste Art der Mitteilung dieser Dimension ist der Wille des Therapeuten, sich auch einmal über den Patienten zu ärgern und ihm diesen Ärger eindeutig mitzuteilen. Ich hatte schwer neurotische Patienten, die nach mehreren Jahren Therapie erst dann in der Lage waren, sich von ihrer Übertragungsfixierung zu lösen, als ich sie in aufrichtigem Ärger angeschrien habe.
Für manche Patienten kann ein aggressiver Wutausbruch Wunder tun – wenn er eingebettet ist in einen gleichmäßigen Schwingungsaustausch mit den drei anderen Gefühlszentren.
Die dritte Therapiephase ist nicht die Zeit für Vorsicht dem Patienten ge-

genüber oder für lasche Nachgiebigkeit. Während dieser Zeit muß der Patient lernen, auf seinen eigenen Füßen zu stehen und die Zügel in seine eigenen Hände zu nehmen, ohne vom Therapeuten geführt zu werden; und wenn das für ihn eine neue Quelle von Schmerzen entstehen läßt, dann muß er diese Schmerzen ertragen, und der Therapeut muß dafür sorgen, daß dieser Schmerz auch aufkommt. Das kann soweit gehen, daß er einige Monate im voraus das Ende der Therapie festsetzt und sich weigert, den Patienten danach noch zu sehen. Hier treten die Prinzipien Logos und Phallus gemeinsam in Aktion, um den Patienten aus der dritten Behandlungsphase in ein selbstbestimmtes Leben zu entlassen.

Übersetzt von Inga Holzapfel, Hamburg

Literatur:

M. BROWN, The new body therapies, Psychotherapy: Research and Practice 2 (1973) 98–116

M. BROWN, The healing touch; mimeogr. Berkeley 1975

M. BROWN, Ein Vergleich zwischen „Direkter Körperkontakt-Therapie" und Janovs Primärtherapie, *Integrative Therapie 2/3* (1975)

Der körperorientierte Therapieansatz bei W. Reich und F.S. Perls

Leland E. Johnson, Houston, Texas

Einführung

Die Exploration des menschlichen Bewußtseins als revolutionäres Phänomen wurde vom Denken zweier Männer geprägt, deren Wege sich verschiedene Male gekreuzt haben: *Wilhelm Reich* und *Friedrich Perls* sind zwei Forscher, die die Grenzen verschiedener Disziplinen und Kulturen überschritten und zu einer neuen Sicht vom Menschen Entscheidendes beigetragen haben. Ähnlichkeiten und Unterschiede zwischen Gestalttherapie und anderen reichianischen Therapieformen wurden von verschiedenen Autoren aufgezeigt (*Boadella* 1974; *Polster* 1973; *Smith* 1975). In diesem Artikel werden wichtige Ideen der beiden Systeme, die in beständiger Weiterentwicklung stehen, dargelegt und Experimente dargestellt, um den theoretischen Betrachtungen mehr Klarheit und Lebendigkeit zu geben. Dabei gehen wir von der Grundannahme aus, daß alle Krankheiten, physische und psychische, durch einen gehemmten Energiefluß entstehen.

Prozeß und Inhalt

In der Gestalttherapie ist die zentrale Fragestellung nicht das „*Warum*", sondern das „*Wie*". Verbaler Inhalt muß mit der Art und Weise im Zusammenhang gesehen werden, wie sich ein Individuum darstellt. Auch für *Reich* enthüllt der Kommunikationsstil den Charakter des Klienten. Die Aussagen des Klienten über sich selbst sind nicht so wichtig, wie die Art, in der die Aussagen gemacht werden, das „Wie". Die Strategie beider Therapien verläßt sich nicht auf den Bericht des Klienten, sondern hält den Klienten dazu an, mit der Vorstellung zu experimentieren, damit er die Veränderungen im Prozeß der „Figur-Grund-Beziehungen" in jedem Moment bewußt wahrnehmen kann. *Perls* und *Reich* lehnten beide die ausschließlich verbalen, indirekten und langzeitigen Formen der Therapie ab. In der Gestalt-Existential-Therapie und im vegetotherapeutischen Ansatz wird der Klient ermutigt, über eine „erstarrte Geschichte" (*Reich* 1949) hinauszugehen, um zu den vegetativen Strömungen des genitalen (authentischen) Charakters zu gelangen. Erhöhte Wahrnehmung dieses Prozesses kann erreicht werden, indem man den Klienten auffordert, eine Rolle, die er häufig spielt, zu übertreiben. Wir halten ihn dazu an, die Klischees, die Körperhaltungen, die Gesten und Töne zu gebrauchen, die in der Rolle vorkommen, und den Gefühlen, die darunter liegen, Ausdruck zu verleihen. Schließlich lassen wir den Klienten die Rolle noch einmal spielen und dieses Mal auf das verborgene Element in der Rolle achten. Wie, wann und wo kann er wahrnehmen, was unter den Rollen verborgen liegt? Als Beispiel sei eine Frau in den vierziger Jahren genannt. Sie ist beliebt, gesellig und im sozialen Umgang geschickt, lächelt leicht und lacht häufig. In der genannten Übung spielt sie übertreibend ihre „happy-go-lucky"-Rolle. Unterschwellig gab sie Ärger und Unzufriedenheit mit ihrem Mann Ausdruck. Als sie die „happy-go-lucky"-Rolle noch einmal spielte, konnte sie sehen, in welcher Weise sie in dieser Rolle zu allen anderen Distanz hält. Manchmal verriet ihr Lachen Ärger. Durch diesen Wahrnehmungsprozeß gelang es ihr, über den vordergründigen Inhalt ihrer Rolle hinauszugehen.

Individuelles Wachstum

Beide, *Perls* und *Reich*, waren in ihrem Spätwerk der Ansicht, daß Therapie ohne Techniken und festgelegte Entwicklungsmodelle durchgeführt werden sollte. Jeder Mensch wird als organischer Prozeß, der nicht von seinem eigentlichen Lebensprozeß getrennt werden kann, gesehen, denn ein Teil seines Lebens besteht darin, Figur-Grund-Beziehungen zu schaffen, zu wählen und zu koordinieren. In beiden Therapieformen ist der Mensch „mehr und etwas anderes" als eine Serie von Themen und Mustern ... *Perls* und *Reich* hatten tiefen Respekt vor den individuellen Wachstumsfähigkeiten in jedem Menschen.

Alle gestalttherapeutischen und reichianischen Techniken müssen in einer Weise angewandt werden, die dem Klienten erlauben, sich nach seinem eigenen Maß zu entwickeln und die eigene Tiefung zu bestimmen (*Levitsky, Perls* 1970). Dies ist in dem Maße möglich, in dem der Therapeut mit dem Klienten ganz mit allen Sinnen in Kontakt steht und nicht vorgefaßte Ideen oder Diagnosen über den Klienten verfolgt. Die folgende Liste beinhaltet zehn Regeln, die sowohl den Klienten als auch den Therapeuten instruieren. Sie illustrieren beispielhaft, wie es möglich ist, Regeln zu beachten, ohne daß sie zu mechanistischen Tricks werden.

Zehn Gründe, weshalb es keine festen Regeln geben sollte:

1. – Regeln hemmen das spontane Verhalten.

2. – Regeln werden leicht zu Geboten und Verboten („du sollst nicht", shoulds).
3. – Regeln können Ersatz für echtes Verständis werden.
4. – Es kann mühselig werden, sich immer an Regeln zu erinnern.
3. – Regeln engen die Individualität ein.
6. – Regeln sind ein Kreuz für Gedächtnisschwache.
7. – Zuviel Energie wird durch Regeln verschwendet.
8. – Regeln lassen sich nicht leicht an die Realität verschiedener Individuen anpassen.
9. – Regeln werden immer übertreten.
10. – Regeln beeinträchtigen die Kreativität des Menschen.

Hier und jetzt die Vergangenheit neu gestalten

Die absorbierte Spannung der Vergangenheit kann durch Reichianische und Gestalttherapie wieder erlebt und neu gestaltet werden. Im „Jetzt" lebendig zu sein, ermöglicht es, Erfahrungen aus der Vergangenheit im Hier und Jetzt in voller Intensität zu integrieren. Nach *Perls* (1949) soll der Klient direkt mit „Hier und Jetzt-Wahrnehmungen" experimentieren, anstatt seine Umgebung zu manipulieren. *Reich* (1949) meint, daß alles in der Therapie mit den Gefühlen erinnert werden muß, die der Erinnerung an die vergangenen Erlebnisse entsprechen. In beiden Therapieformen löst der Versuch, rein kognitive Lebensschilderungen zu unterbrechen, intensive Gefühle aus.

Diagramm 1 illustriert den Prozeß der Persönlichkeitsentfaltung, wie *Perls* ihn aufzeigt. Das „Dort" und „Dann" wird zum „Hier und Jetzt", während sich das Individuum durch das Stundenglas der Ausdrucksfähigkeit bewegt.

Eine Möglichkeit, durch eine frühere Erfahrung eingeschlossene Gefühle zu reflektieren, bietet die Aufforderung, das schrecklichste Erlebnis zu erinnern. Die Klienten wählen traumatische Erlebnisse wie: frühes Verlassenwerden durch die Eltern, Autounfälle, sexueller Mißbrauch, den Tod eines geliebten Menschen, Strafen und Augenblicke der Isolation und extremer Angst. Diese Erinnerungen können in der Gegenwart durch Gegenwartsgespräche (Präsens) und visuelle Phantasien (Imagination) wachgerufen werden. Im Prozeß der „gegenwärtigen Vergangenheit" muß der Klient angehalten werden, die verbotenen Gedanken und tabuisierten Verhaltensweisen, die im „Körpergedächtnis" zurückgehalten wurden, auszudrücken. Der Grad der Involviertheit des Klienten und seine Fähigkeit, die alten Erinnerungen in die Gegenwart zu bringen, bestimmen die

Diagramm 1

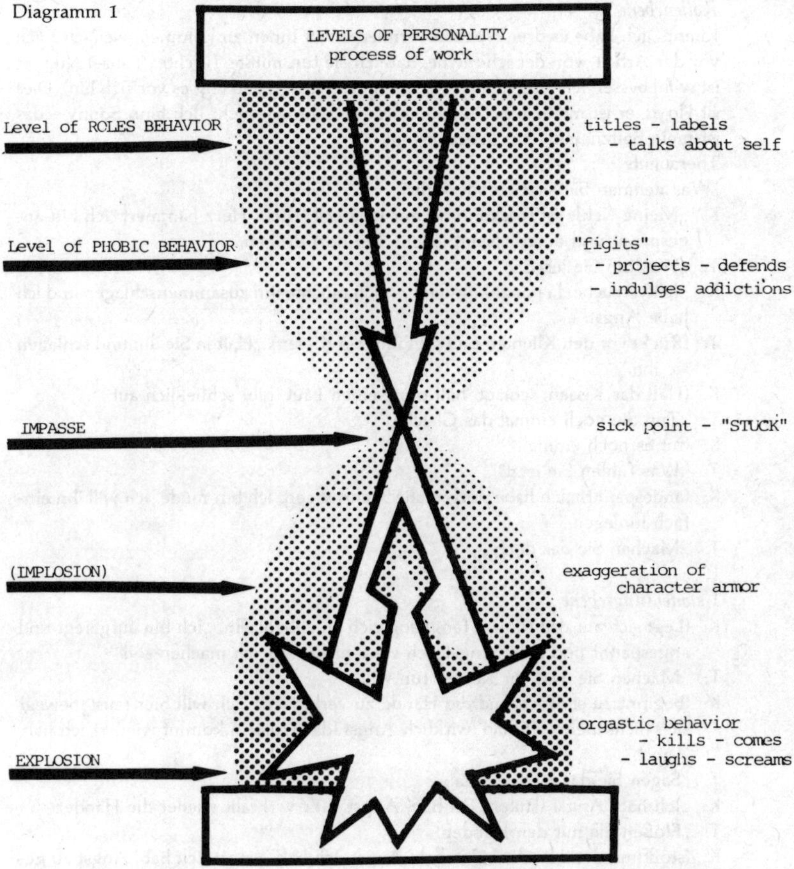

Illustrations by Kenan Branam

Schließung der Situation. Wenn Körper und Kopf die Kontrolle verlieren und anfangen, autonom ohne Zensur zu reagieren, wird die Situation sich schließen.

Das folgende Transkript zeigt den Weg eines Klienten durch die Rollenebene und die phobische Vermeidung zur Blockierung und schließlich zum Durchbruch der Explosion, der Integration ermöglicht (*Petzold* 1974).

Rollenebene

Klient: „Ich habe es drei Wochen vermieden, zu Ihnen zu kommen, weil ich mich vor der Arbeit, von der ich meine, daß ich sie tun müßte, fürchte. (Pause) Nun, es ist wohl besser, ich fang mal an. (Er nimmt ein Kissen und legt es vor sich hin). Dies ist Floyd, er ist mein ‚Top Dog', und ich mag ihn gar nicht. Ich binn Sonny – das ist mein Spitzname – ein lieber lustiger Kerl." –

Therapeut:

„Was nehmen Sie jetzt gerade wahr?"

K: „Meine Kehle ist trocken und mir ist angst. Mein Herz hämmert. Ich bin angespannt und ärgerlich mit jenem Teil dort drüben."

T: „Was tun Sie jetzt?"

K: „Ich versuche da reinzukommen . . . ich möchte ihn zusammenschlagen und ich habe Angst."

T: (Rückt vor den Klienten und gibt ihm ein Kissen). „Halten Sie ihn und schlagen sie ihn."

K: (Hält das Kissen, schlägt, hält ohne einen Laut, gibt schließlich auf.)

T: „Tun Sie noch einmal das Gleiche."

K: (tut es noch einmal)

T: „Was fühlen Sie jetzt?"

K: (angespannt) „Ich habe noch mehr Spannungen. Ich bin müde. Ich will ihn einfach hinlegen."

T: „Machen Sie das doch".

Vermeidungsebene

K: (Legt sich auf das Kissen, fängt sogleich an zu frösteln) „Ich bin aufgeregt und angespannt und habe Angst. Ich weiß nicht, was ich machen soll."

T: „Machen Sie, was Ihr Körper tun will."

K: (beginnt zu stöhnen und die Hände zu verkrallen) „Ich will hier raus! (bewegt sich nicht mehr) Ich hab' wirklich Angst (das Frösteln kommt wieder), ich hab' Angst."

T: „Sagen Sie das noch einmal."

K: „Ich hab' Angst (lauter), ich hab' Angst". (Er verkrallt wieder die Hände).

T: „Stoßen Sie mit den Händen!"

K: (stößt mit den Händen) „Ich hab' Angst. Ich hab' Angst. Ich hab' Angst zu gehen." (Das Schlagen nimmt ab, die Angespanntheit kommt in den Körper zurück).

T: „Was erleben Sie jetzt, Floyd?"

Blockierung

K: „Ich habe Angst und ich ärgere mich über mich selbst, weil ich nicht tue, was ich tun sollte."

T: „Was sollten Sie denn tun?"

K: „Ihm mit dem Fuß eins versetzen, ihn schlagen."

T: „Wen?"

K: „Floyd – er sagt mir immer, was ich tun soll und wie ich es machen muß."

T: „Setzen Sie sich auf und sagen Sie mir schnell, was zu tun ist, rasch, nicht unterbrechen."

Implosion

K: (Richtet sich langsam auf, vermeidet Augenkontakt).

T: „Tun Sie es jetzt."

K: „Habe mich lieb, wenn ich das möchte, und akzeptiere mich jetzt. Hör doch auf, mich zu frustrieren, und hilf mir doch." (Der Kopf sinkt nach vorn, die Arme schließen sich fest um den Körper, die Stimme zittert deutlich).

Explosion

K: (Beginnt heftig auf das Kissen einzuschlagen. Nach ein oder zwei Minuten ist sein ganzer Körper mit einbezogen). „Laß mich gehen. (Lauter) Laß mich gehen! Laß mich gehen!"

T: (Laut) „Nein!"

K: (Nach einer Weile) „Ich gehe!" (Ruhig ohne Aufregung).

T: „Sagen Sie ihm das noch einmal!"

Integration

K: „Ich geh jetzt weg." (Kehrt ihm den Rücken zu). „Es ist so einfach, ich kann gehen."

T: (Nach etwa einer Minute Schweigen) „Wie fühlen Sie sich?"

K: „Ich fühle mich ruhig. Es ist so einfach und ich habe so lange gewartet, dies zu tun, (Tränen) und ich fühle mich besser. (Schaut den Therapeuten an), Sie sehen warm und freundlich aus!"

T: „Wer?"

K: „Ich fühle mich warm und freundlich. Jetzt brauch' ich keinen Schutz." (Lächeln und Schweigen).

Verantwortlichkeit und Selbstsupport

Für *Perls* (1973) besteht eine zentrale Aufgabe des Therapeuten darin, den Klienten zu konfrontieren. Der Therapeut ist manchmal zum Wohle des Klienten hart. Er wird erlebt als jemand, der sowohl Frustration als auch Unterstützung (support) bietet, um eine Atmosphäre zu vermitteln, die es dem Klienten erlaubt, seine Manipulationen aufzugeben. In der reichianischen Analyse kann der Klient, wenn er mit seiner Charakter-Panzerung konfrontiert wird, seine Neurose aufgeben, unter der Bedingung, daß er seine basalen Widerstände erkennen kann.

Das therapeutische Ziel beider – *Perls'* und *Reichs* – ist es, dem Klienten eine Möglichkeit zu schaffen, über den Support aus der Umwelt, die infantile Abhängigkeit von ihr hinauszugehen und auf seine eigenen organischen Quellen zurückzugreifen, um seinen Charakterwiderstand aufzulösen.

Um die Versuche des Klienten, vom Therapeuten unangemessenen Support zu erhalten und die Kindchenrolle weiterzuspielen, zu unterbinden, wurden in der Gestalttherapie folgende Interventionskonzepte entwickelt: Der Therapeut gibt keine Erlaubnis. Er erlaubt keine Fragen und erteilt keinen Rat. Erst wenn der Klient sein infantil-manipulierendes Verhalten aufgibt, wird das Interventionsspektrum breiter.

Es ist eine ausgezeichnete Übung für Therapeuten, eine ganze Sitzung nur mit folgenden fünf Fragen zu bestreiten:

„Was nehmen Sie jetzt wahr?"
„Was wollen Sie jetzt?"
„Was vermeiden Sie jetzt?"
„Was erwarten Sie jetzt?"
„Wovor fürchten Sie sich jetzt?"

Dieses Vorgehen erlaubt dem Therapeuten zu beobachten, was geschieht, wenn auf diese Weise die Verantwortung für den Fortschritt, das Wachstum und die Therapie in die Hände des Klienten gelegt wird. In der Regel kann man dann Phasen der Frustration, des Ärgers, der Verwirrung, des zögernden Versuchens und des allmählichen Verstehens beim Klienten beobachten.

Der neurotische Charakter

Abbildungen in Diagramm 2 zeigen das „authentische Selbst" (in der Metapher einer Amöbe) in Beziehung zum imaginären Selbst. Die dunkel schattierten Gebiete zeigen Charakterpanzerung oder „unverdautes", nicht integriertes Material.

Stimulus	*Response*
Projektion	*Introjektion*
Dunkel schattiertes Gebiet zeigt abgespaltene Gefühle, die das Selbst sich vorgestellt oder als Teil auf den Charakter einer anderen Person oder auf die Umweltbedingungen projiziert.	Dunkel schattierte Gebiete zeigen Konzepte, Gewohnheiten, Verhaltensmuster, die unter äußeren Einflüssen einverleibt oder nicht ganz in das Selbst integriert wurden und die aufgrund mangelnder Diskriminationsfähigkeit beibehalten werden.

Diagramm 2

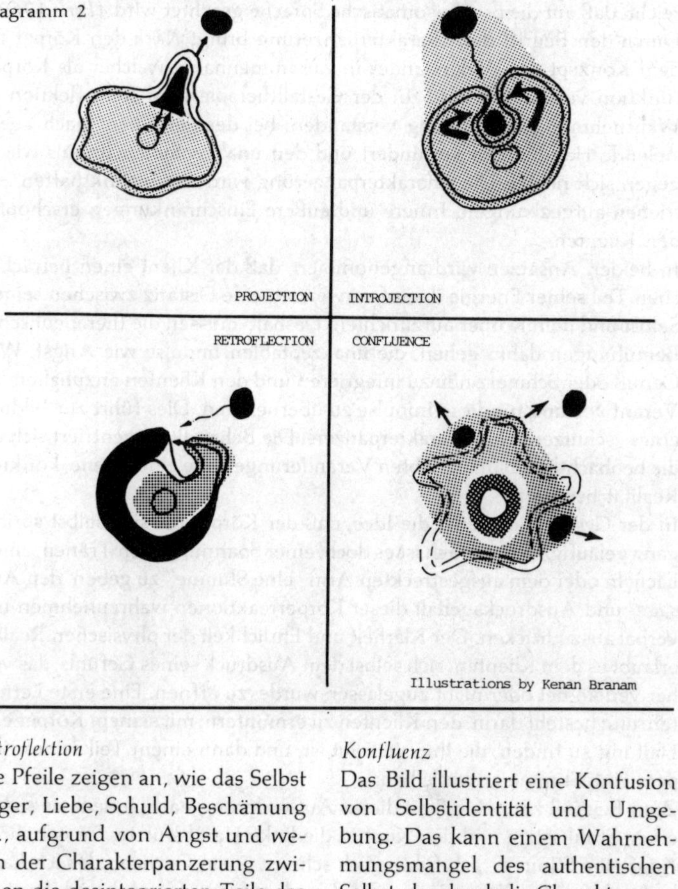

Retroflektion
Die Pfeile zeigen an, wie das Selbst Ärger, Liebe, Schuld, Beschämung etc., aufgrund von Angst und wegen der Charakterpanzerung zwischen die desintegrierten Teile des Selbst richtet, statt direkt auf den Stimulus zu antworten.

Konfluenz
Das Bild illustriert eine Konfusion von Selbstidentität und Umgebung. Das kann einem Wahrnehmungsmangel des authentischen Selbst, das durch die Charakterpanzerung blockiert wird, zuzuschreiben sein. Ausdrucksformen werden unangemessen.

Der wiederentdeckte Körper
Das zentrale Konzept der Gestalttherapie ist die Förderung der Awareness, die Schulung der Bewußtheit. Diese Schulung wird u.a. dadurch er-

reicht, daß auf die psychosomatische Sprache geachtet wird. (*Perls* 1969b). Durch den Begriff der Charakterpanzerung bringt *Reich* den Körper mit dem Konzept des Widerstandes in Zusammenhang, welcher als Körperfunktion verstanden wird. In der Gestalttherapie wird Retroflektion als Wahrnehmungsbegrenzung verstanden, bei der der Klient nach außen zielende Handlungen verhindert und den unakzeptablen Impuls wieder gegen sich richtet. Die Charakterpanzerung wird den instinkthaften Antrieben aufgezwungen. Innere und äußere Einschränkungen erschöpfen den Klienten.

In beiden Ansätzen wird angenommen, daß der Klient einen beträchtlichen Teil seiner Energie darauf verwendet, eine Distanz zwischen seinem Selbst und dem Körper aufzurichten. Deshalb müssen die therapeutischen Bemühungen dahin gehen, die unakzeptablen Impulse wie Angst, Wut, Genuß oder Schmerz neu zu integrieren und den Klienten anzuhalten, die Verantwortung für diese Impulse zu übernehmen. Dies führt zur Bildung eines „schützenden" Charakterpanzers. Die Behandlung zentriert sich auf die beobachtbaren und erlebten Veränderungen, die eine eigene, konkrete Realität besitzen.

In der Gestalttherapie ist die Idee, daß der Körper für sich selbst spricht, ganz geläufig. Wie einfach ist es doch, einer Spannung, den Tränen, einem Lächeln oder dem ausgestreckten Arm „eine Stimme" zu geben, den Aussage- und Ausdrucksgehalt dieser Körperreaktionen wahrzunehmen und verbal auszudrücken. Der Klarheit und Ehrlichkeit der physischen Realität erlaubt es dem Klienten, sich selbst dem Ausdruck seines Gefühls, das vorher verleugnet oder nicht zugelassen wurde, zu öffnen. Eine erste Lernerfahrung besteht darin, den Klienten zu ermuntern, mit seinem Körper eine Haltung zu finden, die ihm vertraut ist, und dann einem Teil seines Körpers eine Stimme zu verleihen.

Zum Beispiel kam eine Frau dieser Aufforderung nach, indem sie sich in einen Stuhl setzte und den Kopf in die linke Hand stützte. Sie gab ihrem Kopf eine Stimme: „Ich fühle mich schwer. . . ein Gewicht, das ich kaum halten kann. Es gibt so vieles, auf das ich aufpassen und das ich kontrollieren muß." Indem sie den Ausdrucksgehalt ihrer Haltung verbalisierte, wurde ihr die ständige Kontrolle ihres Verhaltens durch ihren Kopf bewußt. Diese Erkenntnis ist der Anfang einer Entspannung, die sich über den ganzen Körper ausdehnen wird.

Ausagieren wird Durchspielen

In der Gestalttherapie (*Clements, Perls* 1969) ersetzt Durchspielen das „Ausspielen", wenn der Klient durch Blockierungen und Gefühle von Hilflosigkeit den Weg zu authentischem Ausdruck und Selbst-Support geht. Für *Reich* (1949) bricht sekundärer Narzismus zusammen, wenn der Panzer des Klienten sich zu lockern beginnt und primäre Impulse frei werden. Primäre Abwehr löst sich, sowie der Klient durch die Verwirrung und Qual der Blockierung geführt wird. Es entstehen Verhaltensweisen, die der gesamten Persönlichkeit mit Geist, Körper und Seele entsprechen. *Reich* und *Perls* hatten beide die ganze Wichtigkeit des Kampfes erkannt, in dem der Klient durch Dunkelheit und Leere hindurchgehen muß, um „wiedergeboren", d.h. ein neuer, befreiter Mensch zu werden. „To suffer one's death and to be reborn is not easy" (*Perls* 1969b). Der Durchgang durch die Leere kann gezeigt werden, indem der Therapeut mit dem Satz „Du mußt" anfängt und der Klient mit „Ich will" antwortet. Die Übung, den gleichen Satz zu wiederholen, ergibt die Realität von „ich will nicht", und die primäre Erfahrung kann im Körper und in der Stimme wahrgenommen werden, sobald Wut und Widerstand gelöst werden. In der Gestaltarbeit wird der Klient fähig, seine Introjekte zu erkennen und zu integrieren. In reichianischer Sprache wird der Klient fähig, physische Spannungen zu lösen, indem er lernt, wie er die Charakterpanzerung lockern kann. Das Ergebnis ist eine gesteigerte Fähigkeit, im täglichen Leben mit einem klaren „ich will" oder „ich will nicht" zu antworten.

Selbstaktualisierung

Perls (1969c) und *Reich* (1965) waren ausgesprochene Kritiker der sozialpolitischen Situation der verschiedenen Länder, in denen sie lebten. Sie widersetzten sich beide einer Therapie, die nur darauf hinzielte, einem Individuum zur Anpassung an eine verwirrte Gesellschaft zu verhelfen. Vielmehr arbeiteten sie mit dem Klienten, damit er ein auf Dauer stabiles System entwickelt, um Lebensschwierigkeiten besser bewältigen zu können. Durch die Entwicklung von organismischer Selbstregulation und Selbstsupport und das Auflösen des neurotischen Charakterpanzers wird der Klient fähig, sein gesamtes Potential zu entwickeln. Jeder Mensch besitzt ein kontinuierliches Potential für Wachstum und Integration.

Das Gefühl der Einheit mit der Natur (*Kósmos*) und Gott (*Theós*), zu dem jeder von uns fähig ist, wird von *Reich* und von *Perls* betont und begründet. Kosmische Energien, Orgonströmungen, authentische Sponaneität und die dynamischen Kräfte des integrierten genitalen Charakters können als synonyme Inhalte betrachtet werden. Man kann sich „transzendentalen Erfahrungen" nur über die dynamischen Kräfte im Körper annähern, in-

Diagramm 3

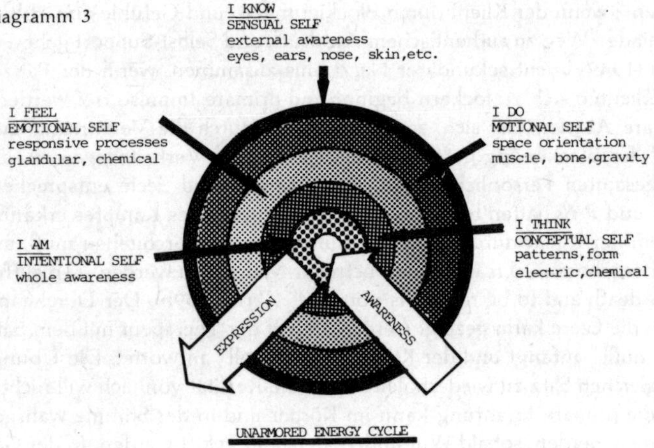

Illustrations by Kenan Branam

dem man die spezifischen Veränderungen des Körpers betrachtet. Diagramm 3 illustriert die Konfigurationen der gesamten Persönlichkeit vom Kern her nach außen.

Jeder Körper hat einen ruhenden Punkt, einen Ort des Haltes in sich. Dieser Ort oder Raum kann durch aufmerksame Wahrnehmung gefunden werden. Der Klient wird gebeten, sich auf den Boden auszustrecken, so daß er sich wohlfühlt. Dann wird er aufgefordert, sich Zeit zu nehmen und auf folgende Dinge zu achten: die Atmung, die Spannungsfelder, auf Wärme, Kälte und Entspannung im Körper. Er soll der Entspannung folgen, in einem angenehmen Raum des Körpers verweilen und die Erfahrung voller werden lassen, indem er Farben und Töne entstehen läßt. Meistens findet sich der ruhende Punkt im Zentraum des Körpers (Brust oder Abdomen), weniger häufig findet er sich im Kopf oder in den Extremitäten. Jeder Mensch hat eine individuelle eigene Erfahrung von „Frieden". Hat ein Organismus den physischen Ort für dieses Gefühl gefunden, kann es durch einen Augenblick der Konzentration wiedergefunden und in den Dienst der Selbstverwirklichung gestellt werden.

Lebensenergie, Elan Vital und Orgon

Reich (1961) gab uns den Begriff des Orgons. Die Gestalttheorie hat postuliert, daß ein gesunder Mensch fähig ist, seine „Erregungsenergie" frei

zwischen Lebensereignissen und Organismus fließen zu lassen. Nach *Latner* (1973) ist Excitement mehr als eine äußere Kraft, die ein Ereignis geschehen läßt, und mehr als eine Eigenschaft aller Lebewesen.
„Excitement ist eine Funktion der Figur, der Situation und ihrer Entfaltung. Ihre phänomenologischen Manifestationen wie Emotionen und die Erfahrung , lebendig zu sein, und das Erlebnis der Energie entsteht ebenfalls aus dieser Einheit des Organismus und seiner Realität."
Reich und *Perls* konzentrierten sich auf alltägliche Verhaltensweisen wie die Sprache, Gestik, Empfindungen, Wahrnehmungen, Körperhaltung und Muskelbeschaffenheit. Die natürlichen Verhaltensweisen eines Klienten wurden zum zentralen Interessenpunkt des Therapeuten. Die Phänomenologie der Existenz wurde zu einem nützlichen Instrument der Reichianischen und der Gestalttherapie.
Reine Erregung ist ein physisches Phänomen, das *Reich* vegetative Strömung nennt (*Johnson* 1974). Um die Erfahrung des Energiestroms zu erleichtern, wird der Klient aufgefordert, sich auf den Rücken zu legen, die Knie angewinkelt (90^0), die Hände auf beiden Seiten liegend, die Handflächen nach oben gerichtet. Dies ist eine rezeptive, offene Stellung. Sie wird Schmetterlingsstellung genannt. Die Wahrnehmung des Klienten wird auf die Atmung gelenkt und es wird ihm gezeigt, wie er mit Zwerchfell, Lunge und Rücken atmen kann, indem er durch die Nase ein und durch den Mund ausatmet. Weiterhin wird er angeleitet, wie er Körperbewegungen und Atmung koordinieren kann. Bei der Ausatmung werden die Knie geöffnet, bei der Einatmung werden sie wieder zusammengeführt. Der Therapeut berührt den Körper des Klienten überall, wo eine Blockierung auftritt, um die Aufmerksamkeit dahin zu lenken. Strömung und leichte Vibrationen fangen in den Oberschenkeln an und werden intensiver, sobald sie ins Becken und möglicherweise zum Brustkorb und Rücken gelangen. Dies ist eine Lebensenergie, die in jedem Körper vorhanden ist und zu spontaner Kontaktfähigkeit entwickelt werden kann.

Natur und natürlicher Mensch

Zwischen der Gestalttherapie und der Reichianischen Methode besteht Übereinstimmung, daß jeder Mensch sich gesund entwickeln wird, solange seine Erfahrungen nicht mit dem Fluß der normalen Entwicklung in Konflikt geraten. *Reich* (1961) meint, daß der selbst-regulative, nicht gepanzerte Charakter sein eigenes Unterstützungssystem und Kontaktfähigkeit entwickeln wird (vgl. *Perls*, 1965). Die obengenannten Übungen und Beispiele aus der Praxis reichianischer und gestaltischer Arbeit können von jedermann benutzt werden, um sein eigenes Mensch-Sein zu erforschen. Jede führt zum Erleben der eigenen Authentizität, des Zusammenbruchs des Körperpanzers und von rigiden Erlebens- und Kommunikationsmustern. *Reich* und *Perls* haben mit ihren Theorien und Methoden körperorientierter Therapie auf dem Weg zum Ideal spontaner, selbstverantwortlicher und authentischer Menschen einen wichtigen Schritt gemacht.

Übersetzt von Ursina von Albertini, Basel

Literatur:

BOADELLA, D., *Wilhelm Reich: The Evolution of his Work.* Chicago: Henry Regnery Co, 1974.

BRANAM, K., Personal Communication, 1974.

CLEMENTS, C., „Acting Out Versus Acting Through"; an interview with Fritz Perls. *Voices.* 4 (14), pp. 66-73, 1969.

LATNER, J., *The Gestalt Therapy Book.* New York: Julian Press, 1973.

LEVITSKY, A. and PERLS, F., „The Rules and Games of Gestalt Therapy" in J. Fagan and I. Shepherd (eds.) *Gestalt Therapy Now.* Palo Alto: Science and Behavior Books, 1970.

JOHNSON, L., *Bioenergetics: Body Contact Work.* Houston: Espiritu Books, 1974.

PERLS, F., *Ego, Hunger and Aggression.* New York: Vintage, 1969a

PERLS, F., *Gestalt Therapy Verbatim.* Moab, Utah: Real People Press, 1969b.

PERLS, F., *In and Out the Garbage Pail.* Lafayette, California: Real People Press, 1969c

PERLS, F., „Four Lectures" in *Gestalt Therapy Now.* Fagen and Shepherd, eds. 1970.

PERLS, F., *The Gestalt Approach and Eye witness to Therapy.* Palo Alto: Science and Behavior Books, 1973.

PERLS, F., HEFFERLINE, R. and GOODMAN, P., *Gestalt Therapy: Excitement and Growth in the Human Personality.* New York: Dell, 1951.

PETZOLD, H., *Psychotherapie und Körperdynamik,* Paderborn: Junfermann,1974.

POLSTER, E. and POLSTER, I., *Gestalt Therapy Integrated.* New York: Random House, 1973.

REICH, W., *Character Analysis.* New York: Noonday Press, 1949.

REICH, W., *The Function of the Orgasm.* New York: Farrar, Straus and Giroux, 1961.

REICH, W., *The Mass Psychology of Fascism.* New York: Farrar, Strauss and Giroux, 1970.

SMITH, E.W.L., The Role of Early Reichian Theory in the Development of Gestalt Therapy. *Psychotherapy: Theory, Research and Practice.* Vol. 12, #3, Fall, 1975.

II. Gestalttherapeutische Verfahren

Gestalttherapie und Körperarbeit

Jane A. Kamm, Detroit

Einleitung

Die in den USA heute wohl am weitesten verbreiteten Therapieformen, Fritz *Perls'* „Gestalttherapie" und Alexander *Lowens* „Bioenergetik", sind beide auf Wilhelm *Reich* zurückzuführen. Sowohl *Perls* als auch *Lowen* haben beide einen Teil ihrer therapeutischen Ausbildung bei Reich erhalten. Aus seinem grundsätzlichen Arbeitsmodell, daß wir unser Körper *sind*, daß psychologische Widerstände ihre physiologischen Gegenstücke haben, entwickelten sich zwei unterschiedliche, jedoch miteinander verwandte Methoden, die Probleme anzugehen, die der Patient mitbringt. Dieser Beitrag wird in erster Linie auf die Körperarbeit in der Gestalttherapie und die Möglichkeiten ihrer Verbindung mit anderen Körpertherapieformen eingehen. Die Autorin, eine privat praktizierende Psychotherapeutin, geht in diesem Artikel weniger auf die verschiedenen theoretischen Aspekte, sondern auf die direkten Erfahrungen in der praktischen Arbeit ein.

Gestalttherapeutische Körperarbeit

In den USA hört man oft in Gestaltgruppen die Empfehlung: „Arbeite nicht so viel mit deinem Kopf". Damit ist gemeint, daß es wenig sinnvoll ist, seine Zeit mit Rationalisieren und Intellektualisieren zu verbringen; „bewußt werden" („become aware"), die klare Wahrnehmung seiner Sinne, seiner Gefühle, seiner körperlichen Empfindungen und Reaktionen, ist das eigentliche therapeutische Ziel.

Beim ersten Treffen einer neuen Gestaltgruppe fängt man oft mit einer Übung an, bei der die Gruppenmitglieder ihre ganze Aufmerksamkeit darauf richten, bewußt wahrzunehmen, was in ihnen vorgeht. Einer nach dem anderen fängt mit den Worten an: Jetzt . . . in diesem Moment . . . nehme ich wahr, daß ich unruhig, verspannt bin, daß meine Hände schwitzen, daß mein Magen vibriert, daß mein Bauch schmerzt . . . usw., bis beim Einzelnen schließlich das Erleben so intensiv wird, daß er sich auf den „heißen Stuhl" („hot seat") setzt, um mit den Gefühlen zu arbeiten, deren er sich bewußt geworden ist. Diese Übung wird oft auch dann gemacht, wenn in

der Gruppe ein Widerstand deutlich wird, wenn entweder niemand arbeiten will oder die Arbeit oberflächlich ist. Hierbei wird man sich natürlich zunächst einmal seiner Gefühle bewußt, die dann in körperliche Empfindungen übergehen.
Oft muß man seine Aufmerksamkeit darauf richten, wie der Patient über verschiedene Teile seines Körpers spricht, so, als wären sie in Wirklichkeit nicht seine eigenen: „Ich spüre eine Unruhe in meinem Magen", „Meine Augen fühlen sich an, als wollten sie weinen". In diesem Fall würde Perls darauf bestehen, daß der Patient seine Körperteile wieder annimmt und die volle Verantwortung dafür übernimmt, was sein Körper tut. Eine beliebte Technik von ihm war, den Patienten aufzufordern, die Aussage zu überzeichnen und mit „Ich" zu beginnen: „*Ich* spüre eine Unruhe in *MEINEM* Magen" – „*Ich* spüre, wie *MEINE* Augen anfangen zu weinen", oder vielleicht sogar „*Ich* will weinen". Manchmal drückt ein Patient eine extreme Abneigung gegen einen bestimmten Teil seines Körpers aus. Ein treffendes Beispiel hierfür war ein Patient, selber ein erfahrener Psychotherapeut, der als Kind Poliomyelitis gehabt hatte. Obwohl die Nachwirkungen dieser Krankheit den anderen Gruppenmitgliedern nicht auffielen, meinte er selber, daß seine Füße abstoßend, zu schwach und häßlich seien und daß sie ihr eigenes Gewicht nicht tragen könnten. *Perls* forderte ihn auf, seine Schuhe und Strümpfe auszuziehen, damit die Teilnehmer seine Füße sehen könnten. Nun wurde deutlich, daß er die Unvollkommenheit seiner Füße bei weitem übertrieben hatte. Genau an dieser Stelle hielt *Perls* ihn an, seine Füße auf den leeren Stuhl zu setzen und mit ihnen zu reden. Es wurde klar, daß die Füße der „underdog", der unterlegene Teil, waren, während der ganze Rest seines Körpers zum „top dog", zum überlegenen Teil, gehörte.
Welcher Körperteil auch immer schmerzt, er kann auf diese Weise auf den leeren Stuhl gesetzt werden – ein Magen mit einem Geschwür oder das Geschwür selber, ein schmerzender Arm usw. *Perls* glaubte, daß alles, was mit dem Körper nicht stimmt, eine Sache ist, die der Patient sich selber antut und daher auch therapeutisch angegangen werden kann. Als ein Beispiel hierfür sei auf einen Patienten mit Kopfschmerzen verwiesen. *Perls* war der Meinung, daß sie eine Folge der Kontraktionen der Kopfmuskeln seien, die der Patient selber verspanne, um sich weh zu tun. Daher könne man auch den Patienten, der den Schmerz empfindet, von demjenigen trennen, der ihn ausübt. So forderte er ihn manchmal auf, zu seinen Muskeln zu reden und sich von ihnen ihr schmerzhaftes Kontrahieren erklären zu lassen. Ganz gewiß aber versuchte *Perls* mit diesen Methoden nicht, so-

matische Störungen zu beheben oder voreilig irgendwelche Symptome zu beseitigen. Seine Aufmerksamkeit richtete sich vielmehr darauf, seinem Patienten die Schmerzen deutlich bewußt zu machen. Um ihn verstehen zu lassen, wie er sich selber weh tut, ließ er ihn in die Symptome eindringen und sie vollständig erfahren. Er konfrontierte ihn damit und führte letztlich eine Lösung herbei, die entweder ein Akzeptieren oder ein Überwinden der Schmerzen beinhaltete.

Perls schenkte dem Körper des Patienten besondere Aufmerksamkeit, nicht nur seiner Ganzheit, sondern auch dem, was mit den einzelnen Körperteilen geschah. Oft brachte er korpulente Patienten dazu, ihr Übergewicht und damit ihre Eßgewohnheiten zu thematisieren, nämlich wahrzunehmen, was ihre Zähne mit der Nahrung machten, z.B. aggressives Zerkleinern, wie lange sie ihr Essen zerkauen, ob sie beim Schlucken Genuß empfinden oder nicht. Er geht davon aus, daß man den Genuß beim Essen maximieren kann und daher auch weniger Nahrung zum Erreichen eines entsprechenden Genusses braucht, wenn man die Nahrungsmittel bewußt wahrnimmt und ihrem Aussehen, ihrer Festigkeit, ihrem Aroma, ihrer Qualität und ihrem Geschmack genügend Beachtung schenkt. Ergo ist ein dicker Mensch ein unbewußter Mensch, und das Heilmittel für Fettleibigkeit ist eine intensive Wahrnehmung des Körpers und all seiner Organe und Sinne, die am Eßvorgang beteiligt sind.

Perls beobachtete sehr genau, was der Patient auf dem „heißen Stuhl" mit seinem Körper macht. Beispiel: Eine Patientin nimmt fortwährend von ihrer linken Hand* den Ehering ab und steckt ihn wieder zurück. Nun kommt plötzlich seine Frage: „Was macht deine rechte Hand mit deiner linken?" Über das, was im Moment vorgeht und auch über das, was sich auf einer symbolischen Ebene ereignet, läßt er die rechte mit der linken Hand einen Dialog führen.

Die Patientin schaukelt plötzlich mit ihrem linken Fuß, Perls fragt: „Was macht dein linker Fuß jetzt?" Die Antwort schildert immer Charakteristika der Patientin. Nach einer langen und anstrengenden Gruppensitzung äußert z.B. eine Patientin: „Ich fühle mich sehr glücklich, und meine Füße möchten tanzen". *Perls* antwortet: „Dann steh auf und tanze uns etwas vor." Sie erhob sich und wirbelte schnell und leichtfüßig umher, so daß die ganze Gruppe an ihrem „mini-satori" teilnehmen konnte.

Zeigt der Körper eines Patienten eine unerwartete Bewegung, so wird seine Aufmerksamkeit auf diesen Vorgang gelenkt. Sollte ihm dies keine

---

* In den USA wird der Ehering an der linken Hand getragen.

Einsicht vermitteln, so wird er gebeten, die Geste so weit wie möglich zu verstärken oder fortzusetzen (sie vielleicht häufiger oder mit *mehr Nachdruck durchzuführen), um voll in die Erfahrung einzusteigen* und sich all der anderen Gedanken, Gefühle und Empfindungen bewußt zu werden, die er dabei erfährt. Das Material, das hierbei zutage tritt, kann dann mit den üblichen Gestalttechniken bearbeitet werden.

Durch eine vorgegebene Übung (z.B. im Raum umhergehen und dabei auf die verschiedenen Körperwahrnehmungen achten, was mit den Füßen passiert, wie sich der Rücken anfühlt, wie die Atmung arbeitet usw.), vermittelt man dem Patienten oft eine größere Bewußtheit über seinen Körper. In gleicher Weise könnten hier Tanzen oder Streck- und Dehnübungen, die den ganzen Körper einbeziehen, vorgegeben werden. Unweigerlich wird der Patient über eine intensivere Wahrnehmung seines Körpers und seiner Sinne berichten, daß er sich „gut fühlt", lebendiger und angenehmer.

All dies wird auch in der Traumarbeit deutlich. Ein Patient berichtet: „Ich hatte einen Traum, der sich ständig wiederholt. Ich krieche durch eine lange Höhle und will mich zum Licht am Ende der Höhle durchkämpfen. Nun bemerke ich, wie meine Zähne anfangen zu wachsen und immer größer werden, bis sie schließlich meinen ganzen Mund füllen."

Perls Methode, mit Träumen zu arbeiten, beruht auf der theoretischen Annahme, daß jedes Einzelteil im Traum (einschließlich der Körperteile) einen Anteil der Persönlichkeit des Patienten widerspiegelt. Der Traum wird bearbeitet, indem man den Patienten die verschiedenen Einzelheiten durchspielen läßt. Er soll sich mit ihnen identifizieren und aus dieser Sicht berichten, was passiert: „Ich bin Johannes' Zähne, und ich fühle mich wachsen und größer werden. Je mehr ich mich dem Licht am Ende der Höhle nähere, desto stärker und kraftvoller fühle ich mich."

Die Atmung ist ein weiterer Aspekt der Körperarbeit, dem Fritz *Perls* größte Aufmerksamkeit schenkte. Er war der Meinung, daß Angst eng mit unzureichender Atmung verbunden sei, da Erregung unterbunden und durch die Furcht ersetzt wird. Ist ein Patient vor Angst gelähmt, so fordert man ihn auf, für einige Minuten langsam und tief zu atmen. Dies hat meist zur Folge, daß sein Entsetzen einer Wachsamkeit weicht, die mit einem starken Interesse verbunden ist, an seinem Problem weiterzuarbeiten.

Direktes Körperfeedback

Am Esalen Institut ließ *Perls* manchmal seine Gruppensitzungen auf Film aufnehmen. Nach Beendigung der Sitzung lud *Perls* die Gruppe zum gemeinsamen Ansehen des Filmmaterials ein. Der Effekt dieses persönlichen Feedbacks war sehr therapeutisch. Man sah sich selbst und beobachtete, wie man dasaß, sprach, seine Hände bewegte, seinen Kopf hielt, in Verlegenheit hin und her rutschte, lachte und sich nicht in die Augen sehen konnte. Niemand war sich je zuvor seines Körperausdrucks, seiner Sprache und seiner Bewegungen so bewußt gewesen, hatte niemals zuvor so klar wahrgenommen, wie er auf andere wirkte, wie der eigene Körper in vieler Hinsicht zahlreiche Aussagen über die Natur seiner emotionalen Probleme machte.

In ähnlicher Weise ließ *Perls* von seinem Co-Trainer oft Tonbandaufzeichnungen anfertigen. Solche Aufzeichnungen über die eigene Arbeit in der Therapie waren dann später jedem Patienten zugänglich, der sie anforderte. Starkes Interesse zeigte *Perls* an der Qualität der Stimme*, ihrem Tonfall, ihrer Klangfarbe und dem Luftvolumen, das sie trägt. Manchmal sagte er zu einem Patienten: „Bemerkst du den Klang deiner Stimme? . . . Beschreibe mir, was dir an deiner Stimme auffällt . . . Was empfindest du dabei? Magst du sie?" Konnte der Patient sich nicht mehr an den Klang seiner Stimme erinnern, spielte *Perls* das Tonband zurück und ließ ihn seiner eigenen Stimme lauschen. Ein unmittelbares Feedback! Oft zuckte der Patient ängstlich zusammen. „Ich höre ein schreiendes Baby" oder „Ich höre einen kleinen Jungen wimmern und klagen" oder „Ich höre, wie jemand versucht, einen Entsetzensschrei zu unterdrücken". Wen oder was auch immer der Patient in seiner Stimme hört, es wird auf den leeren Stuhl gesetzt und mit den üblichen Gestalttechniken bearbeitet.

Ergänzende Körpertherapie

Zu der Zeit, als *Perls* noch im Esalen Institut arbeitete, wurde auf die Einbeziehung des Körpers und auf die Behandlung durch physikalische Methoden großer Wert gelegt. *Perls* nutzte die Möglichkeiten, die Esalen bot, um die Arbeit in seinen Gruppen anzuregen und um seine eigenen Möglichkeiten zu erweitern, zu ergänzen und zu vervollständigen.

Die berühmten natürlichen Heißwasserquellen, deren Wasser in großen Schwimmbecken gesammelt wird und den Gruppen zum Baden zur Verfügung steht, fördert das Erleben der eigenen Körperlichkeit. Derartige hydrotherapeutische Maßnahmen können in ihrem Wert gar nicht hoch genug bewertet werden.

---

* Oft zitierte er Paul J. Moses, „The Voice of Neurosis", (N.Y.: Grune & Stratton, 1954).

Eine ähnlich totale sinnliche Erfahrung, die man oft mit Esalen in Verbindung bringt, ist die Gruppenarbeit mit „Sensory Awareness" (‚sinnlicher Wahrnehmung'). Durch eine Reihe von abgestuften Übungen werden hierbei alle Sinne (Fühlen, Sehen, Hören, Riechen) zum Leben erweckt und neu angeregt. Man nimmt seinen Körper, seine Umgebung, andere Personen und jeden einzelnen Körperteil intensiv wahr.
Nach einem schweren Herzanfall zog *Perls* nach Big Sur ans Esalen Institut, um dort seine letzten Lebensjahre zu verbringen. Die Tatsache, daß er noch so viele weitere Jahre sehr produktiv und voller Aktivitäten weiterlebte, schrieb er nur einer Person zu, der deutschen Biochemikerin und Physiologin Ida *Rolf*. Dr. *Rolf* hat ein System der Tiefenmassage für Muskeln und Bindegewebe entwickelt, die „Strukturelle Integration", um damit chronische Kontraktionen der Muskulatur zu beheben und so dem Körper seine ursprüngliche strukturelle Integration zurückzugeben. Diese Fasciamassage ist gezielt, durchdringend, kraftvoll und schmerzhaft, doch die Resultate sind oft verblüffend. Nach der Behandlung fühlt man sich vollständig neu und erlebt mit nicht gekannter Intensität, wie man geht, steht und atmet. Meist wird diese Massage, die in abgestufter Reihenfolge von zehn Sitzungen gegeben wird, von den Teilnehmern der Gestaltgruppen am Esalen Institut einbezogen. Andere Gestalt-Zentren haben mit kombinierten Gestaltseminaren und zwei oder mehr Rolfing-Sessions an einem Wochenende experimentiert. Ganz gewiß bewirkt das Lösen der verspannten Muskulatur auch ein Aufbrechen des Charakterpanzers, und oft werden intensive Gefühle und schmerzhafte Erinnerungen an vergangene Traumata freigesetzt. Häufig scheint es so, als wäre die Erinnerung weniger im Gehirn lokalisiert als in den Muskeln eingeschlossen. Die durch die Rolfing-Sitzungen ausgelösten Gefühle und Erinnerungen werden dann in den eigentlichen Gestaltgruppen bearbeitet.
Oft führen diese Intensivseminare zu dem „Bewußtsein", wieviel mehr man noch an sich arbeiten muß!
In einem dieser Workshops eröffnete der Therapeut die Sitzung damit, daß er jedes Gruppenmitglied ein Selbstbildnis malen ließ. Eine Teilnehmerin, eine große, korpulente, selbstgefällige und selbstzufriedene Frau, malte sich als siamesische Katze und erklärte der Gruppe: „Ich bin eine siamesische Katze. Ich mag Leute. Ich lasse mich gerne streicheln und verwöhnen. Ich kuschle mich gerne bei jemandem an. Ich sitze gerne bei jemandem auf dem Schoß, um ihm nah zu sein und mich zu wärmen. Ich lasse mich gerne füttern; ich fühle, daß man mich mag, wenn man mich füttert."
Nach drei Rolfing-Sitzungen und einer Menge Gestaltgruppenarbeit mit

dem Material, das durch sie freigesetzt wurde, bat der Gruppenleiter als Abschlußübung noch einmal jeden, ein weiteres Selbstbildnis zu malen. Der Vorher-nachher-Kontrast war verblüffend. Die beleibte Frau war nun in keiner Weise mehr mit sich zufrieden, hatte dafür aber eine stärkere Wahrnehmung ihres Körpers und ihres Aussehens. Auch spürte sie die enormen psychologischen Probleme, die ihrer Fettleibigkeit zugrunde lagen. Diesmal zeichnete sie das Bild einer dicken, fetten, asexuellen Elfe, der Tränen die Wangen hinunterliefen, und nannte es „Hoffnungsloser Kobold". Der Gruppe bedurfte dies keiner weiteren Erklärung.
Viele andere Ansätze der Körperarbeit sind bisher mit allen Arten von Encountergruppen und auch mit Gestaltgruppen kombiniert worden: Pesso-Bewegungstherapie, die Alexandertechnik, die Feldenkraismethode, Tanztherapie, Gertrude *Enelows* Entspannungs-Übungen usw. Einige hiervon mögen vielleicht ergiebiger sein als andere; wichtig ist jedoch, daß man es nicht bei Übungen und Techniken beläßt, ganz gleich, welche Gefühle und Wahrnehmungen auch immer hervorgerufen werden, sondern daß sie durchgearbeitet werden, damit das Erreichte erhalten bleibt*. Hierzu ist die Gestalttherapie nicht nur hervorragend geeignet, sondern unbedingt notwendig, soll die Arbeit mit diesen Verfahren nicht auf funktionales Training oder kathartische Abreaktion begrenzt bleiben.

Bioenergetik

Wie in der Gestalttherapie behauptet die Bioenergetik, daß physische Faktoren ihre emotionalen und charakterologischen Entsprechungen haben. Alexander *Lowen* hat eine Reihe von Übungen entwickelt, die den Körperpanzer direkt angehen und bewirken, daß der physischen Befreiung eine emotionale folgt. *Lowens* Methode umfaßt Beuge- und Streckübungen, tiefes Atmen, Streßpositionen und -beugungen, um die Muskeln vibrieren zu lassen, Tret- und Schlagübungen, um Wut und Zorn freizusetzen, Schreien und Kreischen zur Lösung der Halsmuskulatur, Würg- und Erbrechübungen, um z.B. gegenüber einer starken Autoritätsfigur mit Nachdruck und Überzeugung ein entschiedenes „Nein" sagen zu lernen. Wenn es angebracht ist, werden auch Übungen vorgegeben, um Zärtlichkeit, Sanftmut und Verlangen zu stimulieren und zu verstärken.

---

* Weitere Literatur zu diesem Thema findet man z.B. in: Anne Kent Rush, „Getting Clear – Body Work for Women". (N.Y.: Random House 1973); und in: „Voices" – Journal of the American Academy of Psychotherapists, Summer 1976, alles Artikel zum Thema „Psychotherapie und Körper".

Der Therapeut erstellt allein auf der Basis physischer Erscheinungsformen seine Diagnose, um danach erst bestimmte ätiologische Ableitungen über die frühen traumatischen Eltern-Kind-Beziehungen vorzunehmen. Die Diagnosen sind meist verblüffend genau. In direkter Körperintervention massiert, knetet, klopft der Therapeut die verspannte Muskulatur des Patienten durch, er bewegt z.B. den Unterkiefer des Patienten, um ihn zu lockern, zieht ihn vielleicht nach vorn in eine aggressive Haltung. Bei alledem wird vermittelt, wie wichtig es sei, für sich selbst und sein Verhalten die volle Verantwortung zu übernehmen, Unabhängigkeit und Selbstbehauptung zu entwickeln. Der Patient lernt, Entscheidungen zu treffen. Wie in der Gestalttherapie wird auch die Bioenergetik nicht nur als Einzeltherapie, sondern sehr oft auch in Gruppen durchgeführt; ferner ist die bioenergetische Gruppenarbeit, wie die klassische Gestalt, eine Einzelarbeit innerhalb der Gruppe.

Ich bin sowohl bei *Perls* als auch bei *Lowen* ausgebildet worden und habe mit Gestalt als auch nach der bioenergetischen Methode gearbeitet. Dabei bin ich zu der Auffassung gekommen, daß diese beiden Methoden sich nicht ohne weiteres verbinden lassen. Gestalttherapeuten arbeiten z.B. mit Material, welches dem Patienten zumindest schon teilweise bewußt ist – Träume, Körperbewegungen, innere physische Wahrnehmungen und Gefühle. In der Bioenergetik arbeitet man dagegen mit dem Körperpanzer, dessen Existenz und Bedeutung dem Patienten in der Regel nicht bewußt ist.

Die gestalttherapeutische Methode könnte man graphisch in etwa so darstellen:

Körper-Symptom	Wahrnehmung des Patienten	therapeutische Intervention	Durch-arbeiten	Symptom-auflösung

Die therapeutische Methode der Bioenergetik würde dagegen wie folgt skizziert:

Körper-panzer	therapeutische Intervention	Gefühlsausbruch des Patienten	Auflösung/Umbildung des Panzers

Hieraus wird deutlich, daß Gestalt und Bioenergetik grundsätzlich zwei verschiedene Ansätze der Körperarbeit haben. In der Bioenergetik geht der Therapeut die tieferen und fester verankerten Aspekte der Charakterstruktur des Patienten an, und zwar so, wie sie sich in seinem Körperpanzer niedergeschlagen haben. Der Patient wird nur allmählich zu einem kognitiven Verständnis gebracht, und spontane Bewußtheit ist kaum möglich. Weil der Körperpanzer über viele Monate immer und immer wieder angegangen werden muß, gibt es kein sofortiges Durcharbeiten und keine plötzliche Symptombeseitigung, bei der der Patient eine Art Abschluß oder Vollendung erfahren würde. In der Bioenergetik scheint das Durcharbeiten nur sehr langsam voranzugehen, und Probleme werden erst gelöst, wenn der Körperpanzer vollständig abgebaut oder transformiert ist. Weil das, womit gearbeitet wird, notwendigerweise unterschiedlich ist, kann man Gestalt und Bioenergetik nicht ohne Schwierigkeiten miteinander kombinieren. Manchmal forderte Fritz einen wütenden Patienten auf, auf ein dickes Kissen auf seinem Stuhl einzuschlagen. Oder er ließ einen Patienten die gleiche Sache immer und immer wieder herausschreien; meist war es jedoch nicht „Nein" oder „Mama", sondern etwas sorgfältig Ausgewähltes, das genau das spezifische Problem des jeweiligen Patienten betraf, z.B.: „Ach, ich bin zu nichts gut!" Man spürt, daß diese Methoden sich genauso aus der Arbeit *Reichs* entwickelt haben, wie die Techniken von *Lowen*, aber daß doch gewichtige Unterschiede bestehen:

Die Gestalttherapie folgt in ihrer Arbeit nur den Materialien, die der Klient bietet. „Don't push the river it flows by itself" ist zentrales Prinzip. Die Bioenergetik arbeitet mit „ausgelösten" Gefühlen. Sie bricht gewaltsam in die Panzerung ein. Das Wachstum in der Gestalttherapie ist viel mehr der organischen Selbstregulation überlassen, wohingegen der Bioenergetiker stark in die Prozesse eingreift oder sie auch durch die Übungen auslöst. Ein solches Vorgehen widerspricht der klassischen Gestalttherapie mit ihrem Konzept: Nicht machen, sondern geschehen lassen. Hier liegt ein grundsätzlicher anthropologischer und methodischer Unterschied zwischen Bioenergetik und Gestalt, der sich kaum überbrücken läßt, ohne daß wesentliche Positionen des Gestaltansatzes aufgegeben werden.

Der imaginativen Innenwelt, der bei der Gestalt in der Traumarbeit soviel Bedeutung zugemessen wird, wird bei der Bioenergetik kaum Beachtung geschenkt, und auch auf rationales Durcharbeiten wird kein Gewicht gelegt.

Die Gestalttherapie geht vom emotionalen Vordergrund des Klienten aus, der Bioenergetiker vom Charaktertypus, den er diagnostiziert. Auch hier sind beide Verfahren nicht zu verbinden, weil das eine, die Gestalt, kategorisch ablehnt, was dem anderen, der Bioenergetik *Lowens*, ein zentrales Konzept ist: die Kategorisierung von Muskelverspannungen in Charak-

tergruppen und damit ein kausales Denken, wie in der Psychoanalyse, anstatt eines prozessualen Denkens, das *Perls* als die wichtigste Neuerung der Gestaltmethode ansieht.
Der Kombination von Bioenergetik und Gestalt stellt sich das gleiche Problem wie der Kombination von Gestalt mit Rolfing oder Primärtherapie. Keine Probleme bestehen für die Verbindung mit Sensory Awareness, da diese auch von der aktualen Wahrnehmung des Patienten ausgeht.
Eine Verbindung von Bioenergetik und Gestalt wird m.E. nur über das gestalttherapeutische Konzept des *„Experiments"* möglich. Wenn der Klient aus seinem Prozeß heraus an eine Blockierung gekommen ist und sie als solche erkennt, kann der Therapeut ihm vorschlagen, eine bioenergetische Übung als Experiment durchzuführen, wobei der Klient schauen soll, was dies in ihm bewirkt, damit mit diesem Material gestalttherapeutisch, d.h. prozeßhaft weitergearbeitet werden kann.
In den meisten Growth Centers kündigt man Encountergruppen oft als Gestaltgruppen an, die mit bioenergetischen Methoden arbeiten, um besonders intensive Gefühle auszulösen. Besucht man derartige Workshops, so wird man häufig feststellen, daß die hier angewendeten Methoden aus allen Richtungen der Encountertradition zusammengetragen sind, um Leute „anzuturnen", und daß nur ab und zu einige wenige Gestalttechniken oder bioenergetische Übungen – oft genug auch noch unqualifiziert – angewendet werden, wann immer sie dem Trainer zu passen scheinen. Die in dieser Weise am häufigsten mißbrauchte Gestalttechnik ist die Konfrontation mit zwei Stühlen. Die bioenergetischen Techniken, die am häufigsten „ausgeliehen" werden, sind Schlag- und Tretübungen, um Wut oder Zorn auszuagieren (nicht etwa genuin freizusetzen) oder um eine schüchterne Person zum Schreien zu bringen. Dem ernsthaften Praktiker zwingt sich hier der Eindruck der Scharlatanerie auf, denn die Technik der zwei Stühle ist nur ein kleiner Teil der Gestalttherapie, und die bioenergetische Methode besteht nicht nur darin, auf ein Kissen einzuschlagen. Um die Methoden fachgerecht ausüben zu können, erfordern beide eine ausgiebige mehrjährige klinische Ausbildung. Erst nach ihrem Abschluß wendet der seriöse Praktiker das Verfahren an, das er gelernt hat, und man wird kaum eine eklektische Arbeitsweise finden, es sei denn, er hat beide Therapieformen *lege artis* erlernt und versucht, sie vorsichtig und dem Prozeß des Patienten angemessen anzuwenden.

Übersetzt von Heinz Mertineit, Hannover

Literatur:

BROOKS, C., Sensory Awareness, Viking Press, New York 1974.
KAMM, J., A theoretical Odyssey, *Voices* 2 (1976) 46-47.
LOWEN, A., Bioenergetik, Scherz, München 1975.
PERLS, F.S., Grundlagen der Gestalttherapie, Pfeiffer, München 1976.
ROLF. I., What in the world is Rolfing, Boulder, 1975.

Gestalt-Körperarbeit*

Barry Stevens, Moab

Gestalt ist –
wie der Kreislauf des Blutes.
Wir können seine natürliche Funktion verfolgen,
wir können sie aber nicht verbessern.

William Harvey entdeckte den Kreislauf des Blutes. Fünfhundert Jahre später wurde seine Entdeckung anerkannt. Gestaltpinzipien tauchten während der Menschheitsgeschichte immer wieder auf, und die Möglichkeiten, durch die Eingriffe in unsere natürlichen Funktionen wieder aufgehoben und ausgeglichen werden, nehmen immer neue Formen an. Perls bezeichnete sich selber als „Veredler der Gestaltarbeit". In der Gestalttherapie werden die von ihm erfundenen oder verbesserten Techniken angewendet, um uns für unser natürliches Funktionieren frei zu machen und durch diese Befreiung zu erleben, was Gestalt ist. Dies ist nur durch Erfahrung möglich – durch meine Erfahrung von mir. Der Gestaltprozeß kann niemals adäquat zu Papier gebracht werden. Einleuchtende Beschreibungen müssen zwangsläufig in die Irre führen.
Das Erlernen, wie ich meinen Körper freigebe, de-kontrolliere – und das ist keine bloße „Entspannung"–, ist eine der Möglichkeiten, ein gewisses Verständnis für meine natürlichen Funktionen zu bekommen und für die Art und Weise, wie ich mit ihnen umgehe. Ein Beispiel aus meiner Arbeit: Ich fordere Dennis, der bereit ist, seinen Körper zu erforschen, dazu auf, sich mit dem Rücken auf den Boden zu legen. „Hebe deine Knie an, bis die Fußsohlen flach auf dem Boden liegen. Bewege dich nun etwas hin und her, um es dir so bequem wie möglich zu machen. Dies ist nun die Ausgangsposition, die sich am besten bewährt hat. Du mußt aber nicht krampfhaft daran festhalten. Es sollte wirklich nichts geben, an dem du krampfhaft festhältst." Dennis folgte diesen Anweisungen und sagte, indem er nach einem Kissen griff: „Ich möchte ein Kissen unter meinen Kopf. Es schmerzt, wo er den Boden berührt." „Ein Kissen ist schon okay", sagte ich, „aber ich möchte, daß du es zunächst einmal ohne versuchst. Nimm Kontakt auf mit dem Schmerz in deinem Kopf, von innen, sehr vor-

* Überarbeitete Fassung eines in „gestalt is" (Hrsg. J.O. Stevens), Real People Press, Moab 1976 erschienenen Artikels. Abdruck mit freundlicher Genehmigung von Verlag und Autorin.

sichtig – mach dich mit ihm bekannt. Bleibe mit ihm in Kontakt wie ein Scheinwerfer, der nichts Neues schafft, aber auch nichts im Dunkeln läßt. ‚In Kontakt bleiben' heißt, leicht und vorsichtig dabeibleiben, wenn irgendetwas anderes – irgendein Schmerz, eine Spannung oder ein Unwohlsein – im Körper ruft, sich dorthinbegeben, so mühelos, als würde man nur seine Augen vom Fenster zur Tür wandern lassen. Laß den Schmerz geschehen. Sollte er stärker oder schwächer werden, so lasse es zu – auch jede andere Veränderung. Lasse geschehen, was geschieht. Die meiste Zeit kontrollieren wir unseren Körper. Das hier ist de-kontrollieren – den Körper tun lassen, was er tun möchte. Mein Körper weiß besser als ich, was gut für ihn ist. Du brauchst mich auch nicht ständig auf dem Laufenden zu halten, was in deinem Körper vorgeht. Sage nur ab und an mal etwas, damit ich weiß, wo du dich gerade befindest."

Oft bewirkt das bloße In-Kontakt-Kommen mit unangenehmen körperlichen Empfindungen deren Nachlassen oder Verschwinden. Rasches Herzklopfen verlangsamt sich bald zum normalen Herzschlag. Ein Schmerz in der unteren Rückenhälfte, dort, wo der Rücken den Boden berührt, mag schwächer werden, oder es scheint, als verlagere er sich auf eine andere Stelle. Ob er sich nun tatsächlich verlagert, kann ich wirklich nicht sagen. Oft berichten Klienten von dieser Schmerzverlagerung, und so empfinden sie es dann wohl auch. Es spielt dabei keine Rolle, ob dies nun „richtig" ist. Wichtiger ist, daß man mit dem Schmerz geht, daß man mit seiner inneren Wahrnehmung sanft und leicht dem Schmerz folgt, wohin auch immer er geht. „Mit dem Schmerz in Berührung bleiben" heißt, ständig bei ihm zu sein, so leicht und sanft, daß ich mich ohne Anstrengung dem zuwenden kann, was sonst noch in den Vordergrund treten mag. Manchmal benennt ein Klient sofort eine Stelle, wo er Schmerz empfindet. Manchmal sind es auch Schmerzen an zwei ganz verschiedenen Stellen. Dann fordere ich ihn auf, herauszufinden, welcher Schmerz „am lautesten ruft". Hierbei wird er seinem Körper und dem, was in ihm vorgeht, mehr Aufmerksamkeit schenken. Manchmal entscheidet er sich dann für eine der beiden Schmerzempfindungen. Sollten sie ihm beide gleich stark erscheinen, fordere ich ihn auf, einen beliebigen herauszugreifen – es ist dann nicht wichtig, welcher.

Durch eigene Beobachtung an mir scheint dieses Aufhören der Schmerzen dadurch ausgelöst zu werden, daß ich aufhöre, über sie nachzudenken. Meine Erfahrung ist, daß ich aufhöre zu denken, wenn ich mich voll auf irgendeine Stelle in meinem Körper einlasse. Am Anfang mag dies nur kurzfristig geschehen, und einige Personen haben dabei natürlich mehr

Schwierigkeiten als andere. Wenn mein Herz beim Besteigen des „Heißen Stuhls" schneller schlägt oder dann, wenn ich mich gerade auf den Boden lege, um mit meinem Körper in Kontakt zu treten, so liegt die Verbindung zu meinem Denken natürlich auf der Hand. Daß andere Unannehmlichkeiten auch mit dem Denken in Zusammenhang stehen, ist nicht so offensichtlich. Es wird mir klar, wenn ich lerne, meinen Körper loszulassen. Wie aber kontrolliere ich ihn eigentlich? Mit meinem Zentralnervensystem unter der Regieanweisung meines Kopfes.

Sollte ein Schmerz oder eine Spannung nicht ohne größere Anstrengungen verschwinden, so schlage ich vor: „Schau, ob du ihn erforschen kannst – vorsichtig, ohne Eile oder Zwang, versuche, dich mit ihm zu versöhnen – und schau, ob du herausbekommst, was dort vor sich geht. Laß es einfach geschehen. Achte darauf, ob aus dieser Spannung oder diesem Schmerz eine Bewegung entsteht. Es mag sich dabei um eine sehr kleine Bewegung handeln, die du zwar wahrnimmst, die mir aber nicht sichtbar wird. Vielleicht ist es eine größere Bewegung, die auch ich wahrnehmen kann. Laß geschehen, was auch immer geschehen will."

Scheinen sich keine Unannehmlichkeiten einzustellen, schlage ich vor, auf Entdeckungsreise zu gehen. „Sieh dich in deinem Körper um. Fange irgendwo an und gehe irgendwo hin. Gehe dabei sehr langsam vor, um auch mit dem Weg in Kontakt zu kommen und zu entdecken, was es dort gibt." Entdecken geschieht ohne Eile. Man sollte langsam vorangehen und sich viel Zeit nehmen, sich umzuschauen. Dann nehme ich Dinge wahr, die mir vorher nicht aufgefallen sind. Ich werde ihnen Aufmerksamkeit schenken. Dies sind im Grunde meine einleitenden Instruktionen, die ich jedoch dadurch modifiziere, daß ich mit der jeweiligen Person, mit der ich arbeite, in Kontakt trete und mit dem, was in *ihr* vorgeht. Für mich ist es dabei genauso wichtig, mitzugehen und dabeizubleiben, wie für den Klienten selber.

Sollten Sie irgendwen bei seiner Körperarbeit begleiten wollen, so rate ich Ihnen dringendst, dies vorher des öfteren selber durchzuführen. Nur dadurch kann ich in dieser Methode Sicherheit gewinnen und bin dann mit dem Gegenstand vertraut. Obwohl jeder andere nicht sein kann wie ich, bleibt mir doch diese Vertrautheit erhalten. Ich erkenne in etwa, wo der Klient sich gerade befindet. Mein Sprechrhythmus, die Länge meiner Pause, die Art und Weise, wie ich Dinge ausdrücke, und andere Aspekte entstehen aus meinem Mitschwingen mit dieser Person. Bei jeder Expedition in eine Wildnis treffe ich auf unerwartete Umstände, etwas, das es dort vorher nicht gegeben hat. Es hilft aber, wenn ich schon einige Male dort war und mir die Gegend bekannt vorkommt.

Meine Wahrnehmung ist nicht perfekt. Sie überschneidet sich noch immer mit meinem eigenen Prozeß. Die größere Bewußtheit meiner eigenen Empfindungen trägt jedoch zum Fluß der Interventionen bei, die ich gebe, und erleichtert damit eine ungezwungene Arbeit des anderen. Auch wenn ich mit meinem eigenen Prozeß in Berührung komme, kann ich mir dessen bewußt sein und ihn zulassen – ich versuche jedenfalls nicht, ihn zu korrigieren, sondern mache einfach weiter. Dabei verschwindet die Störung dann meistens. Starres Nachahmen der Anweisungen eines anderen blockiert den Fluß. In der Gestaltarbeit gibt es kein „Eins, zwei, drei". Das wäre unmöglich. Gestalt ist mit starren Regeln unvereinbar. Was in der Person geschieht, die lernt, ihren Körper zu de-kontrollieren, kann nicht durch Regeln vorgeschrieben werden. Nahezu alles ereignet sich unerwartet, auch wenn ich es schon einige hundert Male erlebt habe – an mir und bei anderen.
Es wird gemeinhin akzeptiert, daß unser Körper selber tätig ist, um sich von Verletzungen, Krankheiten usw. zu heilen. Wir versuchen, die optimalen Bedingungen zu schaffen, damit dieser Selbstheilungsprozeß in Gang gesetzt wird. Beim De-kontrollieren meines Körpers verbessere ich den Kreislauf des Blutes als einen Teil des Heilungsprozesses. Es ist erst seit kurzem bekannt und wird noch nicht so generell akzeptiert, daß wir auch bei geistigen oder emotionalen Störungen einen Selbstheilungsprozeß in Gang setzen können.
Dennis, der zu Beginn ein Kissen unter seinen Kopf legen wollte, fühlte sich später auch ohne Kissen wohl. Dies allein ist schon eine Leistung: die Entdeckung, wie ich mich selber wohlfühlen und es mir ohne Manipulationen der Außenwelt (ein Kissen nehmen) angenehm machen kann. Das Gegenteil wäre die Entdeckung, wie ich es mir unbequem mache, indem ich mich auf einen Holzfußboden lege.
Ungezwungen folgte Dennis seinen körperlichen Empfindungen, und ab und an berichtete er, wo er sich gerade befand. Dann richtete er sich auf, die Arme um seine Beine geschlungen, und sagte: „Ich fühle mich verletzbar." „Wir erfährst du dieses ‚verletzbar'? Wie kannst du dieses Gefühl beschreiben?"
„Erdrückt", sagte er. Dies überraschte mich, und ich erfuhr wieder einmal, wie wichtig es ist, jemanden zu fragen und nicht anzunehmen, daß verletzbar für ihn das gleiche bedeutet wie für mich. Möglicherweise kannte er das Gefühl selber nicht, bis er aufgefordert wurde, seine Aufmerksamkeit darauf zu richten. Ich fordere ihn auf: „Laß dich erdrücken!" Ich lasse geschehen, was geschieht, und erzähle Dennis nicht, wie man es tun soll.

Sein Gefühl, erdrückt zu werden, ist seins und nicht meins, und es geschieht in diesem Moment. Ein anderes Mal mag es unterschiedlich sein. Dennis legte sich auf die Seite, rollte sich zu einer Kugel und preßte sich zusammen, so stark er konnte. Dann richtete er sich auf. „Ich fühle mich so leicht. Als ich noch ein Junge war, hob ich oft trockenen Kuhfladen auf – sie waren so leicht. Ich fühle mich wie damals." Er begann zu weinen. „Ich weine, weil ich diese Unbeschwertheit schon so lange verloren habe." Er berichtet weiter, wie er es haßte, sich zu verabschieden. Zuvor hatte er erzählt, wie sehr er sich bei der Hinfahrt nach Shura auf die Reise durch Colorados gefreut hatte, dann aber ständig an den Ort denken mußte, den er verlassen hatte. Gleich bei seiner Ankunft wurde er wieder traurig, weil er in einer Woche wieder abreisen würde. Dies, so sagte er, sei bei ihm immer so. Er saß noch auf dem Boden und durchlebte nun einige Situationen aus seiner Kindheit. Wegen der Geschäfte des Vaters mußte seine Familie oft umziehen. „Sie waren ständig unglücklich, wenn sie umziehen mußten. Ich glaube, daß es daran liegt." Nun sei er fertig, sagte er und stand auf. Dennis holte sich aus der Küche etwas zu trinken, kam zurück und setzte sich auf ein Lederkissen. „Ich fühle mich ausgezeichnet, so solide, fest, wie ich hier so auf diesem Kissen sitze", sagte er mit offensichtlichem Wohlempfinden. Später fügte er noch hinzu: „Ich staune immer noch, daß ich mich vorhin beim Zusammenpressen so leicht gefühlt habe." Als ich ihn so auf seinem Kissen sitzen sah, wie er sagte: „Ich fühle mich ausgezeichnet . . .", schien es mir, als habe sich sein „leicht" zu einem „fest" verändert, das die Leichtigkeit in sich trug, während es vorher nur Schwerfälligkeit gegeben hatte.

Seit etwa dreißig Jahren höre ich immer wieder, daß wir uns einer „bewußten Evolution" nähern. Damals hatte ich hochfliegende mystische Vorstellungen darüber – Phantasien, wo wir wohl ankommen würden. Nun sehe ich nicht mehr, daß wir uns einer *anderen* Evolution nähern – das wäre nur das Ersetzen einer Phantasie durch eine andere. Indem ich mein Hirn von allen Phantasien säubere, erfahre ich mich und die Welt auf eine andere Art und Weise, manchmal jenseits meines Vorstellungsvermögens. Mir scheint es, als ob sich diese „bewußte Evolution" einem Stadium nähert, in dem wir unser „Darüber-Nachdenken" aufgeben und zu dem gelangen, was wir gerade tun.

Die Unterscheidung zwischen Denken und Fühlen ist mächtig ob ihrer Genauigkeit. Vor einigen Jahren sah ich, wie Leute in Encounter-Gruppen schnell lernten, daß es richtig sei, Gefühle auszudrücken, und falsch, Gedanken zu äußern. So kam es, daß sie sagten: „Ich fühle . . .", wenn es um's Denken ging, und sich und die anderen damit noch mehr verwirrten.

Während der Körperarbeit empfehle ich meinen Klienten, darauf zu achten, wann sich Gedanken einstellen, und sich dann wieder vorsichtig angenehmen oder schmerzvollen Stellen innerhalb des Körpers zuzuwenden. Bin ich in Kontakt mit einer Stelle innerhalb meines Körpers, verschwinden meine Gedanken von alleine. Auch wenn dies nur einen kurzen Moment dauert, habe ich entdeckt, daß etwas möglich ist. Bis jetzt habe ich noch niemanden gesehen, der fürchten mußte, sein Denken für eine Weile aufzugeben – es stellt sich nur allzu schnell wieder ein. „Stellen sich Gedanken ein, gehe sanft zum Körper zurück – wie ein Scheinwerfer, der nichts fortjagt. Solltest du größere Schwierigkeiten mit dem Denken haben, teile sie mir mit. Wir werden dann etwas anderes versuchen. Teile mir auch andere Schwierigkeiten mit, die sich einstellen mögen." Kann jemand nicht „aufhören zu denken", fordere ich ihn auf, mit seiner Atmung in Kontakt zu kommen und dann zu seinen Gedanken zurückzukehren. Wiederhole ich dies häufiger, so wird es oft jemandem möglich, sich zu entspannen und längere Zeit beim Atmen zu verweilen. Von dort ausgehend kann er mit anderen Dingen, die sich in seinem Körper ereignen, in Kontakt kommen. Bei einigen Leuten wiederhole ich des öfteren: „Kein Anspannen, kein Vorantreiben, kein ‚Versuchen' aus bewußter Absicht!"
Nicht immer lasse ich jemanden sich seiner Atmung zuwenden. Fängt das De-kontrollieren einmal an, verändert sich die Atmung von selbst und macht meist genauso viele Veränderungen durch, wie die anderen Teile des Körpers. Allein dadurch, daß ich mit Unbehagen irgendwo in meinem Körper in Berührung komme, verschwinden diese unangenehmen Empfindungen oft schon – sei es ein Kopfschmerz, schneller Pulsschlag, Schmerzen im Nacken oder irgendeine Verspannung. Häufig sage ich mehr als einmal, daß „in Kontakt bleiben" ohne Anstrengung zu geschehen hat und so vorsichtig, daß ich wahrnehme, wenn irgendein anderer Teil meines Körpers ruft und ich meine Aufmerksamkeit dann dorthin lenken kann. Leicht wie eine Wolke: keine Sprünge, kein Zerren, Stoßen, Festhalten oder Stehenbleiben.
Wenn ich sage, daß ich einige Interventionen „oft" gebe, meine ich damit, daß ich sie in Abständen wiederhole, und zwar immer dann, wenn ich spüre, daß es notwendig sein könnte. Mein Kopf nützt mir beim Herausfinden des „wann" nichts. Er kann nur durch Regeln lenken oder dadurch, wie etwas einige Male zuvor ablief. Meine Sinne sagen mir: *jetzt*. Sie sind nicht in der Lage, etwas anderes zu tun.
Anfangs halte ich sehr engen Kontakt zu dem Klienten (über seine Äußerungen) und wiederhole Anweisungen – sanft, ohne zudringlich zu wir-

ken, um ihn nicht abzulenken. Sehe ich, daß sein Körper sich selber leitet, dann sitze ich bestenfalls daneben oder gehe umher und überprüfe gelegentlich, ob er noch dabei ist. Fängt die spontane Arbeit des Körpers einmal an, wird sie auch fast immer alleine fortgeführt. Meist läßt der Klient auch erkennen, wann er für dieses Mal genug hat und aufhören will. Der Körper ist nicht an Überanstrengung interessiert. Ich erkenne dieses Stadium des Beendens in dem Moment, wo es sich ereignet.

Manchmal sage ich jemandem: „Du kannst deinen eigenen Schlußpunkt wählen", so daß er weitermachen kann, wenn er will, und gleichzeitig erkennt, daß er diese Entscheidung selber trifft. Werden sie nicht anders instruiert, fahren einige Leute – auch wenn sie nur auf dem Boden liegen und sich ein wenig gehen lassen, mit kleinen, kaum wahrnehmbaren Bewegungen – so lange fort, bis sie jemand auffordert aufzuhören. Solchen Leuten mache ich gleich zu Beginn klar, daß sie aufhören können, wann immer *sie* wollen. Ich kenne nur zwei Möglichkeiten, mit dieser Art der Körperarbeit Schwierigkeiten zu bekommen. Beide sind eine Folge des Denkens. Eine junge Frau, die mit ihrer Körperarbeit sehr gut vorankam und sich an ihr erfreute, sagte: „Ich sehe Schwärze." – „Bleib bei der Schwärze", sagte ich. Sie steigerte sich in eine Menge Unbehagen hinein, und wir hörten auf, um herauszufinden, was hier vorging. Sie sah selber, was geschehen war – aus Intuition oder Erinnerung. „Ich dachte über Schwärze nach und begann, mich zu fürchten. Dann fielen mir alle möglichen Assoziationen dazu ein" (Tod, Beerdigung, Leere usw.). Sie hatte den Kontakt mit dem, was in ihr vorging, abgebrochen und war in ein Darüber-Nachdenken abgerutscht, hatte Erinnerungen und Assoziationen hervorgekramt – und sich damit Angst eingejagt. Durch meine Gedanken kann ich mich zu Tode fürchten. Ich kenne wirklich nichts anderes, woher Furcht sonst noch rühren könnte. Als dieser jungen Frau klar wurde, wo ihre Furcht herrührte und wie sie sich selbst in Panik versetzt hatte, deutete sie auf die Stelle, wo sie vorher gelegen hatte. Sie erinnerte sich an die Erfahrung, die sie gemacht hatte, bevor diese Gedanken ihre Furcht ausgelöst hatten. „Ich mag diese Stelle dort auf dem Fußboden immer noch." Sie hatte sich dort sehr wohl gefühlt.

Stellen sich furchterregende Gedanken ein und werden sie mir dann auch von dem Klienten mitgeteilt, so versuche ich klarzustellen, daß es Gedanken sind, und fordere ihn auf, sich wieder seinem Körper zuzuwenden und mit dem in Berührung zu bleiben, was dort geschieht, und es geschehen zu lassen. Höre ich auf zu denken, so verschwindet auch meine Furcht, und meine Vorstellungen verändern sich von alleine.

Die andere Schwierigkeit, die mit dem Denken in Zusammenhang steht, stellt sich dann ein, wenn ich mit meinem Körper in Berührung bin, die Empfindungen sich ständig verändern und nichts sehr lange anhält. Ich mag eine dieser Empfindungen besonders und denke: „Das fühlt sich gut an. Ich will mehr." Dann passiert es – ich nehme Anweisungen von meinem Kopf entgegen, und meine Handlungen sind nicht mehr frei und ungezwungen. Ich überanstrenge mich. Hinterher schmerzt mein Körper, und ich fühle mich unwohl. Das Gleiche passiert, wenn ich mit Vorsatz anfange zu schreien oder mich zwinge, weiterzuschreien – meine Kehle wird dann heiser und kratzt. Spontanes Schreien geschieht von alleine, es ist frei und ungezwungen, und auch meine Kehle bleibt entspannt – sowohl während des Schreiens als auch später. Ein weiterer Gedanke, der dieses Antreiben verursacht, ist: „Ich will alles hinter mich bringen (all meine Schwierigkeiten), jetzt auf der Stelle. Ich muß nur weitermachen, dann klappt es schon." Dies geschieht nicht selten – trotz meiner Anweisungen, nichts voranzutreiben.
In meiner Verantwortung liegt es, jemanden aufzufordern, mir die Schwierigkeiten zu berichten, auf die er stoßen mag, damit ich klären kann, was da vor sich geht, und ihn weiterführe. Bei einigen Leuten mache ich das sehr viel häufiger als bei anderen. Ich kann aber nicht in allem für den anderen die Verantwortung tragen. Das Zuwenig oder Zuviel liegt in *seiner* Verantwortung. Zur Illustration das Beispiel eines jungen Mannes aus der Körperarbeit. Als er anfing, sich gehen zu lassen, begann sein Bauch zu zucken, dann kamen Beckenstöße. Dies hielt länger an als alles, was ich an spontanen Bewegungen irgendeines anderen Körpers zuvor beobachtet hatte. Ich fragte, ob er es bewußt vorantreibe, und er bejahte es. Ich warnte ihn davor, er aber fuhr fort damit. Er betrachtete es als eine Art Gebären und wollte es unter allen Umständen zu Ende bringen – als könne er mit entsprechender Anstrengung seine eigene Geburt zu Ende führen. An den darauf folgenden Tagen berichtete er, daß dieses Zucken des Bauches sich immer wieder einstellte. Damals war ich mir noch nicht *ganz* sicher. Er war der erste, der dieses Anhalten der Symptome berichtete, und ich beging einen Fehler, als ich durch Überlegungen das in Frage stellte, was ich intuitiv wußte. Kann ich diese Gedanken beiseite lassen, dann weiß ich, wann ich weiß und wann nicht. Dies geschieht schon häufiger, als ich es von früher gewohnt bin, und ich versuche, mich bewußt in diese Richtung weiterzuentwickeln. In solchen Momenten bin ich präzise. Herrlich präzise. Ich verbrachte einen Großteil meines Lebens damit, mich zu fragen, ob ich nun verrückt sei oder nicht. Heute weiß ich, wann ich verrückt bin und wann nicht.

Meine Sinne, meine eigene Erfahrung und die Hingabe an dieses Stoßen bei dem jungen Mann, alles kam zusammen. Ich fragte mich (ein Darüber-Nachdenken), ob ich etwas übersah usw., und damit habe ich zu einem gewissen Grad uns beide durcheinander gebracht. Der junge Mann schrieb mir mehrmals – einmal im Monat oder öfter –, daß er noch immer dieses Zucken im Bauch habe und auch dieses Beckenstoßen, und daß seine Freunde es für einen Orgasmusreflex hielten. Ich beantwortete seinen Brief mit der Ermahnung, nichts zu erzwingen, und warnte ihn davor, Interpretationen zu akzeptieren, seien sie nun von ihm selbst oder von anderen.

Ein Jahr später kam er zurück und berichtete, daß er zwar noch immer dieses Zucken der Bauchdecke habe, daß es aber nicht mehr so häufig und viel schwächer auftrete. Als er sich jetzt wieder auf den Boden legte, fing es wieder an, und er zeigte mit seinen Fingern darauf. Dieses Mal sagte ich ihm, es käme aus seinem Kopf, er solle es loslassen und sich auf eine andere Stelle in seinem Körper konzentrieren. Danach verlief die Sitzung ohne abgespaltene oder forcierte Körperreaktionen.

In der Gestaltkörperarbeit ist rationalisierendes Denken die einzige Gefahr, die ich kenne. Mein Körper hat kein Interesse daran, sich zu verletzen. In Verbindung mit einer konkreten Planung oder Handlung mag Denken angebracht sein. Im Hinblick auf die Körperarbeit wird durch Beobachtung dessen, was sich in meinem Kopf abspielt, deutlich, daß der größte Teil meines Denkens mich kein bißchen weiterbringt. Ich verbringe einige Zeit in Gruppen, um Leuten zu zeigen, wie sie auf eine besondere Art und Weise ihrem Denken Aufmerksamkeit schenken können. Dies hängt so eng mit der Körperarbeit in der Gestalt zusammen, daß es in das überfließt, was ich jetzt schreibe.

„Du mußt mir keinen fortlaufenden Bericht liefern. Sage nur dann und wann etwas, daß ich mit dir in Kontakt bleiben kann." Dies macht es mir möglich, bei dem Klienten zu bleiben und zu erkennen, wann er wirklich seinen Körper machen läßt und wann er seinen Kopf dazwischen schaltet. Ich achte darauf, wann Äußerungen von seinem Kopf kommen, und weise ihn darauf hin: „Jetzt denkst du. Nimm wieder Kontakt mit deinem Körper auf!" Kommt er dem nach, wird er an sich selbst beobachten, was passiert. „Ich fürchte mich!" – „Meine Mutter ist an allem schuld!" – „Ich mag diese Gefühllosigkeit nicht", sind einige Beispiele. *Jede* Meinung rührt vom Denken her, und „gut" kann mir ebenso Schwierigkeiten bereiten wie „schlecht", – wie in dem vorhin erwähnten Beispiel.

Fühlt sich mein Körper taub an, so ist dies kein schlechtes Gefühl, solange ich mich nicht davor fürchte. Letztlich gibt es gar keine schlechten Gefühle. Sie sind einfach da, ohne Bewertung. Ich überlasse mich dem, was ist. Sehr viele Leute sind erstaunt, wenn sie entdecken, daß ein Schmerz sie nicht länger beunruhigt und letztlich sogar ganz verschwindet, sobald sie mit ihm in Berührung kommen.

Wir kontrollieren unseren Körper ständig. Unsere Art der Körperarbeit ist de-kontrollieren – den Körper tun lassen, was er tun möchte. Mein Körper weiß am besten, was ihm angenehm ist.

Nach mehrjähriger Erfahrung in der Gestalt-Körperarbeit bei einigen hundert Klienten habe ich zwei Extreme kennengelernt – mit allen möglichen Variationen dazwischen.

Laura ist ein Extrem auf dieser Skala. Einmal habe ich mit ihr eine halbe Stunde gearbeitet, und danach war sie genau so wenig in Kontakt mit ihrem Körper wie am Anfang. Soweit ich es erkennen konnte, gab es nicht den geringsten Kontakt. Ich habe dann abgebrochen, weil die Gruppensitzung schon über die Zeit lief und ich müde war. Am nächsten Tag arbeitete ich mit ihr fast 45 Minuten, und am Ende gab es wenigstens ein wenig Kontakt. Zu Beginn der Sitzung berichtete Laura, daß ihr Gedächtnis sich oben auf ihrem Kopf befände und daß ihre Eltern schuld hätten. Ich fragte sie: „Was bringt es dir, deinen Eltern die Schuld zu geben." Sie schien die Frage nicht zu verstehen. Ich wiederholte sie. Sie antwortete: „Wenn ich meinen Eltern die Schuld zuschiebe, verschwindet mein Gedächtnis dort oben vom Kopf." Ich fragte sie: „Und du möchtest keinen anderen Weg versuchen?" Sie war still – für ca. 15 Sekunden –, dann antwortete sie: „Ja", und damit drückte sie klar aus, daß sie es wollte. Von nun an fing sie manchmal an, ihr Denken beiseite zu lassen und mit ihrem Körper in Kontakt zu kommen. Sie begann Gefühle zu empfinden, die kein Denken waren.

Den Abend zuvor hatte sie auf dem „Heißen Stuhl" gearbeitet und war nicht weitergekommen. An dem Abend, der dieser Körperarbeit folgte, setzte sie sich wieder auf den „Heißen Stuhl" und konnte eine Menge Emotionen herauslassen. Von dem ständigen Beschuldigen ihrer Eltern nahm sie deutlich Abstand. Sie entwickelte ein gewisses Verständnis für ihren Vater und drückte ihm offen einige Zuneigung aus. Zuletzt war sie nahe daran, ihn zu akzeptieren, und sie zeigte den Willen, ihn so anzunehmen, wie er war. Zwar noch nicht ganz, aber schon genug, und es schien wahrscheinlich, daß noch mehr folgen würde.

Das andere Extrem ist Arthur. Der Tenor seiner gestalttherapeutischen Hot-Seat-Arbeit: „Es klappt ja doch nicht", war aus allem herauszuhören, was er sagte. Es hat keinen Zweck, etwas zu tun oder zu versuchen, weil es ja doch nicht klappt. Seit drei Jahren war er nicht mehr in der Lage, sich einen Job zu beschaffen. Auf irgendeine Äußerung Arthurs schlug der Therapeut ihm vor, einen Leichnam zu spielen. Arthur nahm diese Rolle gerne an. Als Leichnam brauchte er „nichts zu tun und nichts zu sagen", und er fühlte sich wohl dabei. Später an diesem Abend lehnte Arthur seinen Kopf an meine Schultern und nahme meine Hände in die seinen. Er versuchte, in Berührung zu kommen, und war nahe am Verzweifeln, daß er nichts fühlte. „Ich bin tot." Seine Finger, die die meinen berührten, fühlten sich an, als seien sie aus Metall und mit Scharniergelenken versehen. Steif und kalt bewegten sie sich ohne Gefühl.

Als er am nächsten Tag auf der Matte lag, um in die Körperarbeit einzusteigen, sagte er: „Ich mache das hier, weil ich mich wie ein Leichnam fühle." Im gleichen Augenblick kam sein Körper unwillkürlich in Bewegung. Die Arme gekreuzt, zupften seine Hände an seinen Wangen. Ein verzweifelter Schmerz, der von seinen Verspannungen herrührte, war sichtbar und hörbar und wurde manchmal sogar in Worten ausgedrückt. Seine Wangen fühlten sich taub an, und er kniff in sie hinein. Seine Muskeln waren „gespannt wie Geigensaiten". Er hörte Geigenmusik. Der Boden unter ihm vibrierte. Die Decke hing dicht über seinem Körper. Er war ein Zweig, der im Sturm von anderen Zweigen herumgestoßen wurde – ohne Stamm, ohne Wurzeln. Weiter und weiter wurde er ohne Unterbrechung von einer Marter in die andere gestoßen. „Ich knacke mich auf und kehre von einem Abgrund zurück", sagte er voll Panik. Hier griff ich ein und reichte ihm ein Kissen mit der Aufforderung, es zu zerreißen. Etwas ängstlich begann er für eine Weile damit und wurde dann ruhiger. Später sagte er: „Ich spürte Kraft in mir, als ich an diesem Kissen herumgezerrt habe." Ob es besser gewesen wäre, ihn zu der Stelle über dem Abgrund zurückzuschicken, weiß ich nicht. Es gibt keine Möglichkeit, es zu wiederholen und herauszufinden.

Als ich ihn bat, zu uns zurückzukommen, sah er nur mich an und bekam Angst. Ich fragte ihn, ob er mich sehen könne, und er antwortete so etwas wie: „Drinnen und draußen." Ich teilte ihm mit, daß es in Ordnung sei, falls er mich nicht sehen könne: das kann vorkommen, wenn jemand sehr tief in seinen Vorstellungen gesteckt hat, manchmal passiert es auch nach langer Meditation. Es ist kein Grund zur Beunruhigung. Lange Zeit sah er mich mißtrauisch an. Dann ergriff er meine Hände und hielt sie fest. Seine Hände waren weich und warm, seine Finger so, wie ich es normalerweise von Fingern erwarte. Er sagte: „Ich befürchte, daß du etwas von mir erwartest." Er sah wirklich ängstlich aus. Ich sagte: „Ich erwarte nichts. Ich bin nur hier, um bei dir zu sein." Er sah aus, als stiege von neuem Panik in ihm auf, die ihn noch weiter zu verschlingen drohte, und er sagte: „Jetzt fürchte ich mich davor."

Diese Episoden scheinbaren Zusammenbruchs für eine Stunde oder mehr sind nur flüchtige Erscheinungen. Als Arthur sich weiter beruhigt hatte und der anderen Leute in der Gruppe gewahr wurde, sagte er erstaunt: „Ich fühle mich, als wäre ich auf dem Mond – oder dem Mars. Doch das alles geschieht in *mir*!?"

Ich folgte meinem Gespür, als ich den Zeitpunkt bestimmte, an dem ich ihn bat, zu uns zurückzukommen. Ich habe dafür keine logischen Erklärungen. Hätte er angedeutet, daß er weitermachen wolle, ich hätte ihn gelassen. Tatsächlich zeigte er aber keine Anzeichen, wieder wegzugehen. Er hielt meine Hände sehr lange fest.

Als Arthur sich vom Boden erhob, setzte er sich in einen Schaukelstuhl, ruhig und weich. „Ich bin etwas wackelig", sagte er, „doch das ist jetzt schon o.k." Er ließ seinen Kopf etwas hin und her pendeln. So saß er da mit langen Perioden des Schweigens, sagte dann und wann etwas, dann wieder Schweigen. Er sagte einfach ein paar Dinge von sich, schloß uns dabei zwar ein, aber ob wir ihm nun zuhörten oder nicht, schien ihn nicht zu bewegen. (Am Abend zuvor hatte er sich des öfteren darüber beklagt, daß ihm niemand zuhöre.) „Ich sah all die Dinge, die mich beeinträchtigt haben." Lange Pause. Ob der nächste Satz sich auf den vorangegangenen bezog oder auf etwas anderes, weiß ich nicht. „Ich wußte es", sagte er, „jetzt aber sehe ich es." An seinem letzten Abend hier sagte er noch: „Ich mag nicht weggehen," – mit warmem Ausdruck und ohne Forderung oder Verlangen.

Ich biete dies alles – und auch anderes – nicht als „Heilmethode" an. Ich beschreibe nur einiges, das bei der Körperarbeit in der Gestalt vorkommen kann.

Zwischen diesen beiden Extremen, Laura und Arthur, gibt es so viele andere Leute, deren Arbeit einzigartig und lohnend gewesen ist.

Eine Frau in den Fünfzigern kam zu einem Workshop. Ein Teilnehmer, der auch mit Körperarbeit vertraut war, bemerkte sofort: „Es gibt keine Verbindung zwischen ihrer oberen und ihrer unteren Hälfte." In der Gestalt-Körperarbeit wurde ihr das auch selber klar. Sie entdeckte ein breites Band rund um ihre Hüften, wie ein übergroßer Keuschheitsgürtel, eine Stelle, wo nichts zu sein schien. Sie fühlte nichts dort. Als sie mit ihrer Arbeit fortfuhr, erlebte sie eine Situation wieder, in der sie als kleines Kind mit einem

Handtuch am Bein eines schweren Tisches festgebunden worden war, die Arme am Gesäß zusammengeschnürt. Ihre Mutter hatte sie dort angebunden und dann allein gelassen. Heute kann ich mich nicht mehr an die Einzelheiten dieser Arbeit erinnern, doch die Frau bekam ihre obere und ihre untere Hälfte zusammen, ohne Leerstelle dazwischen. Sie entdeckte plötzlich sexuelle Gefühle, wo sie bisher nur wenig oder gar keine Empfindungen in ihrem Genitalbereich verspürte. „Ich wußte nicht, daß es das auch in mir gibt, aber ich kann jetzt an gar nichts denken. Ich kann jetzt überhaupt über nichts nachdenken." Ich riet ihr, das Gefühl zu genießen, solang es anhält. Sie konnte jetzt nicht reden und keine genauen Beobachtungen mitteilen, ohne ihre Erfahrung zu zerstören. Sie konnte überhaupt nicht *nachdenken* in der Art und Weise, wie wir es normalerweise tun – Erinnerungen hervorkramen, Assoziationen, Erklärungen und Bedenken äußern oder logisch „seine Gedanken ordnen". Das Plappermaul, das wir gewöhnlich für unser Bewußtsein halten, war ruhig.

In einer Gruppe, die ich in Cowichan leitete, als ich mich noch in der Ausbildung befand, wollte ein junger Chinese arbeiten und sagte, daß er irgendetwas tun wolle, nur nicht reden. Ich schlug ihm vor, sich auf den Boden zu legen und in die Körperarbeit zu gehen. Es dauerte nicht lange, bis er wild um sich schlug, seinen Kopf und seine Augen verdrehte, seine Zunge vorschnellen ließ und beim Einatmen der Luft wieder zurückholte. Das setzte sich so eine Weile fort. Dann fing er an zu zittern. Fritz (Perls) kam herein und setzte sich dazu. Er legte seine Hände auf die Knie des Mannes (seine Füße waren noch immer flach auf dem Boden, die Knie hochgestellt) und sagte ihm, er solle seine Hüften anheben, damit das Zittern auf sein Becken übergehen könne. Dann fragte Fritz ihn: „Wie alt bist du?"

„Vier."

„Ist deine Mutter bei dir?"

„Nein. Ich fiel in den Reisgraben. Meine Mutter zog mich an einem Bein heraus."

Die Technik, die Kniee festzuhalten, damit das Zittern auch auf das Bekken übergehen kann, wende auch ich an. Manchmal stelle ich auch die Frage: „Wie alt bist du?" Solche Techniken verwende ich aber niemals routinemäßig. Jede Routine ist anti-gestaltisch. Wenn ich nicht darüber nachdenke, und die Technik kommt mir, so verwende ich sie intuitiv – ohne nach einem Grund dafür zu suchen.

Einige Leute leiten Gestaltgruppen mechanisch, nach bestimmten Regeln. Mit jeder neuen Regel machen sie sich jedoch weiter abhängig. „Vermeiden ist schlecht" ist eine dieser Regeln. Gruppenleiter, die „Vermeidung" sehen – oder irgendetwas anderes –, als hätten sie es in einem Buch gelesen, springen darauf an. Einige Leute tun dies auch außerhalb von Gruppen. Manchmal ist Vermeidung gut, ein Teil des natürlichen Auf und Ab einer Person, und sollte akzeptiert werden. Mir scheint es sogar besser, zu lange zu warten, als zu sehr zugreifend zu arbeiten. Ist die Vermeidung eine feste Verhaltensweise, so wird sie wieder auftauchen. Wenn jemand nahe genug bei sich bleibt, merkt er manchmal selber, was er tut, ohne daß man es ihm aufzeigen muß. In jedem Fall jedoch – kein Vorantreiben. „Pushen" kommt vom Kopf und wird von Interessen des Egos bestimmt. Wenn man sich dessen bewußt ist, ist es besser zu sagen, was in einem selbst vorgeht. Obwohl auch das verzwickt sein kann. Gebe ich nur die Worte von mir, hat in mir keine Veränderung stattgefunden. Wenn ich dem, was ich tue, genug Aufmerksamkeit schenke, mit ihm in Kontakt bleibe und mir bewußt bin, was ich fühle, dann verändert sich einiges.

Rich hatte an einem Traum gearbeitet, und dabei war einiges aufgekommen. Er fing an, stark zu zittern. Während er so auf dem Boden lag, wurde sein Zittern stärker, und ich bat jemanden, Richs Knie festzuhalten. Mit den Schultern rutschte er jedoch über den Boden zurück, so daß er wieder flach da lag. Mit jemandem, der seine Schultern, und einem anderen, der seine Knie festhielt, schlossen die heftigen Bewegungen nun auch sein Becken mit ein, welches sich auch von einer Seite zur anderen hin und her bewegte. Ich fragte ihn, wie alt er sei. Er antwortete: „Sechzehn." Das freie Agieren seines Körpers war sehr stark und setzte sich noch etwa zwanzig Minuten lang fort. Als er aufhörte, saß er auf dem Boden, lehnte sich gegen die Wand und sah erschöpft aus. Bevor ich an diesem Abend wegging, fragte ich ihn noch, ob mit ihm alles in Ordnung sei. Ich wollte ihn nicht allein lassen, bevor ich mir dessen nicht sicher war. Er versicherte mir, er sei in Ordnung. Ich war mir nicht so sicher, doch er bestand darauf, und ich ging – in dem Bewußtsein, daß er zu Hause bei einigen Freunden war. Ungefähr eine Stunde später klopfte Rich an meine Tür. Er war der Raserei nahe. Etwas anderes hatte angefangen, ihn aufzuwühlen. Er legte sich auf den Boden und begann sofort, sich in Schmerzen zu winden, zu schreien etc. Dann sah er sich in einem Kinderbett und hatte einen mächtigen Wutanfall. Seine Mutter hatte ihn verlassen und war weinend zu Bett gegangen, weil sie nicht wußte, was sie mit ihm machen sollte. Er sah die Hand seines Vaters den Lichtschalter anknipsen, als er ging. Sein Vater wußte auch nicht, was er machen sollte. Das Kind Rich rief weiter nach seiner Mutter und sagte nun alles, was er als Kind nicht fertiggebracht hatte: „Mami! Mach dir keine Sorgen! Mit mir ist alles in Ordnung, Mami!" Das dauerte ungefähr eine Stunde. Manchmal gab es kleine Pausen, wenn er sich etwas beruhigt hatte, dann fing er wieder sehr heftig an. Am Ende fühlte er, daß er es abgeschlossen hatte. Er fühlte sich erleichtert und zufrieden. Er war aber nicht mehr in der Verfassung, Auto zu fahren und rief daher jemanden an, der ihn abholen sollte. Bevor er ging, sagte er noch, daß die Freunde, bei denen ich ihn abgesetzt hatte, angefangen hätten, ihn über das, was er erlebt hatte, auszufragen. Das hatte ihn rasend gemacht, und so war er zu mir gekommen. Als er bei mir ankam, hatte ich nichts weiter zu tun, als bei ihm zu sein und zu hoffen, daß die Nachbarn sich nicht beschweren würden. Alles andere hatte sein Organismus erledigt.

Die Selbstregulation des Körpers erfahre ich immer wieder bei mir selbst. Ich glaube, sie funktioniert ähnlich wie mein Wissen darüber, daß es mir mit 72 noch möglich ist, mühelos zu gehen. Manchmal humpele ich, fühle mich müde und denke (sic): „Ja, ich bin alt. Was solltest du auch anders erwarten?" und so weiter. Dann werde ich immer schwerfälliger und bin immer weniger in der Lage zu laufen. Dann rufe ich mir das Gefühl zurück, wie es ist, mühelos gehen zu können. Ich weiß, daß einiges möglich ist. Ich werfe mein Denken – und meine Müdigkeit – über den Haufen und kann wieder mühelos gehen. Befehle ich aber meinem Körper, bestimmte Dinge zu wiederholen, – durch Begründungen, die mir mein Kopf liefert, – dann gerate ich wieder in Schwierigkeiten.

Sehr oft benutze ich die Körperarbeit, um mich zu lockern, wenn ich mich durch Kontrolle verspannt habe. Das klappt am besten, wenn ich mich alleine in einem Raum befinde, mit genügend Platz, um mich auf den Boden zu legen. Ich kann mich leichter und tiefer darauf einlassen, wenn ich Töne von mir gebe, ohne mir Gedanken zu machen, daß sich irgend jemand um mich sorgt. Es ereignet sich nie zweimal dasselbe. Nicht immer gebe ich einen Ton von mir, und wenn, sind es niemals die gleichen. So bleibe ich in tiefem Kontakt mit meinem Körper, lerne ihn besser kennen und bin über die Vielzahl der Verbindungen, die sich einstellen, beeindruckt. Mein Körper ist dabei nicht an Systeme oder Methoden gebunden, um sich gehen zu lassen, und wenn ich ihn seiner eigenen Arbeit überlasse, verändert sich fortwährend alles, was er tut. Ich bemerke, wie mein Denken versucht, ‚Unebenheiten auszubügeln', oder ‚Symmetrie' fordert. Mein Körper kümmert sich jedoch überhaupt nicht darum. Mein linker Fuß z.B. tanzt eine Art ‚Cake Walk' [1]. Ich denke: ‚Mein rechter Fuß

---

1 amerik. Tanz (d. Übersetzer)

sollte das auch tun!' Der rechte Fuß rührt sich aber nicht von der Stelle und bleibt flach auf dem Boden stehen. Mir kommt der Gedanke, ihn zu bewegen. Nehme ich jedoch mit meinem rechten Fuß Kontakt auf – was mich dann auch automatisch vom Denken abhält –, so sagt er sehr deutlich, daß er etwas anderes tun möchte. Ich lasse es meinen rechten Fuß tun – während mein linker noch immer den Cake-Tanz ausführt.

Seit etwa sieben Jahren bin ich dabei, meinen Körper auf diese Art und Weise zu befreien – manchmal sehr oft, manchmal seltener. Manchmal habe ich keinen Fußboden mit genügend Platz zur Verfügung, manchmal bin ich auch nicht alleine dabei. Manchmal bin ich auch zu sehr mit anderen Dingen beschäftigt. Dann wäre es zweifellos am besten, ich würde mich von dem, was ich gerade tue, zurückziehen und meinen Körper einfach machen lassen. Viel zu oft mache ich das einfach nicht. Manchmal verstricke ich mich in meinem Kopf und vergesse, was alles möglich ist. 1955 war das erste Mal, daß ich mich auf das De-kontrollieren meines Körpers einließ. Ich wußte damals noch nichts über Fritz oder Gestalt. Ich bekam es mit der Angst und habe es nicht wieder gemacht. Ich bin mir nicht ganz sicher, wie ich dazu kam (ich habe damals eine Menge experimentiert), wohl aber ziemlich sicher, daß es folgendermaßen war: ich war einige Jahre lang krank gewesen, lebte alleine und verbrachte wenigstens 95 % meiner Zeit im Bett. Medikamente hielten mich davon ab, verrückt zu werden, halfen vor dem Dahinvegetieren. Ich wurde aber nicht gesund. Erschöpfung schien mir die schlimmste Störung zu sein. Aber was erschöpfte mich denn so? Ich achtete auf alles, was mich belasten könnte, und tat mein möglichstes, es auszuschalten. Dann wurde mir eines Tages bewußt, daß eine schlimme Sache, die sich zuvor in einem Krankenhaus ereignet hatte, mich noch immer belastete. Was in aller Welt konnte ich dagegen tun? Ich begann, mich auf meine Gefühle und Phantasien einzulassen, ging sie immer und immer wieder durch und brachte immer mehr Einzelheiten hinein, um mich zu erleichtern. Heute erinnere ich mich nicht mehr genau daran, was passierte. Nur an einen Gedanken erinnere ich mich noch sehr genau: ‚Gott sei Dank, daß ich alleine bin! Wenn mich irgend jemand gesehen oder gehört hätte, so käme er sicherlich auf den Gedanken, daß es mir schlecht gehe, und würde alles dransetzen, daß ich damit aufhöre.'

Ich schrieb Aldous Huxley darüber. Seine Antwort lautete: „An allen Seiten stehe ich Grenzen gegenüber . . . daher die Verspätung meiner Antwort und die Unangemessenheit dieser Zeilen auf deine Bemerkungen über dieses Pseudo-Schluchzen, -Zittern und -Zucken, welches zu einer

Empfindung der Befreiung und einer Aufgeschlossenheit für die Heilung führt. Dies ist ein Phänomen, welches ich bei anderen schon beobachtet und an mir selber erfahren habe. Es scheint mir einer der Wege zu sein, durch den die Entelechie oder physiologische Intelligenz oder das tiefere Selbst sich der Hindernisse entledigt, die das bewußte, oberflächliche Ego ihm in den Weg stellt. Manchmal taucht durch dieses Abreagieren verborgenes Material auf. Keineswegs jedoch immer. Auch wenn kein solches Material auftaucht, scheinen trotzdem viele nützliche Ergebnisse erzielt zu werden, wenn das tiefere Selbst diese Unruhe im Organismus entwickelt – ein Erregungszustand, der erwiesenermaßen viele der viszeralen und muskulären Knoten lockert, welche die Ergebnisse und Gegenstücke der psychologischen Knoten sind. Von diesem Erregungszustand erhielt die religiöse Gruppe der Quäker ihren Namen. Zittern (to quake = beben, schwanken, zittern, d.Ü.) ist erwiesenermaßen eine Art somatisches Equivalent zum Glauben, und die Absolution dient zum Hervorholen von verborgenen Erinnerungen (Sünden, d.Ü.) und deren Abreagieren, was das Auflösen ihrer Macht, weiterhin Unheil anzurichten, bedeutet. Wir sollten für die kleinsten und seltsamsten Gnaden dankbar sein – und dieses Zittern ist sicherlich eine von ihnen, und keineswegs die geringste."

Ich verstand damals sicher nicht alles, aber es klang bestärkend. Danach, wenn ich verzweifelt war, überließ ich mich noch ein- oder zweimal diesem Zittern und Klagen usw. Ich wußte aber nicht, wie ich es in Gang halten konnte, wenn ich nicht verzweifelt war. Später lernte ich es von Fritz. Nun brauche ich die Verzweiflung nicht mehr als Motor und kann meine Gefühle sehr leicht gehen lassen. Nachdem ich es einige Male auf dem Boden liegend ausgeführt habe, ist es nun leichter für mich, es bei allen möglichen anderen Dingen zu tun, die ich gerade ausübe, und bis zu einem gewissen Grade sogar auch in der Öffentlichkeit. Heute ist mir Huxleys Brief vollständig klar, und obgleich er andere Worte dafür benutzt, meint er dasselbe wie ich.

Ich erinnere die Leute, mit denen ich Körperarbeit mache, daran, daß sie nicht nach ‚Begründungen' suchen sollen, das würde wieder in die Kategorie des Denkens fallen. Einmal, als ich auf dem Boden lag, verwandelte sich mein Mund in etwas, das sich wie ein großes Oval anfühlte, und ich entblößte meine Zähne. Ich dachte: ‚Was passiert denn da? Will ich vielleicht jemanden beißen?' Dem schien nicht so. Ich schob die Bedeutungen und Erklärungen beiseite und ließ es geschehen. Flüssigkeit schien aus meinen Mundwinkeln zu sickern, dann zu rinnen, dann zu strömen, und dann verwandelte sich die Flüssigkeit in Blut und Tränen. Das alles waren

Gefühle. Ich ließ sie fließen. Am Ende fühlte ich mich erleichtert – als wäre alles Blut und alle Tränen, die ich zurückgehalten habe, aus mir herausgeflossen. Diese Bedeutung fiel mir ein. Ich hätte sie nicht gefunden, wenn ich nach ihr gesucht hätte. Ich weiß nicht, ob sie ‚wahr' ist, außer, daß ohne Frage meine Erfahrung es ist. Es gibt auch keinen Anlaß, sie in Frage zu stellen. Ich spürte Freude und Zufriedenheit und hatte das Gefühl der Reinigung. Hätte mich jemand gesehen, er hätte mich sicherlich leiden sehen. Gebe ich meinen Körper frei, seine eigene Sache zu machen, so wird mein Atem jedesmal tiefer und stärker, und manchmal wird er sogar sehr stark. Ich fühle ihn wie eine umgefallene Acht – meine Brust expandiert, dann fließt er hinunter in meinen Bauch, wie eine Böschung hinab, mein Bauch expandiert (während sich meine Brust wieder zusammenzieht), und er fließt wieder abwärts in meine Brust zurück. Wenn das geschieht, fühle ich meinen Atem auch an Stellen, wo ich ihn normalerweise nicht wahrnehme – in meinem Gesäß, in meinen Beinen und manchmal sogar in den Füßen.

Führe ich Leute in die Körperbefreiung durch Gestalt ein, so sage ich ihnen, außer, daß sie sich der gegenwärtigen Unannehmlichkeiten bewußt werden mögen, nicht, worauf sie achten sollen oder was sie zu erwarten haben. Ich weiß nicht, wonach man suchen oder was man erwarten sollte. Ein chilenischer Psychiater sagte: „Oh! Ich habe diese schlimme Stelle an meinem Rücken, und ich dachte, ich müßte damit den Rest meines Lebens verbringen. Nun spüre ich erst, was ich da tue!" Ich wußte nicht, daß er einen schlimmen Rücken hatte. Ein anderer Klient löste seine linke Seite über der Hüfte und sagte: „Ich hatte eine Verletzung. Jetzt sehe ich, wie ich sie die ganze Zeit zurückgehalten habe." Er sah sehr zufrieden aus, als er die Stelle streichelte, die er gerade hatte lösen können.

Eine Frau, bei der die Arbeit sehr gut voranging, ließ sich auf die rhythmischen Bewegungen ihres Körpers ein, fühlte sich gut dabei und sagte: „Ich fühle, wie man mich in eine Ecke zieht." Ich schlug vor, sie solle sich in die Ecke ziehen lassen. Statt dessen stand sie auf und führte einen Dialog mit ihrem Kleine-Mädchen-Selbst über Angst. Dieser Dialog schien mir sehr oberflächlich, und er endete sehr schnell mit: „Keiner von uns beiden fürchtet sich." Sie war zufrieden. Ich ließ es dabei. Meine Erfahrung ist, daß ich alles verderbe, wenn ich Ziele habe, sei es für mich oder für andere. Am nächsten Tag sagte sie: „Ich besitze noch meinen Zorn. Ich habe das noch nie zuvor gemacht. Ich mache es jetzt." Sie arbeitete auf dem „Heißen Stuhl", und sehr bald war sie ein kleines Mädchen, das in einer Ecke stand und ihren Vater vor sich sah, wie er sie anbrüllte. Sie wurde zu ihrem

Vater, brüllte herum, und von da an setzte sich die Handlung harmonisch fort. Bei jemand anderem wäre es möglicherweise anders verlaufen. Vielleicht hätte er sich verschlossen. Jeder muß auf seine eigene Art und Weise und in seiner spezifischen Zeiteinteilung arbeiten. Ich bin nicht so weise, daß ich wissen könnte, was jemand anders tun sollte – oder wann er es tun sollte. Ich mag vielleicht das zum Ausdruck bringen, was sich in mir abspielt: „Ich vermute, daß du nicht weitergehen möchtest", oder was es sonst auch immer sein möge; ich darf dabei jedoch nicht vorantreiben oder es der anderen Person diktieren. Was auch immer da ist, ist da, und indem ich mit dem, was ist, in Berührung komme, verändert sich etwas.

Die Leute entscheiden selber, ob sie zu mir kommen. Sie entscheiden auch, wann sie wieder gehen. Wenn Aufhören das ist, worum es geht, dann lasse ich es auch geschehen. Indem ich so in Gruppen verfahre, hilft es mir auch, mehr für mich zu leben, egal was ich tue oder wo ich mich gerade befinde. Dies scheint mir eine bessere Art zu leben zu sein, als wenn ich mich selbst und andere manipulieren würde. Ich fühle mich besser dabei. Ich fühle mich behaglicher, habe weniger Konflikte (mit anderen und in mir), und ich leide sehr viel weniger.

Manchmal scheint es mir, daß sich in der anderen Person ‚nichts ereignet hat'. Dann treffe ich sie 6 Monate oder ein Jahr später wieder, und sie erzählen mir voller Begeisterung, was passiert ist und sich immer noch weiter fortsetzt.

In diesem Sommer begann Steve die Gruppe eines Workshops mit ‚wu chi', einem Element des ‚tái chi'. Wir haben das von *Al Chung-liang Huang* gelernt. Vom ‚wu chi' ging die Gruppe dann dazu über, an Ort und Stelle zu arbeiten, die meisten im Freien, und sie übertrugen dabei Erfahrungen aus dem ‚wu chi' auf die Art und Weise, *wie* sie arbeiteten.

Jim entdeckte hierdurch, wie steif sein Körper war, besonders seine Arme und Schultern. Durch Körperarbeit, auf die er sich sehr intensiv und ohne Nebenwege eingelassen hatte, lockerte er sie und einen Großteil seines Rumpfes. Sein Körper dehnte sich enorm durch diese ungezwungene Arbeit – auf seltsame und vielfältige Weisen. Einige Stunden später sagte er mir, daß er seine Beine noch nicht gelockert habe, und daß er das noch tun möchte. Abends legte er sich auf den Boden, seine Füße erhoben sich in die Luft, und er begann (spontan) zu treten. Dann sagte er, daß er treten möchte. Ich stellte ein dickes Kissen gegen die Wand, und er begann, kraftvoll zu treten. Dann sagte er: „Ich sehe Gesichter, viele Gesichter, all die Leute, die mich gezwungen haben, Dinge zu tun. Ich möchte sie treten. Ich HASSE sie!" Er trat weiter. Dann schälte sich ein für ihn sehr bedeutendes Gesicht heraus, sein athletisch gebauter Sporttrainer aus der Schulzeit. Jim stand auf und schlug auf das Kissen ein, bis er erschöpft war und sich hinsetzte. Ich fragte ihn, ob er mit dem Trainer reden wolle, und er tat es. In diesem Dialog sagte Jim (als ein sechzehn- oder siebzehnjähriger Junge): „Ich treibe nur Sport, weil ich die Aufmerksamkeit der Mädchen auf mich ziehen will", und der Trainer antwortete: „Ich mag es auch nicht, aber es ist die einzige Möglichkeit, wie ich einigen Leuten nahe sein kann." Das konnte Jim sehr gut verstehen und aller Zorn war verflogen. Von diesem Dialog ging er über zu einem mit der Frau, mit der er zusammenlebte, und er erkannte sehr deutlich, daß er niemals den Weg gehen würde, auf den sie ihn haben wollte –, und daß sie niemals den Weg gehen würde, auf den er sie haben wollte. Er erkannte, wie jeder von ihnen hoffte, daß der andere sich ändern würde. Das alles war nicht neu für ihn, es war aber das erste Mal, daß er es so deutlich sehen konnte, ohne sich dabei in Phantasien zu verstricken.

Es gibt Leute, denen die Gestalt-Körperarbeit nichts bringt. Eine sehr selbstbewußte und attraktive Frau nahm an einer Gruppe ‚wegen ihres Mannes' teil – ‚weil er es brauchte'. Sie selbst fühlte sich nicht als Teil der Gruppe. Bei der Körperarbeit legte sie sich auf den Boden. Eine Weile lag sie lächelnd dort, berichtete, wie wohl sie sich dabei fühlte, stand dann lächelnd auf und sagte: „Ich habe das überhaupt nicht nötig gehabt." Ich glaube, ich war sehr schlampig, daß ich ihr nichts von dem sagte, was in mir vorging. Ich weiß nicht, ob es bei ihr etwas verändert hätte, ganz sicherlich aber in mir. Aber Fehler sind nun einmal Fehler, und jeder von uns macht welche. Das beste ist, es dabei bewenden zu lassen, besonders, wenn man nichts daran ändern kann. Beim Lehren von ‚wu chi' sagt *Al Huang*: „Wenn du einen Fehler machst, so versuche ihn nicht zu korrigieren. Mach einfach weiter, dann wirst du es schon wieder hinkriegen." Wenn ich versuche, die Vergangenheit zu korrigieren, wie könnte ich mich dann in der Gegenwart befinden?

Ich versuche, Leute mit der Gestaltmethode des De-kontrollierens so vertraut zu machen, daß sie es selber für sich weitermachen können. Ob sie sich dann entscheiden, es zu tun, ist ihre Angelegenheit. Dinge zu lernen, die ich selber verrichten kann, ist für mich wichtig.

Ich ging zu *Fritz (Perls)*, um von ihm zu lernen, und das, was ich von ihm lernte, kann ich nun selber ausführen – für mich selbst. Ein Jahr nach seinem Tod bemerkte ich, daß ich über irgendetwas, das er in einer Gruppe über mich gesagt hatte, verärgert war, weil es nicht stimmte.

Ich hatte gerade auf dem Hot Seat gearbeitet, und was er sagte, hörte sich für mich sehr negativ an, zu dem Zeitpunkt und auch später. Ein Jahr später hörte es sich immer noch negativ an, und ich begann, mich zu ärgern. Ich begann, darüber einen Brief zu schreiben, um mit mir ins Reine zu kommen (ein altes Muster). Dann legte ich den Bleistift beiseite und stellte mir einen Stuhl hin. Der Dialog dauerte weniger als fünf Minuten, als ich begriff – ganz aus mir heraus, ganzheitlich und nicht nur intellektuell – ‚Ich habe ihm nicht verziehen, daß er einen Fehler beging'. Dabei war mein ganzer Körper frei und locker und warm vor Vergebung. Bis dahin war alles, was er gesagt hatte, eine tote Erinnerung. Ich konnte sie mir hervorrufen, aber sie war nicht lebendig. Wie ein sehr kleines Stück Papier, das vom Wind herumgeweht wird. In dem Moment, wo ich es wahrnehme, verschwindet es. Dann dachte ich: ‚Lieber Fritz. Du hast mir ein Problem überlassen und gleichzeitig die Mittel, um es aus mir heraus zu lösen.' Das, was ich gelernt habe, teile ich anderen mit, damit auch sie es lernen und für sich alleine ausführen können. Menschen, die wollen, daß mit ihnen etwas gemacht wird, bringt es nicht viel, mit mir zusammen zu sein.

Ich falle auf viele Fallen herein, die andere Leute stellen. Nach meiner ersten Sitzung mit Al Huang dachte ich: ‚Oh! Es bringt mir so wahnsinnig viel, mit ihm zusammen zu sein. Ich will mehr! Wie kann ich möglichst bald wieder bei ihm sein?' Dann wurde mir klar: ‚Im Moment setze ich nichts von dem um, was ich von ihm gelernt habe.' Ich wandte mich anderen Dingen zu, und nun wurde es leicht, mit dem Bewußtsein zu leben, daß ich nicht wußte, wann ich ihn wieder treffen würde. Ein Jahr später ereignete es sich, ohne Mühe oder Anstrengung, als habe sich eine Schleuse geöffnet und ich wäre hindurchgeflossen. Seit diesem Zeitpunkt fühle ich, wenn wir unsere verschiedenen Wege gehen, daß er den seinen Weg geht und ich den meinen. Und wenn unsere ‚Wu-Chi-Kreise' sich irgendwo treffen, werden wir wieder zusammen sein – und für den Rest der Zeit nicht. Wenn ich durch die Körperarbeit aus meinem Kopf herauskomme, befinde ich mich in diesem Strom oder Fluß, woher alles kommt und wohin alles geht, sich begegnet oder auch nicht. Setze ich auch nur ein kleines Stück von dem um, was ich gelernt habe, so bedeutet das für mich eine Veränderung. Immer mehr in meinem Kopf zu speichern und es nicht zu gebrauchen, hat keinen Wert – außer, daß ich andere damit beeindrucken kann, und das bedeutet mir nichts.

Heutzutage fange ich Gruppen meist mit dem an, was so einfach scheint und doch für einige Leute so extrem schwierig ist: der Unterscheidung zwischen dem, was offensichtliche Realität ist, und dem, was man als Phantasie oder Vorstellung bezeichnet. Es ist von grundlegender Bedeutung, sich über diese Unterscheidung im klaren zu sein, und es erspart einem für später eine Menge Erklärungen, wenn man sich zu Beginn darüber klar wird.

Zwei Personen sitzen sich gegenüber. Abwechselnd sagen sie: „Ich nehme deutlich wahr, daß . . . du braunes Haar hast, daß du ein Muttermal auf deiner Wange hast, daß du lächelst, daß du mit den Fingern zupfst." Sagen sie Dinge wie: „. . . daß du nervös bist, daß du glücklich bist, daß du freundlich bist" – jedwede Art der Interpretation von Körpersprache wird aufgezeigt. Nur was offensichtlich ist, zählt, wie z.B. Zwacken, Zupfen, Lächeln etc. Falls sich die beiden selbst nicht in die Übung mit einbeziehen, erinnere ich sie daran, daß alles, was *in* ihnen vorgeht, zwar von ihnen selbst wahrgenommen wird, von anderen Personen aber nicht immer erkannt werden muß. Deshalb ist es notwendig mitzuteilen, was in einem vorgeht, z.B.: „Ich nehme wahr, daß . . . ich sehr schnell spreche, hastig atme, nervös bin, wenn ich dies tue, daß ich dir gegenüber Sympathie empfinde, daß ich hier nicht weitermachen möchte", oder was auch immer in ihnen geschieht. Führt jemand dies ernsthaft durch, wird er mit sich selbst und anderen sehr viel leichter vertraut und sich wohl fühlen. Gleichzeitig wird er sich des Unterschiedes bewußt, was real ist und was Phantasie. Er wird entdecken, wie das, was er phantasiert, ihm in seinem Bemühen im Weg steht, anderen Personen wirklich zu begegnen.

Natürlich versuchen einige Leute, gute Schüler zu sein, damit sie eine gute Note bekommen. Dabei wird es ihnen nicht gelingen, mit irgendetwas in Berührung zu kommen. Normalerweise erkenne ich das an ihrem Verhalten. Sie machen ihre Aussagen hastig, sehr angespannt, als ob sie Fragen beantworten würden und es für sie wichtiger sei, daß ihre Antworten ‚richtig' sind, als daß sie mit der anderen Person oder mit sich selbst in Kontakt kommen. Im weiteren Verlauf werden sie angespannt bleiben, statt sich zu lockern. Dann teile ich ihnen dieses als meine Phantasie über sie mit, die sie annehmen oder verneinen können. Gewöhnlich ist ihre Antwort ein heftiges Nicken: „Ja, genau das tue ich gerade." Dann bitte ich sie, sich Zeit zu geben und ihre nächste Antwort nicht schon vorzubereiten, während der Partner noch redet. „Höre zunächst einmal deinem Partner zu und sage dann erst, was du *jetzt* wahrnimmst!"

Das Bewußtwerden des Unterschiedes zwischen Beobachtung und Denken ist ein guter Einstieg für die Körperarbeit. Lernen, mit seinem Körper in Kontakt zu kommen, heißt ganz einfach, sich bewußt zu werden, was sich unter der Haut abspielt, ohne darüber nachzudenken. So wie wir oft übersehen, was draußen passiert, sind die meisten von uns weit weg von

dem, was sich in uns ereignet – und sogar noch mehr von dem abgeschnitten, was herauskommen will.
. . . gerade jetzt bemerke ich, daß meine Augenlider schwer werden. Ich kann nicht mehr sehr gut sehen. Seit einigen Stunden sitze ich nun schon an diesem Manuskript. Ich lege mich flach auf den Boden, die Kniee hoch, die Füße flach auf der Diele.
Zuerst: Knurren und Stöhnen, dann ein starkes Seufzen. Dann tiefes Einatmen, gefolgt von einem Seufzen. Dann kommen meine Wangen- und Kiefernmuskeln in Bewegung. Das ist schmerzhaft – eine seltsame Qualität des Bewußtseins von Schmerz –, ohne daß ich den Schmerz fühle. Dann geraten meine Schultern in Bewegung – als tropften sie gegen den Boden. Es fühlt sich an, als läge ich in einer Hängematte. Mehr Seufzer, häufigeres Schlagen meiner Schultern gegen den Boden. Meine Arme fangen an. Dann die Muskeln in den Handflächen – mit dem gleichen starken Gefühl von Schmerz, der doch kein Schmerz ist. Dann fangen die Muskeln in der Leistengegend an. Ich fühle, wie sie es tun. Die Oberschenkelmuskeln . . . dann die Hüften . . . dann in den Füßen. Mein Körper (Ich = ich fühle mich als mein Körper, weil ich nicht denke, und darum gibt es für mich auch ein ‚Ich') rollte sich auf die linke Seite, das linke Knie angezogen, die Zehen, fast in den Boden gekrallt, dehnen sich immer stärker aus. Der rechte Fuß ist angewinkelt, er hebt sich, die Knie an die Hüften – ich fange an, mich gut zu fühlen . . . ich unterbreche, um dies aufzuschreiben. Jedesmal habe ich einen Gedanken, um mich an das zu erinnern, was geschehen ist, damit ich es aufschreiben kann. Ich lasse den Gedanken gehen und bin wieder mit dem, was sich gerade ereignet, in Berührung. So hat sich dies hier selbst geschrieben, und ich stelle fest, daß es sehr genau ist. Es beunruhigt mich nicht, daß ich die Dinge durcheinander bringen könnte, was geschehen würde, wäre ich mir der Dinge nicht bewußt , wenn sie sich ereignen – wie beim Notenlesen.
Nachdem ich dies niedergeschrieben hatte, stand ich auf und ging etwas umher. Ich fühlte mich so sehr viel befreiter, daß ich es ‚frei' nennen konnte. Doch es ist nur eine relative Freiheit. Meine Muskeln sind noch immer in Bewegung. Ich fühle, wie sie arbeiten . . . Dies alles ist nicht nach festen Regeln abgelaufen.
Gestalt ist mit festen Regeln unvereinbar (genauso wie TAO, Zen, Wu Chi usw.). Immer, wenn ich feststelle, daß ich mich nach einer Regel orientiere, weiß ich, wo ich nicht bin – sogar wenn die Regel heißt: „sei bewußt!". Kämpfe ich gegen die Regeln an, befinde ich mich in der gleichen Klemme. Ohne Regeln zu handeln, ist als solches nicht schwierig: ich ver-

halte mich einfach entsprechend der Situation, die ich in diesem Moment vorfinde. Konventionen verlangen von mir, daß ich mich in einer bestimmten Art und Weise verhalte, sei diese nun angebracht oder nicht. Ohne Regeln verhalte ich mich manchmal konventionell und manchmal nicht. Jede Regel, wie gut beabsichtigt sie auch immer sein mag, wird mich irgendwann einmal in Schwierigkeiten bringen, weil alles sich ständig verändert und ich zu dem Zeitpunkt, wo ich die Regel erstelle, die Zukunft nicht vorhersagen kann – nicht für mich und auch für keinen anderen.
Mir scheint es unmöglich, wirklich gute Therapie mit jemandem zu machen, wenn ich sie nicht vorher an mir selber erfahren habe. Nur dann kann ich so sehr viel mehr von dem erkennen, was im anderen vorgeht. Ich befinde mich in einem bekannten Territorium und kann der anderen Person helfen, sich von den falschen Seitenstraßen fernzuhalten – während ich ihr behilflich sein kann, alle richtigen Wege weitgehend zu erforschen. Mit ‚falsch' meine ich ganz einfach, Anweisungen vom Kopf entgegenzunehmen, statt vom Körper. Hierbei unterscheide ich natürlich zwischen ‚Kopf' und ‚Körper', was nicht möglich ist. Trotzdem ist es eine nützliche Unterscheidung, die mir hilft, mit mir zusammenzukommen und mich für kurze Zeit von allen Zersplitterungen, Argumenten, Konflikten usw. zu befreien. In dem Moment, wo ich meinen Körper de-kontrolliere (und damit ist die Körperbefreiung durch Gestalt gemeint), handelt er unkonventionell – zumindest für eine Weile. Ich bin mein Körper. Ich handele unkonventionell in diesem Moment. Mein Körper stellt seine eigenen Verbindungen her, wenn ich dies meinem Organismus erlaube. Ich erkläre meinen Klienten, daß sie nicht nach einer Bedeutung suchen sollen, ich sage ihnen aber nicht, daß es keine Bedeutung gebe. Wenn ich danach suche, mache ich das mit meinem Kopf, mit meinem Intellekt, und dadurch kann die Bedeutung nicht gefunden werden. Und ich kann mich enorm frustrieren, wenn ich nach Dingen suche, die nicht zu finden sind – es erschreckt und verwirrt mich. Vielleicht finde ich aber auch eine Bedeutung heraus, die meine Vernunft befriedigt, aber falsch ist. Manchmal erkenne ich die Bedeutung und manchmal nicht. Ich lasse es so sein, wie es ist. Ich habe mich von Abfall befreit und ihn fortgeschüttet, mein Körper hat für sich selbst gearbeitet, mit seinen eigenen Fähigkeiten. Ich fühle mich jung und ungeduldig. Stellen sich Bedeutungen von selber heraus, so brauche ich sie nicht zu suchen, ich akzeptiere einfach, daß es sie gibt – wie: „Ja, so ist es" –, ohne mich zu verwirren.
Laß sein, was ist. Versuche nicht, etwas anderes daraus zu machen. Das ist eine menschliche Beeinflussung, es ist nicht organismisch, es ist nicht

Ich. Jede Vorstellung, die ich von mir habe, steht mir im Weg. *Abe Maslow* war unglücklich darüber, was mit vielen Leuten geschah, als sie lasen, was er über ‚sich selbst verwirklichende Menschen' geschrieben hatte. Was sie damit anfingen, war sehr befremdend. Ich habe eine ganze Reihe von Briefen erhalten, in denen stand: „Ich bin ein mich selbst verwirklichender Mensch". Maslow meinte, daß er irgendetwas vergessen haben müßte. Fritz hat es hinzugefügt. Er sah, daß die meisten Menschen ein Konzept von sich verwirklichten. Das ist keine Selbstverwirklichung. Meine Selbstverwirklichung, wenn sie stattfindet, ist voll von Überraschungen – sie überrascht mich. Ich verwirkliche kein Konzept von mir.
Das Wissen darüber, daß ich ein einigermaßen bekannter Schriftsteller bin, daß einige meiner Werke in andere Sprachen übersetzt wurden, schadet mir als solches nicht, solange ich nicht darüber nachdenke. Wenn ich nicht darüber nachdenke, habe ich auch nicht das Image von mir, ich sei ein ‚Schriftsteller'. Hätte ich solch ein Image von mir (oder jede beliebige andere Vorstellung), so würde ich versuchen, mich diesem Bild anzupassen. Ich würde mich so zurechtschneidern, daß ich gemäß diesem Image handeln, reden und antworten würde. Ich würde mir eine Illusion schaffen und denken, diese Illusion sei ich.
Mein Körper kennt diesen Unfug nicht. Er kennt keine Interpretationen. Ich fühle mich gut, wenn sich mein Körper gut anfühlt – und das tut er, wenn ich gut zu ihm bin. Mein Körper ist *jetzt*, und jetzt ist die einzige Zeit, in der ich irgend etwas tun kann. Versuche nur einmal, diesen Satz hier einen Moment zuvor oder einen Moment danach zu lesen.
Bei Wiederholung übernimmt mich mein Körper leichter und schneller. Eine der Faszinationen darin für mich ist die, daß ich an einem Punkt ankomme, wo ich weder irgend etwas vorantreibe noch irgend etwas zurückhalte. Das ist dann ‚wu wei'. Keine Aktivität durch mich. Zu diesem Punkt zu gelangen ist sehr angenehm – als befände sich ständig alles auf Messers Schneide. Meine Beobachtung wird immer schärfer und genauer, und ich entdecke, wie leicht es mir fällt zu denken, daß ich gerade nichts tue, wenn ich in Wirklichkeit gerade doch etwas tue – z.B. mir einen heimlichen Schubs gebe, um etwas Gegenwärtiges zu verlängern oder irgend etwas durch die Vorstellungen meines Kopfes zurückzuhalten. Das stimmt ganz besonders, wenn ich die Woge des Lebens, die wir normalerweise Sex nennen, durch mich hindurchfließen spüre. Ich möchte sie anstoßen, um sie zu verstärken, wie das Erzwingen eines Orgasmus, oder ich möchte sie etwas zurückhalten, damit ich durch das Fehlen des Orgasmus nicht enttäuscht werde. Wenn ich dies alles fallen lasse, diese wogende Brandung

von Leben nur sein lasse – nur dasein lasse – ohne Erwartungen, dann fühle ich mich stark und lebendig und brauche nicht mehr als das. Ich will keine Zerstreuung dieser Macht oder Kraft oder dieses Geistes – oder wie man es auch immer sonst noch nennen will – in den Orgasmus. Gelingt mir das, so fühle ich mich jung – sehr jung –, wie vor der Zeit, wo ich mit Sex bekanntgemacht wurde. Mein Glück ist vorhanden, und ich bin eine Ganzheit. Ich brauche niemanden und nichts, mich zu vervollständigen. Es ist nicht notwendig, daß ich jemanden berühre oder jemand mich berührt, damit ich mich warm, leicht und lebendig fühle.

Übersetzt von Heinz-W. Mertineit, Hannover

Literatur:

B. STEVENS, Don't push the river, Real People Press, Lafayette, 1970
J. STEVENS, Die Kunst der Wahrnehmung, Chr. Kaiser, München 1975
F. PERLS, In and Out the Garbage Pail, Real People Press, Lafayette 1970.
B. STEVENS, C. ROGERS, Person to Person, Real People Press, Lafayette 1969.

Biofeedback und Gestalttherapie

Chris Hatcher, Marjorie K. Toomim, Hershel Toomim, San Francisco

Ein Hauptziel vieler Psychotherapien ist es, das Wahrnehmungsvermögen des Individuums für sein Verhalten zu verbessern. Wie von *Schwartz* (1973) gezeigt wurde, sind Feedbacksysteme lange Zeit als Mechanismus zum Erreichen dieses Ziels benutzt worden. Beobachtung und Interpretation durch den Therapeuten, die Benutzung audiovisueller Hilfsmittel, Beobachtung und Reaktion durch Gruppenmitglieder in der Gestalttherapie sind einige Beispiele solcher in der Therapie verwandten Feedbackmechanismen.

Im Zusammenhang von Feedback und Gestalttherapie müssen drei wichtige Geschichtspunkte festgehalten werden. Erstens: Viele Psychotherapien wollen ein psychophysiologisches System (den Menschen) auf rein psychologischem Weg (verbale Interaktion) behandeln. Gestalt- (Ganzheits-)Therapie bezieht sich ihrem Selbstverständnis nach auf das gesamte psychophysiologische System und benutzt dementsprechend sowohl verbale als auch physische Techniken. Zweitens: Klassische Gestalttherapie ist primär auf intrapersonelle Prozesse hin ausgerichtet. Gruppen- und Encountertherapien arbeiten zumeist interpersonal, indem sie sich mit den Reaktionen der Teilnehmer aufeinander innerhalb der Gruppe befassen. Psychodrama ist in einem gewissen Grad ebenfalls interpersonal. Andere Gruppenmitglieder sollen die verschiedenen Rollen im Konflikt eines Individuums darstellen. Die klassische Gestalttherapie hingegen ist zunächst intrapersonal, da sie sich mit allen Lebenscharakteren befaßt (top dog, under dog, Frau, Erwachsener, Kind, Eltern usw.), wie sie im Individuum existieren. Sie legt ihren Schwerpunkt auf die Lösung von Konflikten und Spannungen zwischen diesen Charakterzügen oder Kräften, so wie sie von dem Individuum selbst geschaffen und beibehalten wurden. Drittens: Wenn auch Gestalttherapeuten verbale und physische Techniken verwenden, so verlassen sie sich doch stark auf den phänomenologischen Bericht des Individuums. In neueren Entwicklungen der Gestalttherapie wird auch die Gruppe, das interpersonale Geschehen in die Arbeit miteinbezogen.

Wir wollen die Funktionsweise von Feedbacksystemen in der Gestalttherapie kurz beschreiben. Bei der Gestaltarbeit soll jeder einzelne sich seines verbalen Verhaltens bewußt sein (Ich bemerke die Veränderung meiner Stimme), des äußerlichen körperlichen Verhaltens (Mimik, Bewegung der Glieder, Muskelbewegungen), innerer körperlicher Vorgänge (Ich bemerke, daß meine Hände kalt sind. Ich bemerke Druck auf meinen Magen). Wenn das Individuum eine gewisse Awareness in diesen Bereichen erlangt hat, wird der Therapeut danach fragen, ob möglicherweise miteinander unvereinbare Wahrnehmungen da sind. Die verbalen Äußerungen eines Individuums (Ich fühle mich gut, ich bin jetzt in Ordnung. Es quält mich nicht, wenn ich darüber rede) mögen zum Beispiel zeigen, daß es zu diesem Zeitpunkt sich nicht besonders unwohl fühlt. Sein Körper zeigt jedoch zusammengepreßte Kinn- und Kiefermuskeln; oder der Betreffende berichtet von Spannungen in der Brust oder im Magen, wenn er nach inneren körperlichen Vorgängen gefragt wird. Hier greift der Therapeut ein, indem er die Wahrnehmung dirigiert; die Feedbackmechanismen verlassen sich jedoch primär auf den phänomenologischen Bericht des Individuums.

Oft reicht die Wahrnehmung einer solchen Widersprüchlichkeit aus, so daß das Individuum zu prüfen beginnt, was während der Sitzung geschieht. Ist das nicht der Fall, so kann man fordern, daß der Betreffende eine seiner inkonsistenten Antworten verstärkt (Sage mir, wie sehr du dich wirklich wohlfühlst, und achte auf das, was passiert! Spanne und entspanne die Muskeln über deinem Magen und beachte, was dabei passiert!). Es kann geschehen, daß die Person es schwierig findet, in dieser verbalen Weise fortzufahren. Dadurch wird sie offener für ihre unguten und unangenehmen Gefühle. Möglicherweise glaubt die Person, daß es ihr nicht gelinge, die Magenmuskeln zu entspannen. Dann muß sie dazu geführt werden, die beibehaltene Spannung verbal zu erforschen. Diese Beispiele zeigen, wie ein Gestalttherapeut Feedback verwendet, sowohl verbal als auch physisch, primär intrapersonal und durch den phänomenologischen Bericht.

Ralph Hefferline, Mitautor des frühen Werkes „Gestalt Therapy: Excitement and Growth in the Human Personality" (*Perls, Hefferline, Goodman*, 1951) hat schon früh erkannt, daß die Gestalttherapie auf den phänomenologischen Bericht zurückgreift. Er hat einen großen Teil seiner Forschung im Laboratorium der Anwendung elektrophysiologischer Techniken auf das Studium der, wie er es nennt, „private or intrapersonal events" gewidmet. *Hefferline*, (*Hefferline* und *Bruno*, 1972) schreibt in „Aldine Annual on Biofeedback and Self-Control" (*Shapiro* u.a., 1972), daß seine Vorstellung, physiologische Vorgänge seien der Kernpunkt der self-awareness, schon in dem Buch „Gestalt Therapy" (ibid., 1951) veröffentlicht wurden. Forscher wie *David Shapiro, Neal Miller, Joe Kamiya, Leo Dicara, Ralph Hefferline* und andere haben deutlich gemacht, daß erstens relativ billige Meßinstrumente entwickelt werden können, um Funktionen des Nervensystems wie Herzfrequenz, Blutdruck, Gehirnwellen und die galvanische Reaktion der Haut zu überprüfen, daß zweitens die Individuen lernen können, zwischen verschieden starken Aktivitäten zu unterscheiden, und daß sie drittens diese Funktionen in einem begrenzten Maße selbst verändern können.

Die klinische Anwendung dieser Erkenntnis beschränkte sich fast ausschließlich auf Herzerkrankungen, Kopfweh, Schmerzbekämpfung, Entspannen und systematische Desensibilisierung. Eine Ausnahme ist die Arbeit von *Toomim* und *Toomim* (1973), die die galvanische Reaktion der Haut im Sinne von Biofeedback in einen dynamischen psychotherapeutischen Prozeß integriert haben, in dem der Schwerpunkt auf „emotional flooding" liegt und den sie selbst als eklektisch bezeichnen. *Chris Hatcher*, Mitautor dieses Aufsatzes, hat diese Technik in dem Prozeß der Gestalttherapie weiter erforscht und entwickelt.

Im Folgenden soll ein kurzer Überblick über die Physiologie des Hautwiderstandes und der GSR (Galvanische Hautreaktion), über klinisch beobachtete GSR Reaktivitätsmuster, die Anwendung von GSR-Biofeedback in der Gestalttherapie sowie über zukünftige Entwicklungen gegeben werden.

Die Physiologie des Hautwiderstandes und der GSR

Im Jahre 1880 entdeckte der französische Physiologe *Féré*, daß sich der elektrische Widerstand der Haut in meßbarer und charakteristischer Weise ändern kann (*Lang*, 1971). Weitere Arbeiten zeigten, daß diese Veränderungen vom Vorhandensein oder Nichtvorhandensein emotionaler Stimuli abhingen. Die Psychophysiologie dieser Vorgänge ist noch nicht völlig geklärt, die Tätigkeit der Schweißdrüsen wird jedoch als Hauptursache angenommen (*Lang*, ibid.). Die Aktivität der Schweißdrüsen, auf die also von den Veränderungen der elektrischen Leitfähigkeit der Haut geschlossen werden kann, ist ein Teil der Reaktion des sympathetischen Nervensystems auf unerwartete Ereignisse und kann als grobe Meßmethode für den physiologischen Streß des Individuums verwandt werden. Diese Methode wird auch gebraucht, um im allgemeinen Sinn Erregung und Aktivierung (*Schlosberg*, 1954) und Mobilisierung von Energie (*Duffy*, 1951) zu messen.

Mehrere Forscher haben mit der Zeit verschiedene Eigenschaften der GSR als zuverlässige Indikatoren entdeckt, so *Freeman* und *Griffith* (1939), *Lacey* und *Lacey* (1962) und *Block* (1965) ihre Stärke, *Bull* und *Gale* (1971) ihre Latenz, Stärke und das Wiedererreichen des Ausgangszustandes. *Hughes* und *Shean* (1972) fanden, daß die Interaktion von Feedback und Awareness eine leistungsfähige Methode darstellt, die GSR Reaktivität bei hochgradig und bei mäßig neurotischen Personen modifizierend einzubeziehen.
Die GSR wurde als Spiegel innerer Veränderungen kritisiert, weil sie so bereitwillig auf „psychologisch irrelevante" Körperfunktionen wie Husten, Tiefenatmung, Körper- und Handbewegungen anspricht. Die GSR-Feedbacktechnik, die noch beschrieben werden wird, benutzt dennoch diese Funktionen, wenn sie auch den Experimentator verwirren. Sie gehören zu den grundlegenden Meßwerten eines Individuums. Sie liefern einen Beitrag zum Verständnis der GSR Aktivierung. Psychologisch relevante GSR Reaktionen müssen eine Veränderung des GSR Feedback bewirken, die stärker und anhaltender ist als eine Veränderung dieser äußeren Faktoren. Weiterhin kann das Verständnis der psychologisch relevanten GSR Reaktion durch zukünftige Erforschung des Angst hervorrufenden und konfliktträchtigen Materials beeinflußt werden, das mit den Veränderungen der Hautleitfähigkeit einhergeht. Wenn eine Person lacht oder tief atmet und dabei z.B. über ihre Eltern redet und das GSR-Feedback stärker wird (d.h. die Leitfähigkeit der Haut zunimmt), so wird sie bald zu den Grundwerten zurückkehren, wenn das Material keine Emotionen weckt. Ist dies jedoch der Fall, so wird die GSR auf einem hohen Level stattfinden, und zwar so lange, wie der relevante Inhalt des Materials im Vordergrund steht und emotional stimuliert.

Die GSR Reaktivierungsmuster

Nach klinischen Beobachtungen, die von den Autoren dieses Artikels durchgeführt wurden, und wie schon früher von *Toomim* und *Toomim* (1973) berichtet wurde, lassen sich die meisten Menschen bezüglich ihrer GSR Reaktivität in drei Klassen einteilen: in eine Klasse der Überreaktion, einer der Unterreaktion und eine mit veränderlicher Reaktion. Bei der Festsetzung der GSR Reaktivitätsmuster müssen natürlich Beobachtungen unter einer Vielzahl von Bedingungen gemacht werden. So kann zum Beispiel ein Individuum mit veränderlicher GSR Reaktivität unter gewöhnlichen Umständen über- oder unterreagieren, wenn es sehr müde oder hungrig ist, oder wenn es in einer besonderen Streßsitutation steht.

Als überreagierend definieren wir jene Leute, deren GSR auf Reize deutlich von den Grundwerten abweicht. Ein tiefes Atemholen kann einen deutlichen Anstieg der Leitfähigkeit der Haut zur Folge haben, der eine Minute oder länger andauern kann. Ein Wechsel von einem neutralen zu einem Emotionen weckenden Stimulus bewirkt einen scharfen Anstieg der Hautleitfähigkeit, der noch über die Zeit hinaus besteht, in der das Individuum sich mit der betreffenden Angelegenheit beschäftigt. Der Zuwachs kann bei einem Grundzustand von 10 micromhos drei oder mehr micromhos betragen. Zusätzlich kann es für das Individuum schwierig und unangenehm sein, zu versuchen, die GSR unter den Grundzustand zu verringern, etwa mit Entspannungsübungen (Beachten des Atems, ruhig sein für einige Minuten usw.). Es beschreibt oft das subjektive Gefühl, das sich bei verringerter Hautleitfähigkeit einstellt, als „ein Gefühl des Todes" oder „Das fühle ich, wenn ich deprimiert bin".
Als unterreagierend definieren wir jene Leute, deren GSR auf Reize nur mit minimalen Veränderungen reagiert. Ein tiefes Atemholen mag einen Anstieg bewirken, der kaum mehr als ein micromho beträgt. Sogar Gelächter, Händeklatschen unmittelbar vor dem Gesicht des Betroffenen oder die sanfte Berührung einer Hand lassen die GSR relativ unbeeinflußt. Solche Individuen berichten in der Regel über einen sehr kleinen Bereich subjektiver emotionaler Reaktion.
Als veränderlich reagierend bezeichnen wir jene Leute, deren GSR auf Stimuli schwankend reagiert, wobei diese Reaktion deutlich mit beobachtbaren Änderungen der Aufmerksamkeit, der Erregung und der emotionalen Reaktion korreliert. Ein tiefes Atemholen bewirkt einen deutlichen Anstieg der Hautleitfähigkeit, die ziemlich schnell zu dem Grundzustand zurückkehrt. Die Veränderungen betragen gewöhnlich zwei oder mehr micromhos. Solche Individuen lernen schnell, festzustellen, welche Änderungen des subjektiven emotionellen Zustandes mit einem Anstieg oder Abfall der GSR einhergehen.

GSR Biofeedback im Prozeß der Gestalttherapie

Der erste Teil dieses Aufsatzes zeigte in mehreren Beispielen kurz, wie ein Gestalttherapeut Feedback benutzt: verbal und physisch, vor allem intrapersonal, mit phänomenologischem Bericht. Es sollte jetzt klar sein, daß das Feedback einen physiologischen Bericht hinzufügt.
Die GSR wird in folgender Weise eingeführt. Das Individuum wird gefragt, ob es eine andere Methode zur Verbesserung der Self-Awareness verwenden möchte. Man bezeichnet das Biofeedback niemals als eine Be-

stimmungsweise der emotionalen Reaktion. Wenn der Betreffende zustimmt, wird ihm das GSR-Instrument gezeigt, und seine Funktion als Spiegel der Tätigkeit des Nervensystems wird kurz diskutiert. Das Gerät ist klein, tragbar, relativ billig und ohne weiteres kommerziell zu verwenden. Es benutzt optisches und akustisches Feedback. Die Elektroden werden mit einer speziellen Masse eingerieben und dann an der Handfläche befestigt. Dann wird die betreffende Person aufgefordert, die Hände zu bewegen. Sie wird dann einen Anstieg des GSR-Feedbacktones hören, der eine Zunahme der Hautleitfähigkeit anzeigt. Dann wird die Person gebeten, tief zu atmen. Gewöhnlich gibt es wieder einen Anstieg des GSR-Feedbacktones. Die Intensität dieser Antwort und die Zeit, die vergeht, bis die GSR wieder abnimmt, werden beobachtet. Das Individuum wird aufgefordert, auf Änderungen des Feedbacktones zu achten und jede subjektive Empfindung zu beschreiben, die zur selben Zeit wie eine starke Veränderung des Tones auftritt. Die akustische oder optische Reaktion des Gerätes tritt mit einer Verzögerung von ungefähr zwei bis drei Sekunden ein.

Falls Sie eine gewisse Erfahrung mit der Gestalttherapie haben, haben Sie sicher schon begonnen, über einige mögliche Anwendungen dieser Art von Feedback nachzudenken. Bei den Self-Awareness-Übungen, die weiter oben beschrieben wurden, hören sowohl der Gestalttherapeut als auch das Individuum, mit dem er arbeitet, den Feedbackton. Beide, der Therapeut und das Individuum, können nach Belieben die GSR-Veränderungen mit Vorsicht betrachten, sie können sie aber auch verwenden als Führer zu äußerst wichtigen Bereichen oder als eine von mehreren relevanten Formen des Feedback. Bei der Biofeedback-Arbeit in der Gestalttherapie können die einzelnen Personen also wählen, ob sie eine Form des Feeback annehmen, zurückweisen oder versuchen wollen, sie zu verändern. Üblicherweise sind derartige Manöver defensive Versuche, die Beschäftigung mit einem bestimmten Thema zu vermeiden. Biofeedback hat den Vorteil, dauernde und folgerichtige Informationen zu liefern. Die klinische Erfahrung hat klar gezeigt, daß es für die meisten Menschen äußerst schwierig ist, die Beschäftigung mit einer solchen Informationsquelle abzulehnen. Der Gestalttherapeut verlangt nicht, daß das Individuum die Validität der GSR-Änderungen akzeptiert, sondern daß das Individuum mit einem Bereich experimentiert, der konsequent mit GSR-Änderungen gleichgesetzt wird.

Es gibt zwei Arten von GSR-Änderungen, die wichtig zu sein scheinen. Zunächst, wie schon vorher beschrieben, ist ein scharfer Anstieg der GSR

ein Anzeichen für Erregung. Zum zweiten scheint paradoxerweise ein Absinken des GSR-Niveaus mit Bereichen in Verbindung zu stehen, mit denen sich zu beschäftigen das Individuum äußerst schwierig findet. Eine weitere Erforschung des Phänomens des Absinkens ist erforderlich; so ist die Frage interessant, ob Individuen gelernt haben, sich „physiologisch" aus stark konfliktbeladenen Bereichen zurückzuziehen.
Zum dritten wird GSR-Biofeedback bei der Traumarbeit verwendet. Die Gestalt-Traum-Arbeit schließt zu einem großen Teil das Mitteilen eines früheren Traumes ein, dem sich eine Hier-und-Jetzt-Fortführung des Traums in der Phantasie anschließt. Wieder ist das Biofeedback eine große Hilfe, den Kern des erregenden Materials genauer zu erkennen. Die Autoren haben insbesondere bemerkt, daß diese Technik die Arbeit anscheinend zu beschleunigen vermag.
Es gibt natürlich kein bestimmtes Vorgehen, das man als *die* Technik in der Psychotherapie bezeichnen könnte. GSR-Biofeedback ist eine stimulierende neue Quelle der Information, es ist aber in hohem Maße von der Sensitivität und dem Geschick des Therapeuten abhängig. Bei einer Gestalt-Sitzung kann also auch eine der mehr klassischen Techniken verwandt werden. So wird man zum Beispiel von der Verwendung der GSR absehen, wenn Körperarbeit oder physischer Ausdruck angezeigt sind.

Die weitere Entwicklung

Notwendigkeit und Nützlichkeit zukünftiger Forschung sind sicherlich evident. Eine ganze Reihe von Fragen muß in Zusammenarbeit von physiologischen Experimentatoren und klinischen Psychologen geklärt werden. Kann in der therapeutischen Sitzung ein Individuum lernen, seine GSR zu manipulieren, um gewisse Bereiche zu umgehen? Frühere Forschungsarbeit läßt erkennen, daß die Kontrolle anderer physiologischer Indikatoren erlernbar ist. Führen Änderungen des GSR-Niveaus oder des GSR-Verhaltensmusters auch zu Veränderungen der subjektiv berichteten Gefühle? Gibt es unbekannte Störfaktoren bei diesen Methoden? Wird bei weiteren Anstrengungen das Beobachten einer ganzen Reihe von Indikatoren bevorzugt? Und, wichtig, gibt es andere Meßverfahren (z.B. des Herzschlags, der sehr viel einfacher aufzuzeichnen und auszuwerten ist), die einen guten Einblick in *Hefferlines* „Welt der privaten Ereignisse" gestatten?
Zusammenfassend läßt sich sagen: Die Anwendung von Biofeedback ist eine anregende neue Technik, um das Wahrnehmungsvermögen des Individuums für sein Verhalten zu vergrößern. Die Arbeit von *Toomim* und

Toomim (1973) war der Ausgangspunkt. Dieser Aufsatz beschreibt die Integration von Biofeedback-Techniken in die Gestalttherapie und möchte so neue Gedanken und Entwicklungen bewirken.

Übersetzt von Hans-Albert Gelhard, Frankfurt

Literatur:

BLOCK, J.D.: Stimulus discrimination among autonomic measures: Individual and group characteristics. *Psychosomatic Medicine*, 1965, *27*, 212-228

BULL, R.H.C., & GALE, A.: The relationships between some measures of the Galvanic Skin Response. *Psychonomic Science*, 1971, *25*, 293-294.

DARROW, C.W.: Physiological and clinical tests of autonomic functions and autonomic balance. *Physiological research*, 1943, *23*, 1-36.

DUFFY, E.: The concept of energy mobilization. *Psychol. R.* 1951, *58*, 30-40.

FREEMAN, G.L., & GRIFFIN, L.L.: The measurement of general reactivity under basal conditions. *Journal of General Psychology*, 1939, *21*, 63-72.

HEFFERLINE, R.F., & BRUNO, L.J.J.: The psychophysiology of private events. In Shapiro, D. et al (Eds.), *Aldine Annual on Biofeedback and Self-Control*, 1972. Chicago: Aldine.

HOGAN, R.A.: Implosive therapy in short term treatment of psychotics. In Greenwald, H. (Ed.), *Active Psychotherapy*. New York: Ahterton Press, 1967.

HUGHES, W.G., & SHEAN, G.D.: Ability to control GSR Amplitude. *Psychonomic Science, 1971, 23*, 309-311.

LACEY, J.I. & LACEY G.C.: The law of initial value in longitudinal study of autonomic constitution: Reproducibility of autonomic response patterns over a four year interval. *Annals of the New York Academy of Science*, 1962, *98*, 1257-1290.

LANG, P.J.: The application of psychophysiological methods to the study of psychotherapy and behavior modification. In Bergin, A.E., & Garfield, S.I. (Eds.), *Handbook of Psychotherapy and Behavior Change*. New York: John Wiley & Sons. 1971.

PERLS, F.S., HEFFERLINE, R.F., & GOODMAN, P.: *Gestalt Therapy: Excitement and Growth in the Human Personality*. New York: Julian Press, 1951.

SCHLOSBERG, H.: Three dimensions of emotions. *Psychol. R.*, 1954, *61*, 81-88.

SCHWARTZ, G.E.: Biofeedback as therapy: Some theoretical and practical issues. *American Psychologist*, 1973, *28*, 666-674.

TOOMIM, M.K. & TOOMIM, H.: GSR Biofeedback in psychotherapy: Some clinical observations. Paper presented at California State Psychological Association Convention, Fresno, California, 1974.

Thymopraktik als Verfahren Integrativer Therapie*

Hilarion G. Petzold, Düsseldorf

„Die Wiederentdeckung des Körpers und das Konzept ganzheitlicher Behandlung müssen als die wichtigsten Errungenschaften moderner (Psycho)-therapie angesehen werden."

1. Integrative Therapie als allgemeiner Bezugsrahmen

Die Zeit der „eindimensionalen" Behandlungen beginnt abzulaufen und die Forderung nach einem ganzheitlichen und integrativen Ansatz der Therapie, der sich nicht nur auf die psychische Realität beschränkt, sondern auch die körperliche, geistige und soziale Dimension des Menschen zu erreichen sucht, stellt sich immer dringlicher. Eine Integration verschiedener therapeutischer Verfahren über eine Analyse der ihnen gemeinsamen Theoreme und Praktiken und eine empirische Untersuchung der verschiedenen therapeutisch effizienten Variablen durch vergleichende (Psycho)Therapieforschung wird vielleicht die Lösung der Zukunft sein, wenn man auf die nicht mehr zu überschauende Methodenvielfalt in der Psychotherapie blickt. Dabei kann es nicht nur um die Reduktion von Komplexität (*Luhmann* 1968) gehen, sondern um die Freisetzung und Erschließung eines enormen und weitgehend ungenutzten Potentials.

Unter den herkömmlichen psychotherapeutischen Verfahren finden sich nur wenige, die vom theoretischen Anspruch und von der praktischen Anwendung her einen ganzheitlichen und integrativen Zugang zum Menschen haben. Von Bedeutung sind hier besonders die reichianischen und neoreichianischen Verfahren, wie sie von *Alexander Lowen* (1973), *Macolm Brown* (1973), *Karl Vööbus* (1956), *Gerda Boyesen* (1974, dieses Buch), *Boadella* (dieses Buch) u.a. vertreten werden, und die Gestalttherapie in ihren verschiedenen Ausfächerungen (*Perls* 1974, 1975; *Polster* 1975; *Petzold* 1973, 1974; *B. Stevens*, dieses Buch).

Für die genannten Verfahren ist kennzeichnend, daß sie den ganzen Menschen in seiner Körperlichkeit, seiner Emotionalität, seiner geistigen Struktur und seinem sozialen Kontext erreichen wollen, wobei die Gewichtungen unterschiedlich gesetzt sind. Die bioenergetische Analyse (*Lowen*

* Teile dieses Beitrages erschienen in *Integrative Therapie* 2/3 (1975).

1975) arbeitet vorwiegend körperorientiert, wobei der imaginative, kognitive und soziale Bereich in der Reihenfolge der Aufzählung mit angesprochen wird. – Die klassische Gestalttherapie (*Perls* 1974) arbeitet emotionsorientiert, wobei der imaginative, körperliche, kognitive und soziale Bereich einbezogen sind. Neuere Entwicklungen in der Gestalttherapie, wie die im Rahmen des Fritz-Perls-Instituts entwickelte „Integrative Therapie" (*Petzold* 1974) zielen darauf ab, eine Ausgewogenheit der verschiedenen therapeutischen Ebenen zu erreichen. Dieses Ziel folgt aus einem anthropologischen Ansatz, der den Menschen als lebendiges System/Subjekt sieht, das durch personale Identität gekennzeichnet ist und aus dieser Identität zu anderen Systemen/Subjekten in Beziehung tritt. Diese Beziehungen wie auch die Abläufe in der Binnenstruktur des Systems werden durch *Sinn* (*Luhmann* 1971; *Merleau-Ponty* 1945; *Tilliette* 1973; *Petzold* 1978) als ultimativer Kategorie bestimmt. Dabei ist Sinn nicht allgemeingültige und absolute Wahrheit, sondern das in Erfahrungen und Beziehungen eingebettete *Handeln, Fühlen* und *Denken* der Person, eine ursprüngliche Erfahrung, die an den Sinn des „stummen Seins" angeschlossen ist (*Merleau-Ponty* 1964, S. 35; 1945, S. 218). In der therapeutischen Arbeit geht es um die Entlarvung und Beseitigung von Sinn-losigkeit in der individuellen und sozialen Realität des Menschen, geht es um die Konstituierung von Sinn in den intraorganismischen, intrapersonalen und interpersonalen Beziehungen sowie in den Relationen zur näheren und weiteren sozialen und physikalischen Umwelt. Therapie trägt dazu bei, daß sich Sinn aus den Gegebenheiten des Alltäglichen, aus dem „*être brut et sauvage*" (ibid. 1964, S. 203) artikulieren kann (ausführlicher *Petzold* 1978).
Aufgrund dieser anthropologischen Prämissen ist jede Therapie Leibtherapie und in einen sozialen Kontext gestellt. Sie muß zugleich *Körper-*, *Psycho-* und *Nootherapie** sein. Diese miteinander verwobenen Teilbereiche sind als Schwerpunkte bzw. Ansatzpunkte für spezifische Indikationen und Interventionen zu verstehen.
Wir unterscheiden in der Integrativen Therapie und damit auch in der Thymopraktik, wie an anderer Stelle ausgeführt (*Petzold* 1977), den *Körper* als den physikalisch-biologischen Organismus des Menschen vom *Leibe* als „engagiertem Subjekt" (*Merleau-Ponty* 1966, S. 311), in dem alle menschlichen Fähigkeiten konvergieren und der unsere „Verankerung in der Welt" darstellt (ibid. S. 174). Der *Leib* ist Ausdruck des ganzen Menschen. Er hat Subjektcharakter. Deswegen ist therapeutische Intervention

* von griech. νοῦς = Geist.

am Körper, die aus einer intersubjektiven Grundhaltung erfolgt (vgl. infr. 6), immer Therapie am Leibe. Der Therapeut muß sich bewußt sein, daß er keinen „Körper berührt und mehr oder weniger fachgemäß auf Funktionstüchtigkeit traktiert, sondern *es wird ein Mensch in die Hand genommen*" (*Dürckheim* 1974, S. 15). Von „Körperarbeit" kann letztlich nach dieser Unterscheidung nur bei einer funktionalen Behandlung (z.B. Massage) gesprochen werden, die den Körper des anderen als Objekt sieht – eine Haltung, die in der Integrativen Therapie strikt abgelehnt wird. Die deutsche Sprache ermöglicht die Unterscheidung zwischen Körper und Leib, wie sie z.B. in der Anthropologie *Dürckheims* (1974) und *Plessners* (1965) durchgehalten wird, wobei Körper den *gegenständlichen* und Leib den *zuständlichen* physischen Daseinsmodus kennzeichnen soll. *Merleau-Ponty* hat zwischen „corps objectif" und „corps phénoménal" unterschieden (1945, S. 123) und damit eine ähnliche Differenzierung vorgenommen. In den neueren Ansätzen der „body therapy" (*Brown* 1973) wird eine derartige, durchaus notwendige Trennung nicht vorgenommen. In der Regel ist jedoch mehr oder weniger eindeutig der „phänomenale Körper" gemeint. Sofern wir nicht ausdrücklich die Termini „Leib" und „Leibtherapie" benutzen, die sicher unserem Verständnis am besten entsprechen, sondern die in Kreisen der humanistischen Psychotherapie gebräuchlichen Begriffe „Körper", „Körpertherapie", „Körperarbeit" verwenden, ist, sofern nicht ausdrücklich anders vermerkt, der „phänomenale Leib" und die therapeutische Arbeit an ihm gemeint. Dieses Zugeständnis an einen „gängigen" Sprachgebrauch bedeutet indes keine Inkonsequenz im Denkansatz. Es gilt, daß ich meinen Körper niemals „haben" kann, denn das Subjekt solcher Körperhabe wäre der Leib genauso wie er das Subjekt der Welthabe ist. Ich bin immer Leib. Der „reine Körper" (*Schmitz* 1965, 53) ist eine Abstraktion, die, so lange ich lebe, keinen Realitätscharakter gewinnen kann. Erst meine Leiche (*corps*) ist „reiner Körper". Die Verobjektivierung des eigenen Körpers muß deshalb als pathologische Abspaltung gesehen werden, die der Therapie bedarf, denn es handelt sich um eine Spaltung, die die Einheit des Leibsubjektes zerstört. Auch der Körper eines anderen Menschen kann für mich, sofern ich die Ganzheitlichkeit meiner Wahrnehmumg nicht zerspalte, nicht *nur* Körper, ein Ding unter Dingen, sein, sondern er ist Leib, der redet, handelt, fühlt und denkt. Die Verobjektivierung des anderen heißt, ihn seines Menschseins berauben, verleugnen und verneinen, daß er Leib-Subjekt ist, in dem alle Fähigkeiten und Aspekte des Menschen zusammenwirken und ein einzigartiges Ganzes konstituieren. Wir haben dieses Zusammenwirken als „*Synergie*" be-

zeichnet und den Leib zugleich als Ort und Produkt synergetischer Wirkung beschrieben. Im Leib und durch ihn vollziehen sich die synergetischen Prozesse. Er wirkt sie und wird zugleich durch sie konstituiert.
In einem hochkomplexen System, wie es der menschliche Organismus darstellt, gibt es keine singulären, isolierten Wirkungen. Wie in der Gestalttheorie können wir formulieren: *Jede Einwirkung hat multiple Auswirkungen, und das Gesamt aller Wirkungen ist mehr und etwas anderes als die Summe der Einzelwirkungen.* Das Synergieaxiom in der Integrativen Therapie ist das Prinzip des Zusammenspiels vielfältiger Wirkungen. Das Synopseaxiom ist das Prinzip des Zusammenspiels vielfältiger Informationen wie z.B. im diagnostischen Prozeß. Für beide Axiome gilt, daß das Gesamt aller Elemente mehr und etwas anderes ist, als die Summe der Einzelkomponenten oder Einzelwirkungen. Ein diagnostischer Prozeß z.B., in den verhaltenstherapeutische, psychoanalytische und gestalttherapeutische Erwägungen eingehen, ist insgesamt komplexer und führt zu einem diagnostischen Ergebnis, das mehr und etwas anderes ist, als die Summe der auf verschiedenem theoretischen und praktischen Hintergrund gewonnenen Einzelinformationen. Für ein Zusammenwirken verschiedener therapeutischer Verfahren in *einem* Behandlungsprozeß kann für das Gesamt der Wirkungen das gleiche ausgesagt werden (vgl. *Petzold* 1974, S. 301 ff). So kann es in der Therapie zwar unterschiedliche Gewichtungen oder Ansatzpunkte geben, man kann körperzentriert wie die Atemtherapie oder einsichtszentriert wie die Psychoanalyse oder emotionszentriert wie die klassische Gestalttherapie arbeiten, dennoch sind immer auch Auswirkungen in anderen Teilbereichen zu spüren, weil der Leib, auf den dies alles einwirkt, einer und als solcher ein Ganzes ist. Diese Auswirkungen sind jedoch nicht gezielt ausgelöst, sondern sind eher als eine Art Streueffekt zu betrachten, der keine optimale Wirkkraft besitzt. Z.B. kann eine Frau in einer psychoanalytischen Behandlung die Einsicht gewinnen, daß die Ursache ihrer Frigidität in einer frühkindlichen Phantasie, genital verletzt zu werden, zu suchen ist. Daraus resultiert vielleicht eine angstfreiere Einstellung zum Sexualkontakt mit dem Streueffekt, daß sich die chronisch verkrampfte Beckenmuskulatur löst und die Frigidität verschwindet. – In gleicher Weise vermag eine Entspannung der Beckenmuskulatur durch Atemtherapie und die auf diese Weise erreichte Erfahrung eines schmerzfreien bzw. lustvollen Sexualkontaktes als Streueffekt zu Partnerbeziehungen führen, die von Phantasmen unbelastet sind.
In der integrativen Therapie sind wir bemüht, nicht nur mit Streueffekten zu arbeiten, sondern mit *gezielten Wirkungen.* Wir gehen davon aus, daß im

Leibe jede Emotion ein physisches Korrelat hat, z.B. in muskulären Verspannungs- bzw. Entspannungszuständen, daß sie in einem kognitiv erfaßbaren Zusammenhang steht und in der Regel in einem sozialen Kontext. Jeder dieser Bereiche des Leibes wird mit spezifischen Interventionen angegangen. „Integrative Therapie" ist deshalb Leibtherapie, die nach dem Ansatzpunkt folgende Schwerpunkte unterscheidet: Körpertherapie, Psychotherapie und Nootherapie, die aufgrund ihrer Einbettung in zwischenmenschliches Beziehungsgefüge immer auch Soziotherapie sind; *denn Behandlung von Pathologie erfordert immer auch die Behandlung des pathogenen Umfeldes, und Gesundheit erfordert den Aufbau und die Erhaltung eines gesundheitsfördernden sozialen und ökologischen Umfeldes (vgl. Petzold* 1978).

2. Leibtherapie als spezieller Bezugsrahmen

Ich will mich an dieser Stelle mit dem Bereich „Leibtherapie" innerhalb der Integrativen Therapie befassen. Ich unterscheide drei Schwerpunkte: die *funktional-übungszentrierte* Arbeit, die im wesentlichen durch Atem-, Entspannungs- und Bewegungstherapie geleistet wird, wie auch die *erlebniszentrierte* Arbeit, bei der u.a. kreative Bewegungsimprovisation verwendet wird (vgl. *Petzold, Berger,* dieses Buch S. 452ff.), und die *konfliktzentrierte* Arbeit, durch die die Atem- und Bewegungstherapie einen mehr biographisch ausgerichteten Akzent erhält. Insbesondere die direkte Arbeit am Körper wird mit konfliktzentrierter Ausrichtung eingesetzt. Ich habe diese Arbeit innerhalb der Integrativen Therapie als *Thymopraktik* bezeichnet (*Petzold* 1970) [von ϑυμός = Gefühl, Wille, Gemüt, Mut und πρᾶξις=Handeln, Tun] und das Verfahren mit meinen Mitarbeitern am *Fritz-Perls-Institut* in den vergangenen Jahren beständig weiter ausgebaut. Es war dies eine der Entwicklungen, die über die klassische Gestalttherapie hinaus zu einem integrativen Ansatz geführt hat. Zur personzentrierten Arbeit auf dem „hot seat" traten als Eigenheiten des integrativen Stils die körperzentrierte Arbeit auf der Matte, die Verwendung kreativer Medien in der Therapie, das gruppenzentrierte Vorgehen, das bei *Perls* durch seine Praxis der „Einzeltherapie in einem Gruppen-setting" (1971, S. 77) weitgehend verloren gegangen war und das Einbeziehen des Umfeldes durch soziotherapeutische Interventionen.

Für die Entwicklung der *Thymopraktik* konnte ich im wesentlichen auf zwei Quellen zurückgreifen: einmal die reichianische Körpertherapie, wie ich sie bei *Karl Vööbus* (1956) und *Ola Raknes* (1972) kennengelernt habe, eine Erfahrung, die durch den Kontakt mit der neoreichianischen Bioenergetik, insbesondere der Arbeit von *Alexander Lowen* (1973; 1975) noch vertieft wurde, zum anderen die funktionale Körpertherapie der Atem- und Tonusregulierung, wie ich sie in Massagepraktiken, im Sensory-Awareness-Training (*Brooks* 1975; *Selver* 1974), im Iljinschen Improvisationstraining (*Iljine* 1942), in der Eutonie nach *Gerda Alexander* (1974) und der Atemtherapie erfahren habe (vgl. hier besonders die Arbeit von *Ilse Middendorf* und *Marianne Fuchs* 1975). Gewissen Einfluß hatte noch die Strukturelle Integration („Rolfing", *Rolf* 1972). Die genannten Verfahren haben die Thymopraktik vor allem in technischer Hinsicht bereichert und dazu geführt, daß ein Spektrum von Interventionstechniken vorhanden ist, das von der „harten", in muskuläre Blockierungen einbrechenden Technik des Rolfings, bis zur „sanften", spannungslösenden Atemmassage reicht. Die verschiedenen Möglichkeiten können mit spezifischer Indikation eingesetzt werden.

Die Thymopraktik hebt sich von den genannten Verfahren ab durch ihren anthropologischen Ansatz, ihr theoretisches Erklärungsmodell und ihr methodisches Vorgehen. Sie macht nicht wie die reichianischen und neoreichianischen Therapieformen ein biophysikalisches Energiekonzept (Orgonenergie, Bioenergie) zur ausschließlichen Erklärungsgrundlage*. Methodisch gesehen, werden in der Thymopraktik immer körperliche Reaktionen, emotionales Erleben, biographischer Kontext und rationales Durcharbeiten verbunden. Auch in dieser Form mehrdimensionaler Konfliktbearbeitung unterscheidet sich die Thymopraktik von anderen Verfahren körperorientierter Therapie. In der Verwendung ihres technischen Instrumentariums arbeitet sie vorwiegend prozeßorientiert und weniger

---

* In der Thymopraktik stehen wir einer energetischen Betrachtungsweise durchaus nicht ablehnend gegenüber. Alle Lebensprozesse sind energetische Prozesse. Jedoch setzen wir uns von mechanistischen biophysikalischen Vorstellungen ab, die uns für die Erklärung von Lebensprozessen nicht angemessen erscheinen. Wir sehen den Menschen nicht als eine Batterie, die sich entlädt und wieder aufgeladen werden kann. Ein bloß metaphorischer Gebrauch des Energiekonzepts etwa im Sinne *Bergsons* „élan vital" scheint uns allerdings auch nicht ausreichend, weil es die biologisch-organismische Realität des Menschen nicht adäquat zu erfassen vermag. In der Erforschung biophysikalischer Phänomene zeichnen sich neue und faszinierende Entwicklungen ab (vgl. *Tiller* 1973; und die Veröffentlichungen in der von *Krippner* seit 1974 herausgegebenen Zeitschrift *Psychoenergetic Systems*). Ihre Bedeutung für die psychotherapeutische Praxis läßt sich noch nicht absehen, und verfrühter Enthusiasmus (*Boadella* 1975) scheint uns nicht am Platze. Für die Praxis unserer Körperarbeit und die theoretische Absicherung dieser Praxis ist das Energiekonzept keine *conditio sine qua non.* Das theoretische Erklärungsmodell der Thymopraktik ist in sich konsistent, ohne daß ein Rekurs auf die bioenergetische Theorie *Reichs* erforderlich wäre. Es ist aber auch mit dieser Theorie nicht inkompatibel und für weitere Entwicklungen offen.

übungszentriert als die Mehrzahl der funktionalen Methoden, es sei denn, eine spezifische Indikation für funktionales Vorgehen wäre vorhanden.

3. Theoretische Konzepte

Ich möchte mich an dieser Stelle auf Konzepte* beschränken, die für thymopraktische Arbeit wesentlich sind. Ein umfassenderer anthropologischer Rahmen wurde schon an anderer Stelle vorgelegt und ist im Entwurf der Integrativen Therapie zu sehen (*Petzold* 1974; 1978). Wie bei fast allen körperorientierten Therapieverfahren steht die Theorienbildung bei der Thymopraktik auch noch in den Anfängen, so daß mehr als ein konzeptioneller Rahmen zum augenblicklichen Zeitpunkt nicht geleistet werden kann, und auch dieser verändert und erweitert sich.

In theoretischer Hinsicht ergeben sich zwei zentrale Fragestellungen: *Was* ist der menschliche Körper und *wie* funktioniert er. Die erste Frage verweist in den Bereich der philosophischen, die zweite in den Bereich der naturwissenschaftlichen Anthropologie, mit ihren Zweigwissenschaften Medizin, Biologie, Psychologie.

In der körperbezogenen Arbeit der Integrativen Therapie sind unsere philosophisch-anthropologischen Grundlagen der Existenzialismus und die Phänomenologie, insbesondere die Überlegungen von *Vladimir Iljine, Helmut Plessner, Gabriel Marcel, F.J.J. Buytendijk* und *M. Merleau-Ponty* zur Bedeutung des Körpers bzw. Leibes. Für die naturwissenschaftliche Fundierung greifen wir auf lerntheoretische und neurophysiologische Modelle zurück. Beide Ansätze können an dieser Stelle nur angesprochen und nicht weiter ausgeführt werden.

3.1 Körper, Lernen und Gedächtnis

Unser leiblicher Organismus ist die Grundlage aller Lebensprozesse, auch der emotionalen und geistigen. Durch ihn nehmen wir wahr, „produzieren" wir Gefühle und Gedanken, Verhaltensweisen. Durch ihn und mit ihm lernen wir. Der Leib wird damit zum Ausgangs- und Zielpunkt aller Therapie. In der Thymopraktik nehmen wir an, daß es eine bestimmte, durch Anlage vorgegebene und sich in Reifungsprozessen aktualisierende Grundausstattung an Motorik, Sensorik und Gefühl gibt, und daß alles, was darüber hinausgeht, in einem in sich gestuften Prozeß motorischer, emotionaler und kognitiver Sozialisation erworben wird. Dieser ist ein

---

* Zum Begriff des „Konzeptes" im Rahmen der Theorienbildung vgl. *Petzold, Sieper* (1977).

komplexer Lernprozeß (*Gagné* 1969), der sowohl einfache Reiz-Reaktionsmuster als auch komplizierte emotionale, kognitve und psychomotorische Strukturmuster umfaßt, wobei wir unter Lernen die „Veränderung von Strukturen aufgrund von Erfahrung" verstehen. Derartige Strukturmuster (*patterns*) werden über den Körper aufgenommen und in den cerebralen Speicherzentren als biophysikalische Engramme (Spuren) gespeichert. Die bei diesem Prozeß beteiligten physiologischen Vorgänge sind noch nicht ausreichend geklärt und Gegenstand unterschiedlicher Theorien. Insbesondere das Phänomen des sogenannten Muskel- bzw. Körpergedächtnisses (viscerales Gedächtnis) ist noch wenig erforscht. Das Körpergedächtnis kann jedoch niemals losgelöst von der Gesamtheit der Gedächtnisfunktionen betrachtet werden, eine Auffassung, die offenbar von manchen neoreichianischen Therapeuten vertreten wird, wenn sie annehmen, daß eine Engrammierung unmittelbar in der Muskulatur stattfindet. Vielmehr werden exterozeptive und propriozeptive Wahrnehmungen aus der Haut, den Muskeln und Gelenken cerebral, wenn auch in unterschiedlichen Hirnzentren gespeichert. Die propriozeptiven Informationen bleiben weitgehend im subkortikalen Bereich. Das Körpergedächtnis (*motor memory*) „muß vom begrifflichen und perzeptuellen Gedächtnis verschieden sein, da bewußte Bildvorstellungen unbestimmt und weitgehend ausgeschlossen sind" (*Henry* 1960). Das heißt aber nicht, daß sie nicht mit begleitenden, bildhaften oder begrifflichen Inhalten verschaltet sind. Im Körpergedächtnis gespeicherte Ereignisse stellen komplexe „unconscious motor-memory programs" (*Lawther* 1977, S. 3) dar, die bei der Aufnahme und Identifizierung einer angemessenen Stimulussituation willentlich ausgelöst werden können; „jedoch ist für den Ablauf des spezifischen gelernten motorischen Programmes durch die spezifischen Zentren, Subzentren und Nervenbahnen keine bewußte Lenkung erforderlich" (ibid.). Obgleich das Körpergedächtnis in die Gesamtheit der Gedächtnisfunktionen eingebettet ist und von ihnen nicht isoliert werden kann, kommt ihm für die Theorie und Praxis der Körpertherapie einige Bedeutung zu. In ihm sind die archaischen, vorprädikativen Erfahrungen gespeichert, die durch Körperarbeit therapeutisch erreicht werden sollen, die Empfindungen des Säuglings und Kleinkindes, die – vor Sprache und Begriff liegend – als *Qualitäten* festgehalten sind, insbesondere das Selbsterleben, das Körperschema, das ganzheitliche Erfassen von Situationen, wie es vor allem für die Funktionsmodalität der rechten Hirnhemisphäre kennzeichnend ist (*Eccles* 1973; *Gazzaniga* 1970; *Dimond* 1972). Das propriozeptive Erfassen des eigenen Leibes durch den Säugling wird Grundlage aller späteren

Wahrnehmungsverarbeitung. Aus ihm wachsen, zusammen mit den exterozeptiven Impulsen, mnestische Strukturen, die für spätere Informationen als Identifikationsraster dienen und eine wachsende Komplexität der Informationssysteme ermöglichen. Von den ersten Lebenstagen an ist „jeder Moment des Lernens eine Funktion der schon vorhandenen gelernten Organisation des Subjekts" (*McGeoch* 1942). Damit geht alles Lernen aus vorgängigem Lernen hervor. (Dies gilt natürlich auch für das Lernen im Körpergedächtnis). Wir können an dieser Stelle auf die verschiedenen Lerntheorien bzw. Modelle des Gedächtnisses nicht näher eingehen, die Spurentheorien von *Semon* (1920) oder *Köhler, Koffka* und *Wulf* – Vertreter des gestalttheoretischen Konzeptes des „Spurenfeldes" – bis zu neueren neurophysiologischen und systemtheoretischen Modellen (vgl. *Norman* 1973; *Collins, Quillian* 1972; *Kintsch* 1972 u.a.). Unsere eigene Position wollen wir nur kurz skizzieren: Lernen geschieht in einem komplexen Sozialisationsprozeß, der zur Ausbildung von cerebralen Informationssystemen führt. Diese sind derart aufgebaut, daß sich aus einfachen Elementen immer komplexere Einheiten bilden, die nach dem *Synergieprinzip* eine eigenständige Charakteristik gewinnen, ohne daß dabei die Grundelemente verloren gehen. Das Gesamt der Einzelwirkungen ist zwar mehr und etwas anderes als ihre Summe, das aber führt nicht zum Verlust des einzelnen Elementes, das für das Zustandekommen der Struktur bzw. des Systems konstitutiv ist. Durch das Übersummativitätstheorem wird die Tatsache nicht beseitigt, daß Struktur Elemente hat. Informationssysteme, wie sie im Gedächtnis festgehalten sind, beinhalten bildhafte, begriffliche, emotionale, motorische Informationen, die aus dem aktualen Erleben gewonnen wurden; und das bedeutet nichts anderes als Wahrnehmen und Reagieren und das Speichern von beidem, wobei einmal gespeicherte Wahrnehmungen und Reaktionen die Struktur zukünftiger Wahrnehmungen und Handlungen festlegen.
Ich möchte in Erweiterung des Ansatzes von *Norman* (1973) für das Gedächtnissystem neben den Prinzipien der *Permamenz* – keine Information geht im Erinnerungssystem verloren –, der *Diskrimination* – Elemente werden nach bestimmten Charakteristika differenziert – noch drei weitere Prinzipien hinzufügen: Das der *Komplexität* – jedes Informationssystem hat kognitive, emotionale und somatomotorische Komponenten –, und das der *Abrufbarkeit*. Es ergibt sich aus dem Prinzip der Permanenz und besagt, daß einmal gespeicherte Informationen abgerufen werden können und damit dem Organismus zur Verfügung stehen. Schließlich das Prinzip der *Modulation*. Informationssysteme können durch neue Information verändert werden.

Für die therapeutische Arbeit werden die letztgenannten Prinzipien besonders wichtig, ja sie bilden geradezu ihre Voraussetzung. Dabei wirft das Prinzip der Abrufbarkeit besondere Probleme auf: Wie rufe ich Informationen ab, die in komplexe Systeme bereits eingebaut sind und zu deren Charakteristik sie beitragen? Modulation wird nämlich nur möglich sein, wenn vorhandene Informationen durch neue ergänzt werden. Wir gehen davon aus, daß jegliches Abrufen durch *Stimulierung* erfolgt. Bei allen Stimulierungen, externen (exterozeptiven) und internen (propriozeptiven) reagiert der Körper einerseits mit angeborenen Reaktionsmustern, andererseits mit Responsen, die durch Lernerfahrungen erworben wurden und im Gedächtnis innerhalb komplexer Informationssysteme gespeichert sind. Diese Informationen sollen aktiviert und abgerufen werden. Ein großer Teil der Techniken in der Integrativen Therapie hat kein anderes Ziel, als Erlebnis- und Reaktionsmuster zu stimulieren und die ihnen zugrundeliegenden, in den cerebralen (kortikalen und subkortikalen) „Informationsspeichern" aufbewahrten Lernerfahrungen wieder verfügbar zu machen. Das Zustandekommen der gespeicherten Informationssysteme sei der Vollständigkeit halber kurz und vereinfacht dargestellt: Ein Reiz in Form eines singulären Stimulus oder eines stimulierenden Strukturmusters wird durch entsprechende Perzeptoren wahrgenommen und als Impuls an die spezifischen cerebralen Speicherzonen weitergeleitet. Dort werden sie anhand von schon vorhandenen Informationen (Spuren) identifiziert und lösen ein entsprechendes, in vorgängigen Erfahrungen erlerntes Reaktionsmuster aus*. Die ausgelösten Reaktionen sind Strukturmuster (Informationssysteme), die aufgrund realer biographischer Situationen als Lernerfahrungen aufgebaut wurden. Nach Auffassung der gestaltpsychologischen Spurentheorie und neuer neurophysiologischer Lerntheorien sind es denn auch die Strukturen, die bei einer eingehenden Informationsmenge identifiziert und zugeordnet werden. Das Ganze ist dem Detail vorgeordnet, ohne daß das Detail damit unwichtig oder gar überflüssig würde. Die Aktivierung einer Spur führt nach Auffassung von *Koffka* zu einer mehr oder weniger starken Aktivierung der anliegenden Spuren. Auf ein System- bzw. Strukturkonzept übertragen, hieße das: die Aktivierung einer Struktur führt zu einer mehr oder weniger umfassenden Aktivierung der Elemente, die zu ihrem Zustandekommen beigetragen haben, und das

---

* Es ist dabei anzunehmen, daß in den Perzeptoren schon ein erstes, der cerebralen Informationsverarbeitung vorgeschaltetes Screening und gewisse unmittelbare Reaktionen erfolgen (*Pfeiffer* 1962; *Michael* 1969).

sind die konkreten Lernerfahrungen in der Biographie, in der „Lerngeschichte". Je intensiver der über die Perzeptoren eingehende Reiz wirkt, je reicher sein über die Grundstrukturen hinausgehender Informationsgehalt ist, desto höher ist auch sein Aktivierungspotential in Bezug auf das Abrufen der konstitutiven Elemente der Struktur, d.h. im Hinblick auf die zugrundeliegenden biographischen Erfahrungen. Über die Aktivierung kommen Strukturen in Bewegung und können in einem komplexen Lernprozeß (therapeutische Sozialisation, Modulation) modifiziert, neu formiert oder gänzlich neu gebildet werden.

3.2 Konzepte zur Pathogenese

Wir sind der Auffassung, daß der Organismus, wenn er seinen Lebens- und Entwicklungsrhythmus ungestört in einem ihm angemessenen Umfeld vollzieht, grundsätzlich seinen Bestand erhalten und seine Potentiale entfalten kann. Dies aber ist gleichbedeutend mit Gesundheit. Pathologie entspringt weitgehend einem pathogenen Umfeld, das die Entwicklungs- und Selbstregulationsprozesse des Organismus beeinträchtigt oder stört. Wir wollen im folgenden kurz einige Konzepte zur Pathogenese vorstellen, auf die wir in der Thymopraktik in diagnostischer und therapeutischer Hinsicht besonderes Augenmerk richten. Dabei wollen wir uns an dieser Stelle auf psychogene Faktoren beschränken. Durch erbliche Disposition, Läsionen, Infektionskrankheiten, Stoffwechselstörungen etc. hervorgerufene oder mitbedingte Störungen sind selbstvertändlich auch von großer Wichtigkeit für die Genese mancher psychiatrischer Erkrankung, und es liegt uns fern, eine „totale Psychogenese" all dieser Erkrankungen zu vertreten. Somatische Ursachen und Dispositionen müssen als Möglichkeit immer mit im Blick sein, wenn die Diagnostik nicht zu kurz greifen soll. Für die Indikation, Prognose und therapeutische Strategie ergeben sich aus einer primären oder partiellen Somatogenese wichtige Implikationen, insbesondere im Hinblick auf die Kombination von Medikation und Psychotherapie. Letztere ist in jedem Fall indiziert – und sei es nur in lindernder, stützender oder kompensatorischer Form; denn jede primär somatogene Erkrankung hat sekundär psychische Auswirkungen, und etwa dadurch, daß der Kranke mit den Reaktionen seiner Umwelt auf seine Erkrankung nicht fertig wird und deshalb der psychotherapeutischen Unterstützung bedarf.

3.2.1 Defizite

Jeder Organismus benötigt zu seiner Entwicklung sensorische, perzeptuelle und soziale Stimulierung. Das Neugeborene und Kleinkind erhält diese im „Körperdialog" mit der Mutter. *René Spitz* (1976) hat die Bedeutung des Dialoges zwischen Mutter und Kind für eine gesunde Entwicklung betont. Dieser Dialog ist unserer Auffassung nach zunächst ein „Körperdialog" von Haut zu Haut. In ihm kommen taktile und thermische Wahrnehmungen zum Tragen, durch die Sensationen von Lust und Unlust ausgelöst und ausdifferenziert werden. Das Kind entwickelt durch den taktilen Kontakt nach und nach ein Empfinden für den eigenen Körper. Es bildet sich mit dem Körperschema das „Körper-Ich". Die basale somato- bzw. sensumotorische und emotionale Sozialisation stellt im Sinne unserer bisherigen Ausführungen die Grundlage für alle fortführenden Lernprozesse dar. Im „dialogue tonique" (*Ajuriaguerra, Angelergues* 1962) mit der Mutter werden die Impulse des Kindes aufgenommen und durch Stimulierung entwickelt. Das erfordert eine Mutter als Dialogpartner, die für die Bedürfnisse des Kindes sensibel ist und ihnen angemessene Befriedigung, d.h. aber optimale Stimulierung in qualitativer und quantitativer Hinsicht, bieten kann. Der Körperdialog zwischen Mutter und Kind wird damit zur Matrix aller frühen Entwicklungsprozesse und bildet die Grundlage für die spätere Beziehungsfähigkeit, d.h. auch die Fähigkeit zur Intersubjektivität (vgl. infr. 6). Weil das Kind sich zumindest im ersten und zweiten Lebensjahr in der Beziehung zu *einer* Bezugsperson optimal entfaltet (*Müller-Braunschweig* 1975) und zwar im „Körperdialog", so ist unserer Auffassung nach die Therapie früher Störungen an die intersubjektive, dialogische Matrix der Therapeut-Patient-Beziehung gebunden, die in der Thymopraktik die Körperebene einbezieht. Körperarbeit *ohne* eine derartige intensive Beziehung, wie sie von der Theorie und Praxis der Primärtherapie *Janovs* (1974) betrieben wird, halten wir deshalb für problematisch (vgl. auch die Kritik *M. Browns* 1975 und *Ch. Kelley*, dieses Buch S. 134ff.). Auch durch Gruppentherapie, so wichtig sie für die Behandlung von Problemen ist, die im über die Primärgruppe hinausgehenden Kontext der Sozialisation während des Kindes- und Jugendalters gesetzt wurden, können die Störungen aus der präverbalen Periode nicht optimal angegangen werden.

Die Folgen sensorischer, perzeptueller und sozialer Deprivation bei Kleinkindern sind seit den grundlegenden Forschungen von *Spitz* (1945, 1946), *Bowlby* (1951; 1973; 1976) in zahlreichen Untersuchungen belegt worden (vgl. *Moog* 1972). Dabei kommt der taktilen Stimulierung offenbar besondere Bedeutung zu, wie z.B. die Untersuchung von *Casler* (1965) zeigt. Aber nicht nur bei mangelnder Stimulierung, sondern auch bei einseitig homogener Stimulierung (Monotonie-Effekt) kann sich der Säugling nicht

optimal entwickeln und trägt Schäden davon, wie die Arbeiten von *Spitz* (1967), *Rheingold* (1956; 1960) u.a. dokumentieren. Diese Ergebnisse werden von Experimenten mit Jungtieren gestützt (*Harlow* 1962).
Daß die Kontinuität des Stimulierungsniveaus schon beim Übergang von der „totalen Stimulierung" *in utero* zur partiellen Stimulierung nach der Geburt eine große Bedeutung hat, scheinen die Arbeiten des französischen Gynäkologen *Leboyer* (1974) anzuzeigen, der auf den direkten Hautkontakt von Mutter und Kind unmittelbar nach der Geburt Wert legt und bei Kindern, die mit seinem Entbindungsverfahren geboren wurden, gegenüber Vergleichsgruppen einen positiveren Entwicklungsverlauf feststellen konnte. Wenn man bedenkt, daß die Ausbildung der neuronalen Bahnungen in den ersten Lebensmonaten weitgehend abgeschlossen wird, und das nicht allein aufgrund endogener Reifungsprozesse, sondern auch in Abhängigkeit von externer Stimulierung, kann man die Bedeutung des „Körperdialoges" gar nicht hoch genug einschätzen.
Wir können also für die Genese von frühen Defiziten 1. Deprivation als fehlende Quantität an Stimulierung und 2. Deprivation als fehlende Qualität von Stimulierung (homogene Reizdarbietung anstelle von „multipler Stimulierung") annehmen.

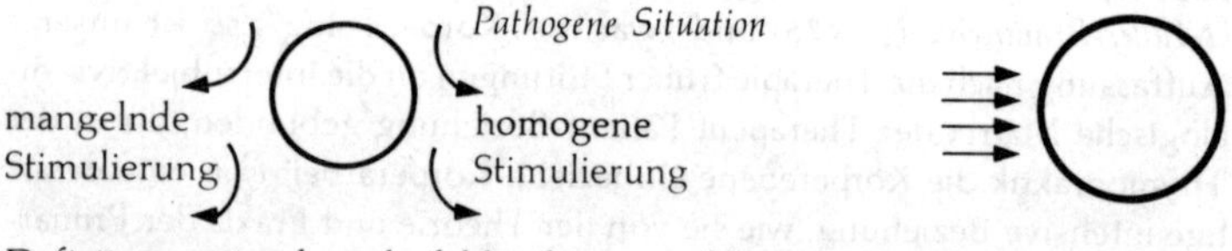

Defizite, verstanden als fehlende Lernerfahrungen und damit unzureichende Ausbildung somatomotorischer, emotionaler und kognitiver Strukturen, bewirken, daß nachfolgendes Lernen beeinträchtigt wird, sofern die defizitäre Entwicklung nicht nachsozialisiert werden kann. Gerade das Fehlen von taktiler Stimulierung im ersten Lebensjahr und die daraus resultierende mangelhafte Ausbildung des Körper-Ichs, beeinflußt die Entwicklung der Persönlichkeit nachhaltig und ist für zahlreiche schwere Krankheitsbilder, insbesondere psychosomatische Störungen und verschiedene Psychoseerkrankungen als ursächlich anzusehen. Derartige, als „frühe narzistische Störungen" oder „archaische Ich-Krankheiten" (*Ammon* 1975) klassifizierte Krankheitsbilder aus der Zeit vor der Sprach- und Begriffsbildung, können nach unserer Auffassung auch nicht allein durch verbale Psychotherapie behoben oder gemindert werden, sondern erfordern Interventionen auf der Körperebene. Durch sie werden in der therapeutischen Regression Defizite nachsozialisiert oder durch *übungszentriertes* Vorgehen (vgl. *Petzold, Berger*, dieses Buch S. 455) kompensiert. Die Thymopraktik besitzt durch Techniken des direkten Körperkontaktes für die *konflikt-* und *erlebniszentrierte* Arbeit (ibid. S. 456ff) Möglichkeiten des therapeutischen Vorgehens, um bei Defiziten auf der Primärebene ansetzen zu können. Ähnliches Vorgehen findet sich in der „primal therapy" *Janovs* (1974; 1975), in der Bioenergetik *Lowens* (1975) und in den verschiedenen reichianischen und neoreichianischen Verfahren (*Baker* 1967, *Boadella* 1976). Außerdem können durch die funktionalen, atem- und tonusregulierenden Praktiken unserer Methode chronifizierte Verspannungen und Einschränkungen der Atmung sowie die damit einhergehenden emotionalen Zustände in der therapeutischen Arbeit angegangen werden, ähnlich wie es *Ajuriaguerra* (1962) in seiner Relaxationstechnik versucht (*Lemaire* 1964).

3.2.2 Störungen

Wir unterscheiden von den Defiziten die Störungen als Impulse, die auf die Selbstregulationsprozesse des Organismus derart einwirken, daß sie vorübergehend oder auf Dauer beeinträchtigt, fehlgeleitet oder lahmgelegt werden. Als Folge von Störungen können sich natürlich auch Defizite ausbilden. In der frühen Periode des Säuglings- und vielfach noch des Kleinkindalters werden Störungen auf der Körperebene gesetzt. Wir sind der Auffassung, daß die Qualität der taktilen Stimulierung im „Körperdialog" nicht nur für die emotionale Sozialisation ausschlaggebend ist, sondern daß auch eine somatomotorische* Sozialisation stattfindet; Tonusregulation, Atemmuster und, damit verbunden, die Herz-Kreislauftätigkeit werden von der Art des körperlichen Kontaktes zwischen Mutter und Kind bestimmt. Eine angespannte oder unruhige Mutter wird ihre Befindlichkeit in einem so intensiven Kontakt, wie er etwa beim Stillen vorhanden ist, unmittelbar über die Haut dem Kind vermitteln. Damit werden die Signale, die von der Mutter ausgehen, und der situative Kontext uneindeutig. Mit dem ansich lustvollen und die Hypertonie des hungrigen Säuglings entspannenden Fütterungsgeschehen werden Impulse der Unruhe, Ungeduld und Anspannung von Seiten der Mutter vermittelt. Es entsteht eine „Double-Bind-Situation" auf der Körperebene, die die Aus-

* Wir verwenden den Begriff *somatomotorisch* anstelle von *sensumotorisch*, weil er weiter gefaßt ist und auch Tonus- und Atemregulation einschließt, wie auch das gesamte Sensorium des Körpers.

bildung stabiler und eindeutiger emotionaler Strukturen beeinträchtigt, was für die gesamte weitere Entwicklung des Menschen Folgen hat, wenn man sich vergegenwärtigt, daß Lernvorgänge immer von vorausgegangenen Lernprozessen und den durch diese gebildeten Strukturen bzw. Informationssystemen bestimmt werden. Die kommunikationstheoretisch orientierte Schizophrenieforschung (*Bateson* et al. 1969) müßte für die Untersuchungen zur Pathogenese der Schizophrenie auch den Säuglingspflegepraktiken in Familien psychiatrischer Patienten Aufmerksamkeit schenken. Nach unseren klinischen Beobachtungen und denen bioenergetischer Therapeuten finden sich gerade bei psychiatrischen Patienten Störungen der Tonusregulation und insbesondere des Grundtonus, was auf sehr frühe Schädigungen in der somatomotorischen Sozialisation schließen läßt.

Neben Störungen, die aufgrund uneindeutiger Stimulierung auftreten können, sei noch auf zwei weitere pathogene Konstellationen hingewiesen: Inkonstante und überflutende Stimulierung. Wenn z.B. der Fütterungsakt beständig gestört und unterbrochen wird, so können sich im Erleben des Kindes keine konstanten Erlebnisgestalten ausbilden. Situationsstrukturen werden ja niemals als singuläre Stimuli, sondern als Ganzheiten wahrgenommen und internalisiert. Auch Überstimulierung, die als Folge von externer (z. B. durch Verletzungen) und interner (z. B. durch Krankheit) Reizüberflutung oder durch die Kombination von beidem eintreten kann, muß als eine Störung angesehen werden, die je nach Intensität und Dauer nachhaltige pathologische Folgen zeitigen kann.

Pathogene Situation

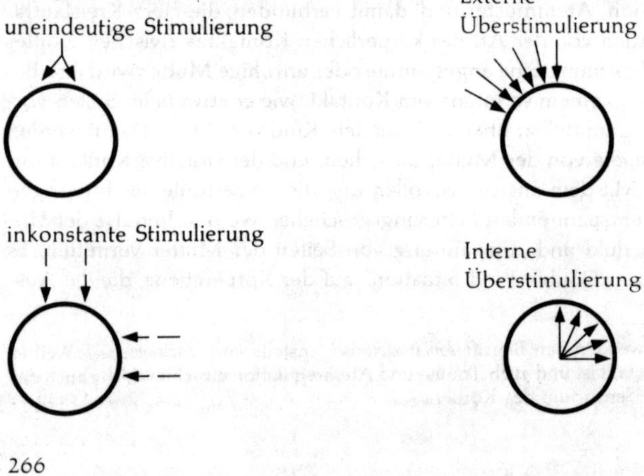

Störungen bewirken Reaktionen. Impuls und Reaktion werden als Struktur cerebral verankert und unterliegen damit den Prinzipien der *Permanenz* (d.h. sie werden perpetuiert), der *Generalisierung* und *Diskrimination* (d.h. sie bestimmen weiteres Lernen) sowie dem der *Komplexität* (d.h. sie wirken in allen Bereichen der menschlichen Persönlichkeit).

3.2.3 *Traumatisierung*

Wir fassen den Begriff der Traumatisierung in Abhebung zu dem der Störung oder des Defizits sehr eingegrenzt als „eine außergewöhnliche, kurzzeitige Stimulierungssituation, die für den Organismus derart bestandsbedrohende Wirkung hat, daß sie zu bleibenden Strukturschäden führt" (z.B. durch einen übersteuerten Generalisierungseffekt, aufgrund dessen etwa alle Kontaktsituationen als existenzbedrohend eingestuft werden). Traumatisierungen können durch extreme Über- oder Unterstimulierungen gesetzt werden, wie z.B. Unfälle, Krankheiten, akute Deprivation. Sie sind niemals „nur psychisch", sondern immer auch intensives körperliches Erleben mit Folgen innerhalb des Körpers (z.B. psychosomatische Reaktionen, Störungen der Atem- und Tonusregulation), die nur auf der Ebene des Körpers angegangen werden können, wenn man sich nicht mit partiellen Interventionen und Streueffekten zufrieden geben will.

3.2.4 *Konflikte*

Konflikte können wir als das zeitgleiche Aufeinandertreffen von widerstreitenden Impulsen bzw. von Stimulierung und Hemmung definieren. Sie stellen eine Polarisierung, einen ungelösten Spannungszustand dar, der, wenn er perpetuiert wird und entsprechend gravierend ist, zu pathologischen Reaktionen führt. Der Mensch erlebt alle seine Konflikte an seinem Leibe als körperliches Geschehen. Selbst Inter- oder Intrarollenkonflikte, die ja von den Erwartungen bestimmt werden, die an bestimmte Positionen geknüpft sind, werden von den Betroffenen als Zustände körperlich-seelischer Spannung erlebt. Wir haben für die therapeutische Arbeit in der Integrativen Therapie ein heuristisches Modell entworfen, das die verschiedenen Konfliktkonstellationen darstellt und dabei die Ansätze der klassischen Konflikttheorien (Es/Über-Ich, *Freud* – Appetenzkonflikte, *Lewin* – Dissonanztheorie, *Festinger)* weitgehend inkorporiert (vgl. *Lückert* 1959; *Rocheblave-Spenlé* 1972). Wir gehen davon aus, daß es im menschlichen Organismus Bedürfnisanlagen und Hemmungen gibt, die einerseits „autochthon" in der biologischen Natur angelegt sind (O), zum anderen aber durch Lernprozesse erworben, d.h. ursprünglich „von außen" kommend, durch Speicherung internalisiert sind (I). Schließlich gibt es externe Impulse (E), die auf den Organismus einwirken und ihn stimulieren oder hemmen können. Diese drei Größen O(= organismisch), I(= internalisiert), E(= extern) ermöglichen vielfältige Konfliktkonstellationen.

Pathogene Situation

1. *O-O-Konflikt*
   Zwei autochthone Bedürfnisse, (d.h. Stimulierungssituationen), die im Organismus angelegt sind, treten gleichzeit auf. Sie kollidieren miteinander und hemmen sich wechselseitig, z.B. das Bedürfnis nach Nahrung und Schlaf.

2. *O-E-Konflikt*
   Ein autochthones Bedürfnis des Organismus kollidiert mit Außenrealität, z.B. Hunger oder Müdigkeit, mit dem Entzug von Nahrung oder Schlaf in einer Katastrophensituation. Oder: Klara will naschen. Die Mutter kommt hinzu. „Läßt Du das wohl sein!"

3. *O-I-Konflikt*
   Das Bedürfnis nach Nahrung als autochthoner organismischer Stimulierungszustand wird durch ein internalisiertes Verbot gehemmt (Es/Über-Ich-Konflikt). Klara will naschen. Die „innere Mutter": „Das darf man doch nicht."

4. *I-E-Konflikt*
   Eine erlernte und internalisierte Strebung und die Außenrealität kollidieren miteinander, z.B. das Bedürfnis, einem anderen Menschen in Schwierigkeiten zu helfen, und das Verbot einer äußeren Instanz, etwa in einem totalitären Staat.

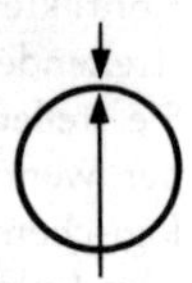

5. *I-I-Konflikt*
   Zwei erlernte und internalisierte Strebungen stehen gegeneinander, z.B. das Streben nach Erfolg in einer Konkurrenzsituation (Stimulierung) und das Gebot der Fairness (Hemmung).

6. *E-E-Konflikt*
   Zwei externe, gleich starke Impulse treffen auf den Organismus und führen zu dem Konflikt, in welche Richtung er reagieren soll.

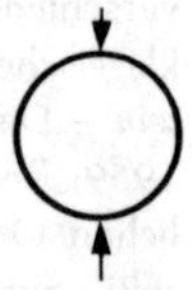

Konflikte sind häufig komplexer als die hier dargestellten Konstellationen „erster Ordnung". Autochthone Bedürfnisse des Organismus werden in erlernte Verhaltensweisen eingebettet. So sind häufig O und I aneinander gekoppelt. Das basale Bedürfnis nach Nahrung (O) ist mit Bedürfnissen nach Sauberkeit der Nahrungsmittel oder Finesse der Nahrungszubereitung (I), mit äußeren Regeln der Nahrungsaufnahme, z.B. Etikette (E) gekoppelt. So kommt es zu kombinierten Konfliktsituationen. Wir geben an dieser Stelle nur zwei Beispiele, weil eine umfassendere Darstellung von Konfliktkonstellationen zweiter und dritter Ordnung über den Rahmen dieser Arbeit hinausginge.

7. *O/I 1,2 – I-Konflikt*
Hunger (O) auf ein sauber (I^1) und schmackhaft (I^2) zubereitetes Gericht wird in seiner Befriedigung dadurch gehemmt, daß noch nicht alle Gäste am Tisch sitzen (I).

8. *O/I-E-Konflikt*
Das basale Bedürfnis nach Sexualität (O), gekoppelt mit dem erlernten Bedürfnis nach einer anregenden, angenehmen Umgebung (I), wird durch widrige äußere Umstände (E) gehemmt.

Die Konfliktanalyse nimmt in der therapeutischen Arbeit einen wesentlichen Raum ein, da Konfliktkonstellationen häufig am Anfang pathologischer Entwicklung stehen oder die Probleme der Gegenwart darstellen. Im Hinblick auf unsere Ausführungen über Defizite, Störungen, Traumata und Konflikte sehen wir Pathogenese in a) für den Organismus inadäquaten Stimulierungssituationen und b) in der Hemmung von Reaktionen auf Stimulierung. Oder für b) anders formuliert: Pathogenese ist in der Verhinderung adäquater Reaktionen auf externe – insbesondere noxische – Stimulierung, sowie in der Verhinderung der Befriedigung aktualer Bedürfnislagen im Organismus, d.i. interner Stimulierung, zu sehen. Es handelt sich bei b) also um ungelöste Konfliktsituationen, das Aufeinandertreffen von Impuls und Hemmung.

3.3 Defizite, Störungen, Traumata und Konflikte als leibliches Geschehen

Wenn wir die genannten pathogenen Konstellationen als leibliches Geschehen ansprechen, so soll einerseits der körperliche Aspekt betont wer-

den, zum anderen aber darauf verwiesen sein, daß es sich um ein ganzheitliches, den ganzen Menschen erfassendes Geschehen handelt. Die Bedeutung kognitiver und affektiver Komponenten für die Pathogenese soll in keiner Weise zugunsten einer ausschließlichen Somatogenese pathologischer Erscheinungen heruntergespielt werden. Dies widerspräche unserem integrativen Ansatz. Es wird in pathogenen Situationen immer der gesamte Kontext von allen Sinnen aufgenommen: Bilder, Geräusche (z.B. Anschreien), direkte Einwirkungen auf den Körper (z.B. Schläge) und die Reaktionen des Körpers auf diese Einwirkungen (z.B. Verspannungen). Dabei haben positive wie negative Erfahrungen und die mit ihnen verbundenen psycho-physischen Reaktionsmuster die Tendenz, sich zu generalisieren. Ein Übermaß von Schmerz, Furcht, Entsetzen, Ekel, Unlust-, Uneindeutigkeits- und Mangelerlebnissen im Verlauf der Biographie hat über den Generalisierungseffekt zur Folge, daß ein adäquates Reagieren auf die Anforderungen der Gegenwart schwierig oder unmöglich wird. Bei jedem Erlebnis laufen im Organismus intensive Reaktionen ab: auf der Ebene des offenen Verhaltens (overt behavior) als Veränderungen in Mimik, Gestik und Atemfrequenz. Diesem zugeordnet sind physiologische Veränderungen, insbesondere im Hormonspiegel, im Muskeltonus, im Blutgasgemisch, Blutdruck usw.*. Mit all diesen Reaktionen gehen die Gefühle einher, die als ein komplexer psychophysischer Prozeß aufzufassen sind. Entsetzen z.B. ist mit bestimmter Mimik und Gestik, mit Atem- und Kreislaufveränderungen sowie spezifischen neurophysiologischen und hormonalen Reaktionen verbunden. Freude und Zorn haben wiederum andere spezifische Reaktionsmuster im Organismus. Wird der komplizierte Prozeß von Außenstimulierung und psychophysischer Reaktion oder innerer Bedürfnislage (= Innenstimulierung) und Bedürfnisbefriedigung gestört, so kann es zu neurotischen Entwicklungen kommen.
Wirkt ein noxischer Stimulus auf einen lebendigen Organismus ein, so kann dieser neben dem reflexhaften Ausdrucksverhalten folgende primäre Reaktionsmöglichkeiten zeigen:

1. Er versucht zu fliehen und entfernt sich von der Gefahrenquelle – oder
2. er reagiert aggressiv und versucht, die Gefahrenquelle zu zerstören.

Als sekundäre Reaktionsmöglichkeit kann der Organismus sich

3. desensibilisieren, indem er seine Erlebnismöglichkeiten herabsetzt,

* Wenn man dem reichianischen Theorem der Bioenergie folgen will, so kann man annehmen, daß mit all diesen Reaktionen Veränderungen im biophysikalischen Energieniveau und -fluß einhergehen.

4. sich schützen, indem er Vorbeugungs- oder Vermeidungstechniken entwickelt.

Als konkretes Beispiel können wir ein Kind annehmen, das von einem Erwachsenen geschlagen wird. Es verspürt Schmerz und Bedrohung, auf die es reflexhaft mit Ausdrucksverhalten und in den Primärreaktionen mit Flucht und/oder Aggressionsimpulsen reagiert. Schmerz und Bedrohung wollen sich in Mimik und Gestik ausdrücken. Das Kind wird unter widrigen Umständen schon bald die Erfahrung machen, daß es sich weitere unangenehme Reize (Schläge) einhandelt, wenn es einem der drei Impulse nachgibt, also seinem Schmerz Ausdruck verleiht und schreit oder im Zorn zurückschlägt oder fortläuft. Um weiteren noxischen Einwirkungen zu entgehen, hemmt es diese Impulse und die damit verbundenen Innervationsmuster. Die Folgen sind z. B. Verspannungen im muskulären Bereich, Störungen im Atemrhythmus („vor Furcht den Atem anhalten"), die sich bei häufigen Negativerfahrungen generalisieren können. Es werden auf diese Weise Möglichkeiten motorischen und emotionalen Ausdrucks blockiert. Aufgrund des noch nicht voll entwickelten Diskriminationsvermögens des Kindes und seiner Tendenz zur Generalisierung werden die negativen Erfahrungen auch auf Situationen übertragen, in denen keine oder nur geringe Bedrohung vorhanden ist. Angemessenes Ausdrucks-, Aggressions- und Fluchtverhalten wird damit nicht mehr möglich. Stattdessen werden sekundäre Reaktionsformen, d.h. Muster der Sicherung, Vermeidung und Abwehr aufgebaut: Schutzgesten, bei denen sich die Muskulatur verspannt und sich das Atemmuster verändert, um z.B. Schläge abzufangen, weiterhin Reaktionen, durch die das Erleben des Gefühls abgewehrt wird – man beißt die Zähne zusammen oder anästhesiert sich, indem der Organismus durch Über- oder Untersteuerung hormonaler Reglermechanismen die Empfindungsfähigkeit herabsetzt. Als Folge derartiger Erlebnisse werden Vermeidungs- oder Vorsorgereaktionen ausgebildet, z.B. Ängstlichkeit, Unsicherheit, überschießende, destruktive Aggressivität oder manipulatives Verhalten.

Ähnliche Prozesse wie bei noxischen Einwirkungen aus der Außenwelt laufen bei Mangelerfahrungen im Organismus selbst, d.h. bei interner Stimulierung, ab. Das Kleinkind, das Mangel an Nahrung, Wärme und Zuwendung erlebt, wird zunächst mit der Äußerung von Unlust und dann mit Aggression reagieren. Selbst wenn auf dieses Ausdrucksverhalten keine negativen Konsequenzen folgen, sondern lediglich der bestehende Mangel nicht oder unzureichend behoben wird, kommt es zu Blockierungs-, Generalisierungs- und Anästhesierungsreaktionen, die die Verarbeitung späterer Eindrücke bestimmten im Sinne einer Beeinträchtigung der adäquaten Wahrnehmungs- und Handlungsfähigkeit. Das Subjekt in seiner leib-geist-seelischen Ganzheit ist beeinträchtigt.

3.5 Zur Komplexität pathologischer Erscheinungen

Eine monokausale Betrachtungsweise pathologischer Erscheinungen wird heute von kaum einer therapeutischen Richtung noch aufrecht erhalten, wenn auch nach wie vor die Psychoanalyse den ödipalen Konflikt und die Primärtherapie die Bedeutung der Primärerlebnisse besonders betonen. Aber auch eine multikausale Betrachtungsweise erweist sich oft genug einem linearen Ursache-Wirkung-Denken verpflichtet, das für die Situation eines lebendigen Organismus mit Subjektcharakter, den Menschen also, nicht angemessen ist (*Merleau-Ponty* 1945). Der jeweilige situative Kontext der Person ist mit Kausalitätsketten allein nicht zu erschließen. Sicherlich ist die biographische Dimension ein Hintergrund, vor dem die Gegenwart, und damit auch die Erkrankung, Figur wird, doch ist dieser Hintergrund durch Situationsgestalten organisiert, für die Kausalbezüge nur *ein* Organisationsprinzip sind. Weiterhin sind die biographisch-historischen Strukturen mit denen der Gegenwart und der antizipierten Zukunft im Hier und Jetzt verflochten. Wir müssen in jeglicher Arbeit mit Menschen immer das Lebensganze, den Lebenszusammenhang sehen (*Petzold, Sieper* 1977), jedoch nicht fraktioniert, sondern *synoptisch.* Die Kausalwirkung traumatischer Ereignisse, etwa eines Unfalls oder einer Vergewaltigung, wird durch eine solche Sicht gar nicht ausgeblendet, sie wird nur als Struktur unter Strukturen in einen Kontext gestellt.
Verhalten – gesundes wie auch pathologischens – wird bestimmt durch *das Zusammenwirken (Synergie) aller Negativerfahrungen (Störungen, Traumata, Konflikte) + das Zusammenwirken aller positiven Erfahrungen (die mildernd, korrigierend oder kompensierend wirkten), + das Zusammenwirken aller nicht-gemachten Erfahrungen, die für unsere Entwicklung notwendig gewesen wären (Defizite).* Die Gesamtheit all dieser Wirkungen, wie sie im Hier und Jetzt zum Tragen kommen, ist mehr und etwas anderes als die Summe der Teilwirkungen. Sie ist die totale Realität eines konkreten Menschen, dem ich begegne. Eine einseitige Betrachtung dieses Menschen unter der Optik der Pathologie macht ihn genauso zum Objekt, wie die Objektivierung einzelner Lebensereignisse, die doch *seine* subjekthafte Realität sind und bleiben oder wieder werden müssen, wenn Abspaltung aufgehoben und Integration ermöglicht werden soll. Wir sind in der Thymopraktik der Auffassung, daß positive und negative Erfahrungen in ihrer prägenden

Bedeutung als gleichwertig anzusehen sind. Das Erleben von Nähe und Wärme im Körperkontakt zwischen Mutter und Säugling führt zur Ausprägung basalen Vertrauens (*Erikson*), ein Fehlen zur Ausprägung basaler Angst (vgl. *Spitz, Klein, Montagu, Bowlby*), durch die der gesamte Lebensweg des Menschen bestimmt wird. Die Bearbeitung von traumatischen Erfahrungen *und* die Aktualisierung von positiven Erlebnissen, sowie die Erschließung von Potentialen durch Stimulierung bilden damit die drei Ansatzpunkte thymopraktischer Arbeit.

4. Praktische Anwendung

In der Thymopraktik versuchen wir Reize zu vermitteln, die ein hohes Aktivierungspotential besitzen. Wir wollen Reaktionsmuster abrufen und darüberhinaus an die Erfahrungen herankommen, die zum Aufbau des Reaktionsmusters beigetragen haben, um sie zu verändern. Dieses geschieht in einem Prozeß multipler Stimulierung, bei dem wir folgende, zusammenwirkende Variablen unterscheiden können:

1. Körpergerichtete Intervention (Berührung, Druck, Manipulation der Atmung zur Aktivierung des subkortikalen, d.h. des Körpergedächtnisses;
2. begleitende verbale Ansprache (eventuell verbalsuggestive Einflußnahme) zur Aktivierung von Erinnerungen, Stimmungen, Imagination;
3. Aufbau situativer Strukturen (Übertragung oder direkte emotionale Kommunikation durch partielles selfdisclosure des Therapeuten) zur Aktivierung von Emotionen, Erinnerungen, Phantasmen;
4. Anregung von Überlegungen und Erinnerungen auf der rationalen Ebene.

Durch diese zusammenwirkenden Interventionen werden die Speicherzonen des kortikalen und subkortikalen Gedächtnisses aktiviert und dem gegenwärtigen Erleben wieder zugänglich gemacht.

4.1 Indikation

In der Integrativen Therapie und der Gestaltanalyse als ihrem Instrument für längerfristige Einzeltherapie ist die direkte Körperarbeit der Thymopraktik ein wesentliches Element. Als eine im Einzelfall durchaus variierende Regel kann man sagen, daß ein Drittel einer Gestaltanalyse als körperzentrierter Prozeß verläuft. Thymopraktik kommt häufig bei der Bearbeitung von Störungen zur Anwendung, die in die präverbale Periode der ersten beiden Lebensjahre zurückgehen. Störungen in der Mutter-Kind-Dyade führen dazu, daß in der basalen emotionalen Sozialisation Schmerz-, Man-

gel- und Unlusterlebnisse vorherrschen und prägend wirken (vgl. *Janov* 1975) und sich Urvertrauen und positive, auf die Welt zugehende Aggression nicht entwickeln können (vgl. die Arbeiten von *Melanie Klein, Erik Erikson* und *Lacan*). Schließlich kann eine angemessene Beziehung zum eigenen Körper, können prägnante Ich-Grenzen nicht aufgebaut werden (vgl. *Ammon* 1975). „Primärerlebnisse" laufen auf der Ebene basaler Emotionen im Körper ab. Sie können deshalb therapeutisch auch nur auf dieser Ebene angegangen werden.
Thymopraktik wird weiterhin eingesetzt bei der Aufarbeitung von Erlebnissen, deren emotionale Intensität den ganzen Körper erschüttert (z.B. Unfall- und Operationstraumata, Mißhandlungen, z.T. in der Behandlung sexueller Dysfunktionen). Ausfälle im Körpererleben (z.B. Frigidität), chronische muskuläre Verspannungen und daraus folgende psychosomatische Störungen bilden eine weitere Indikation für körperzentrierte Arbeit. Schließlich eignet sich Thymopraktik ausgezeichnet zur Behandlung von emotional schwer gestörten Kindern (z.B. Autismus). Die Erfahrungen in der Behandlung von Psychotikern sind noch zu gering, als daß verläßliche Aussagen gemacht werden könnten. Die Ergebnisse sind sehr unterschiedlich. Spezifische Indikationen und spezifisches Procedere in diesem Feld sind noch in der Entwicklung (vgl. *Petzold/Berger*, dieses Buch).

4.2 Behandlungsbeginn und diagnostischer Prozeß

Zu Beginn einer thymopraktischen Behandlung oder Behandlungsphase im gestaltanalytischen Prozeß ist es wesentlich, daß Therapeut und Klient die Art ihrer Beziehung zueinander klären und sich über das praktische Vorgehen unterhalten. Körperliche Berührung hat in unserer Kultur ihre Unbefangenheit verloren. Sie ist mit Tabus, Ängsten, Zweideutigkeiten besetzt. Der Klient wird ermutigt, seine Phantasien, Erwartungen und Befürchtungen mitzuteilen und seine positiven und negativen Gefühle gegenüber der Person des Therapeuten zu äußern, wie es schon Wilhelm *Reich* in seinen Analysen praktiziert (vgl. *Raknes* 1973; *Vööbus* 1956). In dieser vorwiegend verbal verlaufenden Eingangssituation werden Übertragungen deutlich, und das reichhaltige projektive Material ermöglicht einen tieferen Einstieg. Häufige Phantasien sind, an der Brust des Vaters (der Mutter) zu liegen, gestreichelt zu werden, Schläge oder Verletzungen zu erhalten, vom Therapeuten verführt oder vergewaltigt zu werden u.ä. Die Aktivierung durch situative Strukturen als dritte Variable der multiplen Stimulierung (cf. supr.) erweist sich oftmals als ein außerordentlich intensiver Einstieg. Aufkommende Emotionen werden dabei durch Beeinflussung der Atmung oder durch direkte Einwirkung auf den Körper vertieft.

Die thymopraktische Arbeit stellt sich als diagnostisch-therapeutischer Prozeß dar. Im Unterschied zu den neoreichianischen Schulen versuchen wir, den Klienten/Patienten nicht in diagnostische Kategorien einzuordnen, wie sie die charakteranalytische Vegetotherapie und, darauf aufbauend, die bioenergetische Analyse entwickelt hat (*Reich* 1973; *Lowen* 1973). *Reich* hat die unlösbare Verbindung von psychischer und körperlicher Struktur vertreten und später in seiner Vegetotherapie eine Identität von Körperstruktur und Charakterstruktur angenommen. *Lowen* hat den Charaktertypen Körpertypen zugeordnet und mit dem „body reading" ein elaboriertes diagnostisches System entwickelt. Die Schwäche derartiger Systeme besteht darin, daß sie die Vielfalt charakterlicher Erscheinungsformen nicht adäquat erfassen können. Es kommt zu Simplifizierungen, Verzerrungen und in der Therapie zu Artefakten – (der masochistische Charakter z.B. „produziert" das Verhalten, das man von ihm erwartet, ein Rosenthal-Effekt in der Therapie). Die bioenergetischen Charaktertypen können Hinweise geben, die im Gesamt aller diagnostischen Informationen nützlich sein können (vgl. das Synopseprinzip), wenn sie nicht dogmatisiert werden.

Das diagnostisch-therapeutische Vorgehen der Integrativen Therapie und damit auch der Thymopraktik ist im Sinne von *Vööbus* (1956) und *Perls* (1975) prozeßorientiert und phänomenologisch begründet.

Wir versuchen mit dem Klienten/Patienten festzustellen, *was* er in seinem Körper, *wie* er seinen Körper, d.h. auf welche Weise er sich als Leib erlebt (*B. Stevens*, dieses Buch). Ein diagnostischer und zugleich intensiv therapeutischer Prozeß beginnt: Das Spüren. Spüren heißt, sich den Körper verfügbar zu machen und einen Zugang zur Welt zu gewinnen. *Marcel* macht dies deutlich, wenn er schreibt: „Ich kann also, genau gesprochen, nicht sagen, daß ich einen Körper h a b e , aber die geheimnisvolle Verbindung, die mich mit meinem Körper eint, ist die Wurzel aller meiner Möglichkeiten zu *haben*. Je mehr ich mein Körper *bin*, desto mehr an Wirklichkeit wird mir verfügbar, existieren die Dinge doch nur, sofern sie mit meinem Körper in Kontakt stehen, von ihm wahrgenommen werden. Hier aber, so scheint mir, liegt das Wesen der seelischen Erkrankung, daß die existentielle Einheit von Selbst und Körper gestört oder verlorengegangen ist. Für den Patienten wird die Welt, die Wirklichkeit unverfügbar, er verliert das Bewußtsein seiner selbst als Existierender, er vermag keinen Kontakt – oder nur einen gestörten – nach außen, zu anderen zu finden" (*Marcel* 1968).

Die Einheit von Selbst und Körper als Leibsubjekt gilt es wiederherzustellen, die Abspaltung des Körpers oder bestimmter Körperregionen gilt es zu beheben und Konflikte gilt es aufzulösen. Polarisierungen und Abspaltungen sind immer Ausdruck neurotischer Strukturen, d.h. aber Strukturen, die für den Prozeß der adäquaten Wirklichkeitsbewältigung (= Wahrnehmen und Handeln) dysfunktional, unbrauchbar oder sogar schädigend geworden sind.

In unserer Körperdiagnostik sind wir auf folgende Indikatoren von neurotischen Strukturen gerichtet:

1. Mangel oder Verzerrung von Wahrnehmung oder Sensibilität,
2. Abspaltungen im Erleben des Körpers oder von Körperregionen,
3. Störungen im Atemmuster,
4. muskuläre Verspannungen und Erschlaffungen,
5. blockierte, eingeschränkte und verzerrte Bewegungen,
6. Schmerzgefühle und Mißsensationen im Körper, für die eine „somatische Ursache" (Unfall, Erkrankung) nicht gefunden werden kann,
7. Polarisierung, d.h. Verspannungen aufgrund entgegengerichteter muskulärer Impulse.

Auch andere Körpertherapien sehen diese Erscheinungsbilder als Hinweise auf emotionale Probleme oder neurotische Konflikte an (vgl. *Lowen* 1965).

Wir kennen drei Möglichkeiten, die aufgeführten Störungen zu diagnostizieren:

1. durch *Fokussieren* der awareness (= Spüren),
2. durch *Experimentieren* mit awareness, Atem und Bewegung,
3. durch *Explorieren* des Körpers des Patienten durch den Therapeuten.

ad 1. Über das Spüren versuchen wir, die genannten Störungen aufzufinden, indem der Klient gebeten wird, seine Aufmerksamkeit (awareness) auf seine verschiedenen Körperteile und -regionen zu richten und wahrzunehmen, wie er sie erlebt. Er findet dabei vielleicht heraus, daß seine Schultern verspannt sind, daß er sein Becken gar nicht richtig wahrnehmen kann oder daß seine Hände kraftlos werden.

Was auch immer er entdecken mag, es bildet die Grundlage für ein besseres Selbsterleben im Körper und einen Ansatzpunkt dafür, Blockierungen zu entdecken und über sie an unerledigte Situationen aus der Vergangenheit und der Gegenwart heranzukommen. Dieser „non touching approach" stellt in der Eingangsphase thymopraktischer Behandlung für den Patienten eine wichtige Hilfe dar, die Ängste vor der Körperarbeit abzubauen. In späteren Phasen der Behandlung und nach ihrem Abschluß ist das Fokussieren der Awareness eine hervorragende Methode, mit sich selbst zu arbeiten. Die Regungen des Körpers zuzulassen, mit seinem Körper und seinen Gefühlen mitzugehen, hat eine ausgesprochen positive psychohygienische Wirkung. Es wird dem Klienten durch dieses Vorgehen möglich, in gewisser Weise „sein eigener Therapeut" zu sein – dies natürlich nur, wenn er über längere Zeit eine entsprechende Körpertherapie durchlaufen hat. Das „Arbeiten aus der Awareness" wurde von Barry *Stevens* (dieses Buch) eindrucksvoll dargestellt.

ad 2. Das Fokussieren der Awareness kann durch Experimente mit Übungen aus dem Sensory-Awareness- und Gestalttraining (*Brooks* 1975; *Stevens* 1975) gefördert und vertieft werden. Diese Übungen können auf Grund ihres hohen Aktivierungs- bzw. Stimulierungspotentials als Warmup für konfliktzentrierte Arbeit dienen. Die Art ihrer Durchführung gibt dem Therapeuten wichtige diagnostische Informationen über den Patienten. Wird z.B. die Aufforderung gegeben, alle Körperregionen mit den Händen zu berühren, so lassen sich aus der Qualität und der Dauer des Berührens Bereiche feststellen, die besonders betont oder besonders vermieden werden. Noch wichtiger sind die Regionen, die „vergessen" werden. In ähnlicher Weise kann man den Patienten Bewegungen ausführen lassen, um herauszufinden, wo Hemmungen, Behinderungen oder Verspannungen wirksam sind. Wir haben in der Thymopraktik eine Reihe von Bewegungen und Positionen, die uns über eingeschränkte Motilität und Verspannungen Aufschluß geben. Zu den Routineexperimenten der diagnostischen Phase gehört die Zentrierung und Ausrichtung des Atems. Der Patient wird aufgefordert, den Atem in die verschiedenen Bereiche seines Rumpfes zu senden: in den oberen Thorax, die Flanken, in den Beckenboden, in den Bauch, die Schultern usw. Blockierungen und Störungen im Atemmuster werden auf diese Weise feststellbar. Eine Reihe von Atemübungen verwenden wir vorwiegend mit diagnostischer Zielsetzung.

ad 3. Die dritte Möglichkeit der diagnostischen Exploration ist in der direkten Arbeit am Körper gegeben. Der Therapeut geht die Muskulatur des Patienten systematisch durch. Er sucht Verspannungsfelder, punktuelle Verkrampfungen, Sensibilitätsstörungen oder besondere Schmerzpunkte festzustellen. Er achtet weiterhin auf die Stärke der Atemwelle in den verschiedenen Körperregionen. Sehr aufschlußreich sind die Reaktionen auf Berührungen; z.B. kommt es bei manchen Patienten schon bei leichten Berührungen zu heftigem Zusammenzucken und zu Abwehrreaktionen. Besonders häufig finden wir dieses Phänomen bei Berührungen an der

Schulter oder in der Magengegend. Schließlich wird die Entspannungsfähigkeit durch Techniken der „passiven Entspannung" geprüft. Der Therapeut versucht z.B. einen Arm vom Handgelenk bis zur Schulter zu lokkern, um ihn dann schwer herabfallen zu lassen. Mangelnde Entspannungsfähigkeit ist oft ein Hinweis für ein hohes Angstpotential.
Die diagnostische Arbeit am Körper kann in ihrem Wert gar nicht hoch genug eingeschätzt werden. *Iljine* (1923) spricht vom Leib als „dem Ort der Wahrheit". Körperstruktur und körperliche Reaktionen zeigen, wo der Patient wirklich steht. Im Leib sind alle Informationen der individuellen Biographie gespeichert. An ihm und mit ihm hat sich das persönliche Lebensschicksal vollzogen. Wenn wir mit *Marcel* den Leib als Fixierung der persönlichen Lebensgeschichte ansehen, ist die Beschränkung auf ein diagnostisches Vorgehen, das Körperausdruck und Körpersprache übergeht, nicht mehr möglich.

5. Thymopraktische Behandlung als „Tetradisches System"
Die thymopraktische Arbeit ist wie alle Prozesse in der Integrativen Therapie als „tetradischer" Verlauf strukturiert (*Petzold* 1974). Das geschilderte Vorgehen der Initialphase hat zu einem Teil diagnostische Zielsetzungen: der Körper des Klienten soll in seinem augenblicklichen Zustand erfaßt werden, um dadurch Aufschluß über seine „Geschichte" und sein Verhalten zu gewinnen. Gleichzeitig dient dieses Vorgehen als Warm-up für weiterführende, konfliktorientierte Arbeit. Von zentraler Bedeutung ist der Aufbau einer Atmosphäre des Vertrauens zwischen Therapeut und Patient in dieser Anfangssituation, denn ohne tragfähige therapeutische Beziehung ist eine erfolgversprechende Behandlung nicht möglich (cf. infr.).

5.1 Initial- und Aktionsphase
In der *Initialphase* werden über das Fokussieren, Experimentieren und Explorieren Stimuli gesetzt, die biographisches Material aktivieren. Das diagnostische Vorgehen löst immer auch schon therapeutische Prozesse aus. Diese werden in der *Aktionsphase* vertieft und differenziert. In der Initialphase versucht man, Störungen und Probleme aufzufinden, um dann von der Konfliktperipherie zu den Konfliktkernen vorzustoßen. In der Aktionsphase arbeitet man im Zentrum des Konfliktes mit der Zielsetzung einer Lösung, Integration und damit Neustrukturierung. Die therapeutischen Interventionen dürfen nicht darauf begrenzt werden, eine funktionale Entspannung oder einen kathartischen Durchbruch zu erreichen, sondern sie müssen den Aufbau neuer Strukturen ermöglichen.

Tetradisches System
der Integrativen Therapie

INITIALPHASE
diagnostisch-anamnestische Zielsetzung
Erinnern / Stimulieren

Warm Up — Kontakt — Kohäsion

Analyse von Bewegung, Ausdruck, Verhalten, verbalen Äußerungen

aus psychodynamischer Sicht	aus lerntheoretischer Sicht
projektive Auswertung	Verhaltensanalyse

aus gestalttheoretischer Sicht
Kontext- u. Prägnanzanalyse

konfliktzentriertes oder erlebniszentriertes Vorgehen

AKTIONSPHASE
psychokathartische Zielsetzung
Wiederholen / Explorieren

ernstes Spiel ἀγών	heiteres Spiel παιδιά
konfliktorientierte Arbeit mit Atem, Stimme, Expressivität, Imagination etc.	erlebnisorientierte Arbeit mit freier Bewegung, Tanz, Phantasie, Sensibilität
Katharsis	Peak Experience

Öffnungs-, Schließungs-, Prägnanzerlebnisse
emotionale Erfahrung
Erfahrungslernen (emotional learning)

INTEGRATIONSPHASE
analytisch-kommunikative Zielsetzung
Durcharbeiten / Integrieren

Rückschau — Sharing — Feedback — Analyse

Aufhellung psychodynamischer Zusammenhänge, Übertragungskonstellationen, Abwehr	Analyse von Verhaltensmustern und Kommunikationsstrukturen

Reflexion im Hinblick auf Kontext, Kontinuität und Geschlossenheit
rationale Einsicht
Einsichtslernen (insight learning)

NEUORIENTIERUNG
verhaltensmodifizierende Zielsetzung
Verändern / Erproben

Training der Sensibilität, Expressivität, Flexibilität, Entspannungstechniken u. a.	Verhaltensprogramme, Shaping, Desensibilisierung, Imitationslernen, Behaviourdrama, Transfertraining u. a.

Experimentieren, Neuformierung
von Gestalten
Verhaltens-Änderung
Verhaltenslernen (behavioral learning)

In der thymopraktischen Arbeit sind emotionale Entladungen und kathartische Prozesse sehr wesentlich, aber sie stellen immer nur *ein* Element der Behandlung dar. Kathartische Praktiken können zwar Blockierungen lösen, aber sie verhindern in der Regel nicht, daß sich die gleichen Verspannungsmuster wieder aufbauen, wenn eine entsrechende Außenstimulierung erfolgt, die die alten Reaktionen abruft. Rein funktionale Praktiken (z.B. Relaxationstechniken), durch die ein Umüben möglich ist, können oft nicht zum Tragen kommen, solange massive Blockierungen vorhanden sind. Ähnlich steht es mit der „Einsicht" in die Struktur einer Situation. Einsicht ist notwendig, aber sie reicht oft allein nicht aus. Ein Zusammenwirken der verschiedenen therapeutischen Variablen ist deshalb erforderlich und wird auch durch unser theoretisches Konzept von der komplexen Verschaltung zwischen kortikalem und subkortikalem Gedächtnis nahegelegt. Ein eindimensionaler Ansatz im therapeutischen Vorgehen, sei er nun funktional, kathartisch oder auf den Gewinn von Einsicht ausgerichtet, wird immer nur partielle und im Hinblick auf das Gesamtsystem eingeschränkte Wirkungen erzielen bzw. nur mit Streuwirkungen arbeiten. In der Thymopraktik versuchen wir durch das Prinzip der multiplen Stimulierung komplexe Veränderungen einzuleiten. Veränderung aber kann nur erreicht werden, wenn ein Geschehen für den Patienten *vitale Evidenz* gewinnt. Über Kartharsis und Einsicht hinausgehend, ist das Ziel der Aktionsphase, Evidenzerlebnisse zu vermitteln.

5.1.1 Vitale Evidenz als Medium der Veränderung

Unter vitaler Evidenz verstehen wir in der Integrativen Therapie das Zusammenwirken von *Körpererleben, emotionaler Erfahrung* und *kognitivem Verstehen.* Dieses totale Geschehen ist mehr als Einsicht, wie sie im psychoanalytischem Prozeß gewonnen wird. Der gesamte Mensch wird davon erfaßt. Alle basalen Emotionen, die in ihrem sozio-emotionalen Kontext mit dem Leib erfahren und begriffen werden, führen zu Evidenzerlebnissen. Das Gleiche kann von überwältigenden Einsichten ausgesagt werden, die in das körperliche Erleben hineinwirken, oder von körperlichen Erfahrungen, die zu einer überraschenden rationalen Klarheit führen. *Perls* hat das, was wir unter vitaler Evidenz verstehen, in Adaption eines Zen-Terminus als „Satori" bezeichnet, als eine Art Aha-Erlebnis, das den ganzen Menschen ergreift.

Evidenzerlebnisse können überwältigende Erfahrungen der Freude und Lust sein. Wenn z.B. eine sexuell gehemmte, frigide Frau zum erstenmal den Orgasmus voll erlebt und ein plötzliches Verstehen da ist: „Ja, so muß es sein, ich brauche mich nicht mehr festzuhalten, ich brauche keine Angst mehr zu haben", so ist das ein Geschehen von vitaler Evidenz. Aber auch Trauer, Betroffenheit, ja Entsetzen können mit Evidenzerlebnissen verbunden sein, wenn z.B. eine schreckliche Wahrheit in ihrer vollen Tragweite erfaßt wird. Lernen, d.h. Veränderung von Strukturen, wird nach unserer Auffassung nur durch Evidenzerfahrungen möglich (vgl. *Petzold, Sieper* 1977).

5.2 Integrationsphase und Neuorientierung

Evidenzerlebnisse als „totale Erfahrungen" erfordern Zeit zur körperlichen, emotionalen und kognitiven Integration. Die aufgewühlten körperlichen Reaktionen müssen abklingen, die hochgehenden Emotionen müssen sich beruhigen, und der erfaßte Zusammenhang muß gedanklich feste Formen annehmen. Der gesamte Prozeß muß sich „setzen". Dies geschieht in der Integrationsphase, in der wir mit dem Klienten/Patienten das Erleben in der Aktionsphase durchsprechen und einzuordnen versuchen.

„Nehmen Sie Ihren Körper wahr und spüren Sie, wie er sich *jezt* nach der Sitzung anfühlt." – „Vielleicht können Sie noch einmal auf dieses Stück Arbeit zurückschauen und sehen, was die wichtigsten emotionalen Erfahrungen für Sie waren, und welche Zusammenhänge (Einsichten) Sie finden können?" Diese oder ähnliche Aufforderungen leiten die Integrationsarbeit für das Geschehen in der Aktionsphase ein. Wir bleiben aber im „tetradischen System" an dieser Stelle nicht stehen, sondern gehen einen Schritt weiter. Aus dem Zusammenkommen von körperlichem Erleben, emotionaler Erfahrung und rationaler Einsicht soll, – soweit das möglicht ist –, eine unmittelbare Konsequenz gezogen werden. Wir bezeichnen diesen Schritt als die *„Phase der Neuorientierung"*.

Die Neuorientierung kann sich auf eingegrenzte Probleme oder auch auf den gesamten Lebensbereich beziehen. Thymopraktische Arbeit führt in der Regel zu umfassenden Konsequenzen. Für diese können mit den verschiedenen Mitteln der Integrativen Therapie (z.B. Behaviordrama, Verhaltensprogramme etc.) Transferhilfen geboten werden. Es ergeben sich aber auch ganz spezifische Konsequenzen im Hinblick auf den Körper. Störungen des Atemmusters, der Bewegung, der Sensibilität und des Tonus können und müssen oftmals durch funktionales Training angegangen werden, das die konfliktorientierte Therapie begleitet.

Beispiel: In der thymopraktischen Behandlung einer Migräne wurde deutlich, daß der Patient chronisch verspannt war, weil er noch immer von seinem Vater Schläge zu erwarten glaubte und seine Aggression zurückhalten mußte. Es wurde diese Aggression in der Aktionsphase ausagiert und in ihrer Bedeutung verstanden. Nach der Sitzung war die verspannte Muskulatur gelöst und schmerzfrei. Auf diesem Hintergrund von emotionaler Erfahrung und rationaler Einsicht wurde dem Patienten ein Entspannungstraining verordnet. An seiner Beziehung zum Vater wurde in der Therapie weitergearbeitet. Das Zusammenwirken von konfliktorientierter und funktionaler Therapie führte nach kurzer Behandlungszeit (30 konfliktorientierte und 20 halbstündige funktionale Sitzungen) zu einer dauerhaften Beseitigung der Symptomatik und zu einigen wichtigen Veränderungen in der allgemeinen Lebensführung.

Das „tetradische System" bietet eine Hilfe, den Verlauf des therapeutischen Prozesses in einem strukturierten Rahmen zu sehen und zu handhaben. Es ist einem Behandlungsverlauf nicht übergestülpt, sondern orientiert sich an seiner Dynamik. So muß nicht unbedingt auf die Initialphase die Aktionsphase folgen oder auf diese die Integrationsphase. Der Prozeß kann in der einen oder anderen Phase verharren, stagnieren, zwischen einzelnen Phasen oszillieren. Grundsätzlich aber ist die einem therapeutischen Prozeß inhärente Logik in der Folge „Erinnern, Wiederholen, Durcharbeiten, Verändern" zu sehen, genauso wie der experientielle Prozeß im Verlauf als „Stimulieren, Explorieren, Integrieren und Neuerproben" zu fassen ist. Diese tetradische Struktur bezieht sich nicht nur auf eine therapeutische Sitzung, sondern kann auch auf den Behandlungsverlauf in seiner Gesamtheit bezogen werden. Das wesentliche bei der Verwendung von Strukturmodellen zur Beschreibung und Lenkung von therapeutischen Prozessen ist, daß sie vom Therapeuten nicht als starre Klassifizierungsschemata verstanden werden dürfen und damit den Charakter eines therapeutischen Prokrustesbettes gewinnen. Sie dienen vielmehr dazu, die Dynamik des individuellen Prozesses zu erkennen, situative Interventionshilfen zu bieten, jedoch nicht dazu, den therapeutischen Verlauf in seiner Gesamtheit zu bestimmen. Wir kommen sonst zu Therapien, die von den Bedürfnissen der Therapeuten oder den Theoremen von Methoden in einer Weise bestimmt sind, daß die individuelle Wirklichkeit des Patienten/Klienten nicht mehr Gestalt annehmen kann. Es soll hier nicht der (gar nicht wünschenswerten) Utopie einer „wertfreien" Therapie das Wort geredet werden, sondern wir plädieren für Therapeutenhaltung und -verhalten, die der personalen Verwirklichung des Patienten einen möglichst großen Spielraum lassen. Die Thematisierung – und Problematisierung – der Werthaltungen des Therapeuten und seiner Methode müssen deshalb Gegenstand jeder längerfristigen Therapie sein. Damit verbunden ist ein Durcharbeiten der Beziehung zwischen Therapeut und Klient, und zwar nicht nur auf der phantasmatischen Ebene als Analyse des Übertragungs-/Gegenübertragungsgeschehens sondern auch auf der Ebene realer Begegnung.

5.3 Die vier Ebenen der therapeutischen Tiefung.

Eine körperorientierte Therapie wird, sofern sie nicht ausschließlich funktional-übungszentriert vorgeht, im Verlauf des tetradischen Prozesses Ebenen verschiedener „Tiefung" durchlaufen. Unter Tiefung verstehen wir das Maß an rational-reflexiver Kontrolle, das der Patient im therapeutischen Geschehen hat. Der Therapeut muß diese Ebenen unterscheiden, um die jeweils angemessene Interventionsstrategie einzusetzen. Wir haben ein heuristisches Modell zur Bestimmung der Ebenen der therapeutischen Tiefung entwickelt, das nicht nur für die Thymopraktik, sondern für alle erlebniszentrierten und integrativen Verfahren, wie z.B. die Bioenergetik, die klassische Gestalttherapie, das Psychodrama verwendet werden kann (*Petzold* 1974, S. 333 ff., 1977). Wenn wir davon ausgehen, daß in intensiven und umfassenden therapeutischen Prozessen alle Dimensionen des Menschen, seine Körperlichkeit, Emotionalität, seine geistigen Strebungen einbezogen werden müssen, so liegt auf der Hand, daß das therapeutische Geschehen sehr unterschiedliche Qualitäten aufweisen kann. Wir sind der Auffassung, daß ein Mensch, der durch bewußtes Wahrnehmen und Handeln in wachem Kontakt mit seinem Umfeld steht, alle seine kognitiven, emotionalen und motorischen Fähigkeiten kontrollieren und nutzen kann. Sein „Ich" ist stark und klar. In Zuständen der Regression nimmt die kognitive Kontrolle ab und nehmen die autonomen Reaktionen des Organismus zu. Regression aber ist erforderlich, um an frühe Störungen, Traumatisierungen oder Konflikte heranzukommen. Nur so ist ein Nachsozialisieren auf der emotionalen und somatomotorischen Ebene möglich und kann sich in der nachfolgenden Aufarbeitung kognitive und emotionale Integration vollziehen. Die Regression muß deshalb, wo immer erforderlich, angesteuert werden, aber man darf nicht in der Regression verbleiben. Thymopraktik ist keine „Regressionstherapie" wie z.B. die Primärtherapie. Wir unterscheiden folgende Ebenen der Tiefung:

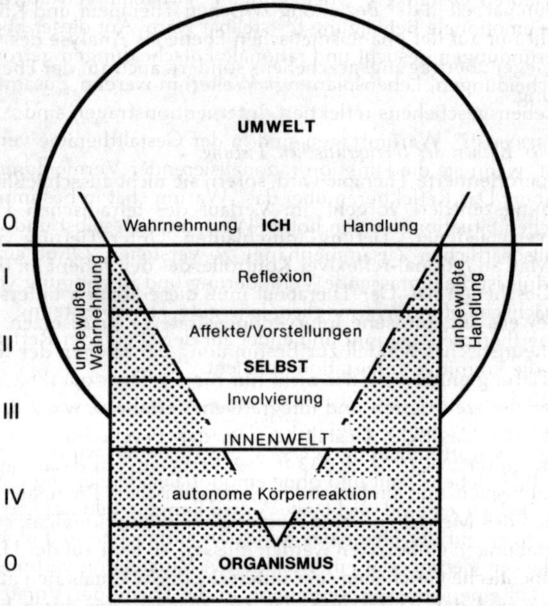

Legende: Der Mensch als personales System ist in die Umwelt als seiner „Lebenswelt" (*Husserl, Merleau-Ponty*) eingewurzelt. Sie umgibt ihn, er bewohnt sie. Er ist mit Wahrnehmung und Handlung, ja mit seinem ganzen Sein auf sie ausgerichtet, ragt in sie hinein. In bewußter Wahrnehmung und Handlung, d.i. in bewußtem Kontakt realisiert sich das Ich als das „leibhaftige Selbst *in actu*", werden Innenwelt und Umwelt verbunden. Als Innenwelt verstehen wir den Organismus, in den die Gesamtheit unserer Erfahrungen eingewoben ist. Die gewachsene Ganzheit des Organismus konstituiert das Subjekt oder Selbst, das deshalb immer Leib-Subjekt oder Leib-Selbst ist. Das Leib-Selbst inkorporiert alle Fähigkeiten des Wahrnehmens, Denkens, Fühlens, bewußten Hendelns und vegetativen Funktionierens, die unlösbar miteinander verbunden sind und ineinandergreifen, wobei im vorliegenden Modell jeweilig vor dem Hintergrund des Leib-Subjektes prägnant werdende Charakteristika herausgestellt und aus heuristischen Gründen unterschieden werden. Diese Unterscheidung weist wesentliche Aspekte der Persönlichkeit auf und soll ein Raster zur Einordnung therapeutischer Prozesse bieten, aus dem sich Interventionsstrategien ableiten lassen.

5.3.1 Ebene der Reflexion
Auf ihr laufen Gedanken, Überlegungen, Vorstellungen ab, ohne daß sichtbare emotionale Beteiligung feststellbar wäre. Auf dieser Ebene werden Begründungen gesucht und rationale Entscheidungen getroffen (Berufsentscheidungen, Lebensplanung). Weiterhin werden Zusammenhänge des Lebensgeschehens reflektiert. Interventionsfragen sind: „*Was ist?*" und „*Warum ist?*". Warumfragen sind in der Gestalttherapie verpönt, jedoch nur, wenn sie die Funktion rationalisierender Vermeidung von Erleben haben. Das Reflektieren über das „Warum" hat in bestimmten therapeutischen Situationen einen hohen Wert, um sich selbst und vor allem die gesellschaftlichen Zusammenhänge zu verstehen. Ohne ein solches Verständnis ist die umfassende Veränderung und Beseitigung von externen Ursächlichkeiten nicht möglich. Jede gute Therapiesitzung – auch in der Körpertherapie – beginnt und endet auf der Ebene der Reflexion, auf der sich die kognitive Integration vollzieht.

5.3.2 Ebene der Vorstellungen und Affekte
In früheren Veröffentlichungen (1974, S. 335) hatten wir diese Ebene als die des „Bilderlebens" mit und ohne emotionaler Beteiligung (2a, 2b) bezeichnet. Jedoch es sind nicht alle Vorstellungen bildhaft. So können Überlegungen auf der Ebene der Reflexion auftauchen und plötzlich mit einem starken Gefühl oder einer bildhaften Vorstellung verbunden werden, so daß eine spontane Regression in die Ebene der Vorstellung (2) stattfindet, in der Erinnerungen plastisch und erlebnisnah vergegenwärtigt werden. Die Tiefung von Ebene 1 zu 2 wird in der Regel durch die Interventionsfolge „Was fühlst Du jetzt?", „Wie erlebst/fühlst Du das?" erreicht. Auf Ebene 2 ist die kognitive Kontrolle noch recht hoch. Die meisten verbalen Therapien operieren auf dieser Ebene, und auch in der Leibtherapie kommt ihr für das emotionale Durcharbeiten und das Integrieren Bedeutung zu.

5.3.3 Ebene der Involvierung
Diese Ebene wird durch die Intervention „Woher kennst Du dieses Gefühl?" angesteuert. Sie erschließt die biographische Dimension der „Wie-Frage". Es kommt zu stärkerer Regression. Die rationale Kontrolle nimmt erheblich ab, und die Bilder und Gefühle der Vergangenheit steigen mit einer Erlebnisintensität und Dichte auf, daß im Hier und Jetzt der therapeutischen Situation die Vergangenheit „gegenwärtiggesetzt" wird. Involvierungsprozesse finden sich meistens in der Aktionsphase des tetradi-

schen Systems. Zur weiteren Vertiefung und zur Intensivierung des Rapports zum Therapeuten können Körperinterventionen eingesetzt werden. Damit beginnt die im spezifischen Sinne „thymopraktische" Arbeit. Vertiefende Interventionen sind „Bleib' bei Deinem Gefühl!", „Folge Deinem Körper!", „Nichts festhalten! Loslassen!" Auf der Ebene der Involvierung arbeiten die meisten aktiven, erlebniszentrierten Verfahren, wie z.B. Psychodrama, klassische Gestalt, Psychosynthesis.

5.3.4 Ebene der Autonomen Körperreaktion

Diese Ebene ist dadurch gekennzeichnet, daß die rationale Kontrolle vollends ausgeschaltet ist und der Körper „autonom" reagiert. Es kommen die Reaktionen des Organismus „hinter" der biographischen Situation auf, die in der Ebene der Involvierung für das Erleben gegenwärtiggesetzt wurde: Die heruntergeschluckte Wut, die verdrängte Lust, der verschüttete Schmerz, alle Gefühle, die in der Muskulatur und der Atmung „festgehalten" sind, können sich Bahn brechen und erschüttern nicht nur den Körper, sondern das Leibsubjekt, d.h. die gesamte Person. Derartige *Primärszenen,* wie wir sie aus allen konfliktorientierten Verfahren der Körpertherapie kennen, haben jedoch nicht nur eine kathartische Wirkung, sondern bewirken die Veränderung von somatomotorischen und emotionalen Strukturen. Dafür allerdings ist es notwendig, daß es sich nicht um eine einmalige Gefühls- und Verspannungsentladung handelt, sondern daß die traumatischen Ereignisse oder die Störungen auf der Ebene der autonomen Körperreaktion tatsächlich durchgearbeitet werden. Der Klient muß sich also über einen längeren Zeitraum auf derartige Erfahrungen einlassen, besonders, wenn man davon ausgeht, daß muskuläre Verspannungen oder Distortionen des Atemmusters selten auf die Wirkung *eines* Prototraumas zurückgeführt werden können, sondern es sich in der Regel um Summationseffekte handelt: die vielen kleinen und großen Verletzungen, die man im Laufe seiner Biographie erhält. So kann man die Hoffnung nicht auf irgend ein „großes Durchbruchserlebnis" setzen, das „irgendwann" einmal eintritt. Zumindest ist dies nicht die Auffassung, die wir in unserer Form der Leibtherapie vertreten. Thymopraktik ist vielmehr *„Körperanalyse"* (*Vööbus* 1956), geduldiges Durcharbeiten am Leibe in kleinen Schritten.

Die Prozesse auf Ebene 4 laufen durchaus nicht immer dramatisch und spektakulär ab. Es können genausogut Erfahrungen von Lust, satter Zufriedenheit (wie nach dem Stillen) und Glück in der Körperarbeit aufkommen, und diese Gegenwärtigsetzung positiver Vergangenheitserfahrun-

gen sind für den körperanalytischen Prozeß wesentlich, denn ein ausschließliches Arbeiten an „primären Schmerz-Pools“ und unlustvollen Ereignissen vermag keine Alternativerfahrungen zu vermitteln.
Die Prozesse auf der Ebene der autonomen Körperreaktion verlaufen häufig zyklisch. Phasen von großer Intensität werden von ruhigeren Abschnitten abgelöst, und es ist durchaus möglich, daß ein Patient zwischen den einzelnen Phasen kurzfristig in die Phasen I-III „auftaucht“. Wird er nicht durch Fehlinterventionen des Therapeuten – eventuell weil bei diesem Ängste aufkommen – auf einer der höheren Ebenen gehalten, so kommen die autonomen Reaktionen wieder „wie von selbst“ auf, und das Geschehen verläuft im selbsregulativen Rhythmus des Körpers. Die Körperinterventionen des Therapeuten sind sparsam, nicht forcierend, eher stützend. Sie bieten ein mittleres Stimulierungsniveau; denn sind erst einmal autonome Reaktionen eingetreten, sind massive Körperinterventionen nicht mehr erforderlich, sondern eher hindernd als fördernd. Oftmals dienen die Interventionen nur dazu, den Rapport zum Therapeuten aufrecht zu halten, der in der tiefen Regression das Realitätsprinzip darstellt. Von entscheidender Wichtigkeit für den Verlauf des Prozesses in Richtung von Prägnanz und Schließung ist, daß der Therapeut die Interventionsebene einhält. Es ist wenig sinnvoll, einem Patienten, der sich in der Ebene der Involvierung befindet, „Warum-Fragen“ zu stellen oder auf der Ebene der autonomen Körperreaktion Interventionen im Stile „Was fühlst Du jetzt?“, „Rollentausch!“, „Laß' Deine Hand einmal sprechen!“ zu geben. Durch derartige Impulse wird der Patient nur aus der Ebene seines Prozesses herausgerissen.
Wenn wir das Schema der vier Ebenen betrachten, so stellen wir fest, daß es die Richtung eines regressiven Verlaufs kennzeichnet, in dem ein progredienter Verlust von Ichfunktionen auftritt. Mit diesem Phänomen ist eine entsprechende Altersregression verbunden. Auf der Ebene der Involvierung finden sich häufiger Themen aus der Kindheit und dem Jugendalter, als dies in der Ebene der Reflexion oder der Vorstellungen und Affekte der Fall ist. In der vierten Ebene kommen in der Regel sehr frühe Situationen auf, die häufig in den ersten drei Lebensjahren zu situieren sind. Besonders Ereignisse aus der Zeit vor Ausbildung der Sprache und Begriffe werden erschlossen. Dennoch kann man die Altersregression nicht als unabdingbaren Verlauf ansehen. Es finden sich in der Ebene der autonomen Körperreaktion auch Ereignisse, deren traumatisierende Wirkung den Körper besonders betroffen hat, wie z.B. Unfälle, Operationen, persönliche Schicksalsschläge.

Die Regression kann als eine „therapeutisch induzierte Krise" betrachtet werden, die Informationssysteme mobilisiert, Strukturen herauslöst, neu placiert und somit Lernen auf einer sehr basalen Ebene ermöglicht. Eine derartige Labilisierung von Systemen kann natürlich auch zu einer Labilisierung der Gesamtpersönlichkeit, des „personalen Systems", führen, insbesondere, da Körperinterventionen an der Basis der Person, am „Körper-Ich" ansetzen. Die unqualifizierte Arbeit auf der Ebene der autonomen Körperreaktion kann deshalb den Klienten/Patienten massiv gefährden. Es muß deshalb vor dem Mißbrauch von Körpertechniken durch Personen ohne langjährige, qualifizierte Ausbildung nachdrücklich gewarnt werden (*Petzold*, dieses Buch S. 478ff.); denn nicht die Krise, sondern ihre Bewältigung ist das therapeutische Ziel. Der Klient muß nicht nur in die Regression hinein, sondern auch „ohne Bruch" und Diskontinuität aus ihr herausgeführt werden. Aus diesem Grunde ist es notwendig, daß, von der Ebene der autonomen Körperreaktion aufsteigend, jede voranliegende Ebene durchlaufen wird.
Das Körpergeschehen sollte, wo immer möglich, mit biographischen Ereignissen verbunden werden (3). Auf der Ebene der Vorstellungen und Affekte (2) sollte die emotionale Integration gefördert werden, und auf der Ebene der Reflexion (1) die kognitive Durcharbeitung, indem Bezüge und Verbindungen hergestellt werden, durch die sich der Klient in seinem So-Sein und Geworden-Sein besser verstehen und annehmen lernt. Dieses Durcharbeiten auf den einzelnen Ebenen macht immer wieder deutlich, daß Störungen komplexe Imformationssysteme sind und Strukturen inkorporieren, die zu unterschiedlichen Zeitpunkten in der Biographie gesetzt wurden. Erst das Zusammenwirken dieser verschiedenen Strukturen macht die spezifische Charakteristik der Störung aus. Veränderungen können sich vollziehen, wenn es zu *Modulationen* wichtiger Strukturelemente kommt, wodurch das Gesamtsystem beeinflußt wird, ohne daß unbedingt eine Erstursache oder eine besonders traumatische Episode aufgefunden werden muß (es ist ohnehin schwierig zu sagen, ob das, was wir oder auch der Patient selbst als besonders gravierend ansehen, tatsächlich die Wertigkeit hat, die wir dem Ereignis zuschreiben). Aus diesem Grunde ist auch die Annahme irrig, daß therapeutische Sequenzen auf der Ebene der autonomen Körperreaktionen besonders effektiv, oder gar effektiver, seien als solche auf den anderen Ebenen der therapeutischen Tiefung. Jede Ebene hat ihre eigene Bedeutung, und Veränderungen durch Fragen nach dem „Warum?" und durch Reflexion können nachhaltiger sein als manche dramatische Körpersitzung. Andererseits werden manche Veränderungen

nur in vollem Umfang möglich, wenn der Zugang über den Leib gewonnen wird. Es gilt wiederum das *Synergieprinzip:* Die Wirkungen, die auf den verschiedenen Tiefungsebenen erreicht werden, gewinnen ihre volle Effizienz im Zusammenwirken.

6. Therapeut und Patient/Klient in der thymopraktischen Behandlung

Die Grundlage jedes therapeutischen Prozesses ist die Beziehung zwischen Therapeut und Klient/Patient. Sie ist die Matrix, in der sich situative Stimulierung, Wachstum, Integration und Neuorientierung vollziehen können. Deshalb ist es notwendig, daß der Therapeut aus einer „intersubjektiven Grundhaltung" heraus mit dem Klienten arbeitet, einer Haltung, die den anderen als Person ernst nimmt und ihn nicht als Obejekt behandelt. Die Grundlage für die therapeutische Beziehung in der Integrativen Therapie und damit auch der Thymopraktik bietet das Intersubjektivitätskonzept Gabriel *Marcels* (1965, vgl. *Besems* 1977), das wir für die therapeutischen und pädagogischen Erfordernisse unseres integrativen Ansatzes adaptiert haben (*Maurer-Groeli, Petzold* 1978; *Petzold, Sieper* 1977).
Wir sehen drei mögliche Beziehungsmodalitäten:

6.1 Objekt-Beziehungen = Haben-Beziehungen

Für diesen Beziehungsmodus ist eine Possesivrelation kennzeichnend. Ich „habe" Objekte, sie sind ersetzbar, austauschbar; sie sind nicht begegnungsfähig. Dennoch kann ich mir und der Welt in den Dingen begegnen. Ich gehöre der Welt zu, und die Welt gehört mir zu, durch die Dinge. Die Modalität der Objektbeziehung ist deshalb nicht von Gleichgültigkeit, sondern von der „Sorge um die Dinge" gekennzeichnet (*Petzold, Sieper* 1977, S. 28 f.). Zu einem anderen Menschen in einer Objektbeziehung stehen, bedeutet, ihn seiner Subjektivität und damit seines Menschseins zu berauben.

6.2 Sachlich-funktionale Beziehungen = Machen-Beziehungen

Diese Beziehungsmodalität ist von sachlicher Funktionalität gekennzeichnet. Ihr eignet eine gewisse Wertneutralität. Sie steht zwischen Objekt- und Subjektbeziehung. Die zahlreichen zweckgerichteten Transaktionen der Alltagsrealität, in denen es um „machen und tun" geht (Bankgeschäfte, Laboruntersuchung, Einkauf etc.), sind sachlich-funktionaler Natur. Im Kontakt zwischen Therapeut und Klient gibt es durchaus sachlich-funktionale Beziehungsmodalitäten, die durch die Tatsache bestimmt sind, daß die Beziehung weitgehend innerhalb von Institutionen (Klinik, Beratungsstelle, Privatpraxis) abläuft. Die sachlich-funktionale Modalität bietet für den Therapeuten und den Klienten eine Entlastungsmöglichkeit, da die Dichte intersubjektiver Beziehung in der Regel nicht in alle Bereiche der Therapeut-Klient-Relation ausgedehnt werden kann, sie birgt jedoch auch die Gefahr, in eine Objektbeziehung abzugleiten, wenn sie nicht von einer intersubjektiven Grundhaltung getragen ist. Die sachlich-funktionale Modalität impliziert in der Relation mit Menschen immer ein intersubjektives Moment.

6.3 Subjekt-Beziehung = Sein-Beziehung

Das Subjekt hat seinen Wert in seinem eigenen Sein, es ist unverwechselbar, einmalig, nicht objektiv zu übermitteln. Es benötigt zur Aktualisierung seiner Subjektivität das Mitsubjekt, die Intersubjektivität. Seine Existenz ist deshalb immer Ko-Existenz, Mit-Sein. Intersubjektivität bedeutet, dem Anderen zu begegnen als der, der er ist, ihn fundamental wertzuschätzen. Ein Therapeut, der nicht mit „seinem Herzen" bei seinen Patienten ist, bleibt ein Techniker mit sehr eingeschränkten Behandlungsmöglichkeiten: Denn Heilung kann sich nach unserer Auffassung alleinig in der intersubjektiven Beziehung zwischen Therapeut und Klient/Patient vollziehen. Dabei muß beachtet werden, daß Intersubjektivität keine selbstverständliche Gegebenheit ist, die zwischen Menschen besteht. Gerade das Fehlen von Subjektrelationen zum Anderen (wie auch zum eigenen Leibe) ist ja eine Ursache von Pathologie. Intersubjektivität ist deshalb ein Ziel, das Menschen miteinander realisieren müssen. Die intersubjektive Grundhaltung ist wichtig, aber sie muß aktualisiert werden, und zwar *in jeder Beziehung* neu. Wo sie nicht vorhanden ist, muß sie nach und nach aufgebaut werden; ja ein Zunehmen der Fähigkeit zur Intersubjektivität, mit allem, was sie kennzeichnet – Beziehungsfähigkeit, Vertrauen, Empathie, Verantwortung, Dialogfähigkeit –, muß schon als zunehmende Gesundung angesehen werden. Weil sich die Intersubjektivität entwickeln muß und sich in unterschiedlichen Intensitäten auf der Grundlage dessen, was an Potential vorhanden ist, vollziehen kann, gleicht keine therapeutische Beziehung der anderen. Therapie ist in Objekt- oder sachlich-funktionalen Beziehungen nicht möglich, aber sie erfordert auch nicht die absolute Verwirklichung eines abgehobenen Intersubjektivitätsideals, das an der Realität des Therapeuten und des Klienten vorbeigeht. Die Zielsetzung des Therapeuten ist, seinem Klienten oder Patienten dabei zu helfen, mit Störungen und Defiziten fertig zu werden, und ihn über diesen „reparativen Aspekt" hinaus in der Entfaltung seiner persönlichen Potentiale zu fördern („evolutiver Aspekt", vgl. *Petzold, Berger,* dieses Buch S. 455). Seine Intersubjektivität ist von dieser Zielsetzung bestimmt, was zur Folge haben kann, daß eine gewisse Distanz zu der zuweilen chaotischen Situation des Klienten hergestellt und eingehalten werden muß, ohne daß dadurch das Intersubjektivitätsideal aufgegeben werden müßte. Im Gegenteil, das Ernstnehmen der Wirklichkeit des Patienten, die aufrichtige Sorge um ihn als Person erfordert, ihm dort zu begegnen, wo *er* steht, und nicht dort, wo er nach den Wünschen und Idealen des Therapeuten sein sollte. *Effektive Therapie ist nur möglich, wenn ein Therapeut für seinen Patienten/Klienten* engagiert ist, aber nicht mit ihm involviert ist.* Sein Engagement auf der Subjektebene, d.h. für die *Person* des Patienten muß ein *totales* sein. Im Hinblick auf die *Situation* des Patienten, die auch unter den sachlich-funktionalen Aspekten von Diagnose und Indikation gesehen werden muß, und im Hinblick auf die persönliche Leistungs- und Tragfähigkeit des Therapeuten, der ja nicht nur einen einzigen Patienten behandelt und der auch seine Grenzen hat und einhalten muß, kann und soll sein Engagement nur ein *partielles* sein. Die klinische Situation erfordert aus der Sorge um den Patienten, aus der intersubjektiven Grundhaltung heraus, einen Interventionsstil, der in der Gestalttherapie bzw. Integrativen Therapie als

* In unserer Arbeit verwenden wir die Begriffe Klient und Patient nicht synonym, sondern nach folgendem heuristischen Konzept: Kommt ein Ratsuchender in die Praxis, so wird in einem Gespräch mit ihm geklärt, in wie weit er in der Lage ist, sein Leben selbst zu steuern, wie groß oder bedeutsam die Bereiche sind, in denen er oder über die er die Kontrolle verloren hat. Ist der Verlust an Kontroll- und Steuerungsfunktionen so groß, daß er sein Leben nicht mehr ohne schwerwiegende Störungen selbst regulieren kann, sondern massive Hilfe braucht, erhält er den Patientenstatus. Den Klientenstatus zu erreichen, wird ein erstes Therapieziel.
Klienten sind in der Lage, ihre Lebenssituation noch eigenständig zu regeln und Verantwortung für ihr Handeln zu übernehmen. Sie brauchen in ihren Schwierigkeiten eine Hilfestellung. Dem Patienten kann nur in dem Maß seiner Belastungsfähigkeit Verantwortung für sich zugemutet werden, insoweit nämlich seine Kontroll- und Steuerungsfähigkeiten noch erhalten sind. Diese Fähigkeiten allerdings sind zu nutzen, um keine Hospitalisierungserscheinungen zu bewirken oder den Patienten kränker zu machen als er tatsächlich ist. Den Unterschied zwischen Therapeut, Klient und Patient zu verwischen oder gar eine „totale Gleichheit der Ebenen" für das Verhältnis von Therapeut und Klient/Patient zu postulieren, verwischt m.E. in unguter Weise die Realität und verhindert deshalb wirkliche Emanzipation. Das Intersubjektivitätsideal darf nicht mit Uniformität verwechselt werden oder zu einer oberflächlichen Egalisierung und Nivellierung führen, im Gegenteil, es fordert Unterscheidung und Verschiedenheit.

partielles Engagement (*Petzold* 1970) und *selektive Offenheit* (*L. Perls* 1970; vgl. *Cohn* 1975) bezeichnet wird und einen Therapeuten erfordert, der in seiner Rolle konsistent und authentisch, in seiner Identität prägnant und in seiner Zuwendung eindeutig und beständig ist, ohne daß er dabei in Distanzlosigkeit, Überidentifizierung und falsche Solidarisierung abgleitet, durch die ein klarer Blick für die Situation des Klienten und eine freie Handlungsfähigkeit eingeschränkt werden. Identität wird nach gestalttherapeutischer und systemtheoretischer Auffassung u.a. durch Abgrenzung gewonnen (*Perls, Hefferline, Goodman* 1951; *Luhmann* 1968). Selektive Offenheit und partielles Engagement bewahren den Therapeuten davor, seine Identität zu verlieren, von seinen Patienten absorbiert zu werden, und geben dem Patienten die Möglichkeit, in der Auseinandersetzung mit den Ich-Grenzen des Therapeuten die eigenen Grenzen zu finden und im Dialog mit dem Therapeuten immer mehr Intersubjektivität zu entwickeln. Damit wird *der Therapeut zum wichtigsten Instrument der Therapie.* Jede seiner Äußerungen, verbal oder nonverbal, seine ganze Haltung und Erscheinung sind Medium der therapeutischen Intervention (*Petzold* 1977). Wir sind der Auffassung, daß ohne personale Konsistenz und Authentizität therapeutisches Handeln nicht mögich ist. Ein Fehlen dieser Eigenschaften hat Verstrickung, Manipulation, das Schaffen von Abhängigkeiten und schwerwiegende Schädigungen des Patienten zur Folge. Eine Forderung an den Therapeuten ist, daß er seine eigene Person in ihrer körperlichen, emotionalen und geistigen Dimension durchgearbeitet hat und in den Prozeß permamenter bewußter Integration und Identitätsfindung eingetreten ist. Nur dann ist es ihm möglich, klare Grenzen zu setzen, ohne den Patienten zu seiner eigenen Identitätsfindung zu mißbrauchen. Nur dann kann er das oft belastende Material aus der Therapie für seine eigne Integration und seine eigenen Wachstumsprozesse benutzen. Selektive Offenheit und partielles Engagement bedeuten, daß der Therapeut *seinen Teil* der Verantwortung am therapeutischen Prozeß übernimmt, ohne den Patienten unbillig zu entmündigen oder zum Erleidenden (lt. *pati*) zu machen, aber auch ohne ihm Verantwortung zuzuweisen, die er noch nicht zu tragen vermag. Eine solche Haltung erfordert eine differenzierte Interventionsstrategie und ein Verhaltensspektrum, das von der Abstinenz bis zur Offenheit und Selbstdarstellung (selfdisclosure) reicht. Der Therapeut muß sich daher an folgenden Kriterien ausrichten, die grundsätzlich als die Variablen angesehen werden können, die therapeutische Interventionen determinieren:

1. die Situation des Klienten (d.h. seine Beziehungs- und Belastungsfähigkeit sowie seine aktualen Lebensumstände);

2. die Situation des Therapeuten (d.h. seine momentane Belastbarkeit und seine professionelle Kompetenz);
3. das Setting der Therapie (d.h. die räumlichen und zeitlichen Möglichkeiten, die ökonomische Situation, die Gegebenheiten der Institution, in der die Therapie stattfindet);
4. die Situation der Gruppe, sofern eine Gruppentherapie durchgeführt wird (d.h. ihre emotionale Belastbarkeit und Tragfähigkeit).

Es wäre z.B. unsinnig, in einer Beratungsstelle konfliktzentrierte Körperarbeit durchzuführen, sich zehn Stunden Einzeltherapien pro Tag aufzubürden oder einem schwer gestörten, halluzinierenden Psychotiker die volle Mitverantwortung für den therapeutischen Prozeß zuzuschreiben. Aber es wäre falsch, ihm auch noch die Verantwortung zu nehmen, die er tragen kann, wie es in vielen psychiatrischen Institutionen geschieht. Die meisten Patienten kommen in der Haltung eines hilfesuchenden Kindes zum Therapeuten, der die Rolle des großen Heilers und Magiers oder – in der Terminologie der Transaktionalen Analyse – des stützenden, gütigen Elternteils einnimmt (vgl. *Berne* 1975; *Petzold* 1975). An dieser Realität vorbeizusehen und den Patienten von Anfang an als in jeder Hinsicht voll verantwortlichen und voll beziehungsfähigen Partner aufzufassen, ist eine gefährliche Idealisierung, die die wirklichen Verhältnisse verschleiert. Den Patienten in seiner Wirklichkeit ernst nehmen heißt, mit ihm erarbeiten, wo er steht, und ihn da zu sehen, wo er ist. Nur wenn Therapeut und Patient *erkennen*, *ertragen* und *annehmen*, was wirklich ist, kann Veränderung und Wachstum geschehen – dies ist zumindest die Auffassung der „paradoxen Theorie der Veränderung" in der Gestalttherapie, der wir folgen (vgl. *Beisser* 1972). Nur wenn wir nicht absolute Maßstäbe dafür setzen, was sein soll, kann der Organismus sich ungestört selbst regulieren und der Patient seinen eigenen Weg finden.

Die oft übersteigerte Erwartungshaltung des Patienten an den Magier-Therapeuten zu Beginn einer Therapie ist nicht negativ zu bewerten. Sie bewirkt ein „Vorschußvertrauen", auf das in der Initialphase der Therapie nicht verzichtet werden kann. Außerdem ist sie Ausdruck der Situation, in der der Patient steht: er ist hilflos, oft regrediert und infantil und hat seine Möglichkeiten des *selfsupport* und der Selbstregulation noch nicht entdeckt und erschlossen. Er benötigt noch *environmental support*, Unterstützung aus der Umwelt. Der Therapeut muß diese Unterstützung in dem Maße geben, in der sie wirklich benötigt wird – nicht mehr und nicht weniger, um Verstärkung manipulativen Verhaltens zu vermeiden. Solange der Patient aufgrund seiner Situation den Therapeuten noch sehr unreal und durch Projektionen bzw. Übertragungen verzerrt sieht, ist er zu personaler Begegnung auf gleicher Ebene kaum fähig. Erst nach und nach beginnt er im Verlauf der Therapie den Therapeuten klarer zu sehen und kann er intersubjektive Beziehung aushalten. Er lernt mit der Offenheit des Therapeuten umzugehen, ohne seine Äußerungen phantasmatisch zu verzerren. Das Prinzip der *selektiven Offenheit* ist deshalb an den Fragen ausgerichtet: was kann der Patient ertragen und was löse ich mit meiner Haltung und meinem Verhalten (= Person = Intervention) bei ihm aus? Mit fortschreitender Therapie kann der Therapeut die Haltung der Abstinenz mehr und mehr ablegen oder sie auf bestimmte Bereiche und Themen eingrenzen und sich selbst verstärkt einbringen. Sein zunehmendes *selfdisclosure,* – das nicht mit Ausagieren verwechselt werden und zu Ausagieren führen darf –, wird ein neues Realitätsprinzip in der Behandlung, auf dessen Grundlage intersubjektive Begegnung (vgl. *Moreno* 1914; *Buber* 1923) zwischen wirklichen Menschen (real people) möglich ist.

Für die thymopraktische Arbeit sind diese Konzepte grundlegend. Ohne sie steht der Therapeut in der Gefahr, zu forcieren oder dem Patienten einen Rhythmus aufzuzwingen, der ihm nicht gemäß und damit abträglich ist. Die Rolle des Therapeuten ist die eines *facilitators* (*Perls* 1969), eines Förderers von Wachstums- und Integrationsprozessen. Seine Person ist Katalysator, durch den der Patient eine Hilfe erhält, Strukturen zu bilden. Diese Rolle ist keine passive, sondern erfordert ein Interventionsrepertoire, das von Zuwendung und Stützung (*support*) bis zur Konfrontation und gezielten Frustration (*skillful frustration*) reicht, um das zu zeigen, w a s i s t. In diesem Prozeß ist der Therapeut Partner des Patienten. Er stellt sich ihm als Instrument zur Entdeckung und Entwicklung von Fähigkeiten und Möglichkeiten zur Verfügung und geht mit ihm durch die schmerzliche Erfahrung, daß er, der Patient, kein hilfloses Kind mehr ist, sondern ein erwachsener Mensch, der fähig ist, Verantwortung zu übernehmen. Dieses Wachsen und Großwerden des Patienten ist nur möglich, wenn der Therapeut gleichzeitig kleiner wird, wenn er das Image des großen Helfers und Heilers verliert und im Erleben des Patienten real wird, mit all seinen Fehlern und Schwächen. Hier liegt eines der größten Probleme der Therapie, und vielen Therapeuten gelingt es nicht, ihre Patienten groß werden zu lassen, weil sie es nicht ertragen können, kleiner und damit realer zu werden (*Maurer-Groeli, Petzold* 1978). Für den Körpertherapeuten ist diese Gefahr besonders gegeben. Die wirkungsvollen Techniken und die intensive emotionale Zuwendung und Dankbarkeit der Patienten sind genauso verführerisch, wie das analytische Setting der Couch, das dem Analytiker

für einige hundert Stunden das Gefühl der allgewaltigen Elternfiguren vermitteln kann. Auch hier ist das Durcharbeiten der eigenen Bedürfnisse Voraussetzung für therapeutische Arbeit, gerade weil in der Körpertherapie das Entgleiten der Gegenübertragung eine besondere Gefahr ist und Möglichkeiten zu latentem sadistischen und kaschiertem sexuellen Agieren gegeben sind.
Thymopraktik kann nur der Therapeut betreiben, der selbst durch eine thymopraktische oder bioenergetische Behandlung gegangen ist. Nur er kann erfühlen und verstehen, was in einem Patienten vorgeht, wenn er basale emotionale Erfahrungen auf der Ebene der autonomen Körperreaktionen macht, denn er hat selbst ähnliche Prozesse durchlebt. Nur er kann partielles Engagement, d.i. die richtige Nähe und Distanz bewahren, weil er seine tiefen Emotionen kennt und sich nicht mehr vor ihnen ängstigt. Der Therapeut selbst ist ja beständig multipler Stimulierung ausgesetzt, wenn sich der Patient in Primärprozessen vor Schmerzen windet, wenn sein Gesicht vor Entsetzen verzerrt ist, wenn er heult und schreit, wenn er in mörderischer Wut eine Puppe an Stelle seines Vaters zerfetzt, oder wenn er in orgastischer Lust zuckt. Ohne eigene bioenergetische oder thymopraktische Erfahrung wäre der Therapeut den stimulierten Emotionen und Erinnerungen hilflos ausgeliefert. Er würde von ihnen hinweggeschwemmt oder er müßte sich „zumachen" und „festhalten", womit seine Einfühlung in einem Maße beeinträchtigt wäre, daß er dem therapeutischen Prozeß nicht mehr richtig folgen könnte. Im partiellen Engagement kann der Therapeut seine Gefühle soweit zulassen, daß sie ihn nicht überrollen, er kann seine eigene emotionale Resonanz verwenden und auf diese Weise näher bei seinem Patienten sein und adäquater intervenieren. Die Haltung des partiellen Engagements und die beständige Integrationsarbeit am eigenen Körper bewahren ihn davor, ein kalter Techniker oder abgebrühter Routinier zu werden, der am Wesen thymopraktischer Arbeit vorbeigeht.

7. *Beispiel einer thymopraktischen Behandlung*

Wilhelm, 29 J., Sozialarbeiter in einem Jugendheim, kommt wegen häufigen, sehr schmerzhaften Schreibkrämpfen in die Behandlung. Im Kontaktgespräch teilt er mit, daß er schon seit seinem sechzehnten Lebensjahr immer wieder mit Sehnenscheidenentzündungen beider Unterarme zu tun hatte. Wir versuchen gemeinsam, von seiner aktualen Lebenssituation ein klares Bild zu gewinnen. W. arbeitet sehr engagiert in seinem Beruf und geht dabei oft über seine Kräfte. Er hat seit vier Jahren eine feste Partnerbeziehung, die allerdings sehr problematisch ist. Seine Freundin ist dominierend, sehr selbstsicher und klug. „Sie ist mir eigentlich in allem überlegen. Sie kränkt mich auch oft, aber sie steht mir auch zur Seite und ich kann mich auf sie verlassen." Die Schreibkrämpfe sind seit einem Jahr aufgetreten und haben sich im Laufe der Zeit so verschlimmert, daß sie oft schon auftreten, wenn der Klient nur einen Schreibgegenstand in die Hand nimmt. Es ist damit für ihn eine schwerwiegende Behinderung in der Ausübung seines Berufes verbunden.

Wir kommen überein, daß W. an der Gruppentherapie teilnimmt und gleichzeitig körperorientierte Einzelsitzungen erhält.

Die ersten Behandlungsstunden sind ganz darauf gerichtet, den Körper durchzuspüren und die Atmung zu erleben. Dabei stellt W. fest, daß sich seine „Hände und Arme ganz tot anfühlen". – „Überhaupt habe ich oft kalte Hände. Ich erlebe meine Arme so, als ob sie gar nicht zu mir gehören." Bei der Atmung entdeckt er, daß ihm eine tiefe Bauchatmung nicht möglich ist. In der Ausatmung wölbt er die Bauchdecke vor, bei der Einatmung zieht er sie ein. „Irgendwie geht es da nicht weiter. Ich fühle die untere Körperhälfte wie abgeschnitten." In der dritten Sitzung versuche ich, eine Vertiefung der Atmung anzuregen, indem ich dem Klienten anbiete, er solle über die Imagination sich vorstellen, der Atem sei wie ein Strom, der durch den Mund hinein und bei den Füßen wieder hinausfließe. Außerdem solle er seine Hände leicht auf die Bauchdecke legen. Nach einigen Minuten beginnen die Hände des Klienten leicht zu zittern. T.: „Ja, weiteratmen und dich deinem Körper überlassen!" Die Unterarme werden nun von einem heftigen Tremor geschüttelt, der von W. nicht kontrolliert werden kann, sondern auf der Ebene der „autonomen Körperreaktion" abläuft. Er bricht so plötzlich ab, wie er gekommen ist. Der Klient ist über dieses Geschehen sehr erschrocken. „Ich habe wahnsinnige Angst gehabt, daß irgendetwas Schreckliches geschehen könnte, etwas, das ich nicht steuern kann." Ich erkläre ihm, daß ein solches spontan auftretendes Zittern in der Thymopraktik öfters vorkomme, wenn sich Strukturen mobilisieren, und bitte ihn, auf Träume zu achten. In den nächsten Sitzungen berichtet der Klient, daß er jede Nacht lebhaft geträumt habe, ohne daß er sich an etwas erinnern könne. In der Behandlung, die bisher ohne direkte Berührung erfolgte, wird eine Intensivierung des Körpererlebens erreicht. Die Bauchatmung bleibt weiterhin blockiert und das Fremdheitsgefühl in den Armen besteht nach wie vor. Ich beginne nun damit, durch direkte Körpereinwirkung an der Atmung zu arbeiten. Ich lege meine Hände auf den unteren Rippenbogen, spüre die Atemwelle von W. an und streiche bei jeder Inhalation über die Bauchdecke leicht nach unten bis zu den Oberschenkeln. Ich „locke" den Atem nach unten. Beim Ausatmen gebe ich einen leichten Druck auf die Bauchdecke, um eine möglichst vollständige Exhalation zu erreichen. T.: „Folge mit dem Atem meinen Händen! Nimm die Gefühle in deinem Körper wahr und lasse sie zu." Die Atmung vertieft sich und W., der insgesamt sehr angespannt ist, kann sich lösen. Am Schluß der Sitzung berichtet er: „Ich habe mich noch nie so entspannt gefühlt. Es war mir, als ob ich auf warmem Wasser treibe und alles an mir locker und schwer herunterhängt." Ich bitte W., weiterhin auf seine Träume und auf seine Körperreaktionen zu achten. Die nächste Stunde ist auf den folgenden Tag angesetzt. W. ist schon eine halbe Stunde vor Termin anwesend und sehr aufgeregt. Er berichtet, daß er am Abend im Bett versucht habe, die Atmung so zu vertiefen, wie in der Therapiestunde. Dabei habe ihn plötzlich wieder das Schütteln und Zittern der Hände und Unterarme befallen. „Ich konnte gar nichts machen. Ich habe versucht, die Hände am Bettrand ruhigzuhalten. Das ging nicht. Ich hatte das intensive Gefühl, als wenn etwas Entsetzliches passieren würde. Ich weiß nicht, wie lange das gedauert hat. Dann habe ich irgendetwas Schlimmes geträumt. Ich weiß nicht was, nur, daß ein kleines Mädchen darin vorkam. Ich kann mir auf das alles keinen Vers machen." W. ist sichtlich aufgelöst. Seine Atmung ist flach und läßt sich nicht zu einer Vertiefung anregen. Auf direkte Körperinterventionen reagiert er schreckhaft und mit Verkrampfungen. Ich gehe deshalb zum *„non touching approach"* zurück und lasse W. mit *„verzögerter Bewegung"* arbeiten. Er soll einen Arm ganz langsam, so langsam es ihm möglich ist, anheben. Nach einigen Minuten beginnt sich der Streßeffekt der Übung zu zeigen. Der Arm ist auf halber Höhe und W. muß seinen gesamten Körper einsetzen, um ihn noch weiter zu bewegen. Die Atmung beginnt sich zu vertiefen und wird schwer und angestrengt. Ich ermutige ihn, weiter der Atmung Raum zu geben. Es setzt eine tiefe Bauchatmung ein. W. läßt den Arm plötzlich fallen und ein heftiges Schluchzen, das seinen ganzen Körper erschüttert, bricht aus ihm hervor. Nach und nach beruhigt sich das Weinen, und wir beginnen, die Arbeit durchzusprechen. W. berichtet, er habe plötzlich das Gefühl gehabt, gekränkt und gedemütigt worden zu sein. „Irgendwie furchtbar gequält, hintenangestellt, unheimlich verlassen." T.: „Woher kennst Du dieses Gefühl?" W.: „Ich kenn' das irgendwoher, aber ich komm' da nicht ran!" – T.: „Vielleicht kannst du, wenn es dir nicht zuviel wird, die verzögerte Bewegung noch einmal mit beiden Armen durchführen?" W. erklärte sich bereit und beginnt wieder, die Arme langsam zu heben, bricht aber schon kurz darauf ab mit dem Hinweis, ihm würde unheimlich zumute und er wolle für heute nicht weiterarbeiten. Die nächsten beiden Einzelsitzungen müssen wegen einer Reise des Therapeuten ausfallen. In der Gruppentherapie, die von der Kotherapeutin fortgeführt wird, verhält sich W. unauffällig. Er berichtet, daß er immer noch von dem Mädchen träume, und daß er seit einer Woche keinen Schreibkrampf mehr gehabt habe, obwohl er mehr schreibe als sonst. Bei Fortführung der Einzelstunden ist W. reserviert. Er möchte keine Körperarbeit machen, sondern will über die Beziehung zu seiner Freundin Ines sprechen. Im Verlauf dieses Gespräches teilt er mir mit, daß er zuweilen Potenzstörungen habe. „Irgendwie habe ich das Gefühl, ich will mich dadurch an ihr rächen. Sie ist auf die körperliche Liebe mit mir sehr angewiesen. Wenn ich mich von ihr zu sehr eingeschränkt fühle so im täglichen Umgang, dann will ich einfach nicht. Da spielt sich bei mir nichts ab." – T.: „Das ist ja eigentlich eine sehr indirekte Art, Aggressionen zu äußern." – W.: „Aggressiv kann ich sowieso nicht zu ihr sein, zu Mädchen(!) nie. Bei Männern habe ich da keine Schwierigkeiten. Ich glaube, wenn ich mal platzen würde bei ihr, gäb's ein Unglück."

Die folgende Sitzung beginnt damit, daß W. berichtet, er habe wieder schrecklich geträumt und dabei ein nacktes, totes Mädchen gesehen, ohne zu wissen, was es damit auf sich habe. Er schlägt von sich aus vor, wieder mit Körperarbeit zu beginnen.

Ich lasse zunächst an der Atmung arbeiten. Dabei ziehen sich die Arme mehrere Male zurück. Ich mache W. darauf aufmerksam, aber er hat diese Bewegungen nicht bemerkt. Ich fordere ihn deshalb auf, mit dieser Bewegung zu experimentieren. Nach einigen Versuchen geht er von sich aus in die verzögerte Bewegung mit beiden Armen. Auf halber Höhe beginnt ein heftiges Zittern in den Armen. T.: „Jetzt nicht abbrechen! Das Zittern zulassen! Laß die Hände machen!" Tiefes Stöhnen dringt aus der Brust des Klienten. Er hat den Unterkiefer vorgeschoben und knirscht mit den Zähnen. Seine Hände verkrampfen sich, als wolle er etwas umfassen. Ich gebe ein kleines Kissen zwischen seine Hände. Er greift zu, drückt und zerrt. Sein ganzer Körper zieht sich zusammen. Ein gepreßter Ton kommt aus seiner Kehle. T.: „Nicht den Ton festhalten! Den Ton herauslassen!" Ein knurrendes, immer lauter werdendes Brüllen kommt auf. W. schlägt das Kissen in rasendem Zorn auf die Matte, wieder und wieder, bis er schließlich erschöpft zusammennsinkt. Durch direkte Körperinterventionen stütze und beruhige ich die schnelle, etwas hechelnde Atmung. Es stellt sich ein ruhiges und gleichmäßiges Atemmuster ein. Die Atemwelle geht durch den ganzen Körper. T.: „Gib dir noch etwas Zeit. Nimm die Matte unter dir wahr. Spüre deinen Atem, deinen ganzen Körper, deine Hände!" Nach einiger Zeit beginnt W. zu berichten: „Als das Schütteln wieder anfing, wurde ich von panischer Angt erfaßt. Ich wollte das um jeden Preis stoppen. Ich merkte auch, wie sich meine Hände verkrampfen wollten, und ich kämpfte mit aller Kraft dagegen. Dann kam von ganz weit her deine Stimme: ‚laß die Hände machen', und da habe ich nicht mehr gekämpft. Ich habe plötzlich die Monika gesehen, meine Schwester. Ich hatte einen unbändigen Haß auf sie. Ich bin ihr an die Kehle gegangen, und da war sie plötzlich das tote Mädchen. Das war mir alles egal, immer nur drauf – ich (bricht in Tränen aus) hab' sie umgebracht!" Das Weinen beruhigt sich nach einer Weile und W. berichtet weiter. Ihm kommen plötzlich klare Bilder aus der Zeit zwischen vier und sechs Jahren. Er sieht, wie seine Schwester ihm vorgezogen wird, wie sich alle Aufmerksamkeit auf die „Kleine" richtet. Er berichtet, daß er Schläge bekam, wenn sie etwas kaputt gemacht hat, und wenn sie weinte, war er immer schuld und wurde bestraft. Obgleich sie zwei Jahre jünger war, mußte er bis in die Schulzeit „nach ihrer Pfeife tanzen". Als Dreizehnjähriger sei er ihr dann einmal im Beisein seines Vaters „nach einer ihrer Lügereien" an die Kehle gegangen. Er sei darauf ins Internat gekommen. „Ich hatte diese Szene völlig vergessen. Auch die anderen Sachen. Überhaupt, ich konnte mich nie an meine Kindheit erinnern. Ein paar Sachen aus der Schule und aus den Ferien, sonst nichts. Zu meiner Schwester habe ich schon seit Jahren ein gutes Verhältnis. Daß die Sachen von damals so starkt wirkten, das hätte ich mir nie vorgestellt." Er machte mit seinen Händen Würgebewegungen. „Irgendwie leuchtet mir das ein, meine Schreibkrämpfe und meine Schwester. . ." T.: „Und die Ines. . ." W.: „Ich fühle jetzt doch einen ziemlichen Zorn auf die Ines. Irgendwie hat sie mich schon sehr untergebuttert. . . wie meine Schwester auch. . . ja, ich spüre jetzt sehr deutlich, das ist es, genau das ist es."

Wir beenden die Sitzung an dieser Stelle, und ich schlage dem Klienten vor, das Thema Ines in die Gruppensitzung zu bringen, die am gleichen Abend stattfindet.

Die thymopraktische Arbeit hatte zu einem Erlebnis von *vitaler Evidenz* geführt. Im Zusammenwirken von körperlichem Erleben, emotionaler Erfahrung und intellektuellem Verstehen sind W. Zusammenhänge klar geworden, die sein Leben entscheidend bestimmen. In weiteren Einzel- und Gruppensitzungen wird die Beziehung zu seiner Schwester und zu den Eltern weiter bearbeitet. Er kommt mit seiner Freundin zu mehreren Beratungsgesprächen, in deren Folge sich die Beziehung verbessert. Die Potenzstörungen treten nur noch selten auf und können durch ein Gespräch zwischen den Partnern aufgelöst werden, zumal sie sich regelhaft als Reaktion auf Spannungen erweisen. Im Hinblick auf die Schreibkrämpfe bleibt W. über ein Jahr symptomfrei. Dann treten sie sehr massiert wieder auf. In einer thymopraktischen, konfliktorientierten Kurztherapie zeigt sich, daß die Beziehung zu Ines im alten Muster verläuft, und wird deutlich, daß W. die unlängs erfolgte Promotion seiner Schwester nicht verarbeitet hatte („Jetzt ist sie mir schon wieder über!"). Zusätzlich wird ihm ein funktionales Relaxationstraining verordnet.
W. ist jetzt seit drei Jahren völlig symptomfrei. Seine Bindung zu Ines hat er gelöst. Er ist mit einem weniger dominanten Mädchen verlobt und ist in dieser Beziehung sehr zufrieden.

8. Behandlungstechnik

Wie für alle Techniken in der Integrativen Therapie gilt, daß sie nur in prozeßorientierter Anwendung sinnvoll sind (vgl. *Vööbus* 1975). Darüberhinaus erfordert thymopraktische Behandlungstechnik manuelle Fertigkeit und eine solide Kenntnis des Körpers und seiner Funktionen. (Z.B. sind für die gezielte Anwendung von Massage- und Dehnungsgriffen sowie besonders für bioenergetische und Rolfingpraktiken ein gutes *Hand*werkszeug, sowie Kenntnisse der funktionalen Anatomie unerläßlich). Weiterhin sind ein gutes Gespür für Muskulatur und Atmung und eine solide Erfahrung im Hinblick auf den Ablauf emotionaler Prozesse in ihrem körperlichen Erscheinungsbild erforderlich.
Aufgrund ihres hohen Aktivierungspotentials sind die von den thymopraktischen Techniken hervorgerufenen Prozesse oft spektakulär und bergen die Gefahr, den Anfänger zu blenden. Die Lautstärke des Schreiens und die Menge der Tränen sind indes kein Gradmesser für gute Körpertherapie. Mit bloßer kathartischer Abreaktion oder hysterischem Agieren ist nichts gewonnen. Ja das Schreien kann zu einer neuen, therapeutisch verbrämten Form der Vermeidung werden (*Petzold*, dieses Buch S. 486f.). – (Ähnliches kennen wir von den Spieleifrigen im Psychodrama und den Musterträumern in der Analyse).
Das „Durcharbeiten am Leibe" ist in der Regel ein mühevoller Prozeß, der oft nur in kleinen Schritten vorwärtsgeht und nicht von der Verwendung der einen oder anderen Technik abhängt. Vom verbissenen Schmerz zum

trockenen Schluchzen und von diesem zum gelösten Weinen zu kommen, erfordert Zeit und eine entsprechende therapeutische Interaktion. Die Atmung, die Muskelreaktionen, das Ausdrucksverhalten in Atmung und Stimme und das Verhalten des Patienten in seinen Beziehungen müssen sich umstellen. Technische Interventionen lösen nur momentane Reaktionen aus, die integriert und weitergeführt werden müssen. Der Ausdruck von Schmerz z.B. in einer Therapiesitzung, bezogen auf eine konkrete biographische Situation, ist immer nur ein Anfang. Ziel ist der angemessene Ausdruck von Emotionen in der Lebenswirklichkeit, und dieses Ziel erfordert zumindest einen mittelfristigen therapeutischen Prozeß. Techniken werden im Verlauf dieses Prozesses eingesetzt, um Erfahrungen zu stimulieren, zu verdeutlichen, zu vertiefen. *Nicht die Techniken bestimmen den Prozeß, sondern der Prozeß bestimmt die Wahl der Technik.* Hierin unterscheidet sich die Thymopraktik auch von anderen, technikzentrierten Verfahren der Körpertherapie, wie z.B. der Primärtherapie, dem Rolfing oder bestimmten Richtungen der Bioenergetik. Diese Verfahren strukturieren durch Techniken das aktuale Erleben. Streßpositionen, Atemtechniken (z.B. Hyperventilation), massives manuelles Einwirken auf die Muskulatur des Patienten werden mit dem Ziel eingesetzt, an frühe traumatische Erlebnisse heranzukommen. In der Thymopraktik hingegen gehen wir immer vom Kontext aktualen Erlebens aus und betrachten vergangene Traumatisierungen nur als relevant, sofern sie in diesem Kontext als störend oder beeinträchtigend erkennbar werden. Wir sind der Auffassung, daß die Mehrzahl traumatischer Erfahrungen bei den meisten Menschen im Laufe ihres Lebens integriert oder durch positive Erlebnisse und Alternativerfahrungen kompensiert wird. In der Integrativen Therapie folgen wir der Auffassung von *Perls,* daß es nicht darum geht, Archäologie zu betreiben und bei jedem Patienten nach dem „Ödipus" zu graben oder – auf die Primärtherapie bezogen – nach traumatischen Urerlebnissen, sondern daß sich die notwendigen Prozesse in einer ganzheitlichen Therapie organisch entwickeln.
Bei einem technikzentrierten Vorgehen werden durch das Aktivierungspotential der Techniken „Urerlebnisse gemacht". Hyperventilation und Schreien nach der Mutter aktivieren bei jedem Menschen frühe Engramme, ganz gleich, ob sie für das gegenwärtige Leben störende Auswirkungen haben oder nicht. Die damit einhergehende Labilisierung an sich gesunder und integrierter Strukturen durch die mechanische Anwendung von Techniken halten wir für ausgesprochen gefährlich. Thymopraktische Therapie verwendet Techniken zur Förderung von Integrations- und

Wachstumsprozessen, indem durch sie das Erleben des Körpers vertieft und emotionale Erfahrungen stimuliert werden. Störende Muster können durch Techniken mobilisiert und damit einer Veränderung zugänglich gemacht werden. Konkret geschieht das durch Arbeit mit Atmung, Bewegung, Berührung.

8.1 Atemtechnik

Techniken direkter Körperarbeit sind in schriftlicher Form nicht adäquat darzustellen. Man muß sie im konkreten Tun erleben und erfahren, man muß sie *hand*-haben, um sie zu beherrschen. Es ist deshalb nicht unsere Absicht, an dieser Stelle eine detaillierte Beschreibung von Techniken zu geben. Wir wollen vielmehr einen Eindruck von Anwendungsmöglichkeiten vermitteln.

Bei allem intensiven emotionalen Geschehen ist die Atmung wesentlich beteiligt. Man hält vor Furcht den Atem an, prustet vor Lachen, schnaubt vor Wut. Bei intensivem Lusterleben vor und während des Orgasmus ist die Atmung beschleunigt und vertieft. Eine volle und tiefe Atmung steigert die Erlebnisfähigkeit des gesamten Körpers. In der thymopraktischen Arbeit lassen wir bei bestimmten Einschränkungen im Atemmuster, insbesondere in der Brust-, Bauch- und Beckenatmung, je nach Indikation, die Atmung verlangsamt vertiefen, beschleunigt vertiefen, bei starken Verspannungen zuweilen auch verzögern, anhalten oder pressen. Der Stimulierungseffekt ist unterschiedlich. Verzögerung, Anhalten und Pressen bringen oft Angstreaktionen zum Vorschein, manchmal auch unterdrückten Zorn. Vertiefung und Verzögerung führen oft zu Trauer und Schmerz, Vertiefung und Pressen mit nachfolgendem Beschleunigen oft zu Zorn und Lusterlebnissen. Die genannten Anwendungen können aber auch mit ganz anderen Gefühlen gekoppelt sein. Mechanistische Wenn-Dann-Beziehungen sind für Körperarbeit unangemessen. Sie stülpen dem Patienten die Erwartungen des Therapeuten über und haben Artefakte oder die ungute Forcierung von Prozessen zur Folge. Es kommt bei der Arbeit mit dem Atem nicht nur darauf an zu sehen, wo die Atemwelle hinreicht und wo sie blockiert ist, sondern man muß beobachten, *wie* der Atem geführt wird, ob er aus dem Bauch-, aus dem Brustraum oder aus der Kehle kommt, ob er fließt oder stoßweise geht, ob er von Lauten begleitet wird oder ob die Stimme zurückgehalten ist. Die Charakteristik von Atemgeräuschen und Lauten ist ebenfalls wichtig. Der in der Thymopraktik versierte Therapeut hat während seiner Ausbildung an sich selbst und in seiner Arbeit immer wieder den atmenden Körper erlebt und dabei eine scharfe Beobachtung und hohe Einfühlung für die Atmung und ganz allgemein für Körperprozesse entwickelt. Diese Qualitäten können auf theoretischer Ebene nicht vermittelt werden. Sie erfordern ein ausgedehntes Beobachtungs- und Imitationslernen, auf dessen Grundlage sich Einfühlung und Erfahrung bilden. Den so wesentlichen Faktor der *Empathie* können wir in diesem Kontext als *„das Zusammenwirken von aktualer, durch Beobachtung gewonnener Information und vorgängiger Erfahrung"* definieren.

Die Handhabung der Atemtechnik ist diffizil. Sie gehört nicht in die Hände von Diletanten. Es geht nicht nur darum, Artefakte durch Hyperventilationseffekte zu vermeiden oder Gefährdung bei Herz-Kreislauflabilen auszuschalten, sondern in erster Linie darum, keine Prozesse zu forcieren, die über die physische und psychische Belastungsfähigkeit des Patienten hinausgehen oder dem organismischen Rhythmus nicht entsprechen. Die Möglichkeiten und Grenzen der organismischen Selbstregulation richtig einschätzen zu können, gehört zu den wichtigsten Voraussetzungen, um thymopraktische Techniken einzusetzen. Dies gilt besonders im Hinblick auf die tiefgreifenden psycho-physischen Veränderungen, die die Atemtechnik bewirkt.

Die Arbeit mit der Atmung ist von der Arbeit mit der Stimme nicht zu trennen. Heftige Atembewegungen führen immer zu Lauten, sofern die Stimme nicht zurückgehalten wird. Wir ermutigen die Patienten immer wieder dazu, Gefühle, Atmung und Stimme zur Kongruenz zu bringen. In Therapiesequenzen, in denen wir nicht spezifisch mit der Atmung arbeiten, versuchen wir häufig, aufkommende Gefühle über die Atmung zu vertiefen. Dabei sind der Zeitpunkt und die Form der Intervention entscheidend. Vertiefung der Atmung kann zur Vertiefung des Gefühls dienen, aber auch den gegenteiligen Effekt haben und Emotionen beruhigen. Ein Gleiches ist von der Äußerung von Lauten zu sagen. Sie können emotionale Prozesse fördern, aber auch überspielen und blockieren. Da die meisten Menschen Angst vor emotionsgeladenen Lauten haben, lassen wir oft einfach Ausdruck von Atem und Stimme üben: zorniges Schreien, lustvolles oder schmerzvolles Stöhnen, lautes Lachen. Die zur Atmung hinzukommende akustische Stimulierung hat regelhaft eine Vertiefung der emotionalen Prozesse zur Folge. Auch die Verbindung von Atem, Stimme und Bewegungsabläufen (Schlagen, Kicken, Stoßen) werden mit dieser Zielsetzung verwandt. Da Atmen ein kontinuierlicher Lebensprozeß ist, kann man sagen, daß Atmung an jedem thymopraktischen Prozeß beteiligt ist.

8.2 Bewegung

Bei der Arbeit mit Bewegung unterscheiden wir *Ausdrucks-* und *Aktivierungsbewegungen.* Beide haben stimulierenden Charakter. Ausdrucksbewegungen sollen emotionale Schlüsselsituationen herbeiführen. Kommen wir in der Behandlung an Angst- oder Bedrohungsphantasien, ohne daß eine situative Konkretisierung oder emotionale Vertiefung erreicht werden kann, so ist es möglich, den Patienten seine spezifische Furcht- oder Schreckgebärde herausfinden zu lassen und diese als Einstieg zu benutzen. (Ähnlich kann man mit Zorn-, Schmerz-, Lustgebärden usw. verfahren). Nimmt jemand z.B. in der Furchtgebärde seine Hände schützend an den Kopf, so intervenieren wir vielleicht: „Können Sie einmal schauen, ob diese Haltung in Ihnen Bilder oder Erinnerungen oder Phantasien wachruft?" Kommen Erinnerungen auf, so lassen wir die Atmung vertiefen und Ton in die Stimme geben. Weiterhin ermutigen wir den Patienten, sich ganz dem Körper und seinen Reaktionen zu überlassen und nichts zurückzuhalten. Die Bewegungen werden dann meistens lebhafter, expressiver und führen den Patienten in die jeweiligen relevanten Situationen. Ähnlich verfahren wir bei Zorn- oder Lustbewegungen. Im Unterschied zur Bioenergetik werden die Emotionsgesten nicht ritualisiert, wie es durch das Schlagen mit dem Tennisschläger, das „get off my back" etc. geschieht, sondern wir versuchen, mit dem Patienten seine individuelle Ausdrucksform zu finden. Auch beim Ausdruck von Lust gehen wir nicht von einer Ideal- oder Normvorstellung des Orgasmusreflexes aus. Vielmehr ermutigen wir den Klienten, all seine Ausdrucksmöglichkeiten: Stimme, Mimik, Gestik, Atmung zu benutzen, um das Gefühl „stark werden zu lassen". So finden wir für jedes wichtige, in der Therapie aufkommende Gefühl, sei es nun Angst, Scham, Peinlichkeit, Ekel, Freude, Lust, Übermut, Ausdrucksbewegungen und -gesten, bei denen wichtige körperliche Reaktionen wie z.B. Erröten, Schwitzen, „kalte Füße" oder Hände, Zittern usw. spontan auftreten können.

Neben den Ausdrucksbewegungen sind die Aktivierungsbewegungen und -positionen wesentlich. Eine Position, d. h. eine bestimmte Körperhaltung, fassen wir als einen „Sonderfall der Bewegung" auf. Wir haben aus der Bioenergetik einige Streßpositionen übernommen. Es geht uns dabei nicht nur darum, den freien Fluß von Energien zu bewirken, sondern wir wollen in erster Linie Gefühle stimulieren und dem Erleben zugänglich machen. In den bioenergetischen *excercise classes* werden diese Übungen funktional verwandt, um bessere Atmung, Lösung von Verspannungen und damit das freie Strömen der Energien zu bewirken. In der bioenergetischen *Analyse* werden sie gezielt eingesetzt, um in konfliktzentrierter Auswirkung an der Charakterstruktur zu arbeiten. Dabei wird nach unserer Auffassung oft ein mechanistisches Konzept der Charakterstruktur zugrunde gelegt, wenn z. B. der orale Typ mit speziellen Übungen behandelt wird, die im wesentlichen Ausreichen und Hineinnehmen (reaching out, taking in) beinhalten. In der thymopraktischen Arbeit wird neben dem funktionalen Gebrauch ausgewählter bioenergetischer Techniken im konfliktorientierten Vorgehen eine mehr prozeßorientierte Praxis geübt. Aktivierungsbewegungen und -übungen werden eingesetzt, damit der Klient im Verlauf des „Spürens" durch *Fokussieren* der Awareness oder in der direkten *Exploration* durch den Therapeuten Blockierungen entdeckt, oder entsprechende Gefühle, Erinnerungen, Phantasien aufkommen. Erlebt sich ein Patient in bestimmten Regionen seines Körpers als „festgehalten", so kann durch den gezielten Einsatz bestimmter Streßpositionen dieses Erleben vertieft und in eine lösende Vibration übergeleitet werden. Verspürt der Klient den Wunsch zu schlagen oder zu treten, gleichzeitig aber eine starke Hemmung, so kann über ein *Experimentieren* mit Schlagen und Kicken an dieser Schwierigkeit gearbeitet werden. *Alexander Lowen* und seine Mitarbeiter haben in der bioenergetischen Analyse ein ungeheuer reiches Repertoire an Übungen und Techniken geschaffen, an dem keine Form körperorientierter Therapie mehr vorbeigehen kann. Allerdings muß eine Auswahl getroffen werden und sind viele theoretische Implikationen nicht zu übernehmen. In einigen Bereichen haben wir auch unterschiedliche Auffassungen. So ist die Bioenergetik viel stärker auf das Einatmen, das Hineinnehmen von Luft zentriert, wohingegen die Thymopraktik wie die fernöstlichen Formen der Atemtherapie dem Ausatmen größere Bedeutung beimißt. In der bioenergetischen Therapie werden vorwiegend heftige Bewegungen und Streßpositionen verwandt, wohingegen in der Thymopraktik sanfte, fließende Bewegungen und gelöste Positionen genauso wichtig sind und in der Therapie breiten Raum einnehmen. Übungen zum Loslassen, Hängenlassen, zum lockeren Sitzen, Stehen und Liegen sind eigenständige Charakteristika der Thymopraktik; ebenso die Techniken der *verzögerten Bewegung*, bei der Bewegungen in verschiedenen Graden von Langsamkeit durchgeführt werden. Bei extremem Zeitlupentempo kommt es zu Streßerlebnissen, die wie die bioenergetischen Streßpositionen ein hohes Aktivierungspotential für schmerzliche und traumatische Erfahrungen haben. Sie führen aber bei konsequenter Durchführung zu einer tiefen psychophysischen Gelöstheit.

8.3 Berührung

Die dritte Möglichkeit thymopraktischer Behandlungstechnik liegt in der direkten Arbeit am Körper des Patienten, und zwar wiederum in konfliktorientierter und funktionaler Hinsicht. Der „healing touch" (*Brown* 1976) ist so alt wie therapeutisches Handeln überhaupt, und es ist eigentlich verwunderlich, daß die heilende, lindernde, beruhigende Wirkung körperlicher Berührungen, die jede Mutter mit ihrem Kind oder Partner untereinander so selbstverständlich praktizieren, gänzlich aus dem Repertoire psychotherapeutischer Interventionen verschwunden ist. Es wurde vielmehr die körperliche Berührung mit einem Tabu belegt (*Forer* 1968). In der Thymopraktik greifen wir wieder auf das therapeutische Potential der Berührung zurück. Sie wird zur Stimulierung und Relaxierung eingesetzt. Die neoreichianischen Therapieformen nehmen an, daß im direkten Körperkontakt ein Energieaustausch oder energetische Auf- und Entladung erfolgt (*Brown* 1976; *Keleman* 1971; *Rosenberg* 1973). Dies trifft sicher zu, wenn man diese Auffassung im Sinne einer Veränderung des Erregungsniveaus interpretiert.

Die direkte Einwirkung auf den Körper in der Thymopraktik folgt dem Prinzip der *multiplen Stimulierung.* Bei Berührung der Haut oder Druck auf die Muskulatur wird der Patient/Klient aufgefordert, seine Wahrnehmung auf den Berührungspunkt zu fokussieren und zu spüren, wie er den Kontakt mit der Hand des Therapeuten erlebt, und welche Sensationen in seinem Körper ausgelöst werden. Er wird weiterhin ermutigt, sich ganz in seine Gefühle hineinzugeben und zu schauen, ob er sie mit irgendwelchen Bildern, Erinnerungen oder Phantasien verbinden kann. Durch diese doppelte Stimulierung vermittels Berührung und verbaler Ansprache wird das Gedächtnis aktiviert, und offene Situationen, positive wie negative, kommen auf und werden einer Bearbeitung verfügbar.

Die Art und Intensität der Informationen, die abgerufen werden, hängt von der Qualität der therapeutischen Beziehung (situative Struktur, cf. supr.), dem Charakter der Interventionen (fester bis schmerzhafter oder sanfter Druck) und von der stimulierten Körperregion ab. Auch hier lassen sich keine festen Regeln geben, sondern man kann nur von Häufigkeit sprechen. Das massive, schmerzhafte Angehen muskulärer Verspannung stimuliert häufig das Auftauchen schmerzhafter, bedrohlicher Situationen aus der Kindheit, wobei sich oft eine Folge von Schmerz, Zorn, Trauer und Lösung gibt. Schmerzsetzende Interventionen können aber auch zu einer noch weiteren Verhärtung führen, besonders, wenn der Patient in der Kindheit gezwungen war, den Ausdruck von Schmerz als Folge starker

Verletzungen zu unterdrücken, damit nicht noch weitere negative Reaktionen heraufbeschworen wurden. Wir lehnen daher die ausschließlich mit massivem körperlichem Schmerz arbeitende Praxis der Strukturellen Integration („Rolfing", *Rolf* 1972) ab und begrenzen derartige Interventionen auf notwendige funktionale Zielsetzungen, z. B. Haltungskorrekturen oder Relaxierung schwerster Verspannungszustände. Wird auf Schmerz mit zunehmender Verhärtung reagiert, so sind schmerzauslösende Interventionen kontraindiziert. Kann sich der Patient jedoch in den Schmerz hineingeben, so kommt meistens relevantes biographisches Material auf, und die verspannten Muskelpartien lösen sich. Ist das viscerale Gedächtnis durch Stimulierung der tiefliegenden quergestreiften Muskulatur einmal aktiviert, so können schon leichte Berührungen zu außergewöhnlichen Schmerzreaktionen führen, und es kommen zahlreiche klare Erinnerungsbilder auf. Besonders die Schulter-Nackenmuskulatur und die Beuger und Strecker der Unterschenkel neigen selbst bei nur geringfügiger Berührung zu schmerzhafter Hypersensibilität, die über Tage, ja Wochen dauern kann und meistens mit einer lebhaften Traumaktivität verbunden ist. Körperarbeit stimuliert überhaupt das Erleben von Träumen, die mit in die therapeutische Bearbeitung einbezogen werden. Aber nicht nur die „harten", sondern auch die „weichen" Interventionen haben ein hohes Aktivierungspotential. Sanfte Berührung, leichtes Dehnen und Streicheln lösen positive Erinnerungen oder im Kontrasteffekt schmerzliche Erfahrungen fehlender Zärtlichkeiten und Geborgenheit aus. Dem Vermitteln positiver Erinnerungen oder neuer Erfahrungen messen wir in der Integrativen Therapie große Bedeutung zu, und gerade durch thymopraktische Arbeit ist es möglich, „peak experiences" (*Maslow* 1964) zu fördern. Die Aktualisierung situativer Strukturen spielt hierbei eine große Rolle. Leichtes Über-das-Haar-Streichen oder Durch-das-Haar-Fahren setzt Erfahrungen aus der Kindheit gegenwärtig, denn fast jedes Kind hat solche Gesten bei seinen Eltern erlebt. Sanftes Wiegen oder In-den-Arm-Nehmen hat einen ähnlichen Effekt. Es können auf diese Weise Erfahrungen von Vertrauen und Geborgenheit vermittelt werden, die Defizite in der basalen emotionalen Sozialisation ausgleichen und sogar die Grundeinstellung zum Leben nachhaltig beeinflussen können.

Die Körperregion, an der thymopraktisch gearbeitet wird, hat zu einem Teil Einfluß auf die Thematik des therapeutischen Geschehens. Oft „sitzt Furcht im Nacken, Angst in der Kehle und Wut im Bauch", aber man muß sich davor hüten, aus diesen schon in den Volksmund eingegangenen

Konfliktfeldern Regelfälle zu machen. Arbeit an der Gesäßmuskulatur aktiviert häufig Erinnerungen an Schläge und bei tieferer Regression an Szenen aus der Sauberkeitsgewöhnung. Die Klarheit, mit der der Erinnerung völlig entschwundene Szenen aus den ersten beiden Lebensjahren visualisiert und erlebt werden, ist für die Patienten immer wieder überraschend.

Die Bauch- und Genitalregion ist meistens mit Angst- und Peinlichkeitsgefühlen besetzt. Beim Fokussieren werden in der Regel starke Verspannungen und Verkrampfungen entdeckt, die vorwiegend mit Atemtechnik und Bewegungspraktiken angegangen werden. Dies gilt besonders für den Genitalbereich, wo immer mit einem „non-touching approach" gearbeitet wird.

Die Techniken der direkten Körperberührung erfordern von Seiten des Therapeuten eine klare Haltung und eine gute Einfühlung, um die Grenzen des Patienten/Klienten zu erkennen und zu respektieren. Sicherlich ist der direkte Körperkontakt in einer konfliktorientierten und emotionszentrierten Therapie schwieriger zu handhaben als in der Physiotherapie und der medizinischen Massage, der Eutonie oder der funktionalen Atemtherapie, aber er ist, sofern eine klare Indikation für Körpertherapie vorliegt,* in keiner Weise problematisch. Die weitverbreiteten Ängste vor Arbeit mit direktem Körperkontakt in der Psychotherapie wurzeln zum großen Teil in irrationalen Tabus, unaufgearbeiteten Ängsten der Therapeuten vor ihrer eigenen Körperlichkeit und psychoanalytischen Theoremen, die in der Praxis niemals verifiziert wurden, sondern durch die Arbeiten von *Wilhelm Reich, Sandor Ferenczi* und der reichianischen, neoreichianischen und funktionalen Körpertherapeuten verschiedenster Provenienz (*Ch. Selver, M. Fuchs, G. Alexander, M. Feldenkrais* u.a.) widerlegt sind.

Das Wiederentdecken des „healing touch", der heilenden Berührung, muß als eine der wichtigsten Errungenschaften in der Behandlungstechnik der modernen (Psycho)therapie angesehen werden. Die Möglichkeiten, die sich damit eröffnen, sind noch kaum erschlossen. Die thymopraktische Arbeit mit Techniken der direkten Berührung steht hier noch in einem fruchtbaren Prozeß wachsender Erfahrung.

---

* Bei einer Reihe von sexuellen Zwangsvorstellungen, insbesondere bei Vergewaltigungsängsten, massiven Hysterien, hysterisch oder hypochondrisch agierter Homosexualität und sadomasochistischen Aberrationen ist ein unmittelbarer Einstieg mit Körpertherapie und Techniken direkter Körperberührung kontraindiziert.

Literatur:

AJURIAGUERRA, Cf.J.de: Le Corps comme relation, *Revue de psychologie pure et appliquée,* 2 (1962) 137-157

–, préface in: Lemaire, J.G. 1964.

–, ANGELERGUES, R., De la psychomotricité au corps dans la relation avec autrui, *L'Evolution psychiatrique,* I (1962).

AMMON, G.: Die Rolle des Körpers in der Psychoanalyse, *Integrative Therapie* 2/3 (1975).

BAKER, E.F.: Man in the Trap, Macmillan, New York 1967.

BATESON, G., JACKSON, D.D., HALEY, J., WEAKLAND, J.: Auf dem Weg zu einer Schizophrenie-Theorie, in: *Habermas, J.,* Schizophrenie und Familie, Suhrkamp, Frankfurt 1969.

BEISSER, A.: The Paradoxical Theory of Change, in: *Fagan, Shepherd* (1971) S. 77-80.

BERNARD, M.: Le corps, Edition Universitaires, Paris 1972.

BERNE, E.: What do you say after you say hello?, Grove, New York 1972; dtsch. Ausg. bei Kindler, München 1975.

BESEMS, TH.: Überlegungen zum intersubjektiven Unterricht in der integrativen Pädagogik, in: *Petzold/Brown (1977).*

BOADELLA, D.: Bioplasma and Orgone Biophysics, *Energy and Character* 3 (1975) 43-47.

BOADELLA, D.: Reichianische Körpertherapie, in: *Petzold* (1977).

–, In the wake of Reich, Coventure, London 1976.

BOWLBY, J.: Maternal care and mental health, WHO-Monogr. 2, Genf 1951; dtsch. Mütterliche Zuwendung und geistige Gesundheit, Kindler, München 1973.

–, Bindung, Kindler, München 1975.

–, Trennung, Kindler, München 1976.

BOYESEN, M.L.: Psycho-Peristaltics, *Energy and Character,* Jg. 1974 u. 1975, bisher 3 Folgen.

BROOKS, C.: Sensory Awareness, New York 1975.

BROWN, G.I., PETZOLD, H.G.: Gefühl und Aktion. Gestaltmethoden im integrativen Unterricht, W. Flach, Frankfurt 1977.

BROWN, M.: The Healing Touch, unveröffentlichtes Manuskript, Xerox 3125 Claremont Ave., Berkerly, Calif. 1976.

–, The New Body Psychotherapies, *Psychotherapy: Theory, Research and Practice 10 (1973) 98-116.*

–, Ein Vergleich zwischen „Direkter Körperkontakt-Psychotherapie" und Janovs Primär-Therapie: Ähnlichkeiten und Unterschiede, *Integrative Therapie* 2/3 (1975) 90-101.

BUBER, M.: Ich und Du, 1923, 1958².

BUYTENDIJK, F.J.J.: Allgemeine Theorie der menschlichen Haltung und Bewegung, Springer, Berlin, Heidelberg 1956.

CASLER, L.: The effects of extra tactile stimulation on a group of institutionalized infants, *Genet. psychol. Monogr.* 71 (1965) 137-175.
COLLINS, A.M., QUILLIAN, M.R.: How to make a language user, in: *Tulvin, E., Donaldson, W.*, Organisation of memory, Academic Press, New York 1972.
DIMOND, ST.: The Double Brain, Williams & Wilkins, Baltimore 1972.
DÜRCKHEIM, K.: Vom Leib, der man ist, in initiatischer und pragmatischer Sicht, in: *Petzold* (1974) S. 11-27.
ECCLES, J.C.: Das Gehirn des Menschen, Piper, München 1975.
FAGAN, J., SHEPHERD, I.: Gestalt Therapy Now, Harper & Row, New York 1971².
FORER, B.R.: The Taboo against Touching in Psychotherapy, *Psychotherapy Theory, Research and Practice* 6 (1969) 229-231.
FUCHS, M.: Funktionale Entspannung, Hippokrates, Stuttgart 1974.
GAZZANIGA, M.: The Bisected Brain, Appleton-Century-Crofts, New York 1970.
HARLOW, H.F.: Total social isolation: effects on Macaque monkey behavior, *Science*, Bd. 148, Nr. 3670 (1965).
HENRY, F.: Increased Response Latency for Complicated Movements and a „Memory Drum" Theory of Neuromotor Reaction, *Research Quarterly* 31,3 (Oct. 1960) 449.
ILJINE, V.N.: Die Struktur des menschlichen Körpers, die Charakterologie und die Bestimmung des Geistes, Budapest 1923 (russ.).
–, Therapeutisches Theaterspiel, Paris 1942 (russ.).
–, Le corps et le coeur, Vorlesungsskripte zum gleichlautenden Seminar am Institut St. Denis, Paris WS 1965.
JANOV, A.: Anatomie der Neurose, S. Fischer, Frankfurt 1974.
–, Das befreite Kind, S. Fischer, Frankfurt 1975.
KELEMAN, S.: Sex, Self and Survival, Lodestar, San Francisco 1971, 1972².
KELLEY, C.: Post primal and Genital Character: A Critique of Janov and Reich, *Journal of Humanistic Psychology* 12 (1972) 61-73.
KINTSCH, W.: Notes on the structure of semantic memory, in: *Tulving, E., Donaldson, W.*, Organization of memory, Academic Press, New York 1972.
KÖHLER, W.: Gestalt psychology, New York 1947.
–, RESTORFF, H. von, Analyse von Vorgängen im Spurenfeld, I. Über die Wirkung von Bereichsbildung im Spurenfeld, *Psychologische Forschungen* 18 (1933). II. Zur Theorie der Reproduktion, *Psychologische Forschungen* 21 (1937).
KOFFKA, K.: Principles of Gestalt Psychology, New York 1935.
KRIPPNER, S.: (Hrsg.), Galaxies of Life, London, Paris, New York 1973.
LAWTHER, J.D.: The Learning and Performance of Physical Skills, Prentice-Hall, London 1977.
LEBOYER,: Der sanfte Weg ins Leben, München 1977².
LEMAIRE, J.G.: La Relaxation, Payot, Paris 1964.
LEUTZ, G.A.: Psychodrama. Theorie und Praxis, Bd. 1, Springer, Berlin, Heidelberg 1974.

LOWEN, A.: Breathing, Feelings and Movement, Institute for Bioenergetic Analysis, Monograph, New York 1965.
–, Bioenergetics, Coward, McCann & Geoghegan, New York 1975.
LÜCKERT, H.R.: Konfliktpsychologie, E. Reinhardt, München 1959.
LUHMANN, N.: Zweckbegriff und Systemrationalität, Mohr, Tübingen 1968.
–, Sinn als Grundbegriff der Soziologie, in: Habermas, J., Luhmann, N., Theorie der Gesellschaft oder Sozialtechnologie, Suhrkamp, Frankfurt 1971.
MARCEL, G.: Etre et Avoir, Paris 1935; dtsch. 1947, Sein und Haben.
–, Leibliche Begegnung, in: KRAUS, A. (Hrsg.), Leib, Geist, Geschichte, Hüthig, Heidelberg 1978, S. 47-73.
MASLOW, A.: Religions, Values and Peak-Experiences, Ohio State University Press, Ohio 1964.
MAURER-GROELI, Y., PETZOLD, H.G.: Die therapeutische Beziehung in der Gestalt-Therapie, in: Battegay, R., Trenkel, A., (Hrsg.), Die Therapeutische Beziehung, Huber, Bern 1978.
McGEOCH, J.: The Psychology of Human Learning, Longmans & Green, New York 1942.
MERLEAU-PONTY, M.: La structure du comportement, P.U.F., Paris 1942; dtsch.: Die Struktur des Verhaltens, De Gruyter, Berlin 1976.
–, Phénoménologie de la perception, Gallimard, Paris 1945; dtsch.: Phänomenologie der Wahrnehmung, De Gruyter, Berlin 1966.
–, L'oeil et l'esprit, Gallimard, Paris 1964; dtsch.: Das Auge und der Geist, Rowohlt, Reinbek / Hamburg 1967.
–, Le visible et l'invisible, Gallimard, Paris 1964.
MICHAEL, CH.R.: Retinal Processing of Visual Images, *Scientific American, 5 (1969).*
MONTAGU, A.: Körperkontakt, Klett, Stuttgart 1974.
MOOG, W., MOOG, E.S.: Die entwicklungspsychologische Bedeutung von Umweltbedingungen im Säuglings- und Kindesalter, *Fortschritte d. Sonderpädagogischen Psychologie* 5 (1972).
MORENO, J.L.: Einladung zu einer Begegnung, Anzengruber, Wien 1914.
MÜLLER–BRAUNSCHWEIG, H.: Die Wirkung der frühen Erfahrung, Klett, Stuttgart 1975.
NORMAN, D.A.: Learning and Remembering: A tutorial preview, in: *Kornblum, S.*, Attention and Performance IV, Academic Press, New York 1973.
PERLS, F.S.: Gestalt Therapy Verbatim, Real People Press, Laffayette, 1969, 1971²; dtsch. Gestalttherapie in Aktion, Klett, Stuttgart 1974.
–, The Gestalt Approach, Eye Wittness to Therapy, Science and Behavior Books, Ben Lomond 1973; dtsch. bei Pfeiffer, München, 1976.
PERLS, F., HEFFERLINE, R., GOODMAN, P.: Gestalt Therapy, Julian Press, New York 1951; Dell, New York 1965²; dtsch. bei Klett, Stuttgart 1978.
PETZOLD, H.G.: Thérapie du mouvement, training rélaxatif, thymopratique et éducation corporelle comme integration, Paris 1970, mimeogr.

–, Integrative Bewegungstherapie, in: *H. Petzold* (Hrsg.), Psychotherapie und Körperdynamik, Junfermann, Paderborn 1974, S. 287-404.
–, Ich bin O.K. – Du bist so la la. Die Transaktionale Analyse Eric Bernes, *Psychologie Heute* (1975) 35-45.
–, Das Ko-respondenzmodell in der integrativen Agogik, *Integr. Therapie* 1 (1978).
–, Integrative Bewegungs- und Körpererziehung, in: *Brown/Petzold* (1977).
–, BROWN, G.I., Gestaltpädagogik. Konzepte Integrativer Erziehung, Pfeiffer, München 1977.
–, BUBOLZ, E., Bildungsarbeit mit alten Menschen, Klett, Stuttgart 1976.
–, BERGER, A., Integrative Bewegungserziehung, in: Petzold (1974).
–, BERGER, A., Integrative Bewegungstherapie in der Arbeit mit psychiatrischen Patienten, dieses Buch, S. 452-477
–, SIEPER, J., Quellen und Konzepte der Integrativen Erziehung, in: Petzold,Brown (1977).
PFEIFFER, J.: Vision in Frogs, *Natural History* 71 (1962).
PLESSNER, H.: Die Stufen des Organischen und der Mensch, Berlin 1928.
–, Anthropologie der Sinne, in: *Gadamer, H.G., Vogler, P.*, Neue Anthropologie, Bd. 7, Thieme, Stuttgart 1975, S. 3-61.
POLSTER, E., POLSTER, M.: Gestalttherapie. Theorie und Praxis der integrativen Gestalttherapie, Kindler, München 1975.
RAKNES, O.: Wilhelm Reich und die Orgonomie, Fischer, Frankfurt 1973.
REICH, W.: Die Entdeckung des Orgons. Die Funktion des Orgasmus, Kiepenheuer & Witsch, Köln 1971[5].
–, Charakteranalyse, Fischer, Frankfurt 1973.
RHEINGOLD, H.L.: The effect of environmental stimulation upon social and exploratory behavior in the human infant, in: *Foss, B.*, Determinants of infant behavior, Wiley, New York Bd. I (1961) 143-177.
ROCHEBLAVE–SPENLÉ, A.N.: Psychologie des Konflikts, Lambertus, Freiburg 1974.
ROLF, I.: Structural Integration and Gravity, Boulder, Colorado 1972.
ROSENBERG, J.L.: Total Orgasm, Random House 1973; dtsch. Orgasmus, Seterap, (Verein zur Förderung der therapeutischen Selbsthilfe), Berlin 1975.
SELVER, C., BROOKS, C.: Sensory Awareness, in: *Petzold* (1974) 59-78.
SEMON, R.: Die Mneme, Leipzig 1920.
SPITZ, R.: Hospitalism, in: *The Psychoanalytic Study of the Child* 1 (1945) 53–74.
–, Hospitalism, in: *The Psychonanalytic Study of the Child* 2 (1946) 113-117.
–, Vom Säugling zum Kleinkind, Klett Stuttgart 1967.
–, Vom Dialog, Klett Stuttgart 1976.
STEVENS, B.: Body Work, in: *Stevens*, Gestalt Is (1975) S. 157-184; dtsch. dieses Buch, S. 218-243
STEVENS, J.O.: Die Kunst der Wahrnehmung. Übungen der Gestalttherapie, Chr. Kaiser, München 1975.
–, (Hrsg.), Gestalt Is, Real People Press, Moab, Utah 1975.

TILLER, W.: Some Energy Field Observations of Man and Nature, in: *Krippner* (1973).

TILLIETTE, X., MÉTRAUX, A.: M. Merleau-Ponty: Das Problem des Sinnes, in: Grundprobleme der großen Philosophen, Philosophie der Gegenwart II; Vandenhoek & Ruprecht, Göttingen 1973.

VÖÖBUS, K.V.: L'analyse corporelle, approche nouvelle pour l'integration personelle, Wilhelm Reich Research Center, Montreal 1956.

WULF, F.: Über die Veränderung von Vorstellungen, Gedächtnis und Gestalt, *Psychologische Forschungen* 1 (1922).

Lomi, ein ganzheitlicher Zugang zu Bewußtheit und persönlichem Wachstum

Andrew Leeds, Santa Cruz

Die Lomi School ist ein Schulungszentrum, in dem alte und neue Methoden der Selbsterfahrung in ein umfassendes Programm integriert wurden. Lernziel ist eine Erweiterung des Bewußtseins. Zu diesen Methoden gehören in der Lomi-Körpertherapie bewußtes Atmen, bewußte Bewegung, Hata Yoga, Bewußtsein der eigenen Energie, Aikido, gesunde Ernährung, Gestalttraining, persönliche Entwicklung mittels Konzepten der Familientherapie sowie Ansätze des Feminismus und Konzentrationsübungen als Vorbereitung und Ermutigung zur Meditation.

Die Arbeit an der Lomi School hat nicht das Ziel, einen Menschen zu verändern, sondern macht es jedem Teilnehmer möglich, das Wissen über sich selbst zu erweitern, und erlaubt Veränderungen dort, wo sie sich auf natürliche Weise aus der größeren Bewußtheit ergeben. Der Weg zur Selbsterkenntnis führt über eine spezifische Art von Aufmerksamkeit, die allen Methoden, die an der Lomi School praktiziert werden, zugrunde liegt.

1970 wurde die Lomi School von Alyssa *Hall,* Robert *Hall,* Catherine *Heckler,* Richard *Heckler,* Vincent *Regalbuto* und Zelita *Regalbuto* gegründet. In San Francisco arbeiten Richard und Catherine *Heckler* und Robert und Alyssa *Hall* zusammen, führen Programme durch, veranstalten Trainings für bestimmte Berufsgruppen. Ihre Zielvorstellung ist es, körperliche Leistungsfähigkeit, emotionales Gleichgewicht und geistige Klarheit zu schaffen. Es gibt heute mehr als 30 Zweigstellen der Lomi School, die verschiedene Aspekte der Lomi Arbeit in den USA, Canada und Europa vertreten.

„Die meisten Menschen leben, indem sie Blockierungen aufbauen und dann dagegen anrennen." (R. *Heckler*). Fast alle Menschen leben nicht mit ihrem vollen Potential; sie nehmen es als schicksalsgegeben hin, daß sie körperliche Schmerzen erleiden, wenig Lust haben, neues zu erlernen und immer wieder krank sind. Für die meisten ist der Körper eine Art Mechanismus, der auf mysteriöse Weise funktioniert, ohne viel Wartung außer Ernährung, Reinigung und Schlaf. Bewußte Wahrnehmung von Körperprozessen gibt es kaum in unserer Kultur. In sehr vielen sozialen Situationen ist es unmöglich, über normale physiologische Prozesse zu reden.

Man behandelt den Körper wie eine Maschine, die zuerst von den Eltern und später vom Hausarzt und seiner medizinischen Weisheit instand gehalten wird. Bewußte Verantwortung für uns selbst und unseren Körper übernehmen wir nicht. Geschäftsleute, Ärzte, Arbeiter, Studenten, sogar Tänzer und Athleten laufen umher wie Roboter, mit leeren Augen und starrem Körper. Unsere Körperlichkeit ist ein Geheimnis, an das wir nicht rühren. Dennoch rückt der Körper heute für viele in den Mittelpunkt, die mit mehr Vitalität und Bewußtheit leben möchten.
Viele der „neuen" Ansätze, den Körper zu erleben, sind auf ihre Weise mechanisch. Mit Stimm- oder Atemübungen ist es nicht getan. Ohne Lebendigkeit und Bewußtheit bleiben Dehnung, Atem und Bewegung einfache mechanische Abläufe.
Gefühle und Lebendigkeit entstehen an den Berührungspunkten von Psyche und Soma. Wenn wir im Kopf leben, so vernachlässigen wir somatische Abläufe, unsere inneren Bewegungen (Emotionen) und die essentielle Lebendigkeit unseres physischen Seins. Gebrauchen wir den Körper ohne Sensibilität und Bewußtheit, so bewegen wir uns wie „tot", ohne Vitalität. In uns liegen die Berührungspunkte, an denen wir unsere Lebendigkeit erfahren können. Hier vermögen wir unsere Existenz direkt und unmittelbar auf unser körperliches Sein zu gründen und so unsere Bewußtheit frisch und lebendig zu gestalten. Diesen inneren Kontakt können wir finden, wenn wir einer Sache „reine" Aufmerksamkeit schenken. Die Aufgabe der Lomi School besteht darin, das Bewußtsein durch die Aufmerksamkeit zu erweitern, ohne zu werten. Dies mag einfach und harmlos klingen, doch die meisten Menschen haben Schwierigkeiten, in jedem Augenblick den Fluß ihrer Gedanken, ihrer Phantasien und körperlichen Erlebnisse wahrzunehmen. Die daraus resultierenden Lücken im Bewußtsein, das Gefühl, weder mit sich noch mit der Umwelt im Kontakt zu sein, rühren weder von konstitutionellen Mängeln noch von einer unglücklichen Kindheit her, sondern sind die Folge davon, daß wir die Verantwortung für uns nicht übernehmen.
Der erste Schritt liegt für mich darin, zu spüren, daß ich blind bin, daß ich schlafe, daß ich mein Bewußtsein eingeschränkt habe. Als erstes muß ich mir eingestehen, daß ich in Unwissenheit lebe. Ich sehe nicht die Welt, sondern eine aufgrund meiner Ängste, Wünsche und Hoffnungen konstruierte Wirklichkeit.
Der zweite Schritt ist es, zu erkennen, daß ich für jeden Bereich meines Lebens verantwortlich bin; daß ich es bin, der entschieden hat, so zu leben, wie ich lebe. Gewöhnlich geben wir lieber der Gesellschaft, den Eltern, un-

serer angeschlagenen Gesundheit usw. die Schuld, als daß wir Verantwortung für unser Leben übernehmen. Bei der Lomi Arbeit wird jeder ermutigt, in jedem Bereich selbstverantwortlich zu leben. Das heißt nicht, daß man sich alle Probleme der Welt auf den Buckel lädt. Verantwortung übernehmen bedeutet, zu erkennen, daß ich es bin, der sich entscheidet, wie ich mich und die Welt in diesem Augenblick erfahre und wie ich damit umgehe.

Drittens muß ich anfangen zu sehen, welche Entscheidungen ich treffe oder vermeide. Wie ich auf Menschen meiner Umgebung eingehe, was ich tue, wenn ich ärgerlich oder traurig oder in Ekstase bin. Wenn ich arm dran bin, kann ich mich über soziale Ungleichheit und die Klassenstruktur aufregen, in der ich und meine Familie leben. Aber wenn ich andere für die Bedingungen meines täglichen Lebens verantwortlich mache, vermeide ich es, Energie und Verantwortung einzusetzen und mich mit meinen Bedürfnissen zu befassen. Mein Ärger ist real und wichtig, doch was ich mit diesem Gefühl anfange, wird sich intensiv auf mein Leben auswirken. Ich kann politisch aktiv werden, Karriere machen, Trinker oder Drogenabhängiger werden und was es noch an Möglichkeiten gibt. Auf jeden Fall: Ich muß die Wahl treffen. Vermeide ich das, weiche ich meiner Verantwortung aus.

Die Beziehung zwischen wacher Bewußtheit und persönlichem Wachstum

Worin liegt die Beziehung zwischen Bewußtheit und Wachstum, von Bewußtheit und persönlicher Veränderung? Sehr oft kommen Leute mit dem Wunsch, ihr Denken zu verändern. Das ist zwar unzweifelhaft nützlich, weil es jemanden dazu bringt, nach Alternativen zu suchen, bringt aber gleichzeitig Komplikationen mit sich. Wenn nun Veränderung angestrebt wird, folgen Widerstand und Frustration auf dem Fuße; wenn aber die Wahrnehmung geschult wird, stellen sich Bewegung und Veränderung von selbst in dem so geschaffenen Freiraum ein.

Veränderung und Wachstum sind etwas Natürliches und Unvermeidliches. Die Entwicklung und Reifung von Individuen hat ihre eigene Richtung und Geschwindigkeit. Fängt man an, das zu sehen, so macht man den ersten Schritt in Richtung auf Veränderung. Einer meiner Klienten schrieb dazu folgendes: „Ich erlebe mich nicht als festgelegte Einheit, sondern als fließenden Prozeß, in dem ich fortwährend neue Aspekte entdecke. Ich bewege mich in meiner Geschwindigkeit. Ich bin bereit für etwas – es kommt zu mir. Jede Erfahrung gehört zu meinem Prozeß. Was als nächstes geschieht, hängt von dem ab, was jetzt geschieht. Wenn ich mich ohne Bewertung als Prozeß wahrnehme, kann ich mich besser akzeptieren – das führt zu mehr Eigenständigkeit – und das gibt mir Impulse, mich mehr zu akzeptieren und weitere Erfahrungen zu machen."

Wahrnehmung ist der gemeinsame Nenner für die Entwicklung von Bewußtheit und persönlichem Wachstum. Wenn ich klar zu sehen beginne, welche Wahl ich in jedem Augenblick treffe, eröffnen sich plötzlich andere Möglichkeiten, und ich wachse. Sehen oder Einsicht gibt Raum für Wachstum. Ohne diese klare Wahrnehmung suche ich blind nach Veränderung. Ich wende mich an Therapeuten oder Gurus, die mir „den Weg" zeigen sollen. Dann versuche ich, ihren Vorstellungen zu folgen. Solange ich mich von anderen leiten lasse, versuche ich, mich mühevoll zu ändern. Dieser Versuch behindert meine Bewußtheit und mein Wachstum. Solange ich keine Verantwortung für mich übernehme, blockiere ich mich selbst.

An irgendeinem Punkt ist der Einzelne so weit, daß er mehr Verantwortung übernimmt. Manchmal geschieht diese Veränderung einfach von selbst. Öfters wird jemand von der Umwelt oder vom inneren Wunsch nach Freiheit dazu gedrängt. An diesem Punkt beginnt der Einzelne, eine Methode zu suchen, wie er sein Sehvermögen erweitern und neue Möglichkeiten des Fühlens und Handelns finden kann. Meditation und Körperarbeit bieten sich ergänzende Methoden zur Klärung des Sehens, der Einsicht, zur Entwicklung des Fühlens, zur Befreiung von festgelegten Mustern und zur Selbstverwirklichung. Meditation verhilft zu mehr Konzentration, Entspannung und Klärung der Gedanken. Gestalt zeigt die innere Verbindung zwischen Selbst und Erfahrung (Psyche und Soma), sowie die äußere Beziehung des Individuums zu seiner materiellen und sozialen Umwelt. Lomi Körperarbeit versucht, Vitalität zu entfalten und die körperlichen Sensationen als Grundlage für Bewußtheit zu nehmen. Diese verschiedenen Ansätze haben die Betonung des Hier und Jetzt gemeinsam. Wie stark wir Vitalität, Erregung und Beziehung erfahren, hängt davon ab, wie sehr wir im Hier und Jetzt leben können. Bewußtheit in jedem Augenblick wird dadurch möglich, daß wir reine Aufmerksamkeit den verschiedenen Aspekten der Erfahrung schenken, die sonst ignoriert oder als gegeben hingenommen werden.

Meditation

Bei der Meditation richtet sich die Aufmerksamkeit auf die Elemente des Geistes. Hier kann der fortwährende Wechsel geistiger Vorstellungen, sinnlicher Wahrnehmung und der Erinnerung ein schwirrendes Durcheinander erzeugen, durch das Bewußtheit, Gefühl und vitaler Anreiz vermindert werden. Achtsamkeit hilft, das unablässige Gemurmel des Geistes zu vereinfachen und zu reduzieren, bringt Klarheit, Ruhe und mehr Kraft für Konzentration. Der Schlüssel zur Achtsamkeit ist reine Aufmerksamkeit. „Unter ‚reiner' Aufmerksamkeit versteht man die klare Bewußtheit von dem, was um uns und in uns in jedem Augenblick der Wahrnehmung geschieht. Diese Aufmerksamkeit nennt man *rein*, weil sie sich an die reinen Fakten der Wahrnehmung hält, ohne auf sie durch Handlung, Gedanken, Sprache zu reagieren. Gewöhnlich ist diese rein rezeptive Form des Geistes nur eine kurze Phase des gedanklichen Prozesses, deren wir uns oft kaum bewußt sind. Aber bei der methodischen Entwicklung von Achtsamkeit, die darauf abzielt, ihre verborgenen Kräfte freizusetzen, wird reine Aufmerksamkeit aufrecht erhalten, solange es die eigene Fähigkeit zur Konzentration erlaubt. Reine Aufmerksamkeit ist der Schlüssel der meditativen Praxis von Satipatthana, die das Tor zur Herrschaft über den Geist und zur letztlichen Befreiung öffnet."*

Buddha sagte: „Alle Dinge können durch Achtsamkeit gemeistert werden." Dies unterscheidet sich gänzlich vom traditionellen westlichen Zugang, etwas zu meistern, das auf Wettbewerb, äußerlicher Kraftanstrengung basiert. Im Mittelpunkt jeder meditativen Praxis, ob in ihr nun der Atem gezählt wird, ein Mantram wiederholt oder auf den inneren Klang gehört wird, steht reine Aufmerksamkeit. Man kann sie aber auch auf die Vorgänge des täglichen Lebens richten. Sitzen, stehen, gehen, kochen, reden, radfahren, lieben: all das kann mit Achtsamkeit getan werden. Meditation beinhaltet nicht eine spezifische Technik oder Handlungsweise und schließt alles andere aus. Meditation ist im Grunde ein Prozeß, bei dem sich Bewußtheit entwickelt. Jede Hilfe oder Technik unterstützt nur diesen Prozeß und ist nicht Meditation selbst.

Während Meditation traditionell als eine Flucht aus dieser „Welt des Leidens" angesehen wurde, unterscheidet sich die innere Reise nicht von der Herausforderung durch die Welt. Sie ist der eigentliche Weg ins Leben. Die alten Lösungsmethoden für die Probleme der Welt, die auf der Trennung in ein Innen und Außen und in Subjekt und Objekt beruhen, sind gescheitert. Achtsamkeit und reine Aufmerksamkeit schaffen eine Synthese und entwickeln die Fähigkeit und Kraft, die notwendig ist für klares Bewußtsein und wirkungsvolles Handeln in allen Bereichen des Le-

---

* The Power of Mindfulness, Nyanoponika Thera, p.5,6

bens. Die vier grundlegenden Funktionen, aus denen sich reine Aufmerksamkeit entwickelt, sind:

1. Ordnen und benennen.

Gewöhnlich ist der Geist voll von vielen sinnlichen Eindrücken, Gedanken, Gefühlen, vagen Traumbildern. Durch ständige Beobachtung dieser Vielzahl geistiger Bewegungen werden Muster und Elemente aus diesem sonst so komplexen und verwirrenden Bild gelöst. Es finden sich viele negative und destruktive Elemente in dieser geistigen Wirrnis. Normalerweise unterdrückt man sie und hofft, daß sie verschwinden, aber dies gerade verstärkt sie. Der erste Schritt zu ihrer Auflösung ist, sie einfach wahrzunehmen und sie zu benennen. Wenn man diese Anteile der eigenen Person akzeptiert, kann man sie leichter eingrenzen, als wenn man sie aus dem Kopf verbannen will.

2. Vorgehen ohne Zwang und Heftigkeit.

Oft werden unsere Bedürfnisse von äußeren Einflüssen frustriert, auf die wir nicht einwirken können. Wo Gewalt nicht zum Ziel führt, hilft uns reine Aufmerksamkeit, die Situation anzunehmen, die sonst zu innerem Kampf und Konflikt führt.

3. Anhalten und langsamer werden.

Beim Einüben reiner Aufmerksamkeit entwickeln wir Bewußtheit in jeder Phase des geistigen Prozesses. „Langsamer werden" erlaubt uns, Handlungen aufzuschieben, Urteile aufzuheben, vorschnelles Eingreifen zu vermeiden. Das bereichert unseren Kontakt mit anderen. Wir entwickeln Ruhe und vermeiden Verwirrungen durch impulsives oder konditioniertes Verhalten. Paradoxerweise führt dies zu mehr Spontaneität, da wir Kontakt haben zur Quelle unserer Bedürfnisse und Handlungen. Jede Phase in der Abfolge Wahrnehmung-Gedanke-Handlung wird klarer, wir können schnell und angemessen auf die Situation und unsere Bedürfnisse reagieren.

4. Direktheit der Sehweise.

Die Fähigkeit, neue Gedanken, neue Sehweisen zu haben und neue Erfahrungen zu machen, nimmt mit zunehmendem Alter ab. Assoziatives Denken geht über in Gewohnheiten und Urteile, die Denken und Handeln beeinflussen und limitieren. Reine Aufmerksamkeit hilft uns, das Leben wieder neu zu sehen und zu erfahren.

Gestalt

In der Gestaltarbeit liegt der Schwerpunkt auf dem Hier und Jetzt. Reden über Erinnerungen oder zukünftige Möglichkeiten wird aufgegeben zu-

gunsten der intensivierten Erfahrung des gegenwärtigen Augenblicks. An die Stelle der Beschreibung oder Erklärung unserer Erfahrung von Augenblick zu Augenblick tritt der unmittelbare Ausdruck unserer Befindlichkeit in Wort und Handlung. Fragen der Vergangenheit, Gegenwart und Zukunft können kompliziert und metaphysisch werden. Im Grunde jedoch existiert nur der gegenwärtige Augenblick. Gestern war ich reich und verheiratet. Heute muß ich einen Offenbarungseid leisten oder stehe vor dem Scheidungsrichter. Von einem Augenblick zum anderen ändert sich meine persönliche Realität, und alles, was ich wissen kann, liegt hier in diesem Augenblick. Sogar die Erinnerung existiert nur in dem Augenblick, in dem sie bewußt wird. Feinste Veränderungen in meinem Atemmuster, meiner Haltung, meiner Gehirnaktivität leiten sie.
Das ist der lebendige Augenblick. Mache ich Zukunftspläne, so liegen ihre Wurzeln in der gegenwärtigen Planungsaktivität. Nur dieser Augenblick existiert, doch der Geist versucht, uns geschickt dazu zu verführen, daß wir an Vergangenes oder Zukünftiges denken. Wieder zu sich zu kommen heißt nicht, Ursprung und Bestimmung abzulehnen, sondern zu erfahren, welche Lebendigkeit und Kraft einem in diesem Augenblick zur Verfügung stehen.

Körperarbeit

Wir bleiben jedoch immer in die physikalische Matrix unseres Lebens eingebunden. Knochen bilden das Fundament und Gerüst für den Körper, Muskeln erzeugen Bewegung und Autonomie. Das Nervensystem verbindet die Organe durch innere Selbstregulierung, Wahrnehmung und Muskelkontrolle. Das Bindegewebe gibt dem Körper Struktur, Form und Flexibilität; es umgibt alle Organe, Bündel von Muskelfasern, Bündel von Nerven, Aterien, Venen, die Leber genauso wie Sehnen und Gelenke. Kurz gesagt, das Bindegewebe durchdringt den ganzen Körper und formt ein Muster, innerhalb dessen alle vitalen Funktionen und Bewegungen stattfinden.
Bindegewebe kann sich dehnen und zusammenziehen, obwohl seine Bewegungen nicht so schnell wie die der Muskeln sind. Alle vitalen Funktionen spielen sich innerhalb der Bindegewebslagen ab. Nerven, Muskeln und andere Organe, die umgeben von kontrahiertem Muskelgewebe arbeiten müssen, brauchen mehr Energie, um ihre Funktionen zu erfüllen. Das dialektische Spiel von Flexibilität und Entwicklung von Mustern ist grundlegend und allumfassend. Wenn Muster fortbestehen, verhärten sie sich oder „kristallisieren" innerhalb von Bindegewebe, Muskeln und Ner-

ven. Was als mentales Muster, als emotionale Erfahrung oder als isoliertes Trauma begonnen hat, wird im Körper fixiert. In einer Situation von Angst heben wir die Schulern, senken den Kopf und ziehen den Brustkorb zusammen. Wenn das chronisch geschieht, wird daraus ein fortwährender Ausdruck, eine Haltung. Die innere Welt emotionaler Erfahrung paßt sich an die Begrenzung im Körper an. Die Fähigkeit, sich zu freuen, sich wohl zu fühlen, wird geringer. Man erlebt die Welt als freudlos, langweilig und gefährlich.

In der Lomi-Körperarbeit wird das Bindegewebe als Glied betrachtet zwischen: a) dem somatischen Prozeß der Muskeln, Nerven und Bänder, b) dem Prozeß der Psyche, der Denkmuster und Emotionen beinhaltet, und c) dem transpersonalen Selbst oder der feinen Energiequelle, die unser „eigentliches Selbst" konstituiert. Dieses „eigentliche Selbst" versteht sich aus der Perspektive der Lomi-Therapie als ein subtiles System vibrierender, positiv und negativ polarisierter Energie, die um ein neutrales Zentrum kreist. Die Transformation dieser Energieströme bildet die verschiedenen Systeme im menschlichen Organismus. Diese Lebensenergie ist in verschiedenen Formen bekannt, als „chi", „ki" oder „prana". Ohne Bewußtsein dieser subtilen Energie können wir nicht alle Ebenen unseres Seins verstehen. Was bei uns als Krankheit gilt, ist die Manifestation von Blockierungen im Fluß subtiler Energieströme. „Toten" Bereichen chronisch verspannten Gewebes fehlt es an den notwendigen vitalen Bewegungen und am Energiefluß, der für die Gesundheit grundlegend ist. Bindegewebslagen können faserig und gereizt werden, wenn sie von der Bewegung, dem Blut- und Lymphfluß und von dem Strömen der Lebensenergie abgeschnitten sind. Was einmal im Bereich der körperlichen Möglichkeiten lag, wird nun zu schmerzhafter Anstrengung. Sogar normale Funktionen werden zur Last, statt eine aufregende, bewegende Erfahrung zu sein.

Bei unserer Geburt sind wir in unseren Gefühlen und Bewegungen am flexibelsten. Wir reagieren leicht auf den pulsierenden Rhythmus der Natur. Allmählich übernehmen wir Denk-, Gefühls- und Verhaltensmuster. Diese Muster haben ihren Ursprung in der Erziehung, geistigen, körperlichen und emotionalen Traumata sowie anderen Lebenserfahrungen. Der Prozeß des Aufbaus von Mustern ist grundlegend für die Entwicklung des Individuums. Individuation beruht auf der Entwicklung der besonderen Wahrnehmung von sich selbst. Um über die äußeren und inneren Beschränkungen, die aus diesem Prozeß resultieren, hinauszuwachsen, beginnt das Individuum, die verschiedenen Muster und Verhärtungen in

seiner Struktur wahrzunehmen, die Bewegung und Wachstum seines Seins einschränken.
Lomi-Körperarbeit ermöglicht es, die Flexibilität zu vergrößern und Muster auf verschiedenen Ebenen umzustrukturieren, durch Polaritätskontakte an Druckpunkten und Meridianen wird der vitale Energiefluß im Körper hergestellt. Hartes und faseriges Bindegewebe wird durch Arbeit mit Fingern, Knöcheln und Ellenbogen getrennt und frei beweglich gemacht. Besonders wichtig ist es, Bewußtheit in Bereichen wieder herzustellen, die duch die Konditionierungen nicht mehr wahrgenommen wurden. Den Körper neu wahrzunehmen, ist am Anfang oft sehr schmerzhaft. Aber wenn man fortfährt, ihm Aufmerksamkeit zu schenken, ist es sehr nützlich. Man nimmt Verspannungen wahr, und wenn man weiß, wann man verspannt ist, kann man sich eher entspannen. Was ist Spannung, was Entspannung? Wenn Empfindungen sehr intensiv sind, fühlt der Organismus sich bedroht. Der Wunsch zu überleben, so weiter zu machen wie vorher, ist groß. Intensive Gefühle drohen, das Individuum zu überwältigen. Es hat Angst, die Kontrolle zu verlieren, auseinanderzubrechen. Es gibt auch erlernte Mechanismen. Man verbirgt seine Schwäche, hält Ärger oder andere spontane Reaktionen zurück, um bestätigt und akzeptiert zu werden. Die Verspannung von Muskeln ist ein Weg, Gefühle oder Handlungen zurückzuhalten, die sonst die individuellen Grenzen für das Selbstgefühl zu überwältigen drohen.
Wir verspannen uns oder halten uns in uns fest, um so Identität, ein fixiertes Selbstgefühl zu gewinnen. Zuerst ist dieses Festhalten eine Entscheidung, schnell wird es aber zu einer Gewohnheit, mit der wir uns identifizieren, deren Verlust wir fürchten. Aber manchmal haben wir tiefere Gefühle, die nicht von den Oberflächenstrukturen unserer Persönlichkeit (bzw. *Reich:* unseres Charakters) eingeschränkt werden. Diese Ungleichheit zwischen unserer äußeren Struktur (die sich in unseren Muskeln und im Bindegewebe verfestigt hat) und dem Gefühl von Ganzheit in der Mitte unseres Seins führt zu Entfremdung. Ich fühle, daß ich etwas bin, was ich gleichzeitig auch nicht bin.
So wird das Festhalten zum Mittel, eine Identität zu errichten, zur Hilfe für das Ich, die Welt zu meistern, indem es den Körper kontrolliert. Innerhalb dieses Ich-Systems hat Entspannung zwei Aspekte: Sie ist angenehm und erschreckend zugleich. Entspannung gewinnt diese Kraft dadurch, daß sie von den Reizen absondert, die ihr innewohnen. Wir trennen das Angenehme vom Erschreckenden und streben gleichzeitig nach dem, was wir meiden.

In der Lomi-Körperarbeit konzentrieren wir uns nicht auf die Entspannung, sondern auf das Festhalten oder die Verspannung, welche die Seinsstruktur schafft, mit der wir uns identifizieren. Erfahren wir so unser chronisches Festhalten, können wir uns ändern, weil wir erst dann wahrnehmen, wie wir das aufrecht erhalten, was wir gerade sind.
Erfahre ich mich so, wie ich bin, ändert sich meine Beziehung zum Schmerz. Das ist wichtig. Meist wird Schmerz als etwas Negatives betrachtet. Wir haben früh gelernt, daß Schmerz etwas Schreckliches ist. Eltern betrachten das blutende Knie eines Kindes mehr als seine Zeichnungen. Das weinende Kind lernt, daß körperlicher Schmerz schnell aufhören muß. Später erwähnt das Kind seinen inneren Schmerz, seine Ängste, seine Einsamkeit nicht mehr. Sogar der Schmerz der Familie wird zum wohlgehüteten Geheimnis. Erst verwendet man Aspirin, später versucht man durch Tranquilizer, unmittelbaren Schmerz zu dämpfen. Aber der Schmerz bleibt. Er wird zwar geringer, aber ein dumpfes Unwohlsein erinnert uns an ihn. In solchen Augenblicken ist es das Beste, seine Botschaft zu ignorieren. Wir richten unsere Aufmerksamkeit auf etwas anderes, lenken uns ab, nehmen einen Drink oder eine Tablette, um nicht mehr an unsere Verletzlichkeit denken zu müssen.
Aber das ist nicht die einzig mögliche Beziehung zu unserem Schmerz. Schmerz kann wertvoll sein, kann uns zu mehr Einsicht und Kraft führen. Ohne die Scheuklappen der Konditionierung und des Vorurteils betrachtet, kann Schmerz uns wertvolle Informationen geben. Er zeigt uns, wo wir mit uns und unserem Umfeld in Disharmonie leben. Wir haben Schmerzen, bis wir die Botschaft hören und voll akzeptieren. Wenn wir den Schmerz deutlich spüren, geschieht etwas sehr Faszinierendes. Der Schmerz ändert sich und wird in Energie umgeformt, die freigesetzt oder in schöpferische Bahnen umgelenkt werden kann.
Schmerz ist eine Form der Verspannung, die aus einer Bewußtseinslücke resultiert. So ist Schmerz in gewisser Hinsicht das, was wir mit unseren Erfahrungen und Gefühlen machen, und nicht das Gefühl selbst. Schmerz ist unsere Interpretation von Gefühlen und Informationen. Wenn die Intensität so stark wird, daß sie die Grenzen unserer selbstgewählten Ich-Struktur zu sprengen droht, hören wir auf zu fühlen, indem wir starr werden und uns zusammenziehen. Dies ist ein Schutzmechanismus, der manchmal vom Körper, manchmal vom Ich benutzt wird. Die Verspannung hält alle Informationen über die ursprüngliche Erfahrung zurück und verkapselt sie innerhalb der somatischen Struktur des Bindegewebes und der Muskeln. Dieser „eingelagerte" Schmerz wird ein Teil unserer

Struktur, die wir mit uns umherschleppen. Fritz *Perls* nannte das „unerledigte Geschäfte". Sie zu erfahren und zu klären, ist ein wichtiger Teil der Lomi-Arbeit.

Unerledigte Geschäfte

Unerledigte Geschäfte in der Struktur des Individuums schränken die Spontaneität ein. Teile von unerledigten Geschäften führen zu Gefühlen und Bildern, die unsere augenblickliche Erfahrung überlagern. Steifheit und Verspannung im Körper verhindern mögliche Handlungen und Reaktionen. Wir machen wenig neue Erfahrungen aus Angst, noch mehr Schmerz zu erleiden. Unerledigte Geschäfte bzw. das Ansichhalten wirken sich innerhalb der Körperstruktur, im Bereich der Gefühle oder im geistigen Bereich auf dieselbe Weise aus. Wie wir dessen gewahr werden, hängt von unserer Art der Wahrnehmungen ab, von der Bereitschaft, etwas zu erfahren. Obwohl unsere Vorstellungen und Theorien uns Mittel an die Hand geben, unsere Aufmerksamkeit zu konzentrieren, schwächen und schränken sie gleichzeitig unser Wahrnehmungsfeld ein.

Ein Hauptziel der Lomi-Körperarbeit ist es, unerledigte Geschäfte aufzuarbeiten, sich über Informationen klar zu werden, die im verspannten Gewebe gespeichert sind. Dieses Material besteht nicht notwendigerweise aus spezifischen Erinnerungen und Informationen, die detailliert benannt werden können (auch wenn das vorkommt). Meistens kann der Klient durch Bewußtwerden der Verspannung deren Funktion verstehen und dadurch sich intensiver erfahren. Diese intensive Erfahrung basiert auf dem „Prinzip der Verstärkung", wie *Heckler* es nennt.

Das Prinzip der Verstärkung

Das Prinzip der Verstärkung wird überall in der Lomi-Arbeit eingesetzt; gewöhnlich geschieht dies durch Wiederholung und Übertreibung. Wiederholung ist eine basale Form konditionierten Lernens. Sprechen, Denken, Bewegung lernen wir durch endlose Wiederholung von gewissen Verhaltensabläufen, die wir in unsere Struktur einbauen und die dann zu Haltungen werden. Wiederholung kann aber auch dazu benützt werden, Haltungen wieder bewußt zu machen. Oft wird die Wiederholung mit Übertreibung verbunden, um das Verhalten zu akzentuieren. Durch Verstärkung von Verhalten können wir seine verborgenen Elemente an die Oberfläche bringen. „Übertreibung macht das Implizite explizit!" (Fritz *Perls*).

Ein Mann aus einer meiner Gruppen beschreibt Schwierigkeiten in der Beziehung zu seiner Frau. Ich bitte ihn, sich vorzustellen, daß sie auf dem Kissen vor ihm säße, und dann zu ihr zu sprechen. Es fällt ihm schwer, sich mitzuteilen; er redet über vergangene Gespräche und Gefühle. Schließlich sagt er „Ich will, daß du meine Traurigkeit siehst." Dabei wird seine Stimme leiser. Er beißt seine Zähne zusammen und ballt seine Fäuste. Ich bitte ihn, den Satz öfter zu wiederholen und dabei zu spüren, was mit seinem Körper und seinen Gefühlen vor sich geht. Er sagt den Satz immer lauter. Beim dritten Mal beginnt er auf das Kissen einzuschlagen. Jedesmal schlägt er fester. Jedesmal drückt seine Stimme mehr Wut aus. Später erklärt er, seine Frau reagiere nicht auf seine Wut. Sie mache immer „dicht", wenn er starke Ablehnung zeige. Dieser Teil seiner Arbeit ermöglicht ihm, zu sehen, daß er sich an die unausgesprochene Regel seiner Frau hält, Wut nicht herauszulassen. Das bringt ihn durcheinander, und er kann weder seine Wut noch seine warmen Gefühle für sie ausdrücken. Durch die Wiederholung und Übertreibung seiner gewöhnlichen Reaktion kommen die darunterliegenden Informationen, nämlich, daß er Ärger und Ablehnung empfindet, klar in den Vordergrund. Das ändert natürlich das Verhalten seiner Frau nicht, aber es macht die Quelle seiner Verwirrung deutlich und gibt ihm die Möglichkeit, neue Umgangsformen mit seiner Frau zu finden.

Wiederholung und Übertreibung nimmt in der Lomi-Körperarbeit viel Raum ein. Wenn der Therapeut wahrnimmt, in welchem Bereich das Gewebe verspannt ist, verstärkt er diese Spannung. Oft werden dem Klienten auch dadurch Gefühle bewußt. Diese Gefühle sind meist unangenehm, aber eigentlich nur eine Verstärkung dessen, was da ist. So macht der Therapeut nicht etwas mit dem Klienten, sondern zeigt ihm nur deutlich, was sich in der Verspannung ausdrückt. Ist der Klient bereit, die Verspannung und die dazugehörenden Gefühle wahrzunehmen, so kann das Gewebe entspannt und die in ihm gebundene Energie freigesetzt werden. Der Schlüssel hierzu ist die Bereitschaft zu fühlen.

Nicht immer sind blockierte Gefühle negativ. Wir wehren Lebendigkeit und Freude ebenso ab wie Wut und Traurigkeit. Die Fähigkeit zu lieben, sich wohlzufühlen, wird durch chronische Verspannungen im Körper festgehalten. Freude und Vitalität unmittelbar zu erleben, ist das wichtigste Ziel der Arbeit. Ein Klient beschreibt das so: „In der ersten Sitzung experimentierte ich damit, mehr in meinem Körper, mehr ich selbst zu sein. Meine Augen fühlten sich anders an. Alles sah anders aus. Ich fühlte mich stabiler, konnte leichter atmen. Ich konnte mehr aufnehmen und mich besser ausdrücken. Dann entdeckte ich mehr Gefühle in meinem Körper,

zu diesem Zeitpunkt in abgegrenzten Bereichen: in den Beinen, im Magen, in der Brust. Meine Beine brannten und fühlten sich geschwollen an. Das war sehr unangenehm, aber ich wollte nicht aufhören. Ich fühlte zum ersten Mal etwas. Es war, als ob mein Körper sagte: ‚Ich bin froh, daß du mich gefunden hast. Ich dachte, du hättest mich ganz vergessen'.
Nach der Sitzung fühlte ich mich ganz unerwartet schwindelig. Später spürte ich fließende Energie in meinen Schultern, Armen und Händen. Dieses Gefühl von Energie wanderte durch meinen ganzen Körper, tauchte zu verschiedenen Zeiten in verschiedenen Körperbereichen auf, kam immer häufiger, bis ich es schließlich die ganze Zeit über wahrnahm. Ich fand es schön und hatte Angst, daß es verschwinden könnte. Ich hatte aber auch Angst vor dem Gefühl und war sehr verletzlich. Ich hatte den Eindruck, daß mein Körper Aufmerksamkeit von mir fordert. Dies dauerte ungefähr eine Woche, dann verschwand es. Ich war enttäuscht. Ich hatte mich lebendig und wirklich gefühlt. Ich spürte, daß ich mein Körper war, auch wenn mir das Angst machte.
Seither fühlte ich gelegentlich Schwindel oder Energie, die durch meine Augen und meine Genitalien floß, aber nicht in dem Ausmaß wie vorher. Ich bemerkte, wie ich wieder fester wurde und mich verspannte, und daß ich die Spannung verringerte, wenn ich mir Zeit für mich nahm. Oft erfahre ich meine Gefühle auf verschiedenen Ebenen, auf denen ich mein wirkliches Ich klar sehe. Ich denke an meine letzte Sitzung – anders als je zuvor erlebte ich Liebe und Zartheit für mich."
Muskeln und Bindegewebe werden nicht nur auf mechanische Weist festgehalten. Ein rein mechanisches Strecken und Dehnen des Bindegewebes hat nicht die gleiche Wirkung auf die vitalen Funktionen und das Gefühl wie das Eingehen auf die augenblickliche Befindlichkeit des Klienten. Der Lomi-Therapeut gestattet dem Klienten, mit seiner ureigenen Geschwindigkeit voranzugehen. Der Klient kann sich festhalten, wenn er die Gefühle abwehren muß, kann loslassen, wenn er bereit ist, sich mehr Raum zu geben. Der Therapeut geht mit dem Klienten in und durch seinen Körper in einer Art Tanz, bei dem Schmerz, Gefühl, Bewußtheit, Entspannung gelenkt werden vom Atem des Klienten und von der Hand des Therapeuten, die miteinander Raum schaffen für Lebendigkeit und Bewegung.
Absichtslose Absicht (im Zen *Wuwei* genannt) ist ein wichtiger Aspekt dieses Prozesses. Der Klient soll nicht verändert werden, sein Gewebe soll nicht durchdrungen, noch soll er zur Entspannung gezwungen werden. Stattdessen gibt Absichtslosigkeit dem Klienten die Möglichkeit, die Körperarbeit voll und auf seine Weise zu erfahren. Da es kein anderes Ziel

als Bewußtheit in jedem Augenblick gibt, ist Zwang grundlos und schafft nur unnötige Konflikte zwischen Klienten und Therapeuten. Absichtslose Absicht lenkt die Berührung und die Bewegung des Therapeuten. Diese Bewegung entspringt dem Mittelpunkt (dem Hara als Zentrum der Schwerkraft im Körper) des Therapeuten, verschmilzt mit dem Klienten am Ort der Berührung und verbindet sich mit dem Zentrum des Klienten. So ist es nicht nötig, Druck auszuüben. An die Stelle von Konflikten tritt eine wachsende Verbindung und ein Gefühl von Einheit zwischen Therapeut und Klient.

Gefühle und Lebendigkeit werden am Berührungspunkt von Psyche und Soma existent. Bisher habe ich beschrieben, in welcher Weise Meditation, Gestalt und Körperarbeit komplementäre und integrative Wege sind, unser Potential klar zu sehen, mehr zu fühlen und effektiv und verantwortlich zu handeln. Ein entscheidender Punkt, den ich bisher unberührt ließ, ist die Rolle von Atem und Bewegung.

Atem

Das Atmen ist unsere vitalste Funktion. Ohne Atmen hört das Leben schnell auf. Oft wird das Atmen als rein physikalischer Akt angesehen, der dem Austausch von Chemikalien dient. Aber in Wirklichkeit ist das Atmen ein komplexes System und verbindet Körper, Psyche und Geist – verschiedene Aspekte unseres Seins.

Einatmen und Ausatmen bilden unseren fundamentalen Lebensrhythmus. Von unserer Geburt an bis zum heutigen Atemzug offenbart das Atmen unseren Seinszustand. Es kann bewußt kontrolliert werden und autonom funktionieren. Der autonome Atemmechanismus wird durch den Kohlendioxydgehalt in der Lunge gesteuert. Fällt der CO^2 Gehalt, atmen wir weniger; steigt er, atmen wir mehr. Das Atmen wird automatisch reguliert und von unserem Bedürfnis nach Sauerstoff im ganzen Bereich unserer Aktivität von intensiver körperlicher Anstrengung bis zu tiefem Schlaf angepaßt. Wir können in fast jedem Augenblick unser Atemmuster willentlich verändern, atmen aber meist unbewußt.

Zwei aufeinander bezogene Muskelsysteme halten den Atemmechanismus in Gang. Primär ist das Zwerchfell für das Atmen verantwortlich, sekundär die Zwischenrippenmuskulatur. Sie wird gewöhnlich nur bei tiefem und mühsamem Atmen gebraucht, wie z.B. bei körperlicher Anstrengung oder bei hoher emotionaler Belastung. Bei entspanntem, leichtem Atem beginnt das Einatmen durch Kontraktion des Zwerchfells, das schafft ein Vakuum in den Alveolen, wodurch Luft in die Lunge ein-

strömt. Die Muskeln des Brustkorbes unterstützen diesen Vorgang, indem sie die Rippen heben, den Brustkorb ausdehnen und so das Vakuum vergrößern. Während des Ausatmens entspannt sich das Zwerchfell und dehnt sich nach oben; gleichzeitig entspannen sich die Muskeln im Brustkorb. Gewöhnlich wird das Ausatmen von einer allgemeinen Entspannung im Körper begleitet.
Einatmen und Ausatmen sowie der Gasaustausch in den Lungen gehören zum primären Atemprozeß. Wenn der Sauerstoff in den Lungen vom Blut absorbiert worden ist, steht er für die Verteilung an die Körperzellen zur Verfügung. Intensität und Qualität des Blutkreislaufs bestimmen die Sauerstoffmenge, die in den verschiedenen Körperteilen aufgenommen werden kann. An den Zellenwänden findet der sekundäre Atemprozeß statt. Hier wird Sauerstoff gegen Kohlendioxyd ausgetauscht und der Körper ernährt und revitalisiert.
Das Zwerchfell spielt eine zentrale Rolle für die körperliche Gesundheit. Seine Muskelfasern entspringen vorne an der Innenfläche der Knorpel der siebten bis zwölften Rippe und am Brustbein, hinten sind sie an den Lendenwirbeln befestigt. Es hat Öffnungen, durch die große Muskeln (psoas, quadratus lumborum und transversus abdominis) führen, die Richtung und Position der Lendenwirbelsäule kontrollieren. Größere vitale Organe liegen in der Nähe des Zwerchfells: Herz, Leber, Milz, Magen und Bauchspeicheldrüse. So schafft das Zwerchfell eine unmittelbare Verbindung zwischen den Eingeweiden und dem Skelett.
Durch das „Festhalten" werden vitale Organe schwächer stimuliert und die Muskeln, die die Lendenwirbelsäule stützen, geschwächt. Sind die größeren Muskeln, die die Lendenwirbelsäule stützen, chronisch verspannt, krümmt sich der untere Teil des Rückens. Dadurch verschiebt sich das Becken nach vorne, und eine freie Bewegung wird verhindert. Die Lordose verändert die Lage der Brustwirbel und führt dazu, daß die Brust einfällt und das Atmen erschwert wird. Die Bewegungsbehinderung im chronisch verspannten Zwerchfell verringert die Stimulierung wichtiger Organe und des ganzen vitalen Systems. Werden Wirbelsäule und Becken in Mitleidenschaft gezogen, verändert sich der gesamte Bewegungsapparat. Will man nun die Qualität der Bewegung und der vitalen Funktionen verbessern, so liegt die Hauptarbeit in der Herstellung angemessener Atemmuster und eines flexiblen und aktiven Zwerchfells.
Das Atmen ist nicht nur ein physikalischer Ablauf. Leben beruht auf dem Fluß primärer Energie, die laufend wieder aufgefüllt werden muß. Zum Teil geschieht dies durch den Stoffwechsel von Atmung und Verdauung.

Ein weiterer wichtiger Aspekt des Atmens ist die Aufnahme von „Prana" oder Lebensenergie direkt aus der Atmosphäre. Diese Energie ist unter verschiedenen Namen bekannt: Prana, Ki, Chi oder Orgon. Flaches Atmen, die Verspannung von Brust und Bauch, verhindern die Aufnahme von Prana und vermindern die Vitalität. Wir gewöhnen uns an das verringerte Energieniveau und fühlen uns unwohl, wenn wir tiefer atmen und mehr Energie in Fluß bringen sollen.
Unterschiedliche Atemmuster hängen mit unterschiedlichen Seinszuständen zusammen. Brustatmung bei festgehaltenem Zwerchfell und Bauch als gewohnheitsmäßige Seinsweise korrespondieren mit einem „inneren Festhalten". Stolz wie auch Wut und Furcht werden in der aufgeblasenen Brust festgehalten. Brustatmung setzt normalerweise nur zu Zeiten starker körperlicher Anstrengung und in Situationen ein, die größeres Atemvolumen erfordern. Wird aber ständig die Brust aufgeblasen und festgehalten, dokumentiert das mangelnde Bereitschaft, sich weich sein zu lassen.
Bauchatmung setzt während des Schlafens oder bei tiefer Entspannung ein und ist mit verminderter gedanklicher Aktivität verbunden. Die Brust repräsentiert das Bewußte, der Bauch das Unbewußte. Volle Bauchatmung erfordert eine entspanntere Brust, eine weichere Atemmuskulatur. So hängt die Fähigkeit, sich seinen Gefühlen hinzugeben und seinen Körper zu spüren, mit der Fähigkeit zusammen, seinen Atem tief in den Bauch fließen zu lassen.
Es gibt verschiedene Ansätze für die Atemarbeit. Techniken, die sich von *Reich* herleiten, basieren auf zunehmendem Energiefluß (*Ladung*), der durch tiefe Bauch- und Brustatmung entsteht. Im Pranajana Yoga übt man spezifische mathematisch exakte Techniken, um verschiedene Bewußtseinszustände hervorzurufen. Andere Schulen legen das Hauptgewicht auf die Entfaltung individueller Atemmuster. Eine solche Methode wurde von Magda *Proskauer* entwickelt und von der Lomi School übernommen. „Wir müssen lernen, daß Kontakt mit der eigenen Tiefe nicht heißt, in ein tranceähnliches Vergessen zu sinken, sondern bedeutet, sich der schwierigen Disziplin stiller Aufmerksamkeit zu unterwerfen. Dies ist eine in unserer Kultur vergessene Kunst, die bewußte Anstrengung erfordert. Unser Atemmuster drückt unsere innere Situation aus."
Beim bewußten Atmen gibt es kein richtig oder falsch. Beurteilungen oder Vergleiche führen nicht zu einem natürlichen Atmen. Eine wichtige Grundlage dieses Atmens ist die enge Beziehung von Konzentration und Entspannung. Wenn wir lernen, uns bewußter zu entspannen, nimmt un-

sere Konzentration zu. Durch tiefe Konzentration wird es möglich, von innen her unsere spezifischen Atemmuster zu erfahren, die unseren Seinszustand charakterisieren. „Allmählich erkennen wir, daß jede geistige Starrheit gleichzeitig eine körperliche ist, daß Entspannung nicht dasselbe wie Zusammenbruch ist, sondern ein angemessener Grad von Konzentration".

Der Prozeß von Konzentration und Entspannung, mit dem wir unsere Atemmuster ändern können, schließt vier Schritte ein.

1. Ich erlebe die Verspannung bewußter. Ohne die direkte Erfahrung von Verspannung kann man die Aufmerksamkeit nicht konzentrieren. Hier ergänzen sich bewußtes Atmen und Lomi-Körperarbeit. Der Therapeut hilft mit, die Spannung deutlich zu machen.
2. Ich „bekenne mich" zu der Spannung. Ich erkenne, daß ich es bin, der die Spannung erzeugt. Dieser Schritt entspricht im Gestaltprozeß dem Übernehmen von Verantwortung. Solange ich glaube, daß meine Spannung von irgendwoher kommt, kann ich die Verspannung und die ihr zugrundeliegenden Muster nicht ändern.
3. Schließlich erfahre ich, wie ich die Spannung erzeuge. Ohne diesen Schritt kann ich nicht zwischen Spannung und Entspannung wählen.
4. Ich „lasse los". Dies geschieht dadurch, daß ich meine Aufmerksamkeit mit Hilfe des Atems in den Bereich der Verspannung lenke. Verspannung enthält eine vitale Botschaft. Nehme ich diese Botschaft auf, so entspanne ich mich. Das erklärt auch, warum Einsicht so oft von Entspannung begleitet wird.

Man kann Entspannen nicht erzwingen. Wenn man das versucht, erreicht man das Gegenteil. Effektive und bleibende Veränderungen (d.h. Wachstum) entspringen aus der unmittelbaren Erfahrung von dem, was ist. Das läßt sich bei gutem Willen durch Entspannung, Konzentration und Atmen erreichen.

Bewegung

Bewußte Bewegung ist eine Methode, die Catherine *Heckler* entwickelt hat. Hier entspringt die Bewegung aus innerer Bewußtheit im Unterschied zu traditionellen Ansätzen, nach denen einzelne Bewegungen und Formen auf externen Kriterien beruhen. Die ersten Schritte zu bewußten Bewegungen sind Aufmerksamkeit und die Entwicklung von Konzentration durch Entspannung. Wenn man die inneren Rhythmen und Strukturen wahrnehmen und sich auf sie konzentrieren kann, entfalten sich die Bewegungen aufgrund der realen Gefühle und nicht aufgrund von Vorstellungen über das, was richtig und schön ist.

Es gibt verschiedene Techniken, die dieses innere Sehen hervorrufen. Wesentliche Zugänge sind das Atmen und bildhafte Vorstellungen, die innere Zustände und Gefühle beschreiben helfen. Um ein wachsendes Bewußtsein von der Beziehung zwischen Kopf und Wirbelsäule herbeizuführen, stellt man sich den Kopf als Höhlung vor, die mit einer warmen Flüssigkeit gefüllt ist, welche auf die feinsten Bewegungen im Schädel und in der Wirbelsäule reagiert. Der Atem ist in der Vorstellung ein warmer goldener Nebel, der durch das Bewußtsein in die verschiedenen Teile des Körpers gelenkt wird. Solche Techniken lassen sich schwer beschreiben. Die Integration von bewußtem Atmen und bewußter Bewegung kann am besten durch Übungen erfahren werden.

Blockierungen lösen, Bewußtheit entwickeln ist ein fortwährender Prozeß, der nicht an einem vorbestimmten Punkt endet. In frühen Phasen der Arbeit geht es um Schmerz und allgemeine strukturelle Arbeit, später liegt der Schwerpunkt auf der Veränderung emotionaler und mentaler Muster, am Ende wird die Arbeit zu einem subtilen Instrument, das die Integration geistiger, emotionaler und körperlicher Prozesse vertieft und Bewußtheit in Bezug auf das eigene Selbst, die Quelle unserer Energie und unseres Seins, ermöglicht.

Übersetzt von Jürgen Lemke, Nürnberg

Literatur:

1. *The Fish in the Sea is Not Thirsty,* by Kabir, translated by Robert Bly Rainbow Bridge, San Francisco.
2. *The Power of Mindfulness,* Nyanaponika Thera, Unity Press, San Francisco
3. *Nature, Man and Woman,* Alan W. Watts, New American Library, Mentor, New York.
4. *The Lomi Papers,* Lomi Press, Mill Valley.
5. *Ways of Growth, Approaches to Expanding Awareness,* Herbert A. Otto and John Mann, The Viking Press, New York.

Eine bio-existentielle Therapie*

James E. Dublin

Die Synthese, die ich allgemein die „bio-existentielle Therapie" nenne, hat sich aus meiner Integration von verschiedenen Aspekten aus vier psychotherapeutischen Schulen entwickelt: Gestalttherapie, Bioenergetik, Neo-Reichianische Therapie und Transaktionale Analyse. Es gibt nun über 40 Therapierichtungen auf dem heutigen Markt. Meine Wahl dieser 4 ist zum einen darauf begründet, daß sie pragmatisch sind, zum anderen beruht sie auf zwingenden theoretischen Überlegungen. Deshalb an dieser Stelle einige theoretische Bemerkungen.

Die Psychoanalyse begann als ein funktionales, physiologisches und körperzentriertes System, wurde aber über die lange Zeit von Freuds theoretischen Überlegungen zunehmend strukturell und metaphorisch. Er beschrieb das „Ich" als „zuerst und vor allem ein Körper-Ich" (Freud 1923). Was Freud offensichtlich damit meinte, ist, daß das „Ich" eine geistige Projektion von wahrnehmungsmäßigen Eindrücken ist, die „der Oberfläche des Körpers entspringen". Wenn ich das „zuerst und vor allem" aus diesem Satz funktional übersetze, bedeutet es, daß die entwicklungsmäßige Beziehung eines Menschen zu seinem Körper grundlegend genug ist, um den Grad der Flexibilität, Elastizität und der Kontaktfähigkeit anzuzeigen, die im Erwachsenensein sichtbar wird. Wenn dies so ist, sind die Folgerungen für ein angemessenes Psychotherapiesystem weitreichend. Es muß nicht nur gleichzeitig Somatotherapie und Psychotherapie sein, es muß ein System einer Psychosomatotherapie sein. Eine existentielle Definition beinhaltet notwendigerweise auch die Person als ein erlebendes Wesen, folglich als „gelebter Körper", „Körper Ich" oder „Leib" [1]. Wenn beides nicht in Betracht gezogen wird, weder der Leib für sich, noch der Körper als Objekt, muß dieses als Hinweis auf Pathologie gewertet werden; und jede derartige Pathologie muß systematisch auf irgendeine Konzeption von Charaktertypen bezogen werden oder (in existentiellem Sinne) auf die ursprüngliche Art des In-der-Welt-Seins.

---

* Für diesen Band überarbeitete und erweiterte Fassung eines Beitrages aus *Voices* 2 (1976).

Als die Psychoanalyse stärker strukturell und versachlicht wurde, war der erste Psychoanalytiker, der solche Aspekte ernsthaft in Betracht zog, Wilhelm *Reich* (1961a). Während *Abraham* und *Ferenczi* schon vor ihm die Erforschung des Charakters begannen, waren *Reich*s Ausführungen die ersten, die ein wirklich vollständiges System bildeten, das System einer Charakterforschung, in der der fundamentale Bezug zu beiden, dem „Ich" und dem Körper, bestand. Und so war er der erste Kliniker, der die rein psychologische Auffassung der Abwehrmechanismen verließ und sie auch somatologisch betrachtete. Daraus folgt für mich, daß heutzutage tatsächlich nur diejenigen Therapiesysteme angemessen sind, die diese Gedanken in irgendeiner Weise weiterentwickelt haben.
Einer der bekanntesten Schüler *Reich*s, Alexander *Lowen* (1958, 1967 und 1975) hat ein System entwickelt, das, obwohl es eigentlich Neo-Reichianisch ist, soweit abgewandelt und inhaltlich selbständig genug ist, um mit Recht selbständig als bioenergetische Therapie aufgeführt zu werden. Andere Neo-Reichianer, wie Charles *Kelley* (1972) und Malcolm *Brown* (1973 und 1976), haben weniger erneuernde, weniger vollständige und vom Inhalt her weniger klar umrissene Therapieformen entwickelt, die in großem Ausmaß auf Reichianischen Ideen basieren. Deshalb werde ich von bioenergetischer und Neo-Reichianischer Therapie als zwei Systemen sprechen, deren Synthese ich anstrebe.
Ich habe noch nicht genügend klar erläutert, was ein adäquates Psychotherapiesystem ausmacht: Wenn das „Ich" „zuerst und vor allem ein Körper-‚Ich'" ist, in dem funktionalen Sinn, in dem ich Freuds Zitat übersetzte, dann heißt dies nicht nur, wie bereits gesagt, daß das körperliche Sein eines Menschen systematisch auf Charaktertypen und/oder auf eine existentielle Art des In-der-Welt-Seins bezogen sein muß. Es bedeutet auch die Bewußtheit, daß die Geist-Körper-Einheit oder Nicht-Einheit eine zweiseitige Betrachtungsweise erfordert. Die charakteristischen Methoden einer Person, eine solche Bewußtheit [2] zu vermeiden, müssen auf eine systematische Konzeption von Abwehroperationen bezogen werden. Und beides, die Methode und das Ausmaß eines solchen Mangels an Bewußtheit, muß systematisch auf ihre beobachteten Charakterstarrheiten bezogen werden. In der Freudianischen Ich-Sprache bedeutet dies, daß das angewandte theoretische Konzept des Selbst nicht vollständig strukturell sein darf. Es muß in Begriffen von Organismus-Umwelt-Kontakt und Nicht-Kontakt bezüglich der funktionalen Ich-Grenzen, der Identifikation und Entfremdung gefaßt werden.
Meines Erachtens hat ein weiterer Neo-Reichianer, Friedrich *Perls* (1947,

1951, 1969 und 1973), Freuds strukturelles „Ich" sehr umfassend funktionalisiert. Er entwickelte außerordentlich systematische psychotherapeutische Techniken, um Muster von Abwehrmechanismen an den funktionalen Ich-Grenzen auf sichtbare Charakterstarrheiten zu beziehen. Deshalb ist das System, das er entwarf und verbreitete, Gestalttherapie, für meinen integrativen Ansatz grundlegend.

Aber unsere theoretischen Betrachtungen haben bisher hauptsächlich nur die funktionale Übersetzung von Freuds strukturellem „Ich" berücksichtigt. Was ist mit den beiden anderen „Bewohnern des strukturellen Gebäudes", das Freud errichtete, *Es* und *Über-Ich*? Der erste Nach-Freudianische Analytiker, der einen ernsthaften Versuch unternahm, Freuds dreigeteiltes Struktursystem in Begriffen der Funktionsweisen des „Ich" (innerhalb des „Ich") anwendbar zu machen, war Paul *Federn* (1952). Sein Versuch mißlang. Die Ich-Funktionen des sich entwickelnden Kindes blieben strukturell, so wie drei Ballons, die übereinander mit einem Faden verbunden sind. Aber mit *Federns* Anfang hatte der Begründer der transaktionalen Analyse, Eric *Berne* (1961, 1964 und 1972), in gewissem Maß Erfolg. Er hat das „Über-Ich" und das „Es" entmythologisiert, indem er sie in benennbare Entwicklungs-Phänomene übersetzte, die sich beim Erwachsenen als angepaßtes oder fehlangepaßtes Verhalten zeigen. Und diese Verhaltensweisen werden nicht irgendwie durch eine „Libido" (oder andere esoterische Energiekonzepte) angetrieben. Vielmehr sind sie zurückzuführen auf kommunikative Interaktionen in der Entwicklung der Eltern-Kind-Beziehung. Diese Entwicklung vollzieht sich normalerweise von präverbalem Ausdruck (z.B. finsterem Gesichtsausdruck) während der Kindheit bis hin zu verbalen, durchdachten Botschaften (z.B. sei ein erstklassiger Schüler), die wiederholt während der Kindheit, der Adoleszenz oder dem frühen Erwachsenenalter geäußert werden. So bekommt der „Erwachsene" (das beobachtende kognitive, problemlösende Ich) auch etwas ausreichend Greifbares. Als Reaktion auf die elterlichen Botschaften und Gegenanweisungen bilden sich aus angepaßten und widersetzlichen Kinderreaktionen charakterologische Starrheiten (in TA-Sprache: „angepaßtes Kind"). Aufgrund der Notwendigkeit, emotional zu überleben, werden existentielle Entscheidungen getroffen (in TA-Sprache: „frühe Überlebens-Entscheidungen). Sie führen zu Fehlanpassung und können einen allumfassenden verselbständigten Komplex von charakterologisch starren Verhaltensweisen verursachen (Skript genannt).

Somit ist die TA, obwohl sie kein adäquates Therapiesytem mit den er-
auf die Entfaltung individueller Atemmuster. Eine solche Methode wurde

zung für jede Körpertherapie. Sie beinhaltet Möglichkeiten, mit allen im psychoanalytischen Sinne strukturellen Teilen, nämlich *Es, Ich, Über-Ich*, umzugehen. Sie wird vom Patienten leicht verstanden und bietet eine vielversprechende Möglichkeit für ihn, seine „Engpässe" intellektuell zu erfassen, die notwendige kognitive Integration zu leisten und auf eine rationale Weise Möglichkeiten aufzugreifen, völlig neue Wege in seiner Existenz einzuschlagen.

Dieses sind also die Systeme der Psychotherapie, die ich integrieren möchte und aus deren Synthese ich versuche, meinen eigenen Ansatz zu bilden. Ich habe festgestellt, daß jedes dieser Systeme, für sich alleine angewandt und oftmals zwei oder drei von ihnen, ohne das andere oder die anderen beiden angewandt, letzten Endes zu Unzulänglichkeiten führt. Deshalb habe ich mich in der folgenden Diskussion bemüht, in meinem integrativen Ansatz die Unzulänglichkeiten zu verringern und die Stärke jedes einzelnen Systems zu vergrößern. In diesem Zusammenhang werde ich zuerst die Gestalttherapie erörtern.

Der Gestalttherapeut arbeitet mit der Körperhaltung, den Gesten, dem Erröten, der Atmung und abwehrenden Körperbewegungen (z.B. drehen und wenden). Er behandelt die Stimme als „Musik des Körpers", achtet auf den Tonfall, die Betonung, auf automatische Sätze und Phrasen, auf Stottern und Stammeln. So kommt er in Kontakt mit den Ausdrucksformen des Körpers, aber nicht so sehr mit dem Körper als solchem. Er befaßt sich nur wenig oder überhaupt nicht mit der Muskulatur, die er nicht sehen kann (da der Patient normalerweise Kleider anhat). Und wenn er den bekannten „hot-seat" benutzt, dann nicht, um Anzeichen aus der Körperhaltung, dem Verhalten oder der Bewegung zu erhalten.

Zweitens ist die Gestalttherapie noch immer durch den starken persönlichen Einfluß von *Perls* beherrscht (1969, Shepard 1975). Sie ist eine Therapie, die in der Regel nicht am Körper arbeitet. Die Perls'sche Definition der Neurose lautet, sich mehr auf die Umweltunterstützung zu verlassen als Für-sich-alleine-stehen. Die vereinfachte Übersetzung des existentiellen Lehrsatzes von der Wahl der Verantwortung als der Fähigkeit zu antworten [3], führt unter anderem dazu, daß viele Gestalttherapeuten von ihrem Standpunkt her nicht bereit sind, soviel Verantwortung für den Patienten zu übernehmen, wie es die direkte Arbeit am Körper mit den Händen erfordern würde.

Zuletzt soll erwähnt werden, daß die größte Stärke der Gestalttherapie vielleicht auch ihre einzige große Begrenzung ist. Ich beziehe mich auf den Gestaltansatz für die Behandlung von Charakterstarrheiten. Da die gestalttherapeutische Theorie der Veränderung paradox* ist, ist das Ziel für die Entwicklung der Bewußtheit, daß der Patient entdeckt, wie er ist, und erst in zweiter Linie wird Gewicht auf die Ausdehnung der Kontaktgrenzen gelegt. Die Entwicklung der Bewußtheit ist auf den wahrnehmungsmäßig-kognitiven Kontakt gerichtet mit sensorisch-motorisch-affektiven Funktionen im phänomenologischen Feld. Im Vorgehen bedeutet dies, daß dieser zweite Schwerpunkt, die Ausdehnung der Kontaktgrenzen, durch verschiedene kontaktfördernde Spiele und/oder Übungen gesetzt wird. Das reicht oft genug nicht aus, um den Patienten zu befähigen, in Kontakt mit seiner muskulären Charakterpanzerung und/oder seinen langjährigen Muskelverspannungen und Verkrampfungen zu kommen, die weitgehend verdrängt sind. Wenn wir uns hauptsächlich auf das „Figur-Grundprinzip", durch Fühlen, Wahrnehmen und Konzentrieren beziehen, können wir sagen, daß die Gestalttherapie eine Körpertherapie ist, aber eine Therapie, die sich „vom Kopf zum Körper bewegt", eine Geist-Körper-Therapie. Meiner Erfahrung nach braucht sie oft die Hilfe der Bioenergetik im Sinne des Prinzips „vom Körper zum Verstand". Um es konkret zu veranschaulichen, ein Beispiel:

John ist ein stämmiger, starker, übergewichtiger Mann mit einem großen Kopf und einem Stiernacken. Er trinkt unkontrolliert und ißt unkontrolliert. Es bestehen Eheschwierigkeiten seit vielen Jahren. Dies alles erscheint jedoch zweitrangig gegenüber dem Hauptproblem, den panischen Ängsten, die auftreten, wenn er das große gelbe M auf Mac Donalds Reklameschild in der Nähe seiner Wohnung sieht oder nur daran denkt.

Wenn er darüber spricht und im Gestaltdialog mit ihm, oder wenn er selbst das Schild ist, treten verschiedene Tics und Zuckungen um Augen, Nase und Mund herum auf. Wenn er nach Gestaltart aufgefordert wird, Kontrolle über diese Gesichtsbewegungen auszuüben und sie zu verstärken, verliert er so sehr den Kontakt dazu, daß er dazu nicht in der Lage ist.

Nach einigen Therapiewochen berichtet er über „seltsame Wahrnehmungen", einem Gefühl des „unangenehmen Gewahrseins" seiner Genitalregion, wenn er an das Zeichen denkt oder dies sieht. Wieder ist er sich nicht der Tatsache bewußt, daß die Gesichtsbewegungen stärker auftreten, wenn er über das „neue Erleben" spricht; und auch, als er aufgefordert wird, diese Gesichtsbewegungen bewußt zu kontrollieren und zu verstärken, indem er sagt „ich fühle", klappt es nicht. Und wieder erlebt er keinen Affekt, wenn er in den Gestaltdialog mit dem Zeichen tritt.

---

* Veränderung ist nicht, zu werden, was man nicht ist, sondern zu sein, was man ist.

Ich fordere ihn auf, regelmäßig eine bioenergetische Übung durchzuführen, die ich ihm zeigte und die er vorher nur unregelmäßig und schwankend zu Hause durchgeführt hat; dabei hatte er erlebt, „daß nichts passierte". Während zwei Wochen führt er diese Übungen von *Lowen* durch: Die Streßgrundposition rückwärts und vorwärts, das Tennisschlägerschlagen auf ein Bett und die Fallübungen mit gebeugten Knien und zurückgezogenem Becken.
Er berichtet dann, daß er sich an zahlreiche Einläufe mit Seifenlauge erinnere, als er fünfjährig gewesen sei. Er sei dann ausgeschimpft worden, da er im Kreis herumgelaufen und unfähig gewesen sei, seine Hände vom Hintern wegzunehmen. Als er diese Übung erneut in Gestaltform durchlebt, zeigt er starke Gefühle und kann die bewußte Kontrolle über die Gesichtsbewegungen ausüben, während er die Gefühle von Ekel, Ärger und Aufregung ausdrückt.
Nach oftmaligen Wiederholungen und, um sein Becken und die Aftermuskeln zu lockern, fordere ich ihn auf, die Übungen zu Hause fortzusetzen. Er führt sie aus, und nach zwei weiteren Wochen phantaisert er eine aggressive sexuelle Erfahrung mit seiner Mutter, die er, was nicht weiter überrascht, von hinten nimmt, während sie vornübergebeugt stand. Sein Eindruck von ihrem Hintern gleicht dem M-Zeichen der McDonald-Reklame. Diese Phantasie ist für ihn so erregend, daß er dabei einen Orgasmus erlebt, ohne stark zu masturbieren.
Nachdem er dieses bewußt wiedererlebt hat, hört er sofort auf, in der süchtigen Weise zu essen und zu trinken, berichtet, daß er sich nicht länger ständig hungrig fühlt, daß die starke Spannung im Zwerchfell-Magen-Becken-Bereich abgeklungen ist, daß sein Penis im erschlafften Zustand wesentlich länger ist und daß er fast täglich befriedigende sexuelle Erlebnisse mit seiner Frau hat. In kurzer Zeit nimmt er 30 Pfund ab, die Gesichtstics verschwinden größtenteils und gleichzeitig die Angst vor dem Zeichen.
Mit dem Ziel, dramatische Änderung zu erzielen, bewirkt eine gestalt-bioenergetische Form der Therapie einen erheblich schnelleren Prozeß und richtet sich auf die verbleibenden existentiellen Wahlen [4], so zum Beispiel, bei seiner Frau zu bleiben oder sich scheiden zu lassen.

In einem ähnlichen Sinn wie die Gestalttherapie halte ich beide, die bioenergetische wie die Neo-Reichianische (direkte Körperkontakt-) Therapie, für begrenzt, wenn sie alleine angewandt werden. Bevor ich dies veranschauliche, möchte ich die Grenzen der Reichianischen, der Neo-Reichianischen und der bioenergetischen Therapien diskutieren. Ich beginne mit dem grundlegenden System, aus dem alle entstanden sind: „Vegetotherapie".

Bei seiner Suche nach einer konkreten Stelle im Körper für die „Libido" und „Verdrängung" nannte *Reich* (1961b) sieben Querringe (quer zur Längsachse des Körpers) des Panzers, an den Augen beginnend bis hinunter zum Becken- und Genitalbereich. Er ging davon aus, daß der Charakter-Muskelpanzer immer an diesen „Ringen" zu lokalisieren sei und dazu entwickelt wurde, um den libidinösen Energiefluß zu verhindern. Der orthodoxe Reichianer arbeitet demzufolge noch immer an diesen „Ringen" abwärts, bis die Muskulatur an jedem Ring genügend gelöst ist. „Genügend" bedeutet, daß der Patient, wenn er auf seinem Rücken liegt, mit angewinkelten Knien und aufgestützten Füßen, durch den ganzen Oberkörper atmend einen unwillkürlichen orgasmusähnlichen Reflex erlebt. Dieser Reflex, ein Ausdruck für die „orgastische Potenz", ist ein letztes Kriterium dafür, daß eine Person charaktermuskulär ausreichend von ihrem Panzer befreit ist, um mit Hilfe energetischer Entladung des sexuellen Orgasmus eine Befreiung von Angst und jeder Art von emotionaler Hemmung zu erfahren.

Ich stimme größtenteils mit der ätzenden Kritik bezüglich der theoretischen Annahmen und des praktischen Vorgehens an diesem grundlegenden und fast überholten Therapiesystem überein (z.B. Brown 1973). Ich möchte nur festhalten, daß *Reich*s Konzeption bezüglich Ätiologie und Form der Panzerung und seine Weise, diese zu bearbeiten, rein libidinöskategorial und zwanghaft vom Begriff des Orgasmus beherrscht sind, und ferner, daß sich die tatsächlichen Körperstarrheiten nicht einer phänomenologischen Untersuchung unterwerfen lassen. Ich bin deshalb mehr daran interessiert, eine Untersuchung der *Neo*-Reichianischen Therapien vorzunehmen.

Solche Neo-Reichianer wie Malcolm *Brown*, der Begründer der direkten Körperkontakttherapie (1976), haben *Reichs* Theorie und Praxis dadurch „gesäubert", daß sie die Libido-Konzeption mit einem zweiteiligen Therapieprozeß kombiniert haben. Der erste Teil ist ein [5] Entpanzern durch Berühren und Neustrukturieren in einem Übertragungs- und Gegenübertragungsprozeß. Dem folgt in der späteren Phase der Therapie eine existentielle authentische Begegnung im Sinne einer Beziehung zwischen dem Klienten und Therapeuten als Personen anstelle der herkömmlichen hierarchischen Patienten-Therapeuten-Beziehung. Aber sie sind bezeichnenderweise dabei stehen geblieben, sich mit den Energiezentren zu beschäftigen. So werden z.B. die theoretischen Überlegungen von *D.H. Lawrence's* „Kreativem Unbewußten" und *Jung*s „Kollektivem Unbewußten" ebenso wie *Freuds* „Unterdrücktem Unbewußten" (*Brown* nennt es primordial) in *Brown*s Konzept (1976) der „Energiezentren" aufgegriffen und mit einbezogen. Insofern ist auch sein System theoretisch-kategorial. So hatte er ebenfalls den Entwurf einer funktional-strukturell-emotionalen Analyse des Lebens und der Körperbewegung vernachlässigt, einschließlich der Körperteile in ihrer Beziehung zur Welt, zum Kopf und zum Rumpf.

Alexander *Lowens* bioenergetische Therapie ist die erste Körpertherapie, die meines Erachtens eine systematische Analyse anstrebt, die phänomenologisch und charaktermuskulär ist und die sowohl funktional als auch strukturell entwicklungsbezogen ist. Sie berücksichtigt auch die Ergebnisse des Entwicklungs-Prozesses, wie sie sich im Körperselbstbild, im Vertrauen in Beziehungen und in Hemmungen von selbstbewußten und sexuellen Verhaltensweisen zeigt. Aber wesentlicher erscheint, daß diese Faktoren sich auf spätere Formen der Atmung, der charaktermuskulären Panzerung *und* des Verhaltens beziehen und ebenso auf die aufrechte Körperhaltung, den Gang und die Gewichtsverteilung. *Lowen* hat die schwierige Frage nach der Realität von konkreter Energie oder Energiezentren vermieden. Er hat vielmehr den Menschen phänomenologisch in seinem Verhalten und charakterologisch in seinem Sosein grundsätzlich betrachtet. Daraus ergibt sich, daß er ein Therapiesystem entwickelt hat, das nicht nur die positiven Aspekte der anderen Neo-Reichianischen Therapien enthält, sondern auch das grundlegende Konzept des „grounding", des „festen-Grund-Fassens" der Person, in ihrem Leib, in körperlicher Lust und in der Wirklichkeit.
Brown (1973, 1976) hat die Bioenergetik als zu direktiv und zu interpretativ kritisiert. Aus theoretischen Überlegungen heraus bemängelt er, daß die Bioenergetik die reine Lebensvitalität, so wie sie sich in der Aktivierung der Skelettmuskulatur äußert, mit der kreativen Energie verwechselt, die sich in höheren existentiellen Lebensvollzügen zeigt. Dieser theoretischen Kritik stimme ich teilweise zu. Aber ich möchte weiter auf wichtigere Einschränkungen eingehen. Weder die anderen Neo-Reichianer noch *Lowen* haben vollständig die Implikationen von *Perls'* Umformung oder funktionalen Neudefinition des Unbewußten und des Selbst erfaßt. Die Bioenergetik hat sich nicht vollständig vom strukturellen „Ich"-Konzept befreit. Die Figur-Grundkonzeption wurde nicht übernommen. Innerhalb des Gestaltkonzepts ist die Selbst-Funktion nicht vollständig versachlicht, sondern „ein Figur-Grund-Prozeß mit Kontakten an den Ich-Grenzen im Organismus-Umwelt-Feld" (*Perls, Hefferline* und *Goodman*, 1951). Innerhalb dieses Feldes bedeutet Therapie deshalb:
Solange mit dem „Ich", den verschiedenen Identifikationen und Entfremdungen anhand von Experimenten mit bewußtem Erleben der verschiedenen Funktionen einer Person zu arbeiten, bis das Selbstgefühl spontan wiedererlebt wird, so daß folgendes eintritt: „Ich bin es, der denkt, wahrnimmt, fühlt und dies tut" (ibid. S. 230-235).
Wenn also andere Neo-Reichianische oder bioenergetische Therapien

ohne die Integration von Gestalt oder gestalt-orientierten Therapien angewandt werden, beziehen sie nicht existentielle Wahlen und Besitzen des „Daseins" mit ein, wie es die Gestalttherapie tut.
Wenn ich jetzt diskutiere, wie ich die verschiedenen Aspekte der transaktionalen Analyse in meine verschiedenen Ansätze der Körperarbeit in der Therapie einbringe, so möchte ich einen Aspekt herausstellen und klinisch demonstrieren. Dieser Punkt ist wiederholt von dem bekannten Psychotherapeuten Robert *Goulding* (1976) behandelt worden. Er ist noch nicht wirklich von vielen gestalt- und körperorientierten Therapeuten berücksichtigt worden. Stark vereinfacht geht es um Folgendes: Wenn nicht vom Patienten selbst die Verbindung zwischen den Engpässen in seiner archaischen Vergangenheit zu den gegenwärtigen Blockierungen hergestellt wird, kann *notwendigerweise* selbst der tiefste Gefühlsausdruck und der stärkste Abbau des muskulären Charakterpanzers *nicht* zu einer wirklich entscheidenden Verhaltensänderung führen. Um dies im Einzelnen zu verstehen und um zu erkennen, worum es geht, müssen wir das dreistufige System der Blockierung (*impasse system*) von *Goulding* in einer Zusammenschau untersuchen.
Auch jemand, der nur wenig mit der transaktionalen Analyse vertraut ist, wird wissen, daß die Eltern und das sich entwickelnde Kind ein „Eltern"-, „Erwachsenen"- und „Kind-Ich" besitzen. Die Gegenanweisungen, die als verbale Botschaften meistens streng und von oben herab dem Kind durch die Eltern gegeben werden, entstammen dem Eltern-Ich der Eltern und werden vom Eltern-Ich des Patienten introjiziert, wo sie möglicherweise mit dem Kinder-Ich in Konflikt treten. Um die Blockierung ersten Grades zu verdeutlichen:

Diagramm I

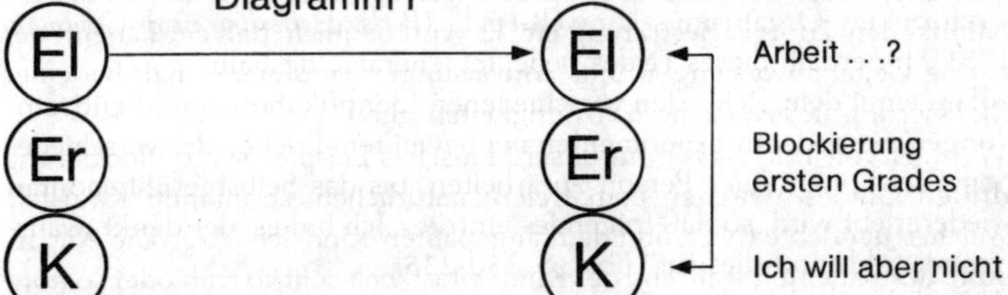

Wenn eine solche Blockierung nicht durch eine Anweisung erschwert wird, die zu einer Blockierung zweiten oder dritten Grades führt, kann sie in einem Gestaltdialog bearbeitet werden, gewöhnlich von beiden, dem Erwachsenen-Ich und dem „kleinen Professor" (nämlich dem Erwachsenen-Ich innerhalb des Kind-Ichs) des Patienten. Um den angemessenen Affekt zu erzielen, wird dieser Dialog so durchgeführt, daß der Patient sich in sein Kind-Ich hineinbegibt. (In TA-Sprache „vom Kind-Ich her"). Aber Eltern senden auch irrationale Botschaften aus, von ihrem Kind-Ich her, zum Kind-Ich des sich entwickelnden Kindes, zum Beispiel „Wachse nicht!"; dies beinhaltet auch manchmal: „denk nicht" und/oder „sei geschlechtslos" und führt dann möglicherweise zu einer Blockierung auf der zweiten Stufe im Patienten innerhalb seines Kind-Ichs, zum Beispiel:

Diagramm II

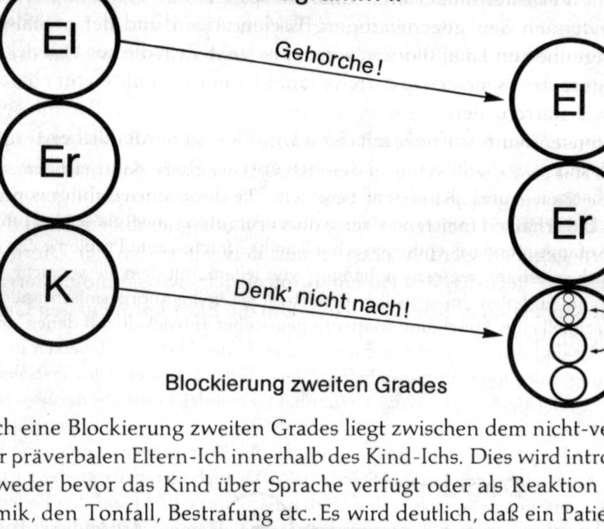

Blockierung zweiten Grades

Solch eine Blockierung zweiten Grades liegt zwischen dem nicht-verbalen oder präverbalen Eltern-Ich innerhalb des Kind-Ichs. Dies wird introjiziert, entweder bevor das Kind über Sprache verfügt oder als Reaktion auf die Mimik, den Tonfall, Bestrafung etc.. Es wird deutlich, daß ein Patient, der solche Gegenanweisungen und Anweisungen empfangen hat, bei einer Blockierung in zweifache Schwierigkeiten gerät.

Weniger von Wichtigkeit für unser klinisches Beispiel ist die Blockierung dritten Grades zwischen dem freien, natürlichen, spontanen Kind-Ich, welches überlebte (NC), und dem angepaßten Kind-Ich (AC). Die Anpassung des Patienten während der Kindheit ist vielleicht so früh oder so nonverbal erfolgt, daß er auch jetzt daran glaubt, er sei immer „stumm, dumm" oder „innerlich ein Mädchen" (transsexuell etc.) gewesen. Der Hauptunterschied zwischen dieser Blockierung und einer ersten oder zweiten Grades besteht darin, daß es sich bei diesen beiden um einen Ich-Du-Dialog handelt, während die Blockierung dritten Grades einen Ich-Ich-Dialog darstellt.

Diese etwas trockene Beschreibung der Blockierungstheorie gibt über folgende Punkte Aufschluß: Ein Patient kann seine affektiven Blockierungen bald durchbrechen oder kann in der Lage sein, zu schreien oder mit seiner Mutter in einen Gestaltdialog zu treten oder seine Muskelpanzerung durch bioenergetische Übungen oder Reichianische Körperarbeit zu durchbrechen, bis hin zu dem Punkt, wo er einen regulären Orgasmusreflex verspürt. Er mag darüber hinaus in der Lage sein, seine wichtigen Gegenanweisungen und Anweisungen zu schildern – doch dies alles ohne wirkliche Verhaltensänderung. Ohne ein kognitives Verstehen der Beziehung zwischen den gegenwärtigen Blockierungen und der archaischen Vergangenheit und den Blockierungen aus jener Zeit, die zur Entwicklung des angepaßten Kind-Ichs führten (damit ist ein Komplex von charakterologisch starren Verhaltensweisen gemeint), kann der Patient seinen Verhaltensentwurf [6] aufrechterhalten. Um dies zu verdeutlichen:

Jenny ist eine große, schlanke junge Frau, die die Therapie beginnt, nachdem sie ein Buch über Bioenergetik gelesen hat. Sie möchte die chronischen Gefühle von „Müdigkeit, Lethargie und Depression" überwinden, um etwas „Energie" zu bekommen. Frühe Anfangsinterviews enthüllen schnell andere interessante Probleme. Sie empfindet sich selbst als „regressiv abhängig" von jedem, mit dem sie versucht, ihren Lebensraum zu teilen. Im sexuellen Bereich ist sie völlig anorgasmisch und sieht, daß sie schnell eine Abneigung Männern gegenüber entwickelt, mit denen sie sich verabredet und dann, begleitet von einem Gefühl des Ekels, der Übelkeit und der Aufregung, mit diesen in zwanghafter Weise Fellatio ausübt. Dies erscheint ihr wirklich beängstigend, da sie das Gefühl hat, „keinerlei Kontrolle darüber zu haben."

In ihrer zweiten Sitzung bewirkt die diagnostische Körperarbeit dramatische Erfolge. Die Anwendung von Lowens Standard-Rückwärtsbogen bewirkt, daß sie plötzlich kollabiert, indem sie sich in den Hüften nach vorne dreht, auf den Boden fällt und weint. Wenn sie stark dazu ermutigt wird, eine Minute lang in dieser Position zu verbleiben, gerät sie offensichtlich in eine Schreckreaktion, hält ihre Hände über die Augen, schreit und fällt auf den Boden, wo sie abwechselnd schreit und schluchzt. Sie erholt sich so schnell, daß deutliche hysterische Komponenten anzunehmen sind, eher jedenfalls als ein wirklich schmerzvolles Gefühlserlebnis. Nach der Aufforderung, mit gegrätschten Beinen dazustehen und mit gebeugten Knien, die Hände auf den Hüften, ihr Becken heftig kreisen zu lassen, zeigt sie eine völlig freie Drehbewegung, aber nach der dritten oder vierten Vorwärtsbewegung des

Beckens gibt sie einen kehligen Laut von sich, und sie zeigt eine weitaus heftigere stärkere Schreckreaktion, wobei sie sich wie ein Fötus auf dem Boden zusammenrollt und dabei die Fingerspitzen ihrer rechten Hand in den Mund nimmt.

Trotz der leicht ersichtlichen Schreckgefühle und der dramatischen Art der Körperblockierung ist Jenny hochmotiviert für die Therapie. Über den Zeitraum von zwei Monaten hin arbeitet sie fleißig zu Hause mit der Atemtechnik am bioenergetischen Stuhl. Sie gelangt in Rückwärts- und Vorwärts-Kleinkindpositionen und nimmt diese Stellungen bis zu einer Stunde am Tag ein.

Da sie zwei Therapiestunden pro Woche hat, nutzen wir die ersten sechs Monate der Therapie dazu, die Hälfte der Zeit zur persönlichen Auseinandersetzung, die andere Zeit, um in Gestaltarbeit ihre Bewußtheit zu entwickeln.

Sie fördert viele Unterdrückungsmechanismen zutage, aber immer mit einem fragmentierten, karrikaturhaften, hysterischen Affekt. Sie erinnert sich an viele frühe Erfahrungen, durchlebt sie erneut, dann verleugnet sie die jedoch in der nächsten Sitzung, indem sie die Bedeutung ihrer Erinnerung herunterspielt. Diese Verleugnung ist offensichtlich nicht so sehr ein Abwehrmechanismus, der aus primär psychologischer Bedrohung entstammt, sondern vielmehr ein negativistischer, kindähnlicher „Ich"-Zustand. Während unserer Gespräche regrediert sie, und wenn ich fortfahre, von meinem Erwachsenen–Ich zu ihrem weiterzusprechen (über die Kind-Eltern- oder Kind-Kind-Beziehung mit mir), dann regrediert sie bis zu einem Alter von etwa 4 Jahren und murmelt „es ergibt keinen Sinn, . . . es ist nicht geschehen". Das einzige Gebiet, auf dem Jenny mit angemessenem Affekt arbeitet, ist die Arbeit an der Blockierung ersten Grades, die Double-bind-Anweisungen der Mutter entstammen. „Sei wie ich, laß alles an dir vorbeirauschen." Wenn sie mit mir *über* diese elterliche Introjektion redet, ist sie in ihrem normalen Kleinmädchen-Ich. Der Kernpunkt der Schwierigkeiten während dieser Therapieperiode besteht darin, daß sie zwar intellektuell einsieht, aber gefühlsmäßig nicht zulassen kann, daß sie an einer defizitären Mutterbeziehung leidet. Das Leiden bestand darin, daß ihre neurasthenische und hypochondrische Mutter während der meisten Jahre ihrer frühen Kindheit im Bett lag und „krank spielte", daß sie wiederholt die Gegenanweisung erhielt „sorg' für deinen Vater (wachs schnell, gib deinem Vater, was ich ihm nicht geben kann, das heißt, Sex und Zuneigung)." Sie weiß ebenso, kann es aber gefühlsmäßig genau so wenig zulassen, daß sie von ihrem Vater verführt und mißbraucht wurde. Er zwang sie über einen Zeitraum von mehreren Jahren wiederholt zur Fellatio, offensichtlich vom 8. Lebensjahr an bis zu dem Alter, in dem er durch ihren sich entwickelnden Körper und ihre genitale Sexualität abgeschreckt wurde.

Während der ersten sechs Monate der Therapie führt Jenny viele Gestaltdialoge zwischen der Muskulatur des „ekelhaften" Mundes und ihrer Schenkel, mit ihren Genitalien und ihren sexuellen Gefühlen. Immer regrediert sie in einen hilflosen schluchzenden Zustand oder ein entsetztes Kreischen. Sie kann oder will nicht über die Bedeutung dieses Dialogs oder Verhaltens sprechen, wenn sie sich wieder erholt hat. Dennoch ist ihre zwanghafte Fellatio „plötzlich verschwunden." Unter charakterologischem Aspekt ist viel bedeutsamer, daß sie entdeckt, daß sie sowohl von ihrem Vater als auch von ihrer Mutter Gegenanweisungen erhielt: „Sei still und tu immer ‚was ich sage" und die Anweisung „rede niemals, hab nie genug Wissen, um zu reden, werde nie groß genug, um zu reden, verrate nicht unseren geheimen Familienplan durch Reden." Diese letzte Anweisung wurde von ihrer Mutter unter Todesandrohung bei Verletzung dieses Gebotes ausgesprochen. Sie erlebte nämlich eine Erfahrung wieder, die sehr deutlich zeigt, daß sie einmal den Versuch unternahm, der Mutter über ihre sexuellen Praktiken mit dem Vater zu erzählen. Bevor sie den zentralen Punkt der Information mitteilen konnte, indem sie irgend etwas sagte wie „Daddy kommt zu mir und sitzt auf dem Bett und . . .", wurde sie heftig geschlagen und ihr angedroht, sie würde totgeprügelt, wenn sie jemals wieder mit „solch schmutzigen Gedanken" daherkomme.

An diesem Punkt entwerfen wir TA-Strukturdiagramme, bei dem wir diese Gegenanweisungen und Anweisungen identifizieren. Ich spreche hier diese frühe Entscheidung an, die zu der Blockierung zweiten Grades führt. Aber sie versteht einfach nicht. Wieder kommt „es gibt alles keinen Sinn, es geht alles über meinen Verstand (sehr störrisch). Ich will nicht mehr darüber nachdenken."

Nach ungefähr einem Monat, in dem ich versuchte, ihr zu helfen, „darüber nachzudenken", beginne ich mit Neo-Reichianischer Therapie des direkten Körperkontakts während der Sitzungen, die wir auf eine pro Woche reduziert haben. In der Zwischenzeit fährt sie mit den bioenergetischen Übungen des tiefen Atmens fort. Diese Arbeit kann man zusammenfassend so beschreiben: Jede Muskelgruppe, die sich phänomenologisch darbietet, wird wiederholt angespannt und entspannt. Dabei setze ich ziemlich kräftig meine Daumen und/oder Handflächen ein. Diese anstrengende Arbeit wird dann oft durch sanftere „blood synergic"-Kontakt-Methoden abgelöst, wie sie *Malcolm Brown* beschrieben hat (1976).

Jennys emotionale Reaktionen laufen oft nach einem bestimmten Muster ab: Panik, die sich fortsetzt zu Schreckreaktionen, extremer Muskelwiderstand und dann Muskelentspannung, danach zu Ärger oder Sexualität (wobei nicht vorhersagbar ist, welches zuerst auftritt). Es setzt sich fort mit Wut, infantiler, lautstarker, hilfloser Wut und endet mit einem langen, heftigen Schluchzen, das den ganzen Körper schüttelt. Während dieses Schluchzens wiege ich oft ihren Oberkörper in meinen Armen und schüttle sie sanft, bis das Schluchzen nachläßt. Wenn ich während dieser Arbeit überhaupt spreche, dann nur, um ihre tiefe Atmung zu lenken und sie zu ermutigen, während dieser harten Arbeit Laute auszustoßen. Bei dieser sanften Kontaktarbeit und während ich sie halte, spreche ich manchmal zu ihr wie zu einem Kind, sage ihr, daß alles okay ist, und verspreche ihr, sie so lange wie nötig weiter zu unterstützen.

Nach ungefähr 18 Monaten der Therapie erlebt Jenny während einer Wochenend-Marathongruppe ihren ersten Orgasmusreflex und kann diesen bald regelmäßig erleben. Fast unmittelbar läßt ihr Schreck deutlich nach, und sie wird durchsetzungsfähiger. Zum ersten Mal ist sie in der Lage, sich in Gestaltdialogen gegen ihren Vater zu wehren und drückt ihre Schmach in einer erwachsenen Art aus. *Und* zum ersten Mal kann sie mit starker gefühlsmäßiger Beteiligung zugeben, daß sie sich von ihm sexuell angzogen fühlt. Ebenso kann sie akzeptieren, daß es für sie eine Schmach ist, daß er letzten Endes *ihre* sexuellen Angebote ablehnt, als sie alt genug ist, sich selber den Koitus zu wünschen, nachdem er sie jahrelang verführt hat. Der Vater verschwindet aus dem Therapiegeschehen. Und nachdem sie uns recht schnell deutlich macht, daß sie versucht, mit ihrer neugewonnenen Toleranz sexuellen Gefühlen gegenüber mich zu verführen, bin ich sicher, daß sie weniger abhängig werden wird. Sie wird versuchsweise und schließlich tatsächlich Verantwortung für alle ihre Hilflosigkeitsspiele übernehmen, in der Lage sein, beim Koitus einen Orgasmus zu haben, und fähig sein, Freude und Vergnügen zu verspüren.

Als sich keine dieser erwarteten Verhaltensweisen einstellt, wird sie sehr niedergeschlagen und ich bin sehr erstaunt. Sie beginnt mich zu bedrängen, warum die Therapie nichts „genutzt" hat nach all dem, was sie durchgemacht hat. Ich kann und will ihr keine Antwort geben. Weil ich es für notwendig erachte, einmal nicht aktiv zu sein, beschließe ich, für eine bedeutsame Zeitspanne eher passiv abstinent zu arbeiten und nur ihr Erwachsenen-Ich anzusprechen. Dabei verhalte ich mich still oder antworte ihr in neutralem Ton. Ich mache mit ihr alle Kind-Eltern- oder Patient-Therapeut-Beziehungen durch. Keine dieser Vorgehensweisen werden Jenny klar oder verständlich gemacht, und sie verläßt oft die Sitzungen schmollend, wütend und droht mit Therapieabbruch.

Dann, nach etwa zwei Monaten dieser „Behandlung", passiert es. Sie bringt zu einer Sitzung TA-Strukturdiagramme mit, die wir mehr als ein Jahr vorher ausgearbeitet haben, und beginnt selbständig Sitzungen mit Bemerkungen wie „ich sollte als mein moralisierender Elternteil zu meinem schrecklichen Kind sprechen", oder „ich sollte versuchen, mich gegen meine Mutter in mir zur Wehr zu setzen." Zuletzt werden ihre Gefühle für sie als Erwachsene wahrnehmbar (in TA-Sprache: von ihrem Erwachsenen-Ich her). In einer ausgedehnten Sitzung, während der ich kaum interveniere, bemerkt sie durch aktives Erproben und auch kognitiv, worin ihre Blockierung auf der zweiten Stufe besteht: Nämlich, daß sie als ihr kleiner Professor (Erwachsenen-Ich im Kind-Ich) damit einverstanden war, nichts zu wissen, nichts zu sagen und nicht erwachsen zu werden im Tausch für ein wenig Zuwendung von ihrem Vater und für den Aufschub des Todesurteils (durch Prügel), ausgesprochen durch die Mutter.

Während ich dies schreibe, ist Jenny noch immer in meiner Therapie. Aber inzwischen bin ich zuversichtlich, daß sie innerhalb von zwei oder drei Monaten die Therapie beenden wird – unter meiner Mitwirkung. Wir machen immer noch gelegentlich Körperarbeit. Aber mittlerweile ist sie es, die ihr Erwachsenen-Ich von einem moralistischen, puritanischen, ärgerlichen, strafenden Eltern-Ich und von einem kranken, zusammengebrochenen, wertlosen, verschreckten, „bösen", angepaßten Kind-Ich befreit. Sie bringt schließlich ihren Verstand (ihr Selbstbild) [7] mit ihrem schon entpanzerten und teilweise wiederentdeckten Körper in Einklang.

Ich habe mich entschlossen, meinen Ansatz aus etymologischen Gründen bio-existentiell zu nennen. Ursprünglich bedeutet dies so etwas wie „weiterhin Leben spendende Therapie." Wenn solch eine Synthese verwirklicht wird, macht sie die redundante, aber noch notwendige Bezeichnung „Psychotherapie *und* Körper" tatsächlich überflüssig. Es wird eine Therapie sein, die die besten Aspekte der Körperarbeit und kognitiver Methoden enthält. Sie ist offen für eine wirklich phänomenologische Übernahme jeder Vorgehensweise, die sinnvoll ist bei dem Versuch, ein erstarrtes, blockiertes Leben vorwärtszubringen, während sie gleichzeitig alle Formen des „Es" in verantwortliche Wahlen verwandelt. Aus diesem Grunde habe ich das, was ich tue, *eine* „bio-existentielle Therapie" genannt und nicht „bio-existentielle Therapie". Wenn ich auf diesem Weg vielleicht ein wenig weitergekommen bin, dann deshalb, weil ich auf den Schultern von Giganten gestanden habe, so wie Sir Isaac *Newton* es genannt hat.

Übersetzt von R. Baum und B. Heinermann, Neuss

Fußnoten der Übersetzer:

1 body-subject: Leib-Subjekt *sein*, im Gegensatz zu body-object, Körper *haben*
2 aware(ness) übersetzt als gewahr; Gewahrsein; bewußtes, waches Erleben, Bewußtheit im Unterschied zu Bewußtsein (consciousness).
3 responsibility / response-ability.
4 Im Sinne der transaktionalen Analyse.
5 de-armoring-touching-reparenting.
6 Im Sinne von Skript (script).
7 mind-ing of herself, mind/mind-ing, Bedeutung: Selbstbild, mind = Verstand.

Literatur:

BERNE, E.: *Games People Play.* New York: Grove Press, 1964.

BERNE, E.: *Transactional Analysis in Psychotherapy.* New York: Grove Press, 1961.

BERNE, E.: *What Do You Say After You Say Hello?* New York: Bantam Books, 1972.

BROWN, M.: „The Healing Touch", unpublished book-length manuscript (Xerox, 3125 Claremont Ave., Berkeley, Calif), 1976.

BROWN, M.: „The New Body Psychotherapies", *Psychotherapy: Theory, Research and Practice,* 1973, *10,* 98-116.

FEDERN, P.: *Ego Psychology and the Psychoses.* New York: Basic Books, 1952.

FREUD, S.: *Das Ich und das Es.* (1923). Stud.ausg. Bd. III, Frankfurt 1969

GOULDING, R.: „Gestalt Therapy and Transactional Analysis", in Hatcher, C & Himelstein, Eds., *The Handbook of Gestalt Therapy.* New York: Jason Aronson, Inc., 1976, pp 615-634.

KELLEY, C.: „Post-primal and Genital Character: A Critique of Janov and Reich", *Journal of Humanistic Psychology,* 1972, *12,* 61-73.

LOWEN, A.: *Bioenergetics.* New York: Coward, McCann & Geoghegan, Inc., 1975.

LOWEN, A.: *Physical Dynamics of Character Structure: Bodily Form and Movement in Analytic Therapy.* New York: Grune & Stratton, 1958.

LOWEN, A.: *The Betrayal of the Body.* London: Collier Macmillan Ltd., 1967.

PERLS, F.: *Ego, Hunger and Aggression: A Revision of Freud's Theory and Method.* London: Allen & Unwin, Ltc., 1947.

PERLS, F.: *Gestalt Therapy Verbatim.* (Ed.) J. Stevens. Lafayette, Calif.: Real People Press, 1969.

PERLS, F.: *The Gestalt Approach and Eye Witness to Therapy.* Palo Alto: Science and Behavior Books, 1973.

PERLS, F.: HEFFERLINE R., & GOODMAN, P. *Gestalt Therapy: Excitement and Growth in the Human Personality.* New York: Julian Press, 1951.

REICH, W.: *Character Analysis* (3rd Ed., Trans. Wolfe). New York: Noonday Press, 1961. (a).

REICH, W.: *The Function of the Orgasm* (3rd Ed., Trans. Wolfe). New York: Noonday Press, 1961. (b).

SHEPARD, M.: *Fritz.* New York: Dutton & Co., 1975.

Gestalttherapie und Orthopädie

Versuch eines ganzheitlichen Ansatzes in der praktischen Medizin

Hildegund Heinl, Mainz; Ina Spiegel-Rösing, Frankfurt

Einleitung

Orthopädie ist ein medizinisches Fachgebiet, das sich mit Ätiologie, Diagnostik und Therapie von Erkrankungen, Formveränderungen und Funktionsstörungen des Stütz- und Bewegungssystems des Menschen befaßt. Methodischer Ansatz ist die Soma des Menschen.

Gestalttherapie ist ein aktiv-klinisches psychotherapeutisches Verfahren. Konzeptioneller *Ausgangspunkt,* therapeutischer *Prozeß* und therapeutisches *Ziel* der Gestalttherapie sind mit den Begriffen Ganzheitlichkeit, Gegenwartsbezogenheit, organische Selbstregulation und Integration zu umreißen (Perls 1976, Petzold 1974, Polster und Polster 1975, Simkin 1975, Walter 1977):

Vom Menschen als Ganzheit auszugehen bedeutet der *Versuch,* ihn in seiner Einheit von emotionaler, körperlicher, geistiger und sozialer Wirklichkeit zu verstehen; demnach ist der Mensch letztlich weder aufgrund einzelner Elemente oder Bestandteile seiner Person oder Umwelt, noch als Aufzählung dieser Bestandteile zu verstehen. Der Mensch ist vielmehr „Gestalt". Der Begriff ist der Gestaltpsychologie entlehnt, er bedeutet eine Integration von Bestandteilen, die qualitativ anders ist als eine Summe ihrer Einzelelemente und vom Kontext mitbestimmt wird.

Die *Gegenwartsbezogenheit* der Gestalttherapie bedeutet, daß der therapeutische Prozeß an der Erfahrung im Hier und Jetzt ansetzt. Die aktuelle Wahrnehmung der eigenen Prozesse und Blockierungen stehen im Zentrum der Therapie. Gestalttherapie ist „Erfahrung des Lebens in der Gegenwart" (Polster und Polster 1975, 33). Vergangenheit – und Zukunft – sind soweit integriert, als sie in der gegenwärtigen Situation erfahrbar werden können.

Ziel der Gestalttherapie ist *Integration auf der Basis von Selbstverantwortlichkeit.* Integration setzt das Akzeptieren aller Anteile des Selbst voraus. Selbstregulation setzt Wahrnehmung von Bedürfnissen und Barrieren im Hier und Jetzt voraus. Um diese Ziele zu erreichen, genügen nicht thera-

peutische „Techniken"; in der Gestalttherapie ist der Therapeut selbst sein wichtigstes Instrument.
Nach dieser Definition von Ortopädie und Gestalttherapie mag es zunächst erscheinen, als seien diese beiden so unterschiedlichen Ansätze – hier spezialisiert auf einen Teil der Physis, dort im Anspruch ganzheitlicher Psychotherapie – kaum vereinbar. Im folgenden Beitrag wollen wir versuchen aufzuweisen, daß Ortopädie und Gestalttherapie nicht nur vereinbar sind, sondern daß eine gestalttherapeutisch erweiterte Orthopädie im Blick auf ihre eigenen ärztlichen Ziele wesentlich gewinnt.
Im ersten Teil des Beitrages werden wir anhand zweier prägnanter Fälle die gestalttherapeutische Arbeit in der orthopädischen Praxis illustrieren. Im zweiten Teil des Beitrages werden wir diese Fälle unter den Begriffen Ätiologie, Diagnose und Therapie analysieren. Dabei wird es uns nicht nur darum gehen, den Gewinn einer gestalttherapeutisch orientierten orthopädischen Praxis aufzuzeigen, sondern auch die Grenzen dieser Arbeit anzusprechen, wie sie sich aus der Realität des Praxisalltages ergeben.
Wir werden in diesem Beitrag unserer Zusammenarbeit entsprechend entweder von „ich" oder „wir" sprechen: „ich", wo es um die Fälle aus der orthopädischen Praxis (H.H.), „wir", wo es um deren Analyse geht.

1. Fallbeispiel
Kurz vor Weihnachten kommt eine ältere Patientin in meine Praxis. Sie klagt über Hüftschmerzen links, von der Leiste in den Oberschenkel ausstrahlend. Die Schmerzen waren drei Tage zuvor während der Arbeit im Büro aufgetreten und hatten sich im Laufe von Stunden so verschlimmert, daß sie nicht mehr auftreten konnte und vom Arbeitsplatz nach Hause gefahren werden mußte.
Bei meiner Untersuchung fand sich ein Anlaufhüftschmerz und ein leichter Schongang links bei einer deutlich tastbaren, druckschmerzhaften Verspannung der Kniestreckmuskulatur im Verlauf des Oberschenkels; sonst zeigte sich klinisch und röntgenologisch keine Auffälligkeit.
Wenn auch die Ursache der Funktionsstörung für mich nicht geklärt war, so war ich mir doch sicher, daß keine ernsthaftere Erkrankung vorlag, und ich vereinbarte mit der Patientin einen Wiedervorstellungstermin nach drei Tagen Schonung und Wärmeanwendung.
Zu meiner Überraschung kommt sie schon am folgenden Tag unter Einschaltung ihres Hausarztes wieder zu mir. Sie ist offensichtlich sehr beunruhigt. Habe ich doch etwas übersehen.?
Ich habe nun die Patientin vor mir: Eine 55jährige Angestellte, von klei-

nem Wuchs, untersetzt, leicht übergewichtig, lebhaft, offen und kontaktfähig. Ich teile ihr das günstige Untersuchungsergebnis mit – sie bleibt beunruhigt. „Aber woher kommen denn dann die Schmerzen?" Ich höre in ihrer Stimme Ratlosigkeit und Besorgnis mitschwingen. Ihr Gesicht spiegelt Enttäuschung. *Jetzt hat ihre Frage mich erreicht.* Es wird mir klar: die Ursache blieb bei der Untersuchung am Vortag ungeklärt; das Beschwerdenbild ist untypisch; ich muß andere Zusammenhänge suchen.
Ich frage sie unmittelbar und direkt nach Konflikten. In der Familie? Sie verneint überzeugend. Ärger am Arbeitsplatz? Sie zögert und meint beschwichtigend, das gehöre dazu. Ich höre an ihrer Stimme und sehe an Haltung und Ausdruck ihre Betroffenheit. Ich frage mich, ob sie sich erinnern kann, was am Schmerztag gewesen sei; ob sie die Augen schließen wolle, um den Tag deutlicher ins Bild zu bekommen. Sie geht darauf ein, sie sieht eine Begebenheit vor sich, über die sie in große Wut geraten war. Sie wird erregt: Sie sei im Kundendienst eines Kaufhauses beschäftigt, für sie sei der Kunde noch König. Jeder wolle vor Weihnachten noch seinen Kühlschrank oder seine Waschmaschine aufgestellt haben. Ein Kunde führte sich so ungebührlich auf, daß er mit dem Götz-Zitat ihr Büro verläßt. Sie erstarrt, wagt nicht, ihm etwas zu erwidern. Sie möchte am liebsten zuschlagen, aber ihre Stellung verbietet es ihr. Danach, jetzt erinnert sie sich, habe der Schmerz im linken Bein angefangen, habe sich unerträglich gesteigert und, nach lebhaften Träumen in der Nacht, sei sie am nächsten Morgen mit schmerzendem linken Arm und, die linke Hand zur Faust geballt, erwacht. Sie könne sich nicht zusammenreimen, was an diesem Tag mit ihr geschehen sei.
Ich erkläre ihr die möglichen psychosomatischen Zusammenhänge, sie fängt an zu begreifen. Ich sage, daß ich ihre Wut berechtigt finde, daß es in jedem Fall unnatürlich sei, sie nicht zu empfinden, daß wir sie aber in der realen Situation nicht immer herauslassen können. Ich frage sie, ob sie es jetzt hier versuchen wolle, sich noch einmal auf das kränkende Erlebnis und die damit verbundenen schmerzlichen Gefühle einzulassen, um ihren körperlichen Schmerz loszuwerden. Wenige stützende und klärende Worte von mir, und sie stimmt sich auf die erlebte Situation ein. Ich sehe an ihrer Haltung und an ihrem Gesichtsausdruck: Ärger kommt auf; die linke Hand schließt sich zur Faust. Ein Kissen ist der Kunde, und sie beginnt zögernd, mit der linken Faust auf das Kissen zu schlagen, kommt rasch in Kontakt mit ihrem Ärger, das Schlagen wird heftiger, der ganze Körper wird von den angestauten Gefühlen erfaßt, sie schreit mehrmals laut: „Du kannst mich mal. Du kannst mich mal!" und stampft dabei mit dem linken

Fuß heftig auf. Danach wird sie ruhiger, der Affekt klingt ab und als sie die Augen öffnet, lege ich meinen Arm um sie. Sie legt ihren Kopf an meine Schulter und weint. Sie sagt, daß ich ihr geholfen habe. Sie geht schmerzfrei nach Hause und nimmt zwei Tage darauf die Arbeit wieder auf.

2. Fallbeispiel
Es ist eine 25jährige Sekretärin, von schlanker Gestalt, mit leicht verhaltenen Bewegungen. Sie spricht ruhig und sachlich: Sie habe Rückenschmerzen nach längerem Sitzen bei der Arbeit, obwohl sie einen sitzgerechten Bürostuhl erhalten habe. Bei näherem Nachfragen stellt sich heraus: *seit* sie diesen Stuhl hat. Das überrascht mich und ich horche auf. Wir haben guten Kontakt im Gespräch, sie ist offen und sensibel. Ich will sie nicht beunruhigen durch weitere Fragen und wende mich der körperlichen Untersuchung zu. Sie sitzt vor mir: flacher Rücken, gestreckte Wirbelsäule. Ich sehe jetzt genau, wenn ich mit meiner Hand die Lendengegend berühre, dann kippt sofort das Becken nach vorn und die Lendenwirbelsäule wird überstreckt – „das Kreuz wird hohl" – die langen Rückenmuskeln spannen sich seilartig an, bis die Patientin ermüdet und in sich einsinkt; dann erfolgt sofort wieder die Aufrichtung. Auf meine Frage, warum sie *so* sitze, meint sie, man *müsse* doch *gerade* sitzen. Ich höre auf das *müsse*! Das sagt nur ein Erwachsener zu einem Kind bei den Schulaufgaben oder bei Tisch! Ich frage sie, ob sie Ermahnungen wie „Sitz aufrecht"–, „Halt dich gerade" kenne. Sie ist *betroffen* und bejaht. Sie erinnert sich jetzt, daß ihre Mutter ihr bei den Schularbeiten immer ein Lineal ins Kreuz gesteckt hat. Jetzt verstehe *ich* diese Sitzhaltung, ich sehe das Lineal im Kreuz. Mit wenigen Worten der Erklärung ist sie bereit, ihren Erlebnissen und Gefühlen weiter nachzugehen. Während sie hier vor mir in meinem Sprechzimmer mit entblößtem Rücken sitzt, sitzt sie längst auf der Schulbank, ein kleines Mädchen, das die Stimme seiner Lehrerin hört: „Setz dich gerade!" – „Hände auf die Bank!" und sie sieht die Lehrerin durch die Bank gehen und spürt das Stöckchen auf ihrem Rücken. Haß und Ärger gegen die Lehrerin kommen auf: sie wehrt sich jetzt laut, mehrmals: „Laß mich in Ruhe, *ich will sitzen, wie ich will!*" Die Erregung klingt ab, sie öffnet die Augen, nimmt Kontakt mit mir auf. Die Zusammenhänge werden ihr klar, daß sie sich nie getraut habe, bequem zu sitzen, daß sie kein bequemes Sitzmöbel in ihrer Wohnung habe, keinen passenden Autositz, daß sie beim Reiten besonders von der Reitlehrerin ermahnt werde zu einer besseren Sitzhaltung, daß sie nie voll auf dem Stuhl sitze, immer nur halb, wie auf dem

Sprung – und jetzt, daß sie sich den Arbeitsstuhl selbst so eingestellt habe, daß die Stütze zur Ermahnung wurde.
Ich lasse sie die Augen noch einmal schließen, Kontakt mit ihrem Rücken aufnehmen und sie meine Hand an ihrem Rücken spüren, an die sie sich jetzt wirklich anlehnt – sie erlaubt sich jetzt wirklich zum erstenmal, so zu sitzen, wie es ihr Lust bereitet, bequem, entspannt, wie es *ihr* gefällt.
Ich verordne ihr noch eine Wärmebehandlung und eine Rückenmassage – sie wird nach sechs Behandlungen schmerzfrei . . .
Die Untersuchung hat etwa 1/2 Stunde gedauert, mitten im orthopädischen Alltag.
8 Wochen später berichtet sie mir, daß es ihr gut gehe. Sie rede sich selbst gut zu, ihre Lebenshaltung zu ändern. Sie erlebe dies an ihrem Körper. Seit der letzten Massage habe sie keine Schmerzen mehr, nur noch wenn sie daran denke, allerdings sei die Haltung noch nicht in Fleisch und Blut übergegangen. Sie meint, was sehr früh gelernt sei, sei schwierig zu verändern. Die Veränderung beziehe sich auch auf das gesamte Benehmen, sie lese jetzt auch Zeitung bei Tisch und habe das früher bei sich und anderen nicht geduldet, es störe sie auch nicht mehr, wenn andere sich lümmeln, sich nicht benehmen können. Eigentlich habe sie Lehrerin werden wollen, aber dann habe sie keine Lust mehr zum Aufgaben machen mehr gehabt und sei eher von der Schule gegangen. Sie sei dann Sekretärin geworden, um schnell Geld zu verdienen. Nun bedaure sie es.

Analyse der Fallbeispiele
Diese beiden Fälle illustrieren eine Reihe wesentlicher Gesichtspunkte gestalttherapeutischer Arbeit in der orthopädischen Praxis. Für die Darstellung möchten wir sie einteilen in die drei Bereiche Ätiologie, Diagnose, Therapie.

Ätiologie
Die Fälle verdeutlichen, daß man bei der Frage nach der Entstehung eines somatischen Symptoms *nicht von der Dichotomie physisch-psychisch* ausgehen kann: Der Mensch ist, und dies ist der Ausgangspunkt der Gestalttherapie, eine „Leib-Seele-Geist-Einheit in seinem sozialen und physikalischen Umfeld" (Petzold 1974).
Dies bedeutet, daß „psychische" Erlebnisse, die in vielen Bereichen der Medizin allzugern von physischen ausgegliedert werden, das Gesamt des Menschen prägen; psychische Erlebnisse schlagen sich folglich auch in *leiblicher* Prägung nieder. Dies macht der zweite geschilderte Fall besonders

deutlich: ständige Ermahnungen werden hier als Körperhaltung internalisiert. Der erste Fall zeigt, wie der unterdrückte Impuls einer spontanen Reaktion auf eine Kränkung gerade in dem Körperbereich sich ausprägt, wo der Impuls unterdrückt wurde und – sozusagen gefesselt – von innen her nach außen drängt als Schmerz. Die Frau, die als erster Fall geschildert wurde, unterdrückt den Wunsch, den sie tief kränkenden Mann zu schlagen und zu treten, und der Schmerz bricht gerade dort aus, von wo der motorische Impuls des Tretens seinen Ausgang nimmt.
Wie der zweite Fall – die Patientin mit den Rückenschmerzen – verdeutlicht, können gerade auch *frühe kindliche Erlebnisse* das physische Erscheinungsbild des Erwachsenen prägen. Die biographischen Prägungen haben das Erscheinungsbild eines Syndroms. *Syndrom* bedeutet hier, daß eine bestimmte, aus dem Erleben geprägte Körperhaltung in andere Lebensbereiche, als die Ursprungssituation darstellt, diffundiert und zu einer generalisierten Lebenshaltung wird. Für die Frau mit den Rückenschmerzen wurde die ständige Ermahnung „Sitz gerade!" nicht nur zu einer ganz generellen Einstellung gegenüber der Körperhaltung, sondern auch zu einer ganz generellen Einstellung gegenüber dem, was man darf und nicht darf: und sie darf alles, was mit einer aufrechten, gespannten Haltung vereinbar ist und all jenes nicht, was fließende oder weiche oder permissive Körper- und Geisteshaltung impliziert ... das Sinnbild des ursprünglichen Erlebens – das Lineal – wird somit zur *Metapher der Lebenseinstellung.*
Diese Generalisation zur Metapher ganzer Lebenseinstellungen wird durch eine *dem ursprünglichen Erleben entsprechende aktive Umweltgestaltung* aufrecht erhalten und verstärkt: der Fall der Frau mit Rückenschmerzen zeigt, wie sie sich gerade so einrichtet – kein einziges bequemes Möbelstück –, daß sie immerzu gezwungen ist, mit linear geradem Rücken zu sitzen; und ihren neuen „sitzgerechten" Arbeitsstuhl stellt sie so ein, daß er ihr wie ein Lineal in den Rücken preßt.

Diagnose
Die Diagnose ist bei gestalttherapeutischer Orientierung in der orthopädischen Praxis ein *Prozeß,* in dem somatische Hinweise und erlebnisbezogene Aussagen des Patienten sich sukzessiv gegenseitig überprüfen. In jedem Fall aber ist die eingehende somatische Untersuchung obligat.
Die *somatische* Untersuchung ist nicht nur zur Absicherung eindeutiger somatischer Ätiologie erforderlich, sondern ist auch *eine wesentliche Quelle für Hinweise auf psychische Anteile:* Körperhaltung, Bewegungsabläufe, Reaktionen auf die körperliche Untersuchung wie Haut- und Gefäßreaktionen,

Angst- und Fluchtreaktion auf Berührung wie Zittern, Zurückzucken, Ausweichen, sich Verspannen – wobei den verschiedenen Körperregionen *individuell verschiedene Bedeutung zukommt* – geben wesentliche Hinweise: sie werden für den Therapeuten zum Anlaß, seine wache Aufmerksamkeit auch auf die psychischen Anteile zu richten und Informationen zu sammeln. Sie ermöglichen Nachfragen und Exploration, die wiederum anhand von Ausdruck, Sprechweise, Betroffenheit und Körperreaktionen überprüft werden können. Dies wird besonders bei dem zweiten geschilderten Fall deutlich, wo eine psychosomatische Diagnostik und Therapie bereits während der Erstuntersuchung in der orthopädischen Sprechstunde möglich und praktikabel ist.

Dieser gleichzeitig orthopädisch und gestalttherapeutisch orientierte diagnostische Prozeß in der orthopädischen Praxis kann sich als ein besonderer Vorteil erweisen: Da der Patient einen rein somatischen Untersuchungsansatz erwartet – psychosomatische Zusammenhänge sind in der Regel allenfalls für innere Krankheiten, nicht aber für orthopädische geläufig – ist er relativ unbefangen und offen dem Arzt gegenüber. Beide Fälle verdeutlichen dies: sie kommen wegen körperlicher Schmerzen, erwarten keine psychotherapeutische Behandlung und sind selbst psychotherapeutisch unerfahren. Die Nachfragen beantworten sie offen und unbefangen.

Diagnose und Therapie sind im gestalttherapeutischen Ansatz in der orthopädischen Praxis *nicht getrennte* Prozesse. Unabdingbar für jeglichen erfolgversprechenden gestalttherapeutischen Ansatz ist eine vertrauensvolle Beziehung zwischen Arzt und Patient. Diese Beziehung wird im diagnostischen Prozeß bereits aufgebaut. Schon in diesem Prozeß muß sich vermitteln, daß der Arzt *nicht nur die Krankheit des Patienten, sondern auch alle seine Kränkungen zu akzeptieren bereit ist.*

Therapie

Die Erwartungen des Patienten in der orthopädischen Praxis – daß die Therapie sich hier auf den „Körper und sonst nichts" bezieht – kann zwar den diagnostischen Prozeß erleichtern (vgl. oben), kann aber einen integrierten Ansatz psychosomatischer *Therapie* behindern. Ganz generell ist jeglicher gestalttherapeutischer Ansatz nur dann indiziert, wenn der Patient nach entsprechender Aufklärung sich dafür *entscheidet*, dazu *bereit* ist. Der erste Fall, die Frau mit den Hüftschmerzen, hat die Anregung, dem unterdrückten Schlagimpuls Ausdruck zu geben, aufgenommen; das Erschrecken über die Gefühle und Impulse, mit denen sie in Kontakt kam,

wurden durch die akzeptierende Haltung des Arztes (sie in den Arm nehmen) aufgefangen.
Wesentliches Element gestalttherapeutischer Arbeit ist, wie beide Fälle zeigen, das In-Kontakt-Kommen und Erleben nicht akzeptierter Gefühle, das Nachvollziehen des unterdrückten Handelns und das Gewinnen rationaler Einsichten in die Zusammenhänge; die junge Frau mit den Rückenschmerzen mußte sich zunächst einmal wehren gegen die Ermahnungen „sitz gerade", um dann das Gefühl des entspannten Sitzens auszukosten, um mit dieser Erfahrung „ihre", das heißt, die ihr gemäße Haltung zu finden. Die Frau mit den Hüftschmerzen kam mit ihrer Kränkung erst in Kontakt, als sie dem unterdrückten Impuls sichtbaren Ausdruck verlieh. In beiden Fällen war es das „Unerledigte", das die Beschwerden verursachte: im ersten Fall der unterdrückte Impuls des Schlagens oder Tretens, im zweiten Fall der unterdrückte Protest gegen ständige Ermahnung. Wo etwas unerledigt ist, bleibt die „Gestalt offen". In beiden Fällen bestand der therapeutische Ansatz darin, die offene Gestalt zu schließen.
Die *Prägnanz* des Symptoms, das heißt, wieweit steht es im Vordergrund des Erlebens und ist der Wahrnehmung des Therapeuten zugänglich, ist ein wesentlicher Aspekt der Indikation für eine gestalttherapeutische Intervention. Ein psychosomatisches Symptom wird vor allem durch zwei Merkmale prägnant: durch Schmerz und durch behindernde Funktionsstörungen bei Eigengesetzlichkeit in Lokalisation und zeitlicher Abfolge. Der diagnostisch-therapeutische Ansatz ist also phaenomenologisch: wir orientieren uns am gegenwärtigen Erscheinungsbild in seinem Kontext. Darüber hinaus ist es selbstverständlich wesentlich, wieweit die bekannte Ätiologie des Symptoms Raum für einen integrierten *psychosomatischen Ansatz* läßt: es ist selbstverständlich, daß eine eindeutige somatische Erkrankung einer entsprechenden Therapie bedarf.

Schluß

Natürlich muß ein gestalttherapeutischer Ansatz in der orthopädischen Praxis mit den *eingrenzenden Realitäten* des Praxisbetriebes rechnen. Dauertherapie über längere Zeit ist kaum durchführbar. Eine tiefenpsychologische Analyse ist in der verfügbaren Zeit nicht zu leisten; eine Strukturveränderung des Denkens kann nicht das Ziel sein. Worum es in der gestalttherapeutisch orientierten orthopädischen Praxis vielmehr geht, ist pragmatische Hilfe zu leisten: es geht um das ärztliche Ziel der Befreiung von Schmerzen und Beschwerden. Wenn wir eine ganzheitliche Medizin in der Praxis anstreben (Heinl, 1975) so geht es um praktikable, um in der

Praxisrealität durchführbare Ansätze. Der Gewinn von Gestalttherapie in der orthopädischen Praxis liegt darin, daß er die *Möglichkeit bietet, auf einem weiteren, ganzheitlichen Hintergrund die Genese orthopädischer Erkrankungen* zu sehen, und auch solche Leiden zu behandeln, denen eine konventionelle Orthopädie bisher nicht recht beikommt. Dabei sei betont, daß wir nicht den Anspruch erheben, die mit diesem Ansatz erzielten Therapieerfolge kausal oder theoretisch erklären zu wollen; die seit langem erwachsene Erfahrung hat jedoch gezeigt, daß dieser Ansatz Erfolge bringen kann. Berücksichtigt man dies in der Gesamtbetrachtung der Medizin, in der *Orthopädie* am einen Pol des Fächerspektrums, *Psychotherapie* am anderen Pol zu liegen scheinen, dann ist das Bild des *Kreises* besser zur Darstellung der Beziehung zwischen den medizinischen Fächern. Schließen wir das genannte Spektrum zum Kreis, so liegen Orthopädie und Psychotherapie nahe beisammen. Dies ist das Bild der Medizin, das eine gestalttherapeutisch orientierte orthopädische Praxis leitet. Der verbindende Begriff ist der der *Gestalt:* die menschliche Gestalt ist der Gegenstand der Orthopädie, und *Gestalt* bezeichnet den ganzheitlichen integrativen Ansatz der Gestalttherapie. Ein erweitertes und vertieftes Verständnis der „orthopädischen Gestalt" rückt sie in unmittelbare Nähe zur Gestalt der Gestalttherapie.

Literatur:

BALINT, M., „Der Arzt, sein Patient und die Krankheit", Stuttgart: Klett 1975

BALINT, M. u. E., „Psychotherapeutische Techniken in der Medizin", Stuttgart: Huber und Klett 1962

ELHARD, L., „Aggression als Krankheitsfaktor", Göttingen: Vandenhoeck u. Ruprecht 1974

HAU, T.T., „Psychosomatische Medizin in ihren Grundrissen", Hippokrates Verlag: Stuttgart 1973

HEINL, H., „Editorial", Integrative Therapie 1975, 2/3 und 1976, 3/4

LUBAN-PLAZZA u. W. PÖLDINGER, „Der psychosomatische Kranke in der Praxis", Lehmann 1973

PERLS, F., „Grundlagen der Gestalttherapie, Einführung und Sitzungsprotokolle", München: Pfeiffer 1976

PETZOLD, H., „Psychotherapie und Körperdynamik", Paderborn: Junfermann 1974

PETZOLD, H., „Thymopraktik als körperbezogene Arbeit in der Integrativen Therapie", Integrative Therapie 1975, 2/3 – 115 ff

POLSTER, E. u. M., „Gestalttherapie: Theorie und Praxis der integrativen Gestalttherapie", München: Kindler 1975

SIMKIN, J.S., An introduction to Gestalt therapy. In: Stephensen, F.D. (Ed.), „Gestalt Therapy Primer", Springfield, I11.: Charles C. Thomas 1975 3 –12

WALTER, J.H., „Gestalttheorie und Psychotherapie", Darmstadt: Steinkopff 1977

WEINTRAUB, BATTEGAY, BECK, KAGANAS, LABHADT, MÜLLER, „Psyche und Rheuma", Schwabe/Eular Publishers, Basel 1975

III. Primär-, Gefühls- und Schreitherapie

Der Körper in der Primärtherapie

David Freundlich, New York

Ehe ich über den Körper und die Verwendung von Berührungen in der Primärtherapie sprechen werde, möchte ich die Primärtheorie der Neurose und die Therapie, wie sie *Arthur Janov* in seinen ersten vier Büchern (12 - 15)* darstellt, kurz zusammenfassen.

Einen historischen Überblick über die Primärtherapie [7], eine Kritik an *Janov* [5,7] und Beiträge anderer Primärtherapeuten [11] habe ich bereits an anderer Stelle veröffentlicht.

Die Primärtheorie der Neurose

Die Primärtheorie ist in ihrer Grundlage freudianisch, insofern, als sie die Wichtigkeit der frühkindlichen Erfahrungen für die nachfolgende Persönlichkeitsentwicklung betont.

Nach Janov hat jedes Kind *primäre Bedürfnisse* nach Liebe, Sicherheit, emotionaler Unterstützung und nach angemessenen Entwicklungsreizen. „Liebe bedeutet in der ersten Lebenszeit Erfüllung der primären Bedürfnisse" (12 S. 273). Wenn primäre Bedürfnisse von den Eltern nicht erfüllt werden, dann erlebt das Kind Angst, Verletzung, Hiflosigkeit, Hoffnungslosigkeit, Einsamkeit, Groll und Haß – all das ist *Urschmerz* (primal pain). Die Quelle des Urschmerzes liegt also in einer chronischen Frustration frühkindlicher Bedürfnisse.

Es kommt zu einem *Katastrophenerlebnis,* wenn das Kind auf irgendeiner Ebene fühlt, es bestehe keine Hoffnung, daß es geliebt wird oder daß seine Wünsche erfüllt werden, wenn es nur es selbst ist. Die sich wiederholenden Urschmerzzustände gipfeln in diesem katastrophalen Gefühl der Hoffnungslosigkeit. Das *Urschmerzreservoir* repräsentiert „die Summe aller Verletzungen, die das Kind in seinen frühen Beziehungen erlitten hat" (14 S.10).

Janov behauptet, daß Kontraktionsvorgänge und Rückzug normale psychobiologische Reaktionen sind, die den Organismus vor Schmerzen

---

* The Primal Scream (1970), The Anatomy of Mental Illness (1971), The Primal Revolution (1972) und The Feeling Child (1973)

schützen (13 S. 83). Für bewußtes Schmerzerleben ist die frontale Hirnrinde verantwortlich; ist der Schmerz zu groß, dann hemmt der Cortex die niederen Hirnzentren, die der frontalen Hirnrinde die Reize zuführen.
Also ist „Verdrängung das natürliche Beruhigungsmittel des Organismus" (13 S. 39), und „mit dem Ausmaß des Schmerzes steigt auch der Grad der Stirnrindenaktivität, um die Verdrängung in Gang zu setzen" (13 S. 69). *Janov* behauptet, daß dann, wenn die frontale Hirnrinde die bewußte Schmerzwahrnehmung hemmt (Verdrängung), „die blockierten Empfindungen innerhalb des Limbischen Systems als ‚gefangene' Erinnerungskreise hin- und herschwingen" (13 S. 85). Diese *widerhallenden Erinnerungskreise* repräsentieren auf einer neurophysiologischen Ebene den Urbehälter für Schmerz, jenes innere Reservoir des Urschmerzes (14 S. 10). Nach *Janov* „ist Neurotischsein eine im Gehirn gegebene physische Tatsache" (13 S. 58), weil „Gehirn und Körper die nicht verarbeitete Erfahrung in ihrer *ursprünglichen* Form ein Leben lang *speichern*" (13 S. 129).
Wenden wir uns nun den psychologischen Reaktionen auf Schmerz zu: Das Kind hat mit seinen Urbedürfnissen, seinen Urschmerzen aus der chronischen Frustration dieser Bedürfnisse und dem katastrophalen Gefühl der Hoffnungslosigkeit zu kämpfen. Statt sich mit diesen Gefühlen zu befassen, fängt es an, seine primären Bedürfnisse zu verleugnen und seine Urschmerzen auszusperren. Das Kind schaltet einen Teil von sich selbst ab und bekämpft dann diesen Teil. Es verdrängt die primären Bedürfnisse und Schmerzen seines *realen Selbst* (real self), schafft damit eine *Spaltung* (split) in seiner Persönlichkeit und entwickelt ein *irreales Selbst* (unreal self) bzw. eine Fassade.
Die Persönlichkeitsspaltung besteht in einer Unverbundenheit von Denken und Fühlen, von Geist und Körper, von Erinnerung und Affekt und von Gegenwart und Vergangenheit. Also ist Neurotischwerden ein Mechanismus, bei dem das Kind „am Leben bleibt, allerdings auf Kosten seines Fühlens. Es ist fast so, wie das Totsein zu leben, aber es ist ein Überlebensmechanismus" (*Leslie Pam*, 14, S. 271).
Um das Kind zusätzlich vor den Urbedürfnissen und den Schmerzen seines realen Selbst zu schützen, wird das irreale Selbst außerdem in den *neurotischen Kampf* (neurotic struggle) verwickelt, von den Eltern und anderen Liebe und Bedürfnisbefriedigung zu erhalten. Das Kind gibt sein reales Selbst auf und bemüht sich bei seiner Suche nach Liebe, die Bedürfnisse seiner Eltern, statt seine eigenen, zu erfüllen. Der neurotische Kampf wird von der *falschen Hoffnung* getrieben, daß das irreale Selbst das erlangen könnte, was das reale Selbst nicht erhielt. Die falsche Hoffnung lautet:

„Vielleicht kann ich die Liebe meiner Eltern und die Erfüllung meiner Bedürfnisse erhalten, wenn ich nicht ich bin." Jedoch fühlt sich das reale innere Selbst weiterhin nicht geliebt und nicht liebenswert, – gleichgültig, wieviel Liebe das irreale Selbst erhält.
Schmerz an sich treibt das Kind nicht in die Neurose, dies tut nur ein *Übermaß* an Schmerz (das vom vom Kind nicht integriert werden kann).
Solche überwältigenden Schmerzen veranlassen ein Kind, seine Gefühle abzustellen und als Abwehr eine Neurose zu entwickeln.
Intrauterine Erfahrungen und das Geburtserlebnis werden als *prototypische Traumen* angesehen, gegen die *prototypische Abwehren* errichtet werden. Prototypische Traumen und Abwehren bilden einen Kern, um den sich nachfolgende Belastungen zu scharen scheinen. So kann eine schwere Geburt z.B. den Weg bahnen für Einstellungen wie „Ich muß kämpfen, um irgend etwas zu bekommen", oder „Ich gebe auf, es hat keinen Zweck, es zu versuchen."
So ist die Neurose auf einer psychologischen Ebene eine Persönlichkeitsspaltung, bei der die realen Urbedürfnisse und -schmerzen verleugnet und abgewehrt werden und bei der ein irreales Selbst entwickelt wird in der Hoffnung, daß Bedürfnisse erfüllt werden und Liebe zu bekommen wäre.
Auf einer neurophysiologischen Ebene stellt die Neurose die Bildung widerhallender Schwingungskreise von Urschmerz und Erinnerungen dar. *Janov* glaubt, alle emotionalen Störungen entspringen der chronischen Frustration der primären Bedürfnisse des realen Selbst des Kindes.
Derartig verschiedene Störungen wie Neurosen, psychosomatische Krankheiten, Persönlichkeitsstörungen, Süchte, sexuelle Perversionen und Psychosen stellen alle den Energierückfluß aus den widerhallenden Erinnerungskreisen dar. Die blockierten Gefühle und die eingeschlossenen Erinnerungen werden vorstellungsmäßig und somatisch zurückgeleitet, aufwärts in den cerebralen Cortex und abwärts in den Körper (13 S. 91). *Janov* sagt: „Die fehlgeleiteten neuralen Impulse erzeugen Spannungen im Gemüt und im Körper" (13 S. 96).
„Neurose ist daher eine normale physiologische Reaktion auf Schmerz" (13 S. 83).

Primärtherapie

Primärtherapie ist ein Versuch, den oben beschriebenen Prozeß der Abspaltung von Gefühlen umzukehren. Das Hauptgewicht bei Einzel- und Gruppensitzungen liegt darauf, *Urerlebnisse* (primals) zu erfahren, d.h., solche Ereignisse aus den frühen Lebensphasen wiederzuerleben, während derer sich das Kind von seinen primären Bedürfnissen und Schmerzen ab-

gewendet und das gespaltene und irreale Selbst entwickelt hat. Nach *Janov* ist „das Wesentliche der Primärtherapie eine *systematische*, sorgfältig dosierte Entlastung von Schmerz" (13 S. 79).
Ein vollständiges Urerlebnis ist eine ganzheitliche Erfahrung der Einheit von Fühlen und Denken und Körper, die aus der Vergangenheit entstammt, aber in der Gegenwart wiedergelebt wird [6]. Genaugenommen sagt *Janov*, daß „die Erfahrungen gelebt werden müssen, nicht *wiedergelebt*, da sie nie vollständig erfahren wurden, was auch der Grund dafür ist, daß sie sich solange gehalten haben" (13 S. 25). Was der Patient tut, ist nicht, seine Gefühle mit dem Therapeuten zu diskutieren oder *darüber zu sprechen*, sondern mehr, seine Urgefühle zu erfahren und wiederzuerleben, indem er *zu den* bedeutenden Gestalten (z.B. den Eltern) in seinem Leben *spricht*, als ob sie im Therapiezimmer gegenwärtig wären.
Der Patient ist fähig, in der Gegenwart das auszudrücken, was ihm in der Vergangenheit zu sagen oder auszudrücken nicht gelang. Er bekommt Gelegenheit, unerledigte Angelegenheiten aus den Kinderjahren zuendezuführen. Bei der Therapie wird versucht, die widerhallenden primären Erinnerungskreise auszulösen, um sie ins Bewußtsein zu bringen, so daß eine *Verbindung* mit dem zugrundeliegenden Gefühl hergestellt werden kann (13 S. 77). *Janov* betont: „Um diese Verbindung, die normalerweise über eine Reihe von frühkindlichen Erfahrungen verläuft, herzustellen, muß es dem Patienten gestattet werden, dieses kleine Kind zu sein, damit dessen frühe Gefühle wieder mit dem jetzigen Erleben verknüpft werden" (13 S. 72). Er fährt fort: „Die Verbindung zur Vergangenheit befreit uns von ihren Auswirkungen; die Abtrennung von der Vergangenheit hält diese gerade für immer aufrecht". (13 S. 70).
Die meisten der auf Einsicht abzielenden Therapieformen haben es mit den höher gelegenen Gehirn-Zentren zu tun, die die Gefühle erklären, aber nicht mit jenen niedriger gelegenen, die so innig mit dem Fühlen verknüpft sind (13 S. 72). Verbindung heißt Verstehen auf der Ebene des Fühlens und Erfahrens, während psychologische Einsicht zu oft nur kognitives Verstehen ist. Nach *Janov* „kann ein Erwachsener die Verbindungslinien zu den primären Kreisprozessen nicht herstellen, indem er Gefühle *erklärt*", weil diese primären Kreisprozesse verstandesmäßiger Erklärung gegenüber sicher entzogen sind (13 S. 72). „Primäre Kreisprozesse können nicht wegerklärt werden" (13 S. 73), sie müssen gefühlt und erfahren werden; so wie ein Patient sagte: „Ich wollte meine Gefühle aus mir heraus*denken*, statt sie herauszu*fühlen*, was viel schmerzhafter war" (14 S. 158). „Einsichten sind in Wirklichkeit die verstandesmäßige Komponente des Schmerzes" (12 S. 240).

Mechanismen der Wandlung
Im Kontext von *Janovs* Theorie scheint es in der Primärtherapie neun Mechanismen des Persönlichkeitswachstums zu geben:

1. Urerlebnisse helfen, Schmerz aus der Vergangenheit abzureagieren, unerledigte Angelegenheiten aus der Kindheit zuendezuführen und Spannung zu lösen.
2. In gleichem Maße, wie sich die angesammelten Urschmerzen verringern, werden auch die widerhallenden Erinnerungskreise weniger leicht eingeschaltet, die in der Gegenwart unangemessene Reaktionen auslösen.
3. In dem Maße, wie der alte Schmerz gefühlt und integriert wird, löst sich das irreale Selbst auf, weil es nicht gegen Urschmerzen kämpfen muß.
4. Durch die Urerlebnisse erfährt die Person die Hoffnungslosigkeit des neurotischen Kampfes um elterliche Liebe. Sobald erst einmal die falsche Hoffnung und der neurotische Kampf aufgegeben worden sind, ist der Mensch fähig, andere Menschen in der Gegenwart realistischer zu akzeptieren.
5. Die Befreiung unterdrückter Gefühle hilft, Gefühlsverbindungen zwischen den frühen Urerfahrungen und gegenwärtigem Ausagieren, zwanghaftem Verhalten, destruktiven Reaktionsmustern und emotionalen Symptomen herzustellen.
6. Gefühlsverbindungen helfen, den Riß zwischen Vergangenem und Gegenwärtigem, zwischen Affekt und Denken und zwischen Geist und Körper zu heilen, weil die Gefühle, die einmal dissoziiert und abgespalten waren, nun in die Persönlichkeit integriert werden (13 S. 29).
7. Spannungen und andere Symptome verringern sich, da Körper und Geist nicht mehr von der zurückgeleiteten Energie aus den widerhallenden Erinnerungskreisen beherrscht werden.
8. Indem die unrealen, auf Abwehr ausgerichteten Seiten der Persönlichkeit zurücktreten, erhält das reale Selbst Gelegenheit, aufzutauchen und zu wachsen.
9. Indem sich die Person von der Vergangenheit mehr und mehr freimacht, ist sie eher fähig, spontan zu sein und in der Gegenwart Wahlen zu treffen. Während Neurose bedeutet, nicht in der Gegenwart zu leben (12 S. 392), „bedeutet ‚Wohlfühlen', zu fühlen, was sich ‚jetzt' ereignet" (12 S. 102).

Vielleicht ist der gemeinsame Nenner all dieser Änderungsmechanismen in der Aussage von *Janov* enthalten: „Die Krankheit ist die Verneinung des Fühlens, und die Heilung besteht im Fühlen" (12 S. 385). In der Tat besteht ein Ziel der Primärtherapie darin, eine bewußtere, fühlendere Person zu werden, die die gesamte Bandbreite menschlichen Erlebens erfahren kann.

Der Körper in der Primärtherapie

Mein Ansatz zur Primärtherapie vereinigt die affektiven, kognitiven, physischen, verhaltensmäßigen und geistigen Aspekte des Menschen [9]. Jedes dieser Felder kann als Einstieg für eine primär orientierte Exploration benutzt werden.

Es ist der Körper, durch den wir uns unserer Gefühle bewußt werden: Liebe, Ärger, Abneigung, Sexualität, Furcht, Bedürfnisse und Verletztsein werden als körperliche Empfindungen erfahren. Symptome wie Angst und Depression werden ebenfalls physisch gespürt und liefern Anhaltspunkte über Gefühle, die ins Bewußtsein aufzusteigen drohen. Der Körper ist ebenso ein Medium für den Ausdruck von Gefühlen, für die Befreiung von Spannungen durch Ausagieren und für die Abwehr von Gefühlen (Muskelpanzerung). Der Körper ist daran beteiligt, wenn Gefühle vom Bewußtsein weg in physische (Somatisierung) und funktionelle (Konversion) Ventile abgelenkt werden. Deshalb ist in der Primärtherapie eine Wachheit für den Körper und physische Empfindungen von höchster Wichtigkeit.

Während traditionelle Therapie gewöhnlich auf verbale Kommunikation beschränkt ist (4 S. 181), fördert Primärtherapie eine vollständige emotionale Befreiung im ganzen Körper. Beim Gebrauch des Körpers als Medium für emotionalen Ausdruck lege ich besonderen Nachdruck auf die Grundprinzipien Atem, Stimme und Bewegung, Intensivierung von Gefühlen, Akzentuierung des Verhaltens, entgegengesetzte Polaritäten, Externalisation des Affekts und Massage des Muskelpanzers.

Atem, Bewegung und Stimme

Alexander *Lowen* sagt: „Jedes emotionale Problem spiegelt sich in einer Störung der Atmung . . . Jeder emotionale Konflikt verringert oder entstellt die Bewegungsfähigkeit des Körpers" (16, Umschlagseite). Bei der Primärtherapie stellen Atmung, Bewegung und Stimme die Hauptträger für den Ausdruck von Gefühlen dar. Die Absicht dabei ist, Gefühle zu mobilisieren, im Gegensatz zur Atmung im Yoga oder der Meditation, die mehr der Entspannung und der Konzentration dient.

Zu Beginn der Therapie erörtere ich, wie Menschen ihre Gefühle durch Schürzen und Beißen der Lippen, durch Schlucken, Festhalten des Atems und Einziehen der Bauchmuskulatur festhalten.

Diese Art des Sichzusammenziehens wird oft gebraucht, um sich gegen Angst und Schmerz im Zahnarztstuhl zu schützen. Um im Gegensatz dazu maximal zu fühlen, ist es wichtig, daß Atmung und Körper freier sind. In der ersten Sitzung verwende ich die folgende Abfolge (unter Gebrauch von Atmung, Stimme und Bewegung) als einen Weg, die Person mit einem Grundinstrument zum Kennenlernen von Gefühlen im Rahmen der Primärtherapie bekanntzumachen.

1. Lege dich flach auf deinen Rücken mit gespreizten Beinen und mit den Händen an deiner Seite. Ein flaches Kissen kann unter deinem Kopf liegen. Lockere beengende Kleidungsstücke am Hals und an der Hüfte. (Diese Lage, wie ein ausgebreiteter Adler, legt die Person in einer verletzbaren Weise bloß und gewährleistet einen freien Atemdurchgang).
2. Achte nur auf deinen Atem und darauf, wie er sich anfühlt. Beachte die in deinen Körper ein- und ausströmende Luft. Schau, ob dein Atem spontan oder kontrolliert geht. (Indem sie den Atem beobachten, ohne zu versuchen, ihn zu verändern, fangen beide, der Patient und der Therapeut an, Gefühle und Abwehr wahrzunehmen).
3. Öffne deinen Mund *weit* und atme *langsam* und *tief* aus deinem *Bauch* heraus.
   Während du deine Atmung vertiefst, atme *ganz* aus und atme dann ganz ein. Die Geschwindigkeit deiner Atmung ist nicht im entferntesten so wichtig wie die Vollständigkeit von Ein- und Ausatmung und das rhythmische Gleichgewicht zwischen beiden. Beobachte, ob deine Atmung natürlich kommt oder kontrolliert ist. (Die einfachste Methode, Gefühle abzuschneiden, ist, nur flach zu atmen. Flaches Atmen ist eine Technik, bedrohende Gefühle zu unterdrücken. Die einfachste Art, Gefühle auszudrücken und zu erfahren, ist, die Atmung zu vertiefen; bei einigen Leuten wird dies spontan Primärerlebnisse induzieren).
4. Sobald du tief atmest, schau, welche Gefühle auftauchen, und laß deinen Körper da hineinfallen. Nimm deine Gefühle an und überlasse dich ihnen. Atme jetzt nur weiter und laß es deinen Körper machen; versuche nicht, dagegen anzukämpfen, was auch immer geschieht. (Da ja dieses Atmen darauf abzielt, Gefühle zu mobilisieren, erschrecken einige Leute und fürchten, die Kontrolle zu verlieren. Unterstützung, Geduld und Beruhigung sind an dieser Stelle wichtig.)
5. Sobald du tief aus deinem Bauch heraus mit offenem Mund atmest (eine Erinnerung daran ist häufig erforderlich!), laß einen Ton heraus, ein Stöhnen oder „ah", um das, was auch immer du fühlst, auszudrük-

ken. Experimentiere mit verschiedenen Arten von Lauten, um zu beobachten, wie sich das anfühlt, und um festzustellen, welche Laute sich mit deinen Gefühlen und deinem Körper verbinden. Laß den Ton ganz von tief drinnen aus dir herauskommen, nicht nur aus deiner Kehle. Bring mehr den Ton und weniger die Luft heraus.

(Während Geplauder oft das denkende Gehirn des irrealen Selbst oberhalb der Persönlichkeitsspaltung einbezieht, schalten Atmen und Stimme das fühlende Hirn unterhalb der Spaltung an. Daher können Atmen und Stimme für einige Leute durchaus eine rechte Bedrohung darstellen. – Sie können auch dann einen Widerstand haben, ihre Stimme zu gebrauchen, wenn sie sich gehemmt fühlen, in Verlegenheit geraten oder sich albern vorkommen. Um diese Anfangsschwierigkeiten zu überwinden, lasse ich manchmal mit ihnen zusammen Töne heraus. Normalerweise wagen sie dann in den folgenden Sitzungen mehr.)

6. Während du atmest und Töne herausläßt, laß deinen Körper sich bewegen, um das, wie du dich fühlst, auszudrücken. Experimentiere damit, wie es sich anfühlt, wenn du deinen Körper frei bewegst.

Der Gebrauch von Atem, Stimme und Körperbewegung entspricht dem, wie sich Kinder spontan selbst ausdrücken. Wenn das Kind älter wird und in das Erwachsenenalter hineinwächst, wird der Ausdruck mehr und mehr auf die verbale Kommunikation eingeschränkt. Atmen, Stimme und Bewegung schlagen oft durch die verbale Abwehr hindurch und ermöglichen in der Primärtherapie eine mehr ursprüngliche Art des Ausdrucks. Armand *DiMele* bleibt tatsächlich bei seiner „all-sound"-Methode manchmal eine ganze Sitzung lang auf dem nonverbalen Level [3].

Im Gegensatz zum tiefen langsamen Atmen lockt schnelles flaches Atmen keine Gefühle hervor, erzeugt jedoch das Hyperventilationssyndrom: Taubheitsgefühl um den Mund und an den Händen, Benommenheit im Kopf und Schwindelgefühl, Verkrampfen der Hände, Atemnot und Schwierigkeiten beim Luftholen. Dies ist unangenehm aber harmlos. Verursacht ist es durch das Ausatmen von zuviel Kohlendioxyd ohne gleichzeitigen Energieverbrauch, wobei die chemische Balance im Nervensystem flüchtig gestört wird. Hyperventilation tritt normalerweise nur in den ersten paar Sitzungen auf, bis die Person mehr Erfahrung hat, wie sie ihren Atem verwenden kann, um Gefühle auszudrücken.

Der Hyperventilation kann vorgebeugt werden durch langsam-tiefes Atmen und den Gebrauch von Tönen, Wörtern und Bewegung, weil bei diesen Aktionen Energie verbraucht wird.

Wenn Hyperventilation auftritt, kann man den Betroffenen auffordern, diese unangenehmen Empfindungen der Starre und des Schwindels zu unterdrücken, indem er Töne herausläßt und seinen Körper bewegt. *DiMele* ermuntert manchmal sogar zur Hyperventilation, damit die Person einen Kontrollverlust über ihren Körper erfährt, einen Verlust von Abwehr und eine primäre Exploration der darunterliegenden Gefühle (d.h. eine persönliche Verbindung mit sich) erlebt.

Man kann, wenn nötig, die Hyperventilation abkürzen, indem man den Atem verlangsamt und die Hand über Nase und Mund des Betroffenen hält, so daß derjenige sein eigenes Kohlendioxyd wieder einatmet. Erfahrungsgemäß verringert sich dieses Problem sehr schnell bei richtiger Atmung.

Manchmal, wenn die Gefühle und die dagegen gerichtete Abwehr intensiv sind, wird die Person husten, sich als eingeschnürt empfinden, anfangen zu würgen und zu geifern und das Gefühl bekommen, sich übergeben zu müssen.* Das ist erschreckend, aber nicht gefährlich; ich fordere die Person dann auf, einen tiefen Atemzug zu nehmen und die Gefühle mit der Stimme und mit Bewegungen auszudrücken. Plastikeimer stehen bereit zum Sabbern, Ausspucken und Würgen, damit derjenige seine Gefühle nicht herunterschluckt oder zurückhält. Wenn durch das Würgen hindurchgegangen wird, statt zu stoppen, dann tauchen gewöhnlich andere Gefühle auf.

Es kommt auch vor, daß sich jemand erbricht, jedoch ist dies viel seltener. Gelegentlich möchte jemand aus Furcht vor Übelkeit Widerstand leisten und eine emotionale Entladung stoppen. Ich fordere dann die Person auf, so schnell wie möglich da hindurchzugehen und die Exploration unverzüglich fortzusetzen.

Wenn die Abwehrformen Flachatmung und Atemanhalten so eingefleischt sind und es jemand buchstäblich ‚vergißt zu atmen', dann fordere ich denjenigen auf: „Hol Luft und laß die Gefühle aus deinem Bauch heraus . . . Laß die ganze Welt diesen Ton hören . . . Versuch, mehr die Stimme und weniger die Luft zu benutzen . . . Laß den Ton aus deiner Kehle heraus . . . Atme weiter und laß das Gefühl herauskommen." Außerdem ersuche ich die Person, im täglichen Leben auf ihre Atmung zu achten und voll durchzuatmen, weil sie ihre Gefühle so mehr erfährt, als wenn sie sich verschließt und die Spannung eingeschnürter Atmung erlebt.

---

* Diese physiologischen Reaktionen treten dann auf, wenn das autonome Nervensystem eine Verbindung zwischen Emotion und visceraler Aktivität herstellt.

Bill *Swaartley* hat dies in Kurzfassung mit folgendem Ausspruch ausgedrückt: „Wenn du nichts anderes zu tun weißt, dann ATME!"

Intensivierung von Gefühlen

Wenn jemand ein Urerlebnis durchlebt, dann ist es mein Hauptprinzip, all das zu tun, wovon ich glaube, daß es die Gefühle intensivieren würde, außer dabei jemanden zu verletzen, seinem Eigentum Schaden zuzufügen oder es zu einer sexuellen Verwicklung kommen zu lassen. Ich versuche, die äußere Stimulation zu arrangieren, die in der Szene vorkommt, um die Wiedergestaltung lebendiger und wirklicher zu machen und um den Trip zu verlängern. Die Stimuli dürfen jeden Sinn oder Körperteil einbeziehen, wobei Folgendes eingeschlossen ist:

– Jemanden berühren oder halten, wenn derjenige ruft oder greift, um Kontakt mit einem Elternteil zu bekommen. Ein Gleichgewicht und ein Wechsel zwischen Teilbefriedigung und Frustration erlaubt es dem Ineinandergreifen von primären Bedürfnissen und Urschmerz, zutage zu treten. Die Teilbefriedigung in der Gegenwart während des Rollenspiels läßt den Mangel an Befriedigung in der Vergangenheit noch mehr spüren. (Eine detaillierte Diskussion über Befriedigung–Frustration befindet sich in der aufgeführten Quelle 10 S. 3-4).
– Druck gegen den Kopf oder Ziehen am Kopf während Geburtserlebnissen.
– Eine mit warmem Wasser gefüllte Babyflasche bei solchen Szenen, die Saugen und Stillen enthalten.
– Auf dem Schoß gehalten werden oder gewiegt werden, wenn dies wiedererlebt wird.
– Ins Bett gesteckt werden, eine Geschichte erzählt bekommen, vorgesungen oder vorgesummt bekommen, wenn dies in einem Urerlebnis erscheint.
– Über das Haar gestrichen bekommen oder das Gesicht angefaßt bekommen, wenn das ein Teil des Trips ist.
– Einen Wutanfall haben mit Stoßen, Schlagen, Verdreschen und Schreien, wenn dies spontan einsetzt.
– Angeschrien werden, einen Klaps bekommen, geschlagen werden, verhauen oder gestoßen werden, wenn das ein Teil einer Szene ist.
– Die Person mit Kissen umgeben, wenn Gefühle des Eingeschränktseins zum Ausdruck kommen; eine Decke oder ein Kissen über ihr Gesicht tun bei Erstickungsszenen; sie niederhalten, um Hilflosigkeit zu intensivieren.

– Verwendung von Requisiten, wie z.B. ausgestopfte Tiere, Puppen und Decken bei der Wiedergestaltung von Kindheitsszenen.
– Verwendung von Plattenspieler und Cassetten mit Musik, die verschiedene Stimmungen erzeugen. Dies können entweder besondere Musikteilstücke sein, die die Leute mitbringen, oder ausgewählte Stücke aus meiner eigenen Sammlung.
– Verwendung eines mit Alkohol getränkten Tuches bei der Neuinszenierung von Krankenhausszenen und Operationen, wie etwa Mandelentfernungen.

Bei all diesen Situationen liefert die Person spontan Hinweise auf äußere Requisiten, die dann geschickt eingeführt werden, um das Urerlebnis zu verstärken. Wenn die äußere Stimulation uneinfühlsam geschieht, wird das als aufdringlich erlebt und holt die Person aus dem Trip heraus zurück in die Gegenwart. Bei Leuten mit lebhaften Erinnerungen oder bei solchen, die leicht phantasieren können, ist die Provokation von außen oft nicht notwendig. Es ist wichtig, daß diese Methoden, die Berührung, die Sinne und den Körper einbeziehen, den Primärprozeß erleichtern und nicht als Tricks erlebt werden. Erfahrung, Gespür, Intuition und genaues Timing ist dabei unerläßlich.

Akzentuierung des Verhaltens

Was auch immer jemand spontan beginnt, ich fordere ihn auf, es stärker zu tun: Schreien, Lachen, Weinen, Zittern, Stöhnen, Gähnen, Würgen, Treten, Drücken, Schütteln, Schlagen, Laute-Machen, Sich-Verdrehen, Pressen, Beißen, Einnahme von bestimmten Stellungen, Gesten-Machen oder Bewegen des Körpers in irgendeiner Weise. Die Akzentuierung oder sogar Übertreibung spontaner Bewegungen hilft dem Betroffenen, eine volle emotionale Befreiung zu erleben, was etwas ist, das Kinder erleben, Erwachsene aber oft unterdrücken.

Akzentuierung hilft einer Person, das zu Ende zu verfolgen, was sie spontan initiiert hat, so daß Verbindungen zu zugrundeliegenden Gefühlen hergestellt werden können.

Manchmal wird jemand versuchen wollen, sich vorzustellen oder zu analysieren, was eine Körperbewegung bedeutet. Dieses Bedürfnis nach Verstehen ist oft das Bedürfnis nach Kontrolle, und diese geistige Aktivität richtet sich darauf, Gefühle zu verstümmeln. Ich fordere die Person dann stattdessen auf, ihren Körper alles allein machen zu lassen und die Bewegungen zu betonen, so daß sich die Gefühle natürlich entwickeln können, auch dann, wenn die Bedeutung zu dieser Zeit im Dunkeln liegt. Bei Beendigung des Trips wird das Bedürfnis gewöhnlich sichtbar und kann weiter auf einem kognitiven Level integriert werden.

Ich versuche, den Körper der Person zu beobachten, um genau zu sehen, ob Übereinstimmung besteht zwischen dem Inhalt des Trips, den ausgedrückten Gefühlen, der Art des Atmens, der Laute und der Worte, der Haltung, den Gesten und den Körperbewegungen. Jemand, der mit sich selbst in Verbindung steht, wird alle seine Ausdrucksmöglichkeiten verwenden, während eine nicht mit sich verbundene Person Behinderungen in der einen oder anderen Ausdrucksmodalität zeigen wird. Der Ausdruck kann z.B. auf den Kopf beschränkt sein beim Erzählen, aber die Stimme paßt vielleicht nicht zum Inhalt des Trips oder den ausgesprochenen Gefühlen, und alles unterhalb des Halses kann bewegungslos sein. (Im Gegensatz dazu drücken Kinder sich selbst mit ihrem gesamten Körper aus.)

Ich mache von diesen Beobachtungen Gebrauch, indem ich die Person darauf aufmerksam mache; gewöhnlich ist sich diese vorher dessen nicht bewußt: „Der Klang und die Art deiner Stimme ist monoton und drückt nicht das aus, was du fühlst. Versuche den Stimmklang zu finden, der zu deinem Gefühl paßt . . . Dein Körper ist bewegungslos geblieben, du hast allein deine Stimme benutzt. Bringe deinen ganzen Körper ein, laß deinen Körper sich bewegen und das Gefühl ausdrücken. Experimentiere wirklich damit, und schau', wie es sich anfühlt." Auf diese Weise werde ich die Abwehr in ihre Aufmerksamkeit bringen und sie ermutigen, sich über sie hinaus zu bewegen, jedoch werde ich *niemals* eine besondere physische Bewegung vorschlagen, wenn die Person sie nicht spontan beginnt.

Wenn jemand einen Widerstand ausagiert (z.B. Schlucken, Atemfesthalten, Steifheit, Regungslosigkeit, Rückzug), anstatt ein zugrundeliegendes Gefühl auszudrücken, lasse ich ihn manchmal die Abwehr akzentuieren oder übertreiben, so daß er sich ihrer voll bewußt wird, sie in seiner Kontrolle fühlt und dann die Freiheit hat, sie aufzugeben.

Wenn sich jemand in der Abwehrhaltung befindet, schlafen zu wollen und überhaupt nichts tun zu wollen, schlage ich ihm vor, daß er dies mit dem Mittel der Phantasie ausagiert, die er laut ausspricht: „Ich möchte unter ein Bettuch kriechen und schlafen. Ich möchte überhaupt nichts tun, und niemand soll mich belästigen . . .". In der Gruppe wirklich einschlafen, das tun nur wenige, indessen bringt die Phantasie oft die darunter liegenden Gefühle ans Licht.

Entgegengesetzte Polaritäten

Mein Kollege Bill *Swartley* hat vorgeschlagen: „Wenn du etwas versuchst und es geht nicht, dann versuche genau das Gegenteil." Wenn jemand z.B. nicht das Gefühl ausdrücken will, dann laß ihn die Abwehr ausdrücken. Wenn sich jemand im Verbalisieren und Intellektualisieren verliert, dann laß ihn die Gefühle aussprechen, wobei er tief atmet, Laute und Körperbewegungen dazunimmt. Nachdem jemand mit einem Gefühl der Gegenwart gearbeitet hat, schau, wann er dies in der Vergangenheit gefühlt hat. Auf diese Weise bringt die Verwendung von Gegensätzlichkeiten das Zusammenspiel zwischen Gefühl und Abwehr hervor und gestattet demjenigen, entgegengesetzte Polaritäten von Gefühlen zu erfahren.

Das Prinzip der Gegensätze läßt sich ebenfalls auf den physischen Ausdruck von Gefühlen anwenden. Wenn sich jemand in erster Linie deshalb bewegt, um Spannungen zu verlieren (z.B. Herumzappeln, rastlose Bewegungen, Trommeln mit den Fingern), anstatt das Gefühl auszudrücken, dann fordere ich entweder zur Akzentuierung der spannungsvermindernden Gesten auf oder schlage das Gegenteil vor: Verhinderung der Gesten, Stilliegen und dabei für die zugrundeliegenden und aufsteigenden Gefühle aufmerksam werden. Daraufhin folgt der Gebrauch von Ausdrucksgesten, um dem Gefühl freien Lauf zu lassen. Spannungslösende Bewegungen sind in Wirklichkeit eine Form des Ausagierens, solange, wie die Person durch die Aktivität nur vorübergehend die Spannung vermindert. Dies kann auch durch Sporttreiben geschehen. Primärtherapie legt großen Wert darauf, über die Spannung hinauszugehen und zu dem darunterliegenden Gefühl eine Verbindung herzustellen.

Nachdem jemand seinen Körper in bestimmter Weise gebraucht hat, ist es oft nützlich für ihn, die gegenteilige Bewegung zu erfahren. Wenn er Leute mit seinen Armen weggeschlagen hat, könnte ich ihn danach auffordern, zu erfahren wie es ist, wenn er Leute zu sich in seine Arme zieht. Nachdem jemand sein Gesicht und die Augen mit seinen Händen bedeckt hat, um sich zu verbergen, oder sich selbst zum Schutz mit seinen Armen bedeckt hat, könnte ich von seinem Gesicht die Hände wegtun und von seinem Körper die Arme nehmen, damit er eine offenere, exponiertere und verletzlichere Stellung erfahren kann.

Noch einmal: das Prinzip der Gegensätze erlaubt der Person, wenn es auf den Körper angewendet wird, beides zu erfahren, ihre Gefühle und ihre Abwehrhaltungen sowie auch gegensätzliche Gefühle (Stärke – Schwäche, Aktivität – Passivität, Abwehrstellung – Offenheit).

Externalisation des Affekts

Wenn jemand auf sich selbst gerichtete Gefühle exploriert, ist es für ihn/sie nützlich, diese Gefühle auf einen äußeren Repräsentanten von sich selbst, wie beispielsweise ein anderes Gruppenmitglied (Rollenspiel), ein Kissen oder einen leeren Stuhl (Gestalt-Dialog) oder auf sein eigenes Bild in einem Spiegel zu richten. Dies ist besonders wichtig, wenn die Person auf sich ärgerlich ist und anfängt, sich selbst physisch zu verletzen, durch Reißen an den Haaren, Sich-selbst-Kratzen und -Schlagen.

Indem sie die Gefühle nach außen gegen einen Repräsentanten von sich richtet, kann sie mit ihrem Ärger fortfahren („Ich hasse dich, du bist nicht gut, ich will dich töten" usw.) und mit dem dazugehörigen physischen Ausdruck, wie Zerren, Pressen und Winden eines Handtuchs, Kratzen eines Kissens; Schlagen und Stoßen von Kissen oder der Matte, Hauen auf Kissen, die von jemandem festgehalten werden, und Zerreissen von Lumpen.

Die Person ist so, bei der Externalisation der gegen sich selbst gerichteten Gefühle und physischen Akte, in der Lage, die Gefühle gefahrlos, ohne sich selbst zu verletzen, auszuagieren, abgespaltene Teile von sich selbst zu erleben und ihre eigene Kraft, die zuvor nach innen gerichtet war, zu spüren. Sobald dies innerhalb des Kontexts einer primären (auf die Urerfahrungen gerichteten) Exploration geschehen ist, werden die externalisierten Teil-Ichs zu Repräsentanten elterlicher Introjekte, die denjenigen dann in einen Dialog mit seinen Primärpersonen bringt.

*Massage des Muskelpanzers**

Während die Reichianer, die Neo-Reichianer und die Bioenergetische Literatur ausgefeilte Methoden, mit dem Körper zu arbeiten, diskutieren, will ich hier einige der Prinzipien, die ich in die Primärtherapie mitaufnehme, kurz darlegen.

Das Muskelskelettsystem kann dazu verwendet werden, Gefühle auszudrücken oder diese zu unterdrücken. Es war Wilhelm *Reich*, der als erster zeigte, wie wir den Atemapparat und die Muskulatur als Panzer benutzen gegen Gefühle, die wir zu kontrollieren versuchen.

Man kann sich zum Beispiel selbst davon abhalten zu schreien oder zu weinen, indem man sich in die Lippen beißt, seine Gesichts- oder Bauchmuskeln anspannt, seinen Atem anhält und schluckt. Malcolm *Brown* (2 S. 270) beschreibt es so: „Die muskuläre Panzerung besteht aus ‚gefrore-

* An anderer Stelle [10] erörtere ich andere Arten der Berührung in der Primärtherapie: emotionale Unterstützung durch Berührung, Berührung als corrective emotional experience und Berührung von Erwachsenem zu Erwachsenem.

nen' Muskelgruppen ... einem chronischen Zurückhalten und einem schraubstockähnlichen Einklemmen jeglicher Gefühle, Bedürfnisse oder Impulse, die aus der Tiefe des Organismus aufsteigen ...".

Die Spannung entstammt chronischer Muskelverspannung – aus dem Kampf zwischen solchen Muskeln, die innerviert sind, Gefühle auszudrücken, und solchen, die sich in der Abwehr gegen diese verspannt haben. David *Boadella* hat im gleichen Sinne festgestellt: „Die Spannungen des Körpers können als eine Reihe von Zusammenschnürungen gesehen werden, deren Absicht es ist, Bewegung, Atmung und Gefühl einzuschränken" (1 S. 1). Ganz ähnlich hat Alexander *Lowen* zusammengefaßt: „Jede Muskelverspannung drückt einen neurotischen Konflikt aus" (16, Umschlagseite). Nach *Janov* [5] erlebt der Neurotiker Spannung anstelle der zugrundeliegenden primären Bedürfnisse und Schmerzen, weil die Gefühle, die in dem blockierten Erinnerungssystem gespeichert sind, „Impulse in den Körper senden, den sie damit in chronischer Spannung halten" (13 S. 24). Er fährt fort: „Spannung ist der innere Druck von solchen Schmerzen, die vom Bewußtsein abgetrennt sind" (13 S. 25).

Der Muskelpanzer ist deshalb ein Hauptwiderstand gegen das Aufsteigen primärer Bedürfnisse und Schmerzen, weil sich die angespannten Muskeln, als Teil der Abwehrstruktur, gegen Gefühle kontrahieren. Die Massage der gespannten Muskeln geschieht in der Absicht, eine tiefgreifende emotionale Freisetzung des Affekts zu ermöglichen, gegen den mit der muskulären Panzerung gekämpft wird. Bei der Primärtherapie verwende ich die oben erwähnten Prinzipien in folgender Weise:

1. Die Person mag spontan einen schmerzvollen Muskelblock berühren oder festhalten oder auf das Gebiet zeigen, wenn sie danach gefragt worden ist. Die verspannten Muskeln sind oft sichtbar.
2. Ich lokalisiere die Versteifung vorsichtig mit meinen Fingern und kann die Verspannung gewöhnlich fühlen.
3. Ich übe fest-langsamen Druck auf die starren Muskeln aus und massiere sie – was gewöhnlich schmerzhaft ist. Die Absicht dabei ist nicht, daß sich die Person besser fühlt, wie bei einer zur Linderung durchgeführten Massage, sondern ihr zu helfen, die abwehrende Muskelpanzerung loszulassen, den Block aufzulösen, so daß die darunterliegenden primären Gefühle gefühlt und ausgedrückt werden können.
4. Ich fordere die Person auf, im Ausdrücken ihrer Gefühle fortzufahren, während die Panzerung massiert wird. Gelegentlich löst sich, bei tiefer Atmung und dem Herauslassen der Stimme als Reaktion auf die Massage, die Blockierung, und die darunterliegenden Gefühle kommen

zum Vorschein. Einfaches Nachlassen der Spannung reicht nicht aus (physische Übungen bringen oft diese Wohltat), wenn dabei keine Verbindung zu den primären Gefühlen hergestellt wird.

5. Ich höre mit der Massage auf, nachdem das Gebiet weich geworden ist und die Gefühle im Fluß sind, oder wenn nach redlichem Versuch nichts geschieht.
6. Wenn die Massage fehlschlägt, dann lege ich vielleicht bloß meine warme Hand auf die verspannten Muskeln; diese Unterstützung ermöglicht es dann manchmal der Person, sich einzugeben.
7. Um einen paradoxen Zugang handelt es sich, wenn die Person einen tiefen Atemzug nehmen soll, diesen festhalten und die angespannten Muskeln absichtlich kontrahieren soll, diesem soll dann das Ausatmen und Entspannung der Muskeln folgen. Das macht der Person ihre Abwehrstruktur bewußter und gibt ihr mehr Kontrolle darüber, so daß sie sich entscheiden kann, die Abwehr loszulassen und ihre Gefühle herauszulassen.

Ich habe in der Primärtherapie festgestellt, daß es eine Reihe allgemein üblicher Stellen gibt, in denen Blockierungen im Gefühlsfluß auftreten und wo Leute Spannung ausdrücken. Hier können die oben stehenden Methoden flexibel benützt werden.

– Kopfschmerzen und Angespanntsein der Kopfhaut und des Halses entstehen oft, wenn Gefühle zurückgehalten werden. Ich übe auf diese Gebiete normalerweise festen Druck aus, lasse die Person tief atmen und den Ton herauslassen. Druckgefühl auf dem Kopf tritt auch bei Geburtsprimals auf. Bietet man dem Kopf einen Widerstand, dann hat die Person etwas, wo sie gegendrücken kann, während Ziehen am Kopf der Person hilft, „herauszukommen".
– Angespanntheit und Steifheit im Gesicht ist Resultat erstarrter Facialmuskeln und eines fixierten Ausdrucks. Wenn die Muskeln massiert werden, dann haben die darunterliegenden Gefühle eine Chance, an die Oberfläche zu treten. Läßt man die Person in einer Sitzung in einen Spiegel schauen, dann intensiviert das oft Gefühle, die sich auf das Gesicht, die Augen, den Mund und auf das defensive, fixierte Grinsen richten.
– Schmerz in den Kaumuskeln des Kiefers ist of eine Folge von Zähneaufeinanderbeißen und Zähneknirschen, wenn Wut „dringehalten" wird. Fester Druck und Massage auf solche Muskeln ist schmerzhaft, oft mit dem Resultat, daß die Person ihren Mund weit öffnet und die Gefühle herausläßt. Ich kann ihr aber auch noch etwas zu beißen oder zu saugen geben, wenn solche Gefühle damit verbunden sind.

– Solange der Hals die Passage von Luft, Tönen, Wörtern und Gefühlen, die aus dem Bauch aufsteigen, kontrolliert, ist er ein ständiger Sammelort für Verspannungen. Husten, Unfähigkeit, ein Wort herauszubringen, Zusammengeschnürt-Sein, abgekniffene Stimme oder Laute, Keuchen und Würgen sind Ausdruck für aufsteigende intensive Gefühle und für den Kampf beim Versuch, diese unten zu halten. Manchmal massiere ich die Halsmuskeln, um den Durchgang öffnen zu helfen, dabei fordere ich den Betroffenen auf, tief zu atmen und die Laute oder Worte herauszulassen. Der Betroffene bekommt einen Plastikeimer zum Würgen, Sabbern, Spucken und Erbrechen, damit er die Gefühle nicht herunterschlucken muß. Wenn man durch das Würgen „hindurchgeht", (das unwillkürlich ist und einen Kontrollverlust anregt) tauchen oft andere Gefühle auf.
– Zusammengeschnürtsein und Enge der Brust, einhergehend mit dem Festhalten des Atems, das sieht man sehr häufig. Ich fordere zu tiefem Atmen und Herauslassen der Stimme auf, gleichzeitig drücke ich bei der Ausatmung auf die Brust und nehme den Druck bei der Einatmung weg.
– Wenn Gefühle wie Ärger, Verletztsein und Bedürftigkeit „geschluckt" werden, werden sie in den Bauch gedrückt; das ist oft von Schmerz und Anspannung der Magengrube begleitet. Eine Massage dieser Muskeln ist, wenn sie von tiefem Atmen und dem Herauslassen der Stimme begleitet wird, oft hilfreich. Ferner werde ich die Bauchatmung unterstützen, indem ich bei der Ausatmung einen Druck anwende, den ich bei der Einatmung nachlasse; ich drücke dabei im Rhythmus mit dem Atem.
– Verspanntheit in den (oft hochgezogenen) Schultern, den Armen und Händen (zusammengedrückte Fäuste) entsteht beim Zurückhalten der Gefühle, die diese Muskeln ausdrücken sollen. Schlagen, Stoßen und heftiges Zuhauen setzen oft unterdrückten Ärger frei; oder manchmal ist auch das Umgekehrte der Fall. Die gehemmten Gefühle sind: die Hand ausstrecken, festhalten und berühren wollen.
– Bei Spannung im Rücken lasse ich die Person mit dem Gesicht nach unten liegen, während ich auf die gespannten Muskeln Druck ausübe. Tiefes Atmen und die Stimme werden benützt, um den Schmerz des massierten Muskelpanzers auszudrücken, und oft erscheinen die darunterliegenden Primärgefühle.
– Verspanntheit im Becken, den Genitalien und den Hinterbacken hält oft solche sexuellen Gefühle zurück, die anal-retentive Konflikte enthalten. Beim Wechsel zwischen Anspannung und Entspannung dieses Ge-

bietes, wobei ein- und ausgeatmet wird und die Stimme freigelassen wird, können die Gefühle exploriert werden.

– Bei Spannung in den Beinen fordere ich die Person auf, etwas mit den Beinen zu tun, um die Spannung auszudrücken. Mit den Füßen drehen (stretching), treten und stoßen setzt manchmal die darunterliegenden Gefühle frei. Oder ich kann die Person andererseits ersuchen, einen tiefen Atemzug zu nehmen und diesen, während sie ihre Beine anspannt, festzuhalten, daraufhin soll sie die Atmung laufen lassen und die Beine entspannen; der Person wird dadurch eine größere Kontrolle über ihre abgepanzerten Sperren in ihren Beinen gegeben.
– Manchmal wird sich das Körperinnere kalt anfühlen und wird zittern, beben und sich schütteln und von Zähneklappern begleitet sein. Die widerstreitenden Muskeln im Körperinneren werden in den Kampf, Gefühle auszudrücken, während sich die Körperpanzerung in Abwehr gegen diese kontrahiert, einbezogen. Wenn man die Person anweist, tief zu atmen, sich einzulassen und dem Zittern hinzugeben und die Gefühle mit der Stimme auszudrücken, ermöglicht das den primären Gefühlen aufzusteigen. Diese können sich wiederum erstrecken von Wut und einem Zornesausbruch bis zum In-Kontakt-Kommen mit den frühen Bedürfnissen, geliebt, geschützt, berührt und gehalten zu werden.

Während sich jemand normalerweise aufgrund des Druckes aufsteigender primärer Gefühle gespannt und unruhig fühlt, fühlt sich jemand, nachdem er eine volle emotionale Entladung erfahren hat und sich durch das Urgefühl durchgearbeitet hat, gewöhnlich physisch leichter und entspannter, weniger konfus und mehr gegenwartsorientiert, und er hat eine Empfindung von Erfüllung, Befriedigung und Vollständigkeit. An dieser Stelle fordere ich die Person auf, bei ihrer Entspannung zu verweilen, sich ihres Körpers bewußt zu bleiben und zu spüren, wie sich die Luft in und aus ihrem Körper bewegt. Eine zarte Gesichtsmassage unterstützt oft die Entspannung und hilft der Person, diese zu genießen. Allzu oft haben Leute diese Art entspannter Freude noch nie erfahren und versäumen es, das als ein echtes und befriedigendes Gefühl zu erkennen. Ich glaube, daß es wichtig ist, diese erfreuliche Entspannung zu fördern, besonders bei der Primärtherapie, wo der Schmerz allzu oft als das Ein und Alles der Therapie angesehen wird [8].

Zusammenfassung

Bei der Primärtherapie ist die Aufmerksamkeit auf den Körper und physiologische Sensationen von größter Wichtigkeit, da der Körper ja für beides gebraucht wird, als Medium für emotionalen Ausdruck und zur Abwehr von Gefühlen.

Atmen, Bewegung und *Stimme* erlauben einen ursprünglicheren Ausdruck von Gefühlen und durchschlagen oft die verbale Abwehr von Erwachsenen.

Die *Intensivierung von Gefühlen* schließt ein, daß für äußere Stimulation des Körpers oder jedes der Sinnesorgane gesorgt wird, um die primäre Wiedergestaltung lebendiger und realer zu machen.

Die *Akzentuierung des Verhaltens* ermutigt die Person, mehr von dem, was sie spontan anfängt, zu tun, während das Prinzip der *entgegengesetzten Polaritäten* Nachdruck auf den Wert der Exploration gegensätzlicher Tendenzen legt.

Die *Externalisation von Affekten* erlaubt den gefahrlosen Ausdruck negativer, gegen das eigene Selbst gerichteter Gefühle und führt oft gleichzeitig zur Exploration negativer elterlicher Introjekte.

Die *Massage des Muskelpanzers* arbeitet direkt mit den gegen die Gefühle verspannten Muskeln, so daß die darunterliegenden primären Gefühle befreit und „verbunden" werden können.

Literatur:

1. BOADELLA, D.: Language of the body in bio-energetic therapy. Energy and Character, 2:1. Jan. 1971.
2. BROWN, M.: A comparison between direkt body contact psychotherapy and Janov's primal psychotherapy. In: „The Healing Touch," Malcolm Brown, Chapter 6, in publication, 1976. Deutsch in: Integrative Therapie 2/3 (1975).
3. DIMELE, A.: The all-sound method in primal-oriented therapy. Primal Community, 1:1, 22, Summer 1974.
4. EHRLICH, M.P.: The role of the body experience in therapy. The Psychoanalytic Review, 57:2, 181, 1970.
5. FREUNDLICH, D.: Janov's primal theory of neurosis and therapy (15 pages), 1973. Available from the author.
6. FREUNDLICH, D.: What is a primal? Primal Community, 1:1, 37, Summer 1974.
7. FREUNDLICH, D.: An historical perspective of primal therapy, 1975. Available from the author.
8. FREUNDLICH, D.: Pitfalls of primal, 1976. To be published in Primal Community, Summer 1976.
9. FREUNDLICH, D.: Comprehensive primal-oriented therapy, 1976. Available from the author.

10. FREUNDLICH, D.: The use of touch in primal-oriented therapy, 1976. Available from the author.
11. FREUNDLICH, D.: (ed.) „Primal-Oriented Therapy". In preparation.
12. JANOV, A.: „The Primal Scream – Primal Therapy: The Cure for Neurosis." New York: Dell Publishing Co., 1970.
13. JANOV, A.: „The Anatomy of Mental Illness: The Scientific Basis of Primal Therapy". New York: G.P. Putnams Sons, 1971.
14. JANOV, A.: The Primal Revolution: Toward a Real World". New York: Simon and Schuster, 1972.
15. JANOV, A.: „The Feeling Child: Preventing Neurosis in Children". New York: Simon and Schuster, 1973.
16. LOWEN, A.: „Breathing, Movement and Feeling". From lectures given at the Hotel Biltmore, New York City, Fall 1975. Available from the Institute for Bioenergetic Analysis, 144 E. 36th St., NYC 10016.
17. REICH, W.: „Character Analysis", ed. 3 (enlarged). New York: Orgone Institute Press, 1949.

Die Rolle des Körpers in der Feeling Therapy

Alan Switzer, Dominic Cirincione und Werner Karle, Los Angeles

Einleitung

In der Feeling Therapy steht der Körper sowohl in der Theorie wie auch in der Praxis an zentraler Stelle. Unserer Ansicht nach liegt der Verlust von einfachem, direktem Gefühlskontakt mit sinnlich-körperlicher Erfahrung im Kernpunkt von Neurose und Psychose. Wir glauben, daß eine wirkungsvolle und vollständige Psychotherapie dem Patienten helfen muß, seinen eigenen Gefühlsmittelpunkt wiederzugewinnen und im Hinblick auf körperliches Empfinden und Ausdrucksvermögen zu erweitern. Feeling Therapy ist eine funktional ausgerichtete Psychotherapie. Hauptkriterium bei der Durchführung ihrer Konzeption ist das Ausmaß, in dem eine bestimmte, vorgegebene Technik, Regel oder Praktik zunehmendes Körpergefühl mit entsprechendem Bewußtsein und Ausdrucksvermögen als Grundlage für das tägliche Leben aufbaut. Die Therapie stützt sich gleichzeitig auf intensive wöchentliche Einzeltherapie und auf die Teilnahme an einer besonderen Therapiegruppe, die sich ebenfalls einmal in der Woche trifft (*Karle, Woldenberg und Hart* 1976). Besonderer Nachdruck liegt auf der wachsenden Mitarbeit der Patienten in einer ambulanten therapeutischen Gemeinschaft, die sich aus anderen Therapieteilnehmern zusammensetzt. Ein weiterer wesentlicher Punkt ist die Bedeutung fortlaufender Therapie nicht nur für die Patienten, sondern auch für die Therapeuten. Außerdem werden letztlich alle Patienten zu Co-Therapeuten ausgebildet und übernehmen damit ebenso die Rolle eines „Helfers" wie die des Patienten. Herkömmliche Methoden, die den Therapeuten darauf festlegen, Hilfe zu leisten, und den Patienten, sie zum empfangen, beschränken erheblich den Grad und die Verschiedenartigkeit von Gefühlserfahrung und -ausdruck, die für beide möglich sind.

Den Prozeß, durch den Menschen von ihrer eigenen Körpererfahrung getrennt werden, nennen wir Desorientierung. Das tritt routinemäßig im Laufe des Heranwachsens ein, weder dramatisch noch plötzlich, sondern langsam, unerbittlich, die ganze Zeit über, verdeckt durch den Anschein von Vernunft und Normalität. Traumatische Ereignisse sind nicht typi-

sche Ursache von körperlicher Selbstentfremdung. Es ist vielmehr die alltägliche Qualität des Verhältnisses zu Eltern, Lehrern, Verwandten und Freunden, die das Kind im Wachstum seiner Gefühlswirklichkeit fördert oder stört.
Emotionale Verwirrung verursacht physiologische Unordnung. Eine der häufigsten körperlichen Reaktionen eines Kindes auf die Zurückweisung seiner vollen gefühlsmäßigen Möglichkeiten durch die Eltern und andere Menschen ist die Unterbrechung des natürlichen Atemzyklus. Normales, rhythmisches Atmen entsteht im Zwerchfell und strahlt von da aufwärts. Ein vollkommener Atemrhythmus ist grundlegend für die Ausgeprägtheit von Körpergefühl und -ausdruck; ein zusammengepreßtes Zwerchfell und chronisch flaches Atmen vermindern merklich den Gefühlsgrad und das Maß an Ausdrucksvermögen, das dem Kind zur Verfügung steht. Zurückhalten von Gefühlen ist oft buchstäblich dasselbe wie das Zurückhalten des Atems. Durch Verwirrung entsteht das Bedürfnis, die Körperwahrnehmung deutlich zu verringern und somit die Möglichkeit, sich an ein niedriges Gefühlsniveau zu gewöhnen. Beim Erwachsenen resultiert daraus dann bezeichnenderweise eher eine flache Brust- und Lungenatmung als die Gewohnheit, zwerchfellzentriert zu atmen. Das ist ein umkehrbarer Prozeß. Wenn die Fähigkeit wächst, im Milieu einer unterstützenden Gemeinschaft, einen höheren Empfindungsgrad aufrechtzuerhalten, dann finden die Patienten allmählich zu einem entspannten Atmungszyklus zurück.
Auf diese und auf andere Weise formt der Gefühlswert der Umgebung, in der ein Mensch aufwächst, seinen Körper wesentlich. Starre Haltung, fixierte Gesichtszüge und immer wieder auftretende Verspannungen und Schmerzen ergeben sich alle aus der Geschichte körperlicher Interaktionen eines Menschen mit seiner Umgebung. Die interaktionale Gefühlswirklichkeit der Kindheit wird zu einer inneren Umgebung, die das Verhalten und die Erscheinung eines Menschen formt, verinnerlicht. Um sich zu ändern, muß der Patient anfangen, diese innere Umgebung und die Art und Weise, wie sie gebildet wurde, zu erfahren.
Unsere Betonung auf dem Körper als Zentrum für eine effektive Psychotherapie wird erhellt durch unsere Auffassung vom Unbewußtem als einem im Körper Ruhendem, das unmittelbar mit der Erscheinungsform eines Menschen verbunden ist. Das Unbewußte ist nicht ein anderer Teil oder Abschnitt des Gehirns, wie oft vorausgesetzt wird. Vielmehr schließt es die feinste und mächtigste Stufe körperlicher Bewußtheit und Erfahrung ein.

Im Menschen gibt es zwei grundsätzliche Tendenzen: die affektive (fühlen und aktiv reagieren) und die kognitive (genau wahrnehmen und wissen). Der Idealfall ist ein Gleichgewicht zwischen beiden, wobei volles gefühlsmäßiges Verständnis ergänzt wird durch volle kognitive Wahrnehmung. Dieses Gleichgewicht besteht im Kind in natürlicher Weise. Wenn aber im Prozeß des Heranwachsens seine Gefühle in Verwirrung geraten und ihm beigebracht wird, sein Körperempfinden durch die Zurückhaltung einfacher Gefühlsreaktionen immer mehr zu reduzieren, so wird es in wachsendem Maße unbewußt. Beim Erwachsenen überwiegt dann das kognitive Moment über dem affektiven, und er ist körperlich mehr unbewußt als bewußt. Von daher gesehen besteht das Unbewußte aus Körperwahrnehmung und -empfindung, die ganz bewußt sein könnten, wenn die volle Gefühlserfahrung und -ausdrucksfähigkeit gepflegt und nicht in der Entfaltung gehindert worden wären.

Körperarbeit in der Feeling Therapy

Obgleich es möglich ist, etwas von der Art und Weise, wie wir mit dem Körper in der Feeling Therapy arbeiten, zu skizzieren, muß doch betont werden, daß die Feeling Therapy nicht durch die Techniken, die in der Praxis angewandt werden, definiert werden kann. Das Wesentliche der Feeling Therapy liegt in der Erweiterung von Gefühlserfahrung und -ausdruck, die im Rahmen einer Gemeinschaft mit intensivem menschlichem Kontakt mit anderen geteilt werden. Es werden zahllose Techniken und Methoden ausprobiert, teilweise abgeändert und in einigen Fällen weggelassen und ganz individuelle therapeutische Programme für jeden einzelnen Patienten entwickelt. Auf diese Weise unterscheidet sich die Feeling Therapy wesentlich von anderen körperorientierten Therapieformen wie Bioenergetik und Rolfing, die ein statisches Muster aufstellen, das auf eine Anzahl therapeutischer Techniken hinausläuft. In unserer Therapie werden alle Techniken nur als Mittel zum Zweck angesehen, und es bleibt immer offen, sie zu revidieren oder wegzulassen.

In der Feeling Therapy versuchen wir nicht, die Körperstruktur des Patienten zu verändern, sondern sie so zu reorientieren, daß er sich dem Fühlen mehr öffnen und mit größerer Flexibilität leben kann. Ein Weg, auf dieses Ziel hinzuarbeiten, besteht darin, die Körperabwehr in einer Sitzung übermäßig zu steigern, so daß das Bewußtsein ihrer einengenden Wirkung körperlich erfahrbar wird. Meistens ist die Körperabwehr so gewohnheitsmäßig, daß sie „unbewußt" geworden ist. Übertreibung kann sie zumindest teilweise wieder in bewußte körperliche Wahrnehmung bringen und auch die tieferen Gründe, die abgewehrt werden, zugänglich machen.

Das Folgende ist ein Auszug aus einer Therapiesitzung mit einem in der Feeling Therapy erfahrenen Patienten (*Hart* u.a. 1975, S. 169-191). Es macht deutlich, wie die Übertreibung einer angewöhnten Körperabwehr die Notwendigkeit von mehr Bewußtheit und tieferem Empfinden zuläßt. Dabei muß bedacht werden, daß dies nur ein kleiner Auszug aus einer viel längeren Therapiesitzung ist, in der viele andere Prozesse stattfanden. Der Patient begann damit, daß er darüber sprach, wie er fühlte, daß er sich in seinem Leben „zurückhalte", wie er seine Ausdrucksbewegungen bei seinen Freunden, seiner Frau und bei seiner Arbeit zurückhalte. Aber es war ein vages Gefühl, etwas, das er nicht richtig fassen oder erfahren konnte. In diesem kurzen Auszug hilft der Therapeut dem Patienten, diese Abwehr direkt zu erfahren.

T: Ich möchte, daß du damit (mit einem Schläger) . . . einfach gegen die Wand schlägst.

P: Hier?

T: Ja, fühle einmal, wie das ist, zurückzuhalten . . . hol kräftig aus, aber halt an! . . . fühle das . . . halt an, fühle das . . . .fühle jetzt nur dieses Gefühl

P: (stöhnend) So ist es, . . . oh . . . oh . . .

T: Wie ist das für dich?

P: Ich fühle, wie meine Kehle eng wird.

T: Genau . . . dein ganzer Körper wird eng . . . nichts von diesem Schwung kann fließen, weil du bereit bist, zurückzuhalten . . . fühle das in deinem ganzen Körper.

P: (laut stöhnend) Ahh . . . das tut meinem Arm weh . . . aahh . . . aahh . . . Oh, mein Arm! Ich möchte gern loslassen . . . ich möchte jetzt wirklich schlagen.

T: Nein, fühle jetzt wirklich, wie es ist . . .

P: AAAHH . . . aahh . . . es fühlt sich so eng an . . . es fühlt sich schrecklich an . . . es fühlt sich zu eng an.

T: Schlag wirklich, geh wirklich zurück und hol aus . . . halt an. Fühle, wie du die Wand wirklich schlagen willst . . . aber halt an. Laß diesen Ton heraus.

P: (schluchzend, laut stöhnend) Uuhh.

T: Sag, wo du es fühlst.

P: Ich fühle es in meinem ganzen Arm, in meiner Schulter bis hoch zum Nacken . . . aahh . . . aagghh . . . O, das fühlt sich wirklich furchtbar an . . . das macht meine Schulter eng . . . aahh . . . Oh, mein Arm tut so weh. Meine Schulter ist jetzt verkrampft, genau da, genau da.

T: Was ist unter der Enge?

P: Es tut mir hier weh . . . (schluchzend) ohh . . . oohh . . . ich tue weh . . . ich tue weh.

T: Laß es heraus.

P: (Schluchzend) Ich tue weh ... Ich tue weh ... ich tue weh ... es tut so weh, sich zurückzuhalten ... Ich halte mich von dir zurück ... Ich halte mich von Jane zurück ... Ich halte mich von Hank zurück ... Ich tue weh ... (Schluchzend) oohh ...

Das ist nur der Anfang der Sitzung für diesen Patienten. Jetzt, da er angefangen hat, seine Abwehr körperlich zu erfahren, ist er so weit, die tieferen Gefühle darunter zu erfahren. Später in dieser Sitzung ist er in der Lage zu fühlen und es auszudrücken, wie er jahrelang gezwungen worden war, seine spontanen Bewegungen und Impulse zurückzuhalten, erst als Kind, später als Mitglied der Jesuiten. Er konnte auch fühlen, wie schmerzlich und frustrierend dieses Zurückhalten immer gewesen und noch jetzt für ihn war. Ebenso wichtig ist, daß er fähig wurde, neue Vergleiche zu machen, zu stärkerem Fühlen anzuhalten und daß er eine Gegenwart schaffen konnte, die anders war als seine Vergangenheit. Viel später in dieser Sitzung fand diese Interaktion statt:

T: ... Denke nicht. Fühle einfach mit den Händen. Was fühlen sie?
P: (weinend) Sie fühlen weiche Haut und warm ... so gut ... (schluchzend)
T: Geh nicht weg.
P: Doch ... ich geh weg ...
T: Ja. Sag, was du jetzt fühlst, das ist alles, was du tun sollst.
P: Ich weiß es nicht genau ... es fühlt sich gut an ... es fühlt sich einfach gut an.
T: Was fühlst du?
P: ... deine Arme fühlen und deine Schultern berühren ...
T: Fühle einfach, was du gerade jetzt machst.
P: Ich kann meine Fingerspitzen fühlen ... die Spitzen, die Rundungen meiner Finger und die Unterseite meiner Finger.
T: Und was spürst du?
P: Die Haare auf deinen Armen ...
T: Eine andere Person ist hier.
P: Und Haut, sie ist warm ... deine Haut ist warm ... du bist warm.
T: Was war das?
P: (weinend) ich hab nur geguckt.
T: Guck weiter
P: (weinend) ...
T: Sieh dir an, was du fühlst.
P: Ich hatte die Augen geschlossen, ich konnte fühlen, daß ich warme Haut fühlte ... (schluchzend) ...
T: Sieh, was du jetzt fühlst.
P: (Schluchzend) ...
T: Sag, was du siehst.
P: (Schluchzend) ...

T: Sag, was du siehst.

P: (weinend) ...

T: Öffne die Augen.

P3 (schluchzend) Ich sehe Lee ... Ich sehe einen Menschen ... ich sehe Lee ... Ich sehe Lee.

T: Weiter ...

P: (schluchzend) Ich sehe dich ... ich sehe ... ich sehe ... Wenn ich das sage, muß ich mehr weinen (weinend) ...

Der Patient ist jetzt in tiefem Kontakt mit dem Therapeuten, während er seinen Körper mehr und vollständiger fühlt. Anstatt sich zurückzuhalten, geht er jetzt in einer neuen, kraftvollen Weise aus sich heraus. Seine Hände und Finger sind sehr sensitiv beim Wahrnehmen der Gegenwart eines anderen Menschen.

Bilder

Der Verlust von direktem Körperkontakt schafft die Notwendigkeit, das Verhalten in neuer Weise zu ordnen. Wenn der volle, freie Fluß körperlicher Wahrnehmung und Reaktion beim heranwachsenden Kind blokkiert ist, wird er durch Bilder ersetzt, die es dem Kind möglich machen, weiter handlungsfähig zu sein und in der von seinen Eltern verursachten „Unwirklichkeit" zu überleben. Die entstandenen Bilder dienen hauptsächlich dazu, Gefühle zu unterdrücken und zu reduzieren. So lernt das „ruhige Kind", wie man „laute" Äußerungen vermeidet, und das „kluge Kind", wie man vernünftig und zweckmäßig denkt, anstatt adäquat zu fühlen.

Diese Bild-Wirklichkeit wird ebenfalls in erster Linie unbewußt und automatisch. Die Menschen gewöhnen sich an ihre Bilder in dem Maße, wie die körperlichen Störungen, die sie beinhalten, verfestigt und geläufig werden. Das Übertreiben von körperlichen Äußerungen dieser negativen Bilder ist eine andere Technik, durch die Körperempfindung und -bewußtheit erweitert werden können. Indem man sich auf ein Bild konzentriert und seine hervorstechendsten Eigenschaften übertreibt, kann man einen dramatisch erfahrenen Einblick in sein Verhalten bekommen.

Ein Beispiel wäre der Patient, der einen krummen Rücken und das Bild von „Wertlosigkeit" in seinem Verhalten und Handeln ausdrückt. Durch Übertreiben dieser Haltung, indem er die Arme um sich schlingt und sein „Ich-bin-schlecht-Bild" ausspricht, wird er anfangen zu fühlen, wie tödlich es für ihn ist, diese Rolle zu spielen, und wie sein Rücken einen harten Panzer gegen das Fühlen bildet. Diese Übung vergrößert den Grad seines

Körpergefühls und läßt gleichzeitig die Energie anwachsen, die ihm für einen erweiterten Ausdruck zur Verfügung steht.

Positive Bilder haben die Funktion, mehr Fühlen zu ermöglichen. Es gibt Bilder, die zu wachsender Wahrnehmung im Verhalten führen. Jedes negative Bild hat ein positives Gegenbild. So kann dem Bild des gebeugten Wertlosen durch einfache Umkehrung entgegengewirkt werden: ein weites Öffnen der Arme zu der Geste von Aufnehmen und Bedürfen (und es wert sein zu bekommen). Das kann dem Patienten dadurch, daß er mehr Fühlen in Brust, Gesicht, Armen und Beinen zuläßt, zu einer neuen und ganz andersartigen Erfahrung seines Körpers führen. Es bringt ihn auch in Berührung mit seinem ureigenen Bedürfnis, als wirklich wertvoller Mensch angenommen zu werden.

Der Körper im Traumleben

Träume sind Bilder von Gefühlen (*Corriere* und *Hart* 1977). Diese einfache, doch weitreichende Theorie drückt unsere grundsätzliche Einstellung dem Traum gegenüber aus; Träume enthalten anschauliche Darstellungen der körperlichen Abwehr und der Gefühlsdynamik, die im einzelnen Menschen wirksam ist. Eine Art, mit Träumen zu arbeiten, ist, die lebendig dargestellten negativen und positiven Bilder zu beobachten und mit ihnen in der Sitzung zu arbeiten.

Ein junger Patient hatte einen Traum, in dem der von einer Bande überfallen wurde. Seine Freunde waren in der Nähe, also leicht für ihn erreichbar, aber er rief sie nicht an und lief auch nicht zu ihnen hin, sondern bekämpfte die Angreifer ganz allein und entkam ihnen mit knapper Not. Der Gefühlsverlauf in diesem Traum zeigt ihn in ernster Gefahr, aber trotzdem nicht nach Hilfe suchend. Stattdessen wurde er starr und machte die Situation ganz alleine ab. Das war charakteristisch für sein früheres Leben, seine Eltern hatten ihm selten geholfen, wenn er sie brauchte. So hatte er gelernt, seine Probleme alleine auszuarbeiten. Sein Körper spiegelte das unmittelbar wider. Er hatte sich zu einem muskulösen, kräftig gebauten Mann entwickelt, der allem Anschein nach gut in der Lage war, für sich selbst zu sorgen. Während dieses Maß an Selbstgenügsamkeit in unserer Kultur in der Betonung von „unabhängigem Verhalten" bewundernswert erscheinen mag, bedeutete es für diesen Patienten eher ein bloßes Überleben als eine Erweiterung oder Veränderung seines Lebens. Nur sein Unvermögen, sich zu bewegen und sich auszudrücken, verhinderte in seiner Traumerfahrung einen dramatisch qualitativen Ausweg in Richtung auf Hilfe und Fühlen.

In dieser Sitzung wurde ihm gesagt, er solle einfach seine Fäuste und Arme ausspannen und die Schlüsselworte „ich kann für mich selbst sorgen" wiederholen. Allmählich fing er an, den Schmerz über seine Isolation und über seine erzwungene „Unabhängigkeit" zu spüren. Indem er die Worte immer wieder wiederholte, schluchzte er tief. Als er diese Gefühle voll erfahren hatte, war der weitere Schritt, ihm dabei zu helfen, ein neues positives Bild zu finden. Das war, einfach die Arme und Hände zu öffnen und um Hilfe zu bitten. Seine Traurigkeit vertiefte sich, als er seine Arme mit einer suchenden Geste ausbreitete, eine Bewegung, die für ihn zu schmerzvoll gewesen war, um sie auszuhalten, als er jünger war.

Spiel, Essen und Aktivität

Da Feeling Therapy eine funktionale Therapie ist, die sich auf alle Aspekte des menschlichen Lebens erstreckt, ist ihr Interesse an dem Körperlichen nicht auf die klinische Situation begrenzt. Vielmehr wird jede therapeutische Praktik, die keinen Bezug zum täglichen Leben hat, als unangemessen angesehen. Die Patienten bekommen häufig Aufgaben und Übungen, die sich über die klinische Situation hinaus auf ihr tägliches Leben erstrecken.

Oft sind Patienten so an ihre Körperabwehr gewöhnt, daß sie glauben, gewisse Tätigkeiten könnten sie einfach nicht ausführen. Das zeigt sich oft in Form von auferlegten Beschränkungen gegenüber aktiver Teilnahme an einer Vielzahl verschiedener körperlicher Aktivitäten wie z. B. Tanzen oder Sport. Der Wahrnehmungs- und Bewußtseinsgrad kann vergrößert werden durch Teilnahme an einer bestimmten Sportart wie z. B. Korbball. Wenn der Patient anfängt, sich auf eine neue Art zu bewegen und zu handeln, dann kann er intensiv die Hemmungen seines Körpers erfahren, aber auch seine Möglichkeiten im Hinblick auf neue und wohltuende Bewegung.

Der Verlust von Gefühlskontakt mit dem eigenen Körper hat oft Vernachlässigung oder Verfestigung zur Folge. Vernachlässigung zeigt sich in mangelnder Übung, übermäßigem oder zu wenigem Essen, Gebrauch von Drogen, Verschwinden des Muskeltonus und/oder in einer allgemeinen Desintegration der Gesamtgestimmtheit des Körpers.

Andererseits kann Verfestigung das Erscheinungsbild von Gesundheit hervorrufen, aber nicht die Geschmeidigkeit von wirklichem Körperkontakt und der Freude daran. So konzentrieren sich z. B. viele Menschen auf einen Teil ihres Körpers. Gewichtheber können oft einzelne Muskelgruppen so trainieren, daß ihre Körper zu grotesken Karikaturen ihrer natürlichen Form und Funktion werden. Manche Frauen werden sich ihrer äußeren Erscheinung sehr bewußt und besitzen äußerliche körperliche Attraktivität, ihr Körper jedoch bleibt schwach und abgestorben. Andere perfektionieren sich in einer Sportart und opfern ihre ganze Freizeit dafür. Auf diese Weise wird die betonte Pflege körperlicher Fitness zu einer einengenden Hauptbeschäftigung, die die Gesamtintegration des Körpers aus dem Gleichgewicht bringt. Echte Athleten sind nicht Korb- oder Fußballspieler sondern „Körper-Spieler".

Gute Körperkondition entwickelt sich in natürlicher Weise mit dem Lebensstil, der aus einer vollen Gefühlsverwirklichung und einer ihrer förderlichen sozialen Umgebung entsteht. Körperliche Bewußtheit führt ganz natürlich zu einem Wissen über und dem Wunsch nach Freude und Erregung in Bewegung, Ausdruck und Handeln.

Die Fähigkeit, neue Bewegungen zu erproben, erweitert den Bereich spielerischer Aktivität. Mitglieder unserer Gemeinschaft fangen häufig eine neue Sportart an. Solche, die sich noch nie körperlich an Spielen freuen konnten, entdecken plötzlich eine ganze Anzahl neuer Sportarten und Spiele, die für sie in Frage kommen. Den Körper mit Freude zu gebrauchten, wird zu einer wichtigen täglichen Tätigkeit.

Physische Abwehr gegen das Fühlen kann viele Formen annehmen. Zwei typische Formen sind Fettsucht und die kallabrierte Körperform des chronisch Untergewichtigen. Wenn sich jemand ständig überißt und eine dikke Fettschicht bekommt, baut er eine physische Barriere gegen innere Empfindung auf. Die Fettschicht tötet Empfindungen, filtert und zerstreut die unmittelbare Körperbewußtheit und -fühlung. Überessen ist gleichzeitig auch eine Ersatzbefriedigung, wenn ein niedriger Gefühls- und Empfindungsgrad Leere und Unzufriedenheit erzeugt.

Chronisches Untergewicht kann auch die funktionale Abwehr gegen Gefühle annehmen. Wer unfreiwillig dünn ist, hat eine verminderte Körpersubstanz und eine verminderte Fähigkeit, Körperempfindung zu unterstützen.

Auf diese und andere Weise spiegeln Eßgewohnheiten die funktionale Gefühlsdynamik, die in den einzelnen Menschen wirksam ist, wider. Einige können ein normales Körpergewicht halten, aber nur durch häufigen Wechsel zwischen Völlerei und radikalem Fasten oder durch Einnahme von Appetithemmern oder durch gewohnheitsmäßiges Essen ohne Freude oder wirklichen Hunger.

Wir haben bemerkt, daß die Patienten in dem Maße, wie sie auf einem höheren Gefühlslevel leben, allmählich ihre Essensgewohnheiten zu einem gleichmäßigen und sogar ausbalancierten Essen verändern. Die tieferen Gefühle, die hervorkommen, wenn Übergewichtige Gewicht verlieren und Untergewichtige zunehmen, können durch sorgfältiges psychotherapeutisches Planen und die Unterstützung, die bei intensiven Kontaktbeziehungen möglich ist, erfahren und integriert werden.

Untersuchung von langfristigen Veränderungen

Jede Psychotherapie, die beansprucht, mit den Gefühlen des Patienten zu arbeiten, muß den Körper zu einem zentralen Teil ihrer Therapie machen. Darüber hinaus bewirkt notwendigerweise jede wirklich umgestaltende Psychotherapie die Wandlung vieler Aspekte im Leben des Patienten, einschließlich meßbarer physiologischer Veränderungen. Untersuchungen im Zentrum für Feeling Therapy und der Zentrums-Stiftung (einer gemeinnützigen Forschungs- und Dienstleistungsorganisation) haben Beweise für bedeutende Veränderungen in den Traum- und Schlafgewohnheiten, im EEG, bei körperlichen Spannungsgraden und im Wachzustand der Patienten erbracht.

Eine bahnbrechende Langzeituntersuchung über die Träume eines Patienten im Zeitraum von 5 1/2 Jahren zeigte, daß seine Entwicklung zu größerer Gefühlsintensität, Ausdrucksfähigkeit, Rollenaktivität und Klarheit in Wechselbeziehung zu seiner Teilnahme an der Feeling Therapy stand (*Corriere*, et al., im Druck). Eine andere Untersuchung, die auf einem Querschnittsverfahren basiert, fand die Gefühlsdynamik von Träumen bei Patienten der Feeling Therapy bedeutend höher als bei einer nicht mit Feeling Therapy behandelten Kontrollgruppe (*Hartshorn*, et. al., im Druck). Durch Zurückhalten des Gefühlsausdrucks wächst die physiologische Verspannung, während die Vervollkommnung der Gefühlsäußerungen einen entspannteren körperlichen Zustand bewirkt. Änderungen im Wahrnehmungsprozeß werden auf vielerlei Art körperlich sichtbar und schließen Veränderungen des Blutdrucks, des Pulses und oraler und rektaler Temperatur ein. Zwei Untersuchungen haben sowohl langfristige wie kurzfristige Verminderung körperlicher Verspannung bei Patienten der Feeling Therapy ergeben (*Woldenberg*, et al. 1976, *Karle*, et al. 1976). In Ergänzung dieser Untersuchungsergebnisse zeigen zwei umfassende Untersuchungen, von denen eine alle Patienten der Feeling Therapy erfaßt, ein Anwachsen von Gefühlswahrnehmungs- und Ausdrucksfähigkeit im Wachzustand bei fortschreitendem Therapieprozeß (*Gold*, et al., Manuskript, *Binder*, et al., Manuskript).

Schlußfolgerung

Adäquater Ausdruck von Gefühlen sorgt für innere Selbstregulation des psychischen und physischen Wohlbefindens. Gestörte Gefühle werden dem Menschen zum Feind, gefährlich, verwirrt, unberechenbar. Die fundamentale Beziehungslosigkeit des Menschen zu sich selbst entsteht durch Verlust und Verwirrung seiner Gefühle, wohingegen sein fundamentales Gutsein aus der Gefühlsverbundenheit, die in einer Umgebung von Wärme, Liebe und Kontakt sich entfalten kann, herrührt. Die Tragik unserer Zeit liegt im Verlust der persönlichen intimen Verbindung mit uns selbst und unseren Mitmenschen. Unsere verstädterte, überbevölkerte, kontaktarme Gesellschaft gibt dem inneren Menschen keine richtige Nahrung. Da sie den Menschen von seinem Körper trennt, trennt sie ihn von der eigentlichen Quelle des ihm innewohnenden Gefühls für Wohlergehen und Gutsein.

Eine intensive, aktive, verändernde Psychotherapie kann jedem, der dazu bereit ist, zu einer wirklichen Veränderung im Hinblick auf größere Empfindungsfähigkeit im Leben verhelfen. Sie kann diese Veränderung jedoch nicht „machen". Eine effektive Psychotherapie kann nur die Wahlmöglichkeiten, die für einen Menschen verfügbar sind, erweitern und für eine Umgebung sorgen, in der er die Auswirkungen dieser Wahl erfahren kann. Meßbare und bedeutungsvolle Veränderungen geschehen durch die persönliche Wahl, die jeder Patient aufgrund seiner neuen Gefühlswahrnehmung dem Leben gegenüber macht. Felling Therapy ist ein mächtiger Katalysator für Veränderungen, aber nicht ihr Vollstrecker.

Der Kontaktverlust zu eigener Körpererfahrung hat den Verlust persönlicher Identität zur Folge. Zufällige Versuche, diese verlorene Identität wiederzugewinnen, die auf äußeren Stimuli – wie Glaubenssysteme, Körperbeeinflussung oder -veränderung und drastische Lebensexperimente – beruhen, können nicht erfolgreich sein, da ihnen jede innerlich verankerte Grundlage fehlt. Feeling Therapy erweitert die neuen Wahlmöglichkeiten für jeden Patienten, indem sie ihn offen macht für die Erfahrung seiner eigenen Körperwahrnehmung und Gefühlsdynamik. Diese geben ihm das notwendige Rüstzeug, um echte Veränderungen in seinem Leben zu schaffen.

Übersetzt von Ilse Orth, Düsseldorf

Literatur:

1 BINDER, J., KARLE, W., GOLD, S., HART, J., CORRIERE, R., & WOLDENBERG, L., Complete feeling expression and change in psychotherapy: Developing a clinically based measurement instrument. (in manuscript).

2 CORRIERE, R., & HART, J., *The Dream Makers,* New York: Funk and Wagnalls, 1977.

3 CORRIERE, R., HART, J., BINDER, J., GOLD, S., & WOLDENBERG, L., Toward a new theory of dreaming. *Journal of Clinical Psychology.* (in press).

4 GOLD, S., SWITZER, A., HART, J., KARLE, W., BINDER, J., CORRIERE, R., & WOLDENBERG, L., Contact vs. media culture: Changes in feeling experience and expression. (in manuscript).

5 HART, J., CORRIERE, R., & BINDER, J., *Going Sane: An Introduction to Feeling Therapy.* Los Angeles: Phoenix Books, 1975; New York: Dell, 1976.

6 HARTSHORN, K., CORRIERE, R., KARLE, W., SWITZER, A., HART, J., GOLD, S., & BINDER, J., A re-application of the process scoring system for dreams. *Journal of Clinical Psychology.* (in press).

7 KARLE, W., GOLD, S., MAPLE, E., CORRIERE, R., HART, J., & HOPPER, M., The maintenance of psychophysiological changes in Feeling Therapy. *Psychological Reports,* 1976, 39, 1143 - 1147.

8 KARLE, W., HOPPER, M., CORRIERE, R., HART, J., & SWITZER, A., Two preliminary studies on sleep and psychotherapy. *Physiology and Behavior.* (in press).

9 KARLE, W., WOLDENBERG, L., & HART, J., Feeling Therapy: Transformation in Psychotherapy. In V. BINDER, A. BINDER, & B. RIMLAND (Eds.), *Modern Therapies.* New York: Prentice-Hall, 1976.

10 WOLDENBERG, L., KARLE, W., CORRIERE, R., HART, J., GOLD, S., & HOPPER, M., Psychophysiological changes in Feeling Therapy. *Psychological Reports,* 1976, 39, 1059 - 1062.

New Identity Group Process nach D. Casriel und Körperarbeit

Konrad Stauss, Bad Herrenalb

In der Psychosomatischen Klinik in Bad Herrenalb arbeiten wir seit 1972 mit der Gruppenmethode nach *Dan Casriel*. Sie wird in der Kombination mit anderen psychotherapeutischen Techniken wie Gestalttherapie, Transakionsanalyse, Psychodrama, analytisches Malen, Videogruppen, Marathongruppen, konzentrative Bewegungstherapie, Atem- und Entspannungsgymnastik, autogenes Training und themenzentrierte Gruppen angewendet. Das klinische Setting arbeitet nach dem Prinzip der therapeutischen Gemeinschaft. Die Konfrontation mit Fehlverhalten, das Einüben neuen realitätsbezogenen Verhaltens und die Betonung eigenverantwortlicher Haltungen geben dieser Gemeinschaft das Gepräge.

D. Casriel hat in seinem Buch ‚A Scream Away From Happiness' einen Gruppenprozeß beschrieben. Die hier vorgelegte Beschreibung des Prozesses mit Betonung der Körperarbeit stellt zum großen Teil Erweiterungen und Modifikationen dar.

Wenn wir unsere Arbeit darstellen, stoßen wir häufig auf zwei Vorurteile: Die einen glauben, daß das Ziel unserer Arbeit darin bestünde, sich seiner Gefühle ungehemmt und kathartisch zu entladen, und lehnen aus dieser einseitigen Meinungsbildung unsere Arbeit ab, die anderen sind der Überzeugung, daß die Wiederentdeckung der Gefühle der Schlüssel zur Befreiung von der Neurose darstelle. Der Mythos der emotionalen Offenheit wird der seelischen Gesundheit gleichgesetzt. Sie überschütten uns mit illusionären Riesenerwartungen.

Sicherlich leiden in unserer heutigen Zeit viele Menschen darunter, ihre Gefühle nicht mehr offen zeigen zu können. Dies ist eine Zeiterscheinung. Die Wiederentdeckung der Gefühle mag eine heutige Möglichkeit der Selbsterfahrung zur Bewußtseinserweiterung sein, sie ist aber nicht das Patentrezept zur Beseitigung von seelischen Störungen, wie es von manchen „Gefühlstherapeuten" angekündigt wird.

Das emotionale Arbeiten kann außerordentlich hilfreich sein, wenn es nicht dazu benützt wird, in süchtiger Haltung zu regredieren, um sich den anstehenden Realitäten nicht stellen zu müssen. Ebenso wie das Intellektualisieren und Rationalisieren Abwehrmanöver darstellen, ist ziellose Emotionalität das Gegenstück dazu.

---

* Aus der Psychosomatischen Klinik, 7506 Bad Herrenalb, Chefarzt Dr. med. Walter H. Lechler.

Mit unseren kognitiven Fähigkeiten können wir kritisch prüfen, abwägen, Entscheidungen fällen und zu neuen Einsichten und Einstellungen kommen. Durch unsere emotionalen Fähigkeiten können wir alte chronifizierte Gefühlsmuster verändern, gefühlsbetonter, sensibler wahrnehmen und unsere Beziehungen mit mehr Liebe und Wärme füllen.
Das Ziel im ‚New Identity Group Process' ist nun, über die Verhaltenskorrektur und Symptomaufgabe die im neurotischen Verhalten eingebundenen Spannungen freizulegen und emotional durchzuarbeiten, um dann zu neuen Einstellungen, Haltungen und Verhaltensweisen zu gelangen:
In der sogenannten *Symptomebene* wird die Symptomaufgabe gefordert. ‚Höre auf, Drogen und Alkohol zu nehmen, gib Dein kriminelles Verhalten, Dein Vermeidungsverhalten, das destruktive Ausagieren gegen Dich und andere auf, höre auf davonzulaufen, versuche nicht mehr, die Verantwortung abzuschieben, übernimm ab sofort die volle Verantwortung für Dein Verhalten'.
Durch die Symptomaufgabe tritt eine erhebliche affektive Labilisierung auf, denn das Symptom stellt ein Abwehrsystem dar, in dem neurotische Spannung kanalisiert und nach außen abgeführt wird. Läßt man dieses Abwehrsystem fallen, nimmt die Spannung bedrohlich zu.
In der *dynamischen Ebene*, in der rein emotional gearbeitet wird, hat man die Möglichkeit, diese Spannung in Form von Gefühlen herauszuschreien. Dabei kann der Schrei folgende Funktionen haben:

1. Unterlaufen des rationalen Widerstandes, Vorstoßen zu tiefer gelegenen Gefühlen.
2. Emotionale Selbstexploration, d. h. welche emotionale Qualität ist in diese diffuse Spannung eingebunden? Es werden vier Basisgefühle unterschieden: Freude, Wut, Schmerz und Angst.
3. Selbsterfahrung: Wie fühle ich mich, wenn ich mich emotional öffne, welche Widerstände treten auf? Habe ich Angst, laut zu werden, schäme ich mich, wie reagiert die Gruppe auf mich? usw. Welche körperlichen Blocks treten auf: Ist die Kehle wie zugeschnürt, schreie ich mit hoher Kopfstimme, besteht ein Druck auf der Brust oder kommen die Gefühle tief aus den Eingeweiden?
4. Emotionales Nacherleben von früheren oder akuten traumatischen Situationen.
5. Wie erlebe ich mich nach dem emotionalen Arbeiten, fühle ich mich besser oder schlechter, ist mein Körper entspannt oder verkrampft?

Meist fühlt man sich nach dem emotionalen Arbeiten erleichtert und entspannt. Durch das Schreien tritt eine Entlastungsreaktion ein, die z. T. physiologisch begründet ist.

Viele glauben in magisch-kindlichem Denken, durch diesen Entlastungseffekt wären sie wie durch einen Zauber von ihrer Neurose befreit. Sie pervertieren dann die Schreitechnik und benutzen das Schreien wie eine Pille. Das ganze wird hochstilisiert zu einem emotionalen Mythos mit Wunderheilungsanspruch. Für omnipotente narzistische Therapeuten eine große Verführungssituation.

In der *Identitätsebene* wird nun vorwiegend verbal-analytisch gearbeitet. Das Erlebte wird durchgesprochen, biografisch verknüpft, alte Einstellungen und Haltungen werden überprüft und gegebenenfalls verändert. Neue Verhaltensmuster werden eingeübt. Dabei stellt die therapeutische Gemeinschaft ein kritisches Übungsfeld dar.

Körper und Gefühle

In diesem Abschnitt will ich die Zusammenhänge zwischen Emotionen und körperlichen Vorgängen aufzeigen.

Die Emotionen Wut, Schmerz und Angst sind Reaktionen auf eine Gefahrensituation. Eine Gefahr bedeutet für den Organismus eine akute äußere Bedrohung oder einen Mangel an ausreichender Befriedigung seiner biologischen Bedürfnisse. Auf die Befriedung unserer Bedürfnisse reagieren wir mit Vergnügen, Freude, Zufriedenheit, Liebe und Intimität, eine Nichtbefriedigung verursacht Schmerzen und deren Äquivalente wie Unlust, Verstimmungen usw. Ein Säugling z. B., der Hunger hat, schreit; wenn er satt ist, ist er ruhig und zufrieden. Die Emotion Schmerz signalisiert eine bevorstehende Gefahr. Auf Gefahr können wir gefühlsmäßig entweder mit Angst oder Wut reagieren. Die dazugehörigen Handlungen sind Flucht und Rückzug oder Kampf und Kampfbereitschaft. Dabei bedeutet Kampfbereitschaft nach *Casriel*: Gespannt und kontrolliert sein und jederzeit bereit, zuzuschlagen; Rückzug bedeutet, „sich zurückzuziehen vor der Handlung in einen Abhängigkeitszustand" *(Alexander).* Diese Form des Rückzugs wurde von *Franz Alexander* als sog. vegetativer Rückzug bezeichnet.

Ein Schema soll diese Zusammenhänge nochmals verdeutlichen:

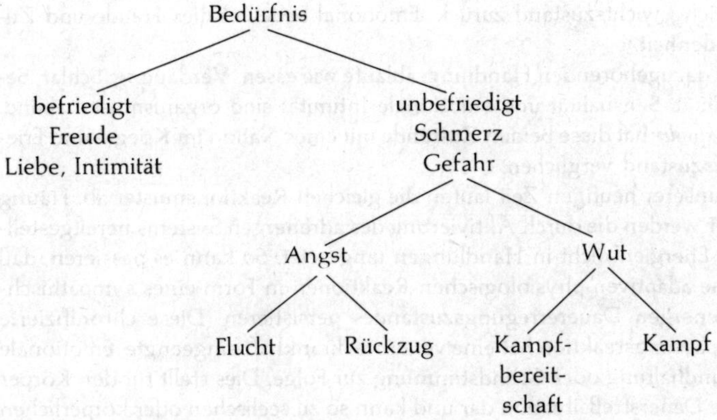

Wie aus dem obigen Schema ersichtlich ist, sind die Emotionen Wut, Angst und Schmerz an archaischen Überlebensmechanismen wie Kampf oder Flucht gekoppelt.
Der Körper reagiert auf diese Emotionen mit einem ganzen Reaktionsbündel, das von *Cannon* als Angriffs- oder Fluchtmuster bezeichnet wurde. Es hat die Aufgabe, im Körper Energien zu mobilisieren und bereitzustellen, damit man sich der Gefahr körperlich erwehren kann (*Lewis*).
Über die Stimulierung des adrenergen Systems laufen folgende physiologische Veränderungen ab: Die Verdauung wird abgestoppt, Blut schießt ins Gehirn, die Muskeln spannen sich, das Hirn gerät in einen Zustand höchster Erregung. Die Luft wird tief in die Lungen eingesaugt, der Blutdruck steigt, das Herz beschleunigt seinen Rhythmus. Da sich die peripheren Blutgefäße zusammenziehen, wird die Haut kalt und klamm. Von der Leber wird Glukose ins Blut abgegeben. Außerdem werden Fettablagerungen als Brennstoff mobilisiert. Im Blutkreislauf wird die Anzahl der roten Blutkörperchen erhöht, die Milz sondert weiße Blutkörperchen ab, die den Körper gegen Infektionen schützen sollen. Auch die Zahl der Blutplättchen wird erhöht, um die Gerinnungsfähikeit des Blutes zu verbessern.
Normalerweise halten diese physiologischen Veränderungen, die in der Aktivierung des adrenergen Systems bestehen, nur so lange an, wie eine Notwendigkeit dazu vorliegt. Danach kehrt der Organismus wieder in den

Zustand der Ruhe zurück. Die physiologischen Prozesse normalisieren sich. Im Zustand der Ruhe kehrt die Erregung auf einen homöostatischen Gleichgewichtszustand zurück. Emotional bedeutet dies Freude und Zufriedenheit.
Die dazugehörenden Handlungsabläufe wie essen, Verdauung, Schlaf, Sexualität, Sensualität und emotionale Intimität sind organismuserhaltend. *Alexander* hat diese beiden Zustände mit einer Nation im Kriegs- und Friedenszustand verglichen.
In unserer heutigen Zeit laufen die gleichen Reaktionsmuster ab. Häufig aber werden die durch Aktivierung des adrenergen Systems bereitgestellten Energien nicht in Handlungen umgesetzt. So kann es passieren, daß diese adaptiven physiologischen Reaktionen in Form eines sympathisch-adrenergen Dauererregungszustandes persistieren. Diese chronifizierte Anpassungsreaktion hat eine verzerrte, krankhaft eingeengte, emotionale Grundhaltung oder Grundstimmung zur Folge. Dies stellt für den Körper eine Dauerstreßsituation dar und kann so zu seelischen oder körperlichen Krankheiten führen (*Staehelin*).
In einer Gefahrensituation z. B. werden die emotionalen Qualitäten unvollständig ausgelebt und meist die körperliche Aktivität vollständig gehemmt. Die physiologischen Vorgänge, die nicht unserer Willenskontrolle unterliegen, werden inganggesetzt. So kann die sympathikotone Erregungslage erhalten bleiben, oder es erfolgt eine unzureichende Umschaltung auf eine mittlere homöostatische Erregungslage, das bedeutet, wir fühlen uns diffus gespannt, nervös, reizbar usf. Um bei dem Beispiel von *Alexander* zu bleiben: Der Organismus befindet sich im Zustand des Kalten Krieges. Durch die Streßforschung wissen wir, wie die oben beschriebene chronifizierte Anpassungsreaktion zustande kommt. Anstrengungen, Ärgernisse, Lärm, Hetze, Frustrationen, Schmerz, Existenzangst usw. können Streßreize darstellen (*Seyle*). Auf diese Reize (Stressoren) reagiert der Körper stereotyp mit einer Erhöhung des Sympathikotonus.
Neben den Stressoren, die durch unsere moderne Lebensweise bedingt sind, steht der seelisch gestörte Mensch unter zusätzlicher Belastung, da er meist seine Umwelt als gefährlich und bedrohlich erlebt, entsprechend den Erfahrungen in seiner Kindheit. Das Streßgeschehen läuft in einem vegetativen Dreitakt ab (*Siedeck*).

In der *Vorphase* kommt es zur Bereitstellung der Energien, in der *Alarmphase* wird die Energie in Handlung umgesetzt, in der *Erholungsphase* klingt die Erregung ab, die Stoffwechselfunktionen kehren in Ruhestellung zurück oder sinken unter dem Einfluß des Parasympathikus unter das Erregungsniveau ab.

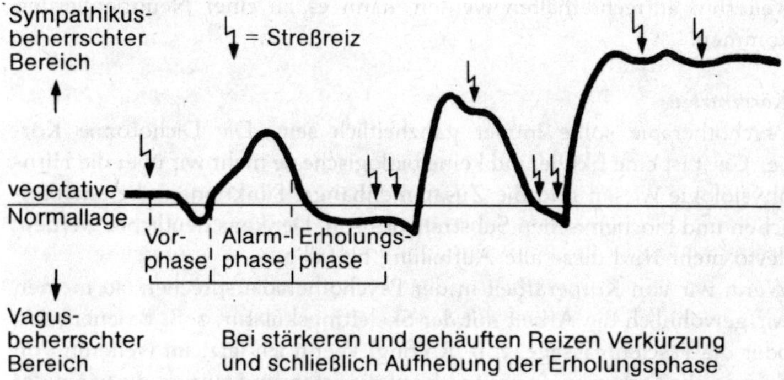

Der vegetative Dreitakt der Streßreaktion.

Aus „Phänomen Streß" von *Vester*

Bei stärkeren und gehäuften Reizen kommt es zur Verkürzung und schließlich zur Aufhebung der Erholungsphase. Die Erregungslage pendelt sich auf ein erhöhtes Niveau ein. Da die Emotionen eine Ausdrucksform dieser vegetativen Geschehen sind, hat die chronifizierte Erhöhung des Erregungsniveaus eine chronifizierte emotionale Grundhaltung zur Folge.

Durch den emotionalen Ansatz in der *Casriel*-Therapie haben wir ein Instrument zur Verfügung, den rationalen Widerstand zu unterlaufen. Durch das emotionale Arbeiten kann die erhöhte Erregungslage und die chronifizierte Grundhaltung durchbrochen werden. Es tritt eine sichtliche Erleichterung und Entlastung auf. Die Erregungslage reduziert sich auf das mittlere homöostatische Niveau.

Wie oben beschrieben, wird dieser Effekt oft mit Heilung gleichgesetzt. Kommt es aber zu keiner emotionalen und sozialen Neuorientierung durch Haltungs- und Einstellungsänderung, wird der Betroffene weiterhin auf seiner kindlichen Stufe operieren, und in kürzester Zeit wird sich der alte Zustand wieder einstellen. So hat das emotionale Agieren reine Ventilfunktionen, weckt nur illusionäre Hoffnungen, die spätestens dann in Verzweiflung und Depression umschlagen, wenn die Erwartungen nicht erfüllt werden. Benutzt man diese Entlastung, um aufzuzeigen, welches Erregungsniveau der Normallage entspricht, und erarbeitet mit dem

Klienten die biografischen Zusammenhänge, wie diese chronifizierten Anpassungsvorgänge zustandekamen und durch welche Einstellungen sie weiterhin aufrechterhalten werden, kann es zu einer Neuorientierung kommen.

Körperarbeit

Psychotherapie sollte immer ganzheitlich sein. Die Dichotomie Körper/Geist ist eine fiktive und keine biologische. Je mehr wir über die Hirnphysiologie wissen und die Zusammenhänge, Funktionen, die anatomischen und biochemischen Substrate des sog. Denkens deutlicher werden, desto mehr wird diese alte Aufteilung hinfällig.

Wenn wir von Körperarbeit in der Psychotherapie sprechen, so meinen wir gewöhnlich die Arbeit mit der Skelettmuskulatur, z. B. Bioenergetik, oder die Fascienmassage, z. B. Rolfing. Wenn ich jetzt im weiteren von Körperarbeit schreibe, so greife ich auf die Erfahrung zurück, die wir in der Sozio-Psychosomatischen Klinik in Bad Herrenalb gewonnen haben. Dabei teile ich das Folgende übersichtshalber in drei Abschnitte auf.

Im ersten Abschnitt möchte ich mittels einer Falldarstellung gleichzeitig einen Eindruck von den New Identity Groups, wie wir sie anwenden, vermitteln.

I. Körperarbeit bei der Behandlung von psychosomatischen Störungen

Der Unterschied zwischen der Körperarbeit mit psychosomatischen Störungen und der Körperarbeit mit der quergestreiften Skelettmuskulatur besteht darin, daß die psychosomatischen Störungen meist auf einer Fehlsteuerung des autonomen Nervensystems zurückzuführen sind. Bei der Arbeit mit der Skelettmuskulatur dagegen setzt man am motorischen, willkürlichen Nervensystem an.

Beiden ist gleich, daß man über das Hervorrufen von Emotionen eine Veränderung des jeweiligen Körperzustandes bewirken will. Letzten Endes sind beide Formen der Körperarbeit nicht voneinander zu trennen, denn sobald tiefe Emotionen hervorbrechen, kommt es zu einer ganzheitlichen Reaktion, die sowohl das autonome als auch das willkürliche Nervensystem umfaßt.

In unserer Klinik konnten wir beobachten, wie sich psychosomatische Störungen beim emotionalen Arbeiten verhalten. Die Erfahrung, die wir in unseren emotionalen Gruppen gemacht haben, ist, daß man fast immer in einer Gruppensitzung die funktionelle Störung auflösen kann, wenn es gelingt, durch das emotionale Arbeiten die sympathikotone Erregungsla-

ge in eine mittlere homöostatische umzuschalten. Bei der Tiefe und Heftigkeit der Emotionen, die man durch diesen Prozeß auslösen kann, gelingt dies sehr häufig.
Damit ist aber die funktionelle Störung nicht geheilt, aber es kann dem Gruppenmitglied die Verknüpfung zwischen verdrängten, nicht zugelassenen Gefühlen und psychosomatischer Störung aufgezeigt und erlebbar gemacht werden. Im weiteren therapeutischen Prozeß kann er dann lernen, seine Gefühle auszudrücken, anders mit ihnen umzugehen und die auslösenden Reize, bei denen sein Symptom auftritt, zu erkennen. Wenn es ihm gelingt, die Situationen, bei denen früher sein Symptom auftrat, besser zu handhaben, wird die Häufigkeit des Symptomauftritts und die Heftigkeit der Beschwerden nachlassen. Die sog. Heilung steht am Ende eines langen sozialen Lernprozesses und einer emotionalen Neuorientierung.
Bei den meisten psychosomatisch Erkrankten besteht eine ausgeprägte Hemmung der emotionalen Ausdrucksfähigkeit, die viel gravierender ist als bei den sogenannten Neurotikern, die ihre Gefühle erleben können, aber sie immer noch mit kindlichen Einstellungen koppeln. Der „Psychosomatiker" ist oft nicht in der Lage, Wut, Angst oder Schmerz auszudrükken und somit die vegetativen Spannungen nach außen abzuführen, die sich dann in funktionellen Störungen niederschlagen. Deshalb scheint er so wenig schwingungsfähig, fast maschinell computerhaft. In seinem sprachlichen Ausdrucksvermögen fehlt Phantasie, Spontaneität und emotionale Wärme. Was ihm außerordentlich schwerfällt, ist, Freude zu empfinden und Liebe auszudrücken. Er ist froh, wenn er funktioniert. Die Beziehungen zu anderen Menschen sind oft funktional-schablonenhaft.
Bei der Behandlung dieser Störungen verlangen wir statt der Symptomaufgabe, die in diesem Fall schlecht möglich ist, daß auf das Symptom keine Rücksicht genommen wird, damit die Verstärkung durch den sogenannten sekundären Krankheitsgewinn wegfällt, und daß verunmöglicht wird, die Krankheit als Manipulationsmöglichkeit gegenüber der Umwelt einzusetzen.

Fallbeispiel 1

Herr Z., 36 Jahre alt, verheiratet, 2 Kinder, hat einen eigenen Betrieb, den er von seinen Eltern übernommen hat und in dem er unter Anleitung seines Vaters ausgebildet wurde. Herr Z. leidet an Depressionen, Schlafstörungen und chronischen Magenbeschwerden mit rezidivierenden Ulcera. Um diese Beschwerden zu lindern, nahm er Beruhigungs- und Schlaftabletten ein, im Laufe der Zeit wurde er von den beiden Medikamenten abhängig.

In der Familie von Herrn Z. war die Mutter eine dominierende Frau. Sie erzog ihren Sohn so, daß er sich äußerst brav und angepaßt verhielt, Aufsässigkeiten und aggressive Auseinandersetzungen wurden von früh an unterbunden. In den Augen der Mutter war zorniges und aufbrausendes Verhalten nicht erwünscht. Dagegen förderte sie Leistungsdenken und eine gute Ausbildung. Herr Z. sollte später den elterlichen Betrieb übernehmen.

Die einzige Möglichkeit für den Sohn, sich der Kontrolle der Mutter zu entziehen, bestand darin, sich in sein Zimmer zurückzuziehen. Zärtlichkeiten und gefühlsmäßige Beziehungen waren nicht üblich. Als Herr Z. seine Ausbildung beim Vater im Betrieb begann, übernahm der Vater die Kontrolle über ihn.

Die Magenschmerzen, so erinnert sich Herr Z., wurden stärker und häufiger, als er mit seinem Vater zusammenarbeiten mußte. Als der Vater plötzlich starb, mußte er den Betrieb übernehmen, die Magenschmerzen wurden stärker und zusätzlich traten Schlafstörungen auf. Um sich leistungsfähig zu halten, nahm er Schlaftabletten zu sich. Anfangs brachten sie den gewünschten Erfolg. Da es ihm schwerfiel, sich bei seinen Mitarbeitern, die schon bei seinem Vater arbeiteten und ihn von klein auf kannten, durchzusetzen, wurde er zunehmend nervöser. Um sich keine Schwäche anmerken zu lassen, nahm er auch tagsüber Beruhigungsmittel. Im Laufe der Zeit nahm die Wirkung der Medikamente ab, und er mußte die Dosis erhöhen. Zuletzt dekompensierte er völlig und war nicht mehr arbeitsfähig; in diesem Zustand kam er zu uns.

Behandlungsverlauf

Anfangs wurden sämtliche Medikamente abgesetzt und Herr Z. geriet in ein delirantes Zustandsbild. Nach Abklingen der Entzugserscheinungen traten die psychosomatischen Beschwerden in Form von Schlafstörungen, Magenbeschwerden und einer depressiven Verstimmung in den Vordergrund. Herr Z. war sehr angepaßt und bemüht, nach außen hin eifrig mitzuarbeiten. In der Gruppe aber war er gespannt, kontrolliert und zog sich bei auftretenden Konflikten zurück und verschwand in sein Zimmer.

Da es in der therapeutischen Gemeinschaft nicht gestattet ist, sich zurückzuziehen, und da auf die psychosomatischen Symptome keine Rücksicht genommen wurde, d. h. er mußte von morgens 7.00 Uhr bis abends 22.00 Uhr an dem umfangreichen Tages- und Therapieprogramm teilnehmen, kam er mehr und mehr unter Spannung. Er glaubte, die Therapie abbrechen zu müssen, da er dem Programm nicht gewachsen sei, und äußerte den Wunsch, die Klinik zu verlassen. Dieses „Kofferpack-Syndrom" ist ein wichtiger und kritischer Punkt in der Initialphase der Therapie. Von Seiten der Therapeuten wurde er damit konfrontiert, daß er, wie immer in seinem Leben, vor anstehenden Schwierigkeiten die Flucht ergreife, von den Mitpatienten wurde er ermutigt, durchzuhalten und sich in der Gruppe zu öffnen. Sie erzählten ihre Erfahrungen, als sie in der gleichen Situation waren. Daraufhin entschloß sich Herr Z. dazubleiben.

An diesem Punkt der Therapie wurde er immer gespannter. Die Schlafstörungen

nahmen zu, die Magenschmerzen wurden heftiger. Auf diese anfängliche Verschlechterung der Beschwerden werden die Patienten bei Motivationsgesprächen hingewiesen und darüber aufgeklärt. Inzwischen ist Herr Z. nach Abklingen der Entzugserscheinungen eine Woche in der Klinik. In der nächsten Gruppensitzung meldet er sich, nachdem er die ersten drei Sitzungen schweigend zuhörte, und sagte, daß er sehr nervös und gespannt sei. Er könne kaum noch schlafen und habe im Moment heftige Magenschmerzen. Von der Gruppe wird er ermutigt, jedem zu sagen: Ich habe Spannungen. Dabei solle er immer lauter werden. Die Anweisung, lauter zu werden, hat den Zweck, die Kontrolle zu lockern, da wir meist gewohnt sind, unsere Gefühle im Lautstärkenbereich der Umgangssprache zu kontrollieren. Nachdem er dies ungefähr fünfmal sagte und dabei immer lauter wurde (anfangs war er noch sehr kontrolliert), brach aus ihm ein ungeheurer Zorn heraus. Er schrie ungefähr sechs Minuten lang voller Wut, würgte mehrmals heftig und sonderte viel zähen Speichel ab (ein somatisches Phänomen, das man bei maximaler Aggressionshemmung in der Vorgeschichte beim erstmaligen Arbeiten mit Wut häufig beobachten kann). Nach Beendigung des Wutausbruchs, – er war schweißnaß und keuchte vor körperlicher Anstrengung, – schaute er anfangs erstaunt um, lächelte dann freudestrahlend die Gruppenmitglieder an, – sein Gesicht war entspannt und gelöst – und ging spontan auf manche Gruppenmitglieder zu und umarmte sie.
Auf die Frage des Gruppenleiters, wie es seinem Magen gehe, antwortete er überrascht, die Schmerzen seien verschwunden. Im Verlauf der jetzt stattfindenden verbalen Aufarbeitung wurden ihm Zusammenhänge zwischen seinem somatischen Symptom, seiner Aggressionshemmung und deren biografisches Entstehen deutlich. Als ihm dies bewußt wurde, äußerte er nochmals Wut auf seine Mutter. Er fühlte sich dadurch sehr erleichtert und befreit und meinte, er habe sich nicht vorstellen können, daß er in der Lage sei, so wütend auf seine Mutter zu reagieren.

Ihm wurde verdeutlicht, daß er diese Wut auf seine Mutter als historische Aggression verstehen solle und nicht den Fehler machen dürfe, die Wut dazu zu benutzen, einen Schuldigen für seine Misere zu finden, denn damit mache er sich wieder erneut abhängig. Er sei ein erwachsener Mann und für sein Leben selbst verantwortlich. Er könne hier in der Gruppe lernen, seine Wut zu äußern, sie zu empfinden und mit ihr umzugehen.

In der darauffolgenden Nacht schlief er erstmalig durch. Seine Magenschmerzen traten noch gelegentlich auf, aber nicht mehr in dieser Heftigkeit.
In der nächsten Gruppensitzung sprach er davon, daß er sich nie richtig akzeptieren könne und häufig das Gefühl habe, nicht liebenswert und minderwertig zu sein. In diesem Zusammenhang sprach er das Problem mit seinen Mitarbeitern an. Von der Gruppe wurde ihm zurückgespiegelt, daß sie ihn als liebenswert und tüchtig erlebten. Er konnte dies nicht annehmen, sondern wehrte sofort ab. Er wurde darauf aufmerksam gemacht, und es wurde ihm vorgeschlagen, jedem zu sagen: Ich bin liebenswert und tüchtig. Als er diesen Satz dreimal gesagt hatte, standen ihm die Tränen in den Augen. Er wurde ermutigt, seinen Schmerz zu zeigen und laut heraus-

zuschreien. Ein anderes Gruppenmitglied nahm ihn in die Arme und er weinte, schrie und schluchzte beinahe eine Viertelstunde lang. Nachdem der Schmerz abebbte, er die Liebe und Anteilnahme merkte, die ihm die Gruppe entgegenbrachte, berichtete er, wie wenig er sich selbst habe annehmen können. Beim Weinen seien ihm Szenen aufgetaucht, in denen er sich oft sehnlichst wünschte, daß seine Mutter ihn in die Arme nähme und ihm offen ihre Anerkennung und Liebe zeige. Später habe er sich dann entschlossen, um ein wenig Zuneigung zu bekommen, sich so zu verhalten, wie sie und der Vater es wünschten.

Als er den Vater erwähnte, berichtete er, daß er ihn sehr gern gehabt habe, ohne es ihm richtig zeigen zu können. Im Betrieb gab er sich alle erdenkliche Mühe, um vom Vater anerkannt zu werden. Als der Vater dann plötzlich starb, sei er wie versteinert gewesen. Beim Erzählen begann er erneut zu weinen. Jetzt waren die Schmerzäußerungen leiser und voller Trauer. Die anderen Gruppenmitglieder streichelten ihn, hielten ihn an den Händen und er nahm stillen Abschied von seinem Vater. Die Gruppe war voll Verständnis und Wärme.

Die psychosomatischen Symptome bildeten sich im weiteren Therapieprozeß zurück. Herr Z. stabilisierte sich zusehends. Er entdeckte mehr und mehr seine eigene Identität und lernte, sich gegenüber anderen abzugrenzen. Gelegentlich traten die Magenbeschwerden noch auf. Sobald er nämlich in einer sozialen Situation seine Ansprüche auf eine eigene erwachsene und verantwortliche Haltung verleugnete und in seine alte Aggressionshemmung zurückfiel, setzten prompt seine Magenschmerzen wieder ein. Er lernte, dieses Symptom zu verstehen und damit umzugehen.

Gegen Ende der Behandlung wurde die Ehefrau im Rahmen der Partnertherapie mit in die Behandlung einbezogen.

Theorie

Anhand des folgenden Schemas soll die Theorie dargestellt werden:

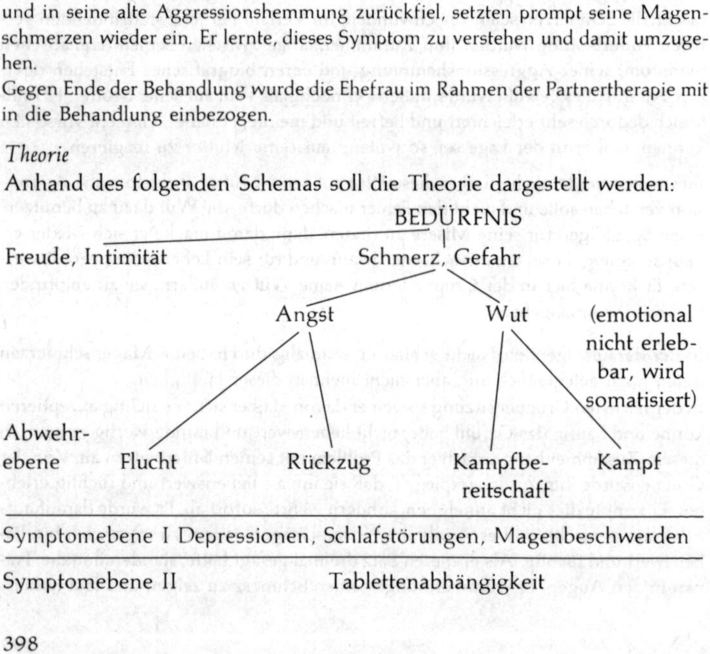

Nachdem die Tabletten abgesetzt wurden (Symptomebene II), und die psychosomatischen Beschwerden keine Verstärkung erfahren haben (Symptomebene I), befand sich Herr Z. auf der Abwehrebene. Das Ausagieren auf dieser Ebene wurde hinsichtlich Flucht und Rückzug unterbunden. Das Agieren über die aggressive Auseinandersetzung (Kampf) stand ihm aufgrund seines neurotischen Mechanismus nicht zur Verfügung. Er konnte Wut nicht mehr empfinden, sonder somatisierte sie sofort in Form von Magenschmerzen. Die einzige Möglichkeit, sich zu stabilisieren, bestand in der Abwehrhaltung: Kampfbereitschaft, d. h. erhöhte Konzentration, Selbstkontrolle und Anspannung. Im vegetativen Bereich bedeutet das eine Erhöhung des Sympathikotonus. Dies schlägt sich in der Verschlechterung der psychosomatischen Symptome nieder. Herr Z. befindet sich in einer zunehmenden Krise, er ist stark labilisiert, seine Abwehr läßt sich kaum noch aufrecht erhalten.
Beim emotionalen Arbeiten kommt die Wende, Herr Z. hat die Möglichkeit, seine seit Jahren bestehende Aggressionshemmung zu durchbrechen, und er kann die dadurch bedingten Körperveränderungen erleben. Die Magenschmerzen sind verschwunden, er ist gelöst und entspannt und ist freudig erregt. Es hat ein Umschlag von der sympathikotonen auf eine mittlere homöostatische Erregungslage stattgefunden. Die Schlafstörungen traten in der darauffolgenden Nacht nicht mehr auf.
In der ersten Phase des emotionalen Prozesses ist die Aggression subjektgebunden in Form von körperlichen Vorgängen und Symptomen (Magenschmerzen). In dieser Phase ist das Ziel, die rationale Abwehr zu unterlaufen, durch den Schrei eine emotionale Selbstexploration durchzuführen und die Emotionen aus der körperlichen Verdrängung zu befreien und nach außen abzuführen. Diese Phase ist vorwiegend körperorientiert, es findet ein vegetativer Umschlag statt, eine Beruhigung und Entlastung tritt ein und damit eine Zunahme der intellektuellen Lernfähigkeit. Der kognitive Anteil besteht darin, die Verknüpfung zwischen Emotionen und Körpersymptomen aufzuzeigen.
In der zweiten Phase wird die Aggression objektbezogen und gezielt gegen die Mutter thematisiert. Jetzt kann auch zum Teil mit der biografischen Aufarbeitung begonnen werden: Aufzeigen der emotionalen Beziehungsmuster innerhalb der Familie, welche Gefühle wurden verboten, welche waren erlaubt, welche Pseudogefühle wie Selbstmitleid, Jammern, Klagen waren üblich? Welche Grundstimmung herrscht in der Familie: depressiv-klagsam, paranoid-mißtrauisch, phobisch-ängstlich, oder bestand eine reine Fassadenfamilie ohne emotionale Anteile? usw.

In dieser Phase ist es noch erlaubt, über projektive Mechanismen an seine Gefühle heranzukommen. Aber zunehmend wird auf die Eigenverantwortung hingewiesen.
In der dritten Phase wird die Eigenverantwortung betont. Man sagt jetzt nicht mehr: ‚Zeig' Deiner Mutter Deine Wut', sondern stellt die Frage, was hat es Dir ausgemacht?
Letzten Endes steht hinter all den Verwundungen, die wir als Kinder erlitten haben, emotionaler Schmerz. Die Aggressionhemmung des Herrn Z. war ein Schutz vor noch mehr Schmerz und eine Anpassung an die Wünsche der Mutter.
In dieser Phase werden die alten Traumatisierungen emotional nochmals nacherlebt. Alte seelische Wunden heilen im Offenen und in der erneuten Auseinandersetzung mit ihnen. Dieses schmerzliche Erleben stellt die eigentliche emotionale Integrationsarbeit dar. Sie ist frei jeglicher Abwehrformen und intellektueller Verzerrungen. Diese integrative Funktion des Schmerzes ist bei der Trauerarbeit bekannt.
In der vierten Phase steht die Einstellungsarbeit im Vordergrund. Der Prozeß verläuft nun vorwiegend verbal, biografisches Material wird gesichtet, dahinterliegende pathologische Einstellungshaltungen werden analysiert und emotionale Konditionierungsprozesse werden aufgezeigt. Es wird untersucht, inwieweit alte sinnlose Einstellungen mein heutiges Leben noch prägen und laufend zu neuen schmerzlichen Erfahrungen in Partnerschaften oder anderen sozialen Bezügen führen. Welche Einstellungen und Verhaltensweisen kann ich anstelle der alten setzen, die mir die Möglichkeit eröffnen, ein sinnvolles und glückliches Leben zu führen? In dieser Phase ist es wichtig, den Partner in die Therapie mit einzubeziehen, damit beide zusammen sich Einstellungen erarbeiten, die eine sinnvolle Partnerschaft zulassen. Verträge und Kollusionsmuster (*Willi*) werden besprochen und anhand von Video-Spielen aufgezeigt. Das Ziel der Therapie ist es nicht, alten Schmerz zu neutralisieren, indem man sich seiner Gefühle kathartisch entlastet, sondern daß man durch den Einstieg über die Emotionen zu neuen Erfahrungen vorstößt, um dann eigenverantwortlich und erwachsen sein Leben so einzurichten, daß man einen Sinn und Freude in seiner Selbstverwirklichung findet.

II. Körperarbeit bei der Überwindung phobischer Reaktionen gegenüber Körperberührungen, sensueller Kommunikation, emotionaler Nähe und Intimität

Alle Bedürfnisse können wir als Erwachsene selbst befriedigen, z. B. Essen, Trinken, Schlafen, sich warm Anziehen, Atmen, Defäzieren, sogar unsere sexuellen Bedürfnisse durch Masturbieren.

Es gibt allerdings ein biologisches Bedürfnis, das wir nicht allein stillen können, und das ist das Bedürfnis nach menschlicher Bezogenheit, nach körperlicher, emotionaler Nähe und Intimität. Dieses Bedürfnis nach Bezogenheit und menschlicher Nähe ist ein biologisches Grundbedürfnis, das das Überleben des Einzelnen und der Gruppe garantiert.

Im Laufe der Entwicklung unserer Kultur ist die intellektuelle Kommunikation immer stärker in den Vordergrund gerückt und hat eine sehr große soziale Wertigkeit bekommen. Dies ist verständlich auf dem Hintergrund unseres technologischen Zeitalters.

Die Tatsache, daß wir soziale Wesen sind mit einem vielschichtigen Bedürfnis nach Kommunikation, das weit mehr beinhaltet als die heute bevorzugte verbale rationale Kommunikation, scheint in Vergessenheit geraten zu sein. Die zunehmende Ängstigung vor körperlicher Berührung und sensueller Kommunikation führt dazu, daß aus dem Bereich des körperlichen Kontaktes nur noch Sexualität zugelassen wird.

Unsere Begegnungsmöglichkeiten werden somit reduziert auf die verbal-rationale Ebene einerseits, und auf die Sexualität andererseits, während der gesamte Zwischenbereich sensueller-taktiler und emotionaler Intimität zunehmend ausgeklammert wird. Aus diesem Mangel an aufrichtigen und emotional offenen Beziehungen entsteht eine sehr starke schmerzliche Deprivation.

Die meisten Patienten, die zu uns in die Behandlung kommen, haben außerordentliche Schwierigkeiten, Körperkontakte zuzulassen, so daß man fast von einer kollektiven Neurose sprechen kann. In der Therapie können viele körperliche Zuwendung und Zärtlichkeit nur unter großen Schwierigkeiten annehmen. Die schmerzliche Deprivation wird bewußt, und viele erinnern sich wieder, wie sie als Kinder diese körperlichen Zärtlichkeiten sehnlichst wünschten und nie bekamen.

Es gibt nun verschiedene Möglichkeiten, diesen Mangel wieder bewußt zu machen: Umarmen, Berührung, Streicheln, Schaukeln, d. h. entweder wird jemand von einem anderen umarmt oder er wird von der ganzen Gruppe gestreichelt oder geschaukelt. Diese Form der Körperarbeit setzt direkt am Körper des Klienten an.

Für viele unserer Gruppenmitglieder sind diese Übungen sehr ängstigend, und sie brauchen oft lange, um Körperkontakt anzunehmen. Viele schlagen um sich und wehren ab. Werden sie aufgefordert, die Abwehr fallenzulassen und zu empfinden, so erleben sie sehr viel Schmerz. Oft dauern diese Schmerzausbrüche eine Viertel- bis halbe Stunde oder noch länger an. Erst dann sind sie erstmalig entspannt und fähig, mit Freude körperliche Nähe anzunehmen.

Bei ehemaligen Heimkindern oder Menschen mit schizoider Struktur sind diese Übungen so ängstigend, daß sie dabei oft überfordert sind. Dort ist ein schrittweises Vorgehen notwendig: zuerst Herstellen einer emotionalen Beziehung, dann vorsichtiger Körperkontakt durch gelegentliches Anfassen, usw.
Ähnliche Erfahrungen haben wir mit Strafgefangenen gemacht, die in ihrer Vorgeschichte von den Eltern brutal geschlagen wurden. Sie reagieren auf körperliche Berührung wie auf einen tätlichen Angriff.

Fallbeispiel 2:
Es handelt sich um eine 24jährige Sozialarbeiterin, die in Heimen groß geworden ist. Vom 14. – 16. Lebensjahr war sie mit einem Zuhälter befreundet und arbeitete als Prostituierte. Mit 17 Jahren bekam sie ein Kind, das sie zur Adoption freigab. Später nahm sie harte Drogen, Alkohol und Tabletten. Sie berichtete, daß sie Nähe nur bis zu einem gewissen Punkt zulassen konnte, dann erwartete sie vom Partner, daß sie gedemütigt und erniedrigt würde. Dies war für sie der Inbegriff von männlichem Verhalten. In ihrer Kindheit hatte sie erfahren, daß körperliche Nähe irgendwann immer mit Schmerz gekoppelt war. Als sie in der Gruppe gestreichelt wurde, konnte sie dies kurzfristig annehmen, plötzlich sprang sie auf und beschimpfte alle, insbesondere die Männer, sie seien alle Schlappschwänze und Weichlinge. Sie schlug um sich und sagte, sie könne uns nicht ertragen.
Sie beruhigte sich wieder und berichtete, daß sie ihren jetzigen Freund, den sie sehr mochte, in der Kneipe zusammengeschlagen habe, als ihr die Nähe zu groß wurde. Sie könne sich überhaupt nicht vorstellen, daß man sie gern haben könne. Als ihr versichert wurde, daß sie von allen gern gemocht wurde und daß die anderen sie gerne streichelten, war sie fassungslos erstaunt, brach in Tränen aus, der Körper begann zu zittern und sie weinte eine dreiviertel Stunde lang, bis der Schmerz abklang und sie die Nähe der Gruppe annehmen konnte. Im Verlauf der Therapie kam sie immer wieder an diesen Punkt und sie mußte richtiggehend Nähe üben, um ihre Kapazität hinsichtlich ihrer Sensualität auszubauen.

Ein anderes Phänomen kann man bei dieser Arbeit beobachten, daß es vielen leichter fällt, andere zu streicheln und Zärtlichkeiten zu geben, als sie selbst zu empfangen und sich den Zärtlichkeiten anderer hinzugeben. Denjenigen, die aufgrund früherer Erfahrungen sich entschieden haben, ‚ich bin nicht liebenswert', fällt dies besonders schwer.
In der Partnertherapie zeigt sich, daß regelrecht unbewußte Verträge abgeschlossen werden über den Grad der Intimität, der zugelassen werden darf. Wird diese Schwelle überschritten, so wird der Betroffene mit seinem Schmerz konfrontiert. Um dies zu vermeiden, werden häufig „neurotische Spiele" inszeniert. So stellt die mangelnde Intimität ein Vermeidungsverhalten in Bezug auf Schmerz dar.

Diese Mechanismen erinnern stark an das phobische Verhalten, bei dem das Ziel des Vermeidungsverhaltens darin besteht, Angst zu verhindern. Bei der „Phobie vor Nähe und Intimität" wird versucht, emotional Schmerz zu vermeiden. Da diese Phobie vor Intimität so weit verbreitet ist, sind diese Übungen außerordentlich wichtig, denn sie verhindern eine zunehmende Vereinsamung und Isolierung, ähnlich wie es *Riemann* in seinem Buch ‚Die schizoide Gesellschaft' beschrieben hat.

III. Körperarbeit bei der Reaktivierung alter körperlicher Traumata oder Erlebnisse bei starker emotionaler Regression

Bei tiefer emotionaler Regression kommt es zu einer Senkung der Bewußtseinsschwelle. Dabei kann man erleben, daß der Körper die offensichtlich in einer Art Organgedächtnis gespeicherten Erfahrungen nochmals nacherlebt.

Diese Arbeit ist eine Arbeit des Körpers selbst. Der Körper berichtet in seiner Art des Ausdrucks, Bewegung, Gestik und vegetativer Reaktion über frühere Erfahrungen.

Ich möchte über zwei Fälle berichten. Eine Interpretation scheint mir noch zu verfrüht, da zu wenig Erfahrungen darüber vorliegen. Ähnliche Phänomene wurden auch in der Primärtherapie (*Janov*) beobachtet.

Fallbeispiel 3:

Ein jetzt 38jähriger Lehrer war mit 16 Jahren bei einem dörflichen Tanzfest mit einem Freund wegen eines Mädchens in Streit geraten. Dabei kam es zu einer Schlägerei. Der Pat. verletzte im Verlauf dieser Auseinandersetzung seinen Freund mehrmals mit einem Messer. Der Freund wurde lebensgefährlich verletzt, überlebte jedoch.

Dieses Ereignis war vorher nicht bekannt, da der Pat. dieses Erlebnis weitgehend verdrängt hatte oder es peinlich vermied, darüber zu sprechen. In der Therapie fiel es ihm sehr schwer, sich emotional zu öffnen. Er war verspannt, fast versteinert, und stand unter einer ungeheuren Spannung. Als er erstmalig emotional arbeitete, stieß er Zornesschreie aus. Von den anderen Gruppenmitgliedern wurde er auf die Matte, die den Innenraum der Gruppe ausfüllt, gezogen. Dort kämpfte er mit einem imaginären Gegner. Der Kampf war so verbissen und voll tödlicher Aggression, daß die gesamte Gruppe betroffen war. Nachdem der Pat. sich wieder beruhigte, konnte er sich nur noch daran erinnern, daß er wütend geworden sei. Als wir ihn fragten, mit wem er gekämpft habe, war er über diese gezielte Frage erstaunt. Er berichtete dann die obige Geschichte. Seitdem habe er ver-

mieden, offen aggressiv zu werden, da er befürchtete, erneut die Kontrolle zu verlieren.
Er konnte im weiteren Verlauf beim emotionalen Arbeiten lernen, offen wütend zu werden, aber immer noch die Kontrolle zu behalten über das, was er tat. Die Wut hatte nicht mehr ihn in der Hand, sondern er konnte später über sie frei und verantwortlich verfügen.

Fallbeispiel 4:
Eine 37jährige MTA schielte auf dem linken Auge. Als Zehnjährige drängte sie darauf, daß das Auge operiert werde, da sie seit Beginn der Schulzeit wegen dieses Fehlers gehänselt wurde. Die Pat. stammte aus einer kinderreichen Familie, mehrere Brüder schielten ebenfalls und wurden noch im Vorschulalter einer Schieloperation unterzogen. Als Mädchen mußte sie immer zurückstehen, und die Bedürfnisse der Brüder hatten bei den Eltern Vorrang.
Mit 17 Jahren endlich erreichte sie, daß sie operiert wurde. Als sie im Laufe des Therapieprozesses nochmals diese Situation nacherlebte, wie sie als Kind wegen des Sehfehlers gehänselt wurde, kam sehr viel Schmerz und Wut hoch. Sie arbeitete ungefähr 20 Minuten, danach weinte sie sehr heftig und sie erlebte die ganze Demütigung nochmals nach. Dabei schwollen Ober- und Unterlid des operierten Auges so stark an, daß die Lidspalte geschlossen war. Während des Arbeitens verschwand dieses Phänomen von selbst wieder. Später danach befragt, berichtete sie, daß sich nach der Operation dieses Auge in einem ähnlichen Zustand befunden hatte. Bei der emotionalen Arbeit habe sie alles bis zum Zeitpunkt der Operation noch einmal durchlebt.
Man könnte dieses Phänomen auf eine postoperative Schädigung der Gefäße zurückführen und es so erklären, daß beim heftigen Weinen und emotionalen Erleben es zu einem Gefäßstau kam und die ödematöse Schwellung eine Folge davon sei. Dagegen spricht allerdings, daß die Pat. schon vor diesem Ereignis häufig intensiv emotional gearbeitet hatte, dieses Phänomen aber niemals auftrat. Es trat auch später nicht mehr auf, als sie an anderen Problemen arbeitete. Das Erstaunliche ist, daß diese Schwellung zu dem Zeitpunkt auftrat, als das spezifische Trauma nochmals durcherlebt wurde.

Ähnliche Phänomene wie das Nacherleben von Organschmerzen, wie bei früheren Blinddarmentzündungen oder Nierenkoliken kann man beobachten. Sie sind aber nicht so eindrucksvoll wie das oben geschilderte. Auch wenn die Pat. in der frühen Kindheit viel geschlagen wurden, krümmt sich der Körper zusammen und rollt sich ein. Es treten starke Schmerzen im Rücken oder Gesäß auf, je nachdem, wo die Schläge hinfielen.

Wenn zunehmend der Körper in die Psychotherapie mit einbezogen wird, ist dies ein Zeichen dafür, daß mit rein kognitiven Methoden das Bearbeiten von psychosozialen Störungen immer unbefriedigender wird. Der Mensch ist sein Körper. Ein Lernzuwachs, ein Umlernen oder das neurotische Fehllernen ist ein ganzheitliches Phänomen. Wir wachsen durch neue Erfahrungen in der Auseinandersetzung mit der Wirklichkeit. Dieses Sich-Erfahren ist ein aktives, seelisch-körperliches Geschehen.

Um das Leben erleben zu können, braucht man den Mut des Erwachsenwerdens, die Bereitschaft, Risiken einzugehen, und die Fähigkeit, seinem Leben einen Sinn zu geben.

Die meisten Menschen führen ein ungelebtes Leben in konflikthafter Uneindeutigkeit gefangen, schwankend zwischen Depression und Euphorie, zwischen oberflächlichen Beziehungen und Einsamkeit, zwischen Sorge und Verantwortungslosigkeit. Entsprechend ist die Beziehung zu ihrem Körper. Er ist ein lästiges Anhängsel, das einfach zu funktionieren hat. Der sozialen Krise wird zunehmend mehr Aufmerksamkeit geschenkt. Aber viele sind zu einer solchen Krise nicht mehr fähig. Der Konflikt wird eine Verdrängungsebene tiefer in Form einer somatisch-biologischen Krise getragen. Dieser Störung ordnen wir Krankheitswert zu, delegieren die Verantwortung an den medizinischen Fachmann, dieser versteht die Krankheit als ein biochemisches Problem und verordnet meist Medikamente.

Um in der Psychotherapie die Krise erneut erlebbar zu machen, müssen wir – wie in Fall 1 aufgezeigt – drei Abwehrebenen durchbrechen, die iatrogen-medikamentöse oder süchtige Ebene, die psychosomatisch, biologisch-körperliche Ebene und die neurotische Abwehrebene.

Erst jetzt kann eine Integration stattfinden mit anschließender Umorientierung und Lernen von neuen Verhaltensweisen.

Literatur:

ALEXANDER, FRANZ: Psychosomatic Medicine, London, Norton, 1950

CANNON, W.B.: Wut, Hunger, Angst und Schmerz – eine Phsychologie der Emotionen, Urban & Schwarzenberg-Verlag, München-Berlin-Wien, 1975

CASRIEL, DANIEL: A Scream Away From Happiness, Grosset & Dunlap, New York, 1972; deutsch: Die Wiederentdeckung des Gefühls – Schreitherapie und Gruppendynamik, Bertelsmann-Verlag, München-Gütersloh-Wien, 1975

JANOV, ARTHUR: Das befreite Kind, S. Fischer-Verlag GmbH, Frankfurt, 1974

LEWIS, H. und LEWIS, M.: Heilerfolge der psychosomatischen Medizin – Krankheiten und ihre seelischen Ursachen, Kindler-Verlag GmbH, München 1975

RIEMANN, F.: Die schizoide Gesellschaft, Chr. Kaiser-Verlag, München, 1975

SIEDECK, H.: Über die zeitlichen Verhältnisse der phasenförmigen Reizbeantwortung nach Pyrogeninjektion, Acta neurovegetativa, pp. 11, 94, 1955

SEYLE, H.: Streß, Bewältigung und Lebensgewinn, Piper-Verlag, München, 1974

STAEHELIN, B.: Die funktionellen kardo-vaskulären Strörungen als psychosomatische Syndrome, Hans-Huber-Verlag, Bern-Stuttgart, 1965

VESTER, F.: Phänomen Streß, Deutsche Verlagsanstalt GmbH, Stuttgart, 1976

WILLI, J.: Die Zweierbeziehung, Rowohlt-Verlag GmbH, Reinbek b. Hamburg, 1975

IV. Atem- und bewegungstherapeutische Verfahren

Übertragung und das Pesso-System psychomotorischer Therapie

Arthur L. Cobb, Belmont

Auf dem Gebiet des Human Potential Movement waren die letzten Jahre Zeuge der Entfaltung vieler neuer Formen der Persönlichkeitsveränderung. Während diese neuen Techniken dem Einzelnen allem Anschein nach Gelegenheit bieten, seine persönlichen Erfahrungen zu erforschen und mit anderen zu teilen, mangelt es den Trainern dieser neuen Methode offensichtlich an der Einschätzung des Widerholungszwanges früherer Konflikte und ihres starken und beherrschenden Einflusses auf die gegenwärtige Situation, nämlich als Übertragungen. Dabei ist das Verständnis und die Verdeutlichung der Auswirkung früher Erfahrung in der jeweils gegenwärtigen therapeutischen Situation für die Praxis der meisten Formen konventioneller Psychotherapie grundlegend. Die Tendenz jedoch fast aller Therapeuten, die therapeutische Interaktion auf die verbale Komponente des Kommunikationsflusses zu beschränken, zwingt der zu leistenden Arbeit unnötige Restriktionen auf. Ziel dieses Aufsatzes ist es, eine neue Form der Psychotherapie zu skizzieren, die nicht mehr nur verbale Interpretationen von „alten" Gefühlen aus früheren Erfahrungen, die auf den Therapeuten übertragen werden, nötig hat, sondern die statt dessen den Klienten befähigt, seine Gefühle gegenüber den wesentlichen Figuren seiner Vergangenheit sehr viel direkter zu erforschen und zu verdeutlichen. Eine der wichtigsten klinischen Entdeckungen *Freuds* (1953, 1957) war zweifellos die der Übertragung. Wenn er auch später seine Ideen bezüglich ihrer Ursachen weiter ausgebaut hat, seine grundlegende Beobachtung, daß ein Individuum der Wiedererfahrung von Gefühlen, die seiner Vergangenheit angehören, im Kontext der gegenwärtigen Beziehung zu seinem Therapeuten fähig ist, ist ein Markstein der Psychoanalyse sowohl als auch der psychoanalytischen Formen der Psychotherapie. Mag der spezifische Inhalt der Übertragungen jedes einzelnen Klienten völlig unterschiedlich sein, typisch für alle ist der Versuch des Klienten, Objektvorstellungen, die aus früheren Erfahrungen gewonnen wurden, dem Therapeuten überzustülpen (*Schafer*). Da die resultierenden verdrängten Gefühls- und Verhaltensmuster häufig Kernpunkte des Konflikts darstellen, werden sie zu einem der Hauptwege therapeutischer Veränderung und müssen, in fast allen Therapieformen, mit lediglich verbalen Mitteln zähflüssig bearbeitet werden.

Im Gegensatz zu den meisten Therapieformen macht sich die Psychomotorische Therapie die nonverbalen Hinweise des Klienten ebenso zunutze wie seinen verbalen Ausdruck, und zwar in höchst strukturierter und kontrollierter Form. Anstatt die Verwertung nonverbaler Kommunikation geringzuschätzen, macht die Psychomotorische Therapie, wie sie von Diane und Albert *Pesso* entworfen und entwickelt worden ist, systematischen und integrierten Gebrauch von nonverbalen Aussagen und fußt auf den Beobachtungen, daß das nonverbale Verhalten des Einzelnen fast durchgängig einen bestimmten emotionalen Zustand zu vermitteln scheint. Darüberhinaus haben sie gemerkt, daß eine sorgfältige Erforschung dieses emotionalen Zustands gewöhnlich schneller und direkter in die vergangene Erfahrung zurückführt. Diese beiden Beobachtungen, die wieder und wieder bestätigt wurden, führten zu dem Ergebnis, daß es möglich ist, anstatt die biographischen Wurzeln der Probleme des Klienten durch verbale Interpretation der Übertragung auf den Therapeuten behandeln zu müssen, viel direkter, auf integrierte und systematische Weise, die verbalen und nonverbalen Äußerungen des Klienten zu nutzen und ihm so bei der Erforschung und Verdeutlichung seiner vielfältigen und höchst ambivalenten Gefühle gegenüber den wesentlichen Figuren seiner Vergangenheit zu helfen. Vor einer genaueren Beschreibung der Psychomotorischen Therapie (auch *Pesso*-System Psychomotorischer Psychotherapie genannt) mag es sinnvoll sein, nichtsprachliche Elemente innerhab der Psychotherapie im allgemeinen kurz zu untersuchen. Es wird z.B. immer augenfälliger, daß die verbale Abstraktion eine enorme kulturelle Überbewertung erfahren hat und daß sie eine Entfremdung von unserem Körper zur Folge hatte.

Diese kulturelle Tendenz hat sich auf allen Gebieten manifestiert, auch auf dem der Psychotherapie. Tatsächlich scheuen die Psychotherapeuten – wenn man die des sogenannten „Human Potential Movement" und einige fortschrittliche Standesvertreter ausnimmt – vor systematischer und gezielter Nutzung anderer als der verbalen Komponenten der therapeutischen Interaktion zurück. Sicher gibt es Psychotherapeuten, die für die nonverbalen Hinweise ihrer Klienten außerordentlich sensibel sind, aber selbst sie haben in der Regel versucht, diese Hinweise in verbalen Ausdruck zu übersetzen, anstatt sie direkt zu nutzen, und die Versuche, wesentliche nichtsprachliche Kommunikation in sprachlich konzipierte zu

übertragen, sind vielfach erfolglos geblieben (*Scheflen* 1965 a). Dies wiegt umso schwerer, weil nur etwa 30 - 35 % der sozialen Bedeutung einer Interaktion durch Worte übermittelt werden (*Birdwhistell* 1961). Selbst unter der Voraussetzung, daß diese Zahl einen Annäherungswert darstellt, leuchtet völlig ein, daß ein großer Anteil der Kommunikation zwischen den Einzelnen auf nichtsprachlichem Gebiet geschieht. Weiterhin gibt es unleugbare Auswirkungen kindlicher Erfahrungen auf das spätere Erwachsenenverhalten. Wenn ein hoher Prozentsatz sozialer Interaktionen von Erwachsenen nonverbaler Natur ist, dann ist mit Wahrscheinlichkeit der Prozentsatz bei Kindern entsprechend größer. In der Tat werden viele der komplexen und besonderen sozialen Verhaltensmuster, die der Einzelne in jeder Kultur erlernen muß, während der Kindheit unbewußt auf nichtsprachlichen Kanälen aufgenommen. Daher werden wahrscheinlich viele zentralen Dinge im Leben einer Person direkter auf nonverbalen Kanälen als nur durch sprachliche Mittel ausgedrückt. Das ist besonders augenfällig bei schwer gestörten Individuen, für deren wesentliche Erfahrungs- und Konfliktbereiche sprachliche Mittel allein weder Ausdrucksmöglichkeit noch Lösung bieten können.
Hier soll der Versuch unternommen werden, einige der verschiedenartigen Untersuchungen auf dem Gebiet nonverbaler Kommunikation in ihrer Bedeutung für die Psychotherapie zusammenzustellen.
Die Kinästhetik, d.h. die Wissenschaft der Kommunikation durch Köperbewegungen, ist wahrscheinlich die Disziplin, die am klarsten und schärfsten die Bedeutung und Relevanz der Körperbewegungen für den gesamten Kommunikationsprozess dargestellt hat. *Birdwhistell* (1952) beweist sogar, daß Körperbewegungen nicht nur kommunikativ sind, sondern darüberhinaus, daß sie analog zur Sprache methodisch strukturiert und analysiert werden können. So wie die Sprache in Wörter, Sätze und andere syntaktische Einheiten zerlegt werden kann, kann auch die Körperbewegung in Kinemorpheme und komplexe kinemorphe Konstruktionen und andere kinetische Einheiten zerlegt werden (*Birdswhistell* 1961). So bilden Körperbewegungen und Gesichtsausdruck ähnlich der Sprache offenbar ein differenziertes, geordnetes System, das jeder Kultur spezifisch ist und das die Angehörigen dieser Kultur lernen müssen, um wirksam zu kommunizieren (*Birdwhistell* 1968b). Darüberhinaus haben sorgfältige Betrachtungen und Analysen gefilmter Interviews zu dem Ergebnis geführt, daß der gesamte Kommunikationsfluß eine komplexe Einheit sprachlicher, kinetischer und anderer Elemente ist, die untrennbar miteinander verbunden sind, ohne daß das sprachliche oder das kinetische Element die Priorität in-

nehätte. Das bedeutet, daß Körperbewegungen nicht einfach eine Gefühlskomponente zum Kommunikationsfluß darstellen, die die verbale Komponente modifiziert oder dramatisiert; vielmehr sind die kinetischen und sprachlichen Kanäle gleichermaßen integrierte Teile des Kommunikationsprozesses und so miteinander verbunden, daß sie sich gegenseitig ergänzen und bestärken, in einem Prozeß, der als „multi-channel redundancy" (*Birdwhistell* 1963, 1966, 1968a) bekannt geworden ist. Hinzu kommt, daß die spezielle Bedeutung jeder einzelnen Körperbewegung sich einerseits aus der Beziehung zum kinetischen Gesamtzusammenhang bestimmt und andererseits durch den Kontext oder das natürliche Setting, in dem sie geschieht. So sind sogar Gesten, die nach allgemeiner Annahme leicht übersetzbar und von allgemein verständlicher Bedeutung scheinen, offenbar sowohl von anderen mitwirkenden, aber häufig unbeachteten Körperbewegungen, als auch von dem Setting in ihrer spezifischen Bedeutung abhängig (*Birdwhistell* 1967, 1968b).

Neben *Birdwhistells* grundlegender Untersuchung der Kinästhetik gibt es zahlreiche Studien, die die Bedeutung nichtsprachlicher Variablen bei der Vermittlung verschiedener Einstellungen und Wertvorstellungen darstellen. Z.B. behandelt *Mehrabians* (1969) ausführliche Übersicht der einschlägigen Forschungsliteratur die Bedeutung von Körperhaltung, Abstand, Augenkontakt und Körperorientierung als Indikatoren von Einstellung und Statusbewußtsein. Darüber hinaus liefert er eine knappe Zusammenfassung wichtiger Untersuchungsergebnisse, die sich für die Interaktionsarten in der Psychotherapie als direkt anwendbar erweisen.

Die Bedeutung visueller Hinweise bei der Vermittlung gewisser persönlicher Charakterzüge des Therapeuten wurde von *Shapiro, Foster* und *Powell* untersucht. Diese Forscher haben festgestellt, daß untrainierte Beurteiler mit trainierten in der Einschätzung der Glaubwürdigkeit, der Empathie und der Wärme eines Therapeuten auf der Basis visueller Hinweise übereinstimmten. Dazu kommt, daß die Gesichtszüge und ihre Hinweise offenbar die wichtigste Grundlage für solche Urteile Einzelner über Psychotherapeuten sind.

Neben den Gesichtszügen bieten andere Körperbewegungen wesentliche Möglichkeiten, durch die Gefühle in der Therapie ausgedrückt werden. *Loeb* (1968) z.B. hat andeutungsweise darauf hingewiesen, daß zu wiederkehrenden Faustbewegungen eines Klienten in der Psychotherapie in der Regel Ärger assoziiert wird, und eine exakte Analyse von Filmmaterial hat ergeben, daß viele der faustähnlichen Bewegungen von Klienten sehr kurz, weniger als 1/2 sec. andauerten. Es liegt auf der Hand, daß ein Therapeut, der in der Beobachtung nonverbalen Verhaltens nicht geübt ist, auf solche winzigen Hinweise einzig in unbewußten oder intuitiven Bereichen reagiert.

In einer anderen Studie von direkter klinischer Relevanz stellen *Ekman* und *Friesen* (1969) dar, daß Hinweise auf Täuschungs- und Ausweichmanöver am ehesten durch Körperbereiche vermittelt werden, die der Bewußtheit und Kontrolle des Individuums am wenigsten unterliegen. Da der Gesichtsausdruck in unserem Kulturkreis viel sorgfältiger überwacht wird, manifestieren sich Täuschungen wahrscheinlicher nonverbal in Bein- und Fußbewegungen.

Während die oben referierte Forschung vor allem wiederkehrende nonverbale Phänome umfaßt, beweist *Mahl* (1967), daß sogar wechselnde und idiosynkratische nichtsprachliche Verhaltensweisen innerhalb der analytischen Situation von hoher Bedeutung sein können und möglicherweise wichtige Elemente der unbewußten Motivation des Klienten spiegeln. Außerdem kann eine Diskrepanz zwischen dem verbalen und dem nonverbalen Verhalten eines Klienten bestehen, die möglicherweise wichtige Konfliktbereiche spiegelt. Oft besteht auch eine zeitliche Differenz zwischen dem Moment, in dem der Klient eine bestimmte nichtsprachliche Verhaltenseinheit ausdrückt, und dem Zeitpunkt, in dem er den damit verbundenen Inhalt verbalisiert. Dieser Zeitraum kann von Sekunden bis zu Tagen dauern.

Scheflen hat in seiner Untersuchung einiger kinästhetischer Elemente in psychotherapeutischen Beziehungen sehr interessante Arbeit geleistet. Eine Studie (*Scheflen* 1964) hat gezeigt, daß Therapeuten vieler unterschiedlicher Überzeugungen sich der gleichen Körperhaltungen bedienen, wenn sie die therapeutische Interaktion auf einen offenen Kontakt hin verändern. Die Erfahrung des offenen Kontaktes wird begleitet von schrittweisem Lösen verschränkter Glieder und von Bewegungen auf den Klienten zu. Wie man sich denken kann, wird vielen Therapeuten ihre veränderte Körperhaltung und deren Einfluß auf den Klienten nicht bewußt.

Eine spätere Studie von *Scheflen* (1965b) beinhaltet die Untersuchung der Aktivität von Therapeuten verschiedener Schulen. Diese Studie hat zum Ergebnis, daß als regelmäßig wiederkehrendes Erscheinungsbild in der Psychotherapie ein dem amerikanischen Muster der Liebeswerbung ähnliches Verhalten des Therapeuten zu beobachten ist, was aber diesem in der Regel unbewußt bleibt. Dieses Verhalten, bekannt geworden als *quasicourtship behaviour*, umfaßt eine Abfolge erotischer oder werbender Handlungen, begleitet von einer Reihe einschränkender Signale. Diese einschränkenden Signale zeigen an, daß das Werbungsverhalten nicht wörtlich, als Verführung mit anschließender sexueller Vereinigung, zu werten ist. Wenn auch viele Therapeuten das *quasi-courtship behaviour* für ein Anzeichen von Gegenübertragung oder für undiszipliniertes Ausagieren gehalten haben, dient es in Wahrheit der sehr spezifischen und sinnvollen Aufgabe, das Gleichgewicht in der Einzeltherapie und in Gruppen aufrechtzuerhalten. Wenn sich in der Einzeltherapie z.B. ein Klient in sich zurückzieht oder in Gedanken versinkt, dann erweist das quasiwerbende Verhalten sich als wichtige Methode, die häufig angewandt wird, um ihn zu ermutigen, seine Teilnahme an der Beziehung aufrechtzuerhalten. Zum Teil also kann das quasiwerbende Verhalten als kybernetischer Mechanismus betrachtet werden, der dazu beiträgt, den Kontakt zu fördern und die therapeutische Beziehung automatisch auf einem optimalen und überschaubaren Niveau gegenseitiger Einbeziehung zu halten, so daß die Aufgaben der Psychotherapie wirksam durchgeführt werden können.

Trotz des begrenzten Rahmens zeigt die oben beschriebene Zusammenstellung der Untersuchungsergebnisse, daß nonverbale Faktoren in der Psychotherapie durchaus vorherrschend und wesentlich sind. Der Reichtum des nonverbalen Materials in praktisch jeder psychotherapeutischen Situation legt nahe, dieses Material systematisch als zusätzlichen Weg therapeutischer Änderung zu erforschen. Die Praxis der Psychomotorischen Therapie bezieht ausdrücklich die Anerkenntnis der Bedeutung der nonverbalen Komponenten des Kommunikationsflusses mit ein, d.h. sie macht sie sich als Kern der therapeutischen Tätigkeit zunutze.

Da die Psychomotorische Therapie eine neue Therapieform ist, soll sie im einzelnen dargestellt werden. Es wird also erstens ein sehr kurzer und allgemeiner Umriß der Psychomotorischen Therapie gegeben werden. Dann wird einer der fundamentalen psychomotorischen Begriffe in Verbindung mit einigen der relevanten theoretischen Ideen zu internalisierten Objektvorstellungen dargelegt. Drittens wird die Darstellung eines Ausschnittes aus einer fortlaufenden psychomotorischen Gruppe benutzt, um gewisse wesentliche Aspekte psychomotorischer Therapie konkret zu illustrieren. Viertens werden bestimmte Grundideen der Psychomotorischen Therapie genauer dargestellt. Fünftens wird die Relation zwischen psychomotorischer Therapie und Übertragung behandelt. Sechstens werden die drei Phasen einer psychomotorischen Strukturreinheit vorgestellt. Und endlich wird eine kurze Diskussion der Begriffe Widerstand und Ausagieren, wie sie sich in der psychomotorischen Therapie manifestieren, erfolgen.

Die Psychomotorische Therapie umfaßt zwei zusammenhängende, aber funktional unterschiedene Teile. Der eine Teil umfaßt nonverbale Übungen, die dazu dienen sollen, die körperliche Sensibilität und die Bewußtheit für nonverbale und räumliche Hinweise zu steigern und die Gruppenteilnehmer in ein spezielles Rollenspiel, die sogenannte Akkommodation, einzuüben. Diese Übungen sind detailliert von *Pesso* (1969) beschrieben und von *Pinderhughes, Reyna, Pesso* und *Pederson* knapp zusammengefaßt worden. Wenn sie auch an sich schon von erzieherischem Wert sein können, so ist doch ihr Hauptziel die Vorbereitung der Einzelnen auf die Einbeziehung in eine fortlaufende Psychomotorische Therapiegruppe.

Der andere Teil der Psychomotorischen Therapie ist die systematische und kontrollierte Erforschung und Verdeutlichung verbalen und nonverbalen Materials für therapeutische Zwecke innerhalb einer fortlaufenden psychomotorischen Gruppe. Beide Teile der Psychomotorischen Therapie werden überwiegend bei schwer gestörten Klinikpatienten angewandt; dieser Aufsatz wird aber nur den zweiten Teil in seiner Anwendung bei relativ „normalneurotischen" Leuten, die keinen Patientenstatus haben, behandeln.

Zur typischen fortlaufenden Psychomotorischen Therapiegruppe gehört der Psychomotortherapeut und sechs bis sieben Klienten gemischten Alters und Geschlechts. Im allgemeinen beginnen die Therapiesitzungen mit der Frage des Therapeuten nach dem Ergehen der Einzelnen und der Auswirkung der letzten Sitzung auf sie. Während dieser Zeitspanne antwortet jeder Einzelne der Reihe nach, und der Brennpunkt der Aufmerksamkeit liegt, auch wenn die Anderen Bemerkungen und Fragen äußern, auf der Interaktion zwischen dem Therapeuten und dem einzelnen Klienten. Dieses Vorgehen ermöglicht dem Therapeuten, über die aktuelle Lebenssituation der Klienten und über ihre Bereitschaft, sich motorisch und verbal auf das psychomotorische Vorgehen einzulassen, verbale und nonverbale Informationen zu bekommen. Nachdem der Therapeut diese Informationen von jedem Gruppenmitglied erhalten hat, fragt er, wer wohl zu arbeiten anfangen wolle. Wenn ein Gruppenmitglied sich bereiterklärt, konzentriert der Therapeut seine Mühe und Aufmerksamkeit darauf, ihm bei der Erforschung seiner Gefühle auf verbalem und nonverbalem Gebiet zu helfen.

Im Unterschied zur Gruppentherapie arbeitet der Psychomotortherapeut mit jedem einzelnen Gruppenmitglied eine vorbestimmte und weitgehend gleiche Zeit. Die Arbeit während dieser Zeitspanne umfaßt die Grundeinheit der Psychomotorischen Therapie; es ist die sogenannte Struktureinheit. Eine Struktureinheit ist eine motorische und verbale Wiederholung von vergangenen oder phantasierten Ereignissen. Als solche ist sie die eigentliche therapeutische Arbeit, auf die sich jeder Klient gesondert einläßt. Während seiner Struktureinheit hat der Klient Gelegenheit, seine eigenen Gefühle zu erforschen und zu verdeutlichen, ihre Handlungskonsequenzen zu erfahren und alternative Verhaltensmuster zu erlernen.

Da der Therapeut mit jedem Klienten während seiner Strukturzeit einzeln arbeitet, könnte die Psychomotorische Strukturreinheit dem psychotherapeutischen oder psychoanalytischen Einzelinterview ähnlich erscheinen. Diese Ähnlichkeit ist sicher von Bedeutung, sie wird aber weitgehend überschattet von der Tatsache, daß neben dem Therapeuten an der Struktureinheit eines Klienten auch andere Gruppenmitglieder in der besonderen Rollenspielfunktion der sogenannten Akkommodation teilnehmen können. Nutzen und Bedeutung der Akkommodation leitet sich her von der Tatsache, daß die psychomotorische Struktureinheit eine Arena schafft, in der der Klient gefahrlos die verbalen und nonverbalen Komponenten seiner eigenen höchstpersönlichen und idiosynkratischen Gefühle gegenüber wesentlichen Figuren seiner Vergangenheit erforschen kann. Da das gegenwärtige verbale und nonverbale Verhalten des Klienten fest in vergangenen Erfahrungen wurzelt, kann der Prozeß emotionalen Ausdrucks und seiner Verdeutlichung entscheidend dadurch erleichtert werden, daß der Therapeut und verschiedene Gruppenmitglieder im Rollenspiel verschiedene Seiten der für den Klienten wesentlichen Personen darstellen und in einer seinen verbalen und nonverbalen Handlungen genau entsprechenden Art reagieren. Anstatt also ihre eigenen subjektiven Reaktionen auf die Handlungen des Klienten während seiner Struktureinheit zu geben, entsprechen die Akkommodateure dem Verhalten des Klienten in ähnlicher Weise, wie die Teile eines Puzzlespiels zusammenpassen. Das Ergebnis ist, daß die Akkommodatoren häufig die realen, vorgestellten oder erwünschten Charakterzüge früherer Bezugspersonen treffen und dem Klienten ermöglichen, seine Gefühle ihnen gegenüber tiefer zu erforschen.

Ich denke z.B. an einen Klienten, der während seiner Struktureinheit in der Auseinandersetzung mit den Eltern seine Gefühle ihnen gegenüber durch eine laute und ärgerliche Stimme und geballte Fäuste ebenso zum Ausdruck brachte wie durch den Inhalt seiner Rede. Als er sich seines Handelns bewußt wurde, bat er zwei Gruppenmitglieder, für ihn als Elternfiguren zu akkommodieren. Sobald die Akkommodatoren im Brennpunkt seiner Aufmerksamkeit standen, konnte er seinen Gefühlen frei folgen und sie konkret ausdrücken, indem er seine Worte an die Akkommodatoren richtete und mit seinen geballten Fäusten auf ein Kissen einschlug. Die Akkommodatoren begleiteten diese Reaktionen mit Ächzen und Stöhnen, so als würden sie jedesmal getroffen, wenn der Klient ihnen einen Satz entgegenschleuderte oder das Kissen traf. Auf diese Art dienten die Akkommodatoren als Brennpunkt für verdrängte Gefühle aus der Vergangenheit des Klienten und befähigten ihn dazu, den Zwang genauer zu erforschen und zu verdeutlichen, den die Folgen dieser Gefühle auf ihn ausübten.

Von einem theoretischen Standpunkt aus betrachtet, kann die Akkommodation teilweise als Umkehrung der Internalisation definiert werden. Nach *Schafers* Definition bezieht sich die Internalisation auf „jene Prozesse, durch die das Subjekt wirkliche oder vorgestellte rituelle Interaktionen mit seiner Umwelt und reale oder vorgestellte Charakterzüge seiner Umwelt umformt in innere Rituale und Charakterzüge" (S.9). Eine der Hauptfunktionen der Akkommodation ist die Unterstützung des Klienten bei seinen Bemühungen, mit den kognitiven und den affektiven Komponenten des Internalisierungsprozesses in Kontakt zu kommen, und zwar indem er die Akkommodatoren als konkrete Verkörperung der internalisierten Objektvorstellungen benutzt.

Daß die Akkommodation weit mehr umfaßt als das Rollenspiel im üblichen Sinne, kann an der Vielfalt und Komplexität der Objektvorstellungen ermessen werden. An erster und wichtigster Stelle steht die Tatsache, daß Objektvorstellungen sich auf bestimmte subjektive Erfahrungsinhalte mit allen bildhaften, gefühlsmäßigen und körperlichen Komponenten beziehen. Selbst die experimentelle Ebene wird subjektiv konzipiert und symbolisch, häufig in nonverbaler Form, zum Ausdruck gebracht. Es liegt also auf der Hand, daß die Objektvorstellungen nicht notwendig den Außenobjekten selbst entsprechen müssen. Die Aufgabe der Akkommodation ist daher nicht einfach die einer Reproduktion wirklicher Verhaltensmuster von Eltern, Geschwistern oder Altersgenossen. Da die Objektvorstellung eines Klienten sich direkt auf einen bestimmten Körperteil der anderen Person oder auf einen bestimmten Teil seiner Persönlichkeit beschränkt, kann die Bedeutung eines entsprechenden Akkommodators sogar möglicherweise überhaupt nicht in seiner Person als ganzheitlicher Figur liegen, sondern in einem besonderen Körperteil oder in einer bestimmten charakteristischen Art, in der er sich ausdrückt.

Eine Möglichkeit, die psychische Ebene der Objektvorstellung zu klassifizieren, liegt in der Feststellung, in welchem Maße der Primär- bzw. der Sekundärprozess beteiligt ist. Wie *Schafer* anmerkt, sind die Objektvorstellungen zwischen den Extremen zuhause und können hierhin und dahin überwechseln. Die Objektvorstellungen im einen Extrem, also die des Primärprozesses, sind häufig instabil, unscharf und zeitlos. Außerdem sind sie nicht genau zu lokalisieren, intern und unkonkret oder auch extern. Sie werden unreflektiert verarbeitet. Wenn z.B. ein Klient der Psychomotorischen Therapie auf etwas reagiert, was er als durchdringende stechende Augen an seinem Akkommodator wahrnimmt oder als grausame strafende Stimme, dann benutzt er die Akkommodation wahrscheinlich auf einer Ebene, die den internalisierten Objektvorstellungen des Primärprozesses entspricht.

Objektvorstellungen des Sekundärprozesses auf der anderen Seite sind charakterisiert durch ihre relative Schärfe, Stabilität, Zeitgebundenheit und Außenorientiertheit und durch ihre reflektierte Verarbeitung. Die dieser Ebene entsprechende Akkommodation umfaßt häufig klar erinnerte, relativ scharfe, gut organisierte und stimmige Erinnerungen von Einzelnen und Bezugsgruppen. Außerdem wird der Klient den Akkommodator wahrscheinlich als integrierte, ganzheitliche Person wahrnehmen und nicht nur auf einen bestimmten Körperteil oder einen isolierten Wesenszug von ihm reagieren.

In Ergänzung zu der Primär- Sekundärprozeßunterscheidung hat *Schafer* die Objektvorstellungen auch innerhalb eines positiv/negativen Gesamtzusammenhangs definiert. Vorwiegend positive Objektvorstellungen umfassen angenehme, bestärkende und optimistische Vorstellungsreihen, die unter günstigen psychischen Entwicklungsbedingungen erworben wurden. Diese Bedingungen schließen typischerweise Elternfiguren ein, die ernährend, stützend und akzeptierend sind und die die Ausübung primärer Autonomiefunktionen sowie eine verstärkte Differenzierung und Loslösung fördern.

Im Gegensatz dazu sind negative Objektvorstellungen schmerzvolle, bedrohliche und pessimistische Vorstellungsreihen, die unter ungünstigen Entwicklungsbedingungen erworben wurden. Diese Bedingungen beinhalten gewöhnlich Elternfiguren, die die Ernährung, Wärme, Unterstützung und Akzeptation nicht geben können, deren das Kind bedarf, und die wahrscheinlich direkt oder indirekt die Ausübung primärer Autonomiefunktionen, die gesteigerte Differenzierung und die Loslösung untergraben. Doch so praktisch es ist, die Objektvorstellungen nach ihrem positiven oder negativen Grad zu klassifizieren, in der Praxis schließen die beiden Gruppen sich nicht gegenseitig aus. Wie im Fall der Primär- Sekundärprozeßunterscheidung existieren positive und negative Objektvorstellungen gleichzeitig und zusammen mit unterschiedlichem Ausmaß von Integration und Abwehr.

Der Differenzierung zwischen positiven und negativen Objektvorstellungen entspricht in der Psychomotorischen Therapie eine positive und negative Akkommodation. Wie oben erwähnt, reagieren als Akkommodatoren handelnde Gruppenmitglieder in einer Art, die darauf zielt, dem verbalen und dem nonverbalen Verhalten des Klienten so genau wie möglich zu entsprechen. Dadurch werden tiefere Schichten der Persönlichkeit angerührt, und der Klient beginnt selbst, den Akkommodator als eine wesentliche Figur seines Lebens anzusehen, d.h. als Elternteil, Geschwister oder Altersgenossen. Darüber hinaus aber sieht der Klient seinen Akkommodator in der Regel als vorwiegend ernährend, warm, stützend und die Autonomieentwicklung fördernd an oder als vorwiegend kalt, bedrohlich, kritisch, strafend und unfähig, ihn seine eigene Individualität entwickeln zu lassen. Diese Unterschiede in der Wahrnehmung des Klienten entsprechen genau der Schafer'schen Differenzierung zwischen positiven und negativen Objektvorstellungen. Daher ist die Unterscheidung von positiven und negativen Eltern, positiven und negativen Geschwistern und positiven und negativen Altersgenossen äußerst wichtig und wird in der Psychomotorischen Therapie immer unternommen. Tatsächlich bildet diese Unterscheidung, wie später in diesem Aufsatz gezeigt werden soll, die Basis für eine wesentliche Lernsituation für genaue Trennungen, und diese Lernsituation gilt als wichtiges Mittel der Psychomotorischen Therapie zur Förderung der Persönlichkeitsveränderung.

Im Sinne einer klareren Illustration einiger der oben behandelten Punkte mag es hilfreich sein, von einer Struktur in einer fortlaufenden psychomotorischen Gruppe normalneurotischer Individuen zu berichten.

Am Anfang einer Sitzung z.B. erwies sich Helen, eine junge Frau zwischen 20 und 30, bereit, sich auf eine Struktureinheit einzulassen. Nachdem der Therapeut mit jedem anderen Gruppenmitglied kurz gesprochen hatte, willigte Helen ein, ihre Struktureinheit zu beginnen. Sie nahm eine kniende Position auf dem Boden ein und begann, eine ihrer laufenden Schwierigkeiten mit ihrem Freund zu beschreiben; gleichzeitig fing sie an, auf eines der vielen herumliegenden Kissen leicht zu klopfen, als wolle sie etwas bekräftigen. Anstatt einfach auf diese Handlung einzugehen, bat der Therapeut einen der Männer in der Gruppe, als Akkommodator für Helens nonverbales Verhalten zu fungieren. Helen schlug weiter auf das Kissen ein, und ihr Akkommodator reagierte, als würde er von jedem Schlag getroffen. Als sie die Kraft ihrer Schläge schrittweise verstärkte, verstärkte auch ihr Akkommodator die Intensität seines simulierten Schmerzes. Helen prügelte das Kissen mit wachsender Wut, und die volle Kraft ihres Zornes kam schließlich an die Oberfläche, als sie schrie: ‚Ich hasse ihn. Ich hasse ihn! ICH HASSE IHN!'. Schnell erschöpft und bitterlich weinend legte sie ihre geöffneten Hände vor das Gesicht, als wolle sie sich verstecken, und schluchzte, sie wisse, es sei nicht recht, so böse zu werden, und es wäre wirklich nicht seine Schuld. Der Therapeut nahm die Rolle der positiven Vaterfigur ein und bat ein weibliches Gruppenmitglied, als positive Mutter mitzuspielen. Die beiden Elternfiguren standen auf, knieten zu beiden Seiten von Helen nieder und legten ihr die Arme schützend um die Schultern.

Sie versicherten ihr, daß sie kein schlechter Mensch sei und daß es in Ordnung sei, so böse Gefühle zu haben. Langsam versiegten Helens Tränen; dann sah sie auf zu den neben ihr knienden Gestalten und fragte, wieso sie ihr so viel Beachtung schenkten. Die positiven Eltern antworteten mit Wärme, daß sie es täten, weil sie die Beachtung verdiene und weil sie sie liebten. Hier fing Helen wieder heftig an zu weinen und ließ ihren Gefühlen von Unwert und Schuld freien Lauf und auch ihrer Überzeugung, sie hätte irgendwie den Tod der Eltern verursacht. Immer noch schützend ihr zur Seite kniend, wählte der Therapeut ein männliches und ein weibliches Gruppenmitglied aus, bat sie, als negative Eltern zu akkommodieren und sich auf den Boden zu legen, als seien sie tot. Währenddessen fuhren er und die positive Mutter fort, in warmer positiver Art auf Helens überwältigende Schuldgefühle einzugehen. Sie versicherten ihr auch, daß sie ihre zornigen Gefühle tolerieren könnten und daß ihre Gefühle, wie zornig sie auch immer würde, niemanden verletzen würden. Helen sah ungläubig auf und sagte: ‚Ihr meint, egal wie wütend ich auf euch bin, ich könnte euch nicht verletzen?' Die positiven Eltern antworteten: ‚Egal wie wütend du wirst, du verletzt uns nicht. Du kannst uns angreifen, aber du kannst uns nicht töten.' Sie sah zum ersten Mal zu ihren toten Eltern hinüber und rief aus: ‚Gott ist mein Zeuge, ich fühlte mich manchmal wirklich, als hätte ich sie getötet!' Die positiven Eltern sagten: ‚Du hast sie nicht getötet. Deine Gefühle können nicht töten.' Immer noch mit dem Blick auf ihre negativen Eltern sagte Helen: ‚Das schlimmste daran ist, daß sie von mir gegangen sind.' Sie wandte sich an ihren positiven Vater und fügte hinzu: ‚Manchmal fühle ich mich so völlig einsam.' Jetzt fühlte sie den vollen Druck ihres Verlustes, sie beugte den Kopf und fing wieder an zu weinen. Die positiven Eltern rückten näher an sie heran, legten die Arme um sie und sagten sanft: ‚Wir verlassen dich nicht. Wir lassen dich nicht allein.' Im Gefühl dieser offenkundigen Gewährung von Schutz und Hilfe durch ihre positiven Eltern klammerte sich Helen fest an ihre Arme und überließ sich mit lautem Schluchzen voll schmerzhaftem Kummer und Leid der vollen Tiefe ihres Verlustes.

Nach einiger Zeit wurde Helens Weinen weniger und ihr Körper entspannte sich langsam. Schließlich hob sie den Kopf und legte die Arme um ihre beiden Akkommodatoren. Während sie sie einige Augenblicke festhielten, lächelte Helen und bemerkte, wie warm und sicher sie sich fühlte. Die positiven Eltern drückten sie an sich und sagten, daß auch ihnen die Wärme und Nähe mit ihr zusammen wohltäte. Der Therapeut schlug vor, sie sollten sich zusammen auf den Boden setzen, die positive Mutter solle Helens Kopf in ihrem Schoß wiegen, wie eine Mutter das mit einem Kind tun würde, und der positive Vater würde neben ihnen sitzen. Als das geschehen war, sprach der Therapeut ruhig mit Helen und half ihr bei der verbalen Verdeutlichung und Integration der vorhergegangenen Ereignisse. Danach folgte eine Zeit entspannter Stille, während der Helen von ihren Akkommodatoren warm gehalten wurde. Nach kurzem bemerkte der Therapeut eine kaum sichtbare Bewegung in Helens Beckengegend. Als er sie fragte, woran sie denke, antwortete sie, sie denke an einige gute Zeiten, die sie mit ihrem Freund gehabt habe. Da der Therapeut eine Verwirrung zwischen genitaler Sexualität und der fundamental ernährenden und schützenden Situation bei ihren positiven Eltern vermeiden wollte, erwähnte er kurz ihre Beckenbewegungen und fragte sie, ob sie sexuelle Gefühle in ihrem Körper verspüre. Schüchtern sagte Helen ‚ja', und die positiven Eltern sagten ‚das ist ganz in Ordnung, daß du sexuelle Gefühle hast, nur wir werden unsere sexuellen Gefühle niemals dir zuwenden. Wir haben miteinander Sex. Du kannst dir einen eigenen Mann nehmen.' Eine kurze Zeit sagte Helen gar nichts. Dann löste sie sich von ihren Akkommodatoren, setzte sich auf und sagte: ‚Ist es wirklich für euch in Ordnung, wenn ich meinen eigenen Freund habe?' Die positiven Eltern lächelten und sagten, ja, das sei es, und sie würden auch nicht fortgehen, wenn sie das täte. Helen wandte sich von ihnen fort zur Gruppe, bat einen der jüngeren Männer, als ihr positiver Altersgenosse zu akkommodieren, verließ dann zögernd, aber aus eigenem Antrieb, den Familienkreis und ging zu ihm hinüber. Dann nahm sie, ohne ihn anzusehen, seine Hand und brachte ihn zurück zum Familienkreis. Der Therapeut unterbrach sie, faßte zusammen, was geschehen war, und sagte zu ihr, natürlich könne sie mit dem Freund zeitweilig zu Besuch kommen, es scheine aber so, als versuche sie, ihn ihrer ursprünglichen Familie als Mitglied einzufügen. Er fragte sie, ob sie wirklich bereit sei, die Familie zu verlassen, und versicherte ihr sanft, es sei in Ordnung, wenn sie noch nicht bereit dazu wäre, sie würden sie nicht verlassen. Helen sagte mit Nachdruck: ‚Ich will wirklich fortgehen, wirklich!' Mit diesen Worten ging sie mit ihrem Altersgenossen aus dem Familienkreis fort. In einiger Entfernung jetzt von ihren positiven Eltern hielt sie die Hand ihres idealen Altersgenossen und sah ihm wortlos ins Gesicht. Obwohl sie keine weitere Bewegung auf ihn zu machte, fing sie wieder an, sehr leicht ihr Becken zu bewegen. Der Therapeut sprach es nicht direkt an, statt dessen sagten er und die positive Mutter zu ihr, es sei in Ordnung, sexuelle Gefühle zu haben, und nun könne sie sie ihrem eigenen Mann zuwenden. Helen schaute einen Augenblick ihren Altersgenossen weiter an. Dann wandte sie sich an den Therapeuten und rief: ‚So ist es immer! Ich kann einfach nicht weiter an ihn herankommen, egal, wie sehr ich auch will. Ich kann einfach nicht!' Der Therapeut fragte weiter nach ihren Gefühlen angesichts dieser Situation, und Helen erzählte ihm mit großer Intensität und Qual von einigen besonderen Schwierigkeiten, die sie in ihrer sexuellen Beziehung zu ihrem Freund hatte, und von ihrer Furcht, daß er sie aufgeben würde, wie ihr Vater es getan hatte, als er starb. Der Therapeut bemerkte die Intensität, mit der sie die Worte an ihn richtete, und er sagte ihr, er und die positive Mutter würden sie nicht verlassen, aber er hätte Sex nur mit der Mutter und würde seine sexuellen Gefühle niemals ihr zuwenden. Damit drehte er sich um zur positiven Mutter, wandte sich ihr voll zu, nahm ihre Hände und sah ihr in die Augen. Eine Weile sah Helen ihre Eltern an, die sich schweigend gegenüberstanden. Dann sagte sie mit flacher, tonloser Stimme, jetzt fühle sie sich sehr einsam. Der Therapeut fragte sie weiter nach ihren Gefühlen, und Helen erinnerte sich, daß sie sich zu Hause oft so gefühlt habe, besonders in der Nähe ihrer Mutter. Sie fuhr fort und beschrieb ihre Mutter als kalte, ferne Person, die sie wirklich nicht liebte. Viel belebter fügte sie hinzu, sie habe sich dem Vater stets näher gefühlt und vermisse sogar jetzt noch seine Wärme, Zuneigung und Akzeptierung, die er ihr immer gezeigt hätte. Immer noch zur positiven Mutter gewandt, sagte ihr der Therapeut, er erkenne ihre Gefühle an, fügte aber hinzu: ‚als dein Vater kann ich deine warmen und zärtlichen Liebesgefühle akzeptieren, ich werde aber niemals Sex mit dir haben.' Bei diesen Worten begann Helen erneut zu weinen und fragte unter Tränen: ‚Was soll ich tun? Das zerstört mein ganzes Leben. Ich bin so allein und unglücklich.' Dann, als ihre Tränen zu versiegen begannen, gab der Therapeut zu bedenken, daß es vielleicht irgendetwas gäbe, was sie an ihrer Situation ändern könne. Er entfernte sich von der positiven Mutter und bat Helens positiven Altersgenossen, sich vor ihn zu stellen. Mit dem Gesicht zu Helen stand der positive Vater so hinter ihrem Altersgenossen, daß die beiden Figuren aus Helens Perspektive eine waren. Der Therapeut schaute über die Schulter des Altersgenossen und fragte Helen, ob sie die beiden Figuren wohl trennen und woanders hinstellen wolle. Er fügte außerdem hinzu, daß nur noch fünf Minuten von ihrer Struktureinheit übrig wären. Immer noch weinend sagte Helen, sie fühle sich so allein und hilflos und sie wisse einfach, daß sie sie nicht trennen könne. Der Therapeut sagte nichts. Bald hörte sie auf zu weinen und sagte, sie würde gerne versuchen, sie zu trennen, aber sie wisse nicht, wo sie sie hinstellen solle. Der Therapeut wiederholte, sie könne sie hinbringen, wo immer sie wolle. Nach einigen weiteren Versuchen, den Therapeuten einzubeziehen, trennte Helen die beiden Figuren und ließ jeden an den Platz zurückkehren, den er vorher gehabt hatte. Der positive Vater kehrte zur idealen Mutter zurück, und Helens Altersgenosse kam zu ihr. Einen Augenblick sah sie unsicher erst auf ihren positiven Vater und dann auf ihren Altersgenossen; schließlich wandte sie sich ihrem Altersgenossen zu, lächelte und nahm seine Hände. Dann redete sie ihn zum ersten Mal direkt an und fragte schüchtern: ‚Ist es dir recht, wenn ich deine Hände so halte?' Der Altersgenosse antwortete warm: ‚Ja, das ist mir recht, ich hab es gern!' Er fuhr dann fort, auf weitere Fragen wie ‚Du wirst nichts Schlechtes von mir denken, nicht?' und ‚Du verläßt mich nicht, nicht wahr?' offen und freundlich zu antworten. Mit der Zeit entwickelte sich ein Zwiegespräch zwischen den beiden, während dessen Helens Aufmerksamkeit voll auf ihren positiven Altersgenossen gerichtet war. In diesen Minuten schien ihre Stimme und ihr Körper viel beseelter und lebendiger. Als sich ihre Struktureinheit schließlich dem Ende näherte, machte der Therapeut einige kurze zusammenfassende Bemerkungen mit dem Ziel, Helen bei der Synthese ihrer Erfahrungen in der Struktureinheit mit ihrer gegenwärtigen Lebenssituation zu helfen.

Die Psychomotorische Struktureinheit basiert auf der Überzeugung, daß Gefühle Handlungsimpulse sind; und sie schafft einen Freiraum für den

Ausdruck, die systematische Erforschung und Verdeutlichung der Gefühlsmuster und ihrer Handlungskonsequenzen. Sie liefert außerdem eine Methode, durch die neue Verhaltensmuster erlernt werden können. Zeitlich beginnt die Struktureinheit damit, daß der Therapeut seine gesamte Aufmerksamkeit auf das verbale und nonverbale Verhalten eines Klienten richtet, und sie endet, wenn sie die Entscheidungsphase erreicht hat und der Therapeut sich aus der therapeutischen Interaktion löst. Helens Strukturreinheit begann, als der Therapeut sie fragte, ob sie beginnen wolle, sie endete, als der Therapeut seine zusammenfassenden Bemerkungen machte und sich einem anderen Klienten in der Gruppe zuwandte. In jeder Psychomotorischen Gruppe haben alle Teilnehmer eine Struktureinheit von ungefähr gleicher Dauer. Es gehört ein großes Können dazu, jeden einzelnen Klienten innerhalb der bestimmten Zeitspanne, die für die Therapie vorgesehen ist, zu einem erfolgreichen Ergebnis gelangen zu lassen. Zu den grundlegenden und wesentlichen Zügen der Psychomotorischen Therapie gehören Trennung und Polarisierung von Zielfiguren und die Nutzung der Akkommodation als Mittel, durch das Handlungskonsequenzen konkret realisiert werden können. Die Trennung beinhaltet eine Rollendifferenzierung zwischen den Akkommodatoren, die die wichtigen Figuren im Leben des Klienten spielen. In der Psychomotorischen Therapie wird große Sorgfalt darauf gelegt, daß genaue Unterscheidungen der verschiedenen Rollen gemacht werden, die die Akkommodatoren als Verkörperungen so wichtiger Personen im Leben des Klienten wie Eltern, Geschwister und Altersgenossen übernehmen. In Helens Struktureinheit z.B. erwies es sich als besonders wichtig, die Rolle des Vaters und die des Altersgenossen voneinander zu unterscheiden. Wenn erstmals die grundlegende Trennung geschehen ist, kann jede einzelne Figur in ihren positiven und ihren negativen Aspekt polarisiert werden. Das wird erreicht durch die Benutzung der Gruppenmitglieder als positive und negative Akkommodatoren. Diese positiven und negativen Akkommodatoren sind die Empfänger der höchst ambivalenten Gefühle des Klienten gegenüber den wichtigen Personen in seinem Leben. In Helens Strukturreinheit beispielsweise wurden die positiven und die negativen Aspekte ihres Freundes für sie polarisiert in einen positiven und einen negativen Akkommodator.

Der erste Teil der Strukturreinheit umfaßte einen großen Teil Zorn auf die negative Seite ihres Freundes, die von einem Mann aus der Gruppe repräsentiert wurde. Die negative Altersgenossenfigur akkommodierte auf ihre Wutgefühle mit Ächzen und Stöhnen immer dann, wenn Helen das Kissen traf. Die positive Seite ihres Freundes wurde von einem anderen Mann repräsentiert, der warm und akzeptierend auf ihre Gefühle reagierte. In beiden Fällen wurde die bestimmte Reaktion jedes Akkommodators durch Helens eigenen psychischen Status in dem Moment beeinflußt. So reagierte der negative Altersgenosse entsprechend der Art und Intensität ihrer Gefühle, als sie das Kissen schlug und schrie, daß sie ihn hasse. Und als sie schließlich fähig war, einen direkten Schritt auf den Akkommodator hin zu wagen, der die Rolle des positiven Altersgenossen spielte, gab auch der sich alle erdenkliche Mühe, seine Antworten Helens Gefühlsstand anzupassen. So antwortete der positive Altersgenosse, als sie fragte: ‚Ist es dir recht, wenn ich deine Hände halte?' ‚Ja, mir ist es recht, ich hab es gern.' Eine andere, höchst destruktive Antwort auf diese Frage wäre gewesen: ‚Ja, aber nur, wenn du nicht zornig auf mich bist' oder ‚ja, wenn du nicht versuchst, dich an mich zu klammern'. Solche Antworten hätten, obwohl sie vielleicht Helens wirkliche Lebenssituation oder auch die persönliche Reaktion des Akkommodatoren wiedergegeben hätten, jedes Gefühl von Meisterung und Wirkungskraft erstickt, die sie hätte erleben können, und hätten jede emotionale Verdeutlichung und jedes Neulernen, das hätte geschehen können, erstickt.

Aus der vorangegangenen Abhandlung wird ersichtlich, daß positive Akkommodatoren Idealfiguren repräsentieren, die so reagieren, wie der Klient es wünscht oder braucht. Die allerhäufigsten Idealfiguren in der Psychomotorischen Therapie sind die Eltern, wenn auch andere, besonders ideale Altersgenossen, ebenfalls relativ häufig auftreten. Die positiven Akkommodatoren als Verkörperung der positiven Seiten der für den Klienten wichtigen Personen sind Spender von Nahrung, Stütze, Zuneigung, Schutz und Akzeptation. Die negativen dagegen verkörpern jene Seiten der Personen, die für die Erfahrung des Klienten Trauer, Enttäuschung, Frustration, Zorn oder Schuld bedeuten. An der obigen Beschreibung wird deutlich, daß die Akkommodatoren unterschiedliche und zusammen existierende Seiten der internalisierten Objektvorstellung verkörpern. Die Polarisierung der akkommodierenden Figuren in positive und negative entspricht der heuristischen Trennung der Objektvorstellungen in positive und negative. So wie der spezielle Ort der Objektvorstellungen innerhalb des positiv/negativen Gesamtrahmens von der Qualität der relevanten Entwicklungsbedingungen abhängt, so hängt die Polarisierung der Akkommodatoren in positive und negative davon ab, wie der Klient seine Akkommodatoren in ihrem verbalen und nonverbalen Ausdruck wahrnimmt. Vielleicht erscheint die Benutzung einer so speziellen

Art des Rollenspiels wie der Akkommodation zunächst spitzfindig oder künstlich; es ist aber wichtig zu betonen, daß die Reaktion eines Akkommodatoren immer dem verbalen und nonverbalen Ausdruck der Gefühle des Klienten im Kontext der gegenwärtigen therapeutischen Situation entspricht, bzw. mit ihm übereinstimmt. Dieser Anpassungsprozeß hat zum Ziel, dem Klienten beizustehen in seinem Versuch, den häufig konfusen und unklaren Gefühlen, wie sie innerhalb der Struktur auftauchen, Form und Richtung zu geben. D.h. die aktuellen Gefühle eines Klienten existieren nicht in einem Vakuum, sondern sind in der Regel auf Personen gerichtet, die in bezug auf Gegenwart und Vergangenheit für den Klienten wichtig sind. Unglücklicherweise indes umfassen seine Gefühle gegenüber anderen Personen in seiner aktuellen Lebenssituation häufig früher internalisierte Objektvorstellungen, die seine aktuellen Beziehungen eventuell entscheidend beeinflussen. Die Polarisierung der Akkommodatoren eines Klienten in positive und negative befähigt ihn, in Kontakt zu kommen mit den verschiedenen Graden der Abwehr und Integration, die innerhalb der Vorstellungsreihen zusammen existieren, und das geschieht mit Hilfe der Bearbeitung der häufig ambivalenten und unklaren dazugehörigen Gefühle durch die Akkommodation. Ein häufiges Ergebnis dieses Prozesses ist, daß der Klient eher fähig ist, die Personen in seinem Leben so zu sehen, wie sie sich ihm wirklich darstellen, und nicht mehr durch die Brille seiner Bedürfnisse und Phantasien, die sich aus seinen früheren Erfahrungen herleiten.

Auf welche Weise der Akkommodationsprozeß dem Klienten helfen kann, in Kontakt mit seiner früher gewonnenen Erfahrung zu kommen, kann durch eine Betrachtung zweier Primärziele der Akkommodation noch besser gewürdigt werden. Das erste Ziel ist, innerhalb der definitiven Grenzen der Psychomotorischen Struktureinheit eine Möglichkeit bereitzustellen, durch die der Klient lang zurückgehaltene oder verdrängte Gefühle konkret ausdrücken und innerhalb des therapeutischen Settings ihre Konsequenzen erfahren kann. Tatsächlich fühlen viele Menschen lange versagte Befriedigung, Erfüllung, Wirkungskraft, wenn sie ihre Akkommodatoren auf ihre verbalen und nonverbalen Verhaltensweisen reagieren sehen.

Die zweite Aufgabe des Akkommodation liegt darin, durch Hervorhebung von Handlungskonsequenzen die nach *May* so benannte Intentionalität des Verhaltens einer Person zu verdeutlichen. Die Intentionalität der Handlungen einer Person beinhaltet die Bedeutungsstruktur, wie sie sich in ihrem verbalen und nonverbalen Verhalten zeigt. Intentionalität ist also der Begriff für die gesamte Orientierung einer Person auf die bedeutenden Individuen ihrer Welt hin. Sie ist in jedem Augenblick eine Verbindung aus früherer Erfahrung und definitiver Beziehung zur Zukunft. Ein Klient der Psychomotorischen Therapie mag sich vielleicht gewisser Intentionen in Richtung auf andere Personen bewußt sein, er ist sich aber der zugrundeliegenden Intentionalität häufig nicht bewußt. Es ist ein Ziel der Akkommodation, bei der Entzifferung und Verdeutlichung dieser Sprache zu helfen. Durch die Bereitstellung von Akkommodatoren für die Rollen des idealen Vaters und des idealen Altersgenossen war es Helen möglich, mit einem Teil ihrer Intentionalität in Kontakt zu kommen, die häufig ihrem Verhalten gegenüber Altersgenossen in ihrem Leben sowohl als Einfluß aus der Vergangenheit wie auch als Zukunftserwartung zugrundelag.

Aus den vorangegangenen Darlegungen wird deutlich, daß Akkommodation und Polarisation von Zielfiguren die wichtigsten psychomotorischen Werkzeuge für den Klienten sind, um seine Gefühle zu entwirren und neue, andere Handlungs- und Beziehungsmuster zu erlernen. Damit aber der Umlernprozeß überhaupt geschehen kann, darf die Akkommodation dem Klienten natürlich nicht ständig mit einem wirklichen Feedback begegnen. Der Akkommodator reagiert also nicht mit seinen eigenen Gefühlen, die er gegenüber der Situation des Klienten empfinden mag. Diese Tatsache trennt die Psychomotorische Therapie scharf von fast allen Arten der Gruppentherapie, auch von T-Gruppen und Encountergruppen verschiedener Ausprägung.

Der Brennpunkt ruht völlig auf dem Einzelnen, und es ist die Aufgabe des Therapeuten, dafür zu sorgen, daß die Akkommodation durch andere Gruppenmitglieder dem emotionalen Stand des Klienten auf verbaler und nonverbaler Ebene entspricht. Der Akkommodationsprozeß unterscheidet die Psychomotorische Therapie auch vom Psychodrama, denn nur unter seltenen Umständen werden in der Psychomotorischen Therapie reale Lebenssituationen wieder hergestellt. Hinzu kommt, daß die Psychomotorische Therapie mehr Gewicht auf konkreten nonverbalen Gefühlsausdruck legt und nonverbale Hinweise in höherem Maße für die Leitung und Richtung der Struktur benutzt. Schließlich gibt es in der Psychomotorischen Therapie keine Figur, die auch nur irgendwie dem alter ego des Psychodramas vergleichbar wäre. Interpretationen erfolgen einzig durch Therapeuten der Psychomotorischen Therapie, nie durch andere Gruppenmitglieder. Und, was an Interpretationen auch immer angeboten wird, es geschieht nie in dem Bewußtsein, dem Klienten zu sagen, was der

,wirklich' denkt. Einer der wesentlichen Charakterzüge der Psychomotorischen Therapie ist, daß ihr überwiegendes klinisches Material Figuren und Gefühle aus der chronologischen Vergangenheit des Klienten beinhaltet. Sogar in Strukturen wie Helens, in der tägliche Ereignisse als die bedrohlichen Ereignisse erscheinen, tauchen Gefühle gegenüber elterlichen und anderen Personen aus dem Leben der Klienten in aller Regel auf. Hinzukommt, daß die Verhaltensmuster der Klienten, die früher einmal zur Anpassung beigetragen haben, heute zu Verwirrung und Unglück in ihrem Leben führen. So erfuhr Helen aufgrund ihrer Unfähigkeit, die Gefühle für ihren Vater von den Gefühlen für ihren Freund zu unterscheiden, tiefe Verzweiflung. Ihre Struktur vermittelte ihr die Fähigkeit, ihre Gefühle Männern gegenüber klarer zu definieren und zu verdeutlichen. Dieser Verdeutlichungsprozeß ist ein wesentlicher Grundzug der Psychomotorischen Therapie. Das Streben der Psychomotorischen Therapie gilt nicht einfach einem Enthüllungsprozeß, sondern dem der Verdeutlichung und Integration. In diesem Ziel ist die Psychomotorische Therapie anderen therapeutischen Techniken durchaus ähnlich. Der Hauptunterschied liegt in der Tatsache, daß in den meisten Therapieformen Verwirrungen und Verzerrungen, die sich aus früheren Erfahrungen ergeben haben, im Kontext der aktuellen Übertragung auf den Therapeuten analysiert und interpretiert werden, während die Psychomotorische Therapie versucht, mit der Vergangenheit direkter umzugehen. So fungieren die Akkommodatoren – und eben nicht der Therapeut allein – als Empfänger der Gefühle des Klienten, die mit den aus früheren Erfahrungen entstandenen Objektvorstellungen einhergehen. Die Übertragung ist also bevölkert mit den Figuren aus der Vergangenheit in Form lebender Akkommodatoren, die so reagieren, daß sie den verbal und motorisch geäußerten Gefühlen des Klienten entsprechen. Die Hauptaufgabe des Therapeuten besteht darin, dem Klienten bei der Identifikation, Verdeutlichung und Bearbeitung dieser Gefühle, die sich gegenüber den Akkommodatoren manifestiert haben, zu helfen, anstatt zu warten, bis sie sich ihm selbst gegenüber entwickelt haben. Das wird vielleicht deutlicher, wenn man die Methode, mit der eines von Helens Hauptproblemen in der Psychomotorischen Therapie behandelt wurde, mit der vergleicht, die zur Feststellung und Behandlung in wahrscheinlich vielen Formen der Einzeltherapie herangezogen werden würde.

Helens Beckenbewegungen während der ernährenden Sitation bei ihren idealen Eltern führten den Therapeuten aufgrund früherer klinischer Erfahrung zu der Annahme, daß möglicherweise eine tiefliegende und grundlegende Verwirrung von Sexualität und Ernährung vorlag. Bald wurde deutlich, daß eine seelische Vermischung von männlichen Altersgenossen mit einem warmen, liebevollen Vater bestand, der viele von Helens Ernährungsbedürfnissen erfüllt hatte. Da dieser spezifische Punkt für Helen so wichtig und bedrängend war, wurde ein großer Teil ihrer Strukturzeit der Unterscheidung des idealen Vaters vom idealen Altersgenossen und der Verdeutlichung ihrer Gefühle beiden gegenüber gewidmet. Dieser Unterscheidungs- und Trennungsprozeß wurde primär erreicht durch eindeutige Unterschiede zwischen der verbalen und nonverbalen Kommunikation des Vaters und der des idealen Altersgenossen. Darüberhinaus wurden auch die räumlichen Trennungen beider Figuren innerhalb der Struktureinheit äußerst wichtig. Wäre die grundlegende Trennung zwischen Vater und Altersgenossen nicht eingetreten, dann hätte Helens Erfahrung der idealen Eltern oder des idealen Altersgenossen nur die alte Vermischung bestärkt.

In der Einzeltherapie hätte sich dieses Problem konkret in der direkten Übertragung auf den Therapeuten manifestiert. Die Vermischung der Figuren des Vaters und des Altersgenossen hätten einzig auf verbaler Ebene bearbeitet werden können, wobei der Therapeut der alleinige Empfänger von Helens unklaren und höchst ambivalenten Gefühlen jeder Figur gegenüber gewesen wäre. Zunächst z.B. würde Helen den Therapeuten vielleicht als Sexualobjekt sehen. Diese Situation könnte oberflächlich zunächst als ödipale erscheinen. Wenn dann mehr präödipales Material in ihren Reaktionen dem Therapeuten gegenüber auftauchen würde, dann würde die Vermischung von Sexualität und nährende Haltung deutlicher werden. Im Fortgang der Therapie müßte der notwendige Prozeß der emotionalen Trennung und Verdeutlichung fast einzig mit dem Mittel gut plazierter verbaler Interpretationen von Helens Übertragung auf den Therapeuten erreicht werden.

Neurotische Funktionsweisen zeigen sich auf verbaler und nonverbaler Ebene. Die besondere Form aber, in der sie sichtbar werden, hängt in hohem Maße von dem psychotherapeutischen Rahmen ab, innerhalb dessen der Klient arbeitet. Wie schon erwähnt, zeigen sich Formen neurotischen Verhaltens, auch ständig wiederkehrende und andauernde, nie in einem Vakuum. Also fördert der Gebrauch der Couch und freier Assoziation in der klassischen Analyse die Entwicklung einer Übertragungsneurose, und die Interpretationen spezifischer Übertragungsverzerrungen sind das Mittel, durch das emotional bedeutungsvolle Einsicht erreicht wird. In der Psychomotorischen Therapie werden Übertragungen auf den Therapeuten dadurch gezielt unterbunden, daß die Akkommodation benutzt wird, um die verschiedenen und komplexen Gefühle, die ein Klient gegenüber den wichtigen Figuren seines Lebens haben kann, hervorzulocken, zu trennen und zu verdeutlichen.

Ein Aspekt der Psychomotorischen Therapie, der oft außerordentlich überraschend auf Personen wirkt, die mit dem Prozeß nicht vertraut sind, ist der, daß Patienten in der Psychomotorischen Therapie emotional sehr rasch stark in das Tiefenmaterial involviert sind, das zu den früheren Erfahrungen mit wichtigen Personen ihres Lebens gehört. Das geschieht während der Eröffnungsphase der Struktureinheit, der sogenannten Involvierungsphase.

Bei Helen führte die Involvierungsphase mit Hilfe der Akkommodation verbaler und nonverbaler Hinweise, die sie selbst in die gegenwärtige therapeutische Situation einbrachte, direkt von ihrer jetzigen Lebenssituation aus in die Vergangenheit. Ist der Klient einmal involviert in seiner Struktureinheit, dann ist es möglich, die zweite Phase, die der Verdeutlichung und Verarbeitung, einzuleiten. Das ist gewöhnlich die längste Phase einer Psychomotorischen Struktureinheit. Sie dauert bis zur Entscheidungsphase gegen Ende der Arbeit. Während der Verdeutlichungs- und Bearbeitungsphase werden die zugrundeliegenden Probleme des Klienten besser artikuliert und mit Hilfe der entsprechenden Akkommodatoren bearbeitet. So wurde Helen durch den Ausdruck ihrer Frustration und ihrer Wut einem einzigen Akkommodator gegenüber ziemlich involviert. Sofort danach aber wurde es notwendig, eine größere Anzahl von Akkommodatoren bereitzustellen, um mit der auftauchenden Komplexität ihrer Struktureinheit umgehen zu können. So entstanden im Lauf der Struktureinheit mehr Möglichkeiten für gesteigerte Differenzierung, Verdeutlichung und Verarbeitung ihrer Gefühle gegenüber den verschiedenen von den Akkommodatoren verkörperten Personen.

Die zweite Phase hat gewöhnlich für die meisten Klienten – wie auch für Helen – schwierige Augenblicke. Ein Grund dafür liegt darin, daß der Klient gefordert ist, als Ergebnis des Trennungs- und Polarisierungsprozesses eine konkrete, verpflichtende Handlung in Richtung auf eine von mindestens zwei klar umrissenen Alternativen zu unternehmen. Als Helen z.B. ihren Freund nicht in ihre Kernfamilie eingliedern durfte, waren für sie drei Alternativen offen.

Sie konnte zu ihren idealen Eltern zurückkehren, sie konnte ihre Familie mit ihrem idealen Altersgenossen zeitweilig besuchen, oder sie konnte mit ihm außerhalb der ursprünglichen Familienkonstellation bleiben. Die Tatsache, daß sie die Zusammengehörigkeit mit ihrem idealen Altersgenossen aufrechterhielt, anstatt zu ihren idealen Eltern zurückzukehren, zeigte schon Helens Ausrichtung auf eine Reihe von Handlungen, die zu weiterer psychischer Entwicklung und Reife führen konnten.

Leider kommt eine Handlungstendenz, die so klar den Wachstumswillen anzeigt, nicht so leicht zustande. Wie *Singer* gezeigt hat, kann das sich ständig wiederholende und selbstzerstörerische Verhalten eines Neurotikers als Ausdruck der Verzweiflung auf der Suche nach echten Alternativen zu seinem Leben betrachtet werden. In der Überzeugung, daß niemand alternative Verhaltensmuster tolerieren würde, die sich aus einer Auseinandersetzung mit wichtigen Personen in seinem früheren Leben ergeben könnten, verallgemeinert er seine Erwartungen auch auf die in seinem jetzigen Leben. Während dieses Verhaltens einst seinen Überlebensinteressen und der Aufrechterhaltung seiner Selbstachtung diente, machte es ihn in seinem gegenwärtigen Leben nur elend und unglücklich. Überdies führen solche neurotischen Verhaltensweisen oft zu Konsequenzen, die mit früher gelernten und sinnvollen, aber jetzt nicht mehr gerechtfertigten Erwartungen übereinstimmen. So sieht der Neurotiker, mag er auch die Ereignisse deutlich und direkt selbst so beeinflussen, daß sie seinen neurotischen Erwartungen entsprechen, die Konsequenzen seines Verhaltens häufig als unausweichlich, als nicht von ihm selbst verschuldet und als jenseits seines Einflusses und seiner Kontrolle an. Die Psychomotorische Therapie bietet dem Klienten durch den Akkommadationsprozeß die sofortigen und logischen Konsequenzen seiner Handlungen. Darüberhinaus schafft der Trennungs- und Polarisierungsprozeß alternative Situationen, auf die hin er positive Handlungsverpflichtungen eingehen kann. Neben der Schaffung von Alternativen jedoch ist es die Aufgabe der Psychomotorischen Therapie, die Situation so zu strukturieren, daß die neurotischen Erwartungen des Klienten nicht erfüllt werden.

Therapeutisch bietet die Psychomotorische Therapie mehr als die Möglichkeit für den Klienten, in Kontakt mit seinem inneren Leben zu kommen. Durch Trennung, Polarisation und Akkommodation bietet die Psychomotorische Therapie einen Freiraum, in dem Verpflichtungen zu spezifischen Handlungsabläufen möglich sind. Es gibt in der aktuellen Zeitspanne der Struktureinheit eine Verdeutlichung der Vergangenheit, die aufgrund der Entscheidung, die mit der Handlungsverpflichtung einer Psychomotorischen Struktureinheit ermöglicht wird, direkt in die Zukunft weist. Die Verpflichtung wird allerdings nicht leicht eingegangen, zumal sie die lebenden Repräsentanten wichtiger Figuren im Leben des Klienten mit umfaßt. Der Klient, der Vergeltung, Strafe, Lächerlichkeit oder Verlust der Selbstachtung erwartet, falls er sich anders als gewohnt verhält, findet es sogar in der relativ sicheren, akzeptierenden und so hochstrukturierten therapeutischen Situation oft schwer, den Schritt zur Veränderung zu tun. Es gibt unglücklicherweise keinen kurzen oder leichten Weg zur Persönlichkeitsveränderung, ungeachtet dessen, wie wohlmeinend und für die Schwierigkeiten des Klienten verständnisvoll der Therapeut auch sein mag. *Wheelis* sagt: „Die Therapie kann eine Persönlichkeitsveränderung nur insoweit herbeiführen, wie sie den Patienten dazu bringt, eine neue Verhaltensweise anzunehmen. Wirkliche Veränderung ohne Handlung ist eine theoretische und praktische Unmöglichkeit." (S. 145) Die Psychomotorische Therapie versucht, vor allem in der zweiten Phase der Struktureinheit, gut definierte und klar umrissene Situationen zu bieten, in denen der Klient probieren kann, mit Hilfe von Verpflichtungen zu alternativen und weniger neurotischen Verhaltensmustern seine Befürchtungen und Ängste zu überwinden, so daß die neuen Verhaltensmuster sich auch auf Situationen in seinem täglichen Leben übertragen lassen. Diese letzte Phase der Psychomotorischen Struktur, die sogenannte Resolutions- oder Entscheidungsphase, ist das Stadium therapeutischer Ablösung. Anstatt die therapeutische Interaktion mit dem Klienten abrupt zu beenden, wenn seine Strukturzeit abgelaufen ist, wird ihm ungefähr fünf Minuten vorher gesagt, daß er nur einige Minuten übrig habe. Das gibt dem Klienten die Möglichkeit, sich aus der Beherrschung durch seine eigene Situation, die für ihn so wesentlich und absorbierend war, wieder herauszuziehen und in die Gruppe als Mitglied zurückzukehren.

Wenn auch die Psychomotorische Therapie bei neurotischen Personen exakt darauf angelegt ist, mit Tiefenmaterial relativ direkt umzugehen, d.h. die Übertragung auf den Therapeuten zu verringern, muß der Therapeut nichtsdestoweniger wachsam sein für Zögern und Unwillen vieler Klienten, einen Lebensstil aufzugeben, der trotz seiner Nachteile mindestens ein gewisses Maß an Sicherheit und Selbstachtung geboten hatte. Wie auch bei anderen Therapieformen wehren sich viele Klienten gegen die kontinuierliche therapeutische Zusammenarbeit an der Konfrontation und Erforschung ihres Problems, und die Psychomotorische Therapie bildet da keine Ausnahme.

Wenn auch eine detaillierte Behandlung dieser Dinge jenseits der Ziele dieses Aufsatzes liegt, können einige allgemeine Thesen doch aufgestellt werden. Z.B. gibt es in der Psychomotorischen Therapie eine klare Unterscheidung von Widerstand und Ausagieren. Widerstand ist ein Verhal-

ten, das sich innerhalb der Struktureinheit eines Klienten zeigt und dazu dient, die therapeutische Exploration und Verdeutlichung des Problems zu vereiteln oder zu vermeiden.
Da der Widerstand innerhalb der Struktur auftritt, kann der Therapeut im gleichen Augenblick, in dem er entsteht, damit umgehen. Das Ausagieren andererseits ist ein Verhalten, auf das die folgenden drei Kriterien zutreffen: es geschieht außerhalb der Struktureinheit des Klienten, es unterbricht oder beeinträchtigt den therapeutischen Prozeß und es geschieht mindestens teilweise aufgrund der Ängste und Spannungen, die als Ergebnis der therapeutischen Teilnahme an einer Psychomotorischen Gruppe geweckt werden. Diese Kriterien dienen im allgemeinen zur Verminderung der Gefahr, die Unterscheidung von Ausagieren und positivem menschlichem Verhalten zu verwischen,was nach *Rangell* einer Verzögerung der Entwicklung psychoanalytischer Handlungstheorien gleichkommt. Dies ist ein besonders wichtiger Gedanke in der Psychomotorischen Therapie, die nonverbales Verhalten als Hauptelement für den therapeutischen Prozeß nutzt. Folgt man *Vanggard* und begrenzt den Begriff des Ausagierens auf ein Verhalten, das einerseits durch den therapeutischen Prozeß stimuliert wird und ihn andererseits zerstört, so besteht ein Unterschied zwischen dem Ausagieren und dem zunächst unsicheren Versuchs- und Irrtumsverhalten einiger Klienten, die mit den neuen Verhaltensmustern außerhalb der Therapie während oder nach der Konfliktlösung experimentieren.
Wenn es auch unmöglich ist, die vielfältigen Formen aufzuzählen, die der Widerstand und das Ausagieren annehmen können, so soll doch eine Illustration von beiden Begriffen folgen, um zu zeigen, wie ein solches Verhalten in der Psychomotorischen Therapie festgestellt und behandelt wird. Eine verbreitete Form des Widerstands ist die exzessive Verbalisation, die Intellektualisierung und das psychologische Theoretisieren intelligenter und gebildeter Personen. Viele von ihnen haben Zwangsneurosen verschiedenen Grades. Im allgemeinen versuchen diese Personen, ihre Struktureinheit zu verplaudern, indem sie den Therapeuten in einen verbalen Austausch verwickeln, der möglicherweise ganz einsichtig wirkt. Die Oberflächlichkeit dieser Einsicht zeigt sich schnell darin, daß die motorische Aktivität auf ein Mindestmaß reduziert oder gewöhnlich nicht mit den verbalen Äußerungen integriert ist. Bei Personen, die nicht schwer neurotisch sind, kann der Therapeut diese Form des Widerstandes brechen, indem er einfach auf die Widerstandsfunktion verbaler Produktion hinweist und den Klienten, während er auf vorhandene, nonverbale Hinweise achtet, nach seinen Assoziationen fragt. Obgleich die Situation des

hochintellektuellen, neurotischen Individuums schwieriger ist, hat die Tatsache seiner fast magischen Bewertung der eigenen verbalen Produktion bis hin zur Ausschaltung der Körperbewegung zur Folge, daß er für die nonverbalen Aspekte der Psychomotorischen Therapie viel empfänglicher ist als für die verbale Interpretation allein. Oft versucht der Zwangsneurotiker einen bequemen Sitzplatz zu finden, von dem aus er seine Struktureinheit zu managen und zu kontrollieren versucht. Auch wenn er vielleicht auf Befragen einen Zustand körperlicher Spannung zugibt, ist er häufig unfähig, ihm ein bestimmtes Gefühl zuzuordnen, und wird wahrscheinlich jeder vom Therapeuten angebotenen Erklärung widersprechen. Eines der wirksamsten Mittel, mit dieser Art des Widerstandes umzugehen, ist wahrscheinlich die Bitte an den Klienten, aufzustehen und entweder eine der einführenden psychomotorischen Gewöhnungsübungen zu machen oder einfach, wie er will, durch den Raum zu gehen. Da die Bitte an den Klienten, seine Position zu verändern, eine wichtige und bedeutsame Interaktion zwischen Therapeut und Klient ist, werden dabei in der Regel Gefühle sichtbarer. Im Ergebnis ist der Klient, wenn ihn der Therapeut nach seinen Assoziationen fragt und über den Gebrauch des Körpers etwas sagt, gewöhnlich besser vorbereitet, die Akkommodatoren zu benutzen und eine Struktureinheit zu beginnen. Ein Beispiel für die obige Behauptung:

Eine kluge, gebildete, aber hochneurotische Klientin begann ihre Struktureinheit damit, daß sie sagte, sie könne nichts Bedeutendes finden, was sie sagen könne; und sie führte die nonverbalen Anzeichen von körperlicher Spannung auf Schlafmangel oder andere Faktoren zurück, die ihr nicht bewußt wären. Während sie mit dem Therapeuten sprach, saß sie mit gekreuzten Beinen auf dem Boden und bewegte sich kaum. Der Therapeut bemerkte das und fragte sie, ob sie wohl eine der Anfangsübungen der Psychomotorischen Therapie machen wolle. Die Klientin stimmte zu, und als sie aus ihrer sitzenden Haltung aufstand, erwähnte der Therapeut, daß ihre Fäuste leicht geballt wären. Die Klientin sah auf die Fäuste, öffnete eine Hand und schlug in sie mit der Faust und sagte, wenn sie jetzt auf jemanden wütend würde, dann müsse es schon ihr selbst gelten. Anstatt verbal in die Übertragung und die Kontrolle, in die er einbezogen war, hineinzufragen, schlug der Therapeut vor, sie solle lieber eines der großen Kissen schlagen, die überall herumlagen, anstatt sich selbst zu verletzen. Jedesmal, wenn die Klientin das Kissen traf, akkommodierte der Therapeut selbst mit simulierten Schmerzschreien. Nach einigen Schlägen fragte der Therapeut sie: ‚Wen schlägst du? Wer bin ich jetzt für dich?' Die Klientin antwortete: ‚Mein Vater, du bist genau wie mein Vater!' und fuhr wütend fort, das Kissen zu schlagen, während der Therapeut akkommodierte. Nach dieser anfänglichen Integration von Bild und Gefühl war es möglich, ihre Struktureinheit weiterzuentwickeln und sie bis zu einer erfolgreichen Lösung durchzuführen.

Ein hervorstechendes Merkmal der obigen Struktureinheit ist es, daß der Therapeut sich trotz der intensiven Übertragungsgefühle nicht in einen fruchtlosen Meinungsaustausch mit der Klientin verwickeln ließ. In ähnlicher Weise interpretierte der Therapeut die intensiven Übertragungsgefühle nicht direkt, die Helen auf ihn richtete, als sie in den Prozeß der Differenzierung zwischen ihrem positiven Vater und ihrem idealen Altersgenossen verwickelt war. In beiden Fällen wurde die zugrundeliegende Übertragungssituation dadurch verdeutlicht, daß der Therapeut einem Teil der ambivalenten Gefühle beider Klienten ihren Vätern gegenüber akkommodierte. In dieser Hinsicht ist keine der Struktureinheiten ungewöhnlich, da Gruppenmitglieder männliche Therapeuten sehr häufig in der Vaterrolle sehen.

Daneben gibt es aber einige Klienten, die auf den Therapeuten wie auf einen Altersgenossen reagieren. Diese Rolle wird vom Therapeuten jedoch nie angenommen, denn es könnte für andere Gruppenmitglieder sehr verwirrend sein und die Gruppenkohäsion durch die Förderung unnötiger Rivalität und Eifersucht zerbrechen.

Wie der Widerstand, so kann sich auch das Ausagieren in der Psychomotorischen Therapie auf unzählige Arten manifestieren. Eine Form kann, wie *Locke* gezeigt hat, als Ergebnis der sogenannten Gegenübertragung zwischen Paaren in der Gruppe entstehen. Warme Gefühle entwickeln sich in der Regel gegenüber anderen Gruppenmitgliedern aufgrund der Art des psychomotorischen Gruppenprozesses und der Tatsache, daß man sich natürlicherweise zu seinen positiven Akkommodatoren hingezogen fühlt. Wenn aber enge und ausschließliche Beziehungen zwischen Paaren männlicher und weiblicher Gruppenteilnehmer sich herauszukristallisieren beginnen, wird der Therapeut hellhörig für die Möglichkeit einer zugrundeliegenden Übertragungssituation. Ein Mann in den mittleren Jahren z.B. wählte eine Frau, die etwas älter als er war, als ideale Mutter. Seine Struktureinheit hatte zu einem Teil die klassische ödipale Situation zum Gegenstand, in der er versuchte, seine idealen Eltern zu trennen, damit er seine ideale Mutter allein für sich haben könnte. Die idealen Eltern weigerten sich, sich zu trennen, akzeptierten aber seine Gefühle, und die ideale Mutter versicherte ihm, daß sie ihn als ihren Sohn liebe und nie mit ihm Sex haben würde. Aufgrund früherer Erfahrungen mit einer sehr verführerischen, stimulierenden Mutter und einem passiven, ziemlich zurückgezogenen Vater war es für den Klienten sehr schwer, das zu akzeptieren. Später sah der Therapeut die beiden Klienten in einer Ecke des Raumes zusammensitzen und miteinander flüstern. Der Therapeut griff die Situation auf, und es wurde deutlich, daß sie sich gegenseitig sehr gerne mochten und sehr angenehm miteinander plauderten. Der Therapeut faßte die Folge der Ereignisse bis zum gegenwärtigen Augenblick zusammen und gab zu bedenken, daß ihre Beziehung nicht einfach die zweier Altersgenossen war, die sich mochten, sondern daß sie Elemente der Mutter-Sohn-Beziehung enthielt, die in der Struktureinheit des Mannes ausgespielt worden war. Er wies auch darauf hin, daß der männliche Klient, falls die Beziehung außerhalb der Gruppe andauern und offen sexueller Natur werden würde, in Psychomotorischer Sprache einen ödipalen Gewinn verzeichnet hätte und damit seine Therapie direkt unterminieren würde. Das Paar, das es sich nie hatte träumen lassen, daß seine aufblühende Romanze inzestuelle Komponenten hätte, war ganz überrascht, wie deutlich und konkret die Probleme, an denen sie in der Therapie arbeiteten, das persönliche Leben beeinflußten. Als Ergebnis dieses Zwischenfalles wurden für jeden Klienten wesentliche Konfliktbereiche, die später Brennpunkte der Struktureinheiten wurden, klarer. Die obigen Beispiele für die Begriffe Widerstand und Ausagieren illustrieren trotz ihrer Kürze ein Grundprinzip der Psychomotorischen Technik: Der Psychomotor-Therapeut versucht stets, das Verhalten des Klienten, in welcher Form es auch auftritt, in der Weise zu strukturieren, daß es mit den Mitteln der Psychomotorischen Therapie zu entwickeln ist. Das heißt, wenn Widerstände sich erheben, werden sie als Kern angesehen, und der Therapeut versucht, dem Klienten dabei zu helfen, um diesen Kern herum eine Psychomotorische Struktureinheit zu entwickeln. Wie auch in dem Fall der neurotischen Klientin erfordert die Strukturierung des Widerstandsverhaltens nicht immer ausgedehnte verbale Interpretationen und kann oft nonverbal geleistet werden. Das Ausagieren andererseits muß immer, da es sich außerhalb der Struktureinheit des Klienten ereignet, verbal verdeutlicht werden, ehe der Klient seine Implikationen in einer Psychomotorischen Struktureinheit direkter erforschen kann.

Kurz, die Psychomotorische Therapie ist eine Form der Psychotherapie, die sich grundsätzlich alle Komponenten des Kommunikationsflusses, nicht nur die verbalen Abstraktionen, nutzbar macht. Die therapeutische Betonung als solche liegt auf dem gerade vorhandenen experimentellen Niveau des Klienten, ob es sich nun in verbaler oder in nonverbaler Form manifestiert. Als Hilfsmittel für den Klienten bei der Erforschung und Verdeutlichung der Bedeutungen und Konsequenzen seiner eigenen Erfahrung stellt die Akkommodation konkrete Figuren bereit, an die er seine Gefühle richten kann. Durch die Benutzung der Akkommodation werden tiefere Schichten der Persönlichkeit berührt, und Gefühle, die mit den früheren Erfahrungen gekoppelt sind, beginnen, deutlicher zu erscheinen. Diese Gefühle, die Übertragungen genannt werden, wenn sie in der Einzeltherapie dem Therapeuten aufgelastet werden, sind, wie in den meisten Formen der Verbaltherapie, auch in der Psychomotorischen Therapie das Medium, durch das Veränderung bewirkt werden soll. Der Hauptunterschied liegt darin, daß der Psychomotortherapeut, um die Verdeutlichung und die Förderung des Neulernens zu erleichtern, bewußt versucht, die Entwicklung von Übertragungsgefühlen zu vermeiden. Er muß nichtsdestoweniger höchst sensibel und hellhörig sein für die verschiedenen Formen, die die Übertragung wählen kann. Wenn er für sie blind ist, in starrer, unbeweglicher Weise mit psychomotorischen Techniken zu arbeiten versucht, ohne Übertragungsphänomene in Betracht zu ziehen, wird seine therapeutische Wirksamkeit empfindlich reduziert. So muß der Psychomotortherapeut der Realität und der Macht der Übertragung in der Gruppe immer voll bewußt sein und zugleich Fähigkeiten haben, sie in strukturierte Formen zu kanalisieren, so daß die zugrundeliegenden Konflikte direkt beleuchtet, verdeutlicht und bearbeitet werden können.

Übersetzt von Monika Ross, Lüneburg

Literatur:

BIRDWHISTELL, RAY L.: *Introduction to Kinesics*, 1952; avaiblable on microfilm from University Micorfims, 313 North First Street, Ann Arbor, Michigan.

BIRDWHISTELL, RAY L.: „Paralanguage: Twenty-five Years After Sapir," in Henry Brosin (Ed.), *Lectures on Experimental Psychiatry;* University of Pittsburgh Press, 1961.

BIRDWHISTELL, RAY S.: „The Kinesic Level in the Investigation of the Emotions," in Peter Knapp (Ed.), *Espressions of the Emotions in Man;* International University Press, 1963.

BIRDWHISTELL, RAY L.: „Human Communication and Human Potentialities," in Herbert Otto (Ed.), *Explorations in Human Potentialities;* Charles C. Thomas, 1966.

BIRDWHISTELL, RAY L.: „Some Body Motion Elements Accompanying Spoken American English," in Lee Thayer (Ed.), *Communication: Concepts and Perspectives;* Sparten Books, 1967.

BIRDWHISTELL, RAY L.: „Communication Without Words," in *L'Aventure Humaine,* Encyclopedie des Sciences de de l'Homme, Vol. 5; Geneva, Switzerland, Kister S.A., and Paris, France, De La Grange Betaliere S.A., 1968. (a)

BIRDWHISTELL, RAY L.: „Kinesics," in David Sills (Ed.), *The International Encyclopedia of Social Sciences, Vol. 8; Macmillan and The Free Press, 1968. (b)*

EKMANN, PAUL and FRIESEN, WALLACE: „Nonverbal Leakage and Clues to Deception," *Psychiatry* (1969) 32: 88-105.
FREUD, SIGMUND: „Fragments of an Analysis of a Case of Hysteria," in *Standard Edition*, Vol. 7; Hogarth, 1953.
FREUD, SIGMUND: „The Dynamics of the Transference," in *Collected Papers*, Vol. 2; Hogarth, 1957.
LOCKE, NORMAN: *Group Psychoanalysis;* N.Y.U. Press, 1961.
LOEB, FELIX: „The Microscopic Film Analysis of the Function of a Recurrent Behavioral Pattern in a Psychotherapeutic Session," *J. Nervous and Mental Disease* (1968) 147: 605-618.
MAHL, GEORGE: „Some Clinical Observation on Nonverbal Behavior in Interviews," *J. Nervous and Mental Disease* (1967) 144: 493-505.
MAY, ROLLO: *Love and Will;* Norton, 1969.
MEHRABIAN, ALBERT: „Significance of Posture and Position in the Communication of Attitude and Status Relationships," *Psychol. Bulletin* (1969) 71: 359-372.
PENDERHUGHES, CHARLES A., REYNA, LEO J., PESSO, ALBERT, AND PEDERSON, JAMES P. „Systematic Psychomotor Therapy," Unpublished manuscript, Medical Library, McLean Hospital, 1969.
PESSO, ALBERT: *Movement in Psychotherapy;* N.Y.U. Press, 1969.
RANGELL, LEO: „A Point of View on Acting OUT," *Int. J. Psycho-Anal.* (1968) 49: 195-201.
SCHAFER, ROY: *Aspects of Internalization;* International Universities Press, 1968.
SCHEFLEN, ALBERT: „The Significance of Posture in Communication Systems," *Psychiatry* (1964) 27: 316-331.
SCHEFLEN, ALBERT: „Communication Systems Such as Psychotherapy," in Jules Masserman (Ed.), *Current Psychiatric Therapies*, Vol. 5; Grune and Stratton, 1965 (a)
SCHEFLEN, ALBERT: „Quasi-Courtship Behavior in Psychotherapy," *Psychiatry* (1965) 28: 245-257. (b)
SHAPIRO, JEFFREY G., FOSTER, CHARLES P., and POWELL, TOM: „Facial and Bodily cues of Genuiness, Empathy, and Warmth," *J. Clin. Psychology* (1968) 24: 233-236.
SINGER, ERWIN: *Key Concepts in Psychotherapy;* Random House, 1965.
VANGGAARD, THORKILL: „Contribution to Symposium on Acting Out," *Int. J. Psycho-Anal.* (1968) 49: 206-210.
WHEELIS, ALLEN: „The Place of Action in Personality Change," *Psychiatry* (1950) 13: 135-148.

Atem – und seine Bedeutung für die Entwicklung und das Heilsein des Menschen

Ilse Middendorf, Berlin

Atem ist eine lebenstragende Funktion.
Atmend können wir unseren Leib kennenlernen.
Atem kann erfahren und erlebt werden. Er teilt sich über das Wort nur beschränkt mit.
Rechtes Atmen löst und bringt dem Übenden Gelassenheit. Im rhythmischen Gleichgewicht atmend entsteht die Haltung, die zugleich durchlässig und kraftvoll ist. Atmen, sammeln und empfinden ist Arbeit auch in den tiefen Schichten des Menschen. Sie meint den ganzen Menschen. Atmend kann er sich selbst finden.

Seit einigen Jahrzehnten wird immer deutlicher, daß der Mensch in seiner Atmung ein Mittel besitzt, durch das er sich in allen Lebenslagen erweitern kann: In seiner leiblichen Beweglichkeit, Gesundheit und Leistungsfähigkeit ebenso wie in den seelischen und geistigen Bereichen des Denkens, Fühlens, Empfindens und Intuierens. Je tiefer wir das Phänomen *Atmen* erfahren, desto mehr weitet sich der Horizont, der immer mehr Gebiete des Lebens umspannt – denn atmen heißt leben.
Dringen wir allmählich in die Gesetze des Atmens ein, so ist wahrzunehmen, daß wir in unserer Ganzheit als Körper/Seele/Geist angesprochen sind. Der Atem bewegt uns durch und durch – nicht nur im Bereich der materiellen Sichtbarkeit, sondern auch im Seelischen und Geistigen. In der rechten Weise atmend können wir jene Wandlungen erzielen, die uns näherbringen an Reife und Heilsein, an Ordnung und Kraft. Ja – wir können atmend bis zu unserem Ursprung vordringen und uns so in unserem Sein erfahren.
Wir erfahren, daß Atem nicht nur bewegt, sondern auch verbindet. Der Atem, der so tief in die Welt innen greift, verbindet auch mit der Welt außen, bringt uns den Mitmenschen näher und durchbricht die Isolation – ganz deutlich erlebbar insbesondere über Ton und Wort – wie auch über andere Wege.

Wie kommen wir einem solchen Atem näher? Zunächst gilt es, seinen Atem *kennenzulernen.* Atem bedeutet neben dem chemischen Austausch in Lunge und Blut vor allem Bewegung. Im Schwingen von Weit und Schmal beginnt und endet der Atem und somit das Leben seine Bahn. Dringt der Atem in uns ein, werden die Körperwandungen weit. Sie dehnen sich. Fließt der Ausatem davon, schwingt alles Gedehnte in die Ausgangslage zurück. Hier tritt ein Ruhezustand ein, um in neuer, dehnender Weitung des Organismus neues Leben zuzulassen. In unaufhörlicher, rhythmischer Bewegung schwingt der Atem – erinnernd an das ewige Kommen und Gehen der Wellen eines Meeres.
Dieses urrhythmische Geschehen finden wir in der unbewußten Atemfunktion eines jeden Menschen. Unverstellt und weiträumig sollte es den ganzen Menschen durchschwingen – den ganzen Menschen, der eine Zusammenfassung von Kräften darstellt, die sich durchdringen und eine untrennbare Einheit sind.
Der unbewußte Atem begleitet – über das vegetative Nervensystem – jede Regung körperlicher, seelischer und geistiger Art. Kummer schnürt das Atmen ein – Freude läßt es weit werden. Auch jede körperliche Tätigkeit verändert die Atemweise. Nehmen Ängste, Nöte, Kämpfe von innen oder außen überhand, verfestigen oder verhärten sie den Menschen bis in seine Muskelschichten – das Bild der Enge und „Verkrampfung" – wie ebenso die abgesunkene Lebensspannung in Streß und Resignation, in Schlaffheit und Stagnation erscheint. Beide Seinsweisen verhindern die Durchlässigkeit des Leiblichen für den Atem.
Mit dem Ausdruck „das Leibliche" ist das Umschließen körperlicher und seelischer Vorgänge gemeint – das Durchdringen von Körper und Seele. Der Ausdruck Körper hat in unserer Zeit oft die Bedeutung von etwas Gegenständlichem. Er wird verstanden und gebraucht wie ein Gegenstand, mit dem man zweckmäßig verfahren kann. Es gilt jedoch, sein „Leibliches" als eine Konzentration und Zentralisation von Kräften kennenzulernen. Wir werden ihrer gewahr, wenn sich wesenhafte Ich-Kräfte hinsammeln, wenn *ich anwesend* bin. Bin ich in eine Gegend meines Leibes *hingesammelt,* so spüre ich, so empfinde ich dort und die *Atembewegung* setzt ein. *Empfinde* ich eine Gegend des Leibes, so bin ich dort auch anwesend (hingesammelt), und die *Atembewegung* setzt *deutlicher* und *umfangreicher* als vorher ein. So ist fast formelhaft zu sagen, daß „sich sammeln und empfinden und atmen" zusammengehören. Durch den Vorgang wird die unbewußte Funktion in jenen gelassenen Atemzustand überführt, der ins Bewußtsein dringt, ohne vom Willen geleitet zu werden. Empfindungsbewußtsein und

Atemvorgang werden in Anwesenheit meinerselbst allmählich zu einem *Seinszustand.* Das „Ich-selbst" ist hier verstanden als ein alle Daseinskräfte eines Menschen umfassendes Phänomen. Es umschließt ebenso sein Vordergründiges wie auch sein Wesentliches – zwei seelische Bereiche, die sich im Laufe der Reifungsprozesse durchdringen.

Es bedarf der Übung, um über Hingabe und Achtsamkeit zunächst „Atemräume" zu finden und aufzubauen. Immer neue Möglichkeiten bieten sich dem Übenden, der über *Dehnungen, Druckpunkte* und bilden von *Vokalatembewegungsräumen* sowie *Bewegungen aus dem Atem* bald gewahr wird, daß sich aus dem „Atemraum" die „Atemkraft" bildet. Im Kommenlassen – im „Zulassen" – im Lassen seines Atems gewinnt er nicht nur Durchlässigkeit und Unterscheidungsvermögen – er kann auch seine *Wirklichkeit* erfahren. Im Schwingen lebendigen Atmens lösen sich wesensfremde Überlagerungen, Einengungen, Meinungen und geben den Menschen frei für sein So-Sein. *Direkt, unverstellt* in seiner *Wirklichkeit lebt* er *aus seinem* Ursprung und kann *teilhaben an einer durchdringenden Freude.*

An dieser Stelle möchte ich Sie einladen, in Gedanken an einer Gruppenarbeit teilzunehmen:

14 Menschen sitzen auf Holzhockern in einem kleinen Saal, dessen Tür und Fenster den Blick in einen Garten freigeben – mitten in der Großstadt eine Oase der Stille. Unsere Arbeit läuft schon über 18 Monate, und wir finden uns einmal in der Woche zusammen. Das Lebensalter der Anwesenden liegt etwa zwischen dem 25. und 45. Lebensjahr. Es sind Frauen und Männer mit unterschiedlichen Berufen und Lebensumständen.

Alle haben sich zu Beginn unserer Stunde ausgiebig gedehnt und sind dabei sich selbst und ihrem Körper nähergekommen. Sie sitzen zwanglos aufrecht in einem selbstverständlichen Gleichgewicht. Der Atem kommt, der Atem geht – sie warten in Ruhe bis der Atem von selbst wiederkommt. Allmählich heben sich ihre Hände, die in atmender Gebärde das vollenden, was als Übungsvorschlag einer Atemweise entstanden war. Bei jedem zeigen sich die eigenen, ihm gemäßen Bewegungsformen. Es gibt kein „falsch" und „richtig" – es gibt nur ein „So-sein".

Zunächst gilt es, sich am Leitseil des Atems wahrzunehmen und kennenzulernen – so den tiefen Raum, der die tragenden Kräfte, die Vitalität enthält und der die Füße, die Beine und das Becken umfaßt. Er ist die Erdkraft, die trägt. Darüber liegt der mittlere Raum, der viel persönlicher ist, mehr persönliches zum Ausdruck bringt. Er reicht von der Höhe des Nabels bis in die Mitte des Brustkorbes. Darüber wiederum kommen wir zum oberen Raum, der die Kräfte der schon genannten Räume umsetzt, verfeinert, ergänzt und vor allem *gestaltet.*

Unsere Gruppe hat diese Räume erfahren, hat auch erfahren, daß aus dem rechten Empfangen des Einatmens die gestaltende Kraft im Ausatmen entsteht. Nun stehen die Atmenden – „Boden unter den Füßen" – und beginnen, die gewonnenen Kräfte frei zu geben für den Raum, der um sie ist. Da ist der Hintergrund, der Vordergrund – die beiden Seiten, da ist das Unten und das Oben – der Raum, der auf uns wirkt und in den wir hineinzuwirken vermögen. Eine Bewegung aus dem Atem, die aus den drei genannten, menschlichen Räumen kommt, erreicht im Zusammenklang mit dem Raum, der uns umgibt, mit Selbstverständlichkeit aber auch das Du, den Partner, den Mitmenschen. So sehen wir, wie die Übenden aus der Sicherheit ihrer Atemkraft den Partner ansprechen in immer neu gestalteten Bewegungen – wir sehen die Antwort – wir sehen das Zusammenspiel sich vollziehen – ausgewogen und im Gleichgewicht.
Wieder zum Sitzen gekommen, ist für die Übenden das *Nachspüren* von großer Wichtigkeit. Vollendet sich doch nun ruhend – die mögliche Wandlung – die das Tor zu stetiger Erneuerung ist – die das Alte ablöst und zur Vergangenheit macht – die immer neue Gegenwart und somit Leben schenkt. Atmend lösen wir so auch jene Zustände ab, die wir Krankheit nennen und wachsen dabei dem *Wirklichen* entgegen. Aus stetiger Wandlung ergibt sich allmählich eine „Haltung", die nicht allein auf Muskelspannung beruht. „Haltung" kommt aus Selbstverständnis und Gleichgewicht – das Tun und das Lassen umschließend.
Es hat mancher Übung bedurft, ehe die Bewegung aus dem Atem diesen Entwicklungsstand erreichte. Vor allem hat das „Kommenlassen" seines Atems vieler Hinwendung bedurft. Begegnen wir doch schon hier einer „Mitte" – nämlich in *Hingabe* abwarten zu können, bis der Einatem „von selbst" eindringt und doch in *Achtsamkeit* Zeuge des Atemgeschehens zu sein. Allzuleicht bleibt das Atmen völlig *unbewußt* oder wird voller *Eifer* vom *Willen* geführt.
Da steht im Kreis eine junge Frau, die intensiv an ihren Händen arbeitet. Sie weiß heute, daß sie nicht nur ihre Hand „hat", sondern daß sie diese Hand auch „ist" – so wie sie ihren Leib nicht nur „hat", sondern wie sie dieser Leib auch „ist". Im Anfang unserer Übungszeit hingen ihre Hände wie leblos an den Armen, oder sie zeigten sich überreckt und versteift bei allen Bewegungsversuchen. Das spiegelte sich auch in ihrer gesamten Haltung wider. Ängstlich „nahm sie sich meist zusammen", konnte jedoch ebenso in schlaffe Teilnahmslosigkeit verfallen. Beide Zustände zeigten sich einmal in Aufgerecktheit der Gestalt, zum anderen in formloser Zusammengesunkenheit.

Wie alle in unserer Gruppengemeinschaft lernte Frau A. atmend ihre Hände kennen. Ihre Hände dehnend konnte sie ihren Einatem erfahren und im Zurückschwingen in die Ausgangslage das Ausatmen. Die Druckpunktübungen mit den Fingerkuppen brachten ihr das Bewegungserlebnis der Atemräume ihre Rumpfes. So ensteht z. B. bei Aneinanderdrücken beider Kuppen der Mittelfinger eine Atembewegung im mittleren Raum. Deutlich ist seine untere Begrenzung in der Höhe des Nabels sowie die obere in Höhe der 5. Rippen zu spüren. Eine „ganze Welt" eröffnet sich, wie sie selbst sagte, über die erweckte Lebendigkeit ihrer Hände, die im Laufe des Zusammenspiels von Atem und Bewegung geholfen haben, neue Ordnungen in das Kräftespiel ihres Lebens zu bringen und den Vertrauensgrund zu bilden zu *sich=selbst.* Ist doch die Hand Mitspieler und Gegenspieler zugleich. Sie kann die eigenen Atemräume wecken, verstärken, beruhigen. Sie kann aber auch den anderen, das Du, meinen. Das gilt auch in besonderem Maße für die Situation der „Behandlung".

Auch Frau A. hat oft die Form einer solchen Behandlung gewählt, um über die direkte Ansprache des Behandlers intensiver in ihre atmende Welt hineinzuwachsen. Es ist ein *Gespräch,* allerdings nicht über den üblichen Weg der Worte, das zwischen dem Menschen, der auf einer Behandlungscouch liegt und dem daneben sitzenden Behandler entsteht. Die Hand des Behandlers muß die Fülle, das Wissen, die Erfahrung, die Reife ihres Trägers in sich haben, muß den Partner, den Patienten, den Schüler als *Person* ansprechen und muß nicht nur die „Fehlformen" der Atmung, sondern die meist im Unterbewußtsein liegenden Ursachen mit erspüren. Die Hand muß begreifen, wo der Rhythmus des anderen gestört, wo und wann dessen Atem flach oder schwach, hart oder hastig ist und dergleichen mehr. Und sie muß im Er-fassen das Ja oder Nein des Patienten abwarten. *Er,* in der Erscheinungsform seiner Körperlichkeit, ist in seinem *Ursprünglichen* angesprochen und frei in seinen Entscheidungen. Durch rechtes Ansprechen des Behandlers und rechtes Antworten des Behandelten entsteht jene Bewirkung, die den schöpferischen Grund weckt und keine Vermischung mit dem Ansprechenden zuläßt. Beide an der Behandlung Beteiligten bleiben selbstständig in ihrem So-Sein.

Gruppen- und Behandlungsarbeit ergänzen einander in guter Weise. Jeder Übende entscheidet selbst, welche Art der Arbeit am Atem für ihn wichtig ist.

Mit diesem kleinen Überblick auf die Welt des Übens am Atem unternahm ich den Versuch, vom Atem zu *sprechen.* Das Eigentliche jedoch, das *Bewirkende* wird sich immer dem Wort entziehen. Wo sich in der Tiefe unseres menschlichen Daseins die Leere der Mitte auftut, der in jedem Augenblick neu atmendes Leben entquillt, sind wir am Tor des Unnennbaren. *Atmen ist eine Wirklichkeit, die erfahren werden muß.* In der Hingabe an die Tiefe seiner Existenz, in der Verantwortung, die ihm durch Achtsamkeit erwächst, entwickeln sich im Atmenden in gleichem Maße Kraft und Vertrauen. Dort sind wir an jenem tragenden Grund, der die Gewähr gibt für das Erweitern aller Fähigkeiten und Begabungen, für das *Erweitern* des *bewußten Seins insgesamt.*

Hier liegt auch die Wurzel dafür, daß die Lehre vom Atem und die Heilung durch Atmen nicht trennbar sind. *Lehren* wir einen Menschen, sich in seinem Atem zu begreifen, so *heilt* er sich auch. Spürt er doch im Verlauf der „Arbeit" das Sich-Wandeln dort, wo er „sich im Wege stand", unbewußt die Meinungen anderer Menschen übernahm und an vielen körperlichen Schwierigkeiten erleiden mußte, wie *fern* er sich selbst in seinem Leib war. Suchen wir also im Atmen das Heilsame, so müssen wir gleicherweise die Wege erfahren, durchdringen und erkennen, die uns in's Heil-Sein führen, wie wir ebenso gehen müssen, wenn wir unsere Gaben und Fähigkeiten erweitern und uns *lernend* entwickeln und entfalten wollen. So wachsen Atemlehre und Atemtherapie aus derselben innersten, zentralen Kraft und durchdringen sich auch in ihren Äußerungen.

Ein Mensch, der das Atmen lehrt und durch Atmen heilt, muß *sein*, was er weitergibt. Er muß den Prozeß der Wandlung und des Neuwerdens mit allen Krisen, Höhen und Tiefen „durchgemacht" haben, muß Ursprüngliches, Wesentliches erfahren haben. Nur so kann er den Prozeß im anderen Menschen mitvollziehen und dessen individuellem Weg gerecht werden.

Wie sieht nun der Weg aus, den ein Mensch beschreitet um sich atmend zu entwickeln, heilzuwerden und seine Grenzen besser auszufüllen? Zunächst ein Wort zum Rhythmus.

Anfang und Ende allen Übens am Atem umschließt das Erkennen, Erfahren und Erleben des eigenen *Urrhythmus* im Atmen. Jedwede Hinwendung zum Atmen erfordert jene Hingabe und Achtsamkeit, die schließlich den eutonischen Zustand – die ideale Gesamtspannung innerhalb des individuellen Urrhythmus ergibt. Der eutonische Urrhythmus ist nur erreichbar, wenn neben aller Individualität das rhythmische Geschehen von Einatmung, Ausatmung und Ruhe erfahren wurde und tragend geworden ist. Wir finden hier eine Gesetzmäßigkeit, aus der die ungezählten Varianten des Gebrauchs der Atmung hervorgehen und gewährleistet sind. Jeder Übende muß seinen Urrhythmus kennenlernen, umso besser wird er einen von außen geforderten Rhythmus erfüllen können. Der Urrhythmus ist dann über Sammlung und Spürfähigkeit auch bei Willensimpulsen umschlossen und dieser Einsatz ist seinem Träger angemessen und stört den in seiner Gesetzmäßigkeit fließenden Atem nicht mehr. Nur durch den impulsgesteuerten Eigenrhythmus kann sich jene Ökonomie und Kontaktfähigkeit entwickeln, die z. B. Schauspieler und Sänger brauche, um ihr Publikum in „Spannung" zu halten.

Weitere Grundpfeiler unserer Arbeit sind:

Dehnungen
Druckpunktübungen
Vokalraumübungen
Schweigendes Tönen
Bewegung aus dem Atem

Sie bestehen in sich selbst und können, ja, müssen sich durchdringen. Sie bestehen als Teile eines Ganzen und sind in ihrer Anwendung auf ganz bestimmte Ziele ausgerichtet. Je tiefer der Übende jedoch in den Lehrstoff eindringt, desto mehr werden sich die einzelnen Elemente der Arbeit am Atem durchdringen oder umgreifen. Gerade der ganzheitliche Ansatzpunkt, dessen Grundlagen ich oben anführte, bringt ungezählte Übungsmöglichkeiten allgemeiner wie individueller Natur, die umso deutlicher zum Ausdruck kommen, je *intensiver* der Übende *ergriffen* ist. Das Folgende ist unter den soeben dargelegten Gesichtspunkten zu verstehen:

Dehnungen

Jede Übungsstunde wird mit Dehnungen kreatürlicher, animalischer Natur eingeleitet. Die physiologische Gesetzmäßigkeit läßt bei einer Dehnung eine Einatmung erfolgen. Die Dehnungen eröffnen die Fähigkeit, zu empfinden.

Es folgen Dehnungen des Rückens, der Arme, der Beine, des Halses, des Rachens, der Zunge, des Zwerchfells – jeder Muskelgruppe. Bei der Ausübung wird großer Wert darauf gelegt, daß der Atem nicht willensmäßig geholt wird, sondern der Übende muß ihn „kommenlassen", d. h. er wird allmählich inne, daß durch die angesetzte Dehnbewegung *ausreichende* Einatmung ohne Willensimpuls empfunden und erspürt wird. Über die daraus resultierende Sammlung wird der funktionelle Vorgang zur Erfahrung – ja zum Erlebnis. Die Empfindungsfähigkeit ist der wichtigste Träger aller *Atemerfahrung*, während das *Atemerlebnis* in tieferen Seelenschichten liegt.

Durch Dehnungen erwächst allmählich das Empfinden für *Atemraum.* Das Weitwerden in bestimmten körperlichen Gegenden während des Einatmens findet im Wort „Raum" seinen sprachlichen Ausdruck.

Ähnlich wie die geschilderten Dehnungen wirkt die Arbeit mit Druck und bildet deren Ergänzung. Es gibt viele Variationsmöglichkeiten innerhalb des Übungsmaterials. Empfinden und Wahrnehmen stehen bei der Anwendung der Dehn- und Druckübungen zunächst im Vordergrund. Dies schließt jedoch nicht aus, daß innere „Bilder" als Hilfsfunktionen dienen. Damit ist gemeint, daß das *Fundament* der *Unmittelbarkeit* in der Atmung die *Empfindungsfähigkeit,* die *Wahrnehmung* ist, die nachdem sie stattgefunden hat, ein Bild hervorbringt – auf keinen Fall umgekehrt. Für die Atmung stellt die Vor-stellung – also ein vorher entstandenes Bild – eine Mittelbarkeit dar. Z. B.: Steht der Übende und atmet abwesend und empfindend, so kann in ihm das Bild entstehen: „Ich stehe jetzt wie ein Baum" – aus der soeben empfundenen Erfahrung heraus. Ist das *Bild,* die *Vorstellung* primär, so gleicht sie einer *Infiltration* in Richtung auf die Empfindung und Wahrnehmung. Der Übende bedient sich dann eines Mittels um zu atmen – seine Atemerfahrung ist nicht mehr direkt.

Ist die gesamte Körperlichkeit durch eine große Zahl von Dehnansätzen vorbereitet worden, ergeben sich von selbst die interessanten Querverbindungen durch

Druckpunktübungen

Nach zwanzigjähriger Forschung und den damit verbundenen Erfahrungen, stellen die Übungen mit Druckpunkten eine ausgezeichnete Möglichkeit dar, Atemräume zu verbinden, sie aber gleichzeitig zu unterscheiden – mit einem Wort, die Empfindung wird so tragfähig gemacht, daß sie auch im unbewußten Alltagszustand bewirkend wird.

Beispiel:

Gut sitzen – Fersen auf den Boden drücken, Fußsohlen hochziehen. Durch den Fersendruck wird die Einatembewegung im unteren Raum spürbar, sofern man den Atem kommenläßt und nicht mit dem Willen einzieht. Nach einigen Atemzügen Großzehenballen und große Zehe auf den Boden drücken. Fußgelenke sind gestreckt. Jetzt stellt sich die Atmung im oberen Raum ein. Nach einigen Atemzügen die ganze Sohle auf den Boden stellen, nun ensteht die Atmung im mittleren Raum.

Es gibt zahlreiche Druckpunkte, die ganz bestimmte Atemräume hervorrufen und entsprechende Atembewegungen erzeugen. Die Gesetzmäßigkeit der Druckpunktreaktion betrifft jeden Menschen.

Vokal-Atembewegungsräume
(Gebräuchlicher Ausdruck: Vokalräume)
Auch hier ist ausschlaggebend, ob der Übende seinen Atem kommenlassen kann. Durch die Übung mit „Vokalräumen" erlernt er das tiefe Vertrauen, daß alles Kreative *von selbst* kommt und nicht mit dem Willen erzeugt werden kann.

Beispiel:
Den Vokal E schweigend in sich hören oder singen, d. h. schweigend „in sich haben". Dadurch bewegt sich der Atem in einer bestimmten Gegend des Körpers. Beim „E" z. B. werden die Flanken ellipsenförmig nach außen bewegt während des Einatmens. Die Dehnung verringert sich nur zögernd während des Ausatmens in die Ausgangslage.

Dieser Übungsgang erfolgt schweigend und meint noch nicht den Ton, der beim Ausatmen Resonanz erzeugt. Das schweigende Ein- und Ausatmen, während ein Vokal kontempliert wird, erzeugt einen eindeutigen *Atembewegungsraum,* der sich je nach Eigenart des Vokals in den verschiedenen Gegenden des Körpers befindet und untereinander deutlich unterscheidbar ist. Wenn interessiert geübt wird, ergeben sich ganz bestimmte Raumformen, die gezeichnet werden können und die sich bei jedem Menschen als gleiche Gestaltung erweisen. Die Vokale, auf diese Weise geübt, sind verschieden in ihrer Aussage. Dadurch ergeben sich Möglichkeiten für Spannungserzeugung sowie Spannungsveränderung auch in der Zusammensetzung untereinander. Z. B. ist ein „E", das in den Außenraum hinauswirkt, ergänzend und anreichernd für den Bewegungsraum des „O", das nach innen zentriert wird. Das „O" wiederum bewirkt dasselbe in Richtung auf das „E". Die Spannung von innen nach außen wird dadurch umfaßt. Ähnlich verhält es sich mit „U" und „I". Die Spannungsräume ergänzen sich von unten nach oben und umgekehrt.
Sind die Vokalatemräume empfunden, erkannt und genügend geübt worden, ergibt sich nun im schweigenden Einatmen und *tönenden* Ausatmen deutlich *Kraftentwicklung* innerhalb der Resonanz und der Reichweite des Tones. In vielfältiger Weise können diese Vokaltonübungen für Krafterzeugung werden. Die genannte Arbeit fördert die Plastik und Artikulation des Sprechers in hervorragendem Maße. Die Klarheit und Eindeutigkeit des Vokalraumes ist mitbestimmend für Größe, Fülle und Kraft des Tones.
Nicht minder einflußreich in Wirk- und Erscheinungsform sind die *Konsonanten.* Sie bilden keine ausgesprochenen Atembewegungsräume, sondern Antriebe, Verbindungen und Lösungen in der Gesamtheit der Körperwände. So stellt z. B. das „F" eine Antriebskraft dar, während das „L"

eine weiche Breitenbewegung des Atems in derselben Gegend bewirkt. Beide Konsonanten tragen außerordentlich dazu bei, die *reflektorische Atemergänzung* zu fördern und die Stützenfunktionen zu erweitern, ein wichtiges Feld für Sänger und Schauspieler.
Die Zusammensetzung der Vokale und Konsonanten ergibt interessante und wirkungsvolle Möglichkeiten. Es lassen sich Silben und deren Zusammensetzung aus den Atembewegungsräumen bilden. So ergibt sich für den Übenden eine außerordentlich vielfältige Arbeit, die sich optimal nicht nur auf das Sprechen, sondern auch auf die Entfaltung der Gesamtperson auswirkt.
Die nunmehr bekannten Atemräume erfahren weitere Verdeutlichung durch

schweigendes Tönen.

Man kann schweigend einen Ton in der Mittellage – etwa c' – in sich singen, summen oder kontemplieren, so entsteht eine Atembewegung im mittleren Raum. Diese Atmung bewegt sich in Richtung zum unteren Raum bis in die Fußsohlen und darüber hinaus, wenn tiefere Töne schweigend gesummt werden. Werden höhere Tonlagen schweigend gesummt, wird die Atembewegung in Richtung oberer Raum, Schädeldecke und darüber hinaus spürbar. Innerhalb dieser Arbeit wird deutlich, wie der Körper einem Instrument gleicht, auf dem wir „spielen" können. In besonderem Maße entstehen dabei Wohlgefühl und Heiterkeit.

Bewegung aus dem Atem

Durch die vorangegangene Arbeit ist die Spürfähigkeit und der Aufbau der Räume so zur Selbstverständlichkeit geworden, daß der Kraftentfaltung im Ausatmen nichts mehr im Wege steht. Sind wir in unserer Leiblichkeit mit Seele und Geist „eins", versuchen wir ganzheitlich zu *sein*, so erfahren wir die Fülle des Raumes im Einatem gleichsam als einen „Stoff", der sich im Ausatem zu einem Kraftstrom – zu einer strömenden Kraft – verwandelt. Das Formende, Gestaltende wird neben anderen Kräften der Seele mitgespeist aus *dieser Kraft des Ausatems*, gleichviel wohin sie sich wendet: In ein Werk in die Außenwelt, in die Beziehung zu einem Menschen, zum Innenraum für die Entwicklung seinerselbst, in die leibliche Gestalt, in der wir in Erscheinung treten und noch anderes mehr. Der *Atemraum* als Fülle und Stoff bedingt die *Kraft* im Ausatmen so selbstverständlich wie der Berg das Tal. Man kann auch sagen, im Raum, der durch die Einatmung entsteht, *bilden* sich die Kräfte – in der Ausatmung kommen sie in's Fließen. Die Ruhe im Atemvorgang, die nach dem Ausatmen entsteht, erlaubt uns einen gnadenvollen Zustand des Seins.

Zu einer Offenbarung werden uns die Erfahrungen am Atem, wenn wir Ziel und Richtung des strömenden Ausatmens wahrzunehmen vermögen.
Wie schon oben ausgeführt, entsteht aus der Weite des Einatemraumes die strömende Kraft in der Ausatmung. Ist nun das Zulassen des Atmens vollständig, auch im Hinblick auf das Ausatmen, ergießt sich sozusagen die Kraft des Ausatems in die „Gegenräume". D. h. wenn ich die eingeatmete Weitung (Atemraum) im unteren Bereich (Becken) entstehen lasse, steigt der ausatmende Kraftstrom aufwärts. Wir nennen ihn „aufsteigenden Atem". Er strömt in den oberen Raum, läßt ihn „entstehen", d. h. spürbar werden und geht über die Gestalt des Übenden hinaus in den Außenraum.
Ist jedoch die weitende Einatmung im oberen Raum spürbar und dominant, so gibt es den „absteigenden Ausatem". Der Ausatem bewegt sich dann in Richtung Becken - Beine - Füße bis in den „unteren Raum" und darüber hinaus. Lasse ich jedoch in bekannter Weise durch Sammeln und Empfinden im mittleren Raum Einatemraum entstehen, so bewegt sich die Ausatmung gleichzeitig allseitig horizontal zum Außenraum hin weit in ihn hinausgreifend.
Hier entsteht die Wechselwirkung zwischen zentralen Kräften und dem Außenraum, die sich auf allen Ebenen des Leibes wiederholt. Bringt man diese Übungsweisen organisch zusammen, ergibt sich nicht nur das Lebensgefühl einer erhöhten Harmonie, sondern auch das Wissen um einen Anschluß an innere Vorgänge, die Wandlungen hervorbringen. Dies Wissen bezieht sich auch auf eine leibliche Mitte, die konkret spürbar und als Wirklichkeit erlebt wird. Graduell verschieden, aber eben „wirklich" liegt nunmehr die Quelle aller zugelassenen Atembewegung als dauernder „Atemzustand" in diesem Zentrum, das wir „Mitte" nennen. Von hier aus strahlt Atem, Bewegung und das „*was ich bin*" in den Raum außerhalb meines Leibes, – die Verbindung zum Raum innerhalb des Leibes jedoch gleichzeitig herstellend. Wenn das erreicht ist, hat der Körper eine Transparenz, die es unmöglich macht, ihn länger als „Gegenstand" zu erleben und zu behandeln. Es hat gleichsam eine Übersetzung stattgefunden, die ein gröberes, schwereres Lebensgefühl in ein leichteres, schwingungsfähigeres verwandelt. Selbstredend ist eine solche Wandlung erst dann möglich, wenn viele Schichten leiblich/seelisch/geistiger Art „durchatmet" und empfindungsbewußt gemacht wurden. Gleichwohl hat die Arbeit am Atem hier nicht ihr Ende erreicht, sondern scheint mir für neue Erfahrungen und Erkenntnisse gerade erst zu beginnen.

Die soeben genannte „Arbeit am Atem" hat große Bedeutung für den Übenden. Es gibt bestimmte geprägte Übungsgestaltungen dieser Art, die in besonderer Weise zu verändern und wandeln „vermögen". Leider kann darüber nichts Näheres durch das geschriebene Wort mitgeteilt werden, da nur durch die mündliche Übermittlung eines ausgebildeten Atemlehrers Fehler vermieden werden und das Rechte aufgebaut werden kann.

So stehen wir in der bewegenden Kraft des Atems, die in der inneren Schwingung (innerer Atem), wie auch in äußerlich sichtbaren Bewegungen erscheint. Aus dem Urgrund seines So-Seins läßt sie der Übende entstehen und *erkennt sich* in ihnen. Je mehr sich der Übende zu lassen vermag, desto angeschlossener ist er seinem schöpferischen Grund, der sich allmählich zur „Substanz" anreichert. Hier entsteht der „Atemzustand" hoher Qualität, der Gegensetzliches zu umschließen vermag. Er schließt im Laufe der Jahre alle Ebenen und Zentren unserer Leiblichkeit ein, die zunächst unbewußt waren, nun aber empfindungsbewußt geworden sind, und die immer neu Gleichgewicht und Gelassenheit erbringen.

Dem Übenden erwächst nun *seine* Gestalt – er lebt in *seiner* Haltung, die seine Welt in allen Instanzen trägt. Da jede Bewegung aus dem schöpferischen Grund ihres Trägers quillt, gleichen sich die Bewegungen nie. Sie entstehen innen nach außen und wirken, den Bogen vollendend, nach innen zurück. So tritt er in Erscheinung als der, der er *ist*.

Hilfe und Ansporn können auch hier Partnerarbeiten sein. Durch das Entstehen seiner Bewegungen aus dem Atem ist jeder selbständig und erreicht den anderen dennoch im Fließen der Kräfte. Die *Begegnung* kann stattfinden. Keiner der Arbeitenden muß dem anderen anheimfallen – zufallen. Das weite Feld der Kommunikation, des Kontaktes mit dem Mitmenschen wird hier in direkter Weise angesprochen.

An dieser Stelle sei auf die Bedeutung der *Hände* für die Arbeit am Atem hingewiesen. Schon die Atemimpulse aus den Fingerkuppen (Druckpunkte), die jede Körpergegend ansprechen und dort Atembewegung erzeugen, lassen die umfassenden Zusammenhänge erkennen. Von der Dehnung seiner Hand im Einatem und dem Lösen seiner Hand im Ausatem bis zum partnerschaftlichen Spiel erfährt der Übende, daß die Hände Spiegel seinerselbst sind. Sie können, atmend, der Ausdruck seiner Möglichkeiten werden. Sie können die Atemkraft steigern und differenzieren – den anderen oder sich selbst zum Partner machen. Sie wirken, wenn sie atmend einbezogen werden, anregend oder beruhigend, sind unbegrenzt ausdrucksfähig und geben den Bewegungen aus dem Atem die Abrundung.

Soweit die Darlegung und Beleuchtung der Arbeit innerhalb der oben angeführten Stufen.

In Begleitung und die angeführten Arbeiten durchdringend sind

„technische" Einzelheiten

als Übergang wertvoll, die aber nie vom urrhythmischen Grund getrennt sind.

1. Durchfedern und durcharbeiten des Diaphragma pelvis und der Beckenmuskulatur.
2. Arbeit am Diaphragma. Im Vordergrund rhythmisch unterschiedliche Federungen mit und ohne Konsonanten und Vokale usw.
3. Durcharbeitung des Rachenraumes und der Zunge. Lockerung des Kehlkopfes. Erarbeitung von Übungen, die den Kehlkopf gelöst und modulationsfähig erhalten.
4. Organübungen des Leibes, der Augen und der Ohren.
5. Sensitive Training durch partnerschaftliche Berührung des Rückens, der Hände, der Füße, in Form von Bewegungen, die geführt, gefedert oder im Schwung erarbeitet werden.
6. Haltungsübungen im Liegen, Sitzen, Stehen.

Einige Anmerkungen zu Punkt 6:

Die völlige Lösung im *Liegen* entsteht nicht durch *„fallenlassen"* der Gliedmaßen und des Rumpfes, sondern durch *„tragenlassen"*. Am besten ist es, dabei das „Ich" mit einzubeziehen: *„Ich* lasse mich tragen . . .". Dadurch entsteht der angemessene Spannungsgrad im Organismus des Übenden. (Wenn „ich mich *fallenlasse*" entsteht Unterspannung.)

Im Sitzen und Stehen spielt das *Gleichgewicht* die größte Rolle. Das Gleichgewicht bringt die Ökonomie und Leichtigkeit in jede Bewegung und ist der beste Ausgangs- und Ansatzpunkt jeder Äußerung.

Der Schwerpunkt im *Sitzen* liegt im Becken und auf den Sitzknochen. Sie bilden die Basis eines Dreiecks, dessen Schenkel sich im Scheitelpunkt des Kopfes treffen. Wird dieses „Dreieck" organisch aufgebaut, so ergibt sich müheloses Gleichgewicht.

Im *Stehen* lagert das Gewicht der gesamten Gestalt auf den Gelenken des 1. Mittelfußknochens und der 1. Glieder der Großzehen (Ballen). Die Fersen helfen federnd mit, das Gewicht des Körpers zu tragen. Ergänzender Punkt ist wieder der Scheitel des Kopfes. Beckengürtel und alle Gelenke der Beine und der Wirbelsäule müssen ihre optimale Eingliederung in das Gleichgewicht finden.

Hier wird das vielseitige *Gelenksystem* wichtig. Gelenke sind Verbindungen aber auch „Übergänge" von einer Körpergegend, von einem „Raum" zum anderen. Die Gelenke der Halswirbelsäule sorgen dafür, daß der Kopf an „seinen Platz" kommt, die Schultern mit den Schulterblättern einheitlich auf dem oberen Rumpf lagern, daß die Kniescheiben in Richtung der 3. Zehen zeigen und v.a.m.

Wenn die „Eingliederung" durchbrochen wird, so wird der „Ausfall" durch sein Gegenteil im weiteren Verlauf der Aufrichtung wiederholt: Fest nach hinten durchgedrückte Knie und das Verlagern des Körpergewichtes nach hinten auf die Fersen bringen das Kippen des Beckens nach vorn – das Hochsteigen des Kreuzbeins und damit eine Lordose der Lendenwirbel. Weiterhin wird die verschobene Basis damit beantwortet, daß das Sternum (Brustbein) steigt und so zu einer der Grundlagen der „Hochatmung" wird.

Die Atmung kann nur dann organisch und leistungsfähig sein, wenn Stehen und Sitzen im *Gleichgewicht* erreicht ist. Haltung und Gleichgewicht sind nicht Sache des Körpers allein, sondern sie ergeben sich im Ineinandergreifen von Tun und Lassen – Hingabe und Achtsamkeit – sie ergeben sich aus dem „Ich-selbst-geworden-sein" – dem Umgreifen von Seele und Leib.

Aus den oben angeführten 6 Punkten entsteht somit auch die Ablösung von

Fehlhaltungen

Dazu gehören unter anderem:

1. Unter- oder Überspannung einzelner Gegenden des Leibes oder dessen Gesamtheit.
2. Atemrhythmusstörungen
3. Störungen und Schäden der Wirbelsäule im Liegen, Sitzen und Stehen.

Dieser genannte Teil nimmt einen breiten Raum innerhalb der Gesamtarbeit am Atem ein und ist für die oben angeführten *Grundpfeiler* unerläßlich. Die atmende Arbeit an der „Haltung" bedarf oft einer langen Übungszeit und kann den Ausschlag für die Verfügbarkeit *aller* Möglichkeiten des Leiblich-Werdens und Leiblich-Seins ergeben.

So „technisch" das soeben Angeführte klingen mag – jegliches Üben wächst auf der Grundlage von Hingabe und Achtsamkeit – immer *„bin ich es, der atmet"*. Auch wenn dem Übenden *Ebenen* und *Zentren* erwachsen und seine Leiblichkeit so viel Klärung und Durchlässigkeit erfährt, daß ein fließender, ungehemmter Atem entstehen kann, der eine Vielfalt von Gesten, Gebärden, Bewegungen und Tönen hervorbringt – immer ist er der Ursprung seines Atems. So entgehen wir jeder „Oberflächlichkeit" des Übens, jeder Leere „technischen" Arbeitens.

Nun noch vier kleine Zwiegespräche:

Vor mir sitzt ein junger Mann, Herr T. Er kommt zur ersten Besprechung – wir haben uns soeben kennengelernt. Herr T. läßt sich „hängen", der Rücken ist gekrümmt, Hals und Kopf kippen nach hinten. Die Nase strebt nach oben, der Kehlkopf ist stark vorgewölbt, und die langen Beine streckt er weit von sich. Herr T. blickt lustlos, mehr nach innen als nach außen, und so spricht er auch. Seine Stimme hat keinen Klang. Verklemmt und wenig artikuliert scheinen die Worte den anderen gar nicht erreichen zu sollen.

Nachdem wir uns schon etwas ausgetauscht, und er mir seine Schwierigkeiten mitgeteilt hat, Herr T.: „Daß mir durch ein besseres Atmen geholfen werden soll, ist so neu und merkwürdig für mich – ich atme doch schon immer". Meine Antwort: „Das ist Ihre unbewußt arbeitende Atmung. Ihr Organismus hat aber die Fähigkeit, willentlich zu atmen. Denken Sie an den Befehl: „Holen Sie tief Luft!" Oder: „Halten Sie den Atem an!" Auf der einen Seite haben Sie die unbewußte Atmungsfunktion, auf der anderen den bewußten Atmungseinsatz. Herr T.: „Beide Seiten erscheinen mir sehr gegensätzlich."

Meine Antwort: „Und doch werden Sie die Erfahrung machen, daß beide Möglichkeiten einander durchdringen können. Dem oben genannten Befehl steht gegenüber: „Lassen Sie Ihren Atem kommen, lassen Sie ihn gehen und warten Sie, bis er von selbst wiederkommt!" So werden Sie erfahren, daß Sie warten und lauschen lernen – und lernen *Ihren* Atem und dabei sich selbst kennen!"

Ich richte bei diesen Worten den Rücken des Herrn T. mit einem Druck auf die Wirbelsäule auf, bringe Halswirbel und Kopf in die entsprechende Lage. Die Füße werden aufgestellt und die Hände ruhen auf den Oberschenkeln. Nachdem ich Hals und Nackenmuskulatur dehnend behandelt und seine Atmung geweckt habe, frage ich, ob Herr T. sich wohlfühle. Er antwortet mit einem lauten, tönenden „*Ja*", das ihn selbst erfreut. „Daß Haltung so viel bewirken kann", staunt er und sagt nachdenklich: „Aber die äußere ist es wohl nicht allein . . ."

Frau M. ist etwa sechs Monate am Gruppenunterricht beteiligt gewesen und hat heute die sechste Behandlung. Sie spricht mich strahlend an: „Denken Sie – mein Blutdruck ist normal – ich komme gerade vom Arzt. Wir haben es also doch erreicht, nachdem ich jahrelang unter zu hohem Bludruck litt. Auch die Beine sind viel leichter geworden – ich fühle mich nicht mehr so gestaut."

Meine Frage: „Üben Sie weiter regelmäßig an den zwei besonderen Übungen, die wir aufgebaut haben?"

Frau M.: „Ja – gewiß – aber ich meine, es ist eine Umstellung insgesamt, eine richtige Wandlung. Wenn meine früheren Ängste kommen, sammle ich mich zu mir selbst und lasse den Atem kommen und gehen . . . .Wenn ich das erste Ruhigwerden spüre, kommt neues Vertrauen – und dann habe ich richtig Freude an den Bewegungen aus dem Atem."

Eine Sängerin:

„. . . ich brauche zwar meine „Ansätze" noch, aber die stellen sich von selbst ein. Ich denke nicht mehr daran. Sie entstehen und geben mir Kraft – seit ich die klare Empfindung aller „Räume" habe. Nur hier" – sie zeigt auf ein paar Brustwirbel – „ist eine Hemmung – da geht es nicht durch. Ich halte dort immer schon fest. Ich vermag da nichts freizugeben. Es ist mir klar, was das bedeuten kann – was ich nicht hergeben möchte."

Meine Antwort: „Wollen wir arbeiten?"

Frau B. hat sich inzwischen auf die Behandlungscouch gelegt und wir setzen unser „Gespräch" in Form einer Behandlung fort. Schließlich arbeite ich am Rücken und „spreche" Frau B. in ihrem Rücken immer neu durch meine Hände an. Dabei bin ich mit meiner „Ansprache" ganz auf Frau B. selbst gerichtet – nicht auf ein paar Brustwirbel und Muskelschichten. Endlich kommen Seufzer und ein wenig Weinen. „Jetzt werde ich freier", meint sie, „diese *Standhaftigkeit*, zu der ich früher gezwungen wurde und die sich verselbständigt hat, weil ich zu wenig Kraft hatte – die hielt mich noch fest. Aber heute spüre ich soviel Kraft, Weite, Wärme und Leben! Ich glaube, ich kann mich auch dort bald „lassen"!

Eine Tänzerin während des Übens:

„ Haben Sie bemerkt, wie Unterarm und Hand plötzlich aus der Harmonie der Bewegung „herausfielen", wie „abgebrochen" waren?"

Meine Antwort: „Der Atem war in der Mitte des Rückens, etwa in Höhe des 12. Brustwirbels etwas verhalten und die Schultern nicht „freigegeben".

Tänzerin: „Ich spüre deutlich, daß dort, wo ich nicht „einverleibt" bin, keine Bewirkung entsteht, weder in mich hinein noch nach draußen. Der Atem ist für mich das Medium, mich durch und durch zu spüren, zu erfahren und zu erleben und dadurch an eine Wirklichkeit zu kommen, die keine gemachte oder gewollte oder aufgesetzte Bewegung mehr duldet. Wie lange werde ich noch üben müssen, um in der Wirklichkeit zu *sein?*"

Meine Antwort: „Ist nicht der Weg schon Ziel?"

Zusammenfassend möchte ich sagen, daß wir versuchen, die unbewußte Atemfunktion durch Sammeln und Empfinden kennenzulernen und deren Kräfte zuzulassen. Es entstehen Bewegungen aus dem Atem, die sich gemäß dem So-Sein des Übenden äußern. Seine Kräfte steigern sich durch den unverstellten Zugang zum Unbewußten und werden zugleich maßvoll und gestaltet durch seine gesammelte Anwesenheit.

So geht der Weg von innen nach außen – und von außen nach innen zurück. Der Organismus schafft die Ordnung, die seinem Entwicklungsstand entspricht und die Ichkraft erfährt Wachstum. Die Ängste weichen und auf dem Boden des Vertrauens entsteht im Umschließen der inneren und äußeren Welt. Am Leitseil des Atems werden bewußte und unbewußte Kräfte tragend für das wachsende Bewußtsein des Zustandes einer atmenden, schwingenden „Mitte". Und atmend kann erfahren werden: *Ich bin es.*

Integrative Bewegungstherapie und Bewegungspädagogik als Behandlungsverfahren für psychiatrische Patienten

Hilarion Petzold, Angelika Berger, Düsseldorf

Die Integrative Bewegungstherapie wurde auf der Grundlage der Gestalttherapie aus dem Improvisationstraining des „Therapeutischen Theaters" (*Iljine* 1942; 1972; *Petzold* 1973; 1975) und verschiedenen atemtherapeutischen und bewegungspädagogischen Ansätzen (*Berger* 1971; *Sheleen* 1974; *Brooks* 1974) entwickelt (*Petzold* 1970; 1974; 1977; *Berger* 1973). Es handelt sich um ein Verfahren, das einen komplexen therapeutischen Ansatz vertritt und den Menschen in seiner Körperlichkeit, seiner Emotionalität, seinen geistigen Strebungen und seinen sozialen Bezügen zu erreichen sucht. Der anthropologische Ansatz der integrativen Bewegungstherapie betont die Ganzheit des Menschen, seine Körperlichkeit und seinen Umweltsbezug. Sie sieht den Menschen als ein Leib-Seele-Geist-Subjekt in einem sozialen und physikalischen (ökologischen) Umfeld. Therapie wird nur dann in vollem Maße wirksam, wenn keine dieser Dimensionen vernachlässigt wird. Wie die Mehrzahl der körperorientierten Verfahren der Psychotherapie geht auch die integrative Bewegungstherapie von dem Konzept aus, daß der Mensch seinen Körper nicht als Objekt *hat*, sondern daß er der jeweilige Leib *ist* (vgl. *Dürkheim* 1974; *Lowen* 1976). Diese auf die philosophische Unterscheidung zwischen „Sein und Haben" von *Gabriel Marcel* zurückgehende Annahme wird von *Buytendijk* (1956) in seiner „Allgemeinen Theorie der menschlichen Haltung und Bewegung" sowie von *Merleau-Ponty* (1949; 1945); *Plessner* (1965) in der phänomenologischen Betrachtung des menschlichen Körpers und seines Verhaltens, aufgegriffen. Für den theoretischen Ansatz der integrativen Bewegungstherapie ist die Betonung der existentiellen Einheit von Leib und Person von entscheidender Bedeutung. Der Leib als Grundlage aller Lebensprozesse – auch der kognitiven und emotionalen – wird zum Ausgangspunkt therapeutischen Handelns.

Die theoretische Begründung für diese Position wird aber nicht allein im existentialistisch-phänomenologischen Ansatz der genannten Autoren gesucht, sondern es wird ein entwicklungspsychologisches und sozialisationstheoretisches Erklärungsmodell zugrunde gelegt. Bei diesem wird davon ausgegangen, daß sich die menschliche Persönlichkeit in einem komplexen Prozeß sensumotorischer, emotionaler und kognitiver Sozialisation entwickelt. Grundlage dieses Prozesses ist der wahrnehmungs- und reaktionsfähige Organismus des Kindes, der nach der Geburt, in der Mutter-Kind-Dyade zunächst seine Körperlichkeit erlebt und im Verlauf der Entwicklung zu immer differenzierteren Wahrnehmungs- und Handlungsmöglichkeiten gelangt. Das Ich bildet sich zunächst als „Körper-Ich" (*Freud* 1923; *Schilder* 1924; 1935; *Federn* 1966) dadurch, daß sich der Körper des Kindes in Abgrenzung zum Körper der Mutter erlebt (vgl. *Jacobson* 1958). Alle Lernerfahrungen, die durch Sozialisationsakte gemacht werden, werden über den Körper aufgenommen und von ihm *cerebral* verarbeitet und gespeichert. So kann man mit *Gabriel Marcel* annehmen, „daß ein Körper eine Geschichte ist, genauer gesagt der Abschluß, die Fixierung einer Geschichte. Das Lebensschicksal der Patienten ist die Geschichte ihres Leibes. Jeder von ihnen *ist* sein Körper, über den er nicht hinauskommt . . . Je mehr ich mein Körper *bin*, desto mehr an Wirklichkeit wird mir verfügbar, existieren die Dinge doch nur, sofern sie mit meinem Körper in Kontakt stehen, von ihm wahrgenommen werden. Hier aber, so scheint mir, liegt das Wesen der seelischen Erkrankung, daß die existentielle Einheit von Selbst und Körper gestört oder verloren gegangen ist. Für den Patienten wird die Welt, die Wirklichkeit unverfügbar, er verliert das Bewußtsein seiner selbst als Existierender, er vermag keinen Kontakt – oder nur einen gestörten – nach außen, zu anderen zu finden" (*Marcel* 1968).

Den Körper wieder wahrnehmungs-, kontakt- und handlungsfähig zu machen, stellt sich als eines der ersten Ziele der Integrativen Bewegungstherapie dar. Nur wenn dies gegeben ist, wird spezifisch psychotherapeutische Arbeit überhaupt erst möglich. Gerade in der Behandlung psychiatrischer Patienten wird immer wieder deutlich, daß eine gestörte Beziehung zur Körperlichkeit mit der seelischen Erkrankung einhergeht, ja man kann sagen, daß für die Mehrzahl seelischer Erkrankungen, seien sie nun neurotischer oder psychotischer Natur, Störungen im Körpererleben, Einschränkungen der Wahrnehmungs- und Reaktionsfähigkeit sowie Störungen in den Körperfunktionen kennzeichnend sind.

In der therapeutischen Arbeit verbindet das integrative Vorgehen den spezifisch psychotherapeutischen Ansatz mit dem pädagogisch-psychagogischen und dem soziotherapeutischen. Die Praxis hat gezeigt, daß eine Trennung dieser Ansätze nicht möglich ist, sondern daß in jeder therapeutischen Arbeit auch pädagogische und soziotherapeutische Elemente zum

Tragen kommen, ja zum Tragen kommen müssen, wenn nicht die Wirklichkeit des Patienten verkürzt und damit die Effektivität der Behandlung eingeschränkt werden soll. Es ist überdies auch aus theoretischer Sicht keine prinzipielle, sondern allenfalls eine graduelle Unterscheidung zwischen psychotherapeutischem, soziotherapeutischem und pädagogischem Vorgehen möglich. Bei allen drei Ansätzen handelt es sich um einen komplexen Lernvorgang, in dem die verschiedenen Paradigmen des Lernens (*Gagné* 1969) zur Wirkung kommen. Weiterhin ist die Matrix, in der sich diese Lernprozesse vollziehen, bei den drei Ansätzen dieselbe: die zwischenmenschliche Beziehung zwischen Therapeut und Klient/Patient bzw. Lehrer und Schüler. Das Attribut „integrativ" eignet sich deshalb für unser Verfahren nicht nur, weil es verbales und nonverbales, direktives und nondirektives, verhaltensorientiertes und biographisch-aufdeckendes Vorgehen verbindet, sondern auch, weil es eine Integration von Psychotherapie, Soziotherapie und Pädagogik darstellt. Die Unterscheidung in Integrative Bewegungstherapie und Integrative Bewegungserziehung (*Petzold, Berger* 1974; *Petzold* 1977) ist daher keine grundsätzliche, sondern eine pragmatische, die sich an der Zielgruppe einerseits (Patienten – Schüler) und an dem Grad der Tiefung (vgl. *Petzold* 1974, 333 und dieses Buch S. 256f.) im therapeutisch-pädagogischen Prozeß orientiert. Gerade in der körperbezogenen Arbeit der Bewegungsverfahren kommen oft auch in ursprünglich „pädagogisch" intendierten Situationen Konstellationen auf, die von ihrem biographischen Kontext her, von der emotionalen Besetzung und Tiefung als psychotherapeutisch angesprochen werden müssen. Es ist daher unbedingt erforderlich, daß derjenige, der mit Integrativer Bewegungstherapie und Integrativer Bewegungspädagogik arbeitet, eine solide psychotherapeutische Ausbildung hat, die neben den theoretischen Kenntnissen eine ausreichende Selbsterfahrung im Verfahren selbst bietet (*Briner* 1977) und möglichst eine eigene Gestaltanalyse (*Vööbus* 1975), Bioenergetische Analyse (*Lowen* 1976) – beide sind besonders geeignet, weil sie körperorientiert sind – oder Psychoanalyse umfaßt.

Wir können für die Integrative Bewegungstherapie, Soziotherapie und Bewegungspädagogik als Teilverfahren der *Integrativen Therapie* wie bei dieser folgende Aspekte, Zielsetzungen, Ansätze und Modalitäten unterscheiden:

Modalität	*Ansatz*
1. Übungszentriertes Verfahren (ü)	– psychagogisch-pädagogisch (P)
2. erlebniszentriertes Verfahren (e)	– pädagogisch (P)
3. konfliktzentriertes Verfahren (k)	– psychotherapeutisch (T), soziotherapeutisch (S)

Askpekt	*Zielsetzung*
I. Reparativer Aspekt	a) Behebung und/oder Minderung von Defiziten ü/P,S,T
	b) Behebung und/oder Minderung von chronifizierten Störungen k + ü/T
	c) Behebung und/oder Minderung von akuten Störungen (Krisen, Konflikten) k/P, S
II. Konservierender Aspekt	Erhaltung und Stabilisierung von vorhandenen, intakten Fähigkeiten und Fertigkeiten ü/P, S, T
III. Evolutorischer Aspekt	a) Entwicklung spezifischer Potentiale ü, e/P, S T
	b) Entwicklung der Gesamtpersönlichkeit e/P, T

Die drei Aspekte werden methodisch durch die drei Modalitäten und Ansätze des Vorgehens erreicht, die in der Behandlung parallel zum Einsatz kommen und zwar je nach Indikation mit unterschiedlicher Gewichtung. Wir haben die einzelnen Modalitäten und Ansätze den Aspekten und Zielsetzungen zugeordnet und müssen dabei betonen, daß es sich um eine heuristische Unterscheidung handelt, die keine starre Festlegung bedeuten soll, da die Grenzen der jeweiligen Aspekte, Zielsetzungen, Ansätze und Modalitäten fließend sind und auch sein müssen.

1. Die übungszentrierte Modalität
Sie ist im Sinne einer funktionalen Therapie zu verstehen. Durch strukturierte Übungsangebote sollen vorhandene Defizite im Verhalten des Patienten kompensiert, nachsozialisiert oder neu entwickelt werden. Es handelt sich um ein komplexes Verhaltenstraining, das sich die Erkenntnisse der Lerntheorie und Verhaltenstherapie zu Nutze macht, ohne sich von den eingegrenzten Möglichkeiten der Reiz-Reaktionstheroie beschränken zu lassen. Die Integrative Bewegungstherapie hat hier ein reiches Repertoire von Trainingsverfahren entwickelt: Entspannungs-, Sensibilitäts-, Expressivitäts-, Orientierungs-, Flexibilitätstraining usw. (*Petzold, Berger* 1973; 1974).

Durch das übungszentrierte Vorgehen werden neue Verhaltensmöglichkeiten systematisch erschlossen. Das Wahrnehmungs-, Erlebnis- und Verhaltensspektrum der Patienten wird erweitert. Dabei wird nach dem Prinzip: „vom Einfachen zum Komplexen" verfahren. Insbesondere, wenn die Fähigkeiten der Patienten im Hinblick auf Rollenflexibilität, Kontakt, Emotionalität, Verbalisation sehr eingeschränkt sind, hat übungszentriertes Vorgehen einen hohen therapeutischen Wert und bildet oftmals erst die Grundlage für konfliktzentriert-psychotherapeutisches Vorgehen. Übungszentrierte Arbeit verläuft relativ strukturiert, wenn auch spielerische Elemente und freie Improvisation nicht ausgeschlossen sind. Hier werden die Grenzen zum erlebniszentrierten Arbeiten fließend. Weiterhin ist es möglich, daß durch die Mobilisierung im übungszentrierten Vorgehen konfliktbesetztes Material aufkommt, das unmittelbar Anknüpfungspunkte und Einstiegsmöglichkeiten für konfliktzentriertes Vorgehen bietet. Derartige Möglichkeiten sollten indes nur wahrgenommen und aufgegriffen werden, wenn die Belastungsfähigkeit des Patienten und der Gruppe es erlauben. Erstes Ziel der übungszentrierten Arbeit bleibt der Aufbau von Verhalten durch Training.

2. Die erlebniszentrierte Modalität

Das erlebniszentrierte Arbeiten in der integrativen Bewegungstherapie zielt darauf ab, dem Patienten/Klienten neue bzw. alternative Erlebnismöglichkeiten zu erschließen. Hierzu werden die vielfältigen Möglichkeiten der Bewegungsimprovisation, des freien Bewegungsgestaltens als Einzelarbeit oder Gruppenaktivität eingesetzt. Je nach Zielsetzung wird dabei Musik verwandt. Der stimulierende Effekt ausgewählter Musikstücke hat für die erlebniszentrierte Arbeit große Bedeutung. Mit Musik ist es möglich, bestimmte Stimmungen zu evozieren oder zumindest zu fördern. Auch die Improvisation auf einfachen Instrumenten, zu der sich ein Teil der Gruppe bewegt, um nach einiger Zeit die Rolle der Spieler zu übernehmen und diese dann ihrerseits in die Bewegung gehen, hat sich als ausgesprochen aktivierend erwiesen. Bewegungsgestalten und rhythmische Tanzimprovisation fördern die kreativen Fähigkeiten und die Spontaneität der Patienten. Sie schaffen eine gelockerte, freudige Atmosphäre, wie man sie sonst in „totalen Institutionen" selten findet oder herstellen kann. Die gemeinsame Bewegungsarbeit, insbesondere der Improvisationstanz bewirkt oftmals ein intensives Kohärenzerleben in der Gruppe und spontanen emotionalen Kontakt zwischen einzelnen Patienten. Es können durch das erlebniszentrierte Vorgehen auf diese Weise *peak experiences* (*Maslow*

1964) vermittelt werden und es werden Dimensionen von *Intersubjektivität* in der Bewegung möglich (*Marcel* 1965; *Besems* 1977; *Troisfontaines* 1968), die für Gesundung und Entfaltung der Persönlichkeit zentrale Bedeutung haben. Insbesondere die Beziehung zu den Therapeuten klärt sich, wird ungezwungener und freier von Übertragungsanteilen, die die Kommunikation beeinträchtigen. Das erlebniszentrierte Vorgehen übersteigt den spezifisch therapeutischen Ansatz und muß als pädagogisches Verfahren zur Förderung der Persönlichkeitsentwicklung, des *„personal growth"* gesehen werden.

3. Die konfliktorientierte Modalität

Konfliktorientierte Therapie ist nur möglich, wenn ein gewisses Potential an Wahrnehmungsfähigkeit, Sensibilität, Beziehungsfähigkeit und Reflexionsvermögen vorhanden ist. Gerade bei Langzeitpatienten aber sind diese Fähigkeiten oftmals sehr eingeschränkt oder verloren gegangen. Ein allmählicher Wiederaufbau durch übungszentriertes Vorgehen muß als Vorbereitung auf konfliktoriente Arbeit eingesetzt werden. Die Integrative Bewegungstherapie nimmt an, daß der Mensch auf der Grundlage einer bestimmten, genetisch vorgegebenen Ausstattung durch Prozesse sozialen Lernens zu dem geworden ist, was er ist. Er hat Geschichte. Diese biographische Dimension, die sich als Gesamtheit aller negativen und positiven Erfahrungen darstellt, die ein Mensch im Verlaufe seines Lebens gemacht hat, manifestiert sich nicht nur auf der Ebene von Erinnerungen, Gedanken, Phantasien, sondern findet konkreten Ausdruck im Verhalten eines Menschen. Die Körperhaltung, die Tonusregulation, der Bewegungsablauf psychisch schwer erkrankter Menschen sind deutlich erkennbar verändert. Wenn man das Axiom der psychosomatischen Einheit ernst nimmt, ist eine andere Sichtweise gar nicht möglich. Körperliche Erkrankungen haben immer Rückwirkungen auf den seelischen Bereich und seelische Erkrankung immer Rückwirkungen auf den körperlichen Bereich. Es handelt sich jeweils um Erkrankungen des ganzen Menschen.

In der konfliktorientierten Modalität der Integrativen Bewegungstherapie versuchen wir, ausgehend vom offen beobachteten Verhalten, wie es sich in bestimmten Haltungen des Körpers, in Bewegungsabläufen, Spannungs-, Verspannungs- und Erschlaffungszuständen des Körpers zeigt, therapeutische Ansatzpunkte zu finden. Von gleicher Bedeutung sind die Verhaltensweisen in der sozialen Interaktion, wie sie in der Beziehung zum Therapeuten oder zu den Mitgliedern der Therapiegruppe zum Ausdruck kommen. In jeder der genannten Verhaltensdimensionen zeigt sich

ein Stück Lerngeschichte, ein Stück Lebensschicksal des Patienten. Für den therapeutischen Prozeß ist es von großer Wichtigkeit, daß der Patient sein gegenwärtiges Verhalten auf den verschiedenen Ebenen erlebt, daß er es in seinem lebensgeschichtlichen Zusammenhang verstehen lernt und dadurch integrieren kann. Erst durch diesen Prozeß erfolgt eine nachhaltige Entwicklung der Gesamtpersönlichkeit und können die im übungszentrierten Vorgehen erworbenen Fähigkeiten und Fertigkeiten voll zum Tragen kommen.
Beim übungszentrierten Vorgehen besteht leicht die Gefahr, daß Verhaltensweisen „ankonditioniert" werden, ohne daß sie vom Patienten organisch in seine Persönlichkeit integriert werden. Aus diesem Grunde ist eine Kombination von konfliktzentriertem, übungszentriertem und erlebniszentriertem Vorgehen unbedingt erforderlich.

4. Ziele der therapeutischen und pädagogischen Arbeit

Als Ziele der therapeutischen und pädagogischen Arbeit haben wir global die Behebung oder Minderung von Störungen und Defiziten, die Stabilisierung der Persönlichkeit und die Entfaltung der persönlichen Potentiale genannt. In der Integrativen Bewegungstherapie und -pädagogik geht es also nicht nur um die *Behandlung* pathologischer Zustände, sondern in gleicher Weise um die Bewahrung und *Stabilisierung* gesunden Verhaltens und die *Entwicklung* neuer Verhaltensmöglichkeiten. Das Konzept der Therapie wird durch das pädagogische Konzept der Förderung von Potentialen bzw. des Wachstums (growth), wie es die humanistische Psychologie vertritt (*Bühler* 1974; *Maslow* 1974; *Perls* 1976) ergänzt. Für die therapeutische Praxis ist ein solcher Ansatz, der nicht nur die Defizite und Störungen, sondern auch die noch vorhandenen, gesunden Bereiche sieht, ja darüber hinaus auch noch die Entwicklungsmöglichkeiten im Auge behält, von entscheidender Bedeutung. Er geht davon aus, daß der Mensch nicht nur von seinen traumatischen Erfahrungen, sondern auch von seinen positiven Erlebnissen geprägt ist, daß Therapie nicht nur Behandlung des kranken, sondern Stärkung und Entwicklung des gesunden Verhaltens bedeutet. Die drei genannten Leitlinien des therapeutischen und pädagogischen Vorgehens: *Restitution, Stabilisierung* und *Entwicklung* sind auf die Realisierung von drei Global- oder Richtzielen ausgerichtet: 1. Förderung der personalen Kompetenz, 2. Förderung der sozialen Kompetenz, 3. Förderung fachlicher Kompetenz. Unter Kompetenz wird „die Gesamtheit der Fähigkeiten und Fertigkeiten verstanden, die zur Erreichung eines bestimmten Zieles notwendig sind". Personale Kompetenz umfaßt alle Fähigkeiten, die der Mensch zur persönlichen Lebensbewältigung benötigt: Selbstwahrnehmung, Selbstregulation, Selbstverwirklichung, d.h. er muß in der Lage sein, seine Bedürfnisse wahrzunehmen, zu steuern und in angemessener Weise zu befriedigen. Unter sozialer Kompetenz werden alle Fähigkeiten und Fertigkeiten verstanden, die ein Mensch im sozialen Zusammenleben braucht: Fremdwahrnehmung, soziales Differenzierungs- und Orientierungsvermögen, Kooperationsfähigkeit usw. Unter fachlicher Kompetenz werden alle praktischen und theoretischen Kenntnisse und Fertigkeiten zusammengefaßt, die zur Bewältigung von sachbezogenen Aufgaben im beruflichen und familiären Leben erforderlich sind. Es wird deshalb auch von „professioneller Kompetenz" gesprochen.

Derartige Globalziele und Leitprinzipien können natürlich durch Grobzielkataloge ergänzt werden. So will Integrative Bewegungstherapie und -pädagogik kreatives und spontanes Handeln fördern. Sensibilität, Expressivität, Flexibilität, räumliches, zeitliches und soziales Orientierungsvermögen werden genauso angestrebt wie Förderung der Verbalisationsfähigkeit, der Introspektion, des Konflikt- und Problemlösungsverhaltens, der Kontakt- und Beziehungsfähigkeit; denn für die therapeutische und pädagogische Arbeit gewinnen derartige Lernzielkataloge erst im konkreten Praxisbezug Relevanz. Therapie- bzw. Lernziele müssen immer anhand der konkreten Situation eines Patienten erarbeitet werden. Dabei kann man folgendes Schema verwenden:

1. Welche Defizite sind vorhanden?
2. Welche heilen Bereiche sind vorhanden?
   a) auf Grund der Selbsteinschätzung des Patienten,
   b) auf Grund der Einschätzung durch den Therapeuten,
   c) auf Grund der Einschätzung durch die Gruppe,
   (sofern man diese in den Prozeß der Verhaltensbeobachtung und -kontrolle einbezieht).

5. Das Verhaltensrepertoire psychiatrischer Patienten

Im Folgenden seien Erfahrungen mit Langzeitpatienten mitgeteilt, die wir im Verlauf der vergangenen fünf Jahre in der psychiatrischen Klinik und in einem Übergangsheim / Rehabilitationsprogramm für psychiatrische Patienten sammeln konnten. Wir konnten weiterhin Erfahrungen von Kollegen auswerten, die mit psychiatrischen Langzeitpatienten bewegungstherapeutisch arbeiten und von uns ausgebildet und supervidiert wurden.

In der bewegungstherapeutischen Arbeit mit Langzeitpatienten ist es eines der ersten Anliegen, einen Eindruck vom aktualen Verhaltensrepertoire zu gewinnen, wie es sich im Verhalten auf der Station, in den Freizeitaktivitäten und der Gruppenarbeit beobachten läßt. Besonders in der Anfangsphase der Arbeit nimmt die Verhaltensbeobachtung einen breiten Raum ein. Sie bietet die Grundlage für die therapeutischen Strategien, die einzuschlagen sind. Dabei ist die Aufmerksamkeit nicht nur auf die Defizite zu richten, sondern es gilt, Verhaltensweisen herauszufinden, die „intakt" sind, die eine gewisse Konstanz und Prägnanz besitzen und sich bei Patienten in einer gewissen Häufigkeit zeigen. Wir konnten die Beobachtung machen, daß bei Patienten auf chronischen Stationen durchweg die Beziehung zum Körper schwerwiegend gestört ist. Dies zeigt sich vor allem in einer starken Vernachlässigung der Körperpflege, einem sehr geringen Bewegungsdrang, der durch sedierende Medikation noch weiter herabgesetzt wird, einer eingeschränkten Motilität bis hin zur Steifheit, einer Reduzierung der Sensibilität im taktilen, akustischen, optischen usw. Bereich. Weiterhin sind erhebliche Defizite im verbalen und non-verbalen Kommunikationsverhalten zu beobachten. So ist es den meisten Patienten nicht möglich, den Therapeuten oder andere Gruppenmitglieder anzusehen, auf andere Menschen direkt zuzugehen, sprachlich prägnant zu artikulieren. Die Bewegungsverläufe beim einfachen Gehen und leichten Lauf sind eckig, vielfach unkoordiniert und arhythmisch. Die Körperhaltung ist bei vielen Patienten schlaff, bei einigen sehr verspannt. Charakteristisch ist auch die geringe körperliche Belastungsfähigkeit und ein allgemeiner Mangel an Vitalität und Spannkraft. Ein großer Teil der hier beschriebenen Defizite ist eindeutig auf die stimulierungsarme Umgebung der Klinik, die mangelnden Möglichkeiten der Bewegung und die Monotonie des Klinikalltags zurückzuführen. Es finden sich charakteristische Hospitalismuseffekte als Folge von sensorischer und perzeptueller Depravation und homogener Stimulierung (vgl. hierzu die von *Weinstein* 1968 zusammengestellte Literatur). Die Depravations- und Stimulierungsforschung hat gezeigt, daß bei Reizentzug und/oder homogener Stimulierung schwerwiegende physische und psychische Veränderungen auftreten. Dabei kann man davon ausgehen, daß Funktionen, die nicht gebraucht werden, verkümmern. Die aus der Alternsforschung bekannte „Disuse-Hypothese" (vgl. *Petzold, Bubolz* 1976 S. 116 ff) ist auch in vollem Umfang auf langzeitig hospitalisierte psychiatrische Patienten anwendbar. Ein wesentliches Ziel der bewegungstherapeutischen Arbeit muß deshalb sein, der Depravation entgegenzuwirken und vielfältige Stimulierung anzubieten. Neben den geschilderten Defiziten kann man nur wenige Ver-

haltensweisen entdecken, die als „intakt" anzusehen sind. Oft finden sich nur Reste kommunikativen Verhaltens zu anderen Patienten und zum Pflegepersonal, gezielte Verhaltensstrategien bei der Beschaffung von Zigaretten, Getränken und Nahrungsmitteln, weiterhin beim Ansteuern kleiner Privilegien, was Ausgang, Zuwendung von den Pflegern, den Ärzten und Psychologen anbetrifft. Im großen und ganzen ist das Gesamtverhalten gedämpft, auf Minimalfunktionen reduziert und von einer generalisierten Apathie gekennzeichnet.
Diese nicht gerade ermutigende Bestandsaufnahme bietet die Grundlage für das therapeutische Procedere.

6. Therapeutisches Vorgehen
Aufgrund der starken Behinderungen der Patienten, die wir im Voranstehenden kurz geschildert haben und zu denen noch die spezifische Symtomatik wie z.B. autistische Zurückgezogenheit, Unruhezustände, Haluzinationen, Konzentrationsmangel erschwerend hinzukommen, müssen die Gruppen so zusammengestellt werden, daß die unruhigen Patienten nicht überwiegen, aber auch die zurückgezogenen Patienten für das Klima der Gruppe nicht zu bestimmend werden. In jeder Gruppe müssen einige Patienten vorhanden sein, die in einem etwas besseren Zustand sind und der bewegungstherapeutischen Arbeit ohne allzu große Schwierigkeiten folgen können. Sie sollen für die anderen Gruppenmitglieder als Imitationsmodelle dienen. Die optimale Gruppengröße beträgt zwischen sechs und acht Patienten.
In unserer Arbeit war aufgrund der Situation der einzelnen Stationen die Altersstreuung relativ breit angesetzt. Wir hatten z.T. in den Gruppen Patienten zwischen 22 und 65 Jahren. Diese großen Altersunterschiede erwiesen sich allerdings nicht als Nachteil. Eine altershomogene Population würde zusätzlich einen „sozialen Monotonieeffekt" bewirken. Unter diesen Gesichtspunkten haben wir es auch als einen ausgesprochenen Mangel betrachtet, wenn wir keine weiblichen Gruppenteilnehmer hatten.
Die Dauer der Gruppensitzungen war von der geringen Belastungsfähigkeit der Patienten bestimmt. In der Regel wurde eine Stunde gearbeitet; zuweilen erwies sich schon diese Zeitspanne als zu lang, und wir mußten je nach Verlauf der Sitzung früher abschließen. Besonders gegen Ende der Stunde konnten die konzentrationsschwachen Patienten oftmals nicht mehr folgen und störten die anderen Gruppenmitglieder. Es ist daher notwendig, sich an dem oft wechselhaften Zustand der Patienten, wie er sich in der Dynamik der Gruppe zeigt, zu orientieren. Von den Möglichkeiten

der Patienten war auch die Wahl der Übungen und der therapeutischen Interventionen bestimmt. In manchen Gruppen, in denen der Anteil an zurückgezogenen oder konzentrationsschwachen Patienten überwog, mußte mit einfachsten Bewegungs- und Koordinationsübungen begonnen werden. Die Erfahrungen aus der bewegungstherapeutischen Arbeit mit Langzeitpatienten haben gezeigt, daß man sehr kleine therapeutische Ziele stecken muß (*Krietsch-Mederer* 1976; *Fine* et al. 1974). Defekte, die aus dem Zusammenwirken von Krankheitsfolgen, Dauermedikation und Reizentzug als Hospitalisierungseffekte im Verlauf vieler Jahre entstanden sind, können auch nur in langwieriger Kleinarbeit abgeschwächt oder teilweise kompensiert werden. Diese Erfahrung ist für den Bewegungstherapeuten, der vorwiegend mit neurotisch erkrankten Patienten gearbeitet hat, oder für den bewegungspädagogisch ausgerichteten Gruppenleiter, der gewohnt ist, mit gesunden Menschen zu arbeiten, schwer zu ertragen. Er muß lernen, kleinste Fortschritte als Erfolge anzusehen. Diese Tatsache stellte am Anfang für uns das größte Problem im Umgang mit diesen Klienten dar.

7. Therapeutische Beziehung

Ein Grundprinzip der Integrativen Bewegungstherapie lautet: „Der Therapeut ist das wichtigste Instrument der Therapie." Die persönliche Beziehung, die zu den Patienten aufgebaut wird, stellt die Grundlage der therapeutischen Arbeit dar. Sie wird gleichzeitig zum Modell für die Qualität der Beziehung in der Gruppe. Das wichtigste Ziel in der Anfangsphase der Gruppenarbeit ist, eine Atmosphäre des Vertrauens, der Wärme und des Akzeptierens zu schaffen. Eine freundliche und geduldige Grundhaltung, Klarheit in den verbalen und non-verbalen Interventionen, Eindeutigkeit der „Spielregeln" sind hierfür unbedingte Voraussetzung. Vor allen Dingen darf auf den Patienten kein Zwang ausgeübt werden. Die Teilnahme an den Gruppen ist freiwillig. Die Patienten wurden vom Stationspersonal motiviert und an die Gruppenzeiten erinnert. Auf einigen Stationen wurde die Teilnahme durch Gespräche des Pflegepersonals mit den Patienten gefördert. Aber es gab auch Stationen, wo wenig Verständnis für die Gruppenarbeit vorhanden war. Die Patienten, die in einer besonders schlechten Verfassung waren, wurden auf der Station abgeholt und später vom Gymnastikraum wieder auf die Station gebracht. Die therapeutische Beziehung war damit nicht nur auf die eigentliche Gruppenarbeit begrenzt, sondern wurde durch Besuche und Kontaktgespräche auf den einzelnen Stationen vertieft. Die Zuwendung des Therapeuten muß als einer der

wichtigsten motivationalen Faktoren angesehen werden, durch die die Apathie des Langzeitpatienten durchbrochen werden kann. Ist erst einmal ein Einstieg in die praktische Bewegungsarbeit gefunden, so wird diese schon aufgrund der Tatsache, daß sie eine Abwechslung in der Eintönigkeit des Klinikalltags darstellt, von den Klienten positiv eingestuft.
Die Regulierung von Nähe und Distanz in der therapeutischen Beziehung stellt sich als das schwierigste Problem dar. Da die oftmals infantilen, durch die Struktur der Klinik und durch ihre Krankheit regredierten Patienten kaum eine Bezugsperson haben, erhält die Beziehung zum Therapeuten einen hohen Stellenwert. In die Übertragung gingen vielfach auch sexuelle Wünsche an die Therapeuten ein, die zum Teil in naiver, zum Teil aggressiv-obszöner Weise geäußert wurden.
Eine klare emotionale Beziehung herzustellen, ist besonders bei den sehr zurückgezogenen psychotischen Patienten schwierig und stellt sich als ein langwieriger Prozeß dar, in dem geringfügige Signale wie z.B. ein Blick, eine Geste, eine Berührung schon als wichtige Botschaften aufgefaßt werden müssen. Das Zustandekommen und der Aufbau eindeutiger Übertragungen können schon als ein erheblicher Therapieerfolg gewertet werden. Das Übertragungsgeschehen wurde besonders intensiviert, wenn ein Cotherapeut in der Gruppe mitarbeitete und auf diese Weise die Elternfiguren symbolisch repräsentiert waren.

8. Behandlungsmethodik und Technik

Die Behandlungsmethodik bei Langzeitpatienten ist vorwiegend übungszentriert, wenngleich die erlebniszentrierte und die konfliktorientierte Dimension im Auge behalten werden muß und, wo möglich, vorsichtig zum Einsatz kommen sollte. Im Hinblick auf die festgestellten Defizite haben wir versucht, durch ein systematisch aufgebautes Trainingsprogramm das Erlebnis- und Verhaltensrepertoire des Patienten zu erweitern. Ausgangspunkt ist dabei ein einfaches Bewegungstraining, das zum Ziel hat, die Patienten an den Gymnastikraum, die veränderte Umgebung und an das „Medium Bewegung" zu gewöhnen. Gehen und Laufen im Raum, Berühren der Wände und Gegenstände, Übungen auf dem Boden stehen am Anfang. Oftmals kann zur Unterstützung eine anregende, allerdings nicht aufdringliche, rhythmische Musik verwendet werden. Mit der Bewegung im Raum verbunden ist ein Training der Orientierungsfähigkeit. Der Raum wird von den Patienten in seinen Dimensionen erfahren. Der Kontakt mit dem physikalischen Umfeld, dem jeweiligen Raum, stellt eine Grundform von Wahrnehmung dar, die für die psychiatrischen Patienten

durchaus nicht selbstverständlich ist. Wahrnehmung von Gegenständen gestaltet sich jedoch für ihn einfacher als die Wahrnehmung von Personen, in der immer „die Gefahr" tatsächlicher Kontaktaufnahme liegt. Das Problem des Kontaktes der Gruppenmitglieder untereinander ist in den meisten Gruppen mit chronischen Patienten eine der größten Schwierigkeiten. Kontakt- und Partnerübungen wurden vielfach abgewehrt, indem ihre Durchführung gänzlich verweigert oder durch Clownerien und Mangel an Ernstwertung „entschärft" wurden. Hier ist es oft erforderlich, durch Bestimmtheit in der Intervention klare Grenzen zu setzen.
Das allgemeine Bewegungstraining zielt auf eine Lockerung der Patienten und den Aufbau von Elastizität und Spannkraft ab. Es werden zu diesem Zweck isometrische und isotonische Übungen eingebaut und Bewegungsfolgen konzipiert, die einen flüssigen Bewegungsablauf fördern (*Smith, Figetakis* 1970). Im Sinne dieser Zielsetzungen sind die Ballspiele geeignet, die wir zuweilen an den Schluß der Stunde stellen.

8. 1 Bewegungsspiele

Spiele, insbesondere Fußball, Handball, Volleyball und Völkerballspiel können in ihrem Wert für bewegungstherapeutische Arbeit gar nicht hoch genug veranschlagt werden. Sie mobilisieren nicht nur die Körperlichkeit, indem sie gezielte und koordinierte Bewegungen fördern, Atmung und Herz-Kreislauftätigkeit anregen, die Muskulatur beanspruchen, sondern sie mobilisieren auch den affektiven und sozialen Bereich. Im Wurf des Balles können aggressive Komponenten Ausdruck finden. Ein gelungenes Tor löst Freude auf der einen und Enttäuschung auf der anderen Seite aus, eine verpatzte Situation Ärger und eine erfolgreiche Genugtuung. Für den apathischen, chronisch erkrankten Patienten sind derartige Gefühlsäußerungen von großer Bedeutung. Die *Freude am Spiel* bringt eine Dimension in den freudlosen Klinikalltag, deren heilende Wirkung gar nicht genug betont werden kann: Lachen und Spaß. Der Begründer des Psychodramas und der modernen Gruppenpsychotherapie *J.L. Moreno* hat verfügt, daß auf seinem Grabstein folgende Inschrift stehen soll: „Hier ruht der Mann, der das Lachen wieder in die Psychiatrie eingeführt hat" (*Leutz* 1974). In den psychiatrischen Einrichtungen wird zu wenig gelacht. Oft findet man ein bedrückendes Klima, das der Entwicklung gesunder Verhaltensweisen wenig Raum gibt. Spiele bieten Möglichkeiten, derartige Verhaltensalternativen freizusetzen; sie fördern darüber hinaus Kommunikation und soziale Interaktion. Der Ball muß abgegeben werden; das erfordert, die Aufmerksamkeit auf den anderen zu richten und mit ihm

Kontakt aufzunehmen. Anfänglich ist wenig von „Zusammenspiel" zu beobachten. Das Spiel ist oft unkoordiniert und chaotisch. Einige sehr zurückgezogene Patienten bleiben am Rand oder auf der Spielfläche stehen, bzw. nehmen nur sporadisch teil. Es kommt allerdings auch zu spontanen Reaktionen bei katatonen Patienten, wenn sie „angespielt" werden, indem man ihnen den Ball zuwirft. Hier kann der Bewegungstherapeut auf Verhaltensrudimente zurückgreifen: Jeder Junge hat Ballspiele betrieben, und die Bewegungs- und Handlungsabläufe sind ihm irgendwie vertraut, d.h. sie sind im Verhaltensinventar gespeichert und können in der Spielsituation aktiviert werden. Gruppen, mit denen wir regelmäßig Ballspiele durchgeführt haben, gewannen an Kohäsion und zeigten ein besseres soziales Klima. Außerdem nahm die physische Kondition der Patienten zu.

8. 2 Atemschulung

Im Bewegungstraining und in den Ballspielen wird die Atmung angeregt. Darüber hinaus ist aber eine gezielte atemtherapeutische Arbeit notwendig. Fast alle Patienten haben ein gestörtes Atemmuster. Die Atmung ist flach und beschränkt sich vorwiegend auf den Brustraum. Eine gesunde Zwerchfellatmung findet man bei psychisch Kranken selten. Nach dem theoretischen Ansatz der Integrativen Bewegungstherapie, der sich in dieser Hinsicht auf Überlegungen von *Wilhelm Reich* (1972) und *Alexander Lowen* (1976) gründet, ist eine eingeschränkte Atmung mit einer Reduzierung der emotionalen Erlebnis- und Ausdrucksmöglichkeit verbunden. Bei allen Emotionen ist die Atmung ganz wesentlich beteiligt: Man hält vor Furcht den Atem an, schnaubt vor Wut, prustet vor Lachen, stöhnt vor Lust, seufzt vor Traurigkeit. Die Mobilisierung der Atmung führt oftmals dazu, daß spontan tiefe Gefühle aufkommen. Die Patienten beginnen zu weinen, zu lachen, Zorn zu zeigen. Die Atemarbeit ist nicht forcierend und intendiert keine bewußte Atemkontrolle. Vielmehr werden Körperhaltungen und Bewegungsabläufe vorgegeben, die eine natürliche Tiefatmung möglich machen, ohne daß der Patient steuernd in den Atemrhythmus eingreift. Aus diesem Grunde verwenden wir in der ersten Zeit die Begriffe Atem oder Atemschulung überhaupt nicht.

8. 3 Sensibilisierungstraining

Die Störung der Sensibilität hat ihre Ursache in erster Linie in der Abspaltung der Körperwahrnehmung. Die Identität zwischen Körper und Person ist tiefgreifend gestört. Der Patient *hat* seinen Körper, und aufgrund dieser Haltung tendiert er dazu, seinen Körper „abzulegen", seine Körperwahr-

nehmungen und Körperreaktionen zu verleugnen. Für diese Patienten kann das Wort von *Iljine* (1965) gelten: „Habe ich meinen Körper verloren, so habe ich mich selbst verloren. Finde ich meinen Körper, so finde ich mich selbst. Bewege ich mich, so lebe ich und bewege die Welt. Ohne diesen Leib bin ich nicht, und als mein Leib bin ich. Nur in dieser Bewegung erfahre ich mich als mein Leib, erfährt sich mein Leib, erfahre ich mich. Mein Leib ist die Koinzidenz von Sein und Erkenntnis, von Subjekt und Objekt. Er ist der Ausgangspunkt und das Ende meiner Existenz".
Die Störung der Selbstwahrnehmung zieht immer auch eine Störung der Fremdwahrnehmung nach sich. Aus diesem Grunde ist ein Schwerpunkt unserer Arbeit in der Förderung der „Awareness", der Bewußtwerdung der Selbstwahrnehmung zu sehen. Wenn Identität im Verlaufe der Entwicklung auf der Grundlage des „Körper-Ich-Erlebens" gewonnen wird, so kann man davon ausgehen, daß bei einem Verlust an Identität, wie er für psychiatrische Patienten kennzeichnend ist, auch mit dem Aufbau des Körper-Ich begonnen werden muß (*Ammon* 1975). Wir beginnen meistens mit sehr einfachen Übungen. Die Patienten werden z.B. aufgefordert, sich auf dem Boden zu rollen. Auf diese Weise nehmen sie, ohne daß besonders darauf hingewiesen wird, ihren Körper wahr. Der harte Boden bringt sie mit ihrem Körper in Kontakt. Weiterhin lassen wir den Körper mit den Händen abklopfen und einzelne Körperteile, besonders die Hände, die Füße und das Gesicht abtasten. So kann der Klient ein neues Gefühl für seinen Körper entwickeln. Die empirischen Untersuchungen von *Maurer-Groeli* (1975; 1976) bei akuten und von *Goertze et al.* (1965) und *May et al.* (1963) bei chronisch schizophrenen Patienten mit einer körperzentrierten Therapie haben gezeigt, daß die mit diesem Verfahren behandelten Patientengruppen gegenüber Vergleichsgruppen deutliche Besserungen aufweisen (vgl. auch *Auriol* 1972). Auch wir konnten die Feststellung machen, daß durch Sensibilisierungsübungen Patienten aktiver und aufnahmebereiter wurden und sich ihre Beziehung zum Körper verbesserte. Dies kam zum Beispiel dadurch zum Ausdruck, daß sie ohne vermehrte pädagogische Maßnahmen die Körperpflege intensivierten, häufiger zum Duschen gingen, sogar von sich aus die Wäsche wechselten. Es ist ja in der Psychiatrie ein altbekanntes Phänomen, daß sich im Zustand des Patienten eine Besserung abzeichnet, wenn er sich der Körperpflege wieder stärker zuwendet. Ein intensives Sportprogramm, in dem besonders das Schwimmen eine wichtige Rolle spielt, und eine gute physikalische Therapie können derartige Entwicklungen fördern, (*Sivadon, Gantheret* 1973). Das Sensibilisierungstraining bleibt aber nicht auf die Wahrnehmung des

Körpers beschränkt, sondern wird auf die Wahrnehmung des Umfeldes ausgedehnt. Die Patienten werden dazu ermuntert, Erfahrungen mit Materialien zu machen, den Boden, die Wände, Gegenstände zu betasten und bewußt wahrzunehmen. Es ist wichtig, daß Übungen einen spielerischen Charakter haben und von den Patienten gerne ausgeführt werden. Übungen zur Wahrnehmung anderer Patienten durch Partnerkonstellationen und Körperkontakt sind anfänglich kaum möglich, am ehesten noch, wenn sie in Spiele eingebaut werden. In praktisch jeder Therapiestunde werden eine Reihe von Übungen des Sensibilisierungstrainings eingesetzt, weil durch sie die Grundlage zu weiteren Verhaltensmöglichkeiten, insbesondere der Expressivität gelegt werden.

8. 4 Expressivitätstraining

Wahrgenommenes muß Ausdruck finden. Die Ausdrucksfähigkeit der Patienten ist weitgehend eingeschränkt. Ihre Mimik und Gestik ist monoton und ohne Aussage, sofern sie nicht von Nervosität, unkontrollierten Reaktionen (z.B. Grimmassieren) bestimmt wird, wie es für manche Krankheitsbilder charakteristisch ist. In jedem Falle ist das Einüben von Ausdrucksverhalten eine wichtige therapeutische Maßnahme. Wir beginnen damit, daß wir die Patienten auf vorhandenes Ausdrucksverhalten aufmerksam machen, wie es sich auf der Station oder in der Gruppenarbeit besonders beim Spiel zeigt: z.B. „Du kannst ja ganz schön zornig sein!" – „Mensch, kannst du lachen!" usw. Durch derartige Zuwendungen wird, im Sinne eines postitiven Reinforcements, Verhalten verstärkt, so daß es gehäuft auftreten kann. Eine weitere Möglichkeit ist das Spielen von Emotionen. Wir spielen „lustig sein, zornig sein, gelangweilt sein, müde sein". Nach *Scott* (1959) muß sich ein Verhalten erst zeigen, ehe es verstärkt werden kann. Wenn ich also durch Übungen des Ausdruckstrainings expressives Verhalten hervorrufen kann, habe ich auch die Möglichkeit, es positiv zu verstärken.

8. 5 Orientierungstraining

Die meisten Patienten haben die Schwierigkeit, sich zeitlich und räumlich zu orientieren. Dies ist nicht nur Kennzeichen für psychotische Erkrankungen, sondern auch eine Folge des Monotonieeffektes der Klinik. Zeitliche und räumliche Orientierung bilden eine Voraussetzung für soziale Orientierung. Durch ein komplexes Training soll die Orientierungsfähigkeit des Patienten wieder entwickelt werden. Wir gehen gemeinsam durch das Klinikgebäude und das Klinikgelände und nehmen die Räumlichkeiten bewußt wahr. Wir zählen die Schritte und erfahren auf diese Weise die Länge der Gänge. Wir durchqueren die Gymnastikhalle in allen Richtungen und bekommen so ein Gefühl für ihre Dimensionen. Durch rhythmische Übungen wird die Zeitstruktur erlebbar. Eine kleine Zeiteinheit durch rhythmische Bewegungen zu strukturieren, bildet die Grundlage für Zeiterleben und die Fähigkeit, Zeit im größeren Rahmen einzuteilen. Im Verlauf dieser Übungen wird versucht, auch das soziale Umfeld bewußter wahrzunehmen. Hier ergeben sich in der Praxis die meisten Schwierigkeiten und man muß wiederum mit kleinen Schritten anfangen. Durch Suchspiele soll das räumliche und zeitliche Orientierungstraining eine heitere Note bekommen und wird die Motivation der Patienten für derartige Übungen erhöht.

Die hier kurz beschriebenen Trainingsmöglichkeiten stellen eine Auswahl dar. In der Praxis muß der Bewegungstherapeut über ein sehr großes Repertoire an Übungen und Spielen verfügen, um immer wieder neue Angebote machen zu können, weil die Konzentrationsfähigkeit und das Interesse der Klienten sehr schnell abnimmt und ständig neue Anregungen und Angebote verlangt.

9. Verhaltenstherapeutischer Ansatz

In den beschriebenen Übungen geht es darum, daß neue Fähigkeiten und Fertigkeiten gelernt oder alte reaktiviert werden. Hier wird die Verwendung verhaltenstherapeutischer Prinzipien sinnvoll. Gewünschtes Verhalten, das vom Patienten in der Gruppe gezeigt wird, wird vom Therapeuten positiv durch verbalen Zuspruch oder sogar durch Lob vor der Gruppe verstärkt. Derartige soziale Verstärker haben sich als besonders wirksam erwiesen, wenn eine gute emotionale Beziehung der Gruppenmitglieder zum Therapeuten vorhanden war. Es wird aber nicht nur mit der Verstärkung operanten, d.h. vom Körper selbst geäußerten Verhaltens gearbeitet, sondern auch mit der Verstärkung respondenter Verhaltensweisen, die durch die Übungen ausgelöst werden. Auf diese Weise ist es möglich, bestimmte Verhaltensbereiche systematisch im Sinn des „shaping" aufzubauen (*Kanfer, Phillips* 1975). Es ist weiterhin notwendig, mit dem Extinktionsmodell zu arbeiten. Unerwünschte störende Verhaltensweisen werden, solange sie die Gruppenarbeit nicht schwerwiegend stören, nicht beachtet. Der Therapeut hält auch die Gruppenmitglieder an, auf derartige Verhaltensweisen nicht einzugehen. Patienten, die versuchen, die Aufmerksamkeit immer durch Clownerien oder Störversuche auf sich zu ziehen, werden auf diese Weise für ihr Verhalten nicht mehr positiv verstärkt.

Die Folge ist, daß Patienten vorübergehend derartige Manöver vermehrt zeigen, um den gewohnten Effekt doch noch zu erreichen. Hier ist es notwendig, eine konsequente Haltung einzunehmen. Überschreitet das Störverhalten eine tolerierbare Grenze, so kann durch zeitweiligen Ausschluß von der Gruppenaktivität reagiert werden. Dem Patienten wird klar und bestimmt mitgeteilt, daß er jetzt den Raum zu verlassen habe und erst in der nächsten oder übernächsten Stunde wieder teilnehmen dürfe. Lange Debatten werden gar nicht zugelassen, um einen Verstärkungseffekt zu vermeiden. Tritt dann in der folgenden Sitzung das Störverhalten nicht oder nur geringfügig auf, so wird der Patient für sein positives Verhalten verbal vor der Gruppe gelobt. Ein weiteres verhaltenstherapeutisches Modell ist für unsere Arbeit von entscheidender Bedeutung: das Imitationslernen (*Bandura* 1969). Dadurch, daß der Therapeut Bewegungsabläufe und Ausdrucksverhalten vormacht und zeigt, so daß es von den Patienten beobachtet werden kann, ist die Möglichkeit zum imitativen Lernen gegeben. Da der Therapeut einen hohen sozioemotionalen Stellenwert für die Patienten hat, ist er ein besonders geeignetes Imitationsmodell. Der Nachahmungseffekt läßt sich, ohne daß besonders auf ihn hingearbeitet wird, nach einiger Zeit an Kleinigkeiten beobachten. Es empfiehlt sich aber, die Möglichkeiten des Imitationslernens bewußt einzusetzen, indem man der Gruppe Übungen vormacht und die Aufmerksamkeit der Klienten anspricht: „Schaut einmal her, das muß so gemacht werden!" (es folgt dann die Übung). Auch Patienten können als Imitationsmodelle fungieren. Wenn eine Übung besonders gut ausgeführt wird, so wird der Patient aufgefordert, sie noch einmal vor der Gruppe durchzuführen. Er wird damit für sein Verhalten nicht nur positiv verstärkt, sondern ist für die Gruppe ein Imitationsmodell und dient den übrigen Mitgliedern als Anreiz, ihn nachzuahmen. Es werden auf diese Weise auch vikarielle Lernprozesse fruchtbar gemacht.
Die Möglichkeiten, die ein verhaltenstherapeutischer Ansatz in der Bewegungstherapie bietet, sind beträchtlich. Das übungszentrierte Vorgehen kann in einer Effektivität durch sie wesentlich gesteigert werden. Eine ausschließliche Zentrierung auf diesen Ansatz aber greift zu kurz.

10. Gruppengespräch

Um die Gruppe zu einem „Feld sozialen Lernens" zu machen, ist es erforderlich, daß die Dichte der Interaktionen und der verbale Austausch gefördert werden. Die Möglichkeiten hierzu sind bei sehr zurückgezogenen Patienten eingeschränkt. Man fängt deshalb vorwiegend auf der non-verbalen Ebene an, um dann zu einfachen Kommunikationen über die Übungen zu kommen: „Wie waren denn die Übungen heute?", „Hat Dir die Übung Spaß gemacht?", „War das schwierig?" usw. Auf diese Weise werden persönliche Stellungnahmen in der Bewegungsarbeit angeregt. Es kommt zu kurzen Äußerungen der einzelnen Klienten und zum Austausch der Gruppenmitglieder untereinander. Dies tritt zunächst sporadisch auf und bleibt auf kurze Äußerungen beschränkt. Es fällt vielen Patienten sehr schwer, über sich selbst und insbesondere über ihre Gefühle zu sprechen. Im Verlauf der bewegungstherapeutischen Gruppenarbeit aber nehmen die verbalen Phasen stetig zu. Auf diese Weise wird die sprachliche Ausdrucksfähigkeit gefördert, die Kommunikation aufgebaut und die Grundlage für vorsichtiges, konfliktorientiertes Arbeiten gelegt. Wenn ein Patient z.B. etwas über sich erzählt, so wird solchen Äußerungen große Beachtung geschenkt. Insbesondere Hinweise auf Zusammenhänge vor der Hospitalisierung oder Verbindungen zum Außenfeld (Angehörige) werden aufgegriffen. Auf diese Weise können Bezüge zwischen Verhalten in Bewegungsspielen und biographischen Zusammenhängen hergestellt werden. Ist die Vertrauensbasis in der Therapeut/Patientbeziehung gut, so kann auch von seiten des Therapeuten ein behutsamer Vorstoß unternommen werden, die Lebensgeschichte des Patienten anzusprechen. Die Anamnese, aber mehr noch das Verhalten in der Bewegungstherapie, geben dem Therapeuten ohnehin zahlreiche wichtige Aufschlüsse über das Zusammenwirken von lebensgeschichtlichen Ereignissen für die Genese des Krankheitsbildes. Wird ein biographisches Thema deutlich und vom Patienten in die Gruppe getragen, so kann es durch Bewegungsimprovisationen gestaltet werden. Pantomimisch oder in einer Form von Bewegungs-Psychodrama (*Fine, Dally, Fine* 1974) werden Geschwisterkonstellationen oder Situationen mit den Eltern durchgespielt. Wenn in einer solchen Form gearbeitet werden kann, beginnen sich intensivere therapeutische Prozesse zu entwickeln. Hier ist es wichtig, den Patienten in seiner Belastbarkeit nicht zu überfordern und auch die Belastungsfähigkeit der Gruppe und einzelner Gruppenmitglieder richtig einzuschätzen. Andernfalls kommt es zu Rückschlägen, die nur in mühsamer Kleinarbeit wieder aufgefangen werden können.

11. Fallbeispiel

Um einen plastischeren Eindruck von unserer Arbeit zu vermitteln, sei ein kurzes Fallbeispiel angeführt. Hans B., 42 Jahre, ist seit sieben Jahren auf einer Langzeitstation für chronisch schizophrene Patienten. Vor seiner

Hospitalisierung war er als Heizungsmonteur tätig gewesen. Unverheiratet lebte er im Hause seiner Eltern, in dem auch noch sein älterer Bruder mit seiner Frau wohnte. Die übrigen Geschwister lebten verheiratet in der Nachbarschaft. Sie waren zum größten Teil als erfolgreiche selbständige Handwerker tätig. Der Patient hatte bei fünf Geschwistern die dritte Geschwisterposition inne. In seiner Jugend und Kindheit war er häufig krank und hatte erhebliche Schulschwierigkeiten. Bis zu seinem neunten Lebensjahr war er Bettnässer. In seinem beruflichen Leben hatte er wenig Erfolg. Er brach seine Lehre ab und wurde dann in einer Heizungsfirma als Monteur angelernt. Zahlreiche Stellenwechsel kennzeichneten seine berufliche Laufbahn. Von den Geschwistern und den Eltern wurde er abfällig behandelt. Schließlich arbeitete er im Schlosserbetrieb seines älteren Bruders. Durch ständiges Fehlen und Unzuverlässigkeit in der Arbeit erhielt er durch seinen eigenen Bruder die Kündigung. Nach einem halben Jahr der Arbeitslosigkeit setzte die psychotische Erkrankung mit massiven Haluzinationen paranoider Prägung ein.

Im Verlauf der stationären Behandlung stellte sich keine Besserung ein. Der Patient regredierte zunehmend und wurde immer zurückgezogener. Nach und nach bildeten sich Defekte aus. Als Hans B. in die Bewegungsgruppe kam, war er in einem schlechten physischen Allgemeinzustand, sehr verwahrlost und kaum ansprechbar. Anderen Gruppenmitgliedern gegenüber zeigte er sich verschlossen, zuweilen aggressiv. In den ersten Sitzungen beteiligte er sich am Gruppengeschehen überhaupt nicht. Er stand am Rande und schien in sich versunken. Nach einiger Zeit begann er bei den Ballspielen am Schluß der Stunde zuweilen mitzuspielen. Hier fiel auf, daß er den Ball manchmal mit großer Wucht gegen die Wand schleuderte. Diese Verhaltensweise wurde verstärkt. „Das war ein guter Wurf! Versuchen Sie das noch mal! Feste gegen die Wand!" Die Intervention wurde vom Patienten nicht aufgegriffen, sondern er ging abweisend an den Rand des Spielfeldes zurück. In den folgenden Stunden aber wiederholte er häufiger seinen „Schmetterwurf" gegen die Wand. Die Therapeutin bot ihm nach einer solchen Stunde an, doch noch etwas mit dem Ball an der Wand zu üben. Dieses Angebot wurde aufgenommen und B. entwickelte eine große Heftigkeit. Dieses „Nachspiel" fand etwa sechs mal statt. Die Therapeutin fragte jedesmal, ob es „Spaß gemacht habe" und bekam ein einsilbiges „Ja" zur Antwort. In der sechsten Stunde sagt B. auf die Frage: „Isch möchte dene alle paar vor de Köpp' ballern". Die Therapeutin antwortete darauf: „ Ja, dann machen Sie das nur!" und versuchte nicht weiter zu explorieren, um eine Abwehrreaktion und ein

erneutes Verschließen zu verhindern. In den folgenden Stunden wurde B. in der Gruppenarbeit aktiver. Er begann mit anderen Gruppenmitgliedern zu sprechen und lachte zuweilen. Eines Tages kam von ihm der Vorschlag, doch einmal ein Fußballspiel mit einer anderen Stationsgruppe zu veranstalten. Diese Äußerung war völlig überraschend und entsprach in keiner Weise seinen üblichen Verhaltensmustern und Vorstellungen. Die Anregung wurde von den übrigen Gruppenmitgliedern nicht aufgegriffen. B. wurde ärgerlich: „Mein Gott, seid ihr lahmarschig!". In den folgenden Sitzungen war B. wieder stärker zurückgezogen, wenn auch weniger verschlossen. Er blieb ansprechbar. In den Gesprächsphasen der Arbeit begann er, vermehrt von sich zu berichten. Er erzählte, daß seine Schwester ihn jetzt oft besuchen komme. Sie sei die Einzige, die er von seiner Familie leiden könne.
Die positive Entwicklung in der Bewegungstherapie wurde durch eine Einzeltherapie aufgegriffen, die dem Patienten angeboten und auch von ihm angenommen wurde. Im Verlauf dieser Therapie konnten nach und nach die Familienbeziehungen angesprochen werden. Es ergab sich eine positive Wechselwirkung zwischen Einzel- und Gruppenarbeit. In den Einzelsitzungen verbalisierte der Patient des öfteren Atembeklemmung, wenn er von seiner Familie sprach. Es wurden aus diesem Grunde entlastende Atemübungen eingeschaltet, die eines Tages zu einem intensiven Gefühlsausbruch führten. B. begann über seine Situation verzweifelt zu weinen. In der Gruppe suchte er in dieser Phase starken Anschluß an die Therapeutin und an einen relativ gut organisierten Mitpatienten. Er wurde von der chronischen Station auf eine mit weniger abgebauten Patienten und einem besseren sozialen Klima verlegt. Seine Teilnahme an einem anspruchsvolleren Programm der Arbeitstherapie konnte ermöglicht werden.

12. Erfolge, Schwierigkeiten und Grenzen

Die übungszentrierte und konfliktorientierte Bewegungstherapie in der Arbeit mit langzeitig hospitalisierten psychiatrischen Patienten bietet zahlreiche Möglichkeiten, vorhandene Defizite zu kompensieren oder abzuschwächen und neues Verhalten aufzubauen. Die Erfolge lassen sich besonders im Hinblick auf die Beziehung des Patienten zum eigenen Körper und sein soziales Verhalten in der Gruppe und auf der Station erkennen. Dabei ist wesentlich, daß diese Erfolge auch selbst vom Patienten erlebt und wahrgenommen werden und damit einen selbstverstärkenden Charakter gewinnen. Der Patient aus dem geschilderten Fallbeispiel konnte den aggressiven Ballwurf als lustvoll erleben. In der spielerischen und permissiven Atmosphäre der Therapiegruppe konnte er es sich leisten, einen aggressiven Impuls zu zeigen, der als verschlüsselter Tötungsimpuls gegen seine Eltern und Geschwister gedeutet werden kann. Er möchte ihnen vor die Köpfe *ballern* (= schießen). Auch Übungen, die entspannend wirken oder die die Spannkraft erhöhen, werden von den Patienten in ihrer Wirksamkeit erfahren und bestärken das Vertrauen in die Effektivität der Therapie. In der Regel sind die Erfolge nicht spektakulär, wenn man sie mit Ergebnissen aus der Therapie von Neurotikern etwa in der freien Praxis vergleicht. Im Hinblick auf die erheblichen Defizite aber müssen kleine Verhaltungsänderungen schon hoch bewertet werden. Die Reaktion der Patienten auf den bewegungstherapeutischen Ansatz ist unterschiedlich. In der Regel wird das non-verbale Verfahren, das keine Anforderungen an die Verbalisationsfähigkeit stellt, gut aufgenommen. Insbesondere die Stimulierung durch Musik bewirkt regelhaft eine gewisse Mobilisierung. Es gibt aber auch Patienten, die auf die Bewegungsarbeit und insbesondere auf die Körperübungen des Sensibilisierungstrainings angstvoll und mit Abwehr reagieren, zum Teil so stark, daß sie sich weigern, weiterhin an der Gruppe teilzunehmen. Derartige Fälle sind die Ausnahme. Im Verlauf der Arbeit kommt es allerdings immer wieder einmal vor, daß Rückschläge dadurch eintreten, daß Erfahrungen als zu intensiv erlebt werden. Meistens handelt es sich dabei um das Miterleben von Verhaltensweisen anderer Klienten. So sind spontane, heftige Aggressionsäußerungen zwar für den Patienten, der sie durchlebt, förderlich, sie können aber in der Gruppe Angst auslösen und verschreckend wirken. Solche Ereignisse müssen durchgearbeitet werden, indem sie angesprochen werden. In der Regel sind Patienten nach einem Emotionsausbruch gelöst und entspannt, und die Gruppe wird auf diesen Entspannungszustand hingewiesen, so daß sie an ihm vikariell teilnehmen kann. Die Grenzen der bewegungstherapeutischen Arbeit in der Gruppe werden dann deutlich, wenn intensive konfliktorientierte Prozesse in Gang kommen, die der Belastungsmöglichkeit der übrigen Patienten nicht entsprechen. Hier ist eine flankierende Einzeltherapie angezeigt. In der Kombination von Einzel- und Gruppentherapie können derartige Prozesse für die Behandlung des Patienten fruchtbar gemacht werden. Die größten Schwierigkeiten für bewegungstherapeutisches Arbeiten ergeben sich aus der Struktur der Institution. Das, was in der Gruppe mobilisiert und angeregt wird, kann in der Regel auf den überfüllten oder personell unterbesetzten Stationen nicht aufgegriffen werden. Die Stimulierung, die die Gruppe bietet, wird durch

die Monotonie des Tagesablaufes, die stimulierungsarme Umgebung, die tristen Räumlichkeiten und die eingeschränkten sozialen Kontakte wieder reduziert. Die Förderung offenen, selbstbehauptenden Verhaltens wird durch den repressiven Stil überforderter Pfleger häufig zunichte gemacht. Die hohe medikamentöse Sedierung schränkt die Entwicklung der Sensibilität und Expressivität erheblich ein, und bremst die Antriebskraft, die in der Bewegungsarbeit kurzfristig mobilisiert wird und die zur Veränderung von Verhaltensweisen unbedingt erforderlich ist.
Die Integrative Bewegungstherapie steht hier in dem Dilemma, in dem sich alle psychotherapeutischen Ansätze in den „totalen Institutionen" befinden. Wenn man sieht, was in den Gruppenstunden möglich ist, und dann beobachtet, wie wenig von diesen Möglichkeiten im Stationsalltag umgesetzt werden kann, so wird man überdeutlich mit der Erkenntnis konfrontiert, daß effektive Therapie mit psychiatrischen Patienten nicht nur in therapeutischen Sitzungen geschieht, sondern durch das gesamte Setting geschehen muß.

Literatur:

AMMON, G.: Die Rolle des Körpers in der Psychoanalyse, *Integrative Therapie* 2/3 (1975) 58-76.

AURIEL, B.: La yogathérapie de groupe, *Psychothérapie et Psychosomat.* 20 (1972) 162-168.

BANDURA, A.: Lernen am Modell, Klett, Stuttgart 1976.

BANDURA, A.: Principles of Behavior Modification, Holt Rinehart, New York 1969.

BERGER, A.: Relaxative Organgymnastik und psychologische Gruppenarbeit im System einer totalen Gymnastik", *Atem und Mensch* 3 (1971) 8-13; 4 (1971) 13-19.

BESEMS, TH.: Überlegungen zu intersubjetivem Unterricht, in: Petzold/Brown (1977) S. 45-75.

BRINER, F.: Integrative Tanztherapie, *Integrative Therapie 12 (1977).*

BROWN, G.I.: *PETZOLD, H.G.,* Gefühl und Aktion. Gestaltmethoden im integrativen Unterricht, Flach, Frankfurt 1977.

BROOKS, CH.: Sensory Awareness, Vicking Press, New York 1974; dtsch. bei Junfermann 1978.

BÜHLER, CH., ALLEN, M.: Einführung in die humanistische Psychologie, Klett, Stuttgart 1974.

BUYTENDIJK, J.F.F.: Allgmeine Theorie der menschlichen Haltung und Bewegung, Springer, Berlin/Heidelberg 1956.

DÜRCKHEIM, K.,: Vom Leib, der man ist, in pragmatischer und initiatischer Sicht, in: Petzold (1974) 11-27.

FEDERN, P.: Ichpsychologie und die Psychosen, Huber, Bern 1966.

FINE, R., DALLY, D., FINE, L.: Psychotanz als Übungsverfahren und Methode der Psychotherapie, in: Petzold (1976) 79-104.

GAGNÉ, R.M.: Die Bedingungen des menschlichen Lernens, Schroedel, Hannover 1969.

GOERTZEL, V., MAY, P.R., SALKIN, J., SHOOP, T.: Body-Egotechnique: An approach to the schizophrenic patient, *J. Neurol. Mental Disease* 1 (1965) 53-60.

FREUD, S.: Das Ich und das Es (1923), Ges. Werke Bd. X, Imago, London.

ILJINE, V.N.: Das therapeutische Theater, Sobor, Paris 1942 (russ.)

ILJINE, V.N.: Prolegomena, aus Petzold, (1974) 5.

ILJINE, V.N.: Therapeutisches Theater, in: Petzold (1972).

JAKOBSEN, E.: The Self and the Object World, in: Psychoanal. Study in the Child IX, 1954, International University Press, New York.

JACOBSEN, E.: Progressive Relaxation, Chicago University Press, Chicago 1938.

KANFER, F., PHILLIPS, J.: Die lerntheroretischen Grundlagen der Verhaltenstherapie, Kindler, München 1975.

KRIETSCH–MEDERER, S.: Bewegungstherapie mit einer Gruppe von Langzeitpatienten in einem psychiatrischen Krankenhaus *Integrative Therapie* 4 (1975) 208-219.

LEUTZ, G.A.: Psychodrama, Theorie und Praxis, Springer, Berlin/Heidelberg 1974.

LOWEN, A.: Bioenergetik, Scherz, Bern/München 1976.

MARCEL, G.: Sein und Haben, Schönigh, Paderborn 1968.

MARCEL, G.: Prolegomena, (1968) in: Petzold (1974) S. 5.

MARCEL, G., Leibliche Begegnung, in: A. *Kraus* (Hrsg.), Leib, Geist, Geschichte, Hüthig, Heidelberg 1978, S. 47-73.

MASLOW, A.: Psychologie des Seins, Kindler, München 1973.

MASLOW, A.: Religion, Values and Peak-Experiences, Ohio State Univerity Press, Ohio 1964.

MAURER–GROELI, Y.A.: Libido-ökonomische und Ich-psychologische Aspekte der Psychosen, *Dynamische Psychiatrie* 2 (1976) 123-130.

MAURER–GROELI, Y.A.: Die Haut als Medium in der Therapie depressiv schizophrener Kranker, *Psychosomat. Medizin* 6 (1975) 67-78.

MAURER–GROELI, Y.A.: Gruppentherapie mit Schizophrenen (Zur Einführung und Begründung der körperzentrierten Gruppentherapie mit schizophrenen Kranken) *Schweizer Archiv f. Neurochirugie und Psychiatrie* 117/2 (1975) 309-324.

MAURER–GROELI, Y.A.: Körperzentrierte Gruppenpsychotherapie bei akut schizophren Erkrankten, *Archiv Nervenkr.* 221 (1976) 259-271.

MERLAU–PONTY, M.: La structure du comportement, Paris 1942; dtsch. Die Struktur des Verhaltens, de Gruyter, Berlin 1976.

MERLAU–PONTY, M.: Phénoménologie de la perception, Parìs 1945; dtsch. Die Phänomenologie der Wahrnehmung, de Gruyter, Berlin 1966.

MORENO, J.L.: Psychodrama, vol. 1-3, Beacon House, Beacon 1969.

MAY, P.R., WEXLER, M., SALKIN, J. SHOOP, T.: Non-verbal techniques in reestablishment of body image and self identity, *Psychiatry Rescarch Report* 16 (1963) 68-82.

PERLS, F.S.: Grundlagen der Gestalttherapie, Pfeiffer, München 1976.

PETZOLD, H.G.: Thérapie du mouvement, training relaxatif, thymopratique et éducation corporelle comme integration, EPH, Paris 1970.

PETZOLD, H.G.: Angewandtes Psychodrama, Junfermann, Paderborn 1972, 2. Aufl. 1977.

PETZOLD, H.G.: Gestalttherapie und Psychodrama, Nicol, Kassel 1973.

PETZOLD, H.G.: Psychotherapie und Körperdynamik, Junfermann, Paderborn 1974, 2. Aufl. 1977.

PETZOLD, H.G.: Integrative Bewegungstherapie, in: *Petzold* (1974, 2. Aufl. 1977) S. 289-406.

PETZOLD, H.G.: Das therapeutische Theater als Methode „dramatischer Therapie" in: *Petzold* (1973) 97-133.

PETZOLD, H.G.: Das therapeutische Theater Vladimir Iljines, *Gruppendynamik* 6 (1975) 117-126.

PETZOLD, H.G.: Psychophysische Körper- und Bewegungstherapie – eine Literaturübersicht, *Integrative Therapie* 2/3 (1975) 156-175.

PETZOLD, H.G.: Thymopraktik als körperbezogenes Verfahren in der Integrativen Therapie, *Integrative Therapie* 2/3 (1975) 115-145; erweiterte und überarbeitete Fassung in *diesem Buch*, S. 252-312.

PETZOLD, H.G.: Integrative Körper- und Bewegungserziehung, in : *Brown, G.I., Petzold, H.G.*, Gefühl und Aktion. Gestaltmethoden im integrativen Unterricht, Flach, Frankfurt 1977, S. 100-114.

PETZOLD, H.G.: Die Medien in der integrativen Pädagogik, in: *Petzold, H.G., Brown, G.I.*, Gestaltpädagogik. Konzepte der Integrativen Erziehung, Pfeiffer, München 1977, S. 101-123.

PETZOLD, H.G., BERGER, A.: Integrative Bewegungserziehung, in: *Petzold* (1974, 2. Aufl. 1977) S. 407-433.

PETZOLD, H.G., BERGER, A.: Integrative Bewegungstherapie, *Atem und Mensch* 2(1973)

PETZOLD, H.G., BERGER, A.: Integrative Mouvement Therapy, in: *Kogan, G.*, Your Body Works, Transformation Press, Berkeley 1978.

PETZOLD, H.G., BERGER, A.: Die Rolle der Gruppe in der Integrativen Bewegungstherapie, mimeogr. FPI Publikationen, Düsseldorf 1978.

PETZOLD, H.G., MAURER–GROELI, Y.A.: Die therapeutische Beziehung in der Gestalttherapie, in: *Battegay, R., Trenkel, A.*, Die therapeutische Beziehung, Huber, Bern 1978.

PETZOLD, H.G., BUBOLZ, E.: Bildungsarbeit mit alten Menschen, Klett, Stuttgart 1976.

PETZOLD, H.G., BUBOLZ, E.: Psychotherapie mit alten Menschen (in Vorbereitung); darin: Integrative Bewegungstherapie und Bewegungspädagogik mit alten Menschen.

PLESSNER, H.: Philosophische Anthropologie, Fischer, Frankfurt 1970.

PLESSNER, H.: Die Stufen des Organischen und der Mensch, Berlin, Leipzig, 1928, 1965².

REICH, W.: Die Funktion des Orgasmus, Kiepenheuer & Witsch, Köln 1972.

ROSENKRANZ, M.: Hände – eine Arbeit zur integrativen Körpererziehung, in: *Brown, G.I., Petzold, H.G.*, Gefühl und Aktion, Flach, Frankfurt 1977.

SCHILDER, P.: Das Körperschema. Ein Beitrag zur Lehre vom Bewußtsein des Körpers, Springer, Berlin 1924.

SCHILDER, P.: The Image and Appearance of the Human Body, Paul, French & Trubner, London 1935.

SCOTT, W. A.: Attitude change by response reinforcement: Replication and extension, *Sociometry* 22 (1959) 328–335.

SHELEEN, L., DROPSY, J.: Maitrise Corperelle und menschliche Beziehungen, in: *Petzold* (1974).

SIVADON, P., GANTHERET, F.: La rééducation corporelle des fonctions mentales, les Editions ESF, Paris 1973.

SMITH, W.C., FIGETAKIS, N.: Some effects of isometric exercises on muscular strength, body-image, perception and psychiatric symptomatology in chronic schizophrenics, Amer. Corr. Ther. 4 (1970) 100-104.

TROISFONTAINES, R.: De l'existence à l'être. – La philosophie de Gabriel Marcel, Nauwe laerts, Löwen 1968.

WEINSTEIN, N., et al.: Bibliography of sensory and perceptual deprivation, isolation and related areas, *Percept. Motor Skills* 26 (1968) 883-903.

Gegen den Mißbrauch von Körpertherapie – Risiken und Gefahren bioenergetischer, primärtherapeutischer und thymopraktischer Körperarbeit *

H. Petzold, Düsseldorf

In jüngster Zeit wird psychophysische Körperarbeit immer populärer. Die Bücher von *Janov* (1974; 1975), *Lowen* (1975) und meine eigenen Veröffentlichungen (*Petzold* 1974, 1975) haben dazu beigetragen. In unserer Zeit, in der die Entfremdung vom eigenen Körper erschreckende Formen angenommen hat, trifft das Angebot, das die Körperarbeit machen kann, in eine emotionale Lücke, auf ein vorhandenes Bedürfnis. Es ist ein Markt da und plötzlich entstehen gleichsam „über Nacht" überall Körpergruppen in eigener Regie oder unter der Leitung von „mutigen" Trainern, die diese so wichtige Aufgabe in die Hand nehmen wollen. Und natürlich gibt es auch einige Gruppen, die von erfahrenen Körpertherapeuten – meist als Einführung für deutsche Psychotherapeuten – angeboten werden.

Diese Situation bleibt nicht ohne Folgen, und ich erhalte immer häufiger Kenntnis von Zwischenfällen, die durch unqualifizierte Körperarbeit ausgelöst wurden. Da wird ein junger Mann nach einem primärtherapeutischen Marathon psychotisch. Ein Mädchen wird durch eine „bioenergetische" Intervention am Hals bewußtlos – der Therapeut wußte offenbar nicht , wie die Karotis verläuft oder daß es so etwas wie die Kopfschlagader überhaupt gibt. Er hatte Glück. Der Ausgang dieser Therapie hätte tödlich sein können. Ein Mann zieht sich beim „Kicken" eine Fersenbeinfissur zu, ein anderer bricht sich die Mittelhand – beide Male fehlten Erfahrung und Umsicht bei den Trainern. Eine Frau bekommt einen Bandscheibenvorfall, als sich bei einer Körperübung ein Teilnehmer auf ihren Rücken stellt. Eine andere wird suizidal, als sie „durch Üben des Orgasmusreflexes" mit ihrer Sexualproblematik plötzlich und überwältigend konfrontiert wird – der Workshop war zu Ende, eine weiterführende Arbeit war nicht möglich und dem „Trainer" war die Labilisierung noch nicht einmal aufgefallen. Dies ist eine Auswahl von Fällen aus den vergangenen beiden Jahren, von denen ich Kenntnis erhalten habe. Aber ich will konkreter werden und von einer eigenen Erfahrung berichten:

---

* Erschien zuerst in Sensus-Kommunikation 5 (1977) 3–8 als Information für ein breiteres Publikum.

Ich leite ein Seminar für Professionals in einem bekannten englischen Growth-Center. Am zweiten Tag kommen zwei junge Frauen in den Raum. Sie haben ein drittes, offensichtlich desorientiertes Mädchen zwischen sich. „Können Sie uns bitte helfen, meine Freundin Susan (der Name wurde geändert) war hier auf einem Workshop. Sie ist seit zwei Tagen total ausgeflippt und X (der Leiter) ist einfach abgereist." Ich bin verärgert über die Störung, die Gruppe auch, aber wir alle sehen, daß wir die drei nicht wegschicken können. Ich versuche mit Susan zu arbeiten, bekomme aber kaum Kontakt. Sie spricht wirr und zusammenhanglos vor sich hin und antwortet auf Ansprache kurz und konfus. Es taucht immer wieder ein Richard in ihren Reden auf, der zu ihr spricht und dem sie antwortet. Susan befindet sich in einem akuten psychotischen Zustand mit akustischen Halluzinationen. Ihre Freundin berichtet, daß sie auf dem Workshop bioenergetische Übungen gemacht hätten und Susan bei einer Beckenübung plötzlich geschrien habe. Seitdem sei sie durcheinander. Ich beginne mit Susan zu arbeiten. Methoden der Krisenintervention wie z.B. Realitätstraining und Stabilisierung des Körper-Ichs schienen mir angezeigt. Mit der Gruppe vereinbarte ich einen Rund-um-die-Uhr-Dienst. Susan darf jetzt nicht mehr allein bleiben. Wir wollen versuchen, sie vor einer Einweisung in die Psychiatrie zu bewahren. Die folgenden drei Tage arbeite ich jeweils zwei Stunden mit Susan. In der Zwischenzeit sind Kollegen bei ihr. Ich kann Susan vermitteln, daß ich bei ihr bin und sie keine Angst zu haben braucht. Ich gewinne Zugang zu ihr. Ein Stück Realität wird wiedergewonnen. Durch vorsichtige Körperintervention im Schulter-Rükken-Bereich versuche ich, atemstützend und stabilisierend zu wirken. Wenn sie zu Richard spricht, ermutige ich sie, ihm alles zu sagen, was sie will. Es kommen Angstzustände auf. „Da ist irgendetwas Dunkles. Es zieht mich dahin. Ich habe Angst, Richard. Richard komm ... Das Haus ist ganz blau ... Ich gehe jetzt hier weg." Therapeut: „Susan hör mir zu! Nimm meine Hand! Halt Dich fest an mir! Ich bin da!" Sie nimmt meine Hand, klammert sich fest: „Spürst Du mich gut!" Susan: „Du bist so weit weg, Alles ist so weit weg, so dumpf." Therapeut: „Spür meine Hand, drücke sie fest! So ist es gut!" Susan: „Ich will da nicht hinschauen." Therapeut: „Dann schau zu mir." Susan schaut mich an und wird ruhiger. Nach einiger Zeit können wir ein bißchen zusammenhängend sprechen. Ich lasse sie reden. Am Abend wird sie sehr unruhig. Der Kollege, der bei ihr ist, holt mich aus der Gruppensitzung. Susan wird ruhiger als ich komme. Sie sagt, das Dunkel „ziehe" sie wieder und sie habe Angst. Da sei etwas ganz Schlimmes. Ich frage sie, ob sie mit mir gemeinsam an das Dunkel herangehen will, um nachzusehen, was da sei. Therapeut: „Nun nimm meine Hand und schau hin auf das Dunkel!" Susan beginnt zu zittern. „Es greift nach mir. Richard, du hilfst mir doch? Bitte, Richard!" Das Zittern wird stärker. Ich spüre, wie ich den Kontakt verliere. Therapeut: „Stop! Susan spür meine Hand! Schau mich an! Hör mich!" Sie schaut zu mir. Ihr Gesichtsausdruck ist zunächst noch weggetreten. Dann klärt sich ihr Blick etwas. „Was war gerade mit Dir?" Susan antwortet verworren. Sie erzählt etwas von dunklem Haus, Großvater und wird allmählich klarer: „Da ist etwas mit meinem Großvater. Der hieß aber nicht Richard und ist auch gestorben, als ich drei war." Ich frage Susan, ob wir noch einmal an das Dunkel gehen sollen. Sie sagt ja. Wir gehen in dieser Sitzung noch dreimal an das Dunkel, und immer wieder schaffe ich eine Plattform zur Realität, wenn der Rapport zu dünn wird und Susan beginnt, den Kontakt zu sich und zu mir zu verlieren. Durch stützende Körperintervention helfe ich ihr, sich zu spüren. Unsere Beziehung wird dichter. Wir haben ein Arbeitsbündnis. Susan fühlt, daß sie an der Schwelle einer „schlimmen Entdeckung" steht. Am nächsten Morgen ist sie nicht ansprechbar. Sie halluziniert und lehnt jeden Kontakt ab. Am frühen Nachmittag geht es ihr besser. Wir können wieder arbeiten. Inzwischen habe ich mit einer kleinen psychiatrischen Klinik Kontakt aufgenommen. Ich kenne dort einen Analytiker, der auch mit Gestalttechniken arbeitet und primärtherapeutische Selbsterfahrung hat. Der kommt vorbei. Wir reden mit Susan und sie ist einverstanden, vorübergehend in die Klinik zu gehen. Sie weiß, daß sie sehr verwirrt und krank ist. Der Kollege arbeitet mit Susan weiter, ohne sie mit Medikamenten zu dämpfen. Er führt meine Strategie der Gratwanderung zwischen Zulassen und Herangehen und Unterbrechen und Herausholen weiter. So wird nach und nach Erleben und Durcharbeiten möglich. In der dritten Woche der Behandlung kommt es zu einem Durchbrucherlebnis. Susan erlebt, wie sie als Dreijährige von einem Mann im Keller eines großen Mietshauses, in dem die Großeltern wohnten, mißbraucht wurde. Das Ereignis war völlig verdrängt gewesen und offensichtlich auch gut in ihrer Struktur eingebaut worden, denn ihre Beziehung zu Männern schilderte sie als gut und ihre Sexualität als ausgesprochen befriedigend. Nach vierwöchigem Klinikaufenthalt kann sie entlassen werden. Die Therapie wurde ambulant fortgesetzt.

Ich habe dieses Beispiel so ausführlich geschildert, um die Gefahren, die mit dem Mißbrauch von Körpertechniken verbunden sind, aufzuzeigen. Der „Trainer", bei dem Susan an einem Workshop teilgenommen hatte, hatte seine „Bioenergetik" in Workshops bei Trainern „gelernt", die wie er selbst weder eine bioenergetische Analyse noch eine qualifizierte langjährige Therapieausbildung absolviert hatten – und ohne diese ist die Verwendung von Körperarbeit eine gefährliche Scharlatanerie. Der „Trainer" hatte nicht gemerkt, daß Susan eine so starke Beckenblockierung hatte, daß der Einsatz von massiven Techniken sie sehr gefährden mußte. Er hatte weiterhin den Prozeß der Dekompensation nicht erkannt, sondern einen emotionalen Ausbruch forciert und sie so in eine psychotische Reaktion getrieben.

Zugegeben, zu solch dramatischen Zwischenfällen kommt es auch bei dilettantischer Körperarbeit selten, wohl aber zu einer Vielzahl von kleineren oder größeren Schädigungen, die durch die Arbeit von Laien entstehen, die sich die schöne Bezeichnung „Trainer" zulegen oder Gruppenleitern ohne klinische Erfahrung und eigene Körperanalyse.

Ich will hier keinen Artikel mit erhobenem Zeigefinger schreiben. Dazu

ist mir die Sache zu ernst. Ich will einen gefährlichen Mißbrauch angreifen, will begründen, warum Körperarbeit Risiken birgt und hoffe, daß ich Dir, wenn Du diesen Artikel gelesen hast, einen Überblick verschafft habe, auf Grund dessen Du Dich besser orientieren kannst. Vorab kann ich sagen: 1. Körperarbeit ist *immer* Therapie, ganz gleich unter welcher Bezeichnung man sie laufen läßt. 2. Körperarbeit sollte nur von klinisch erfahrenen und in der Methode ausgebildeten Therapeuten ausgeübt werden. 3. Die Erfahrung der Körperarbeit sollte nicht auf einmaligen Workshop-Veranstaltungen für jedermann ohne die Möglichkeit zur kontinuierlichen Weiterarbeit praktiziert werden. 4. Körperarbeit ist keine Sache, die man auf eigene Faust im Selbstexperiment durchführen sollte. Sie erfordert Anleitung und erfahrene Begleitung.
Es ist, glaube ich, notwendig, daß ich den Begriff der Körperarbeit etwas spezifiziere. Ich rede hier und in den folgenden Ausführungen von der „konfliktorientierten Körperarbeit". Diese unterscheidet sich von der „funktionalen Körperarbeit". Hierzu ein kurzer Überblick:

1. Funktionale Körpermethoden
Zu ihnen gehören die Atemtherapie (*Middendorf, Glaser, Ouspenskij*), Verfahren der Bewegungstherapie (*Feldenkrais, Goldberg, Petzold*), der Sensory-Awareness (*Gindler, Selver*), die Eutonie (*Alexander*), Relaxationsmethoden (*Jacobson, Helmrich*), verschiedene Massageverfahren (*Downing, Rolf*). Die funktionalen Ansätze sind auf das „richtige" Atmen, Bewegen, Entspannen zentriert. Sie wirken im „Streueffekt" natürlich auch psychotherapeutisch, ohne biographisch aufdeckend zu arbeiten. (Vergleiche zu den genannten Verfahren *Petzold* 1974, *Stockvis, Wiesenhütter* 1972).

2. Konfliktorientierte Körperverfahren
Zu ihnen gehören klassische reichianische Vegetotherapie (*Reich, Raknes, Vööbus*), die Orgontherapie, wie sie Reich in seiner letzten Schaffensperiode entwickelte (*Baker*), und die verschiedenen neoreichianischen Verfahren (*G. Boysen, M. Brown, S. Keleman*) darunter das bekannteste, die bioenergetische Analyse von Alexander *Lowen* (1975). Weiterhin die körperzentrierte Gestaltarbeit oder Thymopraktik (*Stevens, Petzold*), die Feeling-Therapie (*Corriere, Hart*) und die verschiedenen Ansätze der Primärtherapie (*Janov, Freundlich, Swartley*). Diesen Ansätzen geht es um das Aufdekken „im Körper verdrängten traumatischen Materials", das zu Blockierungen des vitalen Energieflusses, zur muskulären Panzerung geführt hat (vgl. *Lowen* 1975, sowie die Beiträge von *Brown, Boadella, Kelley, Boyesen, Leeds, B. Stevens*, u.a. in diesem Band).

3. Integrative bzw. multimodale Verfahren

Die Bioenergetik, die Thymopraktik und die Lomitherapie (*Leeds*, dieses Buch) haben sowohl konfliktzentrierte als auch funktionale Methoden entwickelt (Bioenergetic Exercises, thymopraktisches Training), die kombiniert oder auch separat eingesetzt werden können.

Ich möchte mich an dieser Stelle auf die konfliktorientierten Verfahren beschränken, da die unqualifizierte Verwendung dieser Methoden noch größere Risiken bietet, als die funktionalen Ansätze. Aber auch funktionale Körperarbeit erfordert ein solides Handwerkszeug und eine hohe professionelle Kompetenz.

Überlegungen zu Risiken in der Körperarbeit

1. Zur Entstehung der Person

Nach der Geburt ist das Kind noch in totaler Konfluenz (Zusammenhang) mit der Mutter. Es kann zwischen sich und anderen noch nicht differenzieren. Erst nach und nach beginnt es, über seine Haut- bzw. Körperwahrnehmungen zu spüren, daß sein Körper und der der Mutter verschieden sind. Der Körper des Kindes erlebt sich in Abgrenzung zum Umfeld, und so beginnt die Entwicklung des Ichs als Körper-Ich. (Vgl. *Schilder* 1936, *Ammon* 1975). Durch die Wahrnehmungen unseres Körpers und ihrer Verarbeitung und Speicherung wird das Ich immer differenzierter. Es bilden sich miteinander verbundene Informationssysteme, somatische, emotionale und kognitive Strukturen. Weil das Ich in seiner Grundlage *Körper-Ich* ist, gehen Interventionen am Körper unmittelbar an die Basis der Person. Das Ich kann deshalb durch Körperinterventionen massiv manipuliert werden, und zwar sowohl in Richtung der Labilisierung als auch positiv in Richtung von Stabilisierung und Wachstum.

2. Du bist Dein Leib

Der Leib ist die jeweilige Person. Dieses von Gabriel *Marcel* zuerst formulierte und von *Merleau-Ponty* präzisierte Axiom wird von allen führenden Theoretikern und Praktikern der Körperarbeit vertreten (*Dürkheim* 1974, *Lowen* 1975, *Brown* 1973 usw.). Wenn Person und Leib identisch sind, wirken Manipulationen am Leibe unmittelbar verändernd auf die Person, und zwar nachhaltig, wie psychophysiologische Untersuchungen gezeigt haben. Dein Gesicht, Deine Hände, Deine Haltung und Bewegungen zeigen Dich als der, der Du bist. Deine ganze Biographie ist im Körper eingefangen. „Das Schicksal von Menschen ist die Geschichte ihres Leibes", deshalb „ist der Leib fleischgewordene Geschichte" schreibt G. *Marcel* 1974.

Iljine faßt die gesamte Therapie des Leibes in einen kurzen Passus: „Habe ich meinen Körper verloren, so habe ich mich selbst verloren. Finde ich meinen Körper, so finde ich mich selbst."
Alle Erfahrungen, die Du gemacht hast, gute wie traumatische, werden in diesem Leib engrammiert, gespeichert (*Petzold* 1975). Jede Körperintervention ist deshalb eine existentielle Intervention, die Deine Integrität fördern, stören oder zerstören kann und die deshalb vom Therapeuten eine große persönliche Integrität und ein hohes professionelles Können verlangt.

3. Dein Leib hat Struktur
Im Verlaufe Deiner Entwicklung wächst Dein Ich, bilden sich komplizierte Strukturen durch Einwirkungen und Verarbeitung der Außenreize. Die natürliche Regulation Deines Organismus wird durch negative Erfahrungen wie Verletzung, Liebesentzug, zweideutige Botschaften gestört. Du mußtest Dich gegen diese Einwirkungen von außen schützen und auch gegen die verinnerlichten traumatischen Erfahrungen, die „von Innen" auf Dich weiterwirken. Du hast Verspannungen entwickelt, Blockaden errichtet, das, was *Reich* als Charakterpanzerung bezeichnet hat. Diese Panzerung hat ihren Sinn. Sie schützt Dich, wenn auch nicht auf optimale Weise. Jede Abwehr hat diese Schutzfunktion. Wird sie aufgerissen und durchbrochen, ohne daß eine Stützung vorhanden ist, – etwa durch eine tragfähige therapeutische Beziehung –, oder ohne daß neue gesunde Strukturen entwickelt wurden, – etwa durch eine schon laufende Therapie –, so ist Dein Ich in Gefahr zusammenzubrechen. Körpertherapie hat zum Ziel, Integration zu fördern, eine organische Neuformierung verpanzerter Strukturen herbeizuführen, nicht aber ein ungezieltes und plötzliches Aufbrechen, durch das Abwehr und Schutzfunktionen beseitigt werden.
Strukturen, die die Entfaltung der Persönlichkeit und den lebendigen Fluß der Energie nicht beeinträchtigen, sind sinnvoll und notwendig. Wo sie fehlen, müssen sie aufgebaut werden. Körpertherapie, die allein oder vorwiegend aufreißend arbeitet, fördert deshalb Dein Ich nicht, sondern gefährdet es.

4. Wachstum und Integration brauchen Zeit
Wachstum ist nur möglich, wo die schöpferischen Kräfte nicht durch undurchlässige Panzerung beeinträchtigt werden. Wachstum ist organisch, es braucht Zeit (*Petzold, Vööbus* 1977). *Perls* (1975) wendet sich mit aller Entschiedenheit gegen die „Quick-Quick-Quick-Leute". *Lowen* betont im-

mer wieder, daß ein jahrelanger Therapie- und Wachstumsprozeß notwendig sei, um die Verwandlung des ganzen Menschen zu bewirken, und kommt für sich selbst zu der Feststellung: „It took me 30 years to reach my heart" („Ich brauchte 30 Jahre, um mein Herz zu finden", 1975). Wer Dir Heilung oder Wachstum im Schnellverfahren verspricht, ist meiner Ansicht nach ein Betrüger. Wer Dir einen kurzen Workshop anbietet und Dir dabei „lange Arbeit an Dir selbst" in Aussicht stellt, ohne Dir dazu die Möglichkeit zu bieten, ist kaum besser. *Lowen* sagte mir, daß er für eine bioenergetische Analyse in der Regel 4 - 5 Jahre Einzeltherapie und Gruppenarbeit rechne, und daß für die Freisetzung von ungenutzten Potentialen bei gesunden Menschen auch ein mehrjähriger Selbsterfahrungsprozeß notwendig sei. Ich persönlich meine deshalb, daß Körperarbeit ohne Kontinuität, wie sie z.B. in einmaligen Workshops praktiziert wird, gefährlich und unverantwortlich ist, und biete sie daher nur für Leute in fortlaufender Therapie oder in festen Ausbildungsprogrammen an.

5. Beziehung statt Technik

Perls (1975), *Vööbus* (1975) und andere haben sich mit größter Heftigkeit gegen die „Psychotechniker" gewandt. Therapie und Wachstumserfahrungen erfordern Beziehung und keine Tricks, erfordern einen Therapeuten, der bereit ist, sich für seinen Klienten zu engagieren, oder den Meister (*Dürckheim* 1975), der seinen Schüler auf dem Wege der Selbstverwirklichung begleitet. Therapeutische und lehrende Beziehungen erfordern Konstanz und tragfähige Zuwendung, die z.B. in einem einmaligen Drei-Tages-Workshop nicht ausreichend gegeben werden können. Oft ist es vielen Teilnehmern an solchen Workshops nicht möglich, aus der Übertragung heraus den Therapeuten als Person zu sehen und eine Beziehung aufzubauen, die nicht von einer unangemessenen Idealisierung geprägt ist. (Manche „Trainer" wollen das natürlich auch nicht, weil sie auf Grund eigener ungelöster Konflikte ihre Machtwünsche agieren müssen.)
Macolm *Brown* schreibt mir hierzu: „This is one of the many reasons, why I distrust all One-Shot-Training-Groups". („Das ist einer der vielen Gründe, warum ich allen einmalig stattfindenden Trainingsgruppen mißtraue"). Ich kann Dir deshalb nur raten: Lasse Dich nicht auf „One-Shot-Körperarbeit" ein.

6. Ich-Stabilität und Überstimulierung

Alles, was aus der Außenwelt an Stimulierung auf Dich einwirkt, wird von Deinem Leib aufgenommen und verarbeitet. Sind die Reize gut (nouri-

shing), so werden sie integriert, sind sie giftig (toxic), so werden sie zurückgewiesen oder in Deinem Körper abgekapselt (*Greenwald* 1974). Diese Aufgabe erfordert ein stabiles Ich. Wirst Du überstimuliert, so kann das Ich die Reizmenge nicht mehr verarbeiten und es wird labil. In einer Körpergruppe wirst Du, auch wenn Du selbst nicht arbeitest, mit gefühlauslösenden Reizen bombardiert. Jemand weint, Dir kommen die Tränen; jemand schreit, in Dir kommt Angst auf; jemand arbeitet mit der Mutter, in Dir steigen eigene Erinnerungen auf. Das Geschehen in der Gruppe hilft Dir, an Deine eigenen Sachen heranzukommen, aber es kann Dich auch überlasten, besonders, wenn Du durch Deine Lebensgeschichte oder Deine gegenwärtige Lebenssituation nicht sehr stabil bist. Deshalb brauchst Du die feste Beziehung zu einem Therapeuten und zu einer Gruppe, die Dir Halt gibt und die Dir hilft, aus der Regression wieder herauszukommen und ein stabiles Ich zu entwickeln. Es ist deshalb notwendig, daß diese Gruppe kompetent geleitet wird und nicht zu einem Pool permamenter Regression und Abhängigkeit wird, der Dich zwar nicht untergehen, aber auch nicht an Land kommen läßt. Es ist weiterhin notwendig, daß der Leiter eine stabile, durchgearbeitete Therapeutenpersönlichkeit ist, die nicht eigene Ängste durch Therapie an anderen bewältigen will oder unbearbeitete Machtansprüche agiert. Er sollte darüber hinaus eine solide klinische Ausbildung und Erfahrung haben. Ich persönlich meine, daß Leiter ohne Eigenanalyse und langzeitige Eigenerfahrung in Körperarbeit ihre Klienten nur gefährden können, indem sie ihnen ihre eigenen Probleme überstülpen oder in ihren Körperprozessen Unordnung anrichten.
Solche Leiter gefährden nicht zuletzt *sich selbst*, weil sie auf die Dauer mit der beständigen emotionalen Stimulierung, der sie in den Gruppen ausgesetzt sind, nicht fertig werden. Sie werden zu immer stärkerem Agieren gezwungen und brechen früher oder später psychisch zusammen, wie ich das in der „grauen Therapieszene" bei verschiedenen der sogenannten „Trainer" in den letzten Jahren beobachten konnte.

7. Desintegration

Labilisierung und Abhängigkeit sind aber nicht die einzigen Gefahren. Werden die Strukturen Deines Ichs labilisiert, so kann es geschehen, daß eine solche Menge verdrängter Gefühle, Schmerzen, Erinnerungen Dich überschwemmen, daß Dein Ich die Kraft zur Integration nicht mehr aufbringt. Es wird konfluent, zerfließt, und es kommt zum physischen und psychischen Zusammenbruch, der sich als schwere Depression, Selbstmordgefährdung, psychosomatischer Reaktion oder Psychose zeigen kann. Das eingangs geschilderte Beispiel von Susan zeigt deutlich, wie eine unsachgemäß eingesetzte Übung Abwehr zerbrochen hat und zur Desintegration führte und wie mühsam es ist, die integrierende Kraft des Ichs wieder aufzubauen. Die Desintegration braucht sich aber nicht immer so kraß zu manifestieren wie in dem geschilderten Beispiel. Viele Leute werden nur „etwas" verwirrt, sie „hängen wochenlang durch", sie haben keine Orientierung, wissen nicht mehr wohin, oder sie leiden an psychosomatischen Störungen.

8. Störungen der Körperfunktion
Körperinterventionen greifen in den Energiehaushalt Deines Körpers ein. Sie beeinflussen die Muskelspannung (Tonus), das Atemmuster, die Herz-Kreislauf-Funktionen, das Strömen der Lebensenergie. Der Energiehaushalt des Körpers ist sehr kompliziert und kann mit mechanistischen Modellen nicht angemessen erklärt werden. Der erfahrene Körpertherapeut arbeitet deshalb mit großer Vorsicht auf der Grundlage profunder Kenntnisse der funktionalen Anatomie, der Physiologie und Psychopathologie – das ist seine *professionelle Kompetenz.* Er arbeitet weiter auf der Grundlage von Verantwortung, Achtung und bedingungsloser Wertschätzung des anderen Menschen – das ist seine *personale Kompetenz.* Ohne einen solchen Therapeuten gehst Du das Risiko ein, Dir psychosomatische Störungen (Kopfschmerzen, Herz- und Atembeschwerden usw.) einzuhandeln, zuweilen sogar mit Langzeitwirkung oder als verzögerte Folgeerscheinung, die erst Wochen nach dem Workshop eintreten kann.

9. Verfestigung der Abwehr oder Therapie als Vermeidung
Aus der Gestalttherapie wissen wir, daß geöffnete Gestalten die Tendenz haben, sich in der alten Weise zu formieren. Das abrupte Aufbrechen in Körpersitzungen ohne kontinuierliche Nach- und Weiterarbeit führt dazu, daß sich die Panzerung unmittelbar wieder schließt, ja sich sogar verfestigt. Schnelles Öffnen und Schließen wird damit zu einem neuen Abwehrmechanismus (vgl. *Kelley,* dieses Buch). Die Leute weinen, schreien, zittern, aber ändern in ihrem Leben nichts. Sie öffnen sich nur oberflächlich, erwerben Muster theatralischen und hysterischen Agierens und bekommen in immer neuen Workshops kurzzeitige unverbindliche Zuwendung, die ihnen ermöglicht, ihre neurotische Karriere zu verlängern, das Risiko befriedigender und dauerhafter Beziehungen zu vermeiden oder der Auseinandersetzung mit der Umwelt und der Aufgabe ihrer Verän-

derung aus dem Wege zu gehen. Es entsteht so die Subkultur der „Group-Freaks": „Ich hänge wieder mal so durch. Muß unbedingt wieder in 'ne Gruppe." Trainer, die solches Verhalten durch die Struktur ihrer Angebote fördern, geben psychologisches Metadon (eine Ersatzdroge für Heroin). Sie machen die Leute abhängig, anstatt ihnen zu helfen, ihre Situation selbständig in die Hand zu nehmen und sie zu verändern. Sie fördern ihre pathologische Abwehr, anstatt sie bewußt zu machen und aufzulösen.
Für Wilhelm *Reich* war Körperarbeit und Psychotherapie immer auch politische Arbeit: Förderung der bewußten Wahrnehmung der eigenen Situation und der politischen Entscheidungsfähigkeit. Schaut man in die Gruppenszene von heute, so muß man dem so oft gehörten Vorwurf linker Kreise, daß die Psychokultur im Dienste der Erhaltung der vorhandenen Herrschaftsstrukturen stehe, weitgehend zustimmen.
Wenn Du in eine Körpertherapie gehst, so vergiß Deine Lebenssituation nicht. Seelische und körperliche Verkrüppelung geschieht durch eine krankmachende Umwelt. Dies nicht zu sehen, ist auch ein Stück Abwehr; denn auch die Umwelt zu verändern, sich mit ihr auseinanderzusetzen, macht Angst, und nicht nur das In-Kontakt-Kommen mit dramatischen Erfahrungen aus Deiner Biographie.

10. Unmittelbare körperliche Schädigungen
Unqualifizierte Körperarbeit birgt die Gefahr von Zerrungen, Überdehnungen, Verletzungen. Durch unangemessenen Druck sogenannter „Bioenergetischer Interventionen" können Gefäße verletzt werden und Nerven gequetscht werden. Interventionen, die unglücklich auf die Karotis treffen, können tödlichen Ausgang haben. Lasse deshalb niemals von einem Trainer an Deinem Hals, Kehlkopf und an Deiner Halswirbelsäule arbeiten, es sei denn, es handelt sich um einen Arzt oder einen klinischen Körpertherapeuten, der eine langjährige Ausbildung an einem der großen Ausbildungsinstitute fertig absolviert hat. Es ist klar, daß solche körperlichen Traumatisierungen durch inkompentente „Therapeuten" auch psychische im Gefolge haben. Besonders, wenn Du an einer psychosomatischen Erkrankung leidest (Magengeschwür, Herz-Kreislauf-Beschwerden, Asthma, Darmgeschwüre, Rheuma), kann unqualifizierte Körperarbeit zu schweren akuten Zuständen führen. Gehe deshalb bei solchen Erkrankungen nur zu einem klinischen Fachtherapeuten.

11. Training, Selbsterfahrung, Therapie
Es herrscht über die Begriffe Training, Selbsterfahrung und Therapie al-

lenthalben große Konfusion. Für die konfliktorientierte Körperarbeit kann ich Dir sagen, daß sie *immer Therapie* ist. Darüber sind sich alle führenden Körpertherapeuten einig. Jede andere Aussage ist inkompetent. Deshalb gehört körperzentrierte Arbeit in die Hände des ausgebildeten und zur Ausübung der *Heilkunde* berechtigten Therapeuten (vgl. Absatz 12). Viele Teilnehmer an Selbsterfahrungs-, Growth- und Trainingsgruppen kommen aus oft massiven, teilweise unbewußten Therapiebedürfnissen und sind deshalb in „One-Shot-Gruppen" besonders gefährdet. Derartige Gruppen können niemals Therapie bieten und nur begrenzte Trainingsmöglichkeiten (welcher Turner hat jemals in *einer* Trainingseinheit eine komplizierte Übung gelernt? Aber bei Psychotherapie ist das natürlich möglich!). Du sagst: „Es gibt aber so wenig Körpertherapeuten und ich spüre, mein Körper braucht das!" Ich weiß, daß die Situation schwierig ist. Es gibt kaum qualifizierte Körpertherapeuten. Doch ich bin der Auffassung, daß eine gute Psychoanalyse, Psychodrama- oder Gestalttherapie besser ist als eine mittelmäßige oder schlechte Körperarbeit. Und noch etwas: Die funktionalen Körpertherapien und die asiatischen Budokünste wie Aikido, Kung-Fu oder Taekwon Do haben einen enormen körper- bzw. ganzheitstherapeutischen Wert und werden in fast allen größeren Städten angeboten. Das gleiche gilt für gute Yoga-Kurse. Wenn Du also spürst, daß Dein Körper sein Recht auf Awareness, Ausdruck, Bewegung, Anspannung und Entspannung fordert, so findest Du bei den genannten Verfahren ausgezeichnete Möglichkeiten.

12. Wer macht in Deutschland Körpertherapie?

Eigentlich müßte die Frage gestellt werden: Wer darf in Deutschland Körpertherapie machen? Ein kurzer Blick auf die rechtliche Situation zu Deiner Orientierung:

Psychotherapie dürfen zum gegenwärtigen Zeitpunkt in der BRD nur ausdrücklich zur Ausübung der Heilkunde befugte Personen ausüben. Das sind zur Zeit approbierte Ärzte und zugelassene Heilpraktiker. Die Regelung für klinische Psychologen ist in Vorbereitung, steht aber leider noch aus. Für Körperarbeit liegen die Verhältnisse noch klarer: Manipulationen am Körper zählen – ganz gleich wie man sie bezeichnet – nach geltender Rechtsprechung zur Ausübung der Heilkunde. Jeder, der Körperinterventionen ohne entsprechende Erlaubnis als Arzt, Heilpraktiker oder Krankengymnast ausübt, macht sich strafbar.

Weiterhin sind Therapeuten, die nicht die deutsche Staatsbürgerschaft besitzen, *nicht* befugt, in Deutschland Heilkunde auszuüben, und jede Form

der Ausübung von Körperinterventionen ist Ausübung der Heilkunde. Eine Ausnahmeregelung besteht für ausländische Ärzte, die im klinischen Rahmen arbeiten. Einen Grenzfall stellt die Vermittlung körperorientierter Verfahren über Selbsterfahrung an professionelle Therapeuten dar.
Über den Sinn der derzeitigen gesetzlichen Regelung läßt sich gewiß streiten. Ich halte sie für zu undifferenziert und deshalb für problematisch. Dennoch solltest Du wissen, daß dies die juristischen Fakten im Hinblick auf Psychotherapie und insbesondere auf Körperarbeit sind.
Neben den juristischen Aspekt tritt der professionelle. Es gibt in Deutschland nur sehr wenig Therapeuten, die in Bioenergetik, neoreichianischer Körperarbeit, Gestalt-Körperarbeit/Thymopraktik oder Primärtherapie wirklich qualifiziert ausgebildet sind. Da die Ausbildungszeiten für Körpertherapeuten zwischen 4 und 5 Jahren liegen, ist in den nächsten Jahren auch nicht damit zu rechnen, daß eine ausreichende Anzahl qualifizierter Therapeuten zur Verfügung steht. Es ist daher zu befürchten, daß eine inflationäre Entwicklung eintritt, dadurch, daß Leute, die selber nur minimale Erfahrung haben, sich der neuen Verfahren bemächtigen. Weil hierzulande für diese Methoden noch keine standespolitischen Organisationen bestehen, scheinen sie offenbar Freiwild für jeden zu sein, der sich die Bezeichnung „Trainer" zulegt. Ich hoffe nur, daß die gesetzlichen Regelungen in der BRD, das Verantwortungsbewußtsein seriöser Gruppenleiter, Psychotherapeuten und Trainingszentren und der klare Blick der Teilnehmer an Gruppenveranstaltungen die chaotische Entwicklung verhindern, in die die amerikanische Growth-Bewegung teilweise hineingeraten ist. Mein Artikel versteht sich als Beitrag hierzu.*

* Bei der gegenwärtigen Situation ist es natürlich sehr schwierig, sich darüber zu informieren, welcher Therapeut oder Trainer tatsächlich qualifiziert ausgebildet ist. Frage deshalb zunächst nach, ob der Gruppenleiter, mit dem Du arbeitest, die Berechtigung zur Ausübung der Heilkunde besitzt, oder ob er klinischer Psychologe ist. Weiterhin, an welchem Institut er eine Ausbildung gemacht hat und *ob er sie abgeschlossen hat.* Seriöse psychotherapeutische Ausbildungen werden in der Regel nur von Trainingsinstituten angeboten, die in der Fachwelt bekannt sind. Wenn Du Dich näher informieren willst, so wende Dich an folgende Institutionen: Für die Bioenergetische Analyse an das Institute for Bioenergetic Analysis (A. Lowen), New York, 144, East 36th Street bzw. autorisiertes deutsches Trainingsprogramm, Dr. R. Frank, Dr. W. Pechtel, Dr. A. Hofer-Moser, 8 München, Herzogstr. 107. Für Neoreichianische Verfahren: The Institute for Unitive Psychology (Mona Lisa Boyesen), Soestdijkseweg 12, Lange Vuursche, Niederlande; Institute of Organismic Psychotherapy, Villa Candida, Cassano-Valcuria, Italien 21030; 4 *(Dr. Malcolm Brown)*

Für Thymopraktik/Gestalt-Körperarbeit, Integrative Bewegungstherapie: Fritz-Perls–Institut, 4 Düsseldorf, Brehmstraße 9 (Prof. Dr. H. Petzold, Dr. med. H. Heinl). Für Lomi-Therapie, IWG, Dipl. Psych. H.W. Süss, Würzburg, Theaterstr. 2. Für Primärtherapie, Coloman, Zentrum für Therapie und Selbsterfahrung, 8091 Soyen, und Zentrum für Primärtherapie, A.S. Hellinger, 8221 Ainring 1 – Mitterfelden.

Literatur:

Soweit nicht anderweitig aufgeführt, finden sich die Beiträge der zitierten Autoren in: H. Petzold (Hsg.), Psychotherapie und Körperdynamik, Jungfermann-Verlag, Paderborn 1974, 2. Auflage 1977 und in diesem Buch.

ALEXANDER, G.: Eutonie (Müller, Salzburg) 1977

AMMON, G.: Die Rolle des Körpers in der Psychoanalyse, Integrative Therapie 2/3 (1975)

BROWN, M.: The New Body Psychotherapies in: Psychotherapy: Research and Practice 2/1973 S. 98-116

DÜRCKHEIM, K.: Der Ruf nach dem Meister (O.W. Barth Verlag, München).

GREENWALD, J.: Be the person you were meant to be (Simon & Schuster, New York)

HART, CORRIERE usw.: Going Sane (Phoenix, Los Angeles)

JANOV, A.: Anatomie der Neurose (Fischer, Frankfurt)

JANOV, A.: Urschrei (Fischer, Frankfurt)

LOWEN, A.: Bioenergetik (Scherz-Verlag)

PERLS: Gestalttherapie in Aktion (Klett-Verlag)

PETZOLD, H.: Thymopraktik als körperorientiertes Verfahren der integrativen Therapie, Integrative Therapie 2/3 (1975)

PETZOLD, H., VÖÖBUS, K.: Thymopraktik als kreative Erfahrung des Leibes, Samenspel 2 (1977) / *Sensus Kommunikation* 6 (1977)

REICH, W.: Charakteranalyse, 3. Auflage, (Fischer, Frankfurt)

REICH, W.: Die Funktion des Orgasmus (Fischer-Verlag)

STOKVIS, B., WIESENHÜTTER, E.: Der Mensch in der Entspannung (Hipokrates Verlag)

VÖÖBUS, K.: Gegen die Psychotechniker, Integrative Therapie 2/3 (1975)

Mitarbeiterverzeichnis

Berger, Angelika, Ausbildung als Gymnastiklehrerin, Studium der Sozialpädagogik. Ausbildung in Integrativer Bewegungstherapie und Gestalt am Fritz Perls Institut bei H. Petzold, in Atemtherapie bei V. Glaser u. a. in Sensory Awareness bei F. Everling, G. Heller. Fortbildung in Bioenergetic bei A. Lowen und Miki Kronold. Sie arbeitet in einer psychiatrischen Klinik und lehrte Bewegungstherapie an der Fachhochschule für Sozialarbeit in Düsseldorf. Lehrbeauftragte des Fritz Perls Institut und Atem- und Bewegungstherapeutin in freier Praxis. Anschrift: 4041 Kaarst-2, Rottes 108

Boadella, David, M.Ed., studierte Erziehungswissenschaften in London und Nottingham University. Er ist Rektor der Abbotsbury School in Dorset. Vegetotherapeutische Ausbildung bei Dr. Doris Howard, Paul Ritter und Dr. Ola Raknes. Begründer und Herausgeber der Zeitschrift „Energy and Charakter, The Journal for Bioenergetic Research". Er ist Autor von „Wilhelm Reich: The Evolution of his Work" und Herausgeber des Sammelbandes „In the Wake of Reich". Er ist Therapeut am „Center for Bio-Energy", London.
Anschrift: Abbotsbury, Weymoth, Dorset/England.

Boyesen, Gerda, studierte Psychologie an der Universität Oslo und Physiotherapie am Oslo Orthopaedic Institute, später am Bulow-Hansen Institut. Lehranalyse bei Ola Raknes. Sie arbeitet lange Jahre als klinische Psychologin am Dikenwork Mental Hospital und der Psychiatrischen Universitätsklinik in Vinderen. 1968 gründete sie in London das „Center for Bio-Energy" und führt Ausbildungskurse für Biodynamische Psychologie mit ihrer Tochter Mona Lisa Boyesen und anderen Mitarbeitern in Belgien, Holland, Deutschland und Frankreich durch.
Anschrift: Center for Bioenergy, Occacia House, Acton Park, The Vale, London/England;
Mona Lisa Boyesen, Institute of Unitive Psychology, Soestdijksweg 12, Lage Vursche/Niederlande.

Brown, Malcolm, Ph. D. Klinischer Psychologe. Promotion an der Universität London. Nach zehnjähriger Praxis als Rogerianischer Therapeut begann er 1965 mit Körpertechniken im therapeutischen Prozeß zu experimentieren. Er entwickelte daraus seinen eigenen Ansatz humanistisch-existentialistischer Körper-Psychotherapie. Er leitet Ausbildungsgruppen in den USA und Europa und praktiziert und lehrt sein Verfahren im „Institute of Organismic Psychotherapy" in Italien. Gastdozent am Fritz Perls Institut (FPI).
Anschrift: Villa Candida, Cassano-Valcuvia, Italy, 21030

Cobb, Arthur, Ph. D., studierte klinische Psychologie, arbeitete an verschiedenen Kliniken und Universitäten. Ausbildung in Psychomotor Therapy bei Albert Pesso und in Psychosynthesis. Z. Zt. in freier Praxis und klinischer Direktor des Psychomotor Institute.
Anschrift: 164, Park Ave Extension, Arbington, Massachusetts 02174/USA.

Dublin, James, E., Ph. D., arbeitet als klinischer Psychologe und Psychotherapeut in freier Praxis. Er ist Executive Direktor von „Coice, Inc." und des Midwestern Psychotherpapy Institute sowie President der Mitwestern Region der American Academy of Psychotherapists. Gestalt-, Körpertherapie- und TA-Ausbildung. Mitherausgeber der Zeitschrift „Voices" und Autor zahlreicher Fachartikel.
Anschrift: 1205 Walnut Street, Bloomington, Indiana 47401/USA.

Frank, Rainer, Dr. phil., Diplomsportlehrer, studierte Sport und Psychologie in München und Salzburg. Gestalttherpieausbildung am Fritz Perls Institut bei H. Petzold, H. Heinl u. a., Bioenergeticausbildung bei A. Lowen, J. Bellis, B. Lewis u. a. am Institute for Bio-energetic Analysis, New York. Lehrtrainer des FPI; Trainer im ÖAGG; Lehrtrainer des „Institute of Group Psychotherapy" (Prof. Dr. G. Bach), Los Angeles. Schwerpunkt der Arbeit ist die Verbindung von Bioenergetik und Gestalt.
Anschrift: Herzogstraße 107, 8 München 40.

Freundlich, David, Dr. med., ist Psychiater in freier Praxis in New York. Er studierte am Albert Einstein College of Medicine und ist Gründungsmitglied der „International Primal Association". Direktor der Manhattan-Niederlassung des „Center of the Whole Person". Zahlreiche Fachartikel in „Primal Community". In seinem Ansatz integriert er Gestalt, Psychodrama, Visualisierungstechniken mit dem Wiedererleben von Primärerfahrungen durch primal therapy.
Anschrift: Center for the Whole Person, 304 W 105 St. New York, N.Y. 10025, USA.

Hatcher, Chris, Ph. D., studierte klinische Psychologie an der University of Georgia und lehrt als Professor am Langley Porter Institute, University of California, San Francisco. Gestaltausbildung bei J. Engright und L. Blomberg. Autor zahlreicher Fachartikel und Bücher. Mitherausgeber des „Handbook of Gestalt Therapy".
Anschrift: University of California, Langley Porter Neuropsychiatrie Institute, San Francisco, Ca. 94143, USA.

Heinl, Hildegund, Dr. med., Fachärztin für Orthopädie in freier Praxis, Lehrtherapeutin am „Fritz Perls Institut für Ingetrative Therapie". Besonderes Arbeitsfeld: Gestalt- und körpertherapeutische Behandlung psychosomatischer Erkrankungen. Mitherausgeberin der Zeitschrift „Integrative Therapie".
Anschrift: Hindenburgstraße 35, 65 Mainz

Johnson, Leland, Ph. D., klinischer Psychologe, Gründer des „Espiritu Institute for Human Potential" und Ausbildungsleiter des „Gestalt Institute of Houston"; Rolfing-Ausbildung bei Ida Rolf und Emmet Hutchins. Lehrte am Goddard College. Er führt professionelle Weiterbildungen in den USA und Mexiko durch und ist Autor von „Bio-energetics – Body Contact Work", „Meditation", „Gestalt Pillow Talk"

und „The Gestalt Adventure".
Anschrift: 1214 Miramar, Houston, Texas 77006, USA.

Kamm, Jane, A., Dr., studierte an der Wayne State University, University of Melbourne, University of Michigan. Sie promovierte in „psychiatric social work". Ihre Gestaltausbildung erhielt sie bei Fritz und Laura Perls, James Simkin und am Gestalt Institute of Cleveland. Bioenergetic-Ausbildung bei John Pierrakos, Alexander Lowen und Jack McIntyre. Sie lehrte an der Wayne State und der Western Reserve University und arbeitet zur Zeit in freier Praxis. Sie ist Autor zweier Bücher und zahlreicher Fachartikel.
Anschrift: 250, Martin Street, Birmingham, Michigan 48011/USA.

Keleman, Stanley, Ph. D., Direktor des Center for Energetic Studies, Berkeley, California, ist einer der führenden Körpertherapeuten in den USA. Er arbeitete bei Graf Dürckheim und Ola Raknes und entwickelte auf Grund des bioenergetischen Ansatzes von Lowen sein eigenes Konzept. Er leitete Fortbildungskurse in seinem Verfahren in den USA, Canada, Mexiko und Europa. Er ist Autor mehrerer Bücher wie z. B. „The Human Ground", „Sexuality Self and Survival", „Living your Dying" u. a.
Anschrift: The Center for Energetic Studies, 1645 Virginia, Berkeley/Calif. 94703, USA.

Kelley, Charles, R., Ph. D., Direktor des Radix Institute, Santa Monica, war Professor für Psychologie an der New York University, North Carolina State College und University of Illinois. Er war Schüler von Wilhelm Reich und Mitarbeiter an seinen Zeitschriften. Er ist Autor von mehr als 50 wissenschaftlichen Veröffentlichungen und hielt Vorlesungen und Workshops in zahlreichen Kliniken, Zentren und Universitäten in Amerika und Europa.
Anschrift: The Radix Institute, P. O. Box 97, Ojai/Calif. 93023und: 225 Santa Monica Boulevard, Santa Monica/Calif. 90403, USA.

Leeds, Andrew, M.A., studierte an der University of California, Santa Cruz und am Goddard College. Gestalt- und Körpertherapie-Ausbildung an der Lomi School, San Francisco. Koordiniert ein therapeutisches Rehabilitationsprogramm für Straffällige und arbeitet als Lomi-Therapeut in freier Praxis.
Anschrift: 3105 Paul Sweet Road, Santa Cruz/Calif. 95065, USA.

Lowen, Alexander, Dr. med., studierte Medizin an der Universität Genf. Charakteranlalytische und vegetotherapeutische Ausbildung bei Wilhelm Reich. Er entwikkelte zusammen mit John Pierrakos Reichs Konzepte weiter und wurde zum Begründer der Bioenergetischen Analyse (bioenergetic), dem heute verbreitetsten neoreichianischen Verfahren, dessen Theorie und Praxis er in zahlreichen Büchern dargestellt hat, so z. B. in „The Language of the Body", „Love and Orgasm", „Be-

trayal of the Body", „Pleasure", „The Way to Vibrant Health"", „Bioenergetics". Er ist Begründer und Direktor des „Institute of Bioenergetic Analysis", New York. Gastdozent am Fritz Perls Institut.
Anschrift: The Institute of Bioenergetic Analysis, 144 East, 36th Street, New York, N.Y. 10016/USA.

Middendorf, Ilse, Prof., lehrt an der Hochschule für Musik und darstellende Kunst, Berlin. Gründerin und Leiterin des „Institut für Atemtherapie und Atemunterricht", in dem sie in einer mehrjährigen Fachausbildung ihren Ansatz der Atemarbeit lehrt. Langjähriger Vorstand des Verbandes der Pneopäden und Pneotherapeuten (AFA). Gestaltdozentin am Fritz Perls Institut für Integrative Therapie. Ilse Middendorf hat die Arbeit mit Atem, Bewegung, Ton und Stimme zu einem ganzheitlich therapeutisch-pädagogischen System ausgebaut.
Anschrift: Victoria-Luise-Platz 9, 1 Berlin

Pierrakos, John C., Dr. med., kam nach seiner psychiatrischen Ausbildung 1947 zu Wilhelm Reich und arbeitet bis 1955 mit ihm, um dann zusammen mit Alexander Lowen das Institut of Bioenergetic Analysis zu gründen. 1974 verließ er dieses Institut und gründete das „Institute of the New Age of Man", an dem er seine Core-Therapy lehrt, die er in Fortführung der Bioenergetic entwickelt hat.
Anschrift: 340 East, 57th Street, New York, N.Y. 10022/USA.

Spiegel-Rösing, Ina, Studium der Psychologie an der Freien Universität Berlin, der Duke University (USA) und der Harvard University (USA). 1967 Diplom Psychologie an der Freien Universität Berlin. 1971 Promotion in Psychologie an der Ruhr-Universität Bochum. 1975 Habilitation für Wissenschaftssoziologie an der Universität Konstanz. Seit 1975 Professor für Wissenschaftsforschung der Abteilung für Wissenschaftsforschung am Psychosozialen Zentrum der Universität Ulm, mit Lehraufgaben in Thanatologie (Forschung über Sterben und Tod). Buch- und Zeitschriftenpublikationen in Psychologie und Wissenschaftsforschung.

Stauss, Konrad, Dr. med., Facharzt für Neurologie und Psychiatrie, verhaltenstherapeutische und Casriel-Ausbildung, graduierter Therapeut des „New Identity Group Process", seit zweieinhalb Jahren an der Psychosomatischen Klinik Bad Herrenalb psychotherapeutisch tätig.
Anschrift: Psychosomatische Klinik, 7500 Bad Herrenalb, Schwarzwald.

Stevens, Barry, wurde von Fritz Perls, mit dem sie lange Jahre zusammenarbeitete, als „natural born therapist" bezeichnet. Sie stand in persönlichem Kontakt zu den führenden Vertretern der Humanistischen Psychologie u. a. Rogers, Maslow, Schutz und kann als eine der originellsten Gestalten der Personal-Growth-Bewegung angesehen werden. Sie ist Autor mehrerer Bücher, z. B. „Don't push the river", „From Person to Person" (zusammen mit C. Rogers).
Anschrift: Real People Press, Box F, Moab, Utah 84532/USA.

Toomim, Majorie, Ph. D., und *Toomim*, Herschel, B.S.E.E., leiten das Biofeedbach Research Institute, Los Angeles, Ca. Sie sind in der Biofeedbach- und elektromedizinischen Forschung tätig und versuchen, deren Ergebnisse und Technologie u. a. für die Psychotherapie und psychologische Gruppenarbeit fruchtbar zu machen.

Über den Herausgeber:

Petzold, Hilarion G., Prof., Dr. theol., Dr. phil., studierte Theologie, Philosophie, Psychologie und Pädagogik in Düsseldorf, Frankfurt, Paris, wo er 1971 als Schüler von Gabriel Marcel promovierte. Er ist Professor am Institut St. Denis, Paris. Er arbeitete u. a. bei F. Perls, J. Moreno, V. Iljine, O. Raknes in Gestalt, Psychodrama, Körper-, Atem- und Bewegungstherapie. Auf dieser Grundlage entwickelte er die Integrative Bewegungstherapie und die Thymopraktik als Verfahren Integrativer Therapie. Gründer und Lehrtherapeut des „Fritz Perls Institut für Integrative Therapie", Gruppendynamiktrainer NTL, SGG; im Vorstand des Verbandes der Pneopäden und Pneotherapeuten (AFA); Herausgeber der Zeitschrift „Integrative Therapie" und Autor zahlreicher Fachaufsätze und Bücher, u. a. „Angewandtes Psychodrama", Junfermann 1972, 1977^2; „Gestalttherapie und Psychodrama", Nicol, Kassel 1973; „Psychotherapie und Körperdynamik", Junfermann 1974, 1977^2; „Gestaltpädagogik" (zusammen mit G. Brown), Pfeiffer, München 1977. Schwerpunkt der Arbeit: Entwicklung eines integrativen Ansatzes in Therapie und Pädagogik, durch den ein ganzheitlicher Zugang zur körperlichen, seelischen, geistigen und sozialen Wirklichkeit des Menschen gefunden werden kann.

Ausbildungsmöglichkeiten für körperorientierte Verfahren in Deutschland:

Deutsch-österreichische Gesellschaft für körperorientierte Therapie, 8 München 40, Herzogstraße 107 (*Bioenergetik*) Dr. R. Frank, Dr. W. Pechtl u.a.

Fritz Perls Institut für Integrative Therapie, 4 Düsseldorf, Brehmstraße 9 (*Thymopraktik, Gestalt, Integrative Bewegungstherapie*) Prof. Dr. H. Petzold, Dr. H. Heinl, Dr. R. Frank, A. Berger u.a.

Intitut für Atemtherapie und Atemunterricht, 1 Berlin, Victoria-Luise-Platz 9, Prof. I. Middendorf

Reihe
Innovative Psychotherapie und Humanwissenschaften
Herausgegeben von
HILARION PETZOLD

Band 1: H. Petzold, Psychotherapie und Körperdynamik
Band 2: H. Petzold, Angewandtes Psychodrama
Band 3: H. Petzold, Die neuen Körpertherapien
Band 4: D. Rahm, Gestaltberatung
Band 5: M. Argyle, Körpersprache und Kommunikation
Band 6: G. Mandler, Denken und Fühlen
Band 7: C. Brooks, Erleben durch die Sinne
Band 8: F. S. Perls, Gestalt, Wachstum, Integration
Band 9: A. Mente/H.-D. Spittler, Erlebnisorientierte Gruppenpsychotherapie (Bd. I)
Band 10: A. Mente/H.-D. Spittler, Erlebnisorientierte Gruppenpsychotherapie (Bd. II)
Band 11: R. Bandler, J. Grinder, Die Struktur der Magie I
Band 12: J. Grinder, R. Bandler, Die Struktur der Magie II
Band 13: C. Steiner, Wie man Lebenspläne verändert
Band 14: J. Zinker, Gestalttherapie als kreativer Prozeß
Band 15: R. Assagioli, Die Schulung des Willens
Band 16: H. Petzold, Psychotherapie, Meditation, Gestalt
Band 17: J. Hall, Arbeit mit Träumen in Klinik und Praxis
Band 18: R. Bandler, J. Grinder, Neue Wege der Kurzzeit-Therapie – Neurolinguistische Programme
Band 19: D. Anzieu, Psychoanalyse und Sprache
Band 20: L. J. Bischof, Persönlichkeitstheorien – Darstellungen und Interpretationen (Bd. I)
Band 21: L. J. Bischof, Persönlichkeitstheorien – Darstellungen und Interpretationen (Bd. II)
Band 22: L. Cameron-Bandler, Wieder zusammenfinden, NLP – Neue Wege der Paartherapie
Band 23: H. Petzold/H. Heinl, Psychotherapie und Arbeitswelt
Band 24: J. L. Singer/K. S. Pope, Imaginative Verfahren in der Psychotherapie
Band 25: H. Petzold, Leiblichkeit
Band 26: R. Dilts u. a., Strukturen subjektiver Erfahrung, ihre Erforschung und Veränderung durch NLP
Band 27: R. Frühmann, Frauen und Therapie
Band 28: R. Bandler/J. Grinder, Reframing – Ein ökologischer Ansatz in der Psychotherapie (NLP)
Band 29: D. Gordon, Therapeutische Metaphern
Band 30: C. M. Steiner, Macht ohne Ausbeutung
Band 31: D. A. Bakal, Psychologie und Medizin
Band 32: H. Petzold, Psychotherapie und Friedensarbeit
Band 33: G. A. Kelly, Die Psychologie der persönlichen Konstrukte
Band 34: G. Fatzer, Ganzheitliches Lernen – Humanistische Pädagogik und Organisationsentwicklung
Band 35: R. Bandler, Veränderung des subjektiven Erlebens Fortgeschrittene Methoden des NLP
Band 36: A. Mindell, Der Leib und die Träume Prozeßorientierte Psychologie in der Praxis
Band 37: V. Satir, M. Baldwin, Familientherapie in Aktion
Band 38: P. Ekman, Gesichtsausdruck und Gefühl